태평광기 13

이 책은 2001년도 한국학술진흥재단의 지원에 의하여 연구되었음.
(KRF-2001-045-A11005)

태평광기 13

(宋) 李昉 등 모음
김장환·이민숙 外 옮김

學古房

【일러두기】

1. 본서는 총 21책으로 구성되어 있는데, 제 1책부터 제 20책까지는 각 책마다 원서의 25권 분량을 수록했으며, 마지막 제 21책에는 「편목색인」·「인명색인」·「인용서목색인」·「지명색인」과 기타 참고자료를 수록했다.
2. 본서는 汪紹楹 點校本(北京中華書局, 1961) 10책을 저본으로 했다. 이 판본은 台灣 文史哲出版社(1981)에서 5책으로 覆印한 바 있다.
3. 淸代 黃晟의 「重刻太平廣記序」는 본래 저본에는 없지만 보충하여 수록했다.
4. 본서의 번역은 가능한 한 직역을 위주로 하되 직역으로 문맥이 통하지 않을 경우에는 본래 뜻을 벗어나지 않는 범위 내에서 의역을 했다. 그리고 원문에는 없지만 내용 전개상 부연 설명이 필요하다고 판단되는 부분은 [   ] 안에 넣어 보충했다.
5. 본서의 역주는 의미의 전달이 어렵다고 판단되는 경우에 한해 간략하게 달았다.
6. 본서에서 언급되는 인명과 지명·서명 등 고유명사는 모두 우리말 발음으로 표기하고, 각 고사마다 처음에만 (   ) 안에 원문을 넣었다.
7. 본서의 각 고사 처음에 표기되어 있는 숫자는 차례대로 각 권의 순서, 각 권에서의 고사 순서, 전체 고사의 순서를 나타낸다. 예) 5·2(0023) : 제 5권의 2번째 고사로서 『태평광기』 전체로는 제 23조에 해당하는 고사.

차례

권제 301 신(神)11
  여음인(汝陰人) · 15
  최민각(崔敏殼) · 21
  장안(張安) · 24
  구가복(仇嘉福) · 28
  식양인(食羊人) · 34
  왕준(王畯) · 34

권제 302 신12
  황보순(皇甫恂) · 39
  위정훈(衛庭訓) · 49
  위수장(韋秀莊) · 53
  화악신녀(華嶽神女) · 55
  왕한(王閒) · 58

권제 303 신13
  한광조(韓光祚) · 65
  선주사호(宣州司戶) · 67
  최원(崔圓) · 68
  정인균(鄭仁鈞) · 70

계광침(季廣琛) · 77
유가대(劉可大) · 78
노창벽(奴蒼璧) · 81
남찬(南纘) · 85
왕상(王常) · 88

권제 304 신14
  개업사(開業寺) · 95
  여와신(女媧神) · 96
  왕적(王籍) · 97
  창최(暢璀) · 98
  교귀년(喬龜年) · 103
  장광성(張光晟) · 106
  회남군졸(淮南軍卒) · 109
  원재(元載) · 장위(張謂) · 115
  영양리정(潁陽里正) · 116

권제 305 신15
  왕법지(王法智) · 121
  이좌시(李佐時) · 124

차 례 · 5

위고(韋皐)·127
두삼(竇參)·131
이백금(李伯禽)·132
소복제(蕭復弟)·134
이납(李納)·137
최분(崔汾)·141
신비(辛秘)·144

권제 306 신16
　진원생(陳袁生)·149
　염수(冉遂)·158
　위탐(魏耽)·164
　노패(盧佩)·167

권제 307 신17
　심률(沈聿)·177
　당국청(党國淸)·183
　태원소리(太原小吏)·186
　촌인진옹(村人陳翁)·187
　악곤(樂坤)·188
　영청현묘(永淸縣廟)·189
　최택(崔澤)·192
　한유(韓愈)·193
　이봉길(李逢吉)·194
　번종훈(樊宗訓)·195
　배도(裴度)·197
　장중은(張仲殷)·199
　능화(凌華)·204

권제 308 신18
　이회(李回)·211
　이서(李序)·212
　채영(蔡榮)·215
　유원형(劉元逈)·218
　정전(鄭蒀)·223
　유해(柳澥)·224
　마총(馬總)·226
　최귀종(崔龜從)·228

권제 309 신19
　장침(蔣琛)·237
　장준언(張遵言)·253

권제 310 신20
　장무파(張無頗)·265
　왕기(王錡)·274
　마조(馬朝)·278
　극원위(郄元位)·280
　하양조위(夏陽趙尉)·281
　노사종(盧嗣宗)·283
　삼사왕생(三史王生)·284
　장생(張生)·289

권제 311 신21
　소광(蕭曠)·299
　사수(史遂)·310
　전포(田布)·312

진사최생(進士崔生)·316
　　장언(張偃)·320
　　배씨자(裴氏子)·322
　　위추(韋騶)·323

권제 312 신22
　　초주인(楚州人)·329
　　함하신(陷河神)·330
　　건종유(蹇宗儒)·333
　　활능(滑能)·335
　　유회(柳晦)·336
　　유산보(劉山甫)·337
　　이주씨(爾朱氏)·338
　　이중려(李仲呂)·340
　　신창방민(新昌坊民)·341
　　배씨녀(裴氏女)·343
　　하후정(夏侯禎)·344
　　서환(徐煥)·347
　　나홍신(羅弘信)·349
　　이요(李嶢)·351

권제 313 신23
　　양표(楊鏢)·355
　　장경(張璟)·357
　　최종사(崔從事)·358
　　왕심지(王審知)·359
　　장회무(張懷武)·360
　　이매(李玫)·363

　　조유(趙瑜)·365
　　관승단처(關承湍妻)·367
　　이빙사(李冰祠)·367
　　정군웅(鄭君雄)·368
　　종리왕사(鍾離王祠)·369
　　반고사(盤古祠)·370
　　적인걸사(狄仁傑祠)·371
　　갈씨부(葛氏婦)·373
　　마희성(馬希聲)·375
　　방식(龐式)·376

권제 314 신24
　　청태주(淸泰主)·381
　　복야피(僕射陂)·382
　　이영자(李泳子)·383
　　초예준(譙乂俊)·385
　　유초(劉峭)·386
　　원주부로(袁州父老)·388
　　주정우(朱廷禹)·389
　　승덕림(僧德林)·392
　　사마정이(司馬正彝)·393
　　유선(劉宣)·395
　　황로(黃魯)·396
　　장연(張鋋)·397
　　곽후(郭厚)·399
　　심양현리(潯陽縣吏)·400
　　주원길(朱元吉)·401
　　고주왕씨(沽酒王氏)·403

포회(鮑回)·405
유호(劉䧹)·406
최련사(崔練師)·407

권제 315 신25(淫祠附)
이산묘(梨山廟)·411
오연도(吳延瑫)·412
음사
여광사(餘光祠)·418
저부묘(䰲父廟)·419
포군(鮑君)·420
장조(張助)·421
착이석인(著餌石人)·423
낙서고묘(洛西古墓)·424
예장수(豫章樹)·425
적인걸격(狄仁傑檄)·427
비포산묘(飛布山廟)·429
화비파(畫琵琶)·429
벽산신(壁山神)·431

권제 316 귀(鬼)1
한중(韓重)·437
공손달(公孫達)·441
선우기(鮮于冀)·442
노충(盧充)·444
담생(談生)·449
진번(陳蕃)·451
유조(劉照)·452

장한직(張漢直)·453
범단(范丹)·455
비계(費季)·456
주식(周式)·457
진아등(陳阿登)·459

권제 317 귀2
오상(吳祥)·463
주옹중(周翁仲)·464
전주(田疇)·466
문영(文穎)·468
왕번(王樊)·471
진거백(秦巨伯)·472
종대(宗岱)·473
정기(鄭奇)·474
종요(鍾繇)·476
하후현(夏侯玄)·477
혜강(嵇康)·478
예언사(倪彦思)·480
심계(沈季)·483
미축(糜竺)·483
왕필(王弼)·487
진선(陳仙)·488
호희(胡熙)·489
노숙(魯肅)·491

권제 318 귀3
육기(陸機)·495

조백륜(趙伯倫) · 496
주언(朱彦) · 497
환회(桓回) · 497
주자장(周子長) · 498
순택(荀澤) · 501
환월(桓軏) · 502
주자지(朱子之) · 502
양선(楊羨) · 503
왕조종(王肇宗) · 504
장우(張禹) · 505
소공(邵公) · 508
오사계(吳士季) · 509
주자문(周子文) · 509
왕공백(王恭伯) · 510
이경(李經) · 512
사막지(謝邈之) · 513
팽호자(彭虎子) · 515
사마념(司馬恬) · 516
완덕여(阮德如) · 517
진경손(陳慶孫) · 517
견충(甄沖) · 519

임상령(臨湘令) · 534
고씨(顧氏) · 535
강주록사(江州錄事) · 536
진소(陳素) · 537
호장(胡章) · 539
소소(蘇韶) · 540
하후개(夏侯愷) · 548
유타(劉他) · 551
왕융(王戎) · 553
왕중문(王仲文) · 555

권제 320 귀5

채모(蔡謨) · 559
요원기(姚元起) · 560
여초(閭勳) · 561
손치(孫稚) · 562
색손(索遜) · 566
풍술(馮述) · 568
임회인(任懷仁) · 569
왕명(王明) · 571
왕표지(王彪之) · 573
왕응지(王凝之) · 575
요우(姚牛) · 575
환공(桓恭) · 577
완유지(阮瑜之) · 578
유징(劉澄) · 579
유도석(劉道錫) · 580
조길(趙吉) · 581

권제 319 귀4

장자장(張子長) · 527
환도민(桓道愍) · 529
주림하(周臨賀) · 530
호무회(胡茂廻) · 532
완첨(阮瞻) · 533

사마륭(司馬隆)·582

권제 321 귀6

곽번(郭翻)·587
왕원지(王瑗之)·591
견등(牽騰)·592
신귀(新鬼)·593
유청송(劉青松)·596
유량(庾亮)·597
사마의(司馬義)·598
이원명(李元明)·599
장개(張闓)·600
유소지(庾紹之)·602
위씨(韋氏)·605
호복지(胡馥之)·606
가옹(賈雍)·607
송정백(宋定伯)·608
여광(呂光)·611

권제 322 귀7

도간(陶侃)·615
사상(謝尙)·616
양양군인(襄陽軍人)·619
여순(呂順)·620
환공(桓恭)·621
유숭(庾崇)·622
조공선(曹公船)·624
왕지도(王志都)·625

당방(唐邦)·626
왕구(王矩)·627
주의(周義)·629
원걸(袁乞)·630
왕항지(王恒之)·631
유둔(劉遁)·632
왕사규(王思規)·633
화일(華逸)·634
장군림(張君林)·636
만병(蠻兵)·637
진고(陳皐)·639
원무기(袁無忌)·639
신채왕소평(新蔡王昭平)·641
원학제생(遠學諸生)·642

권제 323 귀8

장륭(張隆)·647
길각석(吉礐石)·648
부양인(富陽人)·650
급사(給使)·652
견법숭(甄法崇)·654
사회(謝晦)·655
사령운(謝靈運)·656
양청(梁淸)·657
서도요(徐道饒)·658
동래진씨(東萊陳氏)·660
사도흔(謝道欣)·661
심적지(沈寂之)·663

왕호(王胡)·663
　　도계지(陶繼之)·667
　　주태(朱泰)·668
　　대승백(戴承伯)·669
　　장수(章授)·670
　　시속문생(施續門生)·671
　　장도허(張道虛)·673

권제 324 귀9
　　진수(秦樹)·677
　　축혜치(竺惠熾)·679
　　곽전(郭銓)·679
　　하사령(賀思令)·681
　　산도(山都)·681
　　구경지(區敬之)·685
　　유준(劉雋)·686
　　단도제(檀道濟)·687
　　석수지(石秀之)·688
　　하후조관(夏侯祖觀)·689
　　장승길(張承吉)·691
　　양청(梁淸)·692
　　최무백(崔茂伯)·695

　　소씨(巢氏)·697
　　호비지(胡庇之)·698
　　색이(索頤)·702

권제 325 귀10
　　왕빙지(王騁之)·707
　　맹양(孟襄)·708
　　사마문선(司馬文宣)·709
　　우덕(虞德)·엄맹(嚴猛)·714
　　곽경지(郭慶之)·715
　　박소지(薄紹之)·717
　　색만흥(索萬興)·719
　　곽수지(郭秀之)·720
　　유계수(庾季隨)·721
　　신익지(申翼之)·723
　　왕회지(王懷之)·723
　　유숙륜(柳叔倫)·724
　　유확(劉廓)·725
　　왕요(王瑤)·726
　　왕문명(王文明)·727
　　하후문규(夏侯文規)·728

태평광기 권제 301 신 11

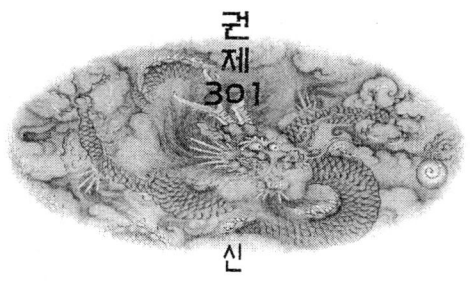

1. 여음인(汝陰人)
2. 최민각(崔敏殼)
3. 장 안(張 安)
4. 구가복(仇嘉福)
5. 식양인(食羊人)
6. 왕 준(王 晙)

301·1(3912)
여음인(汝陰人)

여음군(汝陰郡)에 허씨(許氏) 성을 가진 어떤 남자가 살았는데 그는 어려서 고아가 되었다. 그는 생김새가 피부가 하얗고 풍채가 좋았으며, 고운 옷을 입고 좋은 말을 타고서 과도하게 유람하길 좋아했다. 한번은 누런 개를 데리고 산골짜기에서 짐승을 사냥하다가 피곤하여 커다란 나무 밑에서 쉬고 있었다. 그 나무는 높이가 100여 척이나 되고 굵기가 수십 아름이나 되었는데, 높다란 가지가 옆으로 뻗어나가 몇 이랑이나 되는 그늘을 드리우고 있었다. 가지 사이를 올려다보았더니 오색비단 주머니 하나가 매달려 있었는데, 허생(許生)은 그것을 누군가가 잘못해서 잃어버린 것이라고 생각하여 가지고 돌아왔지만 [아무리 해도] 묶인 끈을 풀 수가 없었다. 허생은 그것을 남달리 몹시 아끼면서 수건상자 속에 넣어두었다. 그런데 저녁 무렵이 되었을 때 [그 비단 주머니가] 한 여자로 변하여 손에 명함을 들고 곧장 앞으로 다가와서 말했다.

"왕여랑(王女郎: 唐代에는 결혼하지 않은 여자를 女郎이라 불렀음)께서 당신을 뵙고자 하십니다."

그녀는 명함을 건넨 뒤에 곧 떠났다.

잠시 후 기이한 향기가 방안에 가득 퍼지면서 거마(車馬) 소리가 점점 들려왔다. 허생이 문밖으로 나가 바라보았더니, 등불이 줄을 이루는 가운데 한 젊은이가 흰말을 타고 앞에 10여 명의 기병을 거느린 채 곧장 허생을 찾아와 말했다.

"저의 보잘것없는 어린 누이가 훌륭한 덕행을 지닌 당신을 남몰래 사모하여 당신과 좋은 인연을 맺고자 하는데 어떻게 생각하십니까?"

허생은 그가 신이라고 생각하여 감히 한사코 사양하지 못했다. 젊은이는 곧장 좌우 시종들에게 명하여 별실을 청소하게 했다. 잠시 후 여랑이 탄 수레가 도착했는데, 등불과 향기가 길에 가득했다. 말을 탄 시녀 수십 명은 한결같이 미인들이었으며, 보장(步障: 나들이할 때 가지고 다니던 휴대용 가리개)을 들고 와서 여랑을 부축하여 수레에서 내리게 한 뒤 별실로 모시고 들어갔는데, 그곳에는 휘장과 이부자리 등이 모두 갖춰져 있었다. 허생의 집안사람들이 깜짝 놀라면서 살펴보았더니 모든 것이 진짜였다. 젊은이가 허생에게 목욕하라고 재촉하며 새 옷을 보내주자, 시녀들이 허생을 부축하여 여랑의 방으로 들어갔다. 여랑은 나이가 16~17살쯤 되었고 비길 데 없이 곱고 아름다웠는데, 푸른색 저고리와 긴치마를 입고 있었고 진주와 비취 머리장식이 찬란히 빛났다. 여랑이 계단을 내려와 허생에게 답배(答拜)하고 함께 당(堂)으로 올라간 뒤에 젊은이는 곧 떠났다. 방안에는 운모(雲母) 병풍과 연꽃 그려진 비취빛 휘장이 쳐져 있었고 드리운 비단 가리개가 사방 벽을 비추고 있었다. 성대하게 차려진 진기한 음식과 여러 가지 기이한 과일은 감미롭고 향긋했으며 인간세상의 것이 아니었다. 식기로는 칠자라(七子螺)·구지반(九枝盤)·홍라배(紅螺杯)·거엽완(蕖葉碗)이 있었는데, 모두 황금을 약간 도드라지게 하여 무늬를 넣었고 홍옥(紅玉)과 벽옥(碧玉)을 박아 넣었다. 옥 술독에는 차사국(車師國: 漢代에 西域에 있던 나라로, 지금의

新疆省 경내에 있음)에서 나는 포도주가 담겨 있었는데 그 향기가 매우 강렬했다. 자리 위에는 심지가 연결된 밀초가 놓여 있었고 그것을 받치고 있는 쟁반은 모두 자옥(紫玉)으로 만들었는데 그 빛이 대낮처럼 밝았다.

허생은 평소에 함부로 행동하고 자신을 단속하지 않았는데, 게다가 [이런 화려한] 물건들에 현혹되다보니 마음속으로 몹시 기뻐했다. 자리에 앉고 나서 허생이 물었다.

"비천한 나는 고루한데다 누추한 집도 비좁은지라 당신의 깊은 사랑을 받게 될 줄은 생각지도 못했소. 그런데 이렇게 기쁨과 즐거움이 함께 찾아오니 어찌 할 바를 모르겠소."

여랑이 대답했다.

"소녀의 아버님께서는 중악남부장군(中樂南部將軍: '樂'은 '嶽'의 오기로 보임)으로 계시는데, 소녀를 비천하다 생각지 않으시고 제 몸을 당신께 의탁하여 열심히 당신을 받들어 모시게 하고 싶어 하셨어요. 그런데 다행히도 이런 좋은 만남을 갖게 되었으니, 이는 바로 제가 진심으로 깊이 바라던 바이지요."

허생이 또 물었다.

"남부장군은 지금으로 치면 무슨 관리이오?"

여랑이 말했다.

"그건 숭군(嵩君: 中嶽 嵩山의 主神) 별부(別部)의 관할에 있으며, 옛날의 사진장군(四鎭將軍)과 같아요."

주흥(酒興)이 올랐을 때 여랑이 탄식하며 말했다.

"오늘밤이 무슨 밤이기에 이런 훌륭하신 님을 만났을까!"

그 맑고 감미로운 목소리는 듣도 보도 못한 것이었다. 여랑은 또 쟁(箏)을 잡고 「비홍별학(飛鴻別鶴)」이란 곡을 연주하며 목을 뽑아 노래하면서 허생에게 술을 드렸다. 그 맑은 노래 소리는 구성지고 부드러웠으며, 그 아름다운 자태는 가볍게 날리는 듯하여 거의 자신의 몸조차 가눌 수 없을 지경이었다. 허생은 감정을 이기지 못하여 와락 달려들어 여랑을 끌어안았다. 그러자 여랑이 은근한 눈짓을 보내며 웃으면서 말했다.

"이미 시인(詩人:『詩經』의 작자를 말함)의 수건 만지지 말라는[感帨: 『詩經』「召南・野有死麕」에 "無感我帨兮"라는 구절이 있음] 조소를 받았으니, 거기다가 상객(上客)의 갓끈 끊은[挂纓: 楚 莊王이 群臣들과 주연을 즐기고 있을 때 갑자기 촛불이 꺼졌는데, 어떤 신하가 그 틈을 타서 왕비의 옷자락을 잡아당기자 왕비가 그의 갓끈을 잡아채 끊었음. 왕비는 장왕에게 촛불을 켜고 그 사람을 찾아내라고 했지만, 장왕은 오히려 신하들에게 어둠 속에서 모두 자신의 갓끈을 끊으라고 했음. 나중에 楚나라가 吳나라와 전쟁할 때 한 장군이 선봉에 서서 적진을 공격하여 큰 공을 세웠는데, 알고 보니 왕비의 옷자락을 잡아당겼던 그 사람이었음.『韓詩外傳』권7에 나옴] 비웃음을 산들 어찌하겠어요?"

그리고는 시녀에게 자리를 거두게 하고는 촛불을 끄고 휘장으로 들어가 마음껏 즐거움을 누렸다. 여랑은 통통한 살과 연약한 뼈에 피부가 엿처럼 부드럽고 매끄러웠다. 다음날 여랑은 허생의 집안사람들을 두루 불러모아놓고 부인으로서의 예법을 크게 차렸으며 그들에게 아주 후한 예물을 내려주었다.

사흘째 되는 날에 전에 왔던 젊은이가 다시 와서 말했다.

"저의 아버님께서는 당신께 아주 깊이 감사하면서도 부끄러워하고 계시는데, 당신을 만나고 싶어서 저를 보내 당신을 모셔오게 하셨습니다."

그리하여 허생은 젊은이와 함께 떠나 이전에 사냥하던 곳에 당도했는데, [이전에 있었던] 커다란 나무는 보이지 않았다. 대신 붉은 대문과 흰 담장만 보였는데, 마치 지금의 큰 관부(官府)와 같았다. 좌우로 늘어서 있던 위병(衛兵)들이 모두 영접하며 절을 했다. 젊은이는 허생을 데리고 들어가서 부군(府君)을 뵈었는데, 부군은 평천책(平天幘: 平天冠. 천자가 천지에 제사지낼 때 쓰는 禮冠)을 쓰고 진홍색 비단옷을 입은 채 높은 전당(殿堂) 위에 앉아 있었으며, 뜰에는 창이 배치되어 있고 커다란 깃발이 세워져 있었다. 허생이 부군에게 배알하자, 부군은 [전당을 내려와] 허생을 일으켜 세워 그에게 읍(揖)하고 함께 계단을 올라간 뒤, 위문하며 말했다.

"내 여식이 어려서 모친을 여의었는데, 다행히도 이렇게 고명하신 분에게 의탁하여 모실 수 있게 되었으니 그 감격을 헤아릴 길 없소. 그러나 이 역시 전생에 이미 신명(神明)에 의해 정해진 일이니, 지극한 정성이 서로 통하지 않았다면 어떻게 여기에 이를 수 있겠소!"

허생은 부군에게 감사를 드리고 함께 안으로 들어갔는데, 문과 집이 장엄하고 깊숙했으며 둥근 회랑과 굽은 누각들이 연결되어 서로 통해 있었다. 중당(中堂)에 마련된 성대한 연회에서 주연을 한창 즐기고 있을 때, 부군이 음악을 연주하라고 명하자 현악기와 관악기가 함께 어울려 연주되었는데 그 곡조가 신기했다. 수십 명의 가기(歌妓)는 모두 최고의 미인들이었다. 연회를 마치고 난 뒤에 부군이 허생에게 많은 황금과 비단을 주고 아울러 노복과 거마(車馬)를 대주었으므로, 허생의 집은 마침내 부유해졌다. 부군은 또 허생을 위해 마을에 저택을 지어주었는데 매우 웅장하고 화려했다. 여랑은 평소에 현소양생술(玄素養生術)에 능통했기에 허생의 체력과 정신도 이전보다 배나 건강해졌다. 이것으로 보건대 여랑은 확실히 신인(神人)임을 알 수 있다. 나중에 허생이 부군을 찾아뵈러 갈 때마다 모두 여랑이 함께 따라갔는데, 그때마다 부군은 허생에게 아주 많은 예물을 보내주었다. 수십 년 동안 여랑은 5명의 자식을 낳았지만 그 자색(姿色)에 전혀 손상이 없었다. 나중에 허생이 죽자 여랑은 자식들을 데리고 함께 떠났는데 어디로 갔는지 알 수 없었다. (『광이기』)

汝陰男子姓許, 少孤. 爲人白晳, 有姿調, 好鮮衣良馬, 遊騁無度. 常牽黃犬, 逐獸荒澗中, 倦息大樹下. 樹高百餘尺, 大數十圍, 高柯旁挺, 垂陰連數畝. 仰視枝間, 懸一五色綵囊, 以爲誤有遺者, 乃取歸, 而結不可解. 甚愛異之, 置巾箱中. 向暮, 化成一女子, 手把名紙直前, 云: "王女郎令相聞." 致名訖, 遂去.

有頃, 異香滿室, 漸聞車馬之聲. 許出戶, 望見列燭成行, 有一少年, 乘白馬, 從十餘騎在前, 直來詣許曰: "小妹粗家, 竊慕盛德, 欲託良緣於君子, 如何?" 許以其神, 不敢苦辭. 少年卽命左右, 灑掃別室. 須臾, 女車至, 光香滿路. 侍女乘馬數十人, 皆有美色, 持步障, 擁女郎下車, 延入別室, 幃帳茵蓆畢具. 家人大驚, 視之皆見. 少年促許沐浴, 進新衣, 侍女扶入女室. 女郎年十六七, 艶麗無雙, 著青袿襹, 珠翠璀錯. 下階答拜, 共升堂訖, 少年乃去. 房中施雲母屛風・芙蓉翠帳, 以鹿瑞錦障暎四壁. 大設珍殽, 多諸異果, 甘美鮮香, 非人間者. 食器有七子螺・九枝盤・紅螺杯・葉葉碗, 皆黃金隱起, 錯以瑰碧. 有玉罍, 貯車師葡萄酒, 芬馨酷烈. 座上置連心蠟燭, 悉以紫玉爲盤, 光明如晝.

許素輕薄無檢, 又爲物色夸眩, 意甚悅之. 坐定, 許問曰: "鄙夫固陋, 蓬室湫隘, 不意乃能見顧之深. 歡忭交幷, 未知所措." 答曰: "大人爲中樂南部將軍, 不以兒之幽賤, 欲使託身君了, 躬奉砥礪. 幸過良會, 欣願誠深." 又問: "南部將軍今何官也?" 曰: "是嵩君別部所治, 若古之四鎭將軍也." 酒酣歎曰: "今夕何夕, 見此良人!" 詞韻淸媚, 非所聞見. 又援箏作「飛鴻別鶴」之曲, 宛頸而歌, 爲許送酒. 淸聲哀暢, 容態蕩越, 殆不自持. 許不勝其情, 遽前擁之. 乃微盼而笑曰: "旣爲詩人感悅之譏, 又玷上客挂纓之笑, 如何?" 因顧令徹筵, 去燭就帳, 恣其歡狎. 豐肌弱骨, 柔滑如飴. 明日, 徧召家人, 大申婦禮, 賜與甚厚.

積三日, 前少年又來曰: "大人感愧良甚, 願得相見, 使某奉迎." 乃與俱去, 至前獵處, 無復大樹矣. 但見朱門素壁, 若今大官府中. 左右列兵衛, 皆迎拜. 少年引入, 見府君, 冠平天幘, 絳紗衣, 坐高殿上, 庭中排戟設虡. 許拜謁, 府君爲起, 揖之升階, 勞問曰: "少女幼失所恃, 幸得託奉高明, 感慶無量. 然此亦冥期神契, 非至精相感, 何能及此!" 許謝, 乃與入內, 門宇嚴邃, 環廊曲閣, 連亘相通. 中堂高會, 酣燕正歡, 因命設樂, 絲竹繁錯, 曲度新奇. 歌妓數十人, 皆姸冶上色. 旣罷, 乃以金帛厚遺之, 幷資僕馬, 家遂('遂'原作'送', 據明鈔本改贍給. 仍爲起宅于里中, 皆極豐麗. 女郞雅善玄素養生之術, 許體力精爽, 倍于常矣. 以此知其審神人也. 後時一歸, 皆女郞相隨, 府君輒饋送甚厚. 數十年, 有子五人, 而姿色無損. 後許卒, 乃攜子俱去, 不知所在也. (出『廣異記』)

301·2(3913)
최민각(崔敏殼)

박릉(博陵)의 최민각은 성품이 곧고 강직하여 귀신을 두려워하지 않았다. 그는 10살 때 한번은 갑자기 죽었다가 18년 뒤에 다시 살아났다.

그는 자신이 억울하게 저승에 붙잡혀 갔었다고 말하면서, 자신이 염라대왕에게 사실을 밝혀달라고 애써 탄원하여 1년여 뒤에 풀려날 수 있었다고 했다. [최민각이 저승에 있을 때] 대왕이 최민각에게 말했다.

"너는 되돌아가는 것이 마땅하지만 깃들 집[육신을 뜻함]이 이미 파괴되었으니 어쩌면 좋겠느냐?"

최민각이 한사코 돌려보내 달라고 간청하자 대왕이 말했다.

"다른 사람의 몸을 빌어 환생하는 것이 좋으니, [그렇게만 한다면] 너에게 관록(官祿)을 배로 주겠다."

그러나 최민각이 수긍하지 않자 대왕은 이치로 그를 설득하지 못해 난처해하면서 한참동안 배회했다. 최민각이 계속해서 억울하다고 하소연하자, 대왕은 하는 수 없이 사람을 서쪽 나라로 보내 다시 살아나게 할 수 있는 중생약(重生藥)을 구해오게 했는데, 그 사람은 몇 년이 지나서 비로소 돌아왔다. 그 약을 최민각의 뼈에 발랐더니 모두 살이 돋아났는데 오직 족심(足心: 발바닥이 오목하게 들어간 곳)만 살이 생기지 않아 뼈가 그대로 드러났다. 그 후 최민각의 집안사람들의 꿈에 자주 그가 나타나 이렇게 말했다.

"나는 이미 살아났다."

그래서 마침내 그의 관을 열어보았더니 숨이 붙어 있었는데, 한 달 남짓 보양시켰더니 곧 정상으로 회복되었다.

최민각은 저승에 있을 때 자신이 [살아난 뒤에] 응당 10번의 자사직(刺史職)을 맡게 될 것이라고 판명받았기 때문에, 누차 흉한 고을을 찾아 살면서 귀신을 업신여겼지만 끝내 아무 탈이 없었다. 그 후 최민각은 서주자사(徐州刺史)가 되었는데, [이전의 자사들은] 모두 감히 관청의 정청(正廳)에 거하지 못했었다. 전하는 말에 따르면 그곳이 항우(項羽)의 옛 저택이기 때문이라고 했다. 최민각은 서주에 부임하자 곧바로 정청을 청소하라고 명한 뒤 며칠 동안 업무를 처리했는데, 난데없이 공중에서 큰 소리가 들렸다.

"나는 서초패왕(西楚霸王: 項羽)이다! 최민각 너는 어떤 놈이기에 감히 내 거처를 빼앗았느냐!"

최민각이 천천히 말했다.

"졸렬하구나, 항우여! 살아서는 한(漢) 고조(高祖: 劉邦)와 서쪽을 놓고 천하를 다투지 못하더니, 죽어서도 나 최민각과 허물어진 집 하나를 다투다니! 또한 항왕(項王) 너는 오강(烏江)에서 죽어 잘린 머리가 만 리까지 보내졌으니, 설령 남은 영혼이 있다 한들 무엇이 두렵겠느냐!"

그러자 쥐 죽은 듯이 아무 소리가 들리지 않았으며, 그 정청은 마침내 편안해졌다.

그 후 최민각이 화주자사(華州刺史)로 있을 때, 화악묘(華岳廟) 옆에서 어떤 사람이 신혼 첫날밤에 사당 안에서 시끄럽게 떠드는 소리를 들었다. 살펴보았더니 사당 뜰에 횃불이 환하게 밝혀진 가운데 수백 명의 병사들이 늘어서서 다음과 같은 명령을 받고 있었다.

"마땅히 [華山府君의] 삼랑(三郞)을 위해 신부를 맞이해 와야 하느니라."

또 말했다.

"최사군(崔使君: 崔敏殼)이 주부(州府)에 있으니 함부로 폭풍과 폭우를 일으키지 마라."

병사들이 모두 대답했다.

"감히 그러지 않겠나이다."

그들이 나가고 난 뒤에 아무 것도 보이지 않았다. (『광이기』)

博陵崔敏殼, 性耿直, 不懼神鬼. 年十歲時, 常暴死, 死十八年而後活. 自說被枉追, 敏殼苦自申理, 歲餘獲放. 王謂敏殼曰: "汝合却還, 然屋舍已壞, 如何?" 敏殼祈固求還, 王曰: "宜更托生, 倍與官祿." 敏殼不肯, 王難以理屈, 徘徊久之. 敏殼陳訴稱寃, 王不得已, 使人至西國, 求重生藥, 數載方還. 藥至布骨, 悉皆生肉, 唯脚心不生, 骨遂露焉. 其後家頻夢敏殼云: "吾已活." 遂開棺, 初有氣, 養之月餘方愈.

敏殼在冥中, 檢身當得十政刺史, 遂累求凶闕, 輕侮鬼神, 卒獲無恙. 其後爲徐州刺史, 皆不敢居正廳. 相傳云, 項羽故殿也. 敏殼到州, 卽勅洒掃, 視事數日, 空中忽聞大叫曰: "我西楚霸王也! 崔敏殼何人, 敢奪吾所居!" 敏殼徐云: "鄙哉項羽! 生不能與漢高祖西嚮爭天下, 死乃與崔敏殼競一敗屋乎! 且王死烏江, 頭行萬里, 縱有餘靈, 何足畏也!" 乃帖然無聲, 其廳遂安.

後爲華州刺史, 華岳祠傍, 有人初夜, 聞廟中喧呼. 及視庭燎甚盛, 兵數百人陳列, 受勅云: "當與三郞迎婦." 又曰: "崔使君在州, 勿妄飄風暴雨." 皆云: "不敢." 旣出, 遂無所見. (出『廣異記』)

301 · 3(3914)
장 안(張 安)

[당나라] 현종(玄宗) 때 전국에 있는 공신(功臣) · 열사(烈士) · 정녀

(貞女)·효부(孝婦)를 위해 사당을 세우고 제사지내라는 조서를 내렸다. 강주(江州)에 장안이라는 사람이 있었는데, 그는 성격이 대범하여 예절에 구속받지 않고 행동했다. 어떤 때는 혼자 술에 취하여 저자거리에서 고성방가(高聲放歌)했는데, 사람들이 간혹 비웃기라도 하면 그는 더욱 흥을 내서 손발을 흔들며 춤을 추면서 조금도 부끄러워하지 않았다. 어떤 때는 말끔하게 의관을 정제한 채 명함을 지니고 관리를 배알하면서 자신을 '부생자(浮生子)'라고 했다.

나중에 장안이 갑자기 병도 없이 죽자 집안사람들이 그를 장례 치렀다. 그러나 밤만 되면 장안의 혼령이 강주자사를 찾아가 사당을 세워달라고 청했는데, 그 격앙된 언사는 살아 있을 때와 다름이 없었다. 당시 이현(李玄)이 강주자사로 있었는데, 그는 기백 있고 강직하여 요망한 귀신 따위는 믿지 않았다. 이현은 좌우 사람들이 그 일을 아뢰는 말을 자주 듣자, 마침내 관복을 입고 앉아서 장안의 혼령을 불러서 물어보고자 했다. 장안의 혼령이 부름을 받고 도착하자 이현이 물었다.

"너는 이미 죽었는데 어떻게 다시 산 사람처럼 변하여 분명하게 말을 하면서 나를 만나자고 청하느냐? 어떤 도술을 터득했기에 이런 경지에 이르렀느냐? 반드시 먼저 사실을 털어놓아야만 나는 너와 사당 짓는 일을 논의하겠다."

장안의 혼령이 말했다.

"대저 모든 사람의 영혼은 더할 수 없이 고귀합니다. 그렇지만 사물의 요괴는 비록 남몰래 영성(靈性)을 지니고 있다 하더라도 뜬구름이나 진흙덩이에 불과합니다. 대저 사람은 천지의 조화로운 기운을 부여받아야만 비로소 형체를 이룰 수 있습니다. 그래서 사람의 얼굴에는 오악

(五嶽)과 사독(四瀆)의 형상이 들어 있으며, 머리는 하늘의 둥근 형상을 상징하고 발은 땅의 네모난 형상을 상징합니다. 본디 지혜가 있어서 만사(萬事)를 헤아릴 수 있고 본디 용기가 있어서 백악(百惡)을 대적할 수 있으니, 또한 어찌 사후의 영혼이 없다고 하겠습니까? 하물며 나 부생자는 살아 있을 때에도 살아 있음을 살았다고 여기지 않고 죽었을 때에도 죽음을 죽었다고 여기지 않았으니, 그 살아 있는 것도 다른 사람들과는 다르고 그 죽은 것도 다른 사람들과는 다릅니다. 제가 오늘 사군(使君: 刺史에 대한 존칭)의 영명(英明)함에 대해 듣고 천자의 은택을 입게 되었는데, 만약 사당 하나를 세워달라고 청하지 않는다면 후세 사람들은 나 부생자가 전대에 죽은 부녀자만도 못하다고 비웃을 것입니다. 이점을 자세히 헤아려주시길 바랍니다. 만약 사당의 제식(祭食)이 사군에게서 나오게 된다면[즉, 사군께서 저를 위해 사당을 세워주신다면] 나 부생자는 죽었더라도 살았을 때보다 귀하게 될 것이며, 또한 인간이 생을 탐하고 죽음을 싫어하는 것이 잘못되었음을 보이기에 충분할 것입니다."

강주자사가 말했다.

"천자께서 전대의 공신·열사·효녀·정부(貞婦)의 사당을 세우게 하신 것은 권계(勸戒)를 보여서 후세 사람들로 하여금 그들을 본받게 하고자 하심이다. 그런데 만약 그대를 위한 사당을 세운다면 그대의 어떤 점을 후세 사람들로 하여금 본받게 한단 말이냐?"

장안의 혼령이 말했다.

"나 부생자는 기록할 만한 공적이나 효성이나 정절은 없습니다. 그렇지만 사군께서는 달인(達人)의 도(道)가 공적·충렬·효성·정절보다고상하다는 사실을 거의 모르고 계십니다."

강주자사는 그를 굴복시키지 못하여 결국 그를 위한 사당을 은밀히 세우라고 명했다. (『소상록』)

玄宗時, 詔所在功臣・烈士・貞女・孝婦, 令立祠祀之. 江州有張安者, 性落拓不羈. 有時獨醉, 高歌市中, 人或笑之, 則益甚, 以至于手舞足蹈, 終不愧恥. 時或冠帶潔淨, 懷刺謁官吏, 自稱'浮生子'.

後忽無疾而終, 家人旣葬之. 每至夜, 其魂卽謁州牧, 求立祠廟, 言詞慷慨, 不異生存. 時李玄爲牧, 氣直不信妖妄. 及累聞左右啓白, 遂朝服而坐, 召問之. 其魂隨召而至, 玄問曰: "爾已死, 何能復化如人, 言詞朗然, 求見於余? 得何道致此? 必須先言, 余卽與爾議祠宇之事." 其魂曰: "大凡人之靈, 無以尙之. 物之妖怪, 雖竊有靈, 則雲與泥矣. 夫人禀天地和會之氣, 方能成形. 故人面負五嶽四瀆之相, 頭象天之圓, 足象地之方. 自有智可以料萬事, 自有勇可以敵百惡, 又那無死後之靈耶? 況浮生子, 生之日, 不以生爲生, 死之日, 不以死爲死, 其生也旣異於衆, 其死也亦異於衆生. 於今日聞使君之明, 遇天子之恩, 若不求一祠, 則後人笑浮生子不及前代死者婦人女子也. 幸詳而念之. 設若廟食自使君也, 使浮生子死且貴於生, 又足以見人間貪生惡死之非也." 州牧曰: "天子立前代之功臣・烈士・孝女・貞婦之祠者, 示勸戒, 欲後人倣效之. 苟立祠於爾, 不知以何使後人倣效耶?" 魂曰: "浮生子無功・無孝・無貞可紀也. 使君殊不知達人之道, 高尙於功・烈・孝・貞也." 州牧無以屈, 命私立祠焉. (出『瀟湘錄』)

301 · 4(3915)
구가복(仇嘉福)

당(唐)나라의 구가복은 경조(京兆) 부평(富平) 사람으로 집이 부대촌(簿臺村)에 있었다. 그는 과거에 응시하러 낙양(洛陽)에 들어가기 위해 경조를 떠났다가 길에서 한 젊은이를 만났는데, 그 젊은이는 모습이 마치 왕공(王公) 같았으며 의복과 거마(車馬)와 시종들이 매우 성대했다. 젊은이는 구가복이 기쁜 기색을 띠고 있는 것을 보고는 어디로 가는지 물었더니 구가복이 말했다.

"과거에 응시하러 도성[洛陽]으로 갑니다."

젊은이가 말했다.

"나 역시 동쪽으로 가는 길이니 당신과 함께 간다면 좋겠소."

구가복이 젊은이에게 성을 물었더니 젊은이가 "백씨(白氏)오"라고 대답했다. 구가복은 곰곰이 생각해보았으나 조정에는 백씨 성을 가진 귀인(貴人)이 없었으므로, 마음속으로 자못 의아해했다. 하루가 지난 뒤 젊은이가 구가복에게 말했다.

"당신의 나귀가 쇠약하여 함께 갈 수가 없으니, 내 뒤 수레에 타도록 하시오."

며칠 뒤 화악묘(華嶽廟)에 도착했을 때 젊은이가 구가복에게 말했다.

"나는 보통 사람이 아니오. 천제께서 나에게 천하의 귀신을 심문하게 하셨기에 지금 사당에 들어가 국문(鞫問)을 해야 하오. 당신의 운명에는 나와 오래된 인연이 있어서 이미 여기까지 오게 되었으니 사당에 들어가 보지 않겠소? 일이 끝난 후에 함께 도성으로 들어가도록 합시다."

구가복은 하는 수 없이 젊은이를 따라 사당 문으로 들어가서 보았더니, 비취빛 휘장이 짙은 구름처럼 쳐져 있고 온갖 기물들이 잘 갖추어져 있었으며 그 앞에 의자가 놓여 있었다. 그 젊은 귀인은 책상을 앞에 두고 앉아 대나무 의자에 구가복을 앉게 했다. 이윽고 귀인이 산신을 불러오라는 전교(傳敎)를 내리자 산신이 당도하여 땅에 엎드렸다. 귀인은 서너 번 큰소리로 산신을 질책한 뒤 측근 부하에게 명하여 끌고 나가라고 했다. 귀인은 또 관중(關中)의 여러 신들을 두루 불러오게 하여 이름을 점검하며 살펴보았는데, 마지막으로 곤명지신(昆明池神)의 차례가 되자 그를 계단으로 불려 올려 함께 얘기를 나누었다. 그리고는 구가복에게 약간 떨어져 있으라고 부탁하여 그들의 논의에 참여하지 못하게 했다. 그래서 구가복은 그곳을 나와 당(堂) 뒤의 장막 안으로 갔다가 장막 밖에서 고통에 신음하는 소리가 들리기에 장막을 들추고 보았더니, 자기 부인이 정원의 나무 위에 목이 매달려 있었다. 구가복은 부인이 반드시 죽게 될 것이라고 생각하여 대경실색했다. 잠시 후 귀인은 구가복을 다시 불러들였는데, 그의 안색이 좋지 않은 것을 보고는 그 까닭을 물었더니 구가복이 사실대로 대답했다. 귀인은 다시 사람을 보내 확실히 살펴보라고 명했는데, 그 사람이 돌아와 틀림없다고 보고하자 귀인이 놀라며 말했다.

"당신의 부인은 내 부인과 마찬가지이니 어찌 돌봐주지 않을 수 있겠소?"

그리고는 마침내 산신을 불러오라는 전교를 내렸다. 산신이 도착하자 귀인이 물었다.

"어찌하여 부대촌 구가복의 부인을 잡아와서 심한 고통을 주느냐?"

산신이 처음에 무슨 일인지 몰라 하자, 푸른 옷 입은 사람이 자신을 판관(判官)이라고 하면서 뒤에서 산신을 대신하여 대답했다.

"이 일은 천조(天曹)에서 잡아오게 한 것으로 지금 천조에서 보내온 문서가 있습니다."

귀인은 그 문서를 가져오게 하여 측근 부하에게 그것을 봉인하라고 명한 뒤, 자신이 그것을 가지고 천제가 계신 곳으로 가서 직접 천제께 아뢰겠다고 했다. 그리고는 산신을 돌아보며 즉시 그녀를 풀어주라고 했으며, 또 구가복에게 말했다.

"본래는 [당신과 함께] 도성으로 가려고 했지만 지금은 갈 수 없소. 당신은 속히 고향 부평으로 돌아가는 것이 좋겠소."

그러면서 손가락을 꼽아 여정(旅程)을 헤아려보고 나서 말했다.

"나흘에야 비로소 도착할 것인데, 그러면 제때에 일을 처리하지 못할까 걱정이니 내가 준마를 빌려주겠소. 당신은 나중에 나를 찾고 싶을 경우 정실(淨室)에서 향을 피우면 내가 반드시 갈 것이오."

귀인은 말을 마친 뒤 작별하고 떠났다. 구가복이 문을 나섰더니 귀인의 노복이 말을 몰고 와서 당도해 있었는데, 구가복이 말에 오르자 순식간에 그의 집에 도착했다. 집안사람들이 경황없이 슬피 울고 있을 때, 구가복은 곧장 안으로 들어가서 부인의 얼굴에 씌운 천을 벗기고 숨이 붙어 있는지 살폈다. 잠시 후 부인이 마침내 살아나자 온 집안이 기뻐하며 축하했다. 술을 들고 와서 축하하는 마을의 장로(長老)들도 며칠 동안 끊이지 않았다. 그 후 네댓새 뒤에 또 다른 구가복이 나귀를 타고 노복과 함께 돌아왔는데, 집안사람들은 [누가 진짜 구가복인지] 분간하지 못했다. 안에 있던 구가복이 나오고 밖에 있던 구가복이 들어와서 서로 만나 하나로 합쳐지고 나서야 집안사람들은 이전에 돌아왔던 구가복이 그의 영혼이었음을 알게 되었다.

그 후 1년 남짓 지나서 구가복은 다시 과거에 응시하러 도성으로 갔다. 도중에 화악묘 아래에 이르러 등주(鄧州)의 최사법(崔司法)을 만났는데, 그는 아내가 갑자기 죽어서 몹시 애달프게 통곡하고 있었다. 구가복은 측은하고 불쌍히 여겨 직접 최사법을 찾아가 그에게 울음을 그치게 하고 일을 해결해주겠다고 허락하자, 최사법은 몹시 기뻐했다. 구가복이 정실에서 향을 피우고 마음속으로 귀인을 생각했더니 잠시 후 귀인이 도착했다. 두 사람이 반갑게 인사를 마친 뒤, 귀인은 [구가복에게 자신을 찾은 까닭을] 묻고 나서 말했다.

"이것은 산신이 한 짓이니 진실로 해결할 수 있소. 당신이 200민(緡)을 얻을 수 있도록 해줄 터이니, 먼저 [최사법에게] 돈을 요구한 다음에 손을 쓰도록 하시오."

그리고는 부적 9개를 써주며 말했다.

"먼저 부적 3개를 사르시오. 그런데도 만약 [최사법의 아내가] 깨어나지 않을 경우 다시 나머지 부적 6개를 사르면 틀림없이 되살아날 것이오."

귀인은 말을 마친 뒤 날아서 떠났다. 구가복이 귀인의 말을 최사법에게 알려주었더니 최사법은 감히 거역하지 못했다. 처음에 부적 3개를 살랐지만 저녁이 될 때까지 [최사법의 아내는] 깨어나지 않았다. 그래서 다시 나머지 부적을 살랐더니 얼마 후 마침내 살아났다. 최사법이 아내에게 [어찌된 영문인지] 물었더니 아내가 대답했다.

"제가 막 객점에 들어갔을 때 난데없이 운모 수레가 계단 아래에 나타났는데, 건장한 군졸 수백 명이 각기 병기를 들고 좌우에 나열해 있었습니다. 그들이 대왕께서 저를 데려오라고 했다는 말을 전하기에 저는 황급히 따라갔습니다. 대왕은 저를 보고 기뻐하면서 막 기쁨을 나누려고 했는데, 그때 갑자기 세 사람이 찾아와서 '태을신(太乙神)께서 어찌하여 산 사람의 아내를 빼앗았는지 물으십니다'라고 했습니다. 그러자 대왕은 당황하고 두려워하면서 문서를 들고 '이 여자는 천제께서 내 부인으로 짝 지워주신 것이지 내가 함부로 데려온 것이 아니오'라고 말하면서 저를 보내주려고 하지 않았습니다. 얼마 후 대여섯 명의 커다란 신인(神人)이 금방망이를 들고 대왕의 뜰에 이르렀습니다. 그러자 대왕의 부하들은 모두 놀라 도망갔고 대왕만 나무 아래에 서서 목숨을 살려달라고 간청했습니다. 결국 대왕은 저를 돌려보내 주었습니다."

구가복은 그제야 비로소 귀인이 태을신임을 알게 되었다. 그 후에도 구가복이 태을신을 생각하기만 하면 그가 반드시 찾아왔으며, 구가복을 위해 대여섯 개의 관직을 옮겨주었으니, 이 모두는 태을신의 도움을 크게 받은 것이었다. (『광이기』)

唐仇嘉福者, 京兆富平人, 家在簿臺村. 應擧入洛, 出京, 遇一少年, 狀若王者, 裘馬僕從甚盛. 見嘉福有喜狀, 因問何適, 嘉福云: "應擧之都." 人云: "吾亦東行, 喜君相逐." 嘉福問其姓, 云: "姓白." 嘉福竊思朝廷無白氏貴人, 心頗疑之. 經一日, 人謂嘉福: "君驢弱, 不能偕行, 乃以後乘見載." 數日, 至華嶽廟, 謂嘉福曰: "吾非常人. 天帝使我案天下鬼神, 今須入廟鞫問. 君命相與我有舊, 業已如此, 能入廟否? 事畢, 當俱入都."嘉福不獲已, 隨入廟門, 便見翠幌雲黯, 陳設甚備, 當前有牀. 貴人當案而坐, 以竹倚牀坐嘉福. 尋有敎呼嶽神, 神至俯伏. 貴人呼責數四, 因命左右曳出. 徧召關中諸神, 點名閱視, 末至昆明池神, 呼上階語. 請嘉福宜小遠, 無預此議. 嘉福出堂後幕中, 聞幕外有痛楚聲, 抉幕, 見己婦懸頭在庭樹上. 審其必死, 心色俱壞. 須臾, 貴人召還, 見嘉福色惡, 問其故, 具以實對. 再命審視, 還答不謬, 貴人驚云: "君婦若我婦也, 寧得不料理之?" 遂傳敎召嶽神. 神至, 問: "何以取簿臺村仇嘉福婦, 致楚毒?" 神初不之知, 有碧衣人, 云是判官, 自後代對曰: "此事天曹所召, 今見書狀送." 貴人令持案來, 敕('敕'字原空闕, 據明鈔本補)左右封印之, 至天帝所, 當持出, 已白白帝. 顧謂嶽神, 可卽放還, 亦謂嘉福: "本欲至都, 今不可矣. 宜速還富平." 因屈指料行程, 云: "四日方至, 恐不及事, 當以駿馬相借. 君後見思, 可于淨室焚香, 我當必至." 言訖辭去. 既出門, 神僕策馬亦至, 嘉福上馬, 便至其家. 家人倉卒悲泣, 嘉福直入, 去婦面衣候氣. 頃之遂活, 擧家歡慶. 村里長老, 壺酒相賀, 數日不已. 其後四五日, 本身騎驢, 與奴同還, 家人不之辨也. 內出外入, 相遇便合, 方知先還卽其魂也.

後歲餘, 嘉福又應擧之都. 至華嶽祠下, 遇鄧州崔司法妻暴亡, 哭聲哀甚. 惻然憫之, 躬往詣崔, 令其輟哭, 許爲料理, 崔甚忻悅. 嘉福焚香淨室, 心念貴人, 有頃遂至. 歡叙畢, 問其故: "此是嶽神所爲, 誠可留也. 爲君致二百千, 先求錢, 然後下手." 因書九符, 云: "先燒三符. 若不愈, 更燒六符, 當還矣." 言訖飛去. 嘉福以神言告崔, 崔不敢違. 始燒三符, 日晚未愈. 又燒其餘, 須臾遂活. 崔問其妻: "初入店時, 忽見雲母車在階下, 健卒數百人, 各持兵器, 羅列左右. 傳言王使相迎, 倉卒隨去. 王見喜, 方欲結歡, 忽有三人來云: '太乙神問何以奪生人妻.' 神惶懼, 持簿書云: '天配爲己妻, 非橫取之.' 然不肯遣. 須臾, 有大神五六人, 持金杵, 至王庭. 徒衆駭散, 獨神立樹下, 乞有其命. 王遂引已還." 嘉福自爾方知貴人是太乙神也. 爾後累思必至, 爲嘉福迴換五六政官, 大獲其力也. (出『廣異記』)

301 · 5(3916)
식양인(食羊人)

[당나라] 개원연간(開元年間: 713~741) 말에 양 머리를 먹길 좋아하는 어떤 사람이 있었다. 그가 한번은 새벽에 외출하다가 보니 문에 요괴가 있었는데, 그것은 양 머리에 사람 몸을 하고 있었으며 의관이 매우 훌륭했다. 요괴가 그 사람에게 말했다.

"나는 미(未: 12地神 가운데 하나)의 신으로 양띠에 해당한다. 나는 네가 양 머리를 먹길 좋아하기 때문에 너를 잡으러 왔다. 이후로 양 머리 먹는 것을 그만두면 그냥 놔두겠지만 만약 그렇지 않다면 장차 너를 죽이겠다."

그 사람은 크게 두려워하여 마침내 다시는 양 머리를 먹지 않았다. (『기문』)

開元末, 有人好食羊頭者. 常晨出, 有怪在門焉, 羊頭人身, 衣冠甚偉. 告其人曰: "吾未之神也, 其屬在羊. 吾以汝好食羊頭, 故來求汝. 輟食則已, 若不爾, 吾將殺之." 其人大懼, 遂不復食. (出『紀聞』)

301 · 6(3917)
왕 준(王 晙)

왕준(王晙)은 기백이 넘치고 장대하여 용과 호랑이의 모습을 지녔으며, 정의감이 강하고 화통하여 옛 대장부의 기풍을 갖고 있었다. 아랫사람을 부릴 때는 매우 엄정하여 부하 관리들이 그를 두려워하면서도 의롭게 여겼다. 왕준이 죽은 뒤에, 신안왕(信安王) 이의(李禕)가 유주(幽州)에서 해족(奚族: 熱河 지방 부근에 살았던 이민족)을 토벌하고 승전보를 알리면서 상주문에서 이렇게 말했다.

"군사들은 왕준이 병사를 이끌고 군대의 선봉에서 적을 무찌르는 것을 모두 보았사옵니다."

호부랑중(戶部郎中) 양백성(楊伯成)이 상소문을 올려, 왕준을 위해 그의 무덤과 봉역(封域)을 넓혀주고 사신을 파견하여 제사를 드리며 그의 자손을 우대해달라고 청하자, 현종(玄宗)은 그대로 따랐다. (『담빈록』)

王晙氣充雄壯, 有龍虎之狀, 慕義激勵, 有古人之風. 馭下整肅, 人吏畏而義之. 晙卒後, 信安王禕, 于幽州討奚告捷, 奏稱: "軍士咸見晙領兵爲前軍討賊." 戶部郎中楊伯成上疏, 請爲晙墳增封域, 降使享祭, 優其子孫, 玄宗從之. (出『譚賓錄』)

태평광기 권제 302 신 12

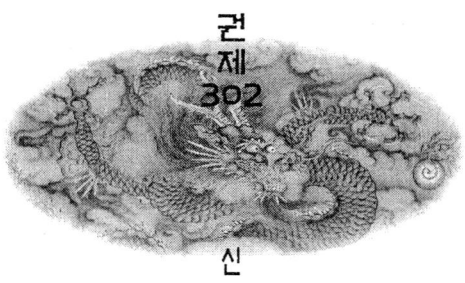

1. 황보순(皇甫恂)
2. 위정훈(衛庭訓)
3. 위수장(韋秀莊)
4. 화악신녀(華嶽神女)
5. 왕한(王閈)

302 · 1(3918)
황보순(皇甫恂)

황보순은 자가 군화(君和)이다. 그는 개원연간(開元年間: 713~741)에 화주참군(華州參軍)으로 있다가 갑자기 죽었다. 황보순은 죽은 뒤 혼백이 마치 큰 길가에 있는 듯 했는데, 길 양쪽으로 많은 홰나무가 늘어서 있었다. 황보순은 관리 몇 명이 비를 들고 청소하고 있는 것을 보고 그 까닭을 물어보았더니 관리가 대답했다.

"오도장군(五道將軍: 東岳의 한 神으로 사람의 生死를 관장한다고 함)께서 늘 이곳에 말을 풀어놓으십니다."

황보순은 그제야 자신이 죽었다는 사실을 깨닫고 탄식하면서 길을 걸어갔다.

그런데 갑자기 누런 옷을 입은 관리 몇 명이 부절을 들고 나타나서는 천조(天曹: 天上의 관청)에서 자신을 잡아들이라고 했다면서 황보순을 다그쳐 어느 한 곳으로 데리고 갔다. 문궐(門闕: 고대 관청이나 사당 앞에 雙闕로 이루어진 출입구)이 아주 높게 솟아 있었는데 마치 인간세상의 상동문(上東門) 같았다. 또 다른 문이 있었는데 마치 상서성(尙書省)의 문 같았으며, 문지기들이 많이 있었다. 황보순이 막 불려 들어가는 순간에 한 관리가 말했다.

"공께서는 관리 신분이시니 반드시 별도로 통보해야 합니다. 관리가 공무를 처리하고 시간을 낼 때까지 기다려봅시다."

황보순은 공손하게 서서 자신의 차례를 기다렸다.

별안간 거리에 있던 사람들이 두려워하면서 뒤로 물러나는가 싶더니 갑자기 수 백 명의 사람이 말을 타고 창을 휘두르며 동쪽에서부터 달려오고 있었다. 황보순은 급히 담과 문 사이로 몸을 숨기고 무슨 일인지 살펴보았다. 가까이 다가오는 데 보았더니, 한 노파가 커다란 햇빛 가리개를 들고 말 네 필을 몰며 달려오고 있었고, 그 뒤로 많은 시종들이 따라오고 있었다. 황보순이 자세히 살펴보았더니 그 노파는 다름 아닌 숙모 설씨(薛氏)였다. 황보순는 종종 걸음으로 나와 노파에게 엎드려 절하면서 자신의 이름을 댔다. 그러자 노파는 말을 세우고 황보순에게 이렇게 물었다.

"뉘시오? 나는 전혀 기억이 나지 않는데."

황보순은 곧장 어렸을 때의 이름을 댔다. 그러자 노파는 이내 기뻐하면서 말했다.

"그런데 조카가 여기는 어쩐 일로 왔는가?"

황보순은 이에 사실대로 대답했다. 그러자 노파가 말했다.

"조카들 가운데 유독 너만 복이 넘치는데, 그들이 너를 잘못 데려왔음이 틀림없다. 또한 내가 근자에 새로운 직무를 맡아 지금은 몹시 바쁘니 너는 이따 관청으로 나를 보러 오너라."

노파는 말을 다하고는 갔다.

잠시 뒤에 판관은 공무를 보고 나서 시간이 나자 황보순을 안으로 들이라고 했다. 황보순이 안으로 들어가자 한 관리가 아주 거만하게 그를 맞이하고 있었다. 황보순이 그에게 살려달라고 애걸하자 관리가 이렇게 말했다.

"그대는 인간 세상에 있을 때 쌓은 공덕이라도 있는가?"

황보순이 대답했다.

"있습니다."

관리는 머리를 숙이더니 웃으면서 말했다.

"여기는 거짓말하는 곳이 아니다."

관리는 좌우의 사람들을 돌아보면서 말했다.

"거세 담당관을 불러들여라."

그 말에 황보순은 몹시 두려움에 떨고 있었다. 그런데 갑자기 "염라대왕께서 사자를 보내 오셨습니다" 하고 다급하게 외치는 소리가 들렸다. 판관은 급히 종종 걸음으로 나가 절을 하고 염라대왕의 명령을 받았다. 황보순이 몰래 살펴보았더니 한 환관이 염라대왕의 명령을 전하고 난 뒤에 가고 있었다. 판관은 절을 하고 환관을 문밖까지 전송하고 나서는 다시 안으로 들어와 황보순에게 말했다.

"조금 전에 대사가 명하길, 그대는 아직 이곳에 와서는 안 되는 사람인데 담당관리가 잘못 데리고 왔다고 하신다. 직접 대사를 만나 뵈면 바로 이승으로 돌아갈 수 있을 것이다."

그리고는 몇몇 관리에게 황보순을 데리고 나가게 했다.

서쪽으로 3~4리 가서 한 관청에 도착했는데 문 앞에 깃발이 나부끼고 있었다. 황보순이 명을 받고 안으로 들어가서 보았더니 숙모가 대전에 앉아서 자신에게 위로 와 앉으라고 했다. 황보순은 몸을 낮추고 자리에 가서 앉았다. 의장대의 경비가 매우 삼엄했는데, 그 옆으로 스님 한 명이 보좌(寶座: 神佛이나 帝王이 앉는 자리)에 결가부좌를 하고 있었고 동자 두 명이 옆에서 시중들고 있었기에 황보순은 스님에게도 절을 올렸다. 숙모는 그제야 자신이 어떻게 살았고, 친척들이 어떻게 되었는지 자세히 설명해주면서 황보순에게 인의(仁義)의 도리를 가르쳐주고 인과응보에 대해서 이야기해주었다. 그리고는 또 이렇게 말했다.

"조카는 지옥에 대해서 들어보았는가? 이곳에 그런 곳이 있으니 꼭 한 번 보고 가게."

숙모는 스님을 돌아보며 말했다.

"여기 이 아이를 인도해주시지요."

스님은 옷매무새를 단정하게 하더니 황보순에게 명했다.

"나를 따라오시게."

황보순은 곧장 스님의 뒤를 따라 갔다.

1~2리 정도 갔을 때 저 멀리로 검은 연기가 위에서 아래로 퍼지는데 그 끝이 보이지 않았다. 검은 연기 가운데 검은 성이 있었는데 불꽃이 벌겋게 일고 있었다. 황보순과 스님이 그 성 가까이로 다가가자 검은 연기는 저절로 스님에게서 1장(丈) 정도 떨어져서 퍼졌다. 성에 도착하자 문이 저절로 열렸다. 막 성안으로 들어서는데 보았더니, 좌우의 죄수들이 막 살갗이 벗겨져 피를 흘리고 있었다. 또 살이 문드러지고 뼈가 부서지도록 칼에 찔리고 잘렸는데 그 비명소리가 처절했다. 셀 수 없이 많은 죄수들이 그 사이를 데굴데굴 구르고 있었는데 매를 맞고 울부짖는 소리에 땅이 흔들렸다. 황보순은 두렵고 불안한 나머지 스님에게 돌아가자 했다. 또 북쪽으로 한 문이 보였는데 화염이 거세게 일고 있었다. 스님은 그 문을 가리키며 말했다.

"이곳이 바로 무간(無間: 無間地獄. 즉 阿鼻地獄을 말함)으로 들어가는 문이네."

스님의 말이 끝나고 돌아가려고 할 때, 갑자기 누군가가 불 속에서 황보순을 부르는 소리가 들렸다. 황보순이 보았더니 어떤 스님이 머리에 쇠못이 박힌 채 쇠로 만든 평상에 앉아 있었는데 피가 땅바닥까지 흘러 내렸다. 황보순이 자세히 살펴보았더니 그는 자신의 집안을 위해 일하는 호변(胡辨) 스님이었다. 황보순이 깜짝 놀라 어찌된 일인지 물어보았더니 호변 스님이 말했다.

"저는 평생 공을 비롯해서 다른 사람들과 함께 술을 마시고 고기를 먹어 지금과 같은 일을 당했으니, 스스로 후회해봤자 무슨 길이 있겠습니까? 지금 그대가 스님을 따라 온 것을 보니 틀림없이 많은 복이 있을 것입니다. 부디 나를 구해주십시오."

황보순이 말했다.

"어떻게 하면 여기서 당신을 구해낼 수 있습니까?"

호변 스님이 말했다.

"『금강명경(金光明經)』한 부를 써 주시고 또 저자거리에 석당(石幢: 불경을 새겨 놓은 돌기둥)을 하나 만들어주시면, 저는 비로소 축생이 될 수 있습니다."

황보순은 몹시 슬퍼하며 그렇게 하겠다고 약속했다. 황보순은 대전으로 돌아와 자신이 본 것을 모두 말했다. 그러자 숙모가 말했다.

"열심히 선업(善業)을 닦으면 자연히 이런 데는 오지 않을 것이네."

그리고는 또 말했다.

"조카는 자신이 어떤 벼슬을 할지 알고 싶은가?"

황보순이 말했다.

"알고 싶습니다."

잠시 뒤에 누런 옷 입은 사람이 문서를 한 아름 안고 오자, 숙모가 그것들을 처마 아래에 펼쳐놓고 보게 했는데, 도성의 많은 벼슬아치들에 대해 적혀 있었다. 또 다른 문서에는 태부경(太府卿)이 면주자사(綿州刺史)로 폄직된다는 내용이 적혀 있었다. 그때 누런 옷 입은 관리가 그 뒷부분을 가리면서 말했다.

"이 부분은 안 됩니다."

숙모가 관리 두 명에게 황보순을 데려다 주고 오라고 명을 내렸기 때문에 황보순은 두 번 절하고 그곳을 나왔다.

문을 나오고 난 뒤에 황보순이 두 관리에게 그 성씨를 물어보았더니 한 명은 초씨(焦氏)였고 다른 한 명은 왕씨(王氏)였다. 황보순이 이들과 함께 서쪽으로 10리 남짓 갔을 때 다리 셋 달린 양 한 마리가 나타나 길을 가로막고 울부짖으면서 황보순에게 이렇게 욕했다.

"내 오랫동안 너를 기다려왔다! 너는 어찌하여 내 한쪽 다리를 잘랐느냐?"

황보순은 실제 아무 기억도 나지 않아서 다시 양에게 무슨 일이냐고 물었더니 양이 말했다.

"당신은 아무 해 아무 날에 아무 현 현위(縣尉)의 대청에서 양다리를 먹을 수 있다고 떠벌렸소. 그때 마침 양이 준비되어 있지 않았기에 소부(少府: 縣尉의 別稱)는 백정을 때렸고, 매를 맞은 백정은 하는 수 없이 산채로 내 다리를 잘라 가지고 갔는데, 나는 그때 죽었소. 이를 볼 때 나는 결국 당신 때문에 죽은 것이오."

황보순은 그제야 그런 사실을 기억해내고는 아주 공손하게 사죄하면서 죄를 백정에게 떠넘기고 스스로를 해명했다. 초씨와 왕씨 두 관리도 함께 일을 해결하려고 했지만, 양은 길을 가로막고 서서 비키려 하지 않았다. 황보순은 길을 갈 수 없게 되자 이렇게 말했다.

"내 너를 위해 공덕을 쌓아주면 어떻겠는가?"

그러자 양이 말했다.

"속히 나를 위해『금강경(金剛經)』을 써주시오."

황보순이 그렇게 하겠다고 하자 양은 기뻐하면서 물러갔다. 두 관리가 다시 말했다.

"당신을 전송하게 되어 다행입니다. 마땅히 저희에게도 똑같은 은혜를 베풀어『금강경』한 권씩을 써주십시오."

황보순은 역시 그렇게 하겠다고 대답했다. 다시 1리 남짓 걸어갔을 때 두 관리가 말했다.

"우리는 단지 여기까지만 당신을 전송할 수 있습니다. 당신은 이제부터 혼자서 이 길을 따라 가십시오. 다시 1~2리를 가다보면 마실 것을 파는 가게가 나오고 가게 옆으로 비탈길이 있으니, 그 길로 백 보만 가면 집에 도착할 것입니다."

두 관리는 황보순과 이별하고 돌아갔다. 황보순은 혼자서 길을 가다 보니 몹시 힘이 들고 목이 말랐다. 과연 한 가게에 도착했는데 가게 안에는 물동이만 있을 뿐 사람은 보이지 않았다. 황보순이 몰래 물을 가져다 마시려고 하는 순간 한 노인이 나타나 버럭 소리를 지르고 화를 내면서 칼로 황보순을 막으며 이렇게 욕했다.

"내 물을 훔쳐 마시려 하다니!"

황보순이 잔뜩 겁을 집어먹고 얼른 달아나자, 노인도 아주 빠르게 황보순을 쫓아왔다. 황보순은 뒤를 돌아보다가 그만 구덩이 안으로 빠졌는데, 그 순간 놀라서 깨어났다.

깨어나서 보았더니 자신은 관속에 있었고, 죽은 지 5~6일이 지난 뒤였다. 얼마 뒤에 황보순의 부인은 이상한 조짐을 느껴 관을 열고 보았더니 황보순의 숨이 가늘게 붙어 있었다. 한참 뒤에 황보순은 말을 할 수 있게 되자, 급히 부인에게 『금강경』 세 부를 쓰라고 했다. 그날 밤 갑자기 문 두드리는 소리가 들리는가 싶더니 때마침 바람이 불기 시작했다. 그 순간 하늘에서 낭랑한 말소리가 들려왔다.

"초 아무개와 왕 아무개는 당신의 공덕에 힘입어 지금 하늘에 올라가게 되었습니다."

황보순의 집안사람들은 모두 이 말을 들었다. 다시 한 달 뒤에 도성에서 호변 스님이 황보순을 찾아왔다. 황보순은 깜짝 놀라하면서 더 이상 그와 술을 마시지 않았다. 이 일로 호변 스님이 황보순을 몹시 원망하자, 황보순은 조용한 곳에서 호변 스님에게 자신이 저승에서 본 선사의 모습이 이러이러했다고 말해주었다. 그러나 호변 스님은 그 말을 믿으려 하지 않았다. 얼마 뒤에 호변 스님은 황보순을 떠나 신주(信州)에 갔는데, 갑자기 머리에서 종기가 나더니 그날 밤에 바로 곪아터지기 시작해서 몹시 위독해졌다. 이에 호변 스님이 말했다.

"황보순의 말이 어찌 신령스럽지 않은가?"

호변 스님은 그로부터 며칠 뒤에 죽었다. 그리하여 황보순은 호변 스님을 위해 저자거리에다 석당을 세워주었다. 석당 공사가 막 끝나던 날 저자거리에 돼지 새끼 여섯 마리가 태어났는데, 그 가운데 한 마리는 흰색이었다. 흰색 돼지는 석당 있는 곳으로 가서 며칠 동안 그 주위를 빙

빙 돌다가 지쳐서 죽었다. 그 석당은 지금도 남아 있다. 훗날 황보순은 정말 태부경이 되었다가 면주자사로 폄적된 뒤에 죽었다.(『통유기』)

皇甫恂, 字君和. 開元中, 授華州參軍, 暴亡. 其魂神若在長衢路中, 夾道多槐樹. 見數史擁篲, 恂問之, 答曰: "五道將軍常於此息馬." 恂方悟死耳, 嗟歎而行.

忽有黃衣史數人, 執符, 言大曹追, 遂驅迫至一處. 門闕甚崇, 似上東門. 又有一門, 似尙書省門, 門衛極衆. 方引入, 一吏曰: "公有官, 須別通. 且伺務隙耳." 恂拱立候之.

須臾, 見街中人驚曇辟易, 俄見東來數百騎, 戈矛前驅. 恂匿身牆門以窺. 漸近, 見一老姥, 擁人蓋, 策四馬, 從騎甚衆. 恂細視之, 乃其親叔母薛氏也. 恂遂趨出拜伏, 自言姓名. 姥駐馬問恂: "是何人? 都不省記." 恂卽稱小名. 姥乃喜曰: "汝安得來此?" 恂以實對. 姥曰: "子姪中惟爾福最隆, 來當誤耳. 且吾近充職務, 苦驅馳, 汝就府相見也." 言畢遂過.

逡巡, 判官務隙命入. 見一衣冠, 昂然與之承迎. 恂哀祈之, 謂恂曰: "足下陽中有功德否?" 恂對曰: "有之." 俛而笑曰: "此非妄語之所." 顧左右曰: "喚闥(古瓦反)割家來." 恂甚惶懼. 忽聞疾報聲: "王有使者來." 判官遽趨出, 拜受命. 恂窺之, 見一閽人傳命畢, 方去. 判官拜送門外, 却入, 謂恂: "向來大使有命, 言足下未合來, 所司誤耳. 足下自見大使, 便可歸也." 數吏引去.

西行三四里, 至一府郡, 旌旗擁門. 恂被命入, 仰視, 乃見叔母據大殿, 命上令坐. 恂俯伏而坐. 羽衛森然, 旁有一僧趺寶座, 二童子侍側, 恂亦理揖. 叔母方叙平生委曲親族, 誨恂以仁義之道, 陳報應之事. 乃曰: "兒豈不聞地獄乎? 此則其所也, 須一觀之." 叔母顧白僧: "願導引此兒." 僧遂整衣, 而命恂: "從我." 恂隨後行.

比一二里, 遙望黑風, 自上屬下, 煙漲不見其際. 中有黑城, 飛焰赫然. 漸近其城, 其黑氣卽白去和尙丈餘而開. 至城, 門卽自啓. 其始入也, 見左右罪人, 初剝皮吮血. 砍刺糜碎, 其叫呼怨痛. 宛轉其間, 莫究其數, 楚毒之聲動地. 恂震怖不安, 求還. 又北望一門, 熾然炎火. 和尙指曰: "此無間門也." 言訖欲歸, 忽聞火中一人呼恂. 恂視之, 見一僧坐鐵牀, 頭上有鐵釘釘其腦, 流血至地. 細視之, 是恂門徒僧胡辨也. 驚問之, 僧曰: "生平與人及公飮酒食肉, 今日之事, 自悔何階? 君今隨和尙, 必當多福. 幸垂救." 曰: "何以奉敎?" 僧曰: "寫『金光明經』一部, 及於都市爲造石幢, 某方得作畜生耳." 恂悲而諾之. 遂廻至殿, 具言悉見. 叔母曰: "努力爲善, 自不至是." 又曰: "兒要知官爵否?" 恂曰: "願知之." 俄有黃衣抱案來, 敕于廡下發視之, 見京官至多. 又一節, 言太府卿貶綿州刺史. 其後掩之, 吏曰: "不合知矣." 遂令二人送恂歸, 再拜而出.

出門後, 問二吏姓氏, 一姓焦, 一姓王. 相與西行十餘里, 有一羊三足, 截路吼噉, 罵恂曰: "我待爾久矣! 何爲割我一脚?" 恂實不省, 且問之, 羊曰: "君某年日, 向某縣縣尉廳上, 誇能割羊脚. 其時無羊, 少府打屠伯, 屠伯活割我一脚將去, 我自此而斃. 吾由爾而夭." 恂方省之, 乃卑詞以謝, 託以屠者自明. 焦·王二吏, 亦同解紛, 羊當路立. 恂不得去, 乃謝曰: "與爾造功德可乎?" 羊曰: "速爲我寫『金剛經』." 許之, 羊遂喜而去. 二吏又曰: "幸得奉送. 亦須得同幸惠, 各乞一卷." 並許之. 更行里餘, 二吏曰: "某只合送至此. 郞君自尋此迳, 更一二里, 有一賣漿店, 店旁斜路, 百步已下, 則到家矣." 遂別去. 恂獨行, 苦困渴. 果至一店, 店有水甕, 不見人. 恂竊取漿飮, 忽有一老翁大叫怒, 持刀而趁, 罵云: "盜飮我漿!" 恂大懼却走, 翁甚疾來. 恂反顧, 忽陷坑中, 怳然遂活.

而殮棺中, 死已五六日. 旣而妻覺有變, 發視之, 緜緜有氣. 久而能言, 令急寫三卷『金剛經』. 其夜忽聞敲門聲, 時有風欻欻然. 空中朗言曰: "焦某·王某, 蒙君功德, 今得生天矣." 擧家聞之. 更月餘, 胡辨師自京來. 恂異之, 而不復與飮. 其僧甚恨, 恂於靜處, 略爲說冥中見師如此. 師輒不爲之信. 旣而去至信州, 忽患頂瘡,宿昔潰爛, 困篤. 僧曰: "悁言其神乎?" 數日而卒. 悁因爲市中造石幢. 幢工始畢, 其日市中豕生六子, 一白色('一白色'原作'五色白', 據明鈔本改). 自詣幢, 環遶數日, 疲困而卒. 今幢見存焉. 悁後果爲太府卿, 貶縣州刺史而卒. (出『通幽記』)

302·2(3919)
위정훈(衛庭訓)

하남(河南) 사람 위정훈은 여러 차례 과거를 보았으나 모두 낙방했다. 천보연간(天寶年間: 742~756) 초에 그는 술 마시고 금(琴) 타는 일에만 뜻을 두었는데, 술을 마실 때마다 땅에 술을 뿌리며 고수레했다. 위정훈은 늘 동시(東市)에 가서 놀다가 친구들을 만나면 술집에 가서 술을 마셨다. 그러던 어느 날 위정훈은 우연히 한 거인(擧人)을 만났는데, 마음이 아주 잘 맞았기에 그를 청해서 함께 술을 마셨다. 위정훈이 다시 잔을 돌리며 술을 권하자 거인은 갑자기 멍해지더니 술에 취해 쓰러져버렸다. 위정훈이 말했다.

"그대는 술을 마시지도 않았는데 어째서 술에 취한 것이오?"

그러자 거인이 말했다.

"나는 사람이 아니라 화원현(華原縣)의 재동신(梓桐神)이오. 어제 술집을 지나가다가 그대가 준 술에 이미 취해 버렸소. 그래서 오늘 그대를 찾아와 술에 취한 것도 그대에게 감사의 뜻을 표하기 위해서이오. 나는 지금 사당으로 돌아가야 하니, 훗날 부족한 것이 있거든 꼭 나를 찾아오시오."

재동신은 말을 다하고 나서 떠나갔다.

열흘 뒤에 위정훈은 재동신을 찾아갔다. 사당에 가서 보았더니 재동신은 이미 사신 두 명을 보내 위정훈을 맞이하며 사당으로 모시게 했다. 위정훈이 절을 하려고 하자 재동신이 말했다.

"제가 나이가 적으니 동생이 되었으면 합니다."

재동신은 마침내 절을 하며 위정훈을 형으로 모시고, 그를 위해 술상을 차리고 노래를 부르며 춤을 추었다. 위정훈은 저녁이 된 뒤에야 집으로 돌아왔다. 이튿날 위정훈이 다시 재동신을 찾아가 자신의 가난을 이야기하자, 재동신은 좌우의 사람들을 돌아보며 이렇게 말했다.

"보아하니 화원현에 사는 한 부자가 목숨이 꺼져가고 있는 모양이니 그의 영혼을 산 채로 거두어오너라."

귀신이 가서 목숨을 재촉하자 현령(縣令)의 부인 위씨(韋氏)의 숨결이 약해졌다. 귀신이 그 혼을 거두어 심장을 가리자 위씨는 갑자기 심장에 통증을 느껴 숨이 거의 끊어질 지경이었다. 재동신은 위정훈에게 이렇게 말했다.

"가서 돈 200관(貫)만 주면 병을 고칠 수 있다고 하십시오."

위정훈은 자신이 묵고 있는 곳으로 돌아가서 스스로 이렇게 써서 내붙였다.

"심통 치료."

현령은 위정훈을 불러들였다. 위정훈은 관청으로 가서 재동신의 말대로 돈 200관을 요구했고, 현령은 [병이 나으면] 그 돈을 주겠다고 했다. 위정훈이 위씨에게 약을 투여하자, 위씨는 곧장 병이 나아 이전의 상태로 돌아왔다. 자식들이 몹시 기뻐하고, 현령도 몹시 좋아하면서 위정훈에게 돈을 주고 그를 위해 잔치를 열어주었다.

이때부터 위정훈은 날마다 술에 취해 있었다. 그러자 위정훈이 머물고 있는 집의 주인이 그에게 이렇게 타일렀다.

"그대는 아직 빈곤한 처지에 있는데, 어째서 이렇게 과도하게 돈을 쓰면서 절제하지 않으시오?"

위정훈이 말했다.

"내게는 재동신이 있는데 무엇 때문에 가난을 걱정하겠소!"

집 주인이 그 사실을 현령에게 알리자, 현령은 위정훈을 불러 들여 어찌된 일이냐고 물었다. 이에 위정훈은 사실대로 현령에게 말했다. 화가 난 현령은 위정훈을 쫓아내고 재동신의 사당에 불을 질렀다. 위정훈이 밤에 시골 가게에서 잠을 자고 있는데 갑자기 재동신이 와서 이렇게 말했다.

"이 일은 형의 잘못이 아니라 내 운명에 쇠락의 기운이 들어있기 때문입니다. 저는 지금 탁금강(濯錦江)으로 가서 사당을 세워 그곳에서 크게 일어날 것이니, 나중에 그곳으로 저를 찾아오십시오."

재동신은 말을 마치고 사라졌다. 위정훈이 다시 탁금강으로 가보았더니 과연 새로운 사당이 있었다. 재동신은 마을 사람들의 꿈에 현신하여 위수재(衛秀才: 衛庭訓)를 묘축(廟祝: 사당이나 불당 따위의 향촉을 돌보는 사람)으로 청하라고 했다. 이튿날 마을 사람들은 위정훈에게 사당에 남아줄 것을 청했다. 그 해 말에 재동신은 위정훈에게 이렇게 말했다.

"제가 곧 천조(天曹)에 가니, 형님의 관운과 수명을 알아봐 드리겠습니다."

그리고는 며칠 뒤에 돌아와서 위정훈에게 말했다.

"형님께서는 내년에 마땅히 과거에 급제하여 이름을 날릴 것이고, 경양주부(涇陽主簿)를 지낼 것입니다. 그러나 임기를 채우기 전에 어떤 사람이 와서 형님을 판관(判官)에 임명할 것입니다."

그러고 나서 재동신은 술상을 차려 위정훈을 위해 송별연을 벌였다. 위정훈은 도성에 가서 이듬해 과연 과거에 급제하여 경양현주부(涇陽縣主簿)로서 관계에 첫발을 내딛었다. 주부로 있은 지 2년쯤 되었을 때 위정훈은 공무를 마치고 혼자서 한가롭게 청사에 서 있었는데, 한 누런 적삼을 입은 관리가 문서를 들고 안으로 들어오더니 절을 하고 말했다.

"천조의 명을 받들어 그대를 판관에 임명합니다."

위정훈은 그날 밤에 죽었다. (『집이기』)

衛庭訓, 河南人, 累擧不第. 天寶初, 乃以琴酒爲事, 凡飮皆敬酬之. 恒遊東市, 遇友人飮於酒肆. 一日, 偶値一擧人, 相得甚歡, 乃邀與之飮. 庭訓復醉, 此人昏然而醉. 庭訓曰: "君未飮, 何醉也?" 曰: "吾非人, 乃華原梓桐神也. 昨日從酒肆過, 已醉君之酒. 故今日訪君, 適醉者亦感君之志. 今當歸廟, 他日有所不及, 宜相訪也." 言訖而去.

後旬日, 乃訪之. 至廟, 神已令二使迎庭訓入廟. 庭訓欲拜, 神曰: "某年少, 請爲弟." 神遂拜庭訓爲兄, 爲設酒食歌舞. 旣夕而歸. 來日復詣, 告之以貧, 神顧謂左右: "看華原縣下有富人命衰者, 可收生魂來." 鬼徧索之, 其縣令妻韋氏衰. 乃收其魂, 掩其心, 韋氏忽心痛殆絶. 神謂庭訓曰: "可往, 得二百千與療." 庭訓乃歸主人, 自署云: "解醫心痛." 令召之. 庭訓入神敎, 求二百千, 令許之. 庭訓投藥, 卽愈如故. 兒女忻忭, 令亦喜, 奉錢爲宴飮.

自爾無日不醉. 主人諭之曰: "君當隱貧窘, 何苦使用不節乎?" 庭訓曰: "但有梓桐神在, 何苦貧也!" 主人以告令, 令召問之. 其以實告. 令怒, 遂庭訓而焚梓桐神廟. 庭訓夜宿村店, 忽見梓桐神來曰: "非兄之過, 乃弟合衰. 弟今往濯錦江立廟, 極盛於此, 可詣彼也." 言訖不見. 庭訓又往濯錦江, 果見新廟. 神見夢於鄕人, 可請衛秀才爲廟祝. 明日, 鄕人請留之. 歲暮, 神謂庭訓曰: "吾將至天曹, 爲兄問祿壽." 去數日歸, 謂庭訓曰: "兄來歲合成名, 官至涇陽主簿. 秩不滿, 有人迎充判官." 於是神置酒餞之. 至京, 明年果成名, 釋褐授涇陽縣主簿. 在任二載, 分務閒暇, 獨立廳事, 有一黃衫吏, 持書而入, 拜曰: "天曹奉命爲判官." 遂卒於是夕.
(出『集異記』)

302・3(3920)
위수장(韋秀莊)

[唐나라] 개원연간(開元年間: 713~741)에 활주자사(滑州刺史) 위수장은 한가한 날 성 위의 누각에 가서 황하(黃河)를 바라다보고 있었다. 누각에 갑자기 키가 3척(尺) 정도 되는, 자색 옷을 입고 붉은 색 관을 쓴 사람이 나타나 자신의 이름을 알리며 알현하기를 청했다. 위수장은 그가 사람이 아님을 알고 물었다.

"그대는 어떤 신이오?"

그러자 신이 대답했다.

"나는 바로 성황의 주인입니다."

위수장이 다시 말했다.

"무슨 일로 나를 찾아 오셨소?"

그러자 신이 대답했다.

"황하의 신이 내 성을 허물어뜨려서 수로를 바로 잡고자 하지만 저는 한사코 허락하지 않았습니다. 닷새 뒤에 물가에서 전쟁을 크게 벌이기로 약속했는데, 힘이 부족할 까 두려워 이렇게 사군(使君: 刺史의 존칭)인 당신에게 도움을 청하러 왔습니다. 만약 군사 2천 명을 데리고 활과 쇠뇌를 들고 저를 도와주신다면 틀림없이 황하의 신을 이길 수 있을 것입니다. 이 성 역시 사군의 성이니 사군께서는 한번 생각해보십시오."

위수장이 그렇게 하겠다고 승낙하자 신은 이내 사라졌다. 약속한 날이 되자 위수장은 날랜 병사 2천 명을 데리고 성루로 올라갔다. 황하가 갑자기 어두워지기 시작하면서 순식간에 흰 연기가 곧장 위로 10여 장 치솟아 오르자, 성루에서 푸른 연기가 나오더니 흰 연기와 한데 얽혔다. 위수장은 궁수들에게 흰 연기를 향해 마구 활을 쏘게 했다. 흰 연기의 모양이 점점 작아지더니 이내 사라지고, 오직 푸른 연기만 홀로 남아 구름 봉우리처럼 굽이굽이 돌더니 누각 안으로 들어갔다. 처음에 황하가 성 아래로 가까이 다가오더니 그 후로는 점점 멀어져 지금은 성에서 5~6리 떨어진 곳에서 흐르고 있다. (『광이기』)

開元中, 滑州刺史韋秀莊, 暇日來城樓望黃河. 樓中忽見一人, 長三尺許, 紫衣朱冠, 通名參謁. 秀莊知非人類, 問: "是何神?" 答曰: "卽城隍之主." 又問: "何來?" 答曰: "黃河之神, 欲毀我城, 以端河路, 我固不許. 剋後五日, 大戰於河湄, 恐力不禁, 故來求救于使君爾. 若得二千人, 持弓弩, 物色相助, 必當克捷. 君之城也, 惟君圖之." 秀莊許諾, 神乃不見. 至其日, 秀莊帥勁卒二千人登城. 河中忽爾晦冥, 須臾, 有白氣直上十餘丈, 樓上有靑氣出, 相縈繞. 秀莊命弓弩亂射白氣.

氣形漸小, 至滅, 唯靑氣獨存, 透迤如雲峯之狀, 還入樓中. 初時, 黃河俯近城之下, 此後漸退, 至今五六里也. (出『廣異記』)

302・4(3921)
화악신녀(華嶽神女)

　근자에 한 선비가 과거를 보러 도성으로 가는 길에 동관(潼關) 서쪽을 지나다가 한 여관의 작은 방에서 자게 되었다. 잠시 뒤에 한 귀인의 노복 몇 명이 와서 이렇게 말했다.
　"공주께서 이곳에 쉬러 오고 계시는 중입니다."
　그리고는 선비가 머물고 있는 객점과 다른 객점 4~5곳에 장막을 둘러쳤다. 선비는 처음부터 너무 두려운 나머지 미처 다른 곳으로 옮겨가지도 못했다. 잠시 뒤에 공주가 탄 수레 소리가 크게 나더니 모두들 수레에서 내리는 소리가 들렸다. 객점 안의 사람들은 문을 닫고 잠을 자면서 감히 밖으로 나오지 못했다. 공주는 문 앞에서 목욕할 생각에 하녀들에게 방안을 뒤져보라고 했다. 그러자 하녀가 말했다.
　"사람이 있어서 아니 됩니다."
　잠시 뒤에 방에서 선비가 나오자 시녀들은 그에게 욕을 하기 시작했다. 공주는 그를 불러 나오게 하더니 뚫어지게 쳐다보고 나서 이렇게 말했다.
　"이 서생이 내 마음에 꼭 드니 그를 모욕해서는 안 된다."
　공주는 그를 방안에 들이게 한 뒤 목욕을 하고 나서 다시 그를 불러들여 말을 나누었는데, 마음이 아주 잘 맞았다. 그리하여 공주는 시녀에게 그를 목욕시키고 화려한 옷을 갈아입히게 했다. 그리고는 붉은 휘장을 치고 비단 자리를 깔고 다른 침구들도 내왔는데, 하나같이 세상에서 가장 사치스러운 것이었다. 공주와 선비 두 사람은 부부의 예를 치렀다.

이튿날 두 사람은 함께 도성으로 돌아왔다. 공주의 저택은 회원리(懷遠里)에 위치해 있었고, 집 안팎의 시녀와 하인들만 해도 수백 명은 되었는데, 화려함과 부귀가 당시에 비할 만한 사람이 없었다. 집안사람들은 선비를 부마라고 불렀는데, 선비가 들고 날 때 사용하는 기물과 의복 및 수레장식이 왕공(王公)과 다를 바 없었다. 선비에게는 부모님이 계셨는데 모두 그가 살았던 옛집에서 살고 계셨다. 공주는 하녀를 그 집으로 보내 안부를 묻고 억 관(貫)의 돈을 보냈으며, 다른 물건도 그와 같은 수준으로 보냈다. 선비의 집안은 그 재물로 인해 한순간에 영화를 누리면서 부귀해졌다.

이렇게 7년의 세월이 흘러가고 선비는 아들 둘과 딸 하나를 낳았다. 그러던 어느 날 공주는 선비를 위해 다른 부인을 맞아들이고자 했다. 선비는 깜짝 놀라서 왜 그런 말을 하냐고 공주를 나무랐다. 그러자 공주가 말했다.

"저는 본래 사람이 아니기 때문에 오랫동안 당신의 부인으로 있을 수 없습니다. 당신은 반드시 혼인을 해야 합니다. 또한 당신은 혼인을 한다고 해서 우리의 애정이 바뀌지 않는다는 것을 잘 알고 있습니다."

그 후에 선비는 다시 결혼을 했지만 [결혼을 한 후에도] 공주와의 왕래는 계속되었다. 새로 결혼한 집에서는 선비가 한번 외출하면 며칠 동안 집에 돌아오지 않는 것을 보고 사람을 시켜 살펴보게 했다. 새로 결혼한 집에서는 선비가 늘 폐가로 들어가는 것을 보고는 귀신에게 홀렸다고 생각했다. 그리하여 다른 날 선비에게 술을 먹여 취하게 한 뒤에 술사(術士)에게 부적을 써 달라고 해서 선비의 옷과 몸 구석구석에 넣어두었다. 선비는 뒤에 다시 공주의 집에 갔는데 집안사람들이 나와 그를 제지하며 집안으로 들어가지 못하게 했다. 선비는 처음에는 그 이유를 몰라 문에 기대어 몹시 슬퍼했다. 그러자 잠시 뒤에 공주가 문을 열고 나와 선비를 심하게 꾸짖었다.

"당신은 본래 가난한 선비로, 내가 당신을 보살펴주어 지금 귀한 사람이 되었습니다. 나 또한 당신에게 박하게 대하지 않았는데, 당신은 어찌하여 당신의 처가로 하여금 부적을 써서 우리 사이를 이간질하게 하셨습니까? 또 당신은 내가 당신을 죽일 수 없다고 생각하십니까?"

선비는 자신의 몸을 살펴보고 나서야 비로소 부적이 있음을 알고 공주에게 사죄했다. 공주가 말했다.

"저도 당신의 마음은 이해하지만 부적의 효험이 이미 나타나기 시작하여 저는 더 이상 여기 머물 수가 없습니다."

공주가 아이들을 불러 선비와 이별하게 하자, 선비는 목이 메도록 울었다. 공주는 좌우의 사람들에게 급히 행장을 꾸리라고 하더니 그날 바로 성을 나갔다. 선비가 공주에게 사는 곳을 묻고 이름을 가르쳐 달라고 하자 공주가 말했다.

"저는 화악신(華嶽神)의 셋째 딸입니다."

공주는 작별인사를 하고 문을 나서는 순간 사라졌다. (『광이기』)

近代有士人應擧之京, 途次關西, 宿於逆旅舍小房中. 俄有貴人奴僕數人, 云: "公主來宿." 以幕圍客店及他店四五所. 人初惶遽, 未得移徙. 須臾, 公主車聲大卒, 悉下. 店中人便拒戶寢, 不敢出. 公主於戶前澡浴, 令索房內. 婢云: "不宜有人." 旣而見某, 群婢大罵. 公主令呼出, 熟視之曰: "此書生頗開人意, 不宜挫辱." 第令入房, 浴畢召之, 言甚會意. 使侍婢洗濯, 舒以麗服. 乃施絳帳, 鋪錦茵, 及他寢玩之具, 極世奢侈. 爲禮之好.

明日相與還京. 公主宅在懷遠里, 內外奴婢數百人, 榮華盛貴, 當時莫比. 家人呼某爲駙馬, 出入器服車馬, 不殊王公. 某有父母, 在其故宅. 公主令婢詣宅起居, 送錢億貫, 他物稱是. 某家因資, 鬱爲榮貴.

如是七歲, 生二子一女. 公主忽言, 欲爲之娶婦. 某甚愕, 怪有此語. 主云: "我本非人, 不合久爲君婦. 君亦當業有婚媾. 知非恩愛之替也." 其後亦更別婚, 而往來不絶. 婚家以其一往輒數日不還, 使人候之. 見某恒入廢宅, 恐爲鬼神所魅. 他日, 飮之致醉, 乃命術士書符, 施衣服中, 及其形體皆遍. 某後復適公主家, 令家人出止之, 不令入. 某初不了其故, 倚門惆悵. 公主尋出門下, 大相責讓云: "君素貧士, 我相抬擧, 今爲貴人. 此亦於君不薄, 何故使婦家書符相問? 以我不能爲殺君(原本'君'下有'主'字, 據明鈔本刪)也?" 某視其身, 方知有符, 求謝甚至. 公主云: "吾亦諒君此情, 然符命已行, 勢不得住." 悉呼兒女, 令與父訣, 某涕泣哽咽. 公主命左右促裝, 卽日出城. 某問其居, 兼求名氏, 公主云: "我華嶽第三女也." 言畢訣去, 出門不見. (出『廣異記』)

302・5(3922)
왕한(王 僩)

왕한은 젊어서 통사사인(通事舍人)에 응시했다. 그는 개원연간(開元

年間: 713~741) 말에 도성으로 들어갔다. 대궐의 서쪽에 이르러 홰나무 아래서 쉬고 있는데, 어디선가 조서를 전하러 온 소리가 들렸다. 갑자기 기병 몇 명이 나타났는데 그 모습이 마치 중사(中使: 궁중에서 파견한 사신) 같았다. 그들은 왕한에게 이렇게 말했다.

"전달된 조서에 따르면 그대는 정말 통사사인이 되었소."

그리고는 왕한에게 뒤의 말에 타라고 했는데, 왕한은 그들이 누구인지 알 수 없으면서도 어느새 그들을 따라가고 있었다. 왕한은 한참 뒤에 화악신(華嶽神)의 사당에 도착했다. 중사는 왕한을 별원(別院)에 있게 하면서 이렇게 주의를 주었다.

"삼가 함부로 훔쳐보아서는 안 되오."

그리고는 곧장 안으로 들어갔다. 왕한이 혼자 앉아 있는데, 어디선가 곤장 맞는 고통스런 소리가 들렸다. 그리하여 왕한이 앞으로 가서 안을 몰래 훔쳐보았더니, 자신의 부인이 나무에 목이 매달린 채 곤장을 맞고 있었다. 왕한은 너무 슬퍼 우두커니 서 있었다. 그때 중사가 나와서 그의 참담한 표정을 보더니 그 이유를 물었다. 그리하여 왕한은 눈물을 줄줄 흘리며 자신이 본 일을 모두 말했다. 그러자 중사가 말했다.

"본래는 그대를 여기에 머물게 할 작정이었는데, 그대의 처가 죽은 이상 어떤 이유로든 그대를 붙잡아 둘 수 없소. 만약 시간을 끌면서 부인이 돌아오기를 기다린다면 그대의 부인을 구할 수 없게 되오. 그대가 속히 돌아가 관을 연다면 여기서 바로 그대의 부인을 풀어 살려 주겠소."

그리고는 좌우의 사람들에게 말을 가져오게 해서 왕사인(王舍人: 王僴)을 전송하게 했다. 잠시 뒤에 여우 한 마리가 왔다. 왕한은 시간을 지체할 수 없었기 때문에 하는 수 없이 여우를 타고 달렸다. 여우는 바람 같이 빨리 달려 이틀 만에 집에 도착했다. 왕한이 타고 온 여우는 다름 아닌 자신의 혼이었다. 왕한의 육신은 혼이 빠져나간 뒤에 아무런 소리도 낼 수 없었고 말도 할 수 없게 되었다. 왕한의 혼이 집에 돌아와서 보았더니 집안사람들은 슬피 울고 있었다. 왕한이 관을 열게 해서 보았더니 그 처는 이미 살아나 있었다. 처가 왕한에게 말했다.

"어떻게 돌아오셨어요?"

그 말을 들은 집안사람들은 모두 환호했다. 열흘 뒤에 왕한의 육신이 돌아와 밖에서 이렇게 말했다.

"왕랑(王郞: 王僴)이 돌아왔소이다!"

목소리를 잃어버린 지 10여 일이 되었을 때 왕한의 혼이 말했다.

"왕랑이 돌아왔소이다."

왕랑의 육신이 문을 열고 나가 왕한의 혼을 맞이해 결국 육신이 혼과 합쳐졌다. (『광이기』)

王僴者, 少應通事舍人擧. 開元末, 入京. 至關西, 息槐樹下, 聞('聞'原作'爲', 據明鈔本改)傳詔聲. 忽見數騎, 狀如中使. 謂僴曰: "爲所宣傳, 眞通事舍人矣." 因以後騎載僴, 僴亦不知何人, 倉卒隨去. 久之, 至華嶽神廟中. 使置僴別院, 誡云: "愼無私覘." 便爾入內. 僴獨坐, 聞棒杖楚痛之聲. 因前行竊窺, 見其婦爲所由繫頸於樹, 以棒拷擊. 僴悲愁佇立. 中使出, 見慘怛而問其故. 僴涕泗, 具言其事. 使云: "本欲留君, 妻旣死, 理不可住. 若更遲延, 待歸之後, 卽不能救. 君宜速還開棺, 此卽放妻活." 乃命左右取驛馬, 送王舍人. 俄見一狐來. 僴不得已, 騎狐而騁. 其疾如風, 兩日至舍. 騎狐乃其魂也. 僩本身自魂出之後, 失音不言. 魂既至家, 家人悲泣. 僩命開棺, 其妻已活. 謂僩曰: "何以至耶?" 擧家歡悅. 後旬日, 本身方至, 外傳云: "王郎歸!" 失音已十餘日, 魂云: "王郎到矣." 出門迎往, 遂與其魂相合焉. (出『廣異記』)

태평광기 권제303 신 13

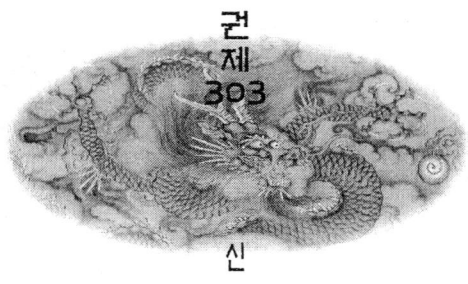

1. 한 광 조(韓 光 祚)
2. 선주사호(宣州司戶)
3. 최   원(崔   圓)
4. 정 인 균(鄭 仁 鈞)
5. 계 광 침(季 廣 琛)
6. 유 가 대(劉 可 大)
7. 노 창 벽(奴 蒼 璧)
8. 남   찬(南   纘)
9. 왕   상(王   常)

303 · 1(3923)
한광조(韓光祚)

도림현령(桃林縣令) 한광조는 가족들을 데리고 임지로 가는 도중에 화산묘(華山廟)를 지나게 되자 수레에서 내려 사당 안으로 들어가 절을 올리려 했다. 그런데 사당 문을 들어서는 순간 그의 애첩이 갑자기 죽어 버렸다. 이에 그는 무당을 시켜 화산묘의 신께 청을 올려보게 했다. 무당이 말했다.

"삼랑(三郞: 華山廟神)께서 당신의 애첩을 마음에 들어 하십니다. 지금은 제가 부탁을 해서 다시 살아나기는 했으나 현에 도착하면 분명 다시 잡아갈 것입니다."

한광조는 현에 도착하자 대장장이를 불러들여 자신의 애첩을 위해 금으로 된 관세음보살상을 만들도록 했으나 애첩에게는 이 사실을 말해 주지 않았다. 닷새 뒤, 애첩은 갑자기 죽었다가 반나절 만에 다시 살아나서 이렇게 말했다.

"[제가 죽자] 때마침 화산부군(華山府君: 華山廟神)이 수레와 말을 준비해 와서는 저를 맞이했습니다. 제가 문을 나서려는데 몸이 온통 금빛인 한 스님이 문 앞을 가로막는 바람에 수레와 말들이 감히 앞으로 나아가지 못했습니다. 그러자 신이 이렇게 말했습니다. '잠시 그냥 두어라. 사흘 뒤에 다시 데리러 오겠다.'"

한광조는 그게 어찌된 일인지 잘 알고 있었다. 그래서 그는 다시 1000냥을 들여 보살상을 만들게 했다. 신이 말한 날이 되자 애첩은 또 죽었으나 잠시 후에 다시 살아나서 이렇게 말했다.

"신이 마침 또 저를 데리러 오셨는데, 이번에는 두 명의 스님이 그 앞에 서 있었습니다. 제가 수레에 미처 오르기도 전에 신이 이렇게 말했습니다. '데려갈 수가 없겠다. 사흘 후에 다시 데리러 오겠다.'"

그러자 한광조는 또 1000냥을 들여 대장장이를 불러와 다시 보살상을 만들게 했다. 대장장이는 그 돈을 가지고 현 밖으로 나가다가 어떤 사람이 돼지를 잡아 막 삶아 죽이려고 하는 광경을 목격했다. 그는 불쌍한 마음이 들어 그 돈을 다 털어 돼지를 사는 바람에 결국 보살상을 만들지 못했다. 애첩은 또 죽었다가 잠시 후 다시 살아나 이렇게 말했다.

"이젠 살았습니다. 신이 저를 또 데리러 왔는데 이번에는 수레와 말들이 더욱 많아졌습니다. 그러나 두 스님이 문을 지키고 있어 그들은 안으로 들어오지 못했습니다. 또 말만한 돼지 한 마리가 저들이 타고 온 말들을 향해 돌진해 들어가는 바람에 이쪽을 보고 서 있던 사람들이 모두 고꾸라지고 수레와 말들은 도망가 버리고 말았습니다. 그때 신이 이렇게 말을 전달했습니다. '다시는 이 여자를 데려가서는 안 된다.' 그러자 그들은 뿔뿔이 흩어져 떠나갔습니다."

한광조는 웬 돼지가 튀어나와 그들을 물리쳤는지 괴이하게 생각했다. 대장장이가 그 연유를 설명하자 한광조는 그 일로 인해 불교를 더욱 믿게 되었다. (『기문』)

桃林令韓光祚, 攜家之官, 途經華山廟, 下車謁之. 入廟門, 而愛妾暴死. 令巫請之. 巫言: "□郎好汝妾. 旣請且免, 至縣當取." 光祚至縣, 乃召金工, 爲妾鑄金爲觀世音菩薩像, 然不之告. 五日, 妾暴卒, 半日方活, 云: "適華山府君, 備車騎見迎. 出門, 有一僧, 金色, 遮其前, 車騎不敢過. 神曰: '且留. 更三日迎之.'" 光祚知其故. 又以錢一千, 圖菩薩像. 如期又死, 有頃乃蘇曰: "適又見迎, 乃有二僧在. 未及登車, 神曰: '未可取. 更三日取之.'" 光祚又以千錢召金工, 令更造像. 工以錢出縣, 遇人執猪, 將烹之. 工愍焉, 盡以其錢贖之, 像未之造也. 而妾又死, 俄卽蘇曰: "已免矣. 適又見迎, 車騎轉盛. 二僧守其門, 不得入. 有豪猪大如馬, 衝其騎, 所向顚仆, 車騎却走. 神傳言曰: '更勿取之.' 於是散去." 光祚怪何得有猪拒之. 金工乃言其故, 由是蓋信內敎. (出『紀聞』)

303·2(3924)
선주사호(宣州司戶)

오(吳) 땅 사람들은 귀신을 두려워해서 모든 주(州)와 현(縣)에는 반드시 성황신(城隍神)이 있었다. 개원연간(開元年間: 713~741) 말에 선주사호(宣州司戶)가 죽었는데, 그는 죽어 성황신에게로 인도되어가 신을 만났다. 신이 사는 곳은 매우 유심(幽深)한 곳이었는데, 궁전이 우뚝 솟아있었고 시위들은 갑옷을 입고 몽둥이를 차고 있어 매우 위엄 있어 보였다. 사호가 안으로 들어가자 부군(府君: 城隍神)은 그에게 생전의 행실에 대해 물었다. 사호가 자신은 아무런 죄도 없이 억울하게 잡혀왔다며 진정(陳情)을 하자 부군이 이렇게 말했다.

"그렇다면 그대를 돌려보냄이 마땅하겠구려. 그런데 그대는 나를 잘 알고 있지 않소?"

사호가 대답했다.

"저는 비천하고 보잘 것 없는 사람이라 부군님은 정녕 알지 못합니다."

부군이 말했다.

"나는 바로 진(晉)나라 선성내사(宣城內史: 內史는 太守에 해당하는 관직) 환이(桓彝: 桓溫의 부친. 晉나라 咸和年間에 蘇峻의 군대와 싸웠는데, 都城이 함락되자 宣城을 지켰음. 그러나 몇 년 후 宣城이 함락되자 그 역시 죽임을 당함)인데, 지금은 성황신이 되어 이 군을 관리하고 있을 뿐이오."

사호는 다시 살아나 이 일을 사람들에게 말해주었다. (『기문』)

吳俗畏鬼, 每州縣必有城隍神. 開元末, 宣州司戶卒, 引見城隍神. 神所居重深, 殿宇崇峻, 侍衛甲仗嚴肅. 司戶旣入, 府君問其生平行事. 司戶自陳無罪, 枉見錄, 府君曰: "然, 當令君去. 君頗相識否?" 司戶曰: "鄙人賤陋, 實未識." 府君曰: "吾卽晉宣城內史桓彝也, 爲是神管郡耳." 司戶旣蘇言之. (出『紀聞』)

303 · 3(3925)
최 원(崔 圓)

천보연간(天寶年間: 742~756) 말에 최원은 익주(益州)에 있었는데, 늦봄에 음력 상사일(上巳日: 옛날에는 3월 上旬의 巳日을 일컫는 말이었으나 이후에는 음력 3월 3일을 말함)을 맞아 빈객과 장교(將校) 수 천 명과 더불어 강에서 배를 모아놓고 물놀이 한 판을 벌였다. 성안의 사람들은 마치 울타리를 쳐놓은 듯 빙 에워싸고서 이 광경을 구경했다. 이날은 바람이 온화하고 물결이 잔잔했다. 막 연회가 열리고 악기 연주가 시작되었을 때 빈객이나 따라온 사람들 모두가 조용히 하고 있었다. 이때 갑자기 강 하류 수십 리 되는 곳에서 현악기와 관악기 소리가 마치 경쟁이나 하듯 요란하게 들려오기 시작했는데, 사람들의 웃고 떠드는 소리 또한 매우 시끌벅적했다. 물결 위 바람에 실려 오는 그 소리는 마치 지척에서 들리는 듯했다. 잠시 후 점점 가까워지더니 누선(樓船) 백 척이 강을 그득 메우면서 이쪽으로 다가왔다. 그 배들은 모두 수놓은 비단으로 된 돛을 달고 있었으며 금과 옥으로 장식되어 있었다. 배 위에는 쇠꼬리 장식의 깃발과 덮개, 그리고 새털 장식의 기(旗)와 창 등 의장이 울긋불긋 번쩍이고 있었다. 그 가운데 붉은색 옷과 자주색 옷을 입은 사람 수십 명과 비단옷을 차려 입은 기녀 약 백여 명이 있었는데, 그들은 술을 마시고 악기를 연주하며 한창 신나게 즐기고 있었다. 다른 배에는 시중드는 관리와 무사(武士)가 5~6천 명가량 줄지어 서서 병기를 들고 매우 삼엄하게 경비를 서고 있었다. 그들의 배는 강 중류로 거슬러 올라오더니 한참 후에야 지나쳐갔다. 최원은 사람을 보내 누구인지 물어보게 했다. 최원이 보낸 사람이 몇 리를 따라가 그 배로 다가가자 배 안에 타고 있던 사람이 이렇게 말했다.

"천자께서 장차 파촉(巴蜀)의 검각(劒閣)으로 행차할 것이기 때문에 촉 땅에 사는 신들이 어가(御駕)를 피해 다른 데로 옮겨가는 중이니 너무 심히 탓하지 마십시오."

최원은 [이 말을 듣고] 깜짝 놀라하며 그날의 모임을 끝냈다. 당시는 조정에 아무 탈이 없던 시절이었지만 최원은 이때부터 미리미리 준비를 해 두었다. 이듬해 어가가 남쪽으로 행차하여 이곳에 왔을 때 최원은 조금의 부족함도 없이 상황에 대처했다. (『집이기』)

天寶末, 崔圓在益州, 暮春上巳, 與賓客將校數十百人, 具舟檝遊於江. 都人縱觀如堵. 是日, 風色恬和, 波流靜謐. 初宴作樂, 賓從肅如. 忽聞下流十數里, 絲竹競奏, 笑語喧然. 風水薄送('送'原作'近', 據明鈔本改)如咫尺. 須臾漸近, 樓船百艘, 塞江而至. 皆以錦繡爲帆, 金玉飾舟. 旄纛蓋傘, 旌旗戈戟, 繽紛照耀. 中有朱紫十數人, 綺羅妓女凡百許, 飮酒奏樂方酣. 他舟則列從官武士五六千人, 持兵戒嚴. 泝沿中流, 良久而過. 圓卽令訪問. 隨行數里, 近舟, 舟中方言曰: "天子將幸巴劒, 蜀中諸望神祇, 遷移避駕, 幸無深怪." 圓駭愕, 因罷會. 時朝廷無事, 自此先爲其備. 明歲南狩, 圓應卒無闕矣. (出『集異記』)

303 · 4(3926)
정인균(鄭仁鈞)

정인균은 정흠열(鄭欽說)의 아들로서 박학다식하여 부친의 풍모를 지니고 있었다. 그에게는 낙양(洛陽) 상동문(上東門) 밖에 별장이 하나 있었는데, 그곳에서 그는 동생 아무개와 고모, 그리고 사촌 동생 아무개와 더불어 살고 있었다. [사촌]동생에게는 양국충(楊國忠)의 아들에게로 시집을 간 여동생이 하나 있었다. 그때 사촌동생은 갑자기 병을 얻어 실명하게 되었는데, 눈썹이 눈 아래까지 길게 덮었다. 또 머리카락 난 곳에서부터 시작해 턱에 이르기까지 코를 중심으로 얼굴이 양분되어 왼편은 마치 찬 얼음처럼 하얗고 오른편은 뜨거운 불처럼 붉었다. 고모와 그의 동생 모두 그를 불쌍하게 생각했지만 무슨 병인지 알지 못했다. 그때 낙중(洛中: 洛陽)에 정생(鄭生)이라는 사람이 있었는데, 그는 점복사(占卜士)로 불리었다. 일전에 어사대부(御史大夫) 최림(崔琳)이 천자의 명을 받들어 하삭(河朔) 지방에 사신으로 가는 길에 낙양을 지나게 되었다. 최림은 정생이 도술을 부릴 줄 안다는 사실을 알고는 그를 불러들여 같이 길을 떠났다. 사신으로 갔다가 돌아오는 길에 최림은 낙양으로 다시 들어왔고, 정생은 최림의 뒤를 따랐다. 최림은 상동문 길에 이르렀는데, 본디 잘 알고 지내던 정인균의 집이 바로 길가인지라 그의 집을 찾아가게 되었다. 그런데 채 마을 문을 들어서기도 전에 정생이 갑자기 '죽을 죄를 지었습니다', '저는 죽어 마땅합니다'라고 소리를 질러댔고, 그의 말투와 낯빛에는 두려움이 가득했다. 정인균이 [왜 그러느냐고] 물었으나 정생은 다른 말은 하지 않고 그저 자기는 '죽어 마땅하다'고만 할 뿐이었다. 정인균이 어찌된 영문인지 캐묻자 정생이 이렇게 말했다.

"저는 지금 막 이곳을 지나다가 불행히도 목도 마르고 배도 고프고 해서 일가가 이곳에 있다는 것을 알고는 폐를 끼치게 된 것입니다. 와서는 안 되었다는 것을 제가 어찌 알았겠습니까? 이리 되었으니 오늘 저는 죽어 마땅합니다."

정인균이 말했다.

"여기에는 나와 고모, 그리고 내 동생만이 살 뿐이고 다른 사람이라곤 있지도 않은데, 어찌 그리도 두려워하시오?"

[정인균의 말을 듣고] 정생은 더욱 두려워했다. 정인균은 처음에는 눈 먼 사촌동생을 마음에 두고 있지 않았으나, 사촌동생의 얼굴의 반은 차갑고 반은 뜨거운 그 이상한 증상을 생각해내고는 정생이 마음 쓰고 있는 사람이 혹 사촌동생이 아닐지 어찌 안단 말인가 하는 생각이 들었다. 이에 정생에게 사촌동생의 증상에 대해 낱낱이 고했다. 그러자 정생이 말했다.

"그분은 천조(天曹)의 판관(判官)이시고 저는 명부(冥府)의 서리(胥吏)입니다. 오늘은 제가 여기 온 것은 우연이지 그분을 범하고자 일부러 온 것은 아닙니다. 하지만 그분을 찾아뵈어도 저는 죽을 것이고 안 찾아뵈어도 죽을 것이니 예의상 찾아뵈어야 마땅하겠지요."

그리고는 명함에 이렇게 적었다.

"지부(地府) 법조(法曹) 관리 정 아무개가 재배 올리고 배알을 청합니다."

그때 정인균의 동생과 사촌동생은 당(堂) 위에서 돈을 던지면서 하는 놀이를 하고 있었는데, 정인균은 문 앞에 있는 가리개 앞에 서서 정생을 불러 들어오게 한 뒤 그의 명함을 소리 내 읽어 안에 통보했다. 정생은 안으로 들어가 재배하고 사죄를 한 후 다시 밖으로 나왔다. 정인균이 사촌동생을 보니 눈썹이 치켜 올라간 것이 마치 매우 화가 나 있는 사람처럼 보였다. 정인균이 정생을 대신해 말해 주었다.

"저 사람이 네가 여기 있는 것을 모르고 이곳에 온 것이니 그의 죄를 용서해 줄 수 있겠느냐?"

사촌동생은 한참 있다가 낭랑한 목소리로 말했다.

"형님을 봐서 용서하지요."

[정인균이] 후에 사촌동생에게 [대체 어찌된 영문인지] 재차 다그쳤으나 사촌동생은 끝내 아무 말도 하지 않았다. 고모도 이 말을 듣고 그를 문 앞의 가리개 안으로 불러들여 모자지간의 정으로 유인하며 그로 하여금 말을 하게끔 자극했으나 사촌동생은 끝내 어찌된 연유인지 말하지 않았다.

몇 년 후에 정인균의 사촌동생은 갑자기 자신의 어머니에게 이렇게 말했다.

"어서 짐을 꾸리십시오. 이곳에 병사들이 들이닥칠 것이고 두 도성 [長安과 洛陽을 말함]에 난리가 일어날 것입니다. 저를 데리고 도성으로 들어가 양씨에게 시집간 누님 집에 몸을 의탁한 다음 돈 20~30만 냥을 얻어내십시오. 한 열흘 쯤 있다가는 다시 동쪽으로 돌아와 강회(江淮) 지방에서 피난할 준비를 해야 합니다. 그때가 되면 양씨의 온 일가가 죽임을 당하게 될 것이지만 누님과 외조카만은 그 화를 면할 수 있을 것입니다."

그의 어머니는 평상시에도 그를 범상치 않다고 여기고 있었던 터라 [그와 함께] 도성으로 들어가 양씨네 집에 머물렀다. 그의 모친은 자신의 아들이 시킨대로 딸에게 이야기 했다. 누나는 자신의 동생에게 정생과 마찬가지로 점치는 능력이 있다는 사실을 본디 듣고 있었는데, 그 모습을 보게 되자 더욱 기이하게 여겨 그 일을 몰래 자신의 남편에게 은밀히 고해서 시아버지에게 아뢰도록 했다. 그러나 시아버지 양국충은 화를 내며 이렇게 말했다.

"사돈께서 돈이 필요하거든 사실대로 말하면 될 것이지 어찌하여 요망한 말로 사람에게 겁을 주는가?"

그러더니 결국은 일전 한 푼 내주지 않았다. 그 딸이 어머니에게 말했다.

"제가 궤짝 속에 넣어둔 돈 모두를 합치면 대충 그 액수는 모을 수 있을 것입니다. 제 시아버님께 억지로 달랄 필요가 무엇 있겠습니까?"

그때 고모네 모자가 양씨 집에 머문 지 이미 4~5일이 되었는데, 사촌동생이 고모를 재촉하며 이렇게 말했다.

"열흘을 넘겨서는 안 됩니다."

그 딸은 20~30만 냥을 구해와 어머니에게 주어 보냈다. 떠날 때에 사촌동생은 자신의 누나에게 말했다.

"떠날 적에 제게 짧은 윗저고리 한 벌만 주십시오."

그래서 그의 누나는 자줏빛 비단에 솜을 넣어 짧은 윗저고리를 한 벌 만들어 동생에게 주어 보냈다.

이듬 해 안록산(安祿山)의 난이 일어나자 어가(御駕)가 마외(馬嵬)까지 가게 되었다. 군사들이 양씨 일가를 멸족시켜 늙은이 젊은이 할 것 없이 모조리 죽임을 당했다. 그의 누나는 난리가 났다는 말을 듣고 여관 뒤로 숨어들어가 풀 더미 속에 숨어 있어 화를 면할 수 있었다. 병사들이 물러간 후 길가로 나와 보니 양씨 일가는 모조리 죽임을 당해 시체가 산더미처럼 쌓여있었다. 그 어지러운 시체더미 속에서 유모를 찾아냈는데, 한쪽 팔이 잘려나갔지만 아직 말은 할 수 있었다. 그의 누나가 물었다.

"내 아들은 무사한가?"

유모가 대답했다.

"주인님 평상 위에 있습니다. 우선 일전에 만들었던 자주색 윗저고리로 덮어놓았습니다."

그 누나가 급히 달려가 보니 아들이 여전히 침상 위에서 잠들어 있는 것이었다. 이에 그녀는 아들을 안고 동쪽으로 갔다. 누나가 막 가려고 하다가 갑자기 뒤를 돌아보니 한 노파가 자기 뒤를 따라오면서 이렇게 말하는 것이었다.

"양씨댁 며느님, 천천히 좀 가시오. 내 당신과 같이 도망가려 합니다."

누나가 누구냐고 묻자 그 노파가 대답했다.

"옛날에 당신네 집 문 밑에서 신발을 팔던 노파지요."

병사들이 흩어진 후 자신이 능히 빠져나올 수 있었고, 또 아들을 구해낼 수 있었던 것은 모두 이 노파가 이끌어주고 보호를 해 주었기 때문이며, 그 비천한 노파에 의해 몸을 보전(保全)할 수 있었던 것은 실명한 사촌동생이 그 노파를 시켜 지켜주게 했기 때문이었다. 그렇지 않았다면 어떻게 가문의 멸족을 당한 집안에 단 둘만 빠질 수 있단 말인가! (『융막한담』)

鄭仁鈞, 欽說之子也, 博學多聞, 有父風. 洛陽上東門外有別墅, 與弟某及姑子·表弟某同居. 弟有妹, 嫁楊國忠之子. 時表弟因時疾喪明, 眉睫覆目鬖鬖然. 又自髮際, 當鼻準中分, 至於頷下, 其左冷如冰而色白, 其右熱如火而色赤. 姑與弟皆哀憐之, 不知其何疾也. 時洛中有鄭生者, 號爲卜祝之士. 先是御史大夫崔琳, 奉使河朔, 路徑洛陽. 知鄭生有術, 乃召與俱行. 及使回, 入洛陽, 鄭生在後. 至上東門道, 素知仁鈞莊居在路傍, 乃詣之. 未入里門, 而鄭生遽稱'死罪', 或言'合死', 詞色憺懼. 仁鈞問之, 鄭生無他言, 唯云'合死'. 仁鈞固詰之, 鄭生曰:"某繞過此, 不幸飢渴, 知吾宗在此, 遂爲不速之客. 豈知殊不合來? 此足合死於今日也." 仁鈞曰: "吾與姑及弟在, 更無異人, 何畏憚如此?" 鄭生股慄愈懼. 仁鈞初以無日表弟, 不之比數, 忽念疾狀冷熱之異, 安知鄭生不屬意於此乎? 乃具語表弟之狀. 鄭生曰: "彼天曹判官, 某冥中胥吏. 今日偶至此, 非固有所犯. 然謁之亦死, 不謁亦死, 禮須謁也." 遂書刺曰: "地府法曹吏鄭某再拜謁." 時仁鈞與表弟, 堂上擲錢爲戲, 仁鈞卽於門屛呼引鄭生, 讀其刺通之. 鄭生趨入, 再拜謝罪而出. 表弟再顧, 長睫颯然, 如有怒者. 仁鈞爲謝曰: "彼不知弟在此, 故來, 願貰其罪可乎?" 良久朗言曰: "爲兄恕之." 復詰之再三, 終不復言. 姑聞之, 召於屛內, 誘之以母子之情, 感激使言, 終不肯述其由.

後數年, 忽謂母曰: "促理行裝. 此地當有兵至, 兩京皆亂離. 且挈我入城, 投楊氏姊, 勾三二百千. 旬日便謀東歸江淮避亂也. 此時楊氏百口, 皆當誅滅, 唯姊與甥, 可以免矣." 母居常已異之, 乃入京, 館於楊氏. 其母具以表弟之言告於女. 其姊素知弟有鄭生之言, 及見其狀貌, 益異之, 密白其夫, 以啓其父. 國忠怒曰: "姻親須錢, 何不以直告, 乃妖言相恐耶?" 終無一錢與之. 其女告母曰: "盡箱篋所有, 庶可得辦. 何以疆吾舅?" 時母子止楊氏, 已四五日矣, 表弟促之曰: "無過旬日也." 其女得二三十萬, 與母去. 臨別, 表弟謂其姊曰: "別與我一短褐('褐'原作'後', 據明鈔本改)之袍." 其姊以紫綾加絮爲短褐, 與之而別.

明年, 祿山叛, 駕至馬嵬. 軍士盡滅楊氏, 無少長皆死. 其姊聞亂, 竄於旅舍後, 潛匿草中得脫. 及兵去之後, 出於路隅, 見楊氏一家, 枕籍而死. 於亂屍中, 得乳兒青衣, 已失一臂, 猶能言. 姊問: "我兒在否?" 曰: "在主人榻上. 先以比者紫褐覆之." 其姊遽往視之, 則其兒尙寐. 於是乃抱之東走. 姊初走之次, 忽顧見一老嫗繼踵而來, 曰: "楊新婦緩行. 我欲汝偕隱." 姊問爲誰, 曰: "昔日門下賣履嫗也." 兵散後能出及得兒者, 皆此老嫗導引保護, 全於草莽, 是無目表弟, 使物保持也. 不然者, 何以滅族之家, 獨漏此二人哉! (出『戎幕閒談』)

303 · 5(3927)
계광침(季廣琛)

하서(河西)에 여랑신(女郞神)이 있었다. 계광침이 젊었을 때에 하서(河西) 지방을 떠돌아다닌 적이 있었는데, 하루는 여관에서 쉬면서 낮잠을 자고 있었다. 그때 그는 꿈을 꾸었는데, 꿈에 운거(雲車: 신선은 구름을 수레 삼아 타고 다니므로 雲車라 함)가 나타나더니 시종 수십 명이 공중에서 내려와 여랑이 오셨다고 말하는 것이었다. 잠시 후 자매 둘이 찾아오자 계광침은 처음에 매우 기뻐했다. 그러나 잠에서 깨어나 눈을 뜨고 몰래 살펴보니 그 자매가 여전히 그곳에 머물고 있는 듯한 느낌이 들었다. 이에 계광침은 그 자매가 혹 요물이 아닐까 의심이 나 허리춤에 차고 있던 칼을 빼어들고는 그들을 향해 찔렀다. 그러자 신이 계광침에게 이렇게 욕을 했다.

"오래도록 좋게 같이 지내려 했건만 어찌 그리 잔인할 수가 있단 말이냐!"

그리고는 그곳을 떠나버렸다. 계광침이 여관 주인에게 이 일에 대해 이야기하자 주인이 이렇게 말했다.

"그것은 여랑신입니다."

이 말을 들은 계광침은 직접 나가 술과 육포를 사와 제사를 올리며 이전의 잘못을 사죄했다. 그러나 신은 끝내 달가워하지 않았다. 계광침이 그 벽에다가 시를 적으려 했으나 먹을 아무리 찍어도 글씨를 쓸 수 없었다. 그날 저녁에 여랑신이 다시 꿈에 나타나 더욱 화를 내며 이렇게 말했다.

"너로 하여금 평생 봉읍(封邑)을 얻지 못하도록 하겠다."

(『광이기』)

河西有女郎神. 季廣琛少時, 曾遊河西, 憩於旅舍, 晝寢. 夢見雲車, 從者數十人, 從空而下, 稱是女郎. 姊妹二人來詣, 廣琛初甚忻悅. 及覺開目, 竊見髣髴尤在. 琛疑是妖, 於腰下取劒刃之. 神乃罵曰: "久好相就, 能忍惡心!" 遂去. 廣琛說向主人, 主人曰: "此是女郎神也." 琛乃自往市酒脯作祭, 將謝前日之過. 神終不悅也. 於是琛乃題詩於其壁上, 墨不成字. 後夕, 又夢女郎神來, 尤怒曰: "終身遣君不得封邑也." (出『廣異記』)

303 · 6(3928)
유가대(劉可大)

유가대는 천보연간(天寶年間: 742~756)에 진사과에 응시하려 도성으로 들어가려던 참이었다. 그는 동도(東都: 洛陽)를 출발해 길을 나서던 중에 길에서 우연히 한 소년과 마주쳤는데, 그 소년은 모습이 귀공자처럼 보였다. 그 소년은 매우 화려하고 사치스러워 보이는 옷을 입고 손에는 탄궁(彈弓)을 들고서 걸어가고 있었는데 그를 따르는 시종들 또한 매우 많았다. 처음에 그는 유가대와 더불어 매우 막역하게 지내면서 며칠을 동행하다가 화음(華陰)에 이르자 유가대에게 이렇게 말을 했다.

"저의 집이 현의 동쪽에 있습니다."

그러면서 유가대를 자신의 집으로 초대했다. 유가대는 그 소년의 집에 도착하게 되었는데, 그 집은 매우 크고 웅장했다. 소년은 유가대를 대청에 머물게 하고 한참 동안이나 집안에 들어가더니 나오지 않았다. 유가대가 몰래 가운데 문을 통해 안을 들여다보니 한 귀인(貴人)이 안의 관청에서 일을 처리하고 있었다. 관청 뜰에는 죄수들이 많이 모여 있었다. 죄수들은 대부분 고문을 받고 있었는데 그들이 질러대는 소리는 매우 고통스럽게 들렸다. 유가대는 그곳이 인간세상이 아닐지도 모른다는 의구심이 들어 두려움에 떨며 그곳을 떠나려 했다. 소년은 안으로 들어가려고 할 때 먼저 유가대에게 혹 화를 입게 될지 모르니 절대 마음대로 안을 들여다보지 말 것을 당부했었다. 소년은 밖으로 나온 다음 유가대에게 이렇게 말했다.

"아까 말을 해 두었건만 어찌하여 약속을 어기셨습니까? 하지만 이제는 더 이상 숨길 수도 없게 되었군요. 저의 아버님은 화산신(華山神)이십니다. 당신은 저의 친구이니 제가 당신을 도와드리겠습니다. 두려워하실 것 없습니다."

잠시 후 먹을 것이 내려왔는데, 소년은 시종을 돌아보며 인간들이 먹는 것을 따로 가져오게 해 유수재(劉秀才: 劉可大)에게 주었다. 그들은 서로 마주앉아 식사를 했는데, 밥도 배불리 먹고 술까지 겸해가며 즐거운 시간을 가졌다. 소년은 유가대를 매우 극진히 접대했다. 유가대가 자신의 운명이 적힌 장부를 찾아 장차 얼마나 출세를 하게 될지, 올해의 운세는 어떠한지 등을 좀 봐 달라고 하자 소년은 누런 옷을 입은 관리를 돌아보며 그의 장부를 찾아보라고 명했다. 잠시 후 그 관리가 돌아와 이렇게 말했다.

"유군(劉君: 劉可大)께서는 내년에 진사과에 급제할 것이고 그 후 일곱 번 관직에 임명될 것입니다."

유가대가 젊은 시절에 관직을 맡게 해달라고 애원을 하자 관리가 말했다.

"당신이 젊어서 관직을 하게 되면 현위(縣尉) 자리를 한번 하게 될 따름이니 매우 안타깝습니다."

그러나 유가대가 한사코 젊어서 관직을 맡게 해달라고 청을 하자 소년은 그를 위해 장부에 적힌 내용을 고쳐주었다. 관리는 떠나면서 몇 번이나 유가대에게 [다시 생각해 보라고] 간청을 하며 그의 관록이 줄어들 것을 안타까워했다. 유가대는 귀신의 말이 다 믿을 수 있는 것은 아닐 것이라 생각하고 자꾸만 요구했고 결국은 그로 인해 더 많은 관직을 잃고 말았다. 이듬해 유가대는 그들과 헤어져 도성으로 들어가 결국 진사과에 급제를 했으나 몇 년 만에 형양현위(滎陽縣尉)에 제수되었다가 얼마 후 죽고 말았다. (『광이기』)

劉可大, 以天寶中擧進士, 入京. 出東都, 途遇少年, 狀如貴公子. 服色華侈, 持彈弓而行, 賓從甚偉. 初與可大相狎, 數日同行, 至華陰, 云: "有莊在縣東." 相邀往. 隨至莊所, 室宇宏壯. 下客於廳, 入室良久. 可大竊於中門窺覬, 見一貴人, 在內廳理事. 庭中囚徒甚衆. 多受拷掠, 其聲酸楚. 可大疑非人境, 惶懼欲去. 初少年將入, 謂可大愼無私視, 恐有相累. 及出曰: "適以咨白, 何爾負約? 然以此不能復諱. 家君是華山神. 相與故人, 終令有益. 可無懼也." 須臾下食, 顧從者, 別取人間食與劉秀才. 食至相對, 各飽('飽'原作'保', 據明鈔本改)兼致酒叙歡. 無所不至. 可大求檢己簿, 當何進達, 今年身事復何如, 回視黃衫吏爲檢. 有頃吏云: "劉君明年當進士及第, 歷官七政." 可大苦求當年, 吏云: "當年只得一政縣尉, 相爲惜此."

可人固求之, 少年再爲改. 吏去, 屢回怏怏, 惜其滅祿. 可大恐鬼神不信, 固再求之, 後竟以此失職. 明年辭去, 至京及第, 數年拜滎陽縣尉而終. (出『廣異記』)

303·7(3929)
노창벽(奴蒼璧)

재상(宰相) 이림보(李林甫)의 집에 창벽이라 불리는 한 노비가 있었는데, 천성이 민첩하고 총명해서 이림보의 사랑을 받았다. 그러던 어느 날 그 노비는 갑자기 죽었다가 하룻밤 만에 다시 살아났다. 이림보가 어찌 된 영문인지 물으니 창벽이 다음과 같은 이야기를 들려주었다.

저는 죽을 때 제가 죽는다는 것조차 느끼지 못했습니다. 그저 문 앞에 의장(儀仗)을 갖춘 사람들이 한 귀인(貴人)을 에워싸고 있는 것이 보였을 뿐인데, 그 귀인은 마치 군왕처럼 보였습니다. 저는 몰래 그들을 엿보고 있었는데 갑자기 몇 명의 사람이 다가오더니 저를 붙잡아 갔습니다. 이렇게 해서 결국 이곳을 떠나 한 높고 수려한 산에 당도했고 또 잠깐 사이에 커다란 누대 앞에 이르렀습니다. 얼마 있으려니 누런 옷을 입은 아이들 서너 명이 오더니 저에게 어서 안으로 들어가라며 황급히 소리치는 것이었습니다. 그래서 저는 일곱 겹이나 되는 문을 통과해 한 대전 아래 도착했습니다. 그때 누런 옷을 입은 아이들이 이렇게 말했습니다.

"잠시 여기 서서 왕의 명령을 기다리시오."

제가 대전 위를 올려다보니 진주로 된 주렴이 말려져있고 한 귀인이 계단에 앉아있었는데, 무슨 일인가를 처리하고 있는 듯 보였습니다. 대전 앞에는 의장을 갖춘 시위병 천여 명이 동서로 나뉘어 서 있었고, 한 붉은 옷을 입은 사람이 문서를 손에 들고 다음과 같이 상주하고 있었습니다.

"이들은 새로이 명을 받들어 나라를 어지럽히고 제위(帝位) 찬탈을 도모하게 될 안록산(安祿山)과 차례대로 세 조정을 어지럽히게 될 주인공들, 그리고 이들과 더불어 같이 반란을 일으킬 자들이니 귀인께서는 이들의 일을 먼저 결정해 주십시오."

그러자 대전 위에 앉아있던 사람이 붉은 옷 입은 사람에게 말했습니다.

"대당(大唐)의 융기(隆基: 玄宗 李隆基를 말함)는 군왕으로서의 기한이 거의 다해가긴 하는데, 그의 수명은 어떠한가?"

붉은 옷 입은 사람이 대답했습니다.

"대당의 군왕은 사치스럽고 절약할 줄을 몰라 원래는 그의 수명을 줄였어야 마땅했습니다. 다만 그가 살생을 좋아하지 않고 자애로운 편이라 아직 원래의 수명이 그대로 남아있습니다."

대전에 앉아있는 사람이 또 물었습니다.

"안록산 이후에도 몇 명이 더 제위를 찬탈해 군주가 되려하면서 백성을 죽이려 들 텐데, 그때는 속히 그들을 제지시켜 너무 많은 사람들을 죽이지 못하도록 하여라. 그렇게 해서 천제(天帝)의 마음을 상하게 하면 우리 관부에까지 그 죄를 물을까 걱정스럽다. 일이 벌어질 때 속히 중지시켜라."

그러자 붉은 옷 입은 사람이 이렇게 아뢰었습니다.

"당나라의 군왕들이 황위를 계승해 통치하게 된 이래, 천하의 백성들이 태평성세를 누리며 살아온 지 이미 오래되었습니다. 만물이 돌아가는 이치로 볼 때 지금은 마땅히 세상 사람들이 난리를 만나 우왕좌왕할 때입니다. 백성들에게 널리 해를 끼친다 해도 절대 천제의 마음을 상하게 하는 일까지는 없을 것입니다."

이 말을 듣고 대전 위에 앉아있는 사람이 말했습니다.

"우선 이림보와 양국충(楊國忠)을 데려와야 한다."

붉은 옷 입은 사람이 명을 받고 물러나자 잠시 후 또 한 명의 붉은 옷 입은 사람이 문서를 손에 받들고 들어오더니 이렇게 아뢰었다.

"대당 여섯 번째 천자[玄宗]의 복위(復位) 문제와 천자를 보좌할 대신들에 관한 문서입니다."

그러자 대전 위에 앉아있는 사람이 말했습니다.

"안타깝도다! 대당의 이세민(李世民: 太宗)이 그토록 고생을 해가며 힘을 쏟아 간신히 치세를 이루었건만 오늘날에 이르러 다시 이 난리를 만나다니! 비록 여섯 번째 천자가 복위한다고 하나 끝내는 천하를 제대로 다스리지 못할 것이로다."

그리고는 붉은 옷 입은 사람을 바라보며 이렇게 말했습니다.

"속히 시행 하여라."

붉은 옷 입은 관리가 다시 물러났습니다. 날이 저물어갈 때 즈음 한 어린아이가 내려와 급히 저를 부르며 어서 가서 대전 위에 앉아 있는 사람을 만나보라고 했습니다. 제가 자세히 보니 대전 위에 앉아있던 사람은 벽옥으로 만든 의자에 앉아 도복(道服)을 입고 백옥관(白玉冠)을 쓰고 있었는데, 그 사람이 제게 이렇게 말했습니다.

"너는 돌아가거든 반드시 이림보에게 말을 전하여라. 속히 여기 자부(紫府)로 돌아오라고. 인간 세상이 고달프다는 것을 알아야한다."

저는 그리고 나서 바로 풀려나 돌아올 수 있었습니다.

이림보는 머지않아 세상이 어지러워질 것을 알고는 주색(酒色)에 빠져 살았다. (『소상록』)

相國李林甫家一奴, 號蒼璧, 性敏慧, 林甫憐之. 忽一日暴死, 經宿復蘇. 林甫問之, 奴曰: "死時固不覺其死. 但忽於門前見儀仗, 擁一貴人經過, 有似君上. 方潛窺之, 遽有數人来來擒之. 隨去, 至一峭拔奇秀之山, 俄及大樓下. 須臾, 有三四人黃衣小兒至, 急喚蒼璧入. 經七重門宇, 至一大殿下. 黃衣小兒曰('曰'原作'回', 據明鈔本改): '且立於此, 候君命.' 見殿上捲一珍珠簾, 一貴人臨階坐, 似剸割事. 殿前東西立仗侍衛, 約千餘人, 有一朱衣人, 攜一文簿奏言: '是新奉命亂國革位者安祿山, 及相次三朝亂主, 兼同時悖亂, 貴人先定案.' 殿上人問朱衣曰: '大唐君隆基, 君人之數, 雖將足矣, 壽命之數何如耶?' 朱衣曰: '大唐之君, 奢侈不節儉, 本合折數. 但緣不好殺, 有仁心, 固壽命之數在焉.' 又問曰: '安祿山之後, 數人僭僞爲主, 殺害黎元, 當須速止之, 無令殺人過多. 以傷上帝心, 慮罪及我府. 事行之時, 當速止之.' 朱衣奏曰: '唐君紹位臨御以來, 天下之人, 安堵樂業, 亦已久矣. 據期運推遷之數, 天下之人, 自合罹亂惶惶. 至於廣害黎元, 必不至傷上帝心也.' 殿上人曰: '宜便先追取李林甫・楊國忠也.' 朱衣受命而退. 俄又有一朱衣, 捧一文簿至, 奉言: '是大唐第六朝天子復位, 及佐命大臣文簿.' 殿上人曰: '可惜! 大唐世民, 效力甚苦, 方得天下治, 到今日復亂也! 雖嗣主復位, 乃至于末, 終不治也.' 謂朱衣曰: '但速行之.' 朱衣又退. 及將日夕, 有一小兒下, 急喚蒼璧令對見. 蒼璧方子細, 見殿上一人, 坐碧玉牀, 衣道服, 戴白玉冠, 謂蒼璧曰: '當却回, 寄語林甫. 速來我紫府. 應知人間之苦.' 蒼璧尋得放回." 林甫知世不久將亂矣, 遂潛恣酒色焉. (出『瀟湘錄』)

303 · 8(3930)
남 찬(南 纘)

당(唐)나라 광한태수(廣漢太守) 남찬은 사람들에게 늘 이런 이야기를 들려주곤 했다.

지덕연간(至德年間: 756~758)에 동주독우(同州督郵)로 발령받은 사람이 있었는데, 성은 최(崔)였고 이름은 잊어버렸다. 그는 홀로 말을 타고 임지로 가고 있었는데, 춘명문(春明門)을 나서면서 푸른색 도포를 입고 말을 탄 사람과 마주쳤다. 그 사람은 성도 자(字)도 모른다. 그들은 서로 읍하고서 함께 길을 갔다. 최아무개가 천천히 어떤 관직에 계신 분이냐고 묻자 푸른색 도포를 입은 사람이 대답했다.

"새로 동주독우에 임명되었소."

최아무개가 말했다.

"제가 새로 그 관직에 제수되었는데, 당신께서는 혹 뭔가 잘못 알고 계신 것 아닙니까?"

푸른 도포를 입은 사람은 웃기만 할 뿐 대답하지 않았다. 그들은 다시 같이 길을 가면서 둘 다 부임하러 간다고 말했다. 동주에서 수십 리 떨어진 한 비탈길에 다다르자 한 관리가 맞이하러 나왔다. 푸른 도포 입은 사람이 최생(崔生: 최아무개)에게 말했다.

"그대는 이승의 녹사(錄事)이고 나는 저승의 녹사요. 여기서부터는 길이 갈리게 되는데, 저를 배웅하지 않으시렵니까?"

 최생은 이상한 일이라 생각하고 그와 나란히 말을 타고 비탈길로 접어들었다. 한참을 가다가 드디어 한 성곽에 도착했는데, 길이며 관서가 모두 장엄하고 아름다웠다. 푸른 도포 입은 사람은 관청 안으로 들어가 최생과 같은 자리에 앉았다. 오백(伍伯: 지방 관청에서 형을 집행하는 관리)이 하급관리와 승려, 그리고 도사들에 관한 일을 통보한 다음 여러 가지 송사와 죄수들에 관한 사항을 통보했다. 그런데 뜻밖에도 최생의 아내가 그 안에 들어있었다. 최생은 크게 놀라 푸른 도포 입은 사람에게 말을 했다.

 "제 아내가 왜 여기 와 있는지 모르겠습니다."

 푸른 도포 입은 사람은 자리를 비켜준 다음 최생으로 하여금 직접 아내와 이야기 해 보게 했다. 최생의 아내가 말했다.

 "여기 잡혀온 지 벌써 며칠이나 되었습니다. 당신이 녹사에게 한번 애걸해 보세요."

 최생이 푸른 도포 입은 사람에게 간청하자 푸른 도포 입은 사람은 어서 최생의 아내를 돌려보내라고 명령을 내렸다. 최생이 자신의 아내가 무슨 죄를 지었기에 여기까지 오게 된 것이냐고 묻자 푸른 도포 입은 사람이 대답했다.

 "당신은 동주에서 살고 있었습니다. 동주에서 죽은 사람들은 모두 이 관청으로 와 심판을 받게 되어 있습니다. 당신은 이승을 관리하고 저는 저승을 관리합니다."

 최생이 반나절이나 울다가 돌아가게 해달라고 청하자 푸른 도포 입은 사람은 관리를 시켜 최생을 잘 모셔다드리라고 하며 이렇게 말했다.

"비록 이승과 저승의 길이 서로 다르기는 하지만 같이 동주에 사는 사이로서 어떻게 독우님[최아무개]을 모셔다드리지 않을 수 있겠습니까?"

푸른 도포 입은 사람은 그를 위해 전별연을 베풀어 주면서 몇 번이나 이별을 아쉬워하다가 결국은 이별을 했는데, 그를 보내면서 비탈길의 출구로 빠져나가라고 시켰다. 최생이 동주로 돌아와 아내에게 묻자, 그의 아내는 병을 앓은 지 7~8일이 되도록 아무런 의식이 없다가 혼령이 다시 돌아와 살아난 지 이제 겨우 하루가 지났을 뿐이라고 말했다. 최생이 날짜를 따져보니 [아내가 다시 살아난 날은] 바로 푸른 도포 입은 사람이 아내를 돌려보낸 날이었다. 아내는 저승에서의 일을 까마득히 잊어버렸으나 최생의 말을 듣고 꿈인 듯 어렴풋 겨우 생각을 해냈다. 그러나 그다지 많은 것을 기억해 내지는 못했다. (『현괴록』)

唐廣漢守南纘, 常爲人言: 至德中, 有調選得同州督郵者, 姓崔, 忘其名字. 輕騎赴任, 出春明門, 見一靑袍人, 乘馬出. 亦不知其姓字. 因相揖偕行. 徐問何官, 靑袍云: "新受同州督郵." 崔云: "某新授此官, 君豈不誤乎?" 靑袍笑而不答. 又相與行, 悉云赴任. 去同州數十里, 至斜路中, 有官吏拜迎. 靑袍謂崔生曰: "君爲陽道錄事, 我爲陰道錄事. 路從此別, 豈不相送耶?" 崔生異之, 卽與連轡入斜路. 遂至一城郭, 街衢局署, 亦甚壯麗. 靑袍至廳, 與崔生同坐. 伍伯通胥徒·僧·道等訖, 次通詞訟獄囚. 崔之妻與焉('崔之妻與焉'五字原闕, 據明鈔本補). 崔生大驚, 謂靑袍曰: "不知吾妻何得至此." 靑袍卽避案後, 令崔生自與妻言. 妻云: "被追至此, 已是數日. 君宜哀請錄事耳!" 崔生卽祈求靑袍, 靑袍因令吏促放崔生妻廻. 崔妻問犯何罪至此, 靑袍曰:"寄家同州. 應同州亡人, 皆在此廳勘過. 蓋君管陽道, 某管陰道." 崔生淹流半日, 請回, 靑袍命胥吏拜送, 曰:"雖陰陽有殊, 然俱是同州也, 可不拜送督郵哉?" 靑袍亦餞送, 再三勤款揮袂, 又令斜路口而去. 崔生至同州, 問妻, 云病七八日, 冥然無所知, 神識生人纔得一日. 崔生計之, 恰放回日也. 妻都不記陰道, 見崔生言之, 妻始悟如夢. 亦不審記憶也. (出『玄怪錄』)

303 · 9(3931)
왕 상(王 常)

왕상은 낙양(洛陽) 사람이었다. 그는 의협심이 뛰어난 사람이어서 다른 사람이 부당한 대우를 받는 것을 보면 반드시 칼을 뽑아 상대방을 찔렀고 다른 사람이 배고픔과 추위에 떨고 있는 것을 보면 자신의 옷을 벗어주고 사람에게 먹을 것을 들이밀어 주었는데, 그러면서도 조금도 억지로 하는 낯빛이 없었다. 당(唐)나라 지덕(至德) 2년(757)에 그는 일찍이 종남산(終南山)에 들어갔던 적이 있는데, 비바람을 만나는 바람에 산속에서 하룻밤을 머물게 되었다. 한밤중이 되어 비가 개이자 달빛이 휘영청 밝고 바람이 부드럽게 불어왔다. 그는 분개하듯 사방을 바라보며 이렇게 탄식했다.

"내가 천하의 재앙과 어지러움을 평정하려하나 나를 도와 줄 사람 하나 없고, 밑천이 되어줄 땅 한 자락 없구나. 내가 세상의 추위와 배고픔에 떨고 있는 사람들을 구제하려하나 나 하나 입을 옷과 먹을 음식조차 충족치 않구나. 천지신명께서는 선한 사람에게 복을 주신다고 했건만,

이는 믿을 만한 말이 못되는구나."

그가 말을 마치자 하늘에서 신인(神人)이 내려와 왕상에게 말했다.

"너는 어째서 그런 말을 하느냐?"

왕상을 칼을 땅에 짚고 서서 한참을 있다가 이렇게 대답했다.

"제가 말한 것은 제 평생의 뜻입니다."

그러자 신인이 말했다.

"나에게 한 가지 법술이 있는데, 이 법술만 있으면 황금을 만들 수도 있고 수은을 변화시킬 수도 있다. 이로써 비록 천하의 재앙과 어지러움을 평정하기에는 부족하겠지만 배고픔과 추위에 떠는 사람들을 구제할 수는 있을 것이다. 너는 이 법술을 받을 수 있겠느냐?"

왕상이 말했다.

"제가 듣기에 이것은 신선들이나 부릴 줄 아는 법술이라 하던데, 이름만 있을 뿐 실제로 본 적은 없습니다. 또 듣자니 진(秦)나라 시황(始皇)과 한(漢)나라 무제(武帝)가 이 법술을 좋아했지만 끝내 이루지 못하고 천년의 웃음거리가 되었을 뿐이라고 했습니다."

신인이 말했다.

"옛날의 진시황과 한무제는 제왕으로, 남을 구제해야하는 자리에 있었다. 그러나 그들은 스스로 남을 구제할 수 있는 방도를 가지고 있으면서 행하지 않고 오히려 신선의 법술을 얻고자 했으니, 이는 옳지 못한 것이었다. 지금 너는 남을 구제할 수 있을 만한 위치에 있지 못하지만 천하의 백성들을 구제하고자 하는 마음을 가지고 있으니, 이 법술을 시행해도 되겠다."

왕상이 말했다.

"황금을 만들 수도 있고 수은을 변화시킬 수도 있다는 그런 일이 정말로 있습니까?"

신인이 말했다.

"너는 아무것도 의심하지 말거라. 무릇 황금이란 산석(山石)에서부터 생겨난 것이다. 그것은 산석의 정액으로부터 만들어지기 시작해서 천년이 지나면 수은이 된다. 수은이 태음(太陰)의 기운을 받으면 불안정하게 흔들리는 것이고, 조금이라도 순수한 양기(陽氣)와 합하게 되면 순식간에 황금으로 변화하는 것이다. 금이 만약 수은에서 황금으로 변하려한다면 반드시 산에 있어야만 변화하고 산에 있지 않으면 변화하지 못하는 것은 아니다. 그저 순수한 양의 기운과 합해지기만 한다면 즉시 변화할 수 있다. 너는 그저 받기만 할 뿐, 의심하지 말거라."

왕상이 신께 재배를 올리자 신인은 소매에서 책 한 권을 꺼내 왕상에게 주었다. 왕상이 무릎을 꿇고 그 책을 받자 신인이 그에게 주의를 주며 이렇게 말했다.

"언젠가 이 책을 다른 사람에게 넘겨 주거라. 함부로 남에게 주어서도 안 되지만 그렇다고 영원히 혼자서 비밀로 간직해서도 안 된다. 이것을 신분이 높은 자에게 주어서도 안 되니, 그들에게는 남을 구제할 수 있는 방도가 따로 있기 때문이다. 또 의롭지 못한 자에게 주지 말지니, 그들은 남들의 추위와 배고픔에는 관심이 없기 때문이다. 사람을 구제하는 일 외에 이 방법을 이용해 사치를 부려서는 안 된다. 만일 그렇지 않다면 하늘이 너의 수명을 앗아갈 것이다."

왕상이 다시 재배하며 말했다.

"당신께서 어떤 신인지 알고 싶습니다."

신인이 대답했다.

"나는 산신이다. 옛날에 한 도인(道人)이 이 책을 내가 사는 산에 숨겨놓았는데, 오늘 우연히 너와 같이 의로운 사람을 만나게 되었기에 너에게 이것을 넘겨주었을 뿐이다."

신인은 말을 마치더니 어디론가 사라져버렸다. 왕상은 이 책은 얻은 뒤 숙독하여 그 법술을 터득했다. 그 후 그는 세상을 떠돌아다니며 황금을 가지고 가난하고 헐벗은 사람들을 구제했다. (『소상록』)

王常者, 洛陽人. 負氣而義, 見人不平, 必手刃之, 見人饑寒, 至於解衣推食, 略無難色. 唐至德二年, 常入終南山, 遇風雨, 宿於山中. 夜將半, 雨霽, 月朗風恬. 慨然四望而歎曰: "我欲平天下禍亂, 無一人之柄以佐我, 無尺土之封以資我. 我欲救天下饑寒, 而衣食自亦不充. 天地神祇福善, 顧不足信." 言訖, 有神人自空中而下, 謂常曰: "爾何爲此言?" 常按劍良久曰: "我言者, 平生志也." 神人曰: "我有術, 黃金可成, 水銀可化. 雖不足平禍亂, 亦可濟人之饑寒. 爾能授此術乎?" 常曰: "我聞此乃是神仙之術, 空有名, 未之覩也. 徒聞秦始·漢武好此道, 而終無成, 祇爲千載譏誚耳!" 神人曰: 昔秦皇·漢武, 帝王也, 處救人之位. 自有救人之術而不行, 反求神仙之術, 則非也. 爾無救人之位, 而欲救天下之人, 固可行此術." 常曰: "黃金成, 水銀化, 眞有之乎?" 神人曰: "爾勿疑. 夫黃金生於山石. 其始乃山石之精液, 千年爲水銀. 水銀受太陰之氣, 固流蕩而不凝定, 微偶純陽之氣合, 則化黃金於倏忽也. 金若以水銀欲化黃金, 不必須在山卽化, 不在山卽不化. 但偶純陽之氣合, 卽化矣. 君當受勿疑." 常乃再拜, 神人於袖中取一卷書, 授常. 常跪受之, 神人戒曰: "異日當却付一人. 勿輕授, 勿終祕. 勿授之以貴人, 彼自有救人之術. 勿授之以不義, 彼不以饑寒爲念. 濟人之外, 無奢逸. 如不然, 天奪爾算." 常又再拜曰: "願知何神也." 神人曰: "我山神也. 昔有道人藏此書於我山,今遇爾義烈之人, 是付('付'原作'仆', 據明鈔本·黃本改)爾." 言訖而滅. 常得此書讀之, 成其術. 爾後多遊歷天下, 以黃金賑濟乏絶. (出『瀟湘錄』)

태평광기 권제 304 신

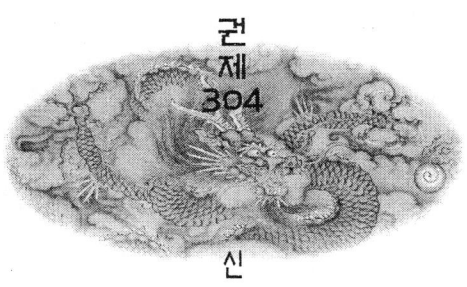

14

1. 개 업 사(開 業 寺)
2. 여 와 신(女 媧 神)
3. 왕 적(王 籍)
4. 창 최(暢 璀)
5. 교 귀 년(喬 龜 年)
6. 장 광 성(張 光 晟)
7. 회남군졸(淮南軍卒)
8. 원재(元載)・장위(張謂)
9. 영양리정(潁陽里正)

304 · 1(3932)
개업사(開業寺)

[唐나라] 지덕(至德) 2년(757) 10월 23일, 풍락리(豊樂里) 개업사에 매우 긴 신인(神人)의 발자국이 나타나 절 밖의 문에서 불전(佛殿)까지 이어져 있었다. 이에 앞서 한 문지기가 문 아래서 잠을 자다가 키가 두 길 남짓 되는 한 사람이 갑옷을 입고 창을 쥐고 절 문 밖에 서 있는 꿈을 꾸었다. 신인이 갑자기 손으로 그 문을 끌어당겼더니 걸쇠와 빗장이 모두 풀렸다. 신인은 곧 머리를 숙이고 절에 들어와 불전으로 가서 한참 동안 바라보다가 사라졌다. 문지기는 놀라 깨어났고 새벽에 그 문을 보니 이미 열려 있었다. 문지기는 즉시 꿈에 보았던 것을 절의 스님에게 자세히 알려주었다. 스님이 함께 가서 보니 신의 발자국이 있기에 마침내 경조부(京兆府)에 보고했다. 경조부에서 이 사실을 아뢰자 숙종(肅宗)은 중사(中使: 궁중에서 보내는 사신)에게 명하여 그것을 조사하게 했는데, 과연 그 말과 같았다. (『이실기』 [『선실지』] [『선실지기』])

至德二年, 十月二十三日, 豊樂里開業寺, 有神人足跡甚長, 自寺外門至佛殿. 先是閽人宿門下, 夢一人長二丈餘, 被金甲執槊, 立於寺門外. 俄而以手曳其門, 肩鐍盡解. 神人卽俛而入寺, 行至佛殿, 顧望久而沒. 閽人驚寤, 及曉視其門, 已開矣. 卽具以夢白於寺僧. 寺僧共視, 見神人之跡, 遂告於京兆. 京兆以聞, 肅宗

命中使驗之, 如其言. (出『異室記』, 明鈔本作'出『宣室志』', 陳校本作'出『宣室志記』')

304·2(3933)
여와신(女媧神)

숙종(肅宗)이 영무(靈武) 땅의 한 역관(驛館)에 도착할 무렵 날이 저물었는데, 키가 매우 큰 한 부인이 잉어 두 마리를 가지고 와 영문(營門)에서 소리를 질렀다.

"황제께서는 어디 계십니까?"

사람들은 모두 그녀가 미쳤다고 생각했다. 숙종은 그 부인의 행동거지를 몰래 살펴보라고 했다. 부인이 큰 나무 아래에서 멈추었을 때 군인들이 가까이 가서 부인을 보니 그녀의 팔에 비늘이 있었다. 잠시 후 날이 컴컴해지자 부인은 이내 사라져버렸다. 숙종이 즉위하여 도성으로 돌아오자 괵주자사(虢州刺史) 왕기광(王奇光)이 여와의 무덤에 대해서 다음과 같이 아뢰었다.

"[唐나라] 천보(天寶) 13년(754)에 큰비가 내리고 천지가 컴컴한 가운데 여와의 무덤이 갑자기 땅 밑으로 꺼졌습니다. 그런데 이 달 1일 밤에 황하(黃河) 가의 어떤 사람이 바람과 우레 소리를 듣고 날이 샌 후 보았더니 그 무덤이 다시 솟아올랐습니다. 무덤 위에는 버드나무 두 그루가 나 있었는데, 높이는 한 장 남짓이었고, 그 밑에는 큰 돌이 있었습니다."

숙종은 막 도성을 수복한 후 축사(祝史: 神明에 고하는 일을 맡은 벼슬아치)를 보내어 그곳으로 가 제사를 지내게 했다. 이곳에 도착한 다음 사람들은 그 때 그 부인이 바로 여와신이 아닌가 생각했다. (『유양잡조』)

肅宗將至靈武一驛, 黃昏, 有婦人長大, 携雙鯉, 咤於營門曰:"皇帝何在?" 衆以爲狂. 上令潛視擧止. 婦止大樹下, 軍人有逼視, 見其臂上有鱗. 俄天黑失所在. 及上卽位, 歸京闕, 虢州刺史王奇光, 奏女媧墳云:"天寶十三載, 大雨晦冥忽沈. 今月一日夜, 河上有人覺風雷聲, 曉見其墳湧出. 上生雙柳樹, 高丈餘, 下有巨石." 上初克復, 使祝史就其所祭之. 至是而見, 衆疑向婦人是其神也. (出『酉陽雜俎』)

304·3(3934)
왕 적(王 籍)

왕적은 태상박사(太常博士) 왕선(王璿)의 조카뻘 되는 사람이었다. 그는 [唐나라] 건원연간(乾元年間: 758~760)에 회계(會稽)에서 타향살이 했다. 그의 노복이 병들어 죽었다가 며칠 만에 다시 살아나 이렇게 말했다.

"저승세계에서 한 관리를 만났는데, 그 관리가 '너는 누구의 노복이냐'고 하기에 저는 사실대로 말했습니다. 그 관리는 '지금 너의 주인을 불러다가 오도장군(五道將軍: 東嶽의 한 神. 사람의 생사를 관장한다고 함)을 삼을 것이다'라고 했습니다. 그래서 그를 위해 힘을 다하여 죽음을 면하고 이승으로 돌아올 수 있었습니다. 길을 오다가 깃발을 펄럭이는 의장대열을 보았는데, 제가 어디로 가느냐고 묻자 '왕장군(王將軍:

왕적)을 맞이하러 간다네'라고 했습니다."

노복이 돌아온 지 며칠 만에 왕적이 죽었다. 왕적이 죽던 날 사람들은 무수한 거마와 의장대열을 보았는데, 어찌된 일인지 그 이유를 물었더니 그들은 모두 왕적을 맞이하러 온 사람들이라고 했다. (『광이기』)

王籍者, 太常璲之族子也. 乾元中, 客居會稽. 其奴病死, 數日復活, 云: "地下見吏, 吏曰: '汝誰家奴?' 奴具言之. 吏云: '今見召汝郎作五道將軍.' 因爲著力, 得免回. 路中多見旌旗隊仗, 奴問爲何所, 答曰: '迎王將軍爾.'"

旣還數日, 籍遂死. 死之日, 人見車騎繽紛, 隊仗無數, 問其故, 皆是迎籍之人也. (出『廣異記』)

304・4(3935)
창 최(暢 璀)

창최는 스스로 자신의 재주를 자부하고 있었는데, [때를 만나지 못하여] 나이 60여 세에 비로소 하북(河北) 상주(相州)・위주(衛州) 사이의 한 현령이 되었다. 그는 늘 비분강개하여 현에 있을 때 오직 미래를 점칠 수 있는 술사(術士)를 찾아 자신의 장래가 어떻게 될 것인지를 묻자 했지만 결국 그런 사람을 만나지 못했다. 어떤 사람이 몰래 창최에게 말했다.

"하필이면 먼데서 찾으시오? 당신 부하 오백(伍伯: 지방관청에서 형을 집행하는 관리)이 바로 저승의 판관이오."

창최는 속으로 기뻐하며 그 날로 관부로 들어가 곧 의관을 갖추어 입고 오백을 부른 다음 계단에 올라가 공손하게 절을 하고 자리에 앉게 하여 음식을 차려냈다. 오백은 황송하여 어찌할 바를 몰랐다. 한참이 지나서 창최가 오백에게 말했다.

"나는 재능이 다른 사람에 비해 뒤떨어지지 않는다고 생각하는데, 나이가 이미 60이 되었지만 벼슬은 현령에 불과하다. 하잘 것 없이 이 직책을 지키고 있지만 끝내 이런 하급관리 신세를 벗어나지 못할까 걱정된다. 이 후의 일이 어떻게 될지 알고 싶은데, 늦게라도 출세할 수 있다면 이 직분을 계속 수행할 것이나 만약 끝내 희망이 보이지 않는다면 즉시 관복을 벗고 산으로 들어가 선약을 먹고 도를 닦을 것이다. 아직 어찌해야 좋을지 결정하지 못했는데, 너는 저승의 판관이라 알고 있으니 나를 위해 한마디 말을 해주면 좋겠다."

오백이 자리를 피하며 실망스런 안색으로 말했다.

"제가 공(公)의 이처럼 남다른 예우를 입었으니, 오늘 공에게 숨긴다면 그것은 깊은 은혜를 저버리는 것이 되고, 숨기지 않으면 곧 화를 당하게 됩니다. 그러나 상황이 부득이하여 말씀드릴 수밖에 없군요. 저는 이승과 저승을 주관하는 사람이 아니라 그저 저승의 오백일 따름입니다. 제가 하는 일은 단지 곤장의 숫자에 따라 사람의 생사를 판가름하는 것입니다. 보통 사람들은 액운이 닥치게 되면 모두 먼저 곤장 맞을 숫자를 받습니다. 20대 이상이면 모두 죽고, 20대 이하이면 단지 중병에 걸릴 따름입니다. 나는 이것으로 짐작할 뿐인데, 종종 마을에서 [제가 저승의 판관이라고] 잘못 말하고 있지만 저는 지금까지 아직 틀린 적이 없습니다."

창최가 바로 그에게 물었다.

"지금 저승을 주관하고 있는 사람이 누구냐?"

오백이 말했다.

"공께서는 이 사실을 누설하지 않도록 조심하십시오. 그는 바로 이웃 현령 아무개입니다. 그가 이곳으로 온다고 들었는데, 공께서 직접 찾아가 보시되 저에게서 이 사실을 전해 들었다고 말해서는 안 됩니다."

열흘이 지나자 이웃 현령이 과연 왔는데, 창최와 함께 주(州)의 분기 집회에 참석했다. 창최는 이른 새벽에 멀리까지 나아가 그 현령을 맞이하여 현에서 마련한 집에 살도록 했으며, 잔치를 베풀어 노고를 위로했다. 그 현령이 막상 도착하여 보니 그는 나이 70이 넘은 늙은이였다. 당시에는 천하가 태평하여 하북의 부위(簿尉: 主簿와 縣尉)는 모두 귀족의 자제였고, 현령과 같은 장관은 명사를 선발하여 맡게 했다. 늙은 현령이 창최의 융숭한 대접에 고마움을 표하며 말했다.

"당신은 명망이 높은 사람이고 나는 출신이 미천하오. 나는 명법과(明法科) 출신으로 다행히도 당신과 현을 이웃하게 되었으니 어찌 이런 예우를 감당하겠소?"

언사와 안색이 감격스럽고도 부끄러워하는 것 같았다. 이에 창최는 그와 함께 군으로 갔다가 현의 관저에서 그를 모시니 서로 더욱 마음이 잘 맞았다. 내일이면 이별인데 그 전날 밤에 창최가 그를 밀실로 모셔놓고 의관을 갖추어 절을 한 다음 오백의 말에 대해 물으며 말에 절실함을 실었다. 그러자 늙은 현령이 지엄한 목소리로 말했다.

"누가 그런 말을 합디까?"

늙은 현령은 매우 화가 나서 말했다.

"그 말을 한 사람을 알려주지 않으면 당신의 물음에 대답하지 않겠소."

둘은 오랫동안 이렇게 옥신각신했다. 창최가 부득이하여 오백의 이름을 말하자 늙은 현령은 고개를 숙이고 노여움을 풀었다. 잠시 후 관리가 와서 아뢰었다.

"오백이 주막에서 갑자기 죽었습니다."

창최는 그 말을 듣고 더욱 두려워져 더욱 간절하게 애원했다. 그 늙은 현령은 천천히 창최에게 말했다.

"당신의 깊은 후의가 고마워 숨길 수가 없구려. 집을 깨끗하게 청소하되 구멍이 있는 곳은 모두 꽉 막으시오. 그리고 집안사람들을 단단히 경계시켜 절대로 엿보게 해서는 안 되오. 이를 어기는 사람에게는 화가 미칠 것이오. 당(堂) 위에는 걸상 하나를 놓고, 책상·붓·벼루 그리고 종이 7~8장을 놓아두시오."

그 날 저녁 늙은 현령은 집으로 들어간 다음 창최에게 직접 빗장을 걸고, 날이 밝으면 열쇠를 가지고 이곳으로 마중오라고 했다. 다음 날 아침 창최가 문서를 들고 와 문을 열고 보니 그는 얼굴에 희색을 띠고 나오면서 멀리서 축하하며 말했다.

"관록(官祿)이 매우 높아졌으니 이제 걱정할 필요 없소."

그리고는 그에게 편지 한 통을 주며 말했다.

"절대 먼저 열어보아서는 안 되오. 다만 한 가지 일이 지나간 후에 막 벼슬이 바뀌었을 때 그 때 그것을 열어보시오."

이 일이 있에 후부터 창최는 현에서 종사(從事)로 초징되었고, 더 나아가 전중시어사(殿中侍御史)로 승진되었으며, 조정에 들어가서는 성랑

간의대부(省郞諫議大夫)가 되었다. 창최가 그 편지를 열어보니 자신의 벼슬이 제수된 날짜가 모두 어긋나지 않았다. 창최가 진주사마(辰州司馬)로 좌천될 때 그 편지를 가져다 보니 이렇게 적혀 있었다.

"아무 아무 일로 좌천된다."

그 후 좌승(左丞)으로 초징되고 공부상서(工部尙書)로 벼슬을 마치는 등의 모든 일이 모두가 편지에 기록된 것과 다름이 없었다. (『융막한담』)

暢璀自負才氣, 年六十餘, 始爲河北相・衛間一宰. 居常慷慨, 在縣唯尋術士日者, 問將來窮達, 而竟不遇. 或竊言於暢曰: "何必遠尋? 公部下伍伯, 判冥者也." 暢默喜, 其日入, 便具簪笏, 召伍伯, 升階答拜, 命坐設食. 伍伯恐聳, 不如所爲. 良久謂之曰: "某自揣才業不後於人, 年已六十, 官爲縣宰. 不辭碌碌守職, 但恐終不出下流. 要知此後如何, 苟能晚達, 卽且守之, 若其終無, 卽當解綬入山, 服餌尋道. 未能一決, 知公是幽冥主者, 爲一言也." 伍伯避席色沮曰: "小人蒙公異禮如此, 是今日有隱於公, 卽負深恩, 不隱卽受禍. 然勢不得已而言也. 某非幽明主者, 所掌亦冥中伍伯耳. 但於杖數量人之死生. 凡人將有厄, 皆先受數杖. 二十已上皆死, 二十已下, 但重病耳. 以此斟酌, 往往誤言於里中, 未嘗差也." 暢卽詰之曰: "當今主者爲誰?" 曰: "公愼不可泄露. 鄰縣令某是也. 聞卽當來此, 公自求之, 必不可言得之於某."

旬日, 鄰宰果來, 與暢俱詣州季集. 暢凌晨遠迎, 館於縣宅, 燕勞加等. 旣至, 乃一老翁, 七十餘矣. 當時天下承平, 河北簿尉, 皆豪貴子弟, 令長甚選名士. 老宰謝暢曰: "公名望高, 某寒賤. 以明法出身, 幸因鄰地, 豈敢當此優禮?" 詞色感愧. 乃與之俱詣郡, 又與同歸, 館於縣宅, 益爲歡洽. 明日將別, 其夜, 延於深室, 具簪笏再拜, 如問伍伯之詞, 而加懇切. 老宰厲聲曰: "是誰言耶?" 詞色甚怒, 曰: "不白所言人, 終不爲公言也." 如是久之. 暢不得已, 乃告伍伯之名, 旣而俯首拗怒頃刻, 吏白曰: "伍伯於酒壚間暴卒." 暢聞益敬懼, 而乞曰轉懇. 乃徐謂暢曰: "愧君意深禮重, 固不可隱. 宜灑掃一院, 凡有孔隙, 悉塗塞之. 嚴戒家人, 切不得窺. 違者禍及其身. 堂上設一榻, 置案筆硯, 紙七八幅." 其夕宰入之, 令暢躬自肩鑰, 天明, 持籥相迓於此. 暢拂旦秉簡, 啓戶見之, 喜色被面而出, 遙賀暢曰: "官祿甚高, 不足憂也." 乃遺一書曰: "愼不可先覽. 但經一事, 初改一官, 卽聞之."

後白此縣辟從事, 拜殿中侍御史, 入爲省郞諫議大夫. 發其書, 則除授時日皆不差. 及貶辰州司馬, 取視之曰: "爲某事貶也." 徵爲左丞, 終工部尙書, 所記事無有異詞. (出『戎幕閒談』)

304·5(3936)
교귀년(喬龜年)

교귀년은 전서(篆書)를 잘 썼고, 어머니를 매우 효성스럽게 봉양했다. [唐나라] 대력연간(大曆年間: 766~779)에 그는 매번 다른 사람들에게 대전(大篆)을 써 주고 돈을 받아 어머니께 맛있는 것을 사다 드렸다. 어쩌다가 조금이라도 어머니를 모시는데 부족한 것이 있으면 꼭 하늘을 우러러 울부짖으며 가난함을 원망했다. 여름이면 직접 우물에 가 시원한 물을 길어다가 어머니를 모셨다. 그런데 갑자기 한 푸른 옷을 입은 사람이 우물 속에서 뛰어나와 우물 옆에 서서 교귀년에게 말했다.

"그대가 가난한 것은 전생에 이미 정해진 것이다. 그런데 어찌하여 매번 조금이라도 어머니를 모시는데 부족한 것이 있으면 곧 하늘에 호소하며 우느냐?"

교귀년은 이것이 신령인가 싶어 마침내 절을 하고 대답했다.

"저는 부귀를 얻어 풍족하게 어머니를 모시지 못한 것을 늘 한스러워 했습니다. 또 어머니께서는 연세가 많으신데도 맛있는 음식을 매번 드시지도 못했습니다. 비록 남들에게 글씨를 써주고 힘들게 사는 것을 꺼리지는 않지만, 그것으로 생활해 나가기엔 부족합니다. 그래서 저도 모르게 하늘을 우러러 울부짖게 되었습니다."

신인이 말했다.

"그대의 효심이 지극한 것은 하늘도 알고 있다. 그대는 이 우물 속에서 돈 100만 냥을 얻을 것인데, 이는 하늘이 내려주는 것이다."

말이 끝나자 신인은 사라졌다. 교귀년은 우물 속에서 돈 100만 냥을 얻었는데, 매번 맛있는 음식을 차려 어머니를 모시면서 집을 나서 귀인들과 교유하는 일은 그다지 즐기지 않았다. 3년 후에 어머니가 돌아가시자 교귀년은 어머니를 생각하며 비통해 울다가 거의 목숨이 끊어질 뻔했다. 그리고 남아 있던 돈으로 어머니의 장례를 후하게 치르고 나서 다시 또 가난해졌다.

여러 해가 지났을 때 교귀년은 한가로이 걷다가 이전에 돈을 얻었던 그 우물에 이르러 슬퍼하며 말했다.

"내가 옛날에 가난할 때는 하늘이 내게 돈을 내려주셨건만, 지금은 가난해도 하늘이 돈을 내려주시지 않네. 만약 하늘이 나를 효자로 여겨서 내게 돈을 내려주셨다면 어찌 지금은 내가 효자가 아니란 말인가?"

잠시 후 신인이 다시 우물 속에서 뛰어나와 교귀년에게 말했다.

"옛날에는 네가 노모를 효성스럽게 잘 모시는 것을 알고 하늘이 너에게 돈을 내려주시어 맛있는 음식을 대접하게 한 것이지 너의 가난함을 구제하고자 한 것이 아니었다. 그러니 지금 맛있는 음식을 살 돈이 없는 것을 어찌 원망하느냐? 지금 너의 모습을 보니 옛날에 어머니를 모시던 너의 뜻이 어머니를 위한 것이 아니라 이는 바로 너 자신을 위한 것이었구나."

교귀년이 경악하며 부끄럽고 두려워 다시 재배(再拜)하자 신인이 또 말했다.

"너의 옛날의 효성도 하늘에 전달되었고, 지금의 불효도 하늘에 전달되었다. 너는 마땅히 스스로 살길을 찾아야 한다. 그렇지 않으면 겨울에 춥고 배고파 죽을 것이다. 오늘 네가 한 말은 죄가 이미 크니 돌이킬 수 없다."

신인은 말을 마치고 다시 사라졌다. 교귀년은 과연 가난하게 살다가 죽었다. (『소상록』)

喬龜年者, 善篆書, 養母甚孝. 大曆中, 每爲人書大篆字, 得錢卽供甘旨. 或見母稍失所, 必仰天號泣, 自恨貧乏. 夏月, 因自就井, 汲新水奉母. 忽有一靑衣人, 自井躍出, 立於井傍, 謂龜年曰: "君之貧乏, 自前定也. 何每因母稍失所, 必號泣訴天也?" 龜年疑是神靈, 遂拜而對曰: "余常恨自不能取富貴, 以豐侍養. 且母年老, 而旨甘每闕. 雖不憚勤苦於傭筆, 其如所得資助, 不足以濟. 是以不覺仰天號泣耳." 神人曰: "君之孝已極, 上天知之矣. 君當於此井中, 收取錢百萬, 天之賜也." 言訖而滅. 龜年乃取之, 得錢一百萬, 每建珍饌以奉母, 仍多不出遊貴達門. 後三年, 母亡, 龜年號慕幾減性('性'原作'惟', 據明鈔本・許本・黃本改). 仍盡以餘錢厚葬其母, 復又貧乏.

累年, 因閒步, 至先得錢之井, 悵然而言曰: "我往日貧, 天賜我錢, 今日貧, 天

不賜之. 若天以我爲孝子以賜我, 豈今日我非孝子耶?" 俄而神人復白廟山, 謂
龜年曰: "往日天知爾孝養老母, 故賜爾錢, 以爲甘旨, 非濟爾貧乏. 今日無旨甘
之用, 那得恨也? 若爾, 則昔日之意不爲親, 乃爲己也." 龜年驚愕慙懼, 復遂再拜,
神人又曰: "爾昔者之孝, 聞於上天, 今日之不孝, 亦聞上天也. 當自驅馳. 不然,
則凍餒而死. 今日一言, 罪已深矣, 不可追也." 言訖復滅. 龜年果貧困而卒. (『瀟
湘錄』)

304 · 6(3937)
장광성(張光晟)

적신(賊臣) 장광성은 출신이 매우 미천했으나 재주는 있었으며, 거리낌 없는 성격에 술을 아주 좋아했다. 그는 장년(壯年)에 동관(潼關)에서 군졸이 되었는데, 여러 차례 상급 장수에게 채찍으로 매를 맞았다. 한번은 파견 임무를 받고 화주(華州)에 가게 되었는데, 날씨가 매우 더운 가운데도 쉬지 않고 달려야만 했기 때문에 마음에 불만이 가득했다. 그는 악사(嶽祠)에 들러 마침내 옷을 벗고 술을 사서 금천왕(金天王)께 제사를 올리며 큰소리로 말했다.

"저는 재주는 지니고 있으나 저를 알아주는 사람을 만나지 못했나이다. 부귀와 빈천은 스스로 예측할 수 없어 오직 신께서만 분명하게 알고 계시니 솔직하게 저에게 알려주십시오."

제사를 끝내고 만취하여 대낮에 비문이 있는 당(堂)에서 잠을 잤다. 갑자기 꿈에서 자기의 이름을 부르는 소리가 들렸다.

"장광성을 불러 오라!"

그 소리가 매우 급박하여 장광성이 [자기를 부른 사람을 따라] 바로 한 관부(官府)로 들어가니, 그곳은 매우 엄숙한 것이 보통 관부와는 달랐다. 장광성을 데리고 가던 사람이 말했다.

"장광성이 도착했습니다."

장광성이 무릎을 꿇어 인사를 마치고 멀리 보니 관부에 왕처럼 보이는 귀인이 있었다. 그 귀인이 장광성에게 말했다.

"당신의 관록을 알고 싶소? 당신이 재상에 제수되기만 하면 곧 천하가 태평해질 것이오."

귀인이 말을 마치자 장광성은 놀라 깨어났는데, 보았더니 온 몸이 땀에 흠뻑 젖어 있었다. 그는 그 일을 혼자 이상하게 여겼다.

장광성은 그 후에 자주 전공(戰功)을 세우고 업적을 쌓아 벼슬이 사농경(司農卿: 국가의 재무를 관장하는 司農寺의 장관)에 이르렀다. 건중연간(建中年間: 780~783)에 이르러 덕종(德宗)이 [병란을 피해] 서쪽으로 행차하자 장광성도 덕종을 따라 나섰다. 개원문(開遠門)에 이르렀을 때 장광성이 갑자기 동행하던 조정 관료들에게 말했다.

"지금 난을 일으킨 군대는 바로 경원(涇源)의 반군들이오. 지금 그들은 통솔하는 자가 없기 때문에 단지 대량으로 약탈하는 것에 지나지 않지만, 만약 통솔하는 자가 있게 되면 그 화가 어디까지 미칠지 알 수 없소이다. 주자(朱泚)는 오랫동안 경원에 있으면서 평소에 인심을 얻었소이다. 그는 지금은 도성에 있는데, 만약 경원의 군졸들을 모아 그를 보좌하게 한다면 제압하기 어려울 것이오. 이는 급작스럽게 계획한 것이라서 그들은 일을 도모할 겨를이 없을 것이오. 공(公)들은 나를 따라

주자의 집으로 가서 그를 불러 함께 서쪽으로 가지 않겠소?"

공들이 모두 의심을 품자 장광성은 바로 말을 타고 주자를 찾아가 말했다.

"황제께서 도성을 나가셨거늘 그대는 조정의 대신이 되어 어찌 편안하게 날을 보내고 있는가?"

주자가 말했다.

"공을 따라 가고 싶소."

거마를 타고 장차 떠나려고 하는데, 경원의 군대가 이미 문 밖에 모여들었다. 장광성은 혼자 도망가려 했으나 이미 주자에게 붙들리고 말았다. 그래서 장광성은 주자를 힘껏 도와 전쟁이 있을 때마다 참가했다. 신가(神廳: 지금의 陝西省 西安市 동북쪽에 있음)의 전투가 끝나자 주자는 장광성을 복야평장사(僕射平章事)에 제수했다. 장광성은 군대를 통솔하고 전쟁터에 나갔으나 매번 대패하고 돌아왔다. 그제야 장광성은 그 신인이 알려준 말이 징험되었음을 깨달았다. (『집이기』)

賊臣張光晟, 其本甚微, 而有才用, 性落拓嗜酒. 壯年爲潼關卒, 屢被主將鞭笞. 因奉役至華州, 盛暑驅馳, 心不平. 過嶽祠, 遂脫衣買酒, 致奠金天王, 朗言曰: "張光晟身負才器, 未遇知己. 富貴貧賤, 不能自料, 惟神聰鑒, 當賜誠告." 祀訖, 因極飮大醉, 晝寢于碑堂. 忽夢傳聲云: "喚張光晟." 迫蹙甚急, 卽入一府署, 嚴邃異常. 導者云: "張光晟到." 拜跪訖, 遙見當廳貴人, 有如王者. 謂之曰: "欲知官祿? 但光晟拜相, 則天下太平." 言訖, 驚寤洽汗. 獨怪之.

後頻立戰功, 積勞官至司農卿. 及建中, 德宗西狩, 光晟奔從. 已至開遠門, 忽謂同行朝官曰: "今日亂兵, 乃涇卒廻戈耳. 無所統, 正應大掠而過, 如令有主, 禍未可知. 朱泚久在涇源, 素得人心. 今者在城, 儻收(明鈔本'收'作'爲')涇卒扶持, 則難制矣. 計其倉遑, 未暇此謀. 諸公能相逐徑往至泚宅, 召之俱西乎?" 諸公持疑, 光晟卽奔馬詣泚曰: "人主出京, 公爲大臣, 豈是宴居之日?" 泚曰: "願從公去." 命駕將行, 而涇卒已集其門矣. 光晟自將逃去, 因爲泚所麋. 然而奉泚甚力, 每有戰, 常在其間. 及神麃('麃'原作'慶', 據明鈔本改)之陣, 泚拜光晟僕射平章事. 統兵出戰, 大敗而還. 方寤神告爲徵矣. (出『集異記』)

304・7(3938)
회남군졸(淮南軍卒)

진소유(陳少遊)가 회남(淮南)을 진수(鎭守)하고 있을 때 일찍이 조 아무개라는 군졸을 도성으로 파견하여 공경(公卿)에게 편지를 전달하게 했다. 장차 떠나려 할 때 진소유는 조 아무개에게 주의를 주며 말했다.

"내 급한 일이 있어 네가 속히 돌아와 보고하기만을 기다릴 것이다. 너는 날래고 몸도 건장하여 서쪽[長安]으로 보내는 것이니 잠시도 지체해서는 안 된다. 정해진 날에 돌아오지 않으면 죽음에 처할 것이다."

조 아무개는 하루에 수백 리를 달려 감히 게을리 하지 않았다. 화음현(華陰縣)에 도착하여 여관에 들러 잠을 잤는데, 잠이 깊이 들지 않았을 때 갑자기 녹색 옷을 입은 한 사람이 조 아무개에게 말했다.

"나는 금천왕(金天王) 휘하의 관리인데, 왕명을 받들어 당신을 데리러 왔으니 빨리 갑시다."

조 아무개는 무슨 일인지 알지 못한 채 곧 그 사자(使者)와 함께 갔다.

악묘(嶽廟) 앞에 이르자 사자가 먼저 들어가서 아뢰었다.

"조 아무개를 대령했나이다."

안에서 조 아무개를 부르자 그는 곧 달려가 계단 아래서 절을 했다. 그 당(堂) 위에는 촛불이 진열되어 있었고, 한 사람이 책상에 기대앉아 있었으며, 그를 모시고 있는 사람들은 매우 위엄스러워 보였다. 그 사람은 천천히 조 아무개에게 말했다.

"내게 사위가 있는데 촉군(蜀郡)에 있은 지 몇 해가 되었네. 사람을 보내어 근황을 살펴보고 싶지만 보낼 만한 사람이 없다네. 나는 그대가 걸음이 빨라 하루에도 수 백 리를 간다고 들었네. 그대를 촉군에 사자로 보내려고 하는데 되겠는가?"

조 아무개는 이렇게 사양했다.

"저는 상국(相國: 陳少遊)의 명을 받고 서쪽 장안에 사자로 가게 되었습니다. 또한 정해진 기일이 있어 기일 내에 도착하지 못하면 죽음을 면치 못합니다. 지금 대왕께서 또 촉군으로 가라고 하시면 이는 상국의 명을 어기는 꼴이 되니, 감히 광릉(廣陵)으로 돌아가지 못합니다. 또 저의 부모와 처자식도 모두 광릉에 있는데, 어찌 멀쩡히 살아서 고향으로 돌아가지 않을 수 있겠습니까? 감히 다른 이유로 명을 받들지 않는 것이 아니니 대왕께서 살펴주십시오."

금천왕이 말했다.

"내 대신 바로 가기만 하면 그렇게 되지는 않을 걸세. 촉에서 돌아오는 길에 장안을 경유하더라도 늦지는 않을 거야."

대왕은 곧 조 아무개를 사당 뒤에 있는 빈집에 머무르게 하여 재우고 음식을 차려 주었다. 조 아무개는 근심과 의혹으로 잠을 이루지 못했다.

촉군으로 가자니 또한 죄를 지을까 두려웠고, 굳이 사양하고 가지 않자니 또 화가 미칠까 걱정되어 미처 결정을 하지 못했다.

잠시 후 점차 날이 밝았을 때 사당 안에서 시끄럽게 떠드는 소리가 들려 나와 보니 뜰에 호랑이·표범·고라니·사슴·여우·토끼·날짐승이 거의 수만 마리나 있었다. 또한 기이한 모양의 귀신이 수천 명이나 있었는데, 허리를 굽히고 줄지어 서 있는 것이 마치 조정에서 배알하는 것과 같았다. 잠시 후 소송을 올린 몇 사람이 함께 들어왔는데, 금천왕이 공평하게 심리하여 처리해 주자 한참 있다가 물러갔다. 그리고 측근들에게 시켜 조 아무개를 불러오라고 하자 그는 바로 갔다. 금천왕은 그에게 계단 위로 올라오라고 한 다음 소매 속에서 편지 한 통을 꺼내 그에게 주면서 말했다.

"이것을 가지고 내 대신 촉군으로 가서 성도(成都)에 사는 소경지(蕭敬之)라는 사람을 찾아가서 전해주게. 이곳에서 일하는 관리들은 매우 많지만, 다만 이 일은 기밀이라서 누설될 염려가 있으니 반드시 살아있는 사람을 시켜 전해주지 않으면 안 되네. 그러나 하루 이틀 만에 빨리 돌아오고 오래 머물러 있지 말게."

금천왕이 돈 일만 냥을 주자 조 아무개는 감사의 절을 하고 길을 나섰다. 조 아무개가 대문에 이르러 관리에게 말했다.

"금천왕이 내게 일만 냥을 주셨는데, 홀몸으로 길 떠나는 사람이 이것을 어떻게 가지고 갑니까?"

관리가 말했다.

"품속에 넣고 가면 됩니다."

조 아무개가 곧 돈을 품속에 넣었더니 갑자기 아무런 문제가 없었고, 또한 그 무게도 느끼지 못했다. 미처 몇 리를 가지 못했을 때 옷속을 더듬어보니 그것은 모두 종이돈이었다. 그래서 돈을 모두 길가에 버렸다. 잠시 후 어떤 사람이 뒤쫓아 와서는 돈 수천 냥을 주면서 말했다.

"아까는 내가 잘못하여 저승에 갈 때 쓰는 돈을 주었기에 쓸모가 없었습니다. 이제 따로 이것을 주겠습니다."

조 아무개는 돈을 받고 밤낮으로 길을 걸어 10여일 만에 성도에 도착했다. 조 아무개는 소경지를 찾아가 편지를 전해주었다. 소경지는 그 편지를 열어보고 매우 기뻐했다. 소경지는 조 아무개에게 자리에 앉으라고 하면서 그에게 말했다.

"나는 사람이오. 집은 여주(汝州)·정주(鄭州) 일대에 있소. 이전에 관직을 받아 도성으로 가는 길에 화음현에 들렀는데, 금천왕의 강요에 못이겨 사위가 되었소. 지금 나의 아내가 있는데, 그녀는 살아있는 사람과 다름이 없소. 지난번에 내가 금천왕에게 힘써서 관직을 구해달라고 했는데, 이제 그 일이 성사되어 이렇게 당신을 보내어 급히 소식을 전하게 한 것이오."

소경지는 조 아무개를 하루 동안 머물게 한 다음 비단 몇 단(段)을 주고 답신을 써서 그에게 주어 보냈다. 조 아무개는 장안에 들러 진소유의 편지를 전달했다. 그는 답신을 받아서 다시 밤낮으로 달려 화음현에 도착했다. 금천왕이 조 아무개를 보고 매우 기뻐하며 그의 노고를 위로했다.

"이번 일은 자네가 아니었으면 보낼 사람이 없었네. 지금 자네를 돌려보낼 테니, 만약 상국이 물으면 자네는 그저 내가 시켰다고 하게.

그러면 상국이 자네를 비장(裨將: 副將)으로 삼을 것이니 두려워하지 말게."

금천왕은 비단 수십 단을 조 아무개에게 주면서 말했다.

"이것은 인간세상의 비단이니 쓸 수 있을 것이야."

조 아무개는 감사의 절을 하고 곧장 회남으로 돌아왔다. 진소유가 그에게 늦은 이유를 캐묻자 조 아무개는 사실대로 대답했다. 진소유는 화가 나 그 말을 믿지 못하고 조 아무개를 감옥에 가두었다. 그 날 저녁 진소유의 꿈에 황금 갑옷을 입고 칼을 찬 한 사람이 나타나 이렇게 말했다.

"나 금천왕이 상국에게 고하노라. 나 금천왕은 이전에 실제로 조 아무개를 촉군에 보냈다. 이제 들으니 그 일로 조 아무개에게 죄를 물었다고 하던데, 그 사람을 풀어주기 바란다."

진소유는 두려워하며 잠에서 깨어나 오랫동안 그 기이한 일에 대해 한숨을 쉬었다. 다음 날 아침에 일어나 관료들에게 이 일을 말하여 곧 조 아무개를 풀어주라고 하고 그를 비장으로 삼았다. 조 아무개는 [唐나라] 원화연간(元和年間: 806~820)까지 살아 있었다. (『선실지』)

陳少遊鎭淮南時, 嘗遣軍卒趙某使京師, 遺公卿書. 將行, 誡之曰: "吾有急事, 候汝還報. 以汝驍健, 故使西去, 不可少留. 計日不至, 當死." 趙日馳數百里, 不敢怠. 至華陰縣, 舍逆旅中, 寢未熟, 忽見一人綠衣, 謂趙曰: "我吏於金天王, 王命召君, 宜疾去." 趙不測, 卽與使者偕行. 至嶽廟前, 使者入白: "趙某至." 旣而呼趙, 趨拜階下. 其堂上列燭, 見一人據案而坐, 侍衛甚嚴. 徐謂趙曰: "吾有子婿, 在蜀數年. 欲馳使省視, 無可爲使者. 聞汝善行, 日數百里. 將命汝使蜀, 可乎?"

趙辭: "以相國命西使長安. 且有日期, 不然當死. 今爲大王往蜀, 是棄相國命也, 實不敢還廣陵. 且某父母妻子俱在, 忍生不歸鄕里? 非敢以他辭不奉敎, 唯大王察之." 王曰: "徑爲我去, 當不至是. 自蜀還由長安, 未晚也." 卽留趙宿廟後空舍中, 具食飮. 憂惑不敢寐. 遂往蜀, 且懼得罪, 固辭不住, 又慮禍及, 計未決.

俄而漸曉, 聞廟中喧闐有聲, 因出視, 見庭中虎・豹・麋・鹿・狐・兎・禽鳥, 近數萬. 又有奇狀鬼神千數, 羅列曲躬, 如朝謁禮. 頃有訴訟者數人偕入, 金天斷理甚明, 良久退去. 旣而謂左右呼趙, 應聲而去. 王命上階, 於袖中出書一通, 付趙曰: "持此爲我至蜀郡, 訪成都蕭敬之者與之. 吾此吏輩甚多, 但以事機密, 慮有所洩, 非生人傳之不可. 汝一二日當疾還, 無久留." 因以錢一萬遺之, 趙拜謝而行. 至門, 告吏曰: "王賜以萬錢, 我徒行者, 安所齎乎?" 吏曰: "置懷中耳." 趙卽以錢貯懷中, 輒無所礙, 亦不覺其重也. 行未數里, 探衣中, 皆紙錢耳. 卽棄道傍. 俄有追者至, 以數千錢遺之, 曰: "向吾誤以陰道所用錢賜君, 固無所用. 今別賜此矣."

趙受之, 晝夜兼行, 踰旬至成都. 訪蕭敬之, 以書付之. 敬之啓視, 喜甚. 因命席, 謂趙曰: "我人也. 家汝・鄭間. 昔歲赴調京師, 途至華陰, 遂爲金天王所迫爲親. 今我妻在, 與('與'字原空闕, 據黃本補. 明鈔本作'此', 屬上句讀)生人不殊. 向者力求一官, 今則遂矣, 故命君馳報." 卽留趙一日, 贈縑數段, 以還書遣焉. 過長安, 遂達少遊書. 得還報, 日夜馳行, 至華陰. 金天見之大喜, 且慰勞: "非汝莫可使者. 今遣汝還, 設相國訊汝, 但言爲我使. 遣汝爲裨將, 無懼." 卽以數十縑與之, 曰: "此人間縑帛, 可用之."

趙拜謝而徑歸淮南. 而少遊訊其稽留, 趙具以事對. 少遊怒不信, 繫獄中. 是夕, 少遊夢一人, 介金甲仗劒曰: "金天王告相國. 向者實遣趙某使蜀. 今聞得罪, 願釋之." 少遊悸寤, 奇歎之且久. 明日晨起, 話於賓僚, 卽命釋趙, 署爲裨將. 元和中猶在. (出『宣室志』)

304 · 8(3939)
원재(元載) · 장위(張謂)

원재는 평민이었을 때 항상 옛 예부시랑(禮部侍郎) 장위와 사이좋게 지냈다. 그들은 가난하여 종복(從僕)이나 말도 없이 다 해진 옷을 입고 진주(陳州)와 채주(蔡州)를 걷고 있었다. 하루는 날이 저물어 갑자기 바람이 불고 우레가 치더니 들판이 컴컴해졌다. 두 사람은 함께 길 왼쪽에 있는 신묘(神廟) 안으로 들어가 비를 피했다. 그때 도적의 무리 여럿이 모두 칼과 활을 가지고 신묘 아래에 숨어들었다. 원재와 장위는 문득 그들을 보고 더욱 두려움에 떨면서 해를 당할까 염려했다. 두 사람은 벽을 지고 꼭 붙어 서서 꼼짝도 하지 않았다. 잠시 후 사당 안에서 호통을 치는 자가 있었다.

"원상국과 장시랑이 왔으니 도적떼들은 속히 떠나거라. 귀한 사람을 해쳐서는 안 된다."

도적떼들은 서로 쳐다보며 놀라 줄행랑을 쳤다. 두 사람은 서로 축하의 말을 했다.

"우리는 방금 굶어죽을까 걱정을 했더니, 지금 정말 신인(神人)의 말을 듣게 되었구려!"

그들은 기뻐하며 감탄했다. 그 후 과연 원재는 당나라 대종(代宗)의 재상이 되었고, 장위는 예부시랑으로 벼슬을 마쳤다. (『선실지』)

元載布衣時, 常與故禮部侍郎張謂友善. 貧無僕馬, 弊衣徒行於陳·蔡. 一日天暮, 忽大風雷, 原野曛黑. 二人相與詣道左神廟中以避焉. 時有盜數輩, 皆仗劍佩弧矢, 匿於廟宇下. 元・張二人忽見之, 惶懼益甚, 且慮爲其所害. 二人卽負壁而立, 不敢動. 俄聞廟中有呼者曰: "元相國張侍郞且至, 羣盜當疾去! 無有害於貴人!" 羣盜相目而驚, 遂馳去. 二人因偕賀: "吾向者以殍死爲憂, 今日眞神人之語也!" 且喜且歎. 其後載果相代宗, 謂終禮部侍郞. (出『宣室志』)

304 · 9(3940)
영양리정(潁陽里正)

영양(潁陽)의 이정(里正: 里長)이 다음과 같은 말을 했다:

이름을 모르는 아무개가 술김에 마을로 돌아오다가 소부사(少婦祠)에 이르러 취기가 심하여 말을 매어 놓고 소부사 문 아래에 누워 잤다. 한참 지나 깨려고 머리를 돌렸으나 일어날 수가 없었다. 어떤 사람이 사당 문을 두드렸는데, 그 소리가 매우 컸다. 잠시 후 안에서 묻는 소리가 들렸다.

"누구시오?"

문을 두드린 사람이 대답했다.

"담당 관리가 비를 내리게 할 사람을 한 명 찾아오라고 했습니다."

사당 안에서 말했다.

"온 집안이 모두 악묘(嶽廟)에 초대받아 가서 지금 아무도 없습니다."

문을 두드린 사람이 말했다.

"그저 문 아래에 누워 있는 사람이라도 데려가면 됩니다."

사당 안에 있는 사람이 말했다.

"이 사람은 그냥 지나가던 사람인데 어떻게 그를 시킬 수 있겠습니까?"

옥신각신하며 실랑이를 벌이다가 마침내 아무개를 불러 깨웠다.

아무개가 그를 따라 어느 한 곳에 도착했는데, 어렴풋한 것이 온통 구름이었고, 낙타 같은 물건도 있었다. 문을 두드렸던 사람이 아무개를 낙타 등에 태우고 병 하나를 그에게 주면서 경계하여 말했다.

"다만 병을 똑바로 안아서 기울지 않도록 하시오."

낙타가 걸어가자 병 속의 물이 어지럽게 방울져 떨어졌다. 당시는 가뭄이 오래 지속된 터였다. 아래를 살펴보니 자기가 살던 곳이 보였다. 아무개는 비가 충분치 못할 것을 염려하여 병을 기울여 비를 내렸다. 비 내리는 일을 마치자 담당관리가 아무개를 그 사당으로 돌려보냈다. 아무개는 사당 문에 이르러 자기의 시체가 물 속에 있는 것을 보고 바로 그 시체 앞으로 다가가 들어갔는데, 그러자 곧 살아나 말을 타고 집으로 돌아올 수 있었다. 아무개가 병을 기울인 탓으로 그의 집은 물에 떠내려갔고, 사람은 모두 죽었다. 아무개는 이때부터 미치기 시작하여 몇 달 만에 죽고 말았다. (『광이기』)

潁陽里正說: 某不得名, 曾乘醉還村, 至少婦祠醉, 因繫馬臥祠門下. 久之欲醒, 頭向轉, 未能起. 聞有人擊廟門, 其聲甚厲. 俄聞中問: "是何人?" 答云: "所由令覓一人行雨." 廟中('廟中'原作'門外', 據明鈔本改)云: "擧家往嶽廟作客, 今更無人." 其人云: "只將門下臥者亦得." 廟中('廟中'原作'門外', 據明鈔本改)人云: "此過客, 那得使他?" 苦爭不免, 遂呼某令起.

隨至一處, 濛濛悉是雲氣, 有物如駱駝. 某人抱某上駝背, 以一瓶授之, 誡云:

"但止抱瓶, 無令傾側." 其物遂行, 瓶中水紛紛然做點而下. 時天久旱. 下視見其居處. 恐雨不足, 因爾傾瓶. 行雨旣畢, 所由放還. 至廟門見己屍在水中, 乃前人便活, 乘馬還家. 以傾瓶之故, 其宅爲水所漂, 人家盡死. 某自此發狂, 數月亦卒. (出『廣異記』)

태평광기 권제 305 신 15

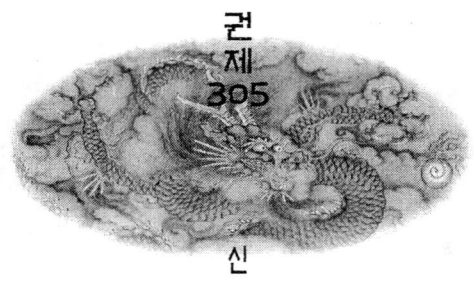

1. 왕 법 지(王 法 智)
2. 이 좌 시(李 佐 時)
3. 위   고(韋   皐)
4. 두   삼(竇   參)
5. 이 백 금(李 伯 禽)
6. 소 복 제(蕭 復 弟)
7. 이   납(李   納)
8. 최   분(崔   汾)
9. 신   비(辛   祕)

305 · 1(3941)
왕법지(王法智)

동려현(桐廬縣)의 왕법지라는 여자는 어려서부터 낭자신(郎子神)을 섬겼다. [당나라] 대력연간(大曆年間: 766~779)에 갑자기 낭자신이 어른처럼 말하는 소리를 듣고, 왕법지의 부친이 물었다.

"이 말은 성현이 하시는 것이 아닌가?"

낭자신이 말했다.

"그렇소. 나는 성이 등(滕)이고 이름이 전윤(傳胤)이며, 본래 경조(京兆) 만년(萬年) 사람으로 집이 숭현방(崇賢坊)에 있었는데, 본디부터 왕법지와 인연이 있었소."

왕법지의 부친은 낭자신과 대담한 끝에 사물의 이치를 깊이 깨달았다. 그래서 계속해서 주현(州縣)의 관리들이 그를 매우 존경했다.

동려현령 정봉(鄭鋒)은 호기심이 많은 사람이었다. 한번은 정봉이 왕법지를 관사로 불러와서 그녀에게 등십이랑(滕十二郞: 滕傳胤, 즉 郎子神)을 왕림하게 했는데, 한참이 지나서 낭자신이 도착했다. 낭자신의 논변에는 학식 높은 선비의 기풍이 넘쳐났기에 정봉은 그것을 듣느라 피곤한 줄도 몰랐다. 낭자신은 문사(文士)를 만나기만 하면 늘 경전을 토론하고 시를 암송하면서 종일토록 즐겁게 얘기를 나누었다.

한번은 어떤 객승(客僧)이 왕법지를 찾아와 탁발을 했는데, 낭자신이 그 객승과 함께 얘기를 나눈 뒤 다음과 같은 시를 지어 주었다.

> 탁월하게 뛰어남에도 명성을 구하지 않고 출가하여,
> 변함없는 뜻 깊이 간직한 채 푸른 노을 속에 있네.
> 오늘 영웅의 기개 하늘을 찌르니,
> 누가 오랫동안 보련화(寶蓮花)에 앉아있을 수 있을까?

낭자신은 또 한번은 다음과 같은 시를 지어 어떤 사람에게 주었다.

> 평생의 재주는 부족하지만,
> 입신(立身)의 믿음은 남음이 있네.
> 스스로 탄식해 봐도 큰 허물은 없으니,
> 군자는 날 멀리하지 마시라.

대력 6년(771) 2월 25일 밤에 대부(戴孚:『廣異記』의 撰者)가 좌위병조(左衛兵曹) 서황(徐晃), 용천현령(龍泉縣令) 최향(崔向), 단양현승(丹陽縣丞) 이종훈(李從訓), 현읍(縣邑) 사람 한위(韓謂)·소수(蘇修)와 함께 정봉의 집에 모였다. 그때 마침 왕법지가 도착했기에 그녀에게 등전윤을 불러오게 했는데, 한참 뒤에 등전윤이 도착했다. 등전윤은 서황 등과 수백 언을 주고받았으며, 이어서 제현(諸賢)에게 말했다.

"각자 시 한 수씩 읊도록 하시지요."

사람들이 시를 다 읊고 나서 등전윤에게 시를 읊어보라고 청하자, 등전윤은 선뜻 시 두 수를 읊었다.

> 포구에 조수 밀려올 땐 물결 넘실거리니,
> 목련 배 요동쳐서 연꽃 따기 어렵네.

춘심(春心) 채우지 못한 채 빈손으로 돌아가지만,
기다렸다 조수 잠잠해지면 다시 꺾어 구경하리.

등전윤이 이어서 말했다.

"여러분들은 이를 비웃지 마시오!"

그리고는 다시 한 수를 읊었다.

난데없이 호수 위로 조각구름 날아오더니,
어느덧 배 안에서 빗물에 옷 젖네.
꺾어 든 연꽃일랑 까마득히 잊어버린 채,
하릴없이 연 잎으로 머리 덮고 돌아가네.

등전윤이 계속 스스로 말했다.

"이 시 역시 꽤 난삽합니다."

그리고는 제자 왕법지에게 정봉과 수백 언을 나누라고 부탁한 뒤 곧 떠났다. (『광이기』)

桐廬女子王法智者, 幼事郞子神. 大曆中, 忽聞神作大人語聲, 法智之父問: "此言非聖賢乎?" 曰: "然. 我姓滕, 名傳胤, 本京兆萬年人, 宅在崇賢坊, 本與法智有因緣." 與酬對, 深得物理. 前後州縣甚重之.

桐廬縣令鄭鋒, 好奇之士. 常呼法智至舍, 令屈滕十二郞, 久之方至. 其辨對言語, 深有士風, 鋒聽之不倦. 每見詞人, 談經誦詩, 歡言終日.

常有客僧詣法智乞丐者, 神與交言, 贈詩云: "卓立不求名出家, 長懷片志在靑霞. 今日英雄氣衝蓋, 誰能久坐寶蓮花?" 又曾爲詩贈人云: "平生才不足, 立身信有餘. 自歎無大故, 君子莫相疎."

六年二月二十五日夜, 戴孚與左衛兵曹徐晃·龍泉令崔向·丹陽縣丞李從訓·邑人韓謂·蘇修, 集於鋒宅. 會法智至, 令召滕傳胤, 久之方至. 與晃等獻數百言, 因謂諸賢: "請人各誦一章." 誦畢, 衆求其詩, 率然使誦二首云: "沛口潮來初淼漫, 蓮舟搖颺採花難. 春心不愜空歸去, 會待潮平更折看." 云: "衆人莫斯笑!" 又誦云: "忽然湖上片雲飛, 不覺舟中雨濕衣. 折得蓮花渾忘却, 空將荷葉蓋頭歸." 自云: "此作亦頗蹀躞." 又囑法智弟與鋒獻酬數百言, 乃去. (出『廣異記』)

305 · 2(3942)
이좌시(李佐時)

산음현위(山陰縣尉) 이좌시는 [당나라] 대력(大曆) 2년(767)에 친상을 당하여 수십 일 동안 앓은 끝에 겨우 나았다. 그러고 나서 회계(會稽)에서 용구(龍丘)로 갔는데, 마침 종친 이술(李述)이 그곳 현령으로 있었기에 이좌시는 현청(縣廳)에서 며칠을 머물렀다. 어느 날 저녁에 이좌시는 손님 이거(李擧)와 함께 등불을 밝히고 앉아 있었는데, 붉은 옷과 자주색 옷 등을 입은 20명이 홀연히 나타나 모두 병기를 든 채로 달려와 뜰 아래에서 배알했다. 이좌시가 누구냐고 물었더니 그들이 대답했다.

"저희들은 귀병(鬼兵)입니다. 대왕께서 당신을 판관(判官)으로 등용코자 하십니다. 저희들은 특별히 명을 받들어 당신을 모시러 온 사자들입니다."

이좌시가 말했다.

"나는 상중(喪中)에 있으니 그렇게 하는 것은 예가 아니오. 또한 대왕께서 어떻게 내가 있는 줄을 알 수 있단 말이오?"

귀병이 대답했다.

"무의현령(武義縣令) 두감(竇堪)이 당신을 천거했습니다."

이좌시가 말했다.

"나는 두감을 알지 못하는데 그가 어떻게 날 천거했단 말이오?"

귀병이 대답했다.

"대왕의 은혜로운 명이 이미 내려졌으니 거절하시면 곤란합니다."

잠시 후에 두감이 도착하여 이좌시를 배알했는데 너그럽고 온화한 모습이 보통사람과 같았다. 그는 좌정한 뒤 이좌시에게 말했다.

"대왕께서 사윗감 하나를 구하면서 명문귀족을 데려오라고 하시기에 삼가 당신을 천거했으니, 이 역시 업연(業緣)이 그렇게 한 것이오."

그러나 이좌시는 극구 사양하면서 수긍하지 않았다.

잠시 후 대왕의 딸이 당도했는데, 향긋한 향기가 짙게 퍼지면서 수레와 기마가 구름처럼 모여들었다. 이좌시는 계단을 내려가 그녀를 영접하고 배알한 뒤, 그녀의 아리따운 용모와 성대한 차림새를 보고는 마음속으로 자못 기뻐했다. 두감이 이좌시에게 말했다.

"사람이라면 누군들 죽지 않으리오만은 당신처럼 복 많은 사람도 아마 드물 것이오. 자꾸 사양하여 대왕의 노여움을 사서는 안 될 것이오."

이좌시는 결국 이 상황을 벗어나지 못하리란 것을 알았다. 한참 뒤에 대왕의 딸은 두감과 함께 떠나면서 시종 200여 명을 남겨두어 판관[이좌시를 말함]을 공경히 모시게 했다.

다음날 이술은 동생 이조(李造)와 함께 이좌시를 찾아갔다. 이좌시는 그들에게 사건의 자초지종을 알려주면서 이렇게 말했다.

"분명 나는 살아나지 못할 것이니 날 위해 한 끼 식사를 마련해주십시오."

이술이 성찬을 차려주게 했는데, 이좌시는 꿩 고깃국을 먹다가 갑자기 말했다.

"국사발이 보이지 않는다."

그러면서 좌우 시종을 꾸짖었다.

"어찌하여 국을 치웠느냐?"

그리고는 식탁에 엎어지더니 곧 죽고 말았다. 이좌시의 부인 정씨(鄭氏)는 회계에 있었는데, 그의 영구를 실은 배가 도착하던 날 저녁에 갑자기 하녀에게 이좌시의 혼령이 붙어서 말을 했다.

"대왕의 딸이 이미 다른 사람에게 시집가게 되었으므로, 대왕은 단지 날 보내 부인을 [고향까지] 배웅하고 돌아오라고 하셨소."

그 말이 몹시 서글펐다. (『광이기』)

山陰縣尉李佐時者, 以大曆二年遇勞病, 數十日中愈. 自會稽至龍丘, 會宗人述爲令, 佐時止令廳數日. 夕復與客李擧, 明燈而坐, 忽見衣緋紫等二十人, 悉秉戎器, 趨謁庭下. 佐時問何人, 答曰: "鬼兵也. 大王用君爲判官. 特奉命迎候, 以充騶使." 佐時曰: "己在哀制, 爲是非禮. 且王何以得知有我?" 答云: "是武義縣令竇堪擧君." 佐時云: "堪不相知, 何故見擧?" 答云: "恩命已行, 難以辭絶." 須臾堪至, 禮謁, 蘊籍如平人. 坐謂佐時曰: "王求一了婿, 兼令取甲族, 所以奉擧, 亦由緣業使然." 佐時固辭不果.

須臾王女亦至, 芬香芳馥, 車騎雲合. 佐時下階迎拜, 見女容姿服御, 心頗悅之. 堪謂佐時曰: "人誰不死, 如君蓋稀. 無宜數辭, 以致王怒." 佐時知終不免. 久之,王女與婢去, 留將從二百餘人, 祗承判官.

翌日, 述並弟造, 同詣佐時. 佐時且說始末, 云: "的以不活, 爲求一頓食." 述爲致盛饌, 佐時食雉臛, 忽云: "不見碗." 呵左右: "何以收羹?" 仆于食案, 便卒. 其妻鄭氏在會稽, 喪船至之夕, 婢忽作佐時靈語云: "王女已別嫁, 但遣我送妻還." 言甚悽愴也. (出『廣異記』)

305・3(3943)
위 고(韋 皐)

위고가 처음 빈천하여 검외(劍外: 劍閣 이남의 蜀中 지역)를 떠돌 때, 서천절도사(西川節度使) 겸 병부상서평장사(兵部尙書平章事) 장연상(張延賞)이 딸을 그에게 시집보냈다. 그러나 얼마 되지 않아서 장연상은 위고를 싫어하여 박대하는 마음을 날마다 겉으로 드러냈다. 위공(韋公: 韋皐)은 뜻을 얻지 못해 답답한 심정으로 때때로 장연상의 막부(幕府)에 들어가 빈객・친구들과 어울려 놀면서 자신의 불만을 늘어놓았다. 그러자 장연상은 위고를 더욱 싫어하여 그에게 말했다.

"막료들은 하나같이 한 시대의 준재인지라 나 장연상도 그들을 경외하고 있으니, 위랑(韋郞: 韋皐)은 특별한 일이 없으면 자주 막부에 가서는 안 된다."

장연상이 위고를 경시함이 이와 같았다.

다른 날에 위고의 아내가 그를 원망하고 딱하게 여기면서 말했다.

"사내대장부라면 진실로 천하를 경략하려는 원대한 포부를 지녀야

하거늘, 지금 이처럼 멸시 당하다는데도 모른 체하고 즐거워하며 허송 세월하고 있으니 참으로 이상하군요! 소첩은 집을 떠나 당신을 섬기게 되었으니, 황량한 언덕의 한 칸짜리 초가집이라도 당신의 집이 좋고, 삶은 콩에 명아주 국을 먹고 대 그릇의 밥에 표주박의 맹물을 마시더라도 당신의 음식이 좋습니다. 어찌하여 굳이 모욕을 참고 억지로 편안한 척 하면서 혈기 등등한 자들에게 웃음거리가 되십니까!"

그래서 위고가 들어가 장연상에게 떠나겠다는 뜻을 알렸더니, 장연상이 그에게 비단 50필을 주었다. 장연상의 부인은 예물이 너무 적다고 생각했지만 감히 말하지 못했다. 당시 한 무녀(女巫)가 그곳에 있다가 위고가 서원(西院)으로 들어가는 것을 보고 부인에게 물었다.

"방금 전에 녹색 옷을 입고 서원으로 들어간 사람은 누구입니까?"

부인이 말했다.

"위랑이네."

무녀가 말했다.

"그 사람은 지극히 존귀하여 그 지위가 재상 나리보다 훨씬 높을 것입니다. 그 관록(官祿)이 장차 펼쳐져서 머지않아 이곳을 진수(鎭守)하게 될 것이니, 마땅히 그를 각별히 예우하십시오."

부인이 그 까닭을 물었더니 무녀가 말했다.

"귀인(貴人)이 가는 곳에는 반드시 저승 관리가 있습니다. 상국(相國: 張延賞)을 따르는 저승 관리는 10~20명뿐이지만, 위랑의 경우에는 100여 명이 따르고 있습니다."

부인이 그 말을 듣고 크게 기뻐하면서 황급히 장연상에게 말했지만, 장연상은 화를 내며 말했다.

"그들에게 준 예물이 적다면 더 달라고 청하면 될 것을, 어찌하여 요망한 무녀의 말을 들먹이며 호들갑을 떠는 것이오!"

위고는 그곳을 떠나 한 달 남짓 지나서 기주(岐州)에 도착했는데, 기주절도사는 그가 서천절도사의 사위였으므로 막부로 맞아들였으며 그를 대리평사(大理評事)에 임명해달라는 상주문을 올렸다. 얼마 후 위고는 공평하고 타당하게 옥사(獄事)를 심리하여 감찰관(監察官)을 겸직했으며, 농주자사(隴州刺史)가 죽자 농주의 업무를 맡아 다스렸다. 얼마 후 주자(朱泚)가 반란을 일으키자 어가(御駕)가 봉천(奉天)으로 행차했다. 농주에는 주자의 옛 병졸 500명이 있었는데 병마사(兵馬使) 우운광(牛雲光)이 그 우두머리였다. 우운광은 모반을 꾀했으나 성공하지 못하자 그 무리를 이끌고 주자에게 도망쳤다. 우운광은 도중에 주자가 보낸 사자를 만났는데, 사자가 위고를 어사중승(御史中丞)에 제수한다는 거짓 조서를 가지고 있기에 그와 함께 위고에게 돌아갔다. 위고는 임명을 받아들이면서 우운광에게 말했다.

"임명을 받아들인 이상 반드시 의심이 없어야 할 것이니, 군대의 무기를 모두 거두어들임으로써 속이지 않는다는 것을 증명하시오."

우운광은 위고의 말을 따랐다. 다음날 위고는 군대를 위해 크게 연회를 베풀면서 미리 매복을 설치해놓았다가 그들을 모두 죽였으며, 제단을 세우고 장수들과 [조정에 귀순하기로] 맹세했다. 주자는 다시 [사자를 보내] 위고를 봉상절도사(鳳翔節度使)에 임명했지만 위고는 그 사자를 참수해버렸다. 행재궁(行在宮)에서는 그 사실을 전해 듣고 사람들이 모두 분격했으며, 황제는 위고를 농주자사 겸 봉의군절도사(奉義軍節度使)에 제수했다. 어가가 환궁(還宮)한 뒤 위고는 병부상서 겸 서천절도사에 제수되었다. 장연상은 그 소식을 듣고는 스스로 자신의 눈을 도려내어 사람을 알아보지 못한 자신을 징벌했다. (『속현괴록』)

　　韋皋初薄游劒外, 西川節度使兵部尙書平章事張延賞以女妻之. 旣而惡焉, 厭薄之情日露. 公鬱鬱不得志, 時入幕府, 與賓朋從游, 且攄其忿. 延賞愈惡之, 謂皋曰: "幕僚無非時奇, 延賞尙敬憚之, 韋郞無事, 不必數到." 其輕之如此.
　　他日, 其妻尤憫之曰: "男兒固有四方志, 今厭賤如此不知, 歡然度日, 奇哉! 妾辭家事君子, 荒隅一間茅屋, 亦君之居, 炊菽羹藜, 簞食瓢飮, 亦君之食. 何必忍愧彊安, 爲有血氣者所笑!" 於是入告張行意, 延賞遺帛五十疋. 夫人薄之, 不敢言. 時有女巫在焉, 見皋入西院, 問夫人曰: "向之綠衣入西院者爲誰?" 曰: "韋郞." 曰: "此人極貴, 位過宰相遠矣. 其祿將發, 不久亦鎭此, 宜殊待之." 問其所以, 曰: "貴人之所行, 必有陰吏. 相國之侍一二十人耳, 如韋郞者, 乃百餘人." 夫人聞之大喜, 遽言于延賞, 延賞怒曰: "贈薄請益可矣, 奈何假託巫妖, 以相調乎!"
　　韋行月餘日到岐, 岐帥以西川之貴壻, 延置幕中, 奏大理評事. 尋以鞫獄平允, 加監察, 以隴州刺史卒, 出知州事. 俄而朱泚亂, 駕幸奉天. 隴州有泚舊卒五百人, 兵馬使牛雲光主之. 雲光謀作亂, 不克, 率其衆奔朱泚. 道遇泚使, 以僞詔除皋御史中丞, 因與之俱還. 皋受其命, 謂雲光曰: "受命必無疑矣, 可悉納器械, 以明不相詐." 雲光從之. 翌日大饗, 伏甲盡殺之, 立壇盟諸將. 泚復許皋鳳翔節度, 皋斬其使. 行在聞之, 人心皆奮, 乃除隴州刺史奉義軍節度使. 及駕還宮, 乃授兵部尙書西川節度使. 延賞聞之, 將自抉其目, 以懲不知人. (出『續玄怪錄』)

305 · 4(3944)
두 삼(竇 參)

두삼은 일찍이 포기현령(蒲圻縣令)이 되었다. 포기현에는 신을 모신 사당이 있었는데 전후로 부임한 현령들은 모두 그 사당에 제사를 지냈다. 그러나 두삼은 부임하자 즉시 그 사당을 허물어버리려는 마음을 한동안 품고 있었다. [그러던 어느 날] 두삼의 꿈에 신이 나타나 말했다.

"공이 나의 거처를 허물고자 하기에 내가 공을 해치고자 했지만 아직 그럴 수 없었던 이유는 공이 재상이 될 것이기 때문이오. 하지만 다행히 나의 거처를 보존해준다면 분명히 당신과 왕래하면서 당신의 길흉을 미리 알 수 있게 해주겠소."

두삼은 놀라 깨어난 뒤 곧장 직접 사당으로 들어가서 제사를 올리고 그 신을 형으로 모셨다. 그 후로 두삼의 관직이 옮겨질 때마다 모두 신이 미리 그에게 알려주었기에, 두삼은 신과 밀접하게 교유했다. 그 신이 두삼을 만나고 싶어 할 경우에는 반드시 빈방 안에 성찬을 차려놓고 주위에 발을 둘러쳐 놓았는데, 두삼이 그 방으로 들어간 뒤에 좌우 사람들은 두 사람이 웃고 말하는 소리를 들었다.

두삼이 유주별가(柳州別駕)로 있을 때 관사에 빈 사랑채가 있었는데 두삼은 그곳을 잠가 놓았다. 얼마 후 그곳에서 두삼을 부르는 소리가 서너 번 들렸는데 찾아보았으나 아무도 없었다. 두삼은 두근거리는 마음으로 이내 의복을 갖춰 입고 우러러보며 물었다.

"혹시 아무개 형이 아닙니까?"

신이 말했다.

"그렇소. 당신은 속히 집안일을 정리하는 것이 좋겠소. 2~3일 안에 북쪽 조정에서 파견한 사신이 당도할 것이니, 당신은 화를 면치 못할 것이오."

두삼은 그 말에 따라 집안일을 처리한 다음에 앉아서 사신을 기다렸다. 며칠 안 되어 조정의 사신이 급히 도착했는데, 과연 뒤따른 명령이 있었다. (『융막한담』)

竇參常爲蒲圻縣令. 縣有神祠, 前後令宰皆祀之. 竇至卽欲除毀, 有日矣. 夢神謂己曰: "欲毀吾所居, 吾害公未得者, 蓋以公當爲相. 然幸且相存, 自知與君往來, 可以預知休咎." 旣驚覺, 乃自入祠祭酹, 以兄事之. 後凡有遷命, 皆先報之, 頗與神交焉. 其神欲相見, 必具盛饌於空室之內, 圍以簾幕, 竇入之後, 左右聞二人笑語聲.

竇爲柳(郴?)州別駕, 官舍有空院, 竇因閉之. 俄聞有呼聲三四, 尋之則無人. 竇心動, 乃具服仰問之曰: "得非幾兄乎?" 曰: "是也. 君宜促理家事. 三兩日內有北使到, 君不免矣." 竇依言處置訖, 坐待使. 不數日, 王人遽至, 果有後命. (出『戎幕閒談』)

305・5(3945)
이백금(李伯禽)

[당나라] 정원(貞元) 5년(789)에 이백(李伯)의 아들 이백금은 가흥(嘉興)에서 서포(徐浦)의 염장(鹽場)을 감독하는 적염관(糴鹽官)이 되었다.

염장의 경계에는 채시랑(蔡侍郞)의 사당이 있었는데, 이백금은 그 사당에 참배하러 가서 사당 안에 모셔진 신녀 몇 명을 둘러보다가 그 중에서 가장 아름다운 신녀에게 농담을 했다.

"이런 부인을 얻을 수만 있다면 만족하겠다."

그리고는 술을 뿌리면서 기도했다.

며칠 뒤에 이백금이 대낮에 업무를 보고 있었는데 갑자기 문밖에서 거마(車馬) 소리가 들렸다. 이백금은 깜짝 놀라 일어나 한참 있다가 의복을 갖춰 입고 문에서 누군가를 영접하여 허리를 굽힌 채 들어왔다. 관리들은 경악했지만 그 연유를 알 수 없었다. 이백금은 곧 주안상을 차려오라고 명하여 한참 동안 그 사람과 공손히 얘기를 나눈 뒤 떠나보냈는데, 나중에 이백금은 채시랑이 찾아왔었다고 말했다. 다음날 또 채시랑이 찾아왔는데 주위 사람들은 아무도 보지 못했다. 이백금은 정원에서 채시랑을 영접하고 얘기를 나눈 뒤 말했다.

"다행히 보살펴주심을 받아서 고귀한 가문을 섬길 수 있게 되었습니다."

이백금은 재배하고 앉아서 저녁 내내 술과 음식을 먹은 뒤 채시랑을 떠나보냈다. 그런 뒤 이백금은 집안사람들에게 알렸다.

"나는 이미 채시랑의 사위가 되기로 허락했다."

그리고는 집안일을 정리하고 친지·벗들과 이별한 뒤 며칠 있다가 죽었다. (『통유기』)

貞元五年, 李伯子伯禽, 允嘉興監徐浦下場榷鹽官. 場界有蔡侍郞廟, 伯禽因謁廟, 顧見廟中神女數人, 中有美麗者, 因戲言曰: "娶婦得如此, 足矣." 遂瀝酒祝語之.

後數日, 正晝視事, 忽聞門外有車騎聲. 伯禽驚起, 良久, 具服迎於門, 乃折旋而入. 人吏驚愕, 莫知其由. 乃命酒殽, 久之, 祗叙而去, 後乃語蔡侍郎來. 明日又來, 傍人並不之見. 伯禽迎於門庭, 言叙云: "幸蒙見錄, 得事高門." 再拜而坐, 竟夕飮食而去. 伯禽乃告其家曰: "吾已許蔡侍郎論親." 治家事, 別親黨, 數日而卒. (出『通幽記』)

305·6(3946)
소복제(蕭復弟)

소복의 친동생은 젊어서부터 도인을 흠모하여 벼슬하지 않았다. 그는 영지(靈芝)와 육계(肉桂)를 복용했으며, 금(琴)을 잘 탔는데 「남풍(南風)」이란 곡조에 특히 뛰어났다. 한번은 형산(衡山)과 상강(湘江) 지역을 유람하다가 강 언덕에 배를 묶어놓고 있었는데, 어떤 노인이 책을 짊어지고 금을 들고 있는 것이 보였다. 소생(蕭生: 蕭復의 동생)은 그 노인에게 읍(揖)한 뒤 앉아서 말했다.

"노인장께서는 금을 잘 타시는 모양인데 「남풍」을 연주할 줄 아십니까?"

노인이 말했다.

"평소에 그 곡을 잘 연주하오."

그래서 소생이 노인에게 연주를 청했는데, 노인의 연주는 더할 수 없이 절묘했다. 마침내 노인은 그 비법을 소생에게 모두 전수해주었다. 술을 몇 잔 마신 뒤 소생이 노인에게 사는 곳이 어딘지 물었는데 노인은 그저 웃기만 하고 대답하지 않았다.

소생은 북쪽으로 돌아오다가 원강(沅江) 어귀에 이르러 강 언덕에 올라 「남풍」을 연주했다. 그때 머리를 양쪽으로 땋아 올린 여자가 작은 대바구니 하나를 들고서 말했다.

"낭자께서 근처에 계시는데 금 연주를 좋아하시니 달려가 알려드려야겠습니다."

소생이 그녀에게 어떻게 이곳에 오게 되었는지 물었더니 그녀가 대답했다.

"과일 따러 왔습니다."

그녀는 떠났다가 잠시 후 돌아와서 말했다.

"낭자께서 당신을 부르십니다."

소생은 배에 오래 있다보니 산보하고 싶은 생각이 들었기 때문에 가겠다고 허락했다. 잠시 후 어떤 사공이 아름답게 장식한 놀잇배를 저어 도착하자 소생은 그 배에 올라탔는데, 1리쯤 갔더니 매우 화려한 집이 보였다. 소생은 부름을 받고 당(堂)으로 올라가서 두 미인이 위에 있는 것을 보고는 앞으로 나아가 절을 했더니 미인이 말했다.

"이렇게 모신 것을 이상하게 생각지 마십시오. 당신이 「남풍」을 잘 연주한다는 사실을 알고 있습니다. 저 역시 평소에 그 곡을 좋아했는데 오랫동안 연습하지 않아서 그 태반을 잊어버렸으니 당신께 전수받고 싶습니다."

소생이 마침내 그 곡을 연주하자 미인도 금을 가져오라고 명했다. 소생이 연주를 마치자 두 미인과 좌우 사람들이 모두 눈물을 훔쳤다. 미인이 소생에게 누구한테서 그 곡을 전수받았는지 묻자, 소생은 어떤 노인이 가르쳐주었다고 하면서 그 모습을 자세히 말해주었다. 그랬더니 미인이 눈물을 흘리며 말했다.

"그 분은 순(舜)임금이십니다. 이 일 역시 상제(上帝)께서 당신을 보내 그 곡을 전수받아 우리들에게 전해주게 하신 것입니다. 우리는 바로 순임금의 두 왕비입니다. 순임금께서는 구천(九天)에서 사도(司徒)로 계시는데, 이미 천 년 전에 헤어져 이 곡을 전수받은 지 너무 많은 세월이 흘렀기에 잊어버린 것입니다."

그리고는 소생을 머물게 하여 차를 몇 잔 마셨다. 소생이 작별하고 떠날 때 미인이 말했다.

"당신의 두터운 은혜를 고이 간직하겠습니다. 하지만 이 일을 다른 사람에게는 말씀하지 마셨으면 합니다."

소생은 마침내 문을 나와 다시 아름답게 장식한 놀잇배를 타고 이전에 금을 타던 곳으로 돌아왔다. 소생은 다음날 그곳을 찾아가 보았지만 아무 것도 보이지 않았다. (『일사』)

蕭復親弟, 少慕道不仕. 服食芝桂, 能琴, 尤善「南風」. 因遊衡湘, 維舟江岸, 見一老人, 負書攜琴. 蕭生揖坐曰: "父善琴, 得「南風」耶?" 曰: "素善此." 因請撫之, 尤妙絶. 遂盡傳其法. 飲酒數盃, 問其所居, 笑而不答.

及北歸, 至沅江口, 上岸理「南風」. 有女子雙鬟, 挈一小竹籠曰: "娘子在近, 好琴, 欲走報也." 蕭問何來此, 曰: "採果耳." 去頃却廻, 曰: "娘子召君." 蕭久在船, 頗思閒行, 遂許之. 俄有蒼頭棹畫舸至, 蕭登之, 行一里餘, 有門館甚華. 召生升堂, 見二美人於上, 前拜, 美人曰: "無怪相迎. 知君善「南風」. 某亦素愛, 久不習理, 忘其半, 願得傳受." 生遂爲奏, 美人亦命取琴. 繭彈畢, 二美人及左右皆掩泣. 問生授於何人, 乃言老父, 具言其狀. 美人流涕曰: "舜也. 此亦上帝遣君子受之, 傳與某. 某卽舜二妃. 舜九天爲司徒, 已千年別, 受此曲年多, 忘之." 遂留生啜茶數碗. 生辭去, 曰: "珍重厚惠. 然亦不欲言之於人." 遂出門, 復乘畫舸, 至彈琴之所. 明日尋之, 都不見矣. (出『逸史』)

305 · 7(3947)
이 납(李 納)

　[당나라] 정원연간(貞元年間: 785~804) 초에 평로절도사(平盧節度使) 이납은 병이 위독해지자 압아(押衙: 儀仗과 侍衛를 담당하던 관리) 왕우(王祐)를 보내 대악(岱嶽: 泰山)에서 기도하게 했다. 왕우는 목욕재계하고 가서 대악의 서남쪽에 당도하여 멀리서 보았더니 산 위에 네댓 사람이 있었는데, 그 중 한 사람은 푸른 반팔 적삼을 입고 있었고 나머지 서너 사람은 여러 색깔의 옷을 입은 시종들이었다. 푸른 옷 입은 사람이 탄궁(彈弓)을 들어 고목 위에 있는 산새를 쏘았는데, 한 발에 명중하여 새가 나무에서 떨어지자 시종들이 다투어 새를 덮쳐잡았다. 왕우가 또 보았더니, 먼저 산 아래에 도착한 사람들이 모두 수레에서 내려 수레덮개를 치운 채 산을 향해 절을 하고 있었다. 왕우가 거의 도착할 즈음에 길에 있던 사람들이 모두 왕우를 저지하며 수레에서 내리게 하더니 말했다.
　"저 분들은 대악신의 셋째 아드님과 일곱째 아드님이십니다."

그래서 왕우는 푸른 옷 입은 사람에게 절을 했다. 시종들이 길에 있던 사람들에게 손을 흔들어 수레에 오르게 했는데, 사람들이 주저하자 푸른 옷 입은 사람이 직접 손을 흔들어 사람들을 수레에 오르게 했다. 푸른 옷 입은 사람은 또 탄궁을 들고 전각 서남쪽에서 탄궁으로 땅을 파고 머리를 숙여 살펴보고 있었는데, 마치 무언가를 기다리고 있는 듯 했다. 그러다가 왕우를 보고는 그를 불러 다가오게 하여 말했다.

"무슨 일로 여기에 왔는가?"

왕우가 사실을 갖추어 대답하자 푸른 옷 입은 사람이 말했다.

"그대의 본사(本使: 節度使 李納)는 이미 여기에 와 있는데, 무얼 하러 다시 여기에 왔는가? 본사를 만나고 싶은가?"

그리고는 한 사람에게 명했다.

"왕우를 데리고 가서 본사를 만나게 해주어라."

그 사람이 서원(西院)의 문을 열고 왕우를 데리고 들어갔는데, 보았더니 이납이 형틀을 쓰고 귀가 잘린 채 정원에서 자리에 꿇어앉아 있었다. 왕우는 깜짝 놀라 울면서 앞으로 기어가 이납의 왼쪽 다리를 끌어안고 그의 살을 깨물었더니, 그를 데리고 온 사람이 말했다.

"왕우는 물러나라!"

그 사람은 도로 왕우를 데리고 나갔다. 푸른 옷 입은 사람은 여전히 전각 계단에 있다가 왕우에게 말했다.

"신임 절도사를 만나보고 싶은가?"

그리고는 다시 한 사람에게 명하여 동쪽에서 들어오게 했는데, 그 사람은 모습은 작달막했지만 풍채는 근사했다. 푸른 옷 입은 사람이 말했다.

"이 분이 신임 절도사이다."

왕우는 그에게 절을 한 뒤 아무 말도 하지 못한 채 마치 하품과 재채기라도 하듯이 한참 동안 머뭇거렸는데, 홀연히 모든 것이 사라지고 오직 푸른 이끼 낀 소나무와 잣나무만 고요한 적막 속에 있었다. 왕우는 곧 제사를 올린 뒤 돌아갔다.

[왕우가 돌아와서] 이납을 뵙자 이납은 그를 내실로 불러들였다. 이납이 왕우에게 [일이 어떻게 되었는지] 물었더니, 왕우는 그저 제사를 잘 올렸으며 저포(樗蒲: 본래는 윷놀이와 비슷한 놀이의 일종인데 여기서는 점대의 뜻으로 쓰였음)를 던져보아도 모두 길조가 나왔다고 이납에게 말했다. 그러자 이납이 말했다.

"그대는 어찌하여 사실대로 말하지 않는가? 어찌하여 내 발을 깨물었는가?"

그리고는 발을 들어 보여주었는데, 바로 왕우가 깨문 발에 자국이 있었다. 그래서 왕우가 머리를 조아리며 사실대로 고했더니 이납이 말했다.

"전에 보았다는 신임 절도사는 누구인가?"

왕우가 말했다.

"만나보면 알 수 있지만 그 이름은 모릅니다."

이납이 세 사람을 불러 나오게 했는데 이사고(李師古: 李納의 장자)가 나오자 왕우가 말했다.

"바로 이 사람입니다."

이납은 마침내 뒷일을 그에게 넘겨준 뒤 말을 마치고는 죽었다.

왕우가 처음에 형틀을 쓰고 있던 이납을 보고 물었다.

"복야(僕射: 李納)께서는 어찌하여 이 지경이 되셨습니까?"

이납이 말했다.

"생전에 신하로서 지은 죄 때문이지. 대개 어쩔 수 없이 부득이한 일이었지만 이제 와서 더 이상 무슨 말을 하겠는가!"

(『집이기』)

貞元初, 平盧帥李納病篤, 遣押衙王祐, 禱于岱嶽. 齋戒而往, 及嶽之西南, 遙見山上有四五人, 衣碧汗衫半臂, 其餘三四人, 雜色服飾, 乃從者也. 碧衣持彈弓, 彈占樹上山鳥, 一發而中, 鳥墮樹, 從者爭掩捉. 王祐見前到山下人, 盡下車却蓋, 向山齊拜. 比祐欲到, 路人皆止祐下車: "此三郞子·七郞子也." 遂拜碧衣人. 從者揮路人, 令上車, 路人躊躇, 碧衣人自揮手, 又令人上. 持彈弓, 於殿西南, 以彈弓斷地俯視, 如有所伺. 見王祐, 乃召之前曰: "何爲來?" 祐具以對, 碧衣曰: "君('君'原作'吾', 據明鈔本改)本使已來矣, 何必更爲此行? 要見使者乎?" 遂命一人曰: "引王祐見本使." 遂開西院門引入, 見李納荷校滅耳, 踞席坐於庭. 王祐驚泣前伏, 抱納左脚, 噬其膚, 引者曰: "王祐可退!" 却引出. 碧衣尤在殿塔, 謂祐曰: "要見新使邪?" 又命一人從東來, 形狀短濶, 神彩可愛. 碧衣曰: "此君新使也." 祐拜訖無言, 祐似欠嚏而遲者久之, 忽無所見, 唯蒼苔松栢, 悄然嚴靜. 乃薦奠而廻.

見納, 納呼入臥內. 問王祐, 祐但以薦奠畢, 擲摙蒲投, 具得吉兆, 告納. 納曰: "祐何不實言? 何故噬吾足?" 於是擧足, 乃祐所噬足跡也. 祐頓首, 具以實告, 納曰: "適見新使爲誰?" 祐曰: "見則識, 不知其名也." 納乃召三人出, 至師古, 曰: "此是也." 納遂授以後事, 言畢而卒.

王祐初見納荷校, 問曰: "僕射何故如此?" 納曰: "平生爲臣之辜也. 蓋不得已如何, 今日復奚言也!" (出『集異記』)

305 · 8(3948)
최 분(崔 汾)

예천현위(醴泉縣尉) 최분의 둘째 형은 장안(長安)의 숭현리(崇賢里)에서 살았다. 그는 어느 여름밤에 정원 가에서 바람을 쐬고 있었는데, 달빛이 휘영청 밝은 중에 바람이 불어오면서 이상한 향기가 느껴졌다. 잠시 후 남쪽 담벼락 밑의 흙에서 슥슥 하고 움직이는 소리가 들리자, 최생(崔生)은 뱀이나 쥐가 기어가는 것이라고 생각했다. 그런데 갑자기 한 도사가 나타나 큰소리로 말했다.

"달빛이 정말 좋구나!"

최생은 놀랍고 두려워서 피했다. 도사는 천천히 정원 안을 거닐었는데, 나이는 40세쯤으로 보였고 풍모가 맑고 예스러웠다. 한참 뒤에 기녀 10여 명이 대문을 밀치고 들어왔는데, 가벼운 명주비단 옷을 입고 취교(翠翹: 여자의 머리에 꽂는 물총새 꽁지깃 모양의 장식물)를 꽂은 절세의 미인이었다. 시종들이 향기로운 자리를 펼쳐놓자 그들은 달빛 아래에 줄지어 앉았다. 최생은 그들이 요괴라고 의심하여 베개로 문을 쳐서 그들을 놀라게 했다. 그랬더니 도사가 잠시 돌아보더니 노하여 말했다.

"나는 이곳이 자못 조용하기에 그저 달빛 구경이나 하려고 했을 뿐 애당초 오래 머물 생각은 없었는데, 감히 이처럼 무례하다니!"

그리고는 성난 소리로 말했다.

"여기에 저승 관리가 있느냐?"

그러자 키가 겨우 3척 밖에 되지 않고 커다란 머리에 길게 늘어진 귀를 한 두 사람이 홀연히 나타나 도사 앞에 엎드렸다. 도사가 턱으로 최생이 있는 곳을 가리키며 말했다.

"저 사람에게는 저승 명부에 올라있는 친족이 분명 있을 것이니 데려오도록 하여라."

두 사람이 달려 나갔다. 잠시 후에 보았더니 최생의 [돌아가신] 부모와 형이 모두 왔는데, 시위(侍衛) 몇 명이 그들의 머리채를 잡아 질질 끌고 다니면서 마구 때렸다. 도사가 [최생의 부모를] 꾸짖었다.

"내가 여기에 있는데 감히 자식을 무례하게 놓아두다니!"

최생의 부모가 머리를 조아리며 말했다.

"저승과 이승이 서로 막혀 있는지라 가르침과 꾸지람이 미치지 못하옵니다."

도사는 꾸짖으며 그들을 내쫓게 했으며, 다시 두 귀신을 돌아보며 말했다.

"저 의심한 놈을 잡아오너라."

두 귀신이 문으로 뛰어가서 탄환처럼 생긴 붉은 물건을 멀리서 최생의 입 속으로 던졌는데, 다름 아닌 가늘고 붉은 줄이었다. 결국 최생이 그 줄에 낚여서 정원으로 나오자 도사는 또 꾸짖으며 욕했다. 최생은 너무 놀라 목소리가 잠겨버리는 바람에 자신을 변명할 수도 없었으며, 최생의 처첩과 노복들은 모두 울고만 있었다. 그때 기녀들이 늘어서서 도사에게 절하며 말했다.

"저 자는 보통 사람인지라 선관(仙官)께서 갑자기 납시신 것을 의아해하는 것이 당연하므로 아마도 큰 죄는 아닌 듯하옵니다."

그제야 도사는 화를 풀고는 옷을 털며 대문을 통해 나갔다. 최생은 마치 악질(惡疾)에라도 걸린 듯이 병을 앓다가 대엿새 지나서 겨우 나았다. 그래서 최생은 도사를 모셔와 제단을 마련하고 제사를 드리면서 사죄했더니 다른 일은 생기지 않았다.

최생이 처음 문틈으로 죽은 형을 보았더니, 비단으로 입술을 동여매고 있었는데 마치 상처가 있는 것 같았다. 노복들도 모두 그것을 의아해 하고 있을 때, 한 하녀가 울면서 말했다.

"큰 도련님을 입관할 때 얼굴에 천을 덮고 입을 열어놓는 것을 잊어버렸습니다. 당시 다급하게 가위질을 하다가 잘못하여 아랫입술에 상처를 냈는데, 옆에서 이를 본 사람은 아무도 없었습니다. 그런데 저승에서 20여 년이나 이처럼 고통 받고 계실 줄은 정말 몰랐습니다!"

(『유양잡조』)

醴泉尉崔汾, 仲兄居長安崇賢里. 夏夜, 乘涼於庭際, 月色方午, 風過, 覺有異香. 俄聞南垣土動簌簌, 崔生意其蚍鼠也. 忽見一道士, 大言曰: "大好月色!" 崔驚懼避之. 道士緩步庭中, 年可四十, 風儀淸古. 良久, 妓女十餘, 排大門而入, 輕綃翠翹, 艶色絶世. 有從者ま香茵, 列坐月下. 崔生疑其妖魅, 以枕擊門驚之. 道士小顧, 怒曰: "我以此差靜, 復貪月色, 初無延佇之意, 敢此粗率!" 乃厲聲曰: "此處有地界耶?" 欻有二人, 長纔三尺, 巨首儋耳, 唯伏其前. 道士頤指崔生所止曰: "此人合有親屬入陰籍, 可領來." 二人趨出. 俄見其父母及兄悉至, 衛者數人, 捽拽批抶之. 道士叱曰: "我在此, 敢縱子無禮乎!" 父母叩頭曰: "幽明隔絶, 誨責不及." 道人叱遣之, 復顧二鬼曰: "捉此疑人來." 二鬼跳及門, 以赤物如彈丸, 遙投崔生口中, 乃細赤綆也. 遂釣出於庭, 又叱辱. 崔驚失音, 不得自理, 崔僕妾悉哭泣. 其妓羅拜曰: "彼凡人, 固訝仙官無狀而至, 似非大過." 怒解, 乃拂衣由大門而去. 崔生病如中惡, 五六日方差. 因迎祭酒醮謝, 亦無他.

崔生初隔隙見亡兄, 以帛抹脣, 如損狀. 僕使共訊之, 一婢泣曰: "幾郎就木之時, 面衣忘開口. 其時匆匆就剪, 誤傷下吻, 然旁人無見者. 不知幽冥中二十餘年, 尤負此苦!" (出『酉陽雜俎』)

305 · 9(3949)
신 비(辛 秘)

    신비는 오경과(五經科)에 급제한 후에 결혼하러 상주(常州)로 갔다. 그는 가는 도중에 섬주(陝州)에 이르러 나무 그늘에서 쉬고 있었다. 그 때 옆에 어떤 거지가 다리를 쭉 뻗고 앉아 있었는데, 얼굴은 곰발 투성이였고 옷에는 서캐가 가득했다. 거지가 신비에게 어디로 가는지 물었지만 신비는 대답하지 않고 곧장 떠났는데 거지도 그를 따라갔다. 신비는 말이 잘 달리지 못해서 거지를 멀리 떨어뜨릴 수 없었기에, 거지는 계속해서 억지로 신비에게 말을 걸었다. 앞으로 가다가 녹색 옷을 입은 어떤 사람을 만나자 신비는 그에게 읍(揖)하고 함께 1리 남짓을 갔다. 그런데 녹색 옷 입은 사람이 갑자기 말을 앞으로 몰아 황급히 달려가자 신비는 괴이쩍어하면서 혼자 말했다.
  "저 사람이 갑자기 왜 저럴까?"
  그때 거지가 말했다.
  "저 사람은 때가 되었으니 어찌 자기 마음대로 할 수 있겠소?"
  신비는 그 말을 이상하다고 느껴 그제야 거지에게 물었다.
  "그대가 '때가 되었다'고 말한 것은 무슨 뜻이오?"

거지가 대답했다.

"조금 있으면 저절로 알게 될 것이오."

객점에 거의 도착했을 때 신비는 수십 명이 객점 문을 에워싸고 있는 것을 보고는 물었더니 바로 녹색 옷 입은 사람이 죽었다는 것이었다. 신비는 경이로워하면서 급히 거지에게 자신을 낮추면서 자기 옷을 벗어 그에게 입혀주고 자기 말을 풀어 그에게 타도록 했다. 그러나 거지는 감사하는 뜻이 전혀 없었으며, 하는 말이 종종 의미심장했다. 변주(汴州)에 도착했을 때 거지가 신비에게 말했다.

"나는 여기에 머물 것인데 공은 무슨 일로 가시오?"

신비가 결혼하러 간다고 말해주자 거지는 웃으며 말했다.

"공은 공부하는 선비이니 학업을 멈추어서는 안될 것이오. 이번에 가기는 가지만 [지금 결혼하려고 하는 여자는] 당신의 부인이 아니오. 공의 혼기(婚期)는 아직도 한참 멀었소."

하루 뒤에 거지는 술 한 단지를 들고 와서 신비와 작별하면서 상국사(相國寺)를 가리키며 말했다.

"정오에 저곳이 불탈 것이니 이곳에 잠시 머물다가 떠나시오."

그때가 되자 상국사에 원인 모를 불이 나서 상륜(相輪: 覆鉢·仰花·寶輪·寶蓋·水煙·龍車·寶珠 등으로 이루어진 佛塔의 꼭대기 부분)이 무너졌다. 신비가 떠날 때 거지는 끈으로 묶여 있는 비단 보자기를 그에게 주며 말했다.

"훗날 의심나는 일이 있거든 이것을 펼쳐보시오."

20여 년이 흐른 뒤에 신비는 위남현위(渭南縣尉)로 있을 때 비로소 배씨(裵氏)와 결혼했다. 배씨의 생일이 되어 친척과 빈객들이 모였을 때,

신비는 갑자기 옛날에 거지가 했던 말이 기억나서 보자기 끈을 풀고 보았더니, 수판(手板: 笏) 크기만한 종이 한 장에 "신비의 처는 하동(河東) 배씨로 아무 달 아무 날에 태어났다"라고 씌어 있었으니, 바로 그날이었다. 신비는 거지와 작별한 때를 헤아려보았더니 그때는 부인이 아직 태어나지도 않았었다. (『유양잡조』)

辛秘五經擢第後, 常州赴婚. 行至陝, 因息於樹陰. 旁有乞兒箕坐, 痂面蟣衣. 訪辛行止, 辛不對卽去, 乞兒亦隨之. 辛馬劣, 不能相遠, 乞兒彊言不已. 前及一衣綠者, 辛揖而與之俱行里餘. 綠衣者忽前馬驟去, 辛怪之, 獨言: "此人何忽如是?" 乞兒曰: "彼時至, 豈自由乎?" 辛覺語異, 始問之曰: "君言'時至'何也?" 乞兒曰: "少頃當自知之." 將及店, 見數十人擁店門, 問之, 乃綠衣者卒矣. 辛驚異, 遽卑下之, 因解衣衣之, 脫乘乘之. 乞兒初無謝意, 語言往往有精義. 至汴, 謂辛曰: "某止是矣, 公所適何事也?" 辛以娶約語之, 乞兒笑曰: "公士人, 業不可止. 此行, 然非君妻. 公婚期甚遠." 隔一日, 乃扛一器酒與辛別, 指相國寺利曰: "及午而焚, 可遲此而別." 如期, 利無故火發, 壞其相輪. 臨去, 以綾帊複贈辛, 帶有一結, 語辛: "異時有疑, 當發視也."

積二十餘年, 辛爲渭南尉, 始婚裵氏. 洎裵生日, 會親賓客, 忽憶乞兒之言, 解帊複結, 得幅紙, 大如手板, 署曰: "辛秘妻河東裵氏, 某月日生." 乃其日也. 辛計別乞兒之日, 妻尙未生. (出『酉陽雜俎』)

태평광기

권제 306

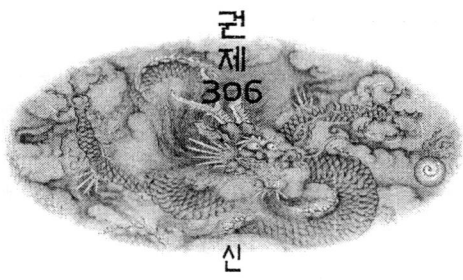

신

16

1. 진 원 생(陳 袁 生)
2. 염   수(冉   遂)
3. 위   탐(魏   眈)
4. 노   패(盧   佩)

306 · 1(3950)
진원생(陳袁生)

[唐나라] 정원연간(貞元年間: 785~804) 초에 진군(陳郡)의 원생은 일찍이 당안현(唐安縣)에서 참군(參軍)을 지냈다. 그는 임기가 끝난 뒤 관직에서 물러나 파천현(巴川縣)을 노닐다가 한 객사에 머물게 되었다. 어느 날 흰옷 입은 남자가 찾아와서 인사하더니, 자리를 잡고 앉아서 원생에게 말했다.

"저는 고씨(高氏) 집안의 아들로, 이곳 군의 신명현(新明縣)에 살고 있습니다. 저는 지난 날 군대에서 일을 했는데, 지금은 그 직책에서 면직되어 이곳저곳을 떠돌다가 이곳까지 오게 되었습니다."

원생이 그 사람과 말을 해보았더니, 그는 보통사람보다 훨씬 총명하고 민첩하며 말재간이 있고 박식했기 때문에 원생은 그를 뛰어나다고 생각했다. 흰옷 입은 사람이 또 말했다.

"저는 점을 잘 치는데 당신의 평생의 일을 풀이해드리리다."

원생이 어떠냐고 묻자, 흰옷 입은 사람은 지나간 일부터 말했는데, 마치 붓으로 적어 놓은 것처럼 하나하나 자세하게 말했기 때문에 원생은 깜짝 놀랐다. 그 날 저녁 밤이 깊어지자 흰옷 입은 사람이 몰래 원생에게 말했다.

"나는 사람이 아닙니다. 당신에게 한 가지 털어놓고 싶은 것이 있는데 괜찮겠습니까?"

원생은 그 말을 듣고 두려워하면서 얼른 일어나 말했다.

"당신이 사람이 아니라면 그럼 귀신이란 말입니까? 나에게 재앙을 내릴 작정입니까?"

고생(高生)이 말했다.

"나는 귀신이 아니고, 그렇다고 당신에게 재앙도 내리지 않을 것입니다. 내가 이렇게 당신을 찾아온 것은 당신에게 부탁할 것이 있어서입니다. 나는 적수신(赤水神)으로, 내 사당은 신명현의 남쪽에 있습니다. 지난 해 몇 개월 동안 비가 계속 내리는 바람에 사당이 모두 무너져 내려앉았습니다. 그런데 군의 사람 가운데 어느 누구도 보수해주는 이가 없었기 때문에 나는 비바람에 침식되었습니다. 또한 날마다 나무꾼이나 방목하는 사람들에게 무시당하고 있으며, 마을 사람들은 마치 나를 흙부스러기 보듯 합니다. 내가 지금 당신에게 한 가지 일을 말하려 하는데, 당신이 가능하다고 생각하면 말씀하시고 그렇지 않다면 가십시오. 그렇다 하더라도 당신을 원망하지는 않겠습니다."

원생이 말했다.

"신께서 소원하시는 바인데, 뭐 안 될 것이 있겠습니까?"

적수신이 말했다.

"당신은 이듬해 틀림없이 신명현령(新明縣令)에 임명될 것입니다. 그때 만약 나에게 사당을 지어주고 때에 맞추어 제사를 지내준다면, 그것은 정말 나에게 커다란 행운입니다. 부디 잊지 마십시오."

원생은 그렇게 해주겠다고 대답했다. 잠시 뒤에 적수신이 또 말했다.

"당신이 임명되어 처음 우리 고을에 오게 되면 반드시 나를 한번 보러 오십시오. 그러나 사람과 신은 마땅히 거리를 두어야 하는데, 당신의 휘하 관리가 나를 업신여길 까 걱정되니, 마땅히 당신은 다른 관리들은 물리치고 혼자서 사당 안으로 들어오십시오. 그렇게 해서 이야기나 실컷 나눠 보도록 하십시다."

원생이 말했다.

"삼가 가르침대로 받들겠습니다."

그 해 겨울 원생은 과연 신명현령에 임명되었다. 원생은 부임하고 나서 적수신이 있는 지를 알아보았는데, 정말 적수신의 사당이 현의 남쪽 몇 리 떨어진 곳에 있었다. 원생은 열흘 남짓 뒤에 사당을 찾아갔다. 원생은 사당에서 100보 정도 떨어진 곳에서 말에서 내려 수레와 관리들을 모두 물리고 혼자서 사당 안으로 들어갔다. 사당으로 들어가면서 보았더니 처마는 내려앉을 지경이었고, 다북쑥이 땅을 가득 뒤덮고 있었다. 원생이 한참 동안 우두커니 서서 바라보고 있을 때 흰옷 입은 한 사내가 사당 뒤편에서 나왔는데 바로 고생이었다. 고생은 얼굴 가득 웃음을 띠고 원생을 향해 절을 하더니 이렇게 말했다.

"당신이 전에 한 약속을 잊지 않고 오늘 이렇게 나를 찾아오다니, 정말 대단한 영광입니다!"

그리하여 두 사람은 함께 사당으로 걸어갔다. 원생은 한 노승이 담벼락 아래에서 차꼬와 수갑을 차고 있고, 그 옆으로 몇 사람이 서 있는 것을 보고는 물었다.

"저기 저 사람은 무엇 때문에 저러고 있습니까?"

적수신이 말했다.

"저 스님은 현의 동쪽 절에 있는 스님 도성(道成)인데, 죄를 지었기 때문에 내가 1년 동안 묶어두고 매일 아침저녁으로 그를 매질하고 있습니다. 열흘 뒤에는 풀어줄 것입니다."

원생이 또 말했다.

"저 스님은 살아 있는 사람인데 어찌 이곳에다 묶어놓을 수 있습니까?"

적수신이 말했다.

"살아 있는 사람의 영혼을 묶어 놓으면 그때부터 그 사람은 중병을 앓게 되니, 어떻게 내가 한 짓인 줄 알 수 있겠습니까!"

적수신은 원생에게 말했다.

"다행히도 당신이 내 사당을 건립해주겠다고 허락했으니, 빨리 세워주십시오."

원생이 말했다.

"제가 어찌 그것을 잊을 수가 있겠습니까?"

원생은 관사로 돌아와서 장차 그 공사에 대해 계획을 세웠지만, 너무나 가난하여 출자할 돈이 없었다. 그래서 원생은 혼자 이렇게 생각했다.

"신인의 말에 따르면 도성 선사의 혼을 잡아다 놓았기 때문에 지금 선사는 중병에 걸려있다고 했다. 또 앞으로 열흘 뒤에 선사를 풀어줄 것이라 했는데, 내가 지금 그의 말을 빌려 도성 선사에게 사당을 세우게 한다면 또 무슨 의심을 받겠는가?"

그리하여 원생은 곧장 현의 동쪽에 있는 절로 가서 물어보았더니 정말 도성 선사란 사람이 1년째 병으로 누워 있었다. 도성 선사가 말했다.

"나는 병 때문에 장차 죽을 것 같습니다. 아침저녁으로 온 몸이 쑤시고 아픕니다."

원생이 말했다.

"선사의 병세가 이와 같은 것을 보니 장차 죽을 때가 된 모양입니다. 제가 병을 치료할 수 있는데, 선사께서는 병이 나으시면 돈 천 냥을 내어 적수신의 사당을 세울 수 있겠습니까?"

도성 선사가 말했다.

"병이 낫기만 하다면 그 정도의 돈이 무슨 문제이겠습니까!"

원생은 도성선사를 속이며 말했다.

"저는 귀신을 잘 봅니다. 최근에 저는 적수신의 사당에 갔다가 선사의 혼을 보았는데, 선사께서 담벼락 아래서 차꼬와 수갑을 차고 있었습니다. 그래서 제가 적수신을 불러 어찌 된 일인지 물어보았더니 이렇게 대답했습니다.

'여기 이 스님은 전생에 지은 죄가 있기 때문에 내가 여기에 잡아두었다.'

저는 선사가 고통을 겪고 있는 것이 안쓰러워 적수신에게 이렇게 말했습니다.

'어째서 살아있는 사람을 이렇게 묶어두십니까? 얼른 풀어주십시오. 그러면 제가 반드시 스님께 말해서 사당을 짓게 하여 삼가 신의 뜻을 거스르지 말라고 하겠습니다.'

적수신은 기뻐하면서 그 일을 허락하고 제게 이렇게 말했습니다.

'앞으로 열흘 뒤에 반드시 그 죄를 용서해주겠다.'

그래서 제가 이렇게 선사께 알려드리러 온 것입니다. 병은 곧 나을 테니 반드시 적수신의 사당을 건립하십시오. 병이 나은 뒤에 사당을 짓겠다는 뜻을 게을리 해서는 안 됩니다. 그렇게 되면 다시 화가 미칠 것입니다."

도성 선사는 거짓으로 말했다.

"삼가 그 가르침대로 하겠습니다."

열흘 뒤에 도성 선사는 정말 병이 나았다. 그리하여 도성 선사는 제자들을 불러 이렇게 말했다.

"내 어려서 집을 나와 불법을 배운 지 오늘까지 50년이 되었는데, 그만 불행하게도 중병에 걸렸었다. 얼마 전에 원군(袁君: 袁生)이 내게 와서 이렇게 말하더구나.

'나의 병은 적수신이 일으킨 것이니, 빨리 삽을 들고 가서 사당을 보수해야 합니다.'

무릇 사당을 지어 신을 모시는 것은 백성들을 보호하고, 복을 빌면 응답을 하라는 의미에서이다. 오늘날 신이 내게 해를 입힌 이상 어찌 적수신을 제거하지 않을 수 있겠느냐?"

도성 선사는 곧장 문도들과 함께 삽을 들고 사당으로 가서 신상과 사당을 하나도 남기지 않고 모두 없애버렸다.

도성 선사는 이튿날 원생을 찾아갔다. 원생은 기뻐하며 이렇게 말했다.

"선사의 병이 정말 나으셨군요! 제 말이 틀리지는 않았지요?"

도성 선사가 말했다.

"그렇습니다. 다행히 당신이 저를 구해주셨으니, 제가 어찌 감히 당신의 은덕을 잊겠습니까?"

원생이 말했다.

"그럼 얼른 적수신의 사당을 지을 계획을 세우십시오. 그렇지 않으면 화가 닥칠까 두렵습니다."

도성 선사가 말했다.

"무릇 신이 사람에게 도움이 되는 것은 신이 사람을 위해 그 복을 늘 여주고 재앙을 없애주기 때문입니다. 날이 가물 때 기우제를 지내면 비를 많이 내려주고, 장마가 질 때 제사를 지내면 비를 그치게 합니다. 그래서 천자께서는 천하의 군국(郡國)에 조서를 내리고, 읍(邑)이나 리(里)이라 할지라도 반드시 사당을 세우게 하셨습니다. 이것은 대개 백성의 복을 위해서입니다. 그런데 적수신 같은 신은 사람에게 복을 가져다주지 않을 뿐더러 도리어 사람에게 해를 끼치고 있으니, 어찌 제거하지 않을 수 있겠습니까? 그래서 제가 이미 그 사당을 허물어버렸습니다."

원생은 놀랍기도 하고 두렵기도 해서 그저 감사하다고만 했다. 이로부터 도성 선사는 더욱 기가 살았지만 원생은 몹시 두려움에 떨었다. 한 달 남짓 뒤에 한 하급 관리가 죄를 지었기에 원생이 그에게 매질을 했는데, 얼마 지나지 않아 그만 그 관리가 죽고 말았다. 하급 관리의 집에서는 원생을 군부(郡府)에 고발했고, 원생은 그 바람에 단계현(端溪縣)에 유배되었다. 원생은 걸어서 삼협(三峽)에 이르렀을 때 흰옷 입은 사람을 만났는데, 그는 길옆에 서 있었다. 원생이 자세히 바라보았더니 그는 다름 아닌 적수신이었다.

적수신이 말했다.

"일전에 내 당신에게 내 사당을 수리해줄 것을 부탁했는데, 당신은 어찌하여 도성 선사를 끌어들여 내 사당을 부수고 내 신상을 던져 버리게 했소? 그리하여 나로 하여금 하루아침에 돌아갈 곳이 없게 만들었으니 이는 모두 당신의 죄이오. 지금 당신이 이 궁벽한 곳에 쫓겨 온 것

역시 내가 한 복수 때문에 이렇게 된 것이오."

원생은 적수신에게 사죄하면서 말했다.

"당신의 사당을 허문 사람은 도성 선사인데 어째서 나에게 죄를 물으십니까?"

적수신이 말했다.

"도성 선사는 지금 한창 복이 넘쳐나고 있어 내가 그를 건드릴 수 없소. 그러나 지금 당신은 복록과 수명이 다 했기 때문에 내가 복수할 수 있었던 것이오."

적수신은 말을 마치고 사라졌다. 원생은 그의 말을 듣고 질색했다. 원생은 며칠 뒤에 병을 얻어 죽었다. (『선실지』)

貞元初, 陳郡袁生者, 嘗任參軍於唐安. 罷秩遊巴川, 舍於逆旅氏. 忽有一夫, 白衣來謁, 旣坐, 謂生曰: "某高氏子也, 家於此郡新明縣. 往者常職軍伍間, 今則免矣, 故旅遊至此." 生與語, 其聰辯敏博, 逈出於人, 袁生奇之. 又曰: "某善算者, 能析('析'原作'祈', 據明鈔本改)君平生事." 生卽訊之, 遂述旣往事, 一一如筆寫, 生大驚. 是夕, 夜旣深, 密謂袁生曰: "我非人也. 幸一陳於君子, 可乎?" 袁生聞之懼, 卽起曰: "君非人, 果鬼乎? 是將禍我耶?" 高生曰: "吾非鬼, 亦非禍君. 所以來者, 將有託於君耳. 我赤水神, 有祠在新明之南. 去歲淫雨數月, 居舍盡圮. 郡人無有治者, 使我爲風日所侵鑠, 且日爲樵牧者欺侮, 里中人視我如一坏土耳. 今我訴於子, 子以爲可則言, 不則去. 無恨也('也'原作'乎', 據明鈔本改)." 袁生曰: "神旣有願, 又何不可哉!" 神曰: "子來歲當調補新明令. 儻爲我重建祠宇, 以時奠祀, 則眞幸之甚也. 願無忘." 袁生諾之. 旣而又曰: "君初至邑時, 當一見詣. 然而人神理隔, 慮君僕吏有黷於我, 君當屛去其史, 獨入廟中. 冀盡一言耳." 袁生曰:

"謹奉教."

是歲冬, 袁生果補新明令. 及至任('任'原作'令', 據明鈔本改), 訊之, 果有赤水神廟, 在縣南數里. 旬餘, 遂詣之. 未至百餘步, 下馬屏車吏, 獨入廟中. 見其簷宇摧毀, 蓬荒如積. 佇望久之, 有一白衣丈夫自廟後來, 高生也. 色甚喜, 既拜, 謂袁生曰: "君不忘前約, 今日乃詣我, 幸何甚哉!" 於是偕行廟中. 見階垣下有一老僧, 具桎梏, 數人立其旁, 袁生問曰: "此何爲者?" 神曰: "此僧乃縣東蘭若道成師也, 有殃, 故吾繫之一歲矣, 每旦夕則鞭捶之. 從此旬餘, 當解之." 袁生又曰: "此僧既存, 安得繫於此乎?" 神曰: "以生魄繫之, 則其人自沈疾, 亦安能知吾之爲哉!" 神告袁生曰: "君幸諾我建廟, 可疾圖之." 袁生曰: "不敢忘?" 既歸, 將計其工, 然貧甚, 無以爲資. 因自念曰: "神人所言, 繫道成師之魄, 當沈疾. 又云, 從此去旬餘, 當解之, 吾今假以他語, 俾建其廟宇, 又安有疑乎?" 於是徑往縣東蘭若問之, 果有成師者, 臥疾一歲矣. 道成曰: "某病且死. 旦夕則一身盡痛." 袁生曰: "師疾如是, 且近於死矣. 然我能愈之, 師能以緡貨建赤水神廟乎?" 道成曰: "疾果愈, 又安能以緡貨爲事哉!" 袁生卽給曰: "吾善視鬼. 近謁赤水神廟, 見師魂, 具桎梏繫於垣下. 因召赤水神問其事, 曰: '此僧有宿殃, 故繫於此.' 吾憐師之苦, 因告其神: '何爲繫生人? 可疾解之. 吾當命此僧以修建廟宇, 愼無違也.' 神喜而諾我曰: '從此去旬餘, 當捨其罪.' 吾故告. 師疾將愈, 宜修赤水神廟也. 無以疾愈, 遂忘其心. 如此則禍且及矣." 道成僞語曰: "敬受教." 後旬餘, 果愈. 因召門弟子告曰: "吾少年棄家, 學浮屠氏法, 迨今年五十, 不幸沈疾. 向者袁君謂我曰: '師之病, 赤水神所爲也, 疾錒可修補其廟.' 夫置神廟者, 所以祐兆人, 祈福應. 今既有害於我, 安得不除之乎?" 卽與其徒, 持錒詣廟, 盡去神像及祠宇, 無一遺者.

又明日, 道成謁袁生. 袁生喜曰: "師病果愈乎! 吾之語豈妄耶?" 道成曰: "然. 幸君救我, 何敢忘君之恩乎?" 袁生曰: "可疾計修赤水神廟也. 不然, 具懼爲禍." 道成曰: "夫神所以賴於人者, 以其福可延, 戾可弭. 旱亢則雩之以澤, 潦淫則縈之以禱. 故天子詔天下郡國, 雖一邑一里, 必建其祠. 蓋川爲民之福也. 若赤水神者, 無以福人, 而爲害於人焉, 可不('可不'原做'不可', 據明鈔本·陳校本改)去之? 已盡毀其廟矣." 袁生且驚且懼, 遂謝之. 道成氣益豊, 而袁生懼甚. 後月餘. 吏有罪, 袁生朴之, 無何吏死. 其家訴於郡, 坐徙端溪. 行至三峽, 忽遇一白衣, 立於路左. 視之, 乃赤水神也. 曰: "向託君修我祠宇, 奈何致道成毁我之舍, 棄我之像? 使一旦無所歸, 君之罪也. 今君棄逐窮荒, 亦我報仇耳!" 袁生旣謝曰: "毁君者道成也, 何爲罪我?" 神曰: "道成師福盛甚, 吾不能動. 今君祿與命衰, 故我得以報." 言已不見. 生惡之. 後數日, 竟以疾卒. (出『宣室志』)

306 · 2(3951)
염 수(冉 遂)

염수는 제주(齊州) 사람으로, 그 부친은 읍재(邑宰: 縣令)였다. 염수는 장산현(長山縣) 조옥(趙玉)의 딸과 혼인했다. 염수는 부친이 돌아가시고, 또 어려서부터 천성이 총명하지 않아 전혀 글을 읽을 줄 몰랐기 때문에 더 이상 영달할 방법이 없게 되자 장산현에서 농사를 짓고 살았다. 그의 부인 조씨(趙氏)는 자태는 아름다웠지만 천성이 경박하고 방탕했다. 하루는 조씨가 혼자 수풀 사이를 거닐다가 비단 옷 입은 사람을 보게 되었다. 그는 백마를 타고 있었고 따르는 시종만도 100여 명이나 되었는데, 모두 칼과 창을 든 채 지나가고 있었다. 조씨가 말했다.

"내가 만약 저런 남편을 얻게 된다면 죽어도 한이 없겠다."

비단 옷 입은 사람은 뒤를 돌아보며 웃었다. 좌우의 시종들이 조씨에게 물었다.

"[저 분을] 잠시 지아비로 삼을 수 있겠습니까?"

말 떨어지기가 무섭게 조씨가 대답했다.

"당신이 잠시 내 남편이 되어 준다면 나도 당신이 베푸신 은혜를 가슴에 담고 있겠습니다."

비단 옷 입은 사람은 곧장 말에서 내려 수풀 안으로 들어갔다. 그는 잠시 뒤에 떠나가면서 조씨에게 말했다.

"틀림없이 아들을 낳을 것이오. 그 아이는 신이 될 테니 잘 보살피고 아껴주시오."

조씨는 과연 임신하여 산달에 아들을 낳았는데, 아이의 머리카락은 붉고 얼굴은 푸르고 온 몸은 붉은 털로 덮여 있었으며, 키는 겨우 5촌(寸) 정도 되었고 눈에서는 광채가 났다. 염수는 아이가 하도 기이해서 이렇게 말했다.

"이 아이는 요괴가 틀림없으니 죽여 버립시다."

조씨가 말했다.

"이 아이는 당신의 몸을 빌려 난 아이인데 어찌 요괴라 하십니까? 이인(異人)일지도 모르는데 어찌 죽이려고 하십니까? 이 아이를 죽이면 도리어 해를 입으실 것입니다. 어떻게 하시겠습니까?"

그 말에 염수는 두려워서 그만두었다.

조씨는 아이를 밀실에 숨겨 키웠는데, 아이가 7살이 되었을 때 갑자기 키가 1장(丈)으로 훌쩍 컸다. 잠시 뒤에 하늘에서 큰 새 한 마리가 날아 내려오자 아이가 방안에서 달려 나와 새의 등에 뛰어올라 타고는 날아 가버렸기에 어머니는 하루 종일 울어댔다. 그로부터 몇 달 뒤에 아이가 집 밖에서 들어왔는데, 황금 갑옷을 입고 칼을 차고 활을 든 채 병사 천여 명을 데리고 왔다. 아이는 문으로 곧장 들어오더니 어머니에게 절을 하고 말했다.

"저는 유찰사자(遊察使者)의 아들로 다행히 어머니의 몸을 빌려 태어났습니다. 어머니께서 낳아주고 길러주신 은혜를 제가 아직 하나도 갚지 못했으니, 오늘 이후로는 가끔 한 번씩 어머니를 뵈러 올 것입니다. 만약 제가 어머니께서 베푸신 은혜를 약간이라도 보답하는 날이 오면 그때는 더 이상 오지 않을 것입니다."

조씨가 말했다.

"너는 무슨 신이 되었느냐?"

아이가 말했다.

"어머니께서는 부디 다른 사람에게는 말하지 마십시오. 저는 이미 동방의 금악장군(擒惡將軍)에 임명되었습니다. 동방에서 신명(神明)의 뜻을 따르지 않고 함부로 악한 일을 하는 사람들은 제가 모두 죽일 수 있습니다."

조씨는 술과 고기를 가져와서 아들에게 먹이며 말했다.

"내가 가지고 있는 술과 고기가 많지 않아 저 병사들에게까지 줄 것이 없구나."

아들이 웃으면서 말했다.

"어머니께서는 그저 술 한 잔만 공중에 뿌려주시면 병사들이 모두 술을 마실 수 있습니다."

조씨가 아들의 말대로 공중에 술을 뿌리고 보았더니 술이 공중에서 비가 되어 떨어졌다. 병사들은 모두 얼굴을 들고 술을 마셨다. 그러자 아들이 급히 그들을 말리며 말했다.

"조금만 마셔라."

헤어질 때 아들이 조씨에게 말했다.

"급한 일이 있으면 그저 향을 사르고 멀리서 고하시기만 하면 제가 당장 오겠습니다."

아들은 그렇게 말하고는 말을 타고 비바람처럼 사라졌다.

1년 뒤에 조씨의 부친이 죽자 조씨는 부친상을 치르기 위해 친정으로 갔다. 그런데 매일 밤 귀병(鬼兵) 천여 명이 친정집을 에워쌌다. 한 신이 문을 두드리며 말했다.

"내가 사당을 짓고자 하는데 네 부친이 이미 내게 의탁했으니, 너는 속히 본가로 돌아가거라. 그렇게 하지 않으면 모두 죽이겠다."

조씨는 갑자기 아들이 남기고 간 말이 생각나서 향을 사르고 그 사실을 고했다. 그날 밤 아들이 병사 천여 명을 데리고 와서 사신 한 명을 보내 신인에게 따지자, 신인은 망연자실하여 병사를 거두어들여 줄을 세우고 아들 앞에서 자신을 묶었다. 아들은 신인을 호되게 꾸짖고는 그의 병사들을 모두 죽인 뒤에 어머니에게 말했다.

"저 사람은 신이 아니라 강귀(强鬼)입니다. 살아생전에 사조의(史朝義)의 장군이었는데, 전쟁에서 죽은 뒤에 갈 곳이 없게 되자 스스로 전사한 병사들을 모아 그들을 끌고 이곳으로 와서 함부로 사당을 세우고자 했습니다."

조씨가 말했다.

"방금 저 자가 하는 말을 들었는데, 네 외조부께서 이미 내 곁에 와 계신다고 하니, 네가 한 번 물어보아라."

아들은 신인을 붙잡게 하더니 이렇게 물었다.

"내 이미 네가 꾸민 일을 다 알고 있으니 더 이상 말할 필요도 없다. 너는 어찌하여 무고하게 조옥(趙玉)을 잡아 왔느냐? 조옥은 지금 어디에 계시느냐?"

그 사람[神人을 가리킴]이 울면서 말했다.

"장군께서는 저를 가련하게 봐 주십시오. 저는 살아서는 장수였는데 스스로 공을 세우지 못하고 군영에서 죽고 말았습니다. 죽어서는 신이 되기를 바랐지만 또한 원대한 꿈을 이루지 못하고, 오늘날 이렇게 부월(斧鉞: 큰 도끼. 고대에 천자가 정벌에 나선 대장에게 부절과 도끼를 수여하여 威信을 보였음)을 범하게 되었습니다. 만약 장군께서 이 죄를 하늘에 보고하지 않고 저를 휘하에 받아주시면, 반드시 죽음으로 보답하겠습니다."

아들이 또 물었다.

"조옥은 어디에 계시느냐?"

신이 말했다.

"정대부(鄭大夫)의 무덤 안에 있습니다."

아들이 곧장 정대부의 무덤 속에서 조옥을 꺼내 데려오게 하자, 조옥은 잠시 뒤에 다시 살아났다. 조씨가 아들에게 신의 죄를 용서해주라고 간절하게 권했기 때문에 아들은 곧장 신의 포박을 풀어주고 자신의 휘하 소장(小將)으로 들어오게 했다. 아들은 어머니에게 작별을 고하더니 울면서 이렇게 말했다.

"저는 신도(神道)에 있기 때문에 마땅히 자주 인간 세상에 모습을 드러내서는 안 됩니다. 제가 더 이상 어머니를 뵈러 오지 못하더라도 어머니께서는 자중자애 하십시오."

아들은 다시 비바람처럼 사라지더니 그 이후로는 발길을 뚝 끊고 찾아오지 않았다. (『기사기』)

冉遂者, 齊人也, 父邑宰. 遂婚長山趙玉女. 遂旣喪父, 又幼性不惠, 略不知書, 無以進達, 因耕於長山. 其妻趙氏, 美姿質, 性復輕蕩. 一日獨遊於林藪間, 見一人衣錦衣. 乘白馬, 侍從百餘人, 皆攜劍戟過之. 趙氏曰: "我若得此夫, 死亦無恨." 錦衣人回顧笑之. 左右問趙氏曰: "暫爲夫可乎?" 趙氏應聲曰: "君若暫爲我夫, 我亦懷君恩也." 錦衣遽下馬, 入林內. 旣別, 謂趙氏曰: "當生一子. 爲明神, 善保愛之." 趙氏果有孕, 及期生一兒, 髮赤面靑, 遍身赤毛, 僅長五寸, 眼有光耀. 遂甚怪之, 曰: "此必妖也, 可殺之." 趙氏曰: "此兒託體於君, 又何妖? 或是異人, 何殺之耶? 必殺反爲害. 若何?" 遂懼而止.

趙氏藏之密室, 及七歲, 其兒忽長一丈. 俄又自空有一大鳥飛下, 兒走出, 躍上鳥背飛去, 其母朝夕哭之. 經數月, 兒自外來, 擐金甲, 佩劍彎弓, 引兵士可千餘人. 至門直入, 拜母曰: "我是遊察使者了, 幸託身於母. 受生育之恩, 未能一報, 我今日後, 時一來拜覲. 待我微答母恩, 卽不來矣." 趙氏曰: "兒自爲何神也?" 兒曰: "母愼勿言. 我已補東方擒惡將軍. 東方之地, 不遵明祇, 擅爲惡者, 我皆得以誅之." 趙氏取酒炙以飼之, 乃謂兒: "我無多酒炙, 不可以及將士." 兒笑曰: "母但以一杯酒灑空中, 卽兵士皆飮酒也." 母從之, 見空中酒下起雨. 兵士盡仰面而飮之. 兒乃遽止曰: "少飮." 臨別, 謂母曰: "若有急, 但焚香遙告, 我當立至." 言訖, 上馬如風雨而去.

後一年, 趙氏父亡, 趙氏往葬之. 其父家, 每夜有鬼兵可千餘, 圍其宅. 有神扣門言曰: "我要爲祠宇, 爾家翁以來投我, 爾當速去. 不然, 皆殺之." 趙氏忽思兒留言, 乃焚香以告. 其夕, 兒引兵士千餘至, 令一使詰之, 神人茫然收兵爲隊, 自縛於兒前. 兒呵責, 盡殺其衆, 謂母曰:"此非神也, 足強鬼耳. 生爲史朝義將, 戰亡之後無所歸, 自收戰亡兵, 引之來此, 欲擅立祠宇耳." 母曰:"適聞言, 家翁已在我左右, 爾試問之." 其兒令擒神人問之曰:"爾所謀事, 我盡知之, 不須言也. 但何以無故追趙玉耶? 今在何處?" 其人泣告曰:"望將軍哀念. 生爲一將, 不能自立功, 而死於陣前. 死後欲求一神, 又不能良圖, 今日有犯斧鉞. 若或將軍不以此罪告上天, 容在麾下, 必效死節." 又問曰:"趙玉何在?" 神曰:"寄在鄭大夫塚內." 兒乃立命於塚內取趙玉至, 趙玉尋蘇. 趙氏切勸兒怨神之罪, 兒乃釋縛, 命於部內爲小將. 乃辭其母, 泣而言曰:"我在神道, 不當頻出迹於人間. 不復來矣, 母善自愛." 又如風雨而去, 邇後絶然不至矣. (出『奇事記』)

306・3(3952)
위 탐(魏 耽)

[唐나라] 정원연간(貞元年間: 785~804)에 길주자사(吉州刺史) 위탐은 벼슬을 그만두고 낙양(洛陽)에 머물렀다. 그에게는 갓 16세 된 딸이 하나 있었는데 용모가 매우 아름다웠다. 한 여름에 정원에서 딸과 함께 바람을 쐬며 더위를 식히던 위탐은 무심결에 하늘을 쳐다보았는데, 갑자기 하늘이 갈라지더니 그 안에서 키가 아주 큰 사람이 곧장 내려와 위탐 앞에 이르렀다. 그는 자주 색 옷에 황금 인장을 찼는데 얼굴이 검고 수염이 더부룩하게 나 있었다. 그가 말했다.

"저는 주씨(朱氏)로 천제(天帝)께서 저를 보내 당신의 사위로 삼게 하셨습니다."

위탐은 감히 그 뜻을 거역할 수 없어 주씨에게 혼인 준비를 할 때까지 기다려달라고 했다. 위탐이 여러 차례 청하자 주씨는 그제야 허락한 뒤, 한 달 뒤에 혼인하기로 하고 곧장 하늘로 올라가 사라졌다.

위탐은 부인과 함께 몹시 걱정하다가 [혼인 날짜가 다가오자] 또한 술과 음식을 준비하고 주씨가 오기를 기다렸다. 그때 한 마부가 갑자기 들어오더니 위탐에게 절을 했다. 위탐이 말했다.

"어찌하여 말은 먹이지 않고 갑자기 들어왔느냐? 어찌 이리도 무례하단 말이냐!"

그러자 마부가 말했다.

"제가 사사로이 살펴보니 사군(使君: 刺史에 대한 존칭)의 얼굴에 근심스런 기색이 있었습니다. 무슨 일인지 말씀해 주십시오."

위탐이 말했다.

"네가 어찌하여 그 일을 알려고 드느냐?"

마부가 한사코 그 일을 알려달라고 청하자, 그제야 위탐은 일의 자초지종을 다 말해 주었다. 그러자 마부가 말했다.

"사군께서는 걱정하실 필요 없으십니다. 그것은 별일 아닙니다."

마부는 그렇게 말하고는 밖으로 나갔다. 황금 인장을 찬 사람[즉 주씨를 가리킴]이 약속한 날짜에 오자 마부가 갑자기 들어왔다. 황금 인장을 찬 사람은 마부를 보더니 종종 걸음으로 가서 두 번 절했다. 마부는 얼굴색을 굳히더니 이렇게 꾸짖었다.

"천제께서는 그래도 너를 용서하여 그 벌로 너를 인간 세상에서 지내게 하셨거늘, 너는 어찌하여 인간 세상을 이처럼 어지럽히느냐?"

황금 인장을 찬 사람이 대답했다.

"죽을죄를 지었사옵니다."

그리고는 다시 절을 했다. 마부는 갑자기 당(堂)으로 올라가 앉더니 황금 인장을 찬 사람을 불러 앉게 하고는 술을 대령하라고 했다. 마부는 큰 사라(沙鑼: 타악기의 일종으로, 행군할 때 자주 세수 대야로 사용되었음)에 술을 가져와 몇 대야를 마셨는데, 곡식 세 말을 담을 만한 크기였다. 마부는 술을 마시고 난 뒤에 다시 쇠몽둥이를 가져오라고 하더니 부러뜨려서 씹어 먹었다. 마부가 황금 인장을 찬 사람에게 사라로 술을 마시라고 하자, 그 사람은 몹시 두려워하면서 곧장 술을 마시더니 그저 죽을죄를 지었다고만 할 뿐 더 이상 다른 말은 하지 않았다. 마부가 말했다.

"천옥(天獄)으로 보내 100일 동안 감금시켜라."

황금 인장을 찬 사람은 곧장 하늘로 올라가더니 사라졌다. 그러자 마부가 말했다.

"나는 사군을 지키는 북두본명성(北斗本命星)입니다. 위사군(魏使君: 魏耽)께서 주야로 향을 사르며 수행하셨는데 오늘에야 비로소 보답하게 되었습니다. 방금 결례를 범한 자는 바로 적성(賊星: 彗星)인데, 지금 이미 천옥에 가두어 두었으니 그에 대한 걱정은 버리십시오."

마부는 말을 마치고 떠나갔다. (『문기록』)

貞元中, 吉州刺史魏耽, 罷任居洛. 有女子, 年甫十六, 顔色甚美麗. 夏中, 俱納涼於庭, 忽仰視天裂, 有長人於裂處下, 直至耽前. 衣紫佩金, 黑而髯. 曰: "我姓朱, 天遣與君爲女壻." 耽不敢阻, 請俟排比. 再三乃許, 約期後月, 乃騰空而去. 耽與其妻, 雖甚憂迫, 亦具酒食而俟之. 有閽人突入拜耽. 耽曰: "何不秣馬而突入? 太無禮也!" 囚人曰: "竊見使君有憂色. 故請言其事." 耽曰: "爾何要知之?" 囚人固請, 耽因告之. 囚人曰: "使君不足憂. 小事耳." 言訖而出. 佩金者及期而至, 囚人復突入. 佩金者見之, 趨下再拜. 囚人作色而叱之曰: "天恕爾, 罰汝在人間, 奈何又復擾人如是?" 對曰: "死罪." 復拜. 囚人輒升堂而坐, 召佩金者坐, 命酒. 囚人於大沙鑼, 取飮數器, 器可三斗餘. 飮訖, 又取一鐵杵, 折而嚼之. 乃以沙鑼飮佩金者, 佩金者甚有懼色, 乃飮之, 唯言死罪, 更無他詞. 囚人曰: "送天獄禁百日." 乃騰空而去. 囚人曰: "吾乃使君北斗本命星也. 魏使君晝夜焚修, 今乃報之. 適無禮者, 卽賊星也, 今已禁之, 請去他慮." 言訖而去. (出『聞奇錄』)

306·4(3953)
노 패(盧 佩)

[唐나라] 정원연간(貞元年間: 785~804) 말에 위남현승(渭南縣丞) 노패는 성품이 지극히 효성스러웠다. 그의 모친은 일찍이 허리와 다리가 아팠는데, 그때는 병이 더욱 심해져서 침상에서 내려오지 못한 지 여러 해가 되었으며, 새벽부터 저녁까지 감당하기 어려울 정도로 고통스러워했다. 노패는 관직을 그만두고 모친을 모시고 장안(長安)으로 돌아와 상락리(常樂里)의 별채에 살면서 전 재산을 들여서라도 국의(國醫: 御醫) 왕언백(王彦伯)을 모셔와 모친의 병을 치료할 작정이었다. 왕언백은 위세가 대단했기 때문에 쉽게 그를 만날 수도 없었다. 노패는 날을 잡아 그를 찾아가서 공손하게 청했는데, 그로부터 반년 뒤에 왕언백으로부터 노모를 한번 보러 오겠다는 허락을 받았다.

왕언백은 아무 날 아침에 오겠다고 약속했지만 정오가 되도록 오지 않았다. 노패는 문 밖에서 왕언백이 오기를 기다리면서 마음이 다급해지고 눈앞이 캄캄해졌다. 날이 저물어 점점 어두워지자 노패는 더욱 더 마음이 울적해졌다. 그런데 갑자기 흰옷 입은 부인이 나타났는데 용모가 매우 빼어났다. 부인은 준마를 타고 있었고 그 뒤로 계집종 하나가 뒤따르고 있었는데, 골목의 서쪽에서 급히 동쪽으로 달려오고 있었다. 잠시 뒤에 부인은 다시 동쪽에서부터 노패가 있는 곳까지 달려와서 말을 멈추더니 노패에게 말했다.

"당신의 얼굴에 근심과 슬픔이 가득하고 또 누군가를 기다리고 있는 것 같은데, 물어보아도 되겠는지요."

노패는 왕언백만을 기다리고 있었기 때문에 애당초 그 부인이 오는 것조차 알아차리지 못했다. 노패는 부인에게 여러 차례 질문을 받은 뒤에야 자신의 처지를 모두 말해 주었다. 그러자 부인이 말했다.

"왕언백은 어의이므로 이곳까지 올 여유가 없습니다. 소첩이 가지고 있는 보잘 것 없는 의술도 왕언백의 의술에 비해 그다지 떨어지지 않으니, 소첩에게 태부인(太夫人)을 한번 보게 해주십시오. 그러면 틀림없이 차도가 있을 것입니다."

노패는 놀랍기도 하고 기쁘기도 해서 그녀의 말머리에 대고 절을 올리며 말했다.

"진실로 그렇게만 될 수 있다면 이 몸 당신의 하인이 되어서라도 그 은혜에 보답하겠습니다."

노패는 먼저 안으로 들어가 모친에게 그 사실을 알렸다. 모친은 모진 고통에 끙끙거리고 있던 차에 노패의 말을 듣자 갑자기 병이 약간 낫는 것 같았다. 노패는 부인을 데리고 모친 앞으로 갔다. 부인이 손을 들어 모친의 맥을 짚고 병세를 살피자, 모친은 벌써 혼자서 몸을 움직일 수 있게 되었다. 그리하여 집안 식구들은 기뻐 뛰면서 가지고 있던 비단과 돈을 다투어 부인에게 주었다. 그러자 부인이 말했다.

"이것은 아직 다 나은 것이 아니니 반드시 약 한 첩을 복용해야만 합니다. 약을 복용하면 고질병을 치료할 수 있을 뿐만 아니라 장수하실 수 있습니다."

모친이 말했다.

"곧 죽을 몸이 천사(天師)의 도움으로 살아나게 되었으니, 어떻게 그 은혜를 보답해야 할지 모르겠습니다."

부인이 말했다.

"그저 저를 미천하다고 내치지 마시고 저로 하여금 구랑(九郞: 盧佩)의 시중을 들게 해주시고 늘 태부인의 곁에만 있게 해주시면 됩니다. 어찌 감히 공을 논하겠습니까?"

모친이 말했다.

"노패는 몸소 천사의 종복이 되기를 원하고 있는데, 지금 도리어 남편으로 삼겠다고 하시니 안 될 것이 뭐가 있겠습니까?"

부인은 노패의 모친에게 두 번 감사의 절을 올리고, 마침내 계집종이 들고 있던 작은 화장 상자 속에서 약과 도규(刀圭: 옛날 약의 분량을 재던 작은 숟가락) 하나를 꺼내더니 약을 조제하여 노패의 모친께 올렸다. 노패의 모친은 약을 입에 넣자 여러 해 동안 앓았던 병들이 순식간에 다 나았다. 그리하여 노패의 집에서는 곧장 육례(六禮: 혼인의 大禮로 納采 · 問名 · 納吉 · 納幣 · 請期 · 親迎을 말함)를 갖추어 그 부인을 아내로 맞아들였다.

　노패의 부인은 아침저녁으로 시어머니와 노패를 봉양하면서 부인의 도리를 엄격하게 지켰다. 그러나 매달 10일 만 되면 본가로 돌아가기를 청했다. 노패는 부인을 수레에 태워 보내려 했지만, 부인은 한사코 거절하면서 그저 자신이 이전에 타고 왔던 말을 타고 계집종과 순식간에 갔다 왔다 했는데, 전혀 흔적을 찾을 수 없었다. 노패는 처음에는 그저 부인의 뜻을 따르면서 묻지 않았지만, 후에 시간이 많이 지날수록 자못 이상하다는 생각이 들었다. 어느 날 아침 노패는 부인이 나가기를 기다렸다가 몰래 뒤를 쫓아가서 부인의 행동을 살펴보았다. 부인이 말을 타고 연흥문(延興門)을 나서자 말이 공중을 가고 있었다. 노패는 깜짝 놀라 행인들에게 물어보았지만, 그들은 아무 것도 보이지 않는다고 했다. 노패가 다시 부인을 따라 성 동쪽의 무덤가에 도착해서 보았더니 무당이 술과 음식을 차려놓고 술을 땅에 뿌리면서 지신(地神)에게 제사를 드리고 있었다. 그 순간 부인이 말에서 내려와 무당이 주는 술을 받아들고 마시는 것이었다. 곧이어 계집종이 그 뒤를 따라와서 지전(紙錢)을 챙겨서 말에다 실었는데 곧장 동전으로 변했다. 또 보았더니 부인이 채찍으로 땅에다 무엇인가를 그리자 무당은 그곳을 가리키며 이렇게 말했다.

　"여기다가 무덤을 쓰면 되겠군요."

　모든 일이 끝나자 부인은 곧장 말을 타고 집으로 돌아갔다. 노패는 이를 보고 질색하면서 집으로 돌아와 모친에게 [자신이 본 것을] 모두 고해 바쳤다. 그러자 모친이 말했다.

　"내 진작부터 그녀가 요물인 것을 알고 있었다. 이를 어찌하면 좋겠느냐?"

[그런데 어찌된 일인지] 이때부터 부인은 다시 노패의 집으로 돌아오지 않았는데, 노패도 다행이라 생각했다.

수십 일 뒤에 노패가 일이 있어 남쪽 거리에 갔다가 그곳에서 우연히 부인과 계집종을 만났다. 이에 노패가 그들을 부르며 말했다.

"부인은 어찌하여 오랫동안 집으로 돌아오지 않았소?"

그러나 부인은 노패를 돌아보지도 않은 채 급히 말을 몰아 떠나갔다. 그 다음날 부인은 계집종을 보내 노패에게 이렇게 말을 전했다.

"소첩은 진실로 당신의 짝이 아닌가 봅니다. 저는 그저 당신의 효행에 감복하여 당신을 위해 태부인의 병을 치료하여 낫게 했을 뿐입니다. 당신은 스스로 부부가 되길 청해놓고서는 지금은 도리어 의심하니, 헤어지는 것이 당연합니다."

노패가 계집종에게 물어보았다.

"아가씨께서는 지금 어디에 계시느냐?"

계집종이 대답했다.

"아가씨께서는 전날 이미 정공(靖恭: 唐代 長安의 거리 이름)의 자의참군(諮議參軍) 이(李) 아무개에게 시집가셨습니다."

노패가 말했다.

"나를 버리기로 했다지만 어찌 이리도 빨리 버릴 수 있단 말인가?"

계집종이 말했다.

"아가씨는 지신으로, 경조부(京兆府) 300리 내의 사람들의 무덤을 관장하고 계십니다. 아가씨는 늘 도성에서 살아 있는 사람의 부인으로 계셔야 하며, 혼자 살아서도 안 됩니다."

계집종이 또 말했다.

"아가씨께서는 결국 또 다른 머무실 곳을 찾으시겠지만, 단지 구랑께서 너무 복이 없으신 것을 안타까워하실 뿐입니다. 만약 아가씨께서 오랫동안 부인으로 계셨으면 구랑의 일가는 모두 지선(地仙)이 되었을 것입니다."

노패는 항렬이 아홉째였다. (『하동기』)

貞元末, 渭南縣丞盧佩, 性篤孝. 其母先病腰脚, 至是病甚, 不能下牀榻者累年, 曉夜不堪痛楚. 佩卽棄官, 奉母歸長安, 寓於常樂里之別第, 將欲竭産而求國醫王彦伯治之. 彦伯聲勢重, 造次不可一見. 佩日往祈請焉, 半年餘, 乃許一到.

佩期某日平旦, 是日亭午不來. 佩候望於門, 心搖目斷. 日旣漸晚, 佩益悵然. 忽見一白衣婦人, 姿容絶麗. 乘一駿馬, 從一女僮, 自曲之西, 疾馳東過. 有頃, 復自東來, 至佩處駐馬, 謂佩曰: "觀君顔色憂汎, 又似有所候待來, 請問之." 佩志於王彦伯, 初不覺婦人之來. 旣被顧問再三, 乃具以情告焉. 婦人曰: "彦伯國醫, 無容至此. 妾有薄技, 不減王彦伯所能, 請一見太夫人. 必取平差." 佩驚喜, 拜於馬首曰: "誠得如此, 請以身爲僕隷相酬." 佩卽先入白母. 母方呻吟酸楚之次, 聞佩言, 忽覺小瘳. 遂引婦人至母前. 婦人纔擧手候之, 其母已能自動矣. 於是一家歡躍, 競持所有金帛, 以遺婦人. 婦人曰: "此猶未也, 當要進一服藥. 非止盡除痼疾, 抑亦永享眉壽." 母曰: "老婦將死之骨, 爲天師再生, 未知何階上答全德." 婦人曰: "但不棄細微, 許奉九郞巾櫛, 常得在太夫人左右則可. 安敢論功乎?" 母曰: "佩猶願以身爲天師奴, 今反得爲丈夫, 有何不可?" 婦人再拜稱謝, 遂於女僮手, 取所持小粧奩中, 取藥一刀圭, 以和進母. 母入口, 積年諸苦, 釋然頓平. 卽具六禮, 納爲妻.

婦人朝夕供養, 妻道嚴謹. 然每十日, 卽請一歸本家. 佩欲以車輿送迎, 卽終固辭拒, 唯乘舊馬, 從女僮, 倏忽往來, 略無踪跡. 初且欲順適其意, 不能究尋, 後旣多時, 頗以爲異. 一日, 何其將出, 佩卽潛往窺之. 見乘馬出延興門, 馬行空中. 佩驚問行者, 皆不見. 佩又隨至城東墓田中, 巫者陳設酒殽, 瀝酒祭地. 卽見婦人下馬, 就接而飮之. 其女僮隨後收拾紙錢, 載於馬上, 卽變爲銅錢. 又見婦人以策畫地, 巫者隨指其處曰: "此可以爲穴." 事畢, 卽乘馬而回. 佩心甚惡之, 歸其告母. 母曰: "吾固知是妖異. 爲之奈何?" 自是婦人絶不復歸佩家, 佩亦幸焉.

後數十日, 佩因出南街中, 忽逢婦人行李. 佩呼曰: "夫人何久不歸?" 婦人不顧, 促轡而去. 明日, 使女僮傳語佩曰: "妾誠非匹敵. 但以君有孝行相感, 故爲君治('治'原作'婦', 據明鈔本改)太夫人疾, 得平和. 君自請相約爲夫婦. 今旣見疑, 便當決矣." 佩問女僮: "娘子今安在?" 女僮曰: "娘子前日已改嫁靖('靖'字原空闕, 據明鈔本・陳校本改)恭李諮議矣." 佩曰: "雖欲相棄, 何其速歟?" 女僮曰: "娘子是地祇, 管京兆府三百里內人家喪葬所在. 長須在京城中作生人妻, 無自居也." 女僮又曰: "娘子終不失所, 但嗟九郎福祐太薄. 向使娘子長爲妻, 九郎一家, 皆爲地仙矣." 盧佩第九也. (出『河東記』)

태평광기 권제 307 신 17

1. 심 률(沈 聿)
2. 당국청(党國淸)
3. 태원소리(太原小吏)
4. 촌인진옹(村人陳翁)
5. 악 곤(樂 坤)
6. 영청현묘(永淸縣廟)
7. 최 택(崔 澤)
8. 한 유(韓 愈)
9. 이봉길(李逢吉)
10. 번종훈(樊宗訓)
11. 배 도(裴 度)
12. 장중은(張仲殷)
13. 능 화(凌 華)

307 · 1(3954)
심 률(沈 聿)

[唐나라] 정원연간(貞元年間: 785~805)에 태자서자(太子庶子) 심화(沈華)는 은퇴한 후 영숭리(永崇里)로 가 살았다. 그의 아들 심률은 삼원현위(三原縣尉)로 있었다. 심률은 읍의 서쪽에 본디 별장을 하나 가지고 있었는데, 그곳에서 현위를 맡게 되자 별장을 다시 수리했다. 별장의 북쪽으로는 평원이 10여 리 가량 펼쳐져 있었는데, 옛날 무덤 터에 울타리를 쳐놓고 소 외양간을 만들었다. 후에 심률은 임기가 끝나자 이곳으로 돌아와 농사를 지었다. 하루는 심률이 당(堂)의 동쪽 처마에서 잠을 자다가 깜짝 놀라 깨어보니 두 명의 누런 옷 입은 관리가 그에게 이렇게 말을 하는 것이었다.

"부사(府司)께서 당신을 부르십니다."

심률은 자신은 이미 관직에서 물러난 몸이라 관부를 찾아갈 일이 없다고 하면서 부름에 거역하고 문을 나서려하지 않았다. 그러나 두 관리가 계속해서 부르자 심률은 자신도 모르게 그들을 따라 나서고 말았다. 심률은 자신과 친했던 사람들과 집안 식구들을 지나쳐 가면서 그들에게 손을 흔들어 이별을 고했지만 아무도 대답하는 사람이 없었다. 두 명의 관리가 하도 급히 그를 재촉하며 몰고 갔던 터에 북쪽으로 20리나 멀리 떨어진 곳까지 가게 되었다. 심률은 한 성의 관부 안으로 들어갔는데,

그곳은 사람이 매우 적었고 길 또한 황폐해 있었다. 그 성의 관아는 동쪽 거리에 있었고 남북으로 난 두개의 커다란 문이 서로 마주하고 있었다. 관리는 심률을 북쪽 문으로 데리고 들어가더니 그를 가림벽 밖에 세워두고는 안으로 들어가 이렇게 말했다.

"심률을 잡아왔습니다."

한참 있다가 대청 위에서 심률의 죄상이 적힌 문건을 읽은 다음 그를 담당관리에게 넘겨 심문하게 했다. 심률은 너무도 두려운 나머지 도망을 쳤는데, 자기가 어디로 가는지도 몰랐다. 그는 드디어 남문(南門)으로 들어가게 되었는데, 문 안에는 관청이 있었고 발이 겹겹이 쳐져 있었다. 심률은 다급한 마음에 발 안으로 곧장 들어갔다. 그 안에는 자주색 옷을 입은 한 귀인(貴人)이 책상 뒤에서 잠을 자고 있었다. 심률은 몸을 맡길 데가 생겨 기뻤으나, 또 아까 그 두 명의 관리가 [자기를 잡으러] 올까 두려운 마음에 숨소리가 거칠게 나와 [귀인을] 깨우고 말았다. 자주색 옷 입은 귀인은 드디어 잠에서 깨어나더니 심률을 한참 쳐다보다 이렇게 말했다.

"너는 누구이냐?"

심률이 자신의 관직과 성명을 대자 자주색 옷 입은 사람이 말했다.

"내 너와 친척지간인데, 너는 이 사실을 아느냐?"

심률이 놀랍고도 당혹스러워 아무런 대답도 하지 못하고 있자 귀인이 또 말했다.

"너는 장씨(張氏) 집안의 외손자가 아니냐? 나는 너의 할아버지뻘 되는 외삼촌이다. 너는 인간세상 있으니 시랑(侍郞) 장위(張謂)라는 이름을 알고 있겠지?"

심률이 대답했다.

"어렸을 적에 들어본 적이 있습니다. 집에 그분의 문집이 있었는데, 아직도 [그분의 글을] 기억하고 있습니다."

자주색 옷 입은 귀인이 기뻐하며 말했다.

"나를 위해 한번 읊어 보거라."

심률이 읊었다.

열매가 터진 앵두나무, 그 열매 처마에 드리워져 있고,
몸을 낮게 수그린 능수버들, 문 안까지 가지가 들어와 있네.

[심률이 이 시를 읊자] 자주색 옷 입은 귀인은 크게 기뻐했다. 그때 두 명의 관리가 뜰 앞으로 걸어오더니 추국(秋局: 형벌을 관장하는 관서)에서 심률을 불러오라 한다고 말했다. 그들은 멀리서 이쪽을 향해 절을 올리며 자주색 옷 입은 귀인을 '생조(生曹)'라고 부르면서 매우 공손하게 예를 갖춰 귀인께 인사했다. 자주색 옷 입은 귀인이 말했다.

"심률은 나의 외손자이다. 너희는 추국에 가서 나의 뜻을 전하여라. 내가 그의 기한을 좀 늦춰주기를 바라노라고."

두 명의 관리는 명을 받들고 나갔다가 잠시 후 다시 돌아와 이렇게 말했다.

"삼가 분부하신 대로 했습니다."

자주색 옷 입은 귀인이 심률에게 말했다.

"너는 이미 죽었느니라. [그러나 이제 너를 돌려보내니] 속히 돌아가거라."

심률은 감사를 올리고는 작별하고 그곳을 나왔다. 그때 두 관리가 문

에서 심륜을 기다리고 있다가 [심륜이 나오자] 웃으면서 말했다.

"생조님의 은덕을 잊으실 수 있으시겠습니까?"

그리고는 심륜을 데리고 남쪽으로 갔다. 심륜은 술과 음식, 돈과 비단 등을 후하게 그들에게 줄 것을 약속했다. 그러고 나서 심륜은 홀연히 잠에서 깨어났는데, 날이 이미 저문 뒤였다.

심륜은 이 일을 아무에게도 말하지 않고 사람을 시켜 교외에 제단을 마련해 두 관리를 제사지내주게 했다. 심륜은 아무 탈도 없었다. 그러고 나서 닷새 후 저녁, 심륜은 자기 별장 문 앞에서 두 관리를 다시 만났는데, 두 관리는 심륜에게 이렇게 말을 했다.

"억울하다는 소송이 그치지 않고 있으니 당신이 직접 가셔서 증명을 하셔야겠습니다."

심륜이 자기가 무슨 죄를 저질렀냐고 묻자 두 관리가 말했다.

"당신께서 소 외양간을 만드실 때 오래된 무덤 열 몇 개를 밀어 없애셨는데, 지금 이 일을 가지고 크게 논의 삼으며 당신이 직접 해명해 주기를 기다리고 있습니다."

심륜이 말했다.

"그건 그 일을 맡아했던 집 하인인 은약(銀鑰)이 제멋대로 한 짓이오."

두 관리는 서로 바라보며 말했다.

"저 분은 일단 여기 두고 대신 그 놈을 잡아가면 혹시 해결되지 않겠소."

그러더니 갑자기 어디론가 사라졌다. 그날 밤, 은약은 기운이 다 빠져나가더니 죽고 말았다. 며칠 후, 두 관리가 다시 와서 이렇게 말했다.

"은약이 무덤을 밀어버린 것은 당신이 시켜서였다고 하면서 매우 애절하게 억울함을 호소하고 있습니다. 한번 직접 가보시는 게 마땅한 듯합니다."

심률이 또다시 간청하며 한번만 생조님께 말씀을 아뢰어달라고 하자 두 관리는 이를 허락했다. 잠시 후 두 관리가 다시 오더니 이렇게 말했다.

"생조님께서 당신더러 오늘 밤 어디론가 도망가 숨어있으라고 하셨습니다. 절대 이 일이 남에게 알려져서는 안 되는데, 한 사흘 숨어 지내면 일이 해결될 것입니다."

두 관리는 말을 마치더니 이내 사라졌다. 심률은 비밀리에 날랜 말 한 마리를 골라 타고 밤을 틈타 홀로 어디론가 떠났다. 심률은 일찍이 동주(同州)의 법륜사(法輪寺)에서 공부 한 적이 있었기에 그곳을 찾아갔다. 절에 이르니 마침 그와 함께 공부했던 스님이 출타중인지라 그 스님의 방에 머물게 되었다. 며칠이 지나자 그는 부친이 걱정하고 계시지나 않을까 염려가 되어 도성으로 곧장 들어갔으나 그 일에 대해서는 감히 사실대로 고하지 못했다. 후에 자신의 별장 하인이 와서 이렇게 아뢰었다.

"지난 날 밤에 집에 갑자기 불이나 북쪽 평원위에 지은 외양간이 모두 타버리고 말았습니다."

심률은 결국 이렇게 해서 악운을 벗어날 수 있었다. (『집이기』)

貞元中, 庶子沈華('華'原作聿, 據明鈔本改)致仕永崇里. 其子聿尉三原. 素有別業, 在邑之西, 聿因官遂修葺焉. 於莊之北, 平原十餘里, 垣古埏以建牛坊. 秩滿, 因歸農焉. 一日, 晝寢堂之東軒, 忽驚寤, 見二黃衣吏謂聿曰: "府司召郎." 聿白謂官罷, 無事詣府, 拒之未行. 二吏堅呼, 聿不覺隨出. 經歷親愛泊家人, 揮霍告語, 曾無應者. 二吏呵驅甚迫, 遂北行可二十里. 至一城署, 人民稀少, 道路蕪薈. 正衙之東街, 南北二巨門對啓. 吏導入北門, 止聿屛外, 入云: "追沈聿到." 良久, 廳上讀狀, 付司責問. 聿惶懼而逃, 莫知所詣. 遂突入南門, 門內有廳, 重施簾幙. 聿危急, 徑入簾下. 則見紫衣貴人, 寢書案後. 聿欣有所投, 又懼二吏之至, 因聲氣撼動. 紫衣遂寤, 熟視聿曰: "子爲何者?" 聿卽稱官及姓名, 紫衣曰: "吾與子親且故, 子其知乎?" 聿驚感未對, 又曰: "子非張氏之彌甥乎? 吾而祖舅也. 子在人間, 亦知張謂侍郞乎?" 聿曰: "幼稚時則聞之. 家有文集, 尙能記念." 紫衣喜曰: "試爲我言." 聿念: "櫻桃解結垂簷了, 楊柳能低入戶枝". 紫衣大悅. 二吏走至前庭曰: "秋局召沈聿." 因遙拜, 呼紫衣曰'生曹', 禮謁甚恭. 紫衣謂曰: "沈聿吾之外孫也. 爾可致吾意於秋局. 希緩其期." 二吏承命而出, 俄返曰: "敬依敎." 紫衣曰: "爾死矣. 宜速歸." 聿謝辭而出. 吏伺聿於門, 笑謂聿曰: "生曹之德, 其可忘哉?" 因引聿而南. 聿大以酒食錢帛許之. 忽若夢覺, 日已夕矣.

亦不以告人, 卽令致奠二吏於野外. 聿亦無恙. 又五日, 聿晚於莊門復見二吏, 曰: "冤訴不已, 須得郎爲證." 聿卽詢其事犯, 二吏曰: "郎建牛坊, 平夷十古塚, 大被論理, 候郎對辯." 聿謂曰: "此主役之家人銀鑰擅意也." 二吏相顧曰: "置郎召奴, 或可矣." 因忽不見. 其夜, 銀鑰氣蹶而卒. 數日, 忽復遇二吏, 謂聿曰: "銀鑰稱郎指敎, 屈辭甚切. 郎宜自往." 聿又勤求, 特希一爲告於生曹, 二吏許諾. 有頃復至, 曰: "生曹遣郎今夕潛遯. 愼不得洩, 藏伏三日, 事則濟矣." 言訖不見. 聿乃密擇捷馬, 乘夜獨遊. 聿曾於同州法輪寺寓居習業, 因往詣之. 及至('至'原作'出', 據明鈔本・陳校本改)遇所友之僧出, 因投其房. 留宿累日, 懼貽嚴君之憂, 則徑歸京, 不敢以實啓. 莊夫至云: "前夜火發, 北原之牛坊, 已爲煨燼矣." 聿終免焉. (出『集異記』)

307 · 2(3955)
당국청(党國淸)

진양현(晉陽縣) 동남쪽 20리 되는 곳의 분수(汾水) 가에 대태묘(臺駘廟: 臺駘는 汾水의 神 이름임)가 있었다. 원화연간(元和年間: 806~820)에 왕악(王鍔)이 하동(河東)을 진수하고 있을 때 그 마을에 당국청이라고 하는 집을 잘 짓는 사람이 살고 있었다. 어느 날 저녁 그는 꿈을 꾸었는데, 꿈에서 한 검은 옷 입은 사람이 그의 집 문 앞에 오더니 그에게 이렇게 말했다.

"대태묘의 신께서 당신을 부르십니다."

당국청은 그 사람을 따라나섰다. 그들은 성의 문을 나서 20리 길을 걸은 다음 대태신을 모신 사당에 도착했다. 사당 문 밖에는 관리와 병졸 수십 명이 모두 갑옷을 입고 병기를 든 채 좌우로 줄지어 서 있었다. 당국청이 두려움에 벌벌 떨며 감히 안으로 들어가질 못하고 있자 사자(使者)가 말했다.

"두려워할 것 없소."

그렇게 해서 신을 뵈러 사당 안으로 들어가자 백여 명의 병사가 매우 엄숙하게 길을 인도해주었다. 신께 재배를 올리고 나자 대태신은 당국청에게 계단 위로 올라오라고 하고는 이렇게 말했다.

"내가 사는 사당은 지붕도 내려앉았고 물도 샌다오. 또 바람에 날리고 햇빛에 손상되어 비라도 하루 내리게 되면 내 옷이며 자리가 모두 비에 흠뻑 젖는다오. 그러니 그대가 나를 위해 지붕 새는 곳을 좀 막아주어 비바람으로 인한 고생을 좀 면하게 해 주시오."

당국청이 말했다.

"삼가 명을 따르겠습니다."

이에 그는 진흙을 갠 다음 지붕 위로 올라가 새는 곳을 모두 손봤다. 일을 마치자 대태신은 검은 옷 입은 사람을 불러 당국청을 집까지 데려다주게 했다. 그들은 사당문을 나서 서북쪽을 향해 걸었는데, 채 10리도 가지 않았을 때 갑자기 호령하는 소리가 들려왔다. 검은 옷 입은 사람과 당국청은 길옆으로 몸을 숨겼다. 얼마 후, 기병 백여 명이 북쪽에서 내려와 남쪽으로 가고 있는 것이 보였는데, 병기를 손에 쥐고 앞에 서서 지휘하는 사람이 수십 명에 이르렀다. 그 가운데 면류관을 쓴 사람이 한 명 있었는데, 그 사람은 자주색 옷을 입고 금인(金印)을 차고서 백마를 몰고 있었으며, 그 모습이 매우 위풍당당해 보였다. 그 뒤에서 그를 시위하는 사람의 수가 가장 많았다. 검은 옷 입은 사자가 말했다.

"저분은 바로 마계산(磨笄山)의 신이오. 내일 이씨(李氏) 집에 모여 연회를 하게 되어있어서 오늘 저녁에 사당으로 가 미리 우리 왕[대태신]을 찾아뵈려는 것이오."

당국청은 검은 옷 입은 사자와 함께 성문 안으로 들어섰는데, 갑자기 두 눈이 조금 아픈 것 같아 손으로 비볐더니 이내 부르르 떨며 잠에서 깨어났다.

이튿날 대태묘를 찾아가보니 안석 위에 지붕이 망가져 물이 샜던 자국이 남아있었고, 고개를 들어 지붕을 쳐다보니 과연 보수해 놓은 자리가 있었다. 집으로 돌아오는 길에 채 6~7리도 걷지 못했을 때 길 서쪽의 마을에서 악기를 연주하는 소리가 들려왔다. 당국청이 가서 보니 한 집에서 잔치를 벌이고 있었고 무당이 신을 부르며 춤을 추고 있었는데,

이는 신께 제사를 올리는 자리였다. 당국청이 물어보니 [그 집안에 있던 사람이] 이렇게 말했다.

"이 집은 이씨네 집입니다. 이 집안에 이존고(李存古)라는 사람이 있는데, 일전에 그 사람은 아장(衙將)으로 있으면서 법을 잘 지키지 않아 범사도(范司徒)에게 미움을 샀지요. 그러나 그에게는 군공(軍功)이 있었기에 사형만은 면해주고 그를 안문군(鴈門郡)으로 유배 보냈습니다. 안문군에는 마계산신[을 모신 사당]이 있어서 이존고는 늘 그 사당을 찾아가 기도를 올리면서 살아서 돌아갈 수 있게 해 달라고 기원했는데, 바로 얼마 전에 과연 다시 사면되어 돌아올 수 있게 되었습니다. 이존고는 이 모든 게 다 마계산신이 보우하신 덕분이라 여기고 그에게 제사를 올리는 것입니다."

이 이야기를 듣고 보니 당국청 자신이 꾸었던 꿈과 완전히 맞아 떨어졌다. (『하동기』)

晉陽東南二十里, 有臺駘廟, 在汾水旁. 元和中, 王鍔('鍔'原作'愕', 據明鈔本改)鎭河東時, 有里民黨國淸者, 善建屋. 一夕, 夢黑衣人至門, 謂國淸曰: "臺駘神召汝." 隨之而去. 出都門, 行二十里, 至臺駘神廟. 廟門外有吏卒數十, 被甲執兵, 羅列左右. 國淸恐悸不敢進, 使者曰: "子無懼." 已而入謁, 見有兵士百餘人, 傳導甚嚴. 旣再拜, 臺駘神召國淸升階曰: "吾廟宇隳漏. 風日飄損, 每天雨, 卽吾之衣裾几席沾濕. 且爾爲吾塞其罅隙, 無使有風雨之苦." 國淸曰: "謹受命." 於是搏塗登廟舍, 盡補其漏. 卽畢, 神召黑衣者, 送國淸還. 出廟門, 西北而去, 未行十里, 忽聞傳呼之聲. 使者與國淸俱匿於道左. 俄見百餘騎, 自北而南, 執兵設辟者數十. 有一人具冠冕, 紫衣金佩, 御白馬, 儀狀魁偉. 殿後者最衆. 使者曰: "磨笄山神也. 以明日會食於李氏之門, 今夕故先謁吾君於廟耳." 國淸與使者俱入城門, 忽覺目眥微慘, 以手搔之, 悸然而痛.

明日, 往臺駘廟中, 見几上有屋壞泄雨之跡, 視其屋, 果有補葺之處. 及歸, 行未六七里, 聞道西村堡中有簫鼓聲. 因往謁焉, 見設筵, 有巫者呼舞, 乃醮神也. 國淸訊之, 曰: "此李氏之居也. 李存古嘗爲衙將, 往年范司徒罪其慢法. 以有軍功, 故宥其死, 擯于鴈門郡. 鴈門有磨笄山神, 存古常禱其廟, 願得生還, 近者以赦獲歸. 存古謂磨笄山神所祐, 於是醮之." 果與國淸夢同也. (出『河東記』)

307·3(3956)
태원소리(太原小吏)

왕악(王鍔)이 태원(太原)을 진수하고 있을 때였다. 하루는 정오 무렵에 한 하급관리가 신인(神人)을 보았는데, 1장(丈) 남짓한 키에 금으로 된 갑옷을 입고 검을 차고는 관아 문으로 천천히 걸어 들어오고 있는 것이었다. 그러더니 한참동안 가만히 서 있는 것이 마치 무엇인가를 기다리고 있는 것 같았다. 하급관리는 신인을 보고는 너무도 두려워 아장(衙將) 근탄(靳坦)과 장화(張和)에게 이 일을 아뢰었다. 그들이 함께 나와 보니 모두가 그 하급관리가 말한대로였다. 잠시 후 폭풍우가 일어나더니 신인은 어디론가 사라지고 보이지 않았다. 그 일이 있은 후 한달쯤 있다가 왕악은 죽었는데, 때는 원화연간(元和年間: 806~820)이었다. (『선실지』)

王鍔鎭太原. 嘗一日亭午之際, 有小吏, 見一神人, 長丈餘, 介金仗劍, 自衙門緩步而來. 旣而佇立久之, 若有所伺. 小吏見之懼甚, 白於衙將靳坦・張和. 偕視之, 如小吏言. 俄有暴風起, 因忽不見. 後月餘而鍔薨, 時元和中也. (出『宣室志』)

307・4(3957)
촌인진옹(村人陳翁)

운삭(雲朔) 지방에 일찍이 큰 가뭄이 들었는데, 게다가 더위마저 몹시 심해 마을 사람 중에 열병을 얻은 자가 천여 명이나 되었다. 그 마을에 진씨(陳氏) 성을 가진 늙은 농부가 있었는데, 하루는 혼자 밭 길 사이를 걸어가다가 한 사람과 마주치게 되었다. 그 사람은 모습이 매우 특이했다. 금갑(金甲)을 두르고 있었고 좌우로 각각 활과 화살[통]을 메고 있었으며 장검을 든 채 훌륭한 말을 몰고 있었다. 또한 붉은 갓끈과 금인(金印)이 찬란하게 빛을 발하고 있었다. 그 사람은 말을 타고 달려오다 마침 진씨 노인과 마주치자 말을 멈추고 이야기를 나누었다.

"당신은 이 마을 사람이 아니시오?"

진씨 노인이 말했다.

"저는 농사짓는 사람으로 이 마을에 산지 벌써 몇 년이 되었습니다."

신인(神人)이 말했다.

"나는 하늘에서 내려온 사자요. 천제(天帝)께서 당신 마을 사람들이 모두 열병을 앓고 있는 것은 저 맹렬한 태양 혼자 저지른 일이 아니라 당신네 마을에도 악귀(惡鬼)가 있기 때문에 많은 마을 사람들이 병에 걸린 것이라 하시고는 내게 명령을 내려 그 악귀를 몰아내라 하시었소."

신인은 말을 마치고는 이내 사라져버렸다. 진씨 노인은 이 일을 마을 사람들에게 알려주었고, 이때부터 운삭 지방에서 열병을 앓던 사람들은 모두 병이 나았다. (『선실기』)

雲朔之間嘗大旱, 時暑亦甚, 里人病熱者以千數. 有甿陳翁者, 因獨行田間, 忽逢一人. 儀狀其異. 擐金甲, 左右佩弧矢, 執長劒, 御良馬. 朱纓金佩, 光采華煥. 鞭馬疾馳, 適遇陳翁, 因駐馬而語曰: "汝非里中人乎?" 翁曰: "某農人, 家於此已有年矣." 神人曰: "我天使. 上帝以汝里中人俱病熱, 豈獨驕陽之所爲乎, 且有厲鬼在君邑中, 故邑人多病, 上命我逐之." 已而不見. 陳翁卽以其事白於里人, 自是雲朔之間, 病熱皆愈. (出 『宣室記』)

307 · 5(3958)
악 곤(樂 坤)

악곤은 본래의 이름이 악충(樂冲)이었다. 그는 여러 번 과거에 응시했으나 번번이 떨어졌다. 원화(元和) 12년(817)에 그는 과거에 떨어져 동쪽으로 돌아가는 길에 화음현(華陰縣)에 이르게 되었다. 그는 밤에 화악묘(華嶽廟)를 찾아가 기도를 올리며 자기의 앞으로의 진로가 어떻게 될 것인지에 대해 점쳐 보았다. 그날 밤 한 밤중에 그는 꿈을 꾸었는데, 꿈에 푸른색 인끈을 찬 사람이 나타나더니 명부(名簿)를 찾아보고 나와서 이렇게 보고했다.

"내년에 악곤이라는 이름이 급제자 명단에 올라가 있는데, 저승 명부에는 악곤이라는 이름이 없습니다."

그러자 악충은 악곤으로 개명했고 이듬 해 과연 그 말대로 과거에 급제했다. 춘위(春闈: 春試)가 끝난 뒤에 악곤은 화악묘를 지나면서 기도를 올리며 감사를 드리고는 자신의 관직이 어디까지 이르게 될 지를 점쳤다. 그랬더니 그날 밤 꿈에 다시 신이 나타나 말하기를 , 악곤은 네 번 관직을 맡게 될 것인데, [가장 높은 관직이라야] 군수(郡守)가 고작이라고 했다. 과연 악곤은 영주(郢州)에서 군수를 하다가 죽었다. (『운계우의』)

樂坤, 舊名冲. 累擧不第. 元和十二年, 乃罷擧東歸, 至華陰. 夜禱嶽廟, 以卜進退之計. 中夜, 忽夢一靑綬人, 檢簿出來報云: "來年有樂坤名已到, 冥簿不見樂坤也." 冲遂改爲坤, 來年如其說. 春闈後, 經嶽祈謝, 又祝官位所至('所至'原爲'主簿', 據明鈔本改). 夢中稱官歷四資, 郡守而已. 乃終於郢州. (出『雲溪友議』)

307·6(3959)
영청현묘(永淸縣廟)

방주(房州) 영청현(永淸縣)은 군(郡)에서 동쪽으로 120리나 떨어진 곳에 있어서 읍내가 황폐해 있고 성곽 또한 쓸쓸하기 그지없었다. [唐나라] 목종(穆宗)때에 이곳으로 부임해 온지 일년이 넘어가는 한 현령이 있었는데, 그의 동생이 그를 만나보러 이곳에 왔다가 이곳의 다 쓰러져

가는 모습을 얼핏 보고는 몹시 걱정스러워했다. 한가한 날에 성의 사면을 둘러보니 사방이 가시덤불 투성이였는데, 한 황폐한 사당이 그곳에 우뚝 서 있었다. 안에는 흙으로 만든 신상(神像)이 줄지어 있었는데, 편액의 기록이 없기 때문에 누구를 모신 사당인지 알 수가 없었다. 읍의 관리에게 물으니 영청대왕(永淸大王)이라고만 했다. 현령의 동생은 그곳으로 가서 한참을 기대앉아 있다가 깜빡 잠이 들고 말았다. 꿈에서 그는 사당신과 만났는데, 신이 그에게 이렇게 말했다.

"나의 이름이 묻혀버린 채 알려지지 않은 지 이미 오래 되었구나. 답답한 마음에 내가 어떤 신인지 말을 좀 하려고 했으나 혹 요괴로 오해받을까 두려워 말도 못하고 있었다. 오늘 네가 나에 대해 물으니 드디어 오랫동안 쌓인 울분을 풀 수 있게 되었구나. 나는 본디 비릉(毗陵) 사람으로 나의 조부이신 주자은(周子隱: 周處)은 『오서(吳書)』에도 기록이 있다. 그분은 일찍이 남산(南山)의 맹호를 때려잡으시고 장교(長橋)의 교룡을 목 베 죽여 백성들에게 해를 끼치는 것들을 제거하셨으니 그 음덕이 가히 드높다고 하겠다. 나 역시 본디 큰 뜻을 품고, 공을 세워 세상을 보좌하고자 했었다. 나의 이름은 주확(周廓)이다. 나는 천제(天帝)의 명을 받들어, 금주(金州)·상주(商州)·방주(房州)·균주(均州) 이 네 군 사이에 있는 사나운 날짐승과 맹수들을 잡아들이고 있는데, 내가 몇 년 사이에 잡아들인 맹호만 해도 몇 마리인지 이루 다 헤아리지 못할 지경이다. 백성들은 나로 인해 편안히 살아갈 수 있었다. 호랑이 중의 우두머리가 서성군(西城郡)에 살고 있는데, 그 모습은 크고 위엄 있으며 몸놀림 또한 매우 날래다. 몸은 흰 비단과도 같고 이마 위에 마치 거울과도 같은 원형의 광채가 있다. 그 호랑이가 사람을 가장 많이 해쳤기에 나는 그 호랑이 역시 죽여 버렸다. 그곳 백성들은 나에게 감사하는 마음으로 사당을 세워주었는데, 양한(襄漢) 북쪽에서부터 남관(藍關) 이남에 이르기까지 내게 모두 30여 개의 사당을 세워주었으니, 이곳은 모두 내가 머물면서 휴식을 취할 수 있는 장소이다. 또 매년 그치지 않고 제사를 올려온 지 이미 오래이다. 그런데 민간에서 떠도는 말에는 잘못된 것이 너무도 많아, 나를 백호신(白虎神)이라고 잘못 알고 있다. 오늘 다행이도 그대가 나를 방문했으니 내 말을 사람들에게 전해 사실을 밝혀주어 잘못을 바로잡아주길 바란다."

훗날 현령의 동생이 이 일을 양양종사(襄陽從事)에게 알려주어 사당 안에 편액을 내다 걸었다. 그 후 먼지가 쌓이고 빗물이 들어가 글자가 다 지워지게 되자 대중연간(大中年間: 847~859) 임신년(壬申年: 852)에 양주관찰판관(襄州觀察判官) 왕징(王澄)이 사당에 비석을 세웠다. (『집이기』[『녹이기』])

房州永淸縣, 去郡東百二十里, 山邑殘毁, 城郭蕭條. 穆宗時, 有縣令至任逾年, 其弟寧省, 乍覩見牢落, 不勝其憂. 暇日, 周覽四隅, 無非榛棘, 見荒廟巋然. 土偶羅列, 無門榜牌記, 莫知誰氏. 訪之邑吏, 但云永淸大王而已. 令弟徙倚久之, 昏然成寐. 與神相接, 神曰: "我名跡不顯久矣. 鬱然欲自述其由, 恐爲妖怪. 今吾子致問, 得伸積年之憤. 我毗陵人也, 大父子隱, 『吳書』有傳. 誅南山之虎, 斬長橋之蛟, 與民除害, 陰功昭著. 余素有壯志, 以功佐時. 余名廓. 爲上帝所命, 於金·商·均·房四郡之間, 捕鷙獸, 余數年之內, 勦戮猛虎, 不可勝數. 生聚頓安. 虎之首帥在西城郡, 其形偉博, 便捷異常. 身如白錦, 額有圓光如鏡. 害人最多, 余亦誅之. 居人懷恩, 爲余立廟. 自襄漢之北, 藍關之南, 凡三十餘處, 皆余憩息之所也. 歲祀緜遠. 俗傳多誤, 以余爲白虎神. 幸君子訪問, 願爲顯示, 以正其非."
他日, 令弟言於襄陽從事, 乃出版眞於廟中. 塵侵雨漬, 文字將滅, 大中壬申歲,
襄州觀察判官王澄, 刻石於廟. (出『集異記』, 明鈔本作'出『錄異記』')

307 · 7(3960)
최 택(崔 澤)

 왕악(王鍔)이 태원(太原)을 진수하고 있을 때 청하(淸河) 사람 최택이
장경연간(長慶年間: 821~824)에 방주자사(坊州刺史)로 있었다. 하루는
최택이 마당에서 더위를 피하고 있노라니 달이 휘영청 밝고 바람도 맑
게 불어왔다. 그때 홀연 키가 매우 큰 한 남자가 높은 모자를 쓰고 넓은
소매 옷을 입고서 당(堂) 앞의 처마에서 내려와 계단에 서서 성난 소리
로 누군가를 불렀는데, 세 번을 부른 뒤에야 그쳤다. 최택의 식구들은
모두 그 광경을 보았다. 최택은 두렵기도 하고 꺼림칙하기도 해서 동복
을 시켜 그를 쫓아내게 했으나 그때 그 사람은 이미 어디론가 가버리고
없었다. 그날 밤 최택은 병이 났다. 다음 날 최택은 사람을 보내 [상관
에게] 편지를 올리면서 관직에서 물러나 귀향하여 여생을 마치고 싶다
고 했으나 관부에서 이를 허락하지 않았다. 그리고 몇 달 있다가 최택은
관직을 맡고 있던 그 군에서 죽었다. (『선실지』)

 王鍔鎭太原, 有淸河崔澤者, 長慶中刺坊州. 常避暑於庭, 時風月淸朗. 忽見一
丈夫身甚長, 峨冠廣袖, 自堂之前軒而降, 立于階所, 厲聲而呼, 凡三呼而止. 崔

氏一家皆見. 澤懼而且惡, 命家僮逼之, 已亡見矣. 是夕, 澤被疾. 至明日, 發使獻書, 願解官歸老, 相府不許. 後月餘, 卒于郡. (出『宣室志』)

307·8(3961)
한 유(韓 愈)

　[唐나라] 장경(長慶) 4년(824) 여름에 이부시랑(吏部侍郎) 한유는 병을 얻어 공무를 집행할 수 없게 되었다. 그래서 그해 9월에 관직에서 물러났으나 그의 병세는 더욱 악화되었다. 겨울 11월 어느 날, 그는 정안리(靖安里)의 집에서 낮잠을 자다가 [꿈에] 한 신인(神人)을 보았는데, 그 신인은 키가 1 장(丈) 남짓 되었고 몸에는 갑옷을 두르고 손에는 칼을 들고 있었으며 허리에는 활과 화살을 차고 있는 것이 매우 준엄해 보였다. 신인은 침실로 오더니 침상 앞에 선 채 한참을 그냥 있다가 한유에게 이렇게 말했다.
　"천제(天帝)께서 당신과 일을 상의하고 오라고 하셨소."
　한유는 급히 일어나 의관을 바로 하고 앉아서 신인에게 말했다.
　"신(臣: 韓愈)이 불행히도 병이 들어 일어날 수가 없기에 감히 이렇게 앉아서 대왕님을 접견합니다."
　신인이 말했다.
　"위수골절(威粹骨蕝)이라는 나라가 있는데 한씨 집안과는 대대로 원수 사이라오. 지금 그 나라를 토벌하고자 하나 힘이 부족한데, 그대는 어떻게 생각하오?"

한유가 말했다.

"저는 대왕님을 따라 그들을 토벌하러 나서기를 원합니다."

신인은 머리를 끄덕이며 떠나갔다. 한유는 신인이 한 말을 기록해 앉아 있던 자리 옆에다 놓아두었으나 며칠이 지나도록 그 뜻을 해석할 수 없었다. 12월이 되었을 때 한유는 죽었다. (『선실지』)

吏部侍郎韓愈, 長慶四年夏, 以疾不治務. 至秋九月免, 疾益甚. 冬十一月, 於靖安里晝臥, 見一神人, 長丈餘, 被甲仗劍, 佩弧矢, 儀狀甚峻. 至寢室, 立于榻前, 久而謂愈曰: "帝命與卿計事." 愈遽起, 整冠而坐曰: "臣不幸有疾, 敢以('以'原作'不', 據明鈔本改)踞見王." 神人曰: "威粹骨䰙國, 世與韓氏爲仇. 今欲討之而力不足, 卿以爲何如?" 對曰: "臣願從大王討之." 神人頷而去. 於是書其詞, 置於座側, 數日不能解. 至十二月而卒. (出『宣室志』)

307・9(3962)
이봉길(李逢吉)

옛 재상 이봉길은 일찍이 선우도호부(單于都護府)에서 사공(司空) 범희조(范希朝)의 종사로 있었다. 당시 금성사(金城寺)에 무위(無爲)라는 스님이 있었는데, 그는 나이가 이미 일흔이 넘었었다. 하루는 무위 스님이 선방(禪房)에서 홀로 벽에 기대 앉아 있었는데, 갑자기 갑옷을 입고 긴 창을 든 병사가 절을 통해 방안으로 들어왔고 한 식경(食頃)쯤 지났을 때 어떤 사람이 이종사(李從事: 李逢吉)가 왔다고 보고하는 소리가 들렸다. 이날 이후로 이봉길이 금성사에 놀러 올 때면 반드시 일전의 그 신인이 먼저 그 절로 들어왔고 후에는 이것이 거의 규칙처럼 되었다. 당시 이봉길 밑에는 간영(簡郢)이라고 불리는 아장(衙將)이 있었는데, 무위 스님의 제자 법진(法眞)과 잘 알고지내는 사이여서 법진이 간영에게 이 이야기를 해 주었다. (『선실지』)

故相李逢吉, 嘗爲司空范希朝從事於單于府. 時金城寺有老僧無爲者, 年七十餘. 嘗一日獨處禪齋, 負壁而坐, 瞬目數息, 忽有一介甲持殳者, 由寺而至, 食頃, 聞報李從事來. 自是逢吉將遊金城寺, 無爲輒見向者神人先至, 率以爲常. 衙將簡郢, 與無爲弟子法眞善, 常爲郢語之. (出『宣室志』)

307 · 10(3963)
번종훈(樊宗訓)

협석현(硤石縣) 성 서쪽에 성녀신사(聖女神祠)가 있었다. 하루는 현령(縣令) 위모(韋謀)가 이전의 현령 번종훈과 함께 이곳에서 노닐었는데, 번종훈은 성격이 매우 경솔해서 귀신 따위는 마음에 두지도 않았다. 번종훈은 말채찍으로 성녀신사의 벽을 치고 성녀의 옷을 벗겨버린 다음 매우 외설스러운 말로 웃고 떠들고 했다. 그들이 성녀신사에서 돌아오고 난 며칠 후 읍에 사는 한 미치광이 중이 갑자기 현의 관아 문 안으로 들어오면서 큰 소리로 이렇게 호령했다.

"현령이면 법을 집행해야지 어찌하여 나쁜 놈을 풀어놓아 함부로 횡

폭한 짓을 자행하게 그냥 내버려 두느냐?"

위모는 아랫사람을 시켜 그 중을 쫓아내게 했고, 중의 말 속에 담긴 뜻은 미처 살피지 못했다. 그 후 한 열흘쯤 지난 뒤 위모의 어린 딸이 병을 얻었는데, 무당을 불러 딸의 병세를 보게 했더니 무당이 이렇게 말했다.

"성녀신께서 장관(長官: 韋謀)님께 말씀 전하시랍니다. 토지신령들은 모두 지방 장관들의 비호를 받기를 기다리고 있는데, 어째서 다른 사람으로 하여금 신령에게 해를 입히도록 했느냐고요. 또 며칠 전에 사부(師傅)를 보내 장관님께 이 말을 아뢰었는데, 깨닫지도 못하셨습니다."

위군(韋君: 韋謀)이 말했다.

"나쁜 놈이 누구요? 내가 당장 가서 잡아들이겠소."

무당이 말했다.

"바로 이전 현령 번종훈입니다. 그는 이미 이곳을 떠났으니 어쩔 수 없는 노릇이고, 그저 장관님께서 이후로 이 점에 유의하셔서 앞으로 이런 일이 다시는 일어나지 않게 하신다면 따님의 병은 곧 나아지실 것입니다."

위군은 성녀신에게 감사하며 사람을 시켜 향을 사르고 청소를 하게 했다. 이에 온 읍의 사람들은 성녀신을 더욱 경외했고, 그 딸의 병은 며칠 있다가 완전히 다 나았다. (『실이기』[『술이기』])

硤石縣西有聖女神祠. 縣令韋謀, 與前縣令樊宗訓遊焉, 宗訓性疎復, 不以神鬼爲意. 以鞭劃其牆壁, 抉剔其衣袪, 言笑慢褻. 歸數日, 邑中有狂僧, 忽突入縣門大呼曰: "縣令當持法, 奈何放縱惡人, 遣凌轢恣橫?" 謀遣人逐出, 亦不察其意也. 何餘, 謀小女病, 召巫者視之, 曰: "聖女傳語長官. 土地神靈, 盡望長官庇護, 豈有敎人侵奪? 前者遣阿師白於長官, 又不見喩." 韋君曰: "惡人是誰? 卽與捕捉." 曰: "前縣令樊宗訓. 又已發, 無可奈何, 以後幸長官留意, 勿令如此, 小娘子疾苦卽應愈." 韋君謝之, 令人焚香洒掃. 邑中皆加敬畏, 其女數日卽愈. (出『宣異記』, 黃本作'出『述異記』)

307·11(3964)
배 도(裵 度)

배도는 젊었을 적에 한 술사가 이런 말 하는 것을 들었다.

"당신의 운명은 북두염정성신(北斗廉貞星神)에게 속해있기 때문에 늘 경건한 마음을 가지고 과일과 술로써 신께 제사지내야 합니다."

배도는 도사의 말대로 자기가 속해 있는 성신을 근엄한 마음으로 섬겼다. 훗날 배도는 재상이 되었는데, 공무가 너무 바빠 성신 섬기는 일을 그만 잊고 말았다. 그는 마음 한 구석이 늘 부족한 듯한 느낌이 들었으나 다른 사람에게는 이 일에 대해 말하지 않았고, 그의 여러 아들들도 [그런 일이 있는지] 전혀 모르고 있었다. 한번은 도성에 사는 술사가 배도를 찾아오자 배도는 그를 잠시 머물게 한 후 그와 더불어 이야기를 나누었다. 술사가 말했다.

"당신께서는 이전에 천신(天神)을 그토록 공경하며 모시더니 무슨 연유로 중도에 그만두시었습니까? 계속해서 천신을 모시고 보호한다면 상공(相公: 裵度)의 은혜에 감동받으실 텐데요."

이 말을 들은 배도는 다만 웃을 뿐이었다.

훗날 배도는 태원절도사(太原節度使)가 되었는데, 식구 중의 누군가가 병이 나자 여자 무당을 불러와 좀 봐달라고 했다. 여자 무당은 호금(胡琴)을 타면서 비틀비틀 하더니 한참 동안 고꾸라져 있다가 갑자기 일어나서 이렇게 말했다.

"배상공께 청합니다. 염정장군(廉貞將軍)께서 상공님께 말을 전하라고 하셨습니다. 어쩌면 그리도 무정하게 굴며 아는 체도 안 하시느냐고요. 장군님께서는 몹시 화가 나 계셨습니다. 상공님, 왜 어서 사죄하지 않으십니까?"

배도는 깜짝 놀랐다. 여자 무당이 계속 말했다.

"길일(吉日)을 택하시어 목욕재계하시고 깨끗한 방안에서 향을 사르십시오. 술과 과일을 준비해 놓으시면 염정장군님께서도 상공님 앞에 모습을 드러내실 것입니다."

[택한 날이 되자] 배도는 목욕재계를 하고 공복(公服)을 차려 입은 뒤 계단 아래 서서 동쪽을 향해 술로써 제사를 올린 다음 재배했다. 그러자 황금갑옷에 창을 든 3장(丈) 남짓한 키의 사람이 북쪽을 향해 서 있는 것이 보였다. 배공(裵公: 裵度)는 온 몸이 땀에 흠뻑 젖은 채 땅에 엎드려 감히 움직이지도 못했다. 잠시 후 그 사람은 온데간데없이 사라졌다. 배도가 좌우의 사람들에게 물어보았으나 그들은 모두 못 보았다고 했다. 이날 이후로 배도는 경건하게 신을 섬기면서 감히 태만하거나 소홀히 하지 않았다. (『일사』)

裵度少時, 有術士云: "命屬北斗廉貞星神, 宜每存敬, 祭以果酒." 度從之, 奉小其謹. 及爲相, 機務繁冗, 乃致遺忘. 心恒不足, 然未嘗言之於人, 諸子亦不知. 京師有道者來謁, 留之與語. 曰: "公昔年尊奉天神, 何故中道而止? 祟護不已, 亦有感於相公." 度笑而已. 後爲太原節度, 家人病, 迎女巫視之. 彈胡琴, 顚倒良久, 蹶然而起曰: "請裴相公. 廉貞將軍遣傳語. 大無情, 都不相知耶. 將軍甚怒. 相公何不謝之?" 度甚驚. 巫曰: "當擇良日潔齋, 於淨院焚香. 具酒果, 廉貞將軍亦欲現形於相公." 其日, 度沐浴, 具公服, 立於階下, 東向奠酒再拜. 見一人金甲持戈, 長三丈餘, 北向而立. 裴公汗洽, 俯伏不敢動. 少頃卽不見. 問左右, 皆云無之. 度尊奉不敢怠忽也. (出『逸史』)

307 · 12(3965)
장중은(張仲殷)

호부랑중(戶部郞中) 장방(張滂)의 아들 장중은이 남산(南山)에서 공부하고 있을 때, 당시 유명하던 집 자제 서너 명과 함께 사귀었다. 장중은은 총명했으나 글공부 하는 것에는 그다지 전념하지 않고 말을 타고 달리며 활쏘기 연습하기를 좋아했다. 한번은 친구들과 더불어 활을 옆에 끼고 수풀 속에서 사냥을 하다가 자기가 머물고 있는 곳에서 3~4리 떨어진 곳에서 활을 들고 있는 한 노인을 만났는데, 그 노인은 사슴을 쫓고 있었다. 노인이 활을 한 방 쏘자 화살이 사슴의 가슴 한가운데를 관통했으며 그 사슴은 고꾸라졌다. 이를 본 장중은은 매우 감탄했다. 노인이 장중은에게 물었다.

"자네도 이렇게 할 수 있는가?"

장중은이 대답했다.

"그저 [사냥을] 좋아할 따름입니다."

노인이 말했다.

"사슴 한 마리를 잡기는 했지만 사슴은 내게 아무런 쓸모도 없으니 자네에게 주어 한 끼 식사나 하게 하겠네."

장중은과 그의 친구들은 그 노인에게 감사를 표했다. 노인이 말했다.

"내일도 내가 사냥하는 것을 구경하러 와주겠소?"

이튿날 장중은이 숲속으로 와보니 그 노인이 또 사슴을 쫓고 있었다. 노인은 활을 쏴 사슴을 쓰러뜨리고는 전날과 마찬가지로 그 사슴을 또 장중은에게 주었다. 장중은은 참 이상한 일이라고 생각했다. 노인은 사흘 동안 똑 같이 했다. 장중은이 그 노인에게 활 쏘는 법을 가르쳐달라고 하자 노인이 말했다.

"자네를 보아하니 가르칠 만하군. 내일 다시 여기서 만나세. 그러나 다른 사람에게는 알릴 필요 없네."

그 다음 날 장중은은 약속대로 그 장소로 나갔다. 노인도 그곳으로 오더니 장중은을 데리고 서쪽으로 4~5리 걸어가 한 계곡 입구로 들어갔다. 길이 조금씩 내리막으로 치달아 마치 동굴 안으로 들어가는 것 같았고 풀이며 나무 또한 인간세상에서 볼 수 있는 것들과는 달랐다. 장중은은 노인을 더욱 존경하게 되었다. 한 30여 리쯤 가자 한 집이 나왔는데, 마치 재상의 별장처럼 보였다. 노인은 장중은을 문 밖에 있는 대청에 세워두고 의관을 잘 정돈한 다음 안으로 들어갔는데, 그 모습이 마치 누군가를 배알하는 듯 보였다. 잠시 후 노인이 나와 이렇게 말했다.

"이모님께서 자네가 여기 온 사실을 이제 아셨으니 내일 와 찾아뵈면 될 것이네."

　장중은은 공손히 그러겠다고 대답하고 그 대청에서 하룻밤을 묵었다. 다음 날이 되자 노인은 노복들에게 시켜 장중은을 위해 목욕물을 준비해주고 새 옷을 갈아입히게 했다. 노인은 중당(中堂)에 음식을 차려놓고 장중은을 맞아들여 자신의 어머니를 배알하게 했다. 장중은이 당 아래에서 인사를 올렸으나 노부인은 자리에서 일어나지 않았으며 또 그렇다고 [장중은의 인사를] 사양하지도 않았다. 노인은 장중은을 당 위로 올라가게 한 다음 앉으라고 했다. 장중은이 노부인의 생김새를 보니 보통 사람과는 너무도 달랐는데, 너무 늙어 그렇게 변해버린 것인지 마치 원숭이와 같은 모습을 하고 있었다. 잔치 상에 차려나온 음식이 매우 많았다. 장중은이 식사를 다 마칠 때까지 노부인은 젓가락 하나 대지 않았는데 순식간에 상 위의 음식이 다 없어졌다. 장중은이 노부인을 한참동안 쳐다보았지만 그 노부인은 꼼짝 않고 가만히 앉아있을 뿐이었다. 음식이 다 없어지자 노인은 다시 장중은을 데리고 밖으로 나온 다음 대청 앞의 나무 아래에 평상을 가져다 놓고 그 위에 앉았다. 그러더니 활과 화살을 손에 들고 머리를 들어 위를 쳐다보며 나뭇가지 하나를 가리키면서 이렇게 말했다.

　"내가 화살 열 발로 1척(尺)의 나뭇가지를 쏘아 떨어뜨리겠네."

　그리고는 활 열 발을 쏴 나뭇가지 열 토막을 쏘아 떨어뜨렸는데, 그것들을 붙이면 꼭 1척이 되었다. 노인이 장중은에게 말했다.

　"이 법이 어떠하냐?"

　장중은은 침상 아래에서 무릎을 꿇으면서 말했다.

　"정말 대단하십니다."

노인은 또 담장 위에다 바늘 열개를 꽂아놓으라고 한 다음 30보 떨어진 곳에서 첫 번째 것부터 쏜 다음 차례대로 나머지도 쏴 맞혔는데, 하나도 명중하지 않은 것이 없었다. 노인은 드디어 장중은에게 팔을 굽혔다 폈다하고 발을 벌리는 등의 활 쏘는 자세를 가르쳐 주었는데, 활을 쏠 때 어깨와 팔이 맞닿은 부분의 뼈를 자연스럽게 늘어뜨린 다음 어깨와 팔을 쫙 펴야하며 그렇게 해서 활이 이미 팽팽하게 당겨지면 힘이 센 사람이건 약한 사람이건 별 힘들이지 않고 활을 쏠 수 있다고 가르쳤다. 며칠 후 장중은이 활 쏘는 비결을 다 터득하자 노인은 장중은을 쓰다듬으며 이렇게 말했다.

"이제 되었네. 활쏘기를 열심히 해 이름을 날리고 좌우로 5천 명의 사람들을 뽑아 이 기술을 가르쳐 어지러운 세상을 구하게나."

그리고는 장중은을 다시 원래 있던 곳으로 데려다 주었다. 장중은의 기예는 나날이 진보해 과연 활을 잘 쏜다는 명성을 얻었다. 그의 가르침을 받은 자는 어린아이이건 여인네건 간에 모두가 함께 더불어 무예를 이야기할 만했다. 후에 장중은은 부친이 죽자 상을 다 치른 후에 우연한 기회에 동평군(東平軍)에 가게 되었다. 거기서 그는 수천 명에게 활 쏘는 법을 가르친 후에 죽었다. 그 노인은 산신(山神)이었다. 활을 잘 쏘는 사람들은 필시 걸음걸이가 빠르고 팔이 유난히 길게 마련인데, 그래서 그 노인의 어머니는 생김새가 원숭이 같았던 것이다. (『원화기』)

戶部郎中張滂之子, 曰仲殷, 於南山內讀書, 遂結時流子弟三四人. 仲殷性亦聰利, 但不攻文學, 好習弓馬. 時與同侶挾彈, 遊步林藪, 去所止數里, 見一老人持弓, 逐一鹿逸林. 一矢中之, 洞胸而倒. 仲殷驚賞. 老人曰: "君能此乎?" 仲殷曰:"固所好也." 老人曰:"獲此一鹿, 吾無所用, 奉贈君, 以充一飯之費." 仲殷等敬謝之. 老人曰:"明日能來看射否?" 明日至, 亦見老人逐鹿. 復射之, 與前無異, 復又與仲殷. 仲殷益異之. 如是三度. 仲殷乃拜乞射法, 老人曰:"觀子似可敎也. 明日復期於此. 不用令他人知也." 仲殷乃明日復至其所. 老人還至, 遂引仲殷西行四五里, 入一谷口. 路漸低下, 如入洞中, 草樹有異人間. 仲殷彌敬之. 約行三十餘里, 至一大莊, 如卿相之別業焉. 止仲殷於中門外廳中, 老人整服而入, 有修謁之狀. 出曰:"姨知君來此, 明日往相見." 仲殷敬諾而宿於廳. 至明日, 敕奴僕與仲殷備湯沐, 更易新衣. 老人具饌於中堂, 延仲殷入拜母. 仲殷拜堂下, 母不爲起, 亦無辞讓. 老人又延升堂就坐. 視其狀貌, 不多類人, 或似過老變易, 又如猿玃之狀. 其所食品物甚多. 仲飲食次, 亦不見其母動匕箸, 倏忽而畢. 久視之, 歛坐如故. 旣而食物皆盡, 老人復引仲殷出, 於廳前樹下, 施牀而坐. 老人卽命弓矢, 仰首('首'原作'臥', 據明鈔本改)指一樹枝曰:"十箭取此一尺." 遂發矢十隻, 射落碎枝十段, 接成一尺. 謂仲殷曰:"此定如何?" 仲殷拜於牀下曰:"敬服." 又命牆頭上立十針焉, 去三十步, 擧其第一也, 乃按次射之, 發無不中者也. 遂敎仲殷屈伸距跗之勢, 但約臂腕骨, 臂腕骨相挂, 而弓已滿, 故無彊弱, 皆不('不'字原闕, 據明鈔本補)費力也. 數日, 仲殷已得其妙, 老人撫之, 謂仲殷曰:"止於此矣. 勉馳此名, 左右各(明鈔本'名'作'且')敎取五千人, 以救亂世也." 遂却引歸至故處. 而仲殷藝日新, 果有善射之名. 受其敎者('者'字原空闕, 據明鈔本‧黃本補)雖童子婦人, 卽可與談武矣. 後父卒除服, 偶遊於東平軍. 乃敎得數千人而卒. 其老人蓋山神也. 善射者必趫度通臂, 故母類於猿焉. (出『原化記』)

307 · 13(3966)
능 화(凌 華)

항주(杭州) 부양(富陽)에 능화라고 하는 옥리(獄吏)가 있었는데, 골상(骨相)이 평범치 않게 생겼다. 그는 일찍이 시씨(施氏) 성을 가진 노인을 만났는데, 그 노인은 능화의 골상을 보더니 이렇게 말했다.

"자네가 만일 옥리 자리를 집어치울 수만 있다면 분명 상장군(上將軍)이 될 것이네."

능화는 옥리를 하면서 매우 난폭하게 굴었으며, 매번 죄수가 잡혀오면 목을 누르고 가슴을 때려서 결국엔 뇌물을 받아냈다. 원화연간(元和年間: 806~820) 초에 능화는 병이 나더니 하루 저녁을 앓다가 죽고 말았다. 그는 죽어갈 무렵 한 누런 옷을 입은 관리를 보았는데, 그 관리는 조서를 들고 그의 앞으로 걸어와서는 다음과 같이 낭독했다.

"문서에 적힌 대로 명을 받들어 너에 대한 처분을 내리노라. 너는 이전에 극현(劇縣)을 다스릴 때 그 공적이 매우 혁혁했다. 그러나 그 후 행실에 결함이 매우 많아 오히려 이전의 성공을 망쳐버리고 말았다. 그래서 너를 옥문(獄門)으로 폄적시켜 몸을 수행하고 잘못을 반성해보게 했으나 너는 밟아 가야할 정도(正道)를 잃었으니 우리의 뜻을 너무도 저버렸도다. 그 튀어나온 옥침골(玉枕骨: 머리 위쪽의 뼈가 튀어나온 부분)이 용렬하고 비천한 몸에 맡겨져 있다니! 그러나 그 귀골(貴骨)을 생각해 볼 때 분명 어딘가 맡길 데가 있어야 할 것이다. 지금 해군(海軍)을 지휘하며 역적을 토벌하고 있는 여러 신하들은 모두 상장군(上將軍) 감이지만 그 골상이 원만하고 실하지가 못해서 위엄을 내보이기가 어렵다. 그러니 마땅히 너의 골상을 다른 사람 몸에 바꿔 넣어주어서 [그 귀골이] 엉뚱한 곳에 있는 것을 면하게 해야 한다."

그러더니 관리에게 명해 능화를 잡아오게 해서 옥침골을 빼내 상부에 바쳤다. 또 담당 관리에게 명해 알아서 그를 잘 보살펴 주라고 했다. 그러자 누런 옷 입은 관리는 능화를 데리고 어느 한 곳으로 들어갔는데, 그곳에 녹색 관과 녹색 옷을 착용한 한 사람이 발을 사이에 두고 이쪽을 보며 이렇게 말했다.

"당신이 오늘 이곳에 오게 된 것은 덕을 닦지 못했기 때문이오. 말단 관리가 그나마 녹봉마저 잃는 꼴을 보니 내 당신 때문에 몹시 안타깝소."

그리고는 좌우 시종에게 명해 칼과 방망이를 가져오게 했다. 얼마 후 검은 옷을 입고 표범무늬 소매를 한 세 명의 사람이 도끼를 들고 들어오자 녹색 옷을 입은 사람은 능화에게 다섯 잔의 술을 주었다. 능화는 그 술을 마시고 이내 취해버렸는데, 단지 무언가가 자신의 머리를 쪼고 있는 소리만이 들릴 뿐이었다. 그 소리가 그치자 능화도 술에서 깨어났다. 녹색 옷 입은 사람은 또 능화에게 서쪽 계단에 서서 명을 받들라고 했다. 잠시 후 한 사람이 다음과 같이 낭독했다.

"능화는 이미 귀한 골상을 잃었으니 도리 상 보상이 따라야 마땅할 것이다. 그에게 반기(半紀: 15년)의 수명을 연장해 주고 만 냥의 돈을 내어 주어라."

낭독이 끝나자 녹색 옷 입은 사람은 능화를 계단 위로 올라오게 해 맞이한 후 이렇게 말했다.

"나는 한(漢)나라 때 백정들과 낚시꾼들 사이에서 은거하며 지내던 사람이오. 그러나 내 한 몸만을 보존하고자 했고, 작은 이익만을 꾀하고자 했기 때문에 죽은 뒤에 책임을 추궁당해 이 관직을 맡게 되었소. 직위는 낮고 하는 일을 더러운 것들이어서 몹시 내키지가 않소. 그대는 귀한 골상을 잃었다고 해서 마음 아파하지 마시오. 이 역시 작은 일은 아니나 이런 일 당한 사람이 그대 하나만은 아니라오."

그리고는 사람을 시켜 술을 가져오게 해 능화와 마주앉아 마시고는 헤어졌다. 능화는 술 몇 잔을 마시자 정신이 멍해지면서 아무것도 알 수 없었다. 잠에서 깨어난 뒤 보니 자기는 멀쩡히 낡은 침상위에 누워있었다. 그가 자신의 머리를 만져보니 옥침골은 이미 없어진 뒤였다. [나중에 알아보니] 그의 친구들이 부의금으로 보낸 돈이 모두 합쳐 만 냥이었고, 그는 그 후 15년을 더 살다가 죽었다. (『집이기』)

杭州富陽獄吏曰凌華, 骨狀不凡. 常遇施翁相曰: "能捨吏, 當爲上將軍." 華爲吏酷暴, 每有縲紲者, 必扼喉撞心, 以取賄賂. 元和初, 病一夕而死. 將死, 見黃衫吏齎詔('詔'原作'印', 據明鈔本改)而前, 宣云: "牒奉處分. 以華昔日曾宰劇縣, 甚著能績. 後有缺行, 敗其成功. 謫官圜扉, 伺其修省, 既迷所履, 太乖乃心. 玉枕嶷然, 委於庸賤. 念茲貴骨, 須有所歸. 今鎭海軍討逆諸臣, 合爲上將, 骨未圓實, 難壯威稜. 宜易之以得人, 免塊然而妄處." 付司追凌華, 鑿玉枕骨送上. 仍令所司, 量事優恤. 于是黃衫人引入, 有綠冠裳者隔簾語曰: "今日之來, 德之不修也. 見小吏而失祿, 竊爲吾子惜焉." 命左右取鉗槌. 俄頃, 有緇衣豹袖執斤斧者三人, 綠裳賜華酒五盃, 昏然而醉, 唯聞琢其腦. 聲絶而華醉醒. 復止華于西階以聽命. 移時, 有宣言曰: "亡貴之人, 理宜裨補. 量延半紀, 仍賚十千." 宣訖, 綠裳延華升階語曰: "吾漢朝隱屠釣之人也. 蓋求全身, 微規小利, 既歿之後, 責受此官. 位卑職猥, 殊不快志. 足下莫歎失其貴骨. 此事稍大, 非獨一人." 命酒與華對(明鈔本無 '對'字)酌別. 飮數盃, 冥然無所知. 旣醒, 宛然在廢床之上. 捫其腦而骨已亡. 其僑流賻助, 凡十千焉, 後十五年而卒. (出 『集異記』)

태평광기 권제 308 신 18

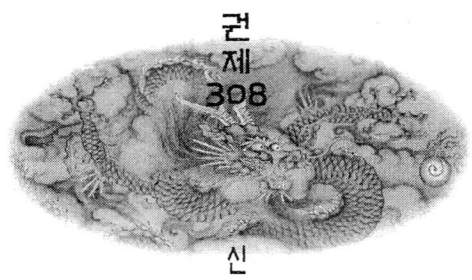

1. 이　　회(李　　回)
2. 이　　서(李　　序)
3. 채　　영(蔡　　榮)
4. 유 원 형(劉 元 迥)
5. 정　　전(鄭　　羶)
6. 유　　해(柳　　澥)
7. 마　　총(馬　　總)
8. 최 귀 종(崔 龜 從)

308 · 1(3967)
이 회(李 回)

당나라 때 옛 재상 이회는 젊어서 오랫동안 병을 앓았다. 그러자 그의 형 이병(李絣)이 무당을 불러 뜰에 술과 음식을 차려놓고 신을 즐겁게 했다. 이회가 벽을 보고 누워있는데, 갑자기 뜰에서 시끄러운 소리가 들렸다. 이회가 보니 당(堂) 아래에 수십 명의 사람이 있었는데, 누런 옷을 입은 사람도 있었고 녹색 옷을 입은 사람도 있었다. 그들은 서로 다투어 술과 음식을 먹었다. 한참 지나서 그들이 흩어지려고 할 무렵 무당이 굿을 했던 자리를 거두려고 하자 갑자기 한 사람이 공중에서 내려왔는데, 양쪽에 날개가 달려 있었다. 여러 귀신들이 모두 두려워 물러가면서 또 말했다.

"육대부신(陸大夫神)이 오셨다!"

무당도 놀라며 말했다.

"육대부신이 오셨도다!"

그리고 곧 뜰에 술과 음식을 갖다놓게 했다. 그 신은 머리를 잔칫상 위에 숙인 채 음식을 다 먹어치우고 술을 마셨다. 잠시 후 얼굴이 불그레한 것이 술에 취한 것 같았다. 그 신이 마침내 날아가자 여러 귀신도 그를 따라 사라졌으며 며칠 후 이회는 병도 나았다. (『선실지』)

唐故相李㓰, 少時常久疾. 兄輒召巫覡, 于庭中設酒食, 以樂神. 方面壁而臥, 忽聞庭中喧然. 回視, 見堂下有數十人, 或衣黃衣綠. 競接酒食而啖之. 良久將散, 巫欲徹其席, 忽有一人自空而下, 左右兩翅. 諸鬼皆辟易而退, 且曰:"陸大夫神至矣!" 巫者亦驚曰:"陸大夫神來!" 卽命致酒食於庭. 其首俯於筵上, 食之且盡, 乃就飮其酒. 俄頃, 其貌頹然, 若有醉色. 遂飛去, 羣鬼亦隨而失, 後數日, 回疾愈. (出『宣室志』)

308·2(3968)
이 서(李 序)

[唐나라] 원화(元和) 4년(809), 수주(壽州) 곽구현(霍丘縣)에 이육랑(李六郞)이라는 사람이 있었는데, 자칭 신인어사대부(神人御史大夫) 이서(李序)라고 했다. 그는 사람들과 이야기할 때 자기의 모습을 드러내지 않았다. 왕균(王筠)이라는 사람은 그의 일꾼이었다. 이서는 곽구현에 온 지 한 달 남짓 만에 살 집을 빌렸는데, 다른 물건은 없고 오직 책상과 승상(繩床: 끈으로 얽어 만든 의자)뿐이었다. 일을 부탁하려는 자들은 모두 그 내용을 적어서 이서에게 던져주었다. 왕균이 책상 옆에 종이를 펼쳐 놓으면 이서는 글씨를 부드럽게 써내려가서 금방 종이를 가득 채웠다. 이서는 글씨에 능했고 글자체도 분명했으며 길흉을 모두 잘 알아맞혔다.

당시 하남(河南)의 장손영(長孫郢)이 진알사(鎭遏使)로 있었는데, 처음에는 이서의 이러한 사실을 믿지 않다가 나중에 사실임을 보고 나서는 수시로 이서와 교유했다. 이에 앞서 관저(官邸) 뒤뜰 텅 빈 넓은 곳에서는 밤이 되면 올빼미와 여우가 울곤 하여 아이 어른 할 것 없이 모두 두려워했다. 그래서 이육랑에게 그것을 깨끗이 정리하도록 명했더니 그렇게 하겠다고 했다. 이육랑이 갈 때마다 비바람 치는 소리가 들려오는 듯하더니 잠시 후 매질하는 소리가 들렸다. 그는 그것들을 쫓아내며 말했다.

"다시는 오지 마라."

그 뒤로 뜰은 마침내 조용해졌다.

당시 어사대부(御史大夫)로 있던 이상(李湘)이 주목(州牧: 州의 刺史. 즉 장관)이 되었고, 시어사(侍御史) 장종본(張宗本)이 부사(副史)가 되었다. 1년 여 후에 장종본은 현에 갔다. 그전에 장종본은 이서의 기이함을 알고 있었지만 믿지 않았다. 장손영이 이서를 부르자 이서가 금방 왔다. 장종본이 주의 자사에게 드리고자 한다면서 이서에게 편지 한 통을 써 달라고 했다. 그래서 종이와 붓을 가져다주면서 부탁하자 이서가 아뢰었다.

"여러 공(公)들이 보는 앞에서 써도 되겠습니까?"

장손영이 말했다.

"그렇게 하라."

처음에는 책상 위에 붓이 세 자루 있었으나 잠시 후 갑자기 붓 한 자루가 없어졌는데, 돌아보니 종이에 글씨가 가득했다. 끝에는 이렇게 썼다.

"어사대부 이서가 머리 조아려 아룁니다."

장종본은 진심으로 탄복했다.

장종본이 돌아와서 이상에게 고하자, 이상은 곧 사자에게 명하여 그를 맞아오도록 했다. 며칠동안 왕래하고 나서 이서가 아뢰었다.

"나는 오악신(五嶽神)의 동생입니다. 나의 일곱 째 동생은 기주(蘄州)에 있고, 나는 저승에서 이 군(郡)을 관리하고 있습니다."

이서도 술을 마셨다. 그의 말소리는 여자 같았는데, 분명한 어조로 부드럽고 유창하게 담소했다. 일찍이 이서는 무당을 조소하는 시를 지었다.

> 도깨비를 언제 본 적이 있던가?
> 머리 돌리며 곧 신이 내렸다고 하네.
> 남의 부인의 옷을 욕심내어,
> 대왕이 노하셨다고 거짓말을 하네.

이와 같은 것은 매우 많아 다 기록할 수 없다.

그 후에 이서가 말했다.

"잠시 기주에 가서 동생을 만나보려고 합니다."

이서는 7월 중순에 기주에 도착해 왕균을 시켜 새로 찧은 맵쌀 두 말과 편지 한 통을 장손영에게 보냈다. 당시 그 부근에 있는 여러 주의 사람들은 모두 이서에게 길흉을 물었는데, 이서가 답해준 글씨가 아직까지 남아있다. (『박이지』)

元和四年, 壽州霍丘縣有李六郎, 自稱神人御史大夫李序. 與人言, 不見其形. 有王筠者, 爲之役. 至霍丘月餘, 賃宅住, 更無餘物, 唯几案繩狀而已. 有人請事者, 皆投狀. 王筠鋪於案側, 文字溫潤, 須臾滿紙. 能書, 字體分明, 休答皆應.

時河南長孫郢爲鎭遏使, 初不之信, 及見實, 時與來往. 先是官宅後院空寬, 夜後或梟鳴狐叫, 小人爲畏. 乃命李六郞與疎理, 遂云諾. 每行, 似風雨裴裴之聲, 須臾聞答捶之聲. 遣之云: "更不得來." 自是後院遂安.

時御史大夫李湘爲州牧, 侍御史張宗本爲副史. 歲餘, 宗本行縣. 先知有李序之異而不信. 乃長孫郢召之, 須臾而至. 宗本求一札, 欲以呈於牧守. 取紙筆而請, 序曰: "接對諸公, 使書可乎?" 張曰: "可也." 初, 案上三管筆, 俄而忽失一管, 旋見文字滿紙. 後云: "御史大夫李序頓首." 宗本心服.

歸而告湘, 湘乃令使邀之. 遂往來數日, 云: "是五獄之神之弟也. 第七舍弟在蘄州, 某於陰道管此郡." 亦飮酒. 語聲如女人, 言詞切要, 宛暢笑詠. 常作笑巫詩曰: "魍魎何曾見, 頭旋卽下神. 圖他衫子段, 詐道大王嗔."

如此極多, 亦不全記. 後云: "暫往蘄州看舍弟." 到蘄乃七月中, 仍令王筠送新粳米二斗, 札一封, 與長孫. 鄰('鄰'原作'郢', 據陳校本改)近數('數'原作'妾', 據陳校本改)州人, 皆請休咨於李序, 其批判處猶存. (出『博異志』)

308·3(3969)
채 영(蔡 榮)

중모현(中牟縣) 삼이향(三異鄕)에 사는 목공 채영(蔡榮)이라는 사람은 어릴 때부터 토지신을 믿었다. 채영은 끼니때마다 반드시 먹을 것을 나누어 땅에 차려놓고 몰래 토지신에게 축원했는데, 어른이 되어서도 잠시도 잊은 적이 없었다.

[唐나라] 원화(元和) 2년(807) 봄에 채영은 6~7일간 앓아누웠다. 저녁에 무관(武官)이 달려와서 채영의 모친에게 말했다.

"채영의 의복과 쓰던 물건들을 속히 감추어 다른 사람의 눈에 띄지 않도록 하시고 빨리 여자의 옷으로 갈아입히십시오. 어떤 사람이 와서 묻거든 반드시 그 사람을 속여서 '밖으로 나갔소'라고 하십시오. 그 사람이 장소를 물으면 모친께서 마음대로 대답하시되 채영이 있는 곳을 알게 해서는 안 됩니다."

무관은 말을 마치고 사라졌다. 채영의 아내와 모친은 무관의 말을 따랐다.

채영을 여장시키고 나자 어떤 장군이 말을 타고 왔는데, 따르는 자가 십여 명이었다. 그들은 모두 활을 손에 쥔 채 곧장 집 안으로 들어와 채영을 불렀다. 채영의 모친이 놀라 당황하며 말했다.

"채영은 없습니다."

장군이 물었다.

"어디 갔소?"

모친이 대답했다.

"채영이 술이 취해 돌아왔는데, 자기의 일을 게을리 하기에 내가 화가 나 때리자 채영이 몰래 나가버려서 지금 어디에 있는지 모릅니다. 이미 집을 나간 지 십여 일이 되었습니다."

장군은 관리를 시켜 집 안으로 들어가 찾아보게 했다. 채영을 찾던 사람이 나와서 말했다.

"방안에는 채영도 없고 그가 쓰던 물건도 없습니다."

장군이 토지신을 연속하여 불러내자 채영을 숨기라고 했던 사람이 나와서 응답했다. 장군이 토지신을 질책하여 말했다.

"채영이 나갔는데 어찌 그가 있는 곳을 모른단 말이오?"

토지신이 대답했다.

"화가 나서 몰래 나가버렸는데 담당관리에게 알려주지 않았소."

장군이 말했다.

"대왕의 신전 뒤쪽이 기울어 반드시 채영과 같은 기술자를 데려와 수리해야 합니다. 이미 기한이 다 되어 가는데 누가 그 일을 대신한단 말이오?"

토지신이 대답했다.

"양성향(梁城鄕)에 섭간(葉幹)이라는 사람이 있는데 재주가 채영보다 더 낫소. 그의 수명으로 보아 데려가서 시켜도 될 것이오."

그러자 장군은 말을 타고 물러갔다. 잠시 후 채영을 숨기라고 했던 사람이 다시 와서 말했다.

"나는 토지신의 담당관리이다. 채영이 끼니때마다 반드시 나를 불러주었기에 그 은혜를 갚은 것이다."

그리고는 물러갔다. 모친이 채영을 보니 땀에 흠뻑 젖어있었다. 이 때부터 채영은 병이 나았다. 잠시 후 양성향에 사는 섭간이 갑자기 죽었다는 말이 들려왔다. 섭간의 아내는 바로 채영 모친의 조카이다. 섭간이 죽은 시간을 자세히 따져보니 채영이 여자옷을 입었던 바로 그때였다.

이복언(李復言,『續玄怪錄』의 撰者)의 이모부 양서(楊曙)는 중모현[원문에는 '中弁'이라고 되어 있으나 이는 '中牟'의 오기임] 삼이향에서 단호(團戶: 民戶를 소집하여 훈련병을 뽑는 하급관리)로 있었는데, 이 일을 두루 들어서 알고 있었다. 양서는 채영의 모친을 불러 그 일에 대해 물어보고, 돌아와서 채영의 모친이 한 말을 이복언에게 알려주었다. 범제(泛祭: 옛날 祭食의 예절로, 제사 음식은 각기 놓는 자리가 있는데, 규정된 위치에 따르지 않고 제사 음식을 멀리 뿌리는 것을 말함)로 덕을 본 사람이라고 어찌 다 그러하겠는가? (『속현괴록』)

中牟縣三異鄉木工蔡榮者, 自幼信神祇. 每食必分置於地, 潛祝土地, 至長未常暫忘也.

元和二年春, 臥疾六七日. 方暮, 有武吏走來, 謂母曰:"蔡榮衣服器用, 速藏之, 勿使人見, 乃速爲婦人服飾. 有來問者, 必給之曰:'出矣.' 求其處, 則亦意對, 勿令知所在也."言訖走去. 妻母從其言.

才畢, 有將軍乘馬, 從十餘人. 執弓矢, 直入堂中, 呼蔡榮. 其母驚惶曰:"不在." 曰:"何往?" 對曰:"榮醉歸, 怠於其業, 老婦怒而笞之, 榮或潛去, 不知何在也. 十餘日矣." 將軍遣吏入搜. 搜者出曰:"房中無丈夫, 亦無器物." 將軍連呼地界, 敎藏者出曰諾. 責曰:"蔡榮出行, 豈不知處?" 對曰:"怒而私出, 不告所由." 將軍曰:"王後殿傾, 須此巧匠. 期限向盡, 何人堪替?" 對曰:"梁城鄉葉幹者, 巧於蔡榮. 計其年限, 正當追役." 將軍者走馬而去. 有頃, 敎藏者復來曰:"某地界所由也. 以蔡榮每食必相召, 故報恩耳." 遂去. 母視榮, 卽汗洽矣. 自此疾愈. 俄聞梁城鄉葉幹者暴卒. 幹妻乃榮母之猶子也. 審其死者, 正當榮服雌服之時.

有李復(按, 疑當作'復言')者, 從母夫楊曙, 爲中弁團戶於三異鄉, 徧聞其事. 就召榮母問之, 回以相告. 其泛祭之見德者, 豈其然乎? (出『續玄怪錄』)

308 · 4(3970)
유원형(劉元逈)

유원형은 교활하고 요망한 사람이었다. 그는 스스로 수은을 정련(精

鍊)하여 황금을 만들 수 있다고 했으며, 또한 교묘한 속임수로 대중을 현혹시켜 많은 사람들을 거기에 빠지게 함으로써 부자가 되었다. 이사고(李師古)는 평로(平盧)를 진수하고 있을 때 전국의 술사(術士)를 초빙했는데, 한 가지 재주라도 있는 사람이면 모두 후하게 대해 주었다. 유원형은 마침내 그 술법으로 이사고를 찾아갔다. 이사고가 그것을 기이하게 여겨 직접 눈앞에서 그 능력을 시험해 보았더니, 10수(銖: 1냥의 24분의 1) 또는 5수의 수은이 모두 황금으로 변했다. 이것은 미리 금가루를 수은 속에 넣어두었기 때문이었다. 이사고가 말했다.

"이것은 진실로 지극한 보물이니 무엇에 쓰면 좋겠는가?"

유원형은 자신의 간사한 계략을 빨리 달성하기 위해 후환을 생각하지 않고 말했다.

"여기에 다른 약을 섞어 3년 동안 천천히 정련하면 신선이 되어 날 수 있고, 식기를 만들면 독을 피할 수 있으며, 노리개를 만들면 사악함을 물리칠 수 있습니다."

이사고가 그것을 대단히 신기해하며 말했다.

"기한을 조금 늦추어줄 테니 다시 황금을 제련하라. 그대는 나를 위해 황금 10근을 만들어 급히 필요로 하는 물건들을 준비해 놓도록 하라."

유원형은 본래 그 술법으로 자신을 알려서 이사고의 돈을 뜯어낸 다음 얼마 후 곧 도망칠 계획이었다. 이사고는 유원형을 머무르게 하면서 오로지 황금만을 정련하게 했다. 그런데 그 양이 너무 많아 그 많은 것을 만들어낼 방법이 없었기에 유원형은 이사고에게 이렇게 거짓말을 했다.

"공께서는 선대의 지위를 이어받아 한 지방을 통치하신지 30여 년이 되었습니다. 정예 군대와 창고에 가득한 물건은 천하의 누구도 이에 비견될 수 없습니다. 그러나 사방의 사람들로 하여금 모두 공의 위엄과 덕에 감응하게 하고, 또 공께서 꾀하신 것을 꼭 이루고자 하신다면 반드시 귀신의 힘을 빌어야 할 것입니다."

이사고가 크게 기뻐하며 그 방법을 묻자 유원형이 말했다.

"태악(泰嶽: 泰山)의 천제왕(天齊王)을 모셔야 합니다. 당(唐)나라 현종(玄宗)은 일찍이 동쪽을 순행하다가 태산에서 봉선(封禪)을 행하셨는데, 그 때 침향목(沈香木)에 그 신상(神像: 천제왕상)을 새겼습니다. 그래서 현종의 재위 기간이 더 길어졌던 것입니다. 공께서 다른 보물로 그 신상을 바꾸신다면 누리게 될 복이 현종의 개원연간(開元年間: 713~741)과 같아질 것입니다."

이사고는 그 말을 깊이 믿고 그렇게 하겠노라고 했다. 유원형이 말했다.

"신상 전체를 만들려면 아마도 짧은 시간에는 다 만들지 못할 것 같습니다. 일단 황금 15근으로 그 머리만이라도 만들어 바꾸면 진실로 신의 도움을 받게 될 것입니다."

이사고가 말했다.

"그대는 곧 먼저 황금을 녹여 그 일을 속히 완수토록 하라."

유원형이 껄껄 웃으며 말했다.

"천제왕은 비록 귀한 신이지만 이는 어디까지나 귀신의 부류일 따름입니다. 만약 저의 황금으로 그 머리를 만든다면 어찌 감히 귀신이 그 지극히 영험한 물건에 깃들 수 있겠습니까? 이는 곧 천제왕을 쫓아내는 꼴이 되고 말 것이니, 그렇게 되면 어떻게 복을 바랄 수 있겠습니까? 산택(山澤)에 있는 순금으로 머리를 만들어 바꾸어야만 합니다."

이사고는 그것을 더욱 기이하게 여겨 곧 감춰두었던 황금 20근을 꺼내어 유원형이 하고 싶은 대로 하게 맡겼으며, [머리를 만들어] 그로 하여금 악묘(嶽廟)에 가서 바꾸도록 했다. 유원형은 곧 납과 주석 같은 다른 금속을 섞어 [속은 빈채로] 겉만 천제왕의 머리를 만들어 바꾸었다. 그리고 진짜 금은 품속에 넣고 돌아와 이사고를 위해 식기 등을 만들어 주니 무엇이든 갖추지 않은 것이 없었다. 이사고는 유원형을 더욱 예우했고 그를 형처럼 모시면서, 옥백(玉帛)과 희첩(姬妾)·집 할 것 없이 매우 풍부하게 해주었다.

이듬해, 이사고는 막료와 문무관리를 불러 연회를 열었는데, 갑자기 요리사가 주방에서 곧장 달려와 이사고를 배알했다. 그는 여러 사람이 모여 있는 곳에서 한 장(丈) 남짓 몸을 솟구쳐 허공을 밟고 서서 크게 꾸짖으며 말했다.

"나는 오악(五嶽)의 신인데, 어떤 도적놈이 나의 본래 모습을 손상시켰느냐? 나는 그 일을 천제께 상소하고 일년이 지나서야 돌아왔다. 돌아와서 보니 나의 갑옷과 병기·군마·재물은 모두 황석공(黃石公)이 빼앗아버렸다."

요리사는 다시 심하게 꾸짖으며 위로 몇 장을 솟구쳤다가 한참 후에 땅에 내려왔다. 이사고는 요리사를 끌어내게 했다. 요리사는 더 이상 정신을 차리지 못한 채, 단지 심하게 술이 취한 사람처럼 며칠을 보냈다. 이사고는 곧 사람을 시켜 병거(兵車)와 전사, 무기와 깃발 및 지전(紙錢)과 능라비단 수십 수레를 그리게 한 뒤 태산에 가서 그것들을 불살랐다.

이사고는 그때까지도 유원형의 간계를 알아차리지 못했다. 장차 그 일을 처리하려고 하는데 이사고는 갑자기 악창(惡瘡)이 생겨서 며칠 되지 않아 머리가 썩어 문드러져 죽고 말았다. 이사고의 동생인 이사도(李師道)가 그 사건을 처리하게 되었는데, 그는 곧 판관 이문회(李文會)・우조(虞阜) 등으로 하여금 그 사건을 심리(審理)하게 했다. 유원형은 변명도 하지 못한 채 시장바닥에서 참형을 당했다. (『집이기』)

劉元迥者, 狡妄人也. 自言能鍊水銀作黃金, 又巧以鬼道惑衆, 衆多迷之, 以是致富. 李師古鎭平盧, 招延四方之士, 一藝者至, 則厚給之. 元迥遂以此術干師古. 師古異之, 面試其能, 或十銖五銖, 皆立成焉. 蓋先以金屑置於汞中也. 師古曰: "此誠至寶, 宜何用?" 元迥貴成其奸, 不虞後害, 乃曰: "雜之他藥, 徐燒三年, 可以飛仙, 爲食器, 可以避毒, 以爲翫用, 可以辟邪." 師古大神之, 因曰: "再燒, 其期稍緩. 子且爲我化十斤, 將備吾所急之器也."

元迥本衒此術, 規師古錢帛, 逡巡則謀遯去. 爲師古縻之, 專令燒金. 其數極廣, 元迥無從而致, 因以鬼道說師古曰: "公紹續一方, 三十餘載. 雖戎馬倉廩, 天下莫與之儔. 然欲遺四方仰歸威德, 所圖必邃者, 須假神祇之力." 師古甚悅, 因而詢之, 元迥則曰: "泰嶽天齊王. 玄宗東封, 因以沈香刻製其像. 所以玄宗享國永年. 公能以他寶易其像, 則受福與開元等矣." 師古狂悖, 甚然之. 元迥乃曰: "全軀而致, 或恐卒不能辦. 且以黃金十五斤, 鑄換其首, 固當獲祐矣." 師古曰: "君便先爲燒之, 速成其事." 元迥大笑曰: "天齊雖曰貴神, 乃鬼類耳. 若以吾金爲其首, 豈冥鬼敢依至靈之物哉? 是則斥逐天齊, 何希其福哉? 但以山澤純金而易之, 則可矣."

師古尤異之, 則以藏金二十斤, 恣元迥所爲, 仍命元迥就嶽廟而易焉. 元迥乃以鉛錫雜類, 鎔其外而易('易'原作'置', 據明鈔本改)之. 懷其眞金以歸, 爲師古作飮食器皿, 靡不辦集矣. 師古尤加禮重, 事之如兄, 玉帛姬妾居第, 資奉甚厚.

明年, 師古方宴僚屬將吏, 忽有庖人, 自廚徑詣師古. 於衆會之中, 因擧身丈餘, 踏空而立, 人訴曰:"我五嶽之神, 是何賊盜, 殘我儀質? 我上訴於帝, 涉歲方歸. 及歸, 我之甲兵軍馬, 帑藏財物, 皆爲黃石公所掠去." 則又極罵, 復聳身數丈, 良久履地. 師古令曳去. 庖人無復知覺, 但若沈醉者數日. 師古則令畫作戎車戰士, 戈甲旌旗, 及紙錢綾帛數十車, 就泰山而焚之. 尙未悟元迥之奸. 方將理之, 而師古暴瘍, 不數日, 腦潰而卒. 其弟師道領事, 卽令判官李文會·虞早等按之. 元迥辭窮, 戮之于市. (出『集異記』)

308·5(3971)
정 전(鄭 翦)

[唐나라] 목종(穆宗)이 남교(南郊)에 일이 있어 태청궁(太淸宮)에 가게 되자, 장안현(長安縣)의 주부(主簿) 정전이 그 일을 주관하게 되었다. 정전은 어원(御院) 서쪽 담에서 흰옷 입은 노인을 보았는데, 그 노인이 정전에게 말했다.

"이 밑에 우물이 있는데 그곳은 바로 황제가 지나가시는 길이니 네가 속히 그곳을 메워라. 그렇지 않으면 그 죄는 헤아릴 수 없을 것이니라."

정전은 황급히 사람을 시켜 그곳을 수리하도록 했다. 그곳은 이미 몇 척이나 함몰되어 있었는데, 그곳을 파보니 옛 우물이었다. 정전이 놀라 돌아보는 사이에 이미 노인은 사라지고 없었다.

공덕사(功德使) 호군중위(護軍中尉) 유홍규(劉弘規)는 그 일을 황제에게 아뢰었다. 황제가 태청궁에 이르러 참배하고 제사를 마친 후 남교로 가 궁문에 말을 매어 놓자 재신(宰臣)들과 공봉관(供奉官)이 축하의 말을 아뢰었다. 그래서 황제는 마침내 한림학사 위처후(韋處厚)에게 명하여 기문(記文)을 짓게 하고, 기거랑(起居郞) 유공권(柳公權)으로 하여금 메운 우물 위에 쓰도록 했는데, 그 제목을 「성서감응기(聖瑞感應紀)」라고 했다. 황제는 정전에게 홍포(紅袍)를 하사했다. (『당통기』)

穆宗有事於南郊, 將謁太淸宮, 長安縣主簿鄭翿主役. 於御院之西序, 見白衣老人云: "此下有井, 正值黃帝過路, 汝速實之. 不然, 罪在不測." 翿惶遽, 使修之. 其處已陷數尺, 發之則古井也. 驚顧之際, 已失老人所在.
功德使護軍中尉劉弘規奏之. 帝至宮朝獻畢, 赴南郊, 于宮門駐馬, 宰臣及供奉官稱賀. 遂命翰林學士韋處厚撰記, 令起居郎柳公權, 書於實井之上, 名曰「聖瑞感應紀」. 仍賜鄭翿緋衣. (出『唐統記』)

308·6(3972)
유 해(柳 濟)

유해는 젊어서 가난했다. 유해는 영표(嶺表: 五嶺 이남 지역. 粤中. 즉 지금의 廣州)를 유람했는데, 당시 광주절도사(廣州節度使)로 있던 공규(孔戣)가 그를 매우 후하게 대해 주었으며, 그에게 1백여 금을 주면서 서쪽으로 가서 앞길을 찾아보라고 일러주었다. 유해는 드디어 수재(秀才) 엄촉(嚴燭)·증암(曾黯) 등 몇 명과 함께 배를 타고 북쪽으로 돌아가게 되었다. 양삭현(陽朔縣) 남쪽 60리에 이르러 배안에서 한창 바둑을 두고 있었는데, 유해가 갑자기 바둑판을 밀쳐내며 자리에서 일어나더니 손으로 한 물건을 잡았다. 처음에 보았을 때는 마치 어떤 사람의 명첩(名帖) 같았다. 유해는 급히 의복과 허리띠를 가져오라고 하고 배를 대게 한 뒤 배에서 내렸다. 유해는 모래 언덕에 서서 공손히 손을 모으고 읍하며 말했다.

"나는 다행스럽게도 여러분들과 동료가 되었소. 비록 나의 부명(符命)은 당도했지만 나는 계주(桂州)로 가서 짐을 꾸려야 하니 그대들은 먼저 가서 나를 기다리시오."

증암과 엄촉은 유해의 행동을 보고 자신도 모르게 두려움을 느꼈으며, 마치 무엇을 본 것처럼 홀려 있었다. 유해는 곧 배 안으로 들어와 누워서 탄식하다가, 한참 만에 두 친구에게 말했다.

"나는 이미 태산주부(泰山主簿)로 제수되었기에 방금 나의 수레와 시종들이 모두 다녀갔소. 나는 벌써 그들과 함께 계주로 가기로 약속했소."

이때부터 유해는 더 이상 웃거나 말하지 않았으나, 병도 나지 않았다. 다만 밤마다 배가 멈추는 곳에서 다리를 쭉 뻗고 앉아 일을 지시하고 처리했는데, 이는 모두 살아있는 사람의 행동이 아니었다. 양삭에서 계주까지는 3일의 여정이 남아 있는데 그 사이에는 50개의 험난한 여울이 있었다. 그래서 늘 사공이 있는 힘을 다해야 지나갈 수 있었다. 그러나 이 배는 하룻밤 만에 계주에 도착했다. 유해는 늘 자색 옷을 입은 두 사람을 보았는데, 그들은 무장을 갖춘 채, 손에는 쇠망치를 쥐고 1백여 명의 군졸을 지휘하여 물 속에서 그의 배를 밀고 당기게 했다. 유해는 계주에 도착하여 집에 보낼 편지를 막 쓰고 죽었는데, 그 때가 당(唐)나라 원화(元和) 14년(819) 8월이었다. (『하동기』)

　　柳瀣少貧. 遊嶺表, 廣州節度使孔戣, 遇之甚厚, 贈百餘金, 諭令西上. 遂與秀才嚴燭・曾黯數人, 同舟北歸. 至陽朔縣南六十里, 方博於舟中, 忽推去博局, 起離席, 以手接一物. 初視之, 若有人投刺者. 卽急命衫帶, 泊舟而下. 立於沙岸, 拱揖而言曰: "瀣幸得與諸君同事. 符命雖至, 當須到桂州, 然議行李, 君宜前路相候." 曾・嚴見瀣之所爲, 不覺懍然, 亦皆盱䁨如有所覩. 瀣卽却入舟中, 偃臥吁嗟, 良久謂二友曰: "僕已受泰山主薄, 向者車乘吏從畢至. 已與約至桂州矣." 自是無復笑言, 亦無疾. 但每至夜泊之處, 則必箕踞而坐, 指揮處分, 皆非生者所爲. 陽朔去州尙三日程, 其五十灘, 常須舟人盡力乃過. 至是一宿而至. 瀣常見二紫衣, 具軍容, 執鎚, 驅百餘卒, 在水中推挽其舟. 瀣至桂州, 修家書纔畢而卒, 時唐元和十四年八月也. (出『河東記』)

308・7(3973)
마총(馬總)

마총(馬總)이 천평절도사(天平節度使)로 있을 때 한가한 틈을 타 멀리 보낼 편지를 쓰고 있었는데, 당시 술사(術士) 정거(程居)가 곁에 있었다. 마총은 안석에 기대어 언뜻 잠이 든 것 같았는데, 갑자기 얼굴이 창백해져 평상시의 모습과 달랐다. 정거는 놀라지 않고 침착하게 천천히 일어서서 좌상(佐相) 원봉(元封)을 찾아가서 그 사실을 알렸다. 잠시 후 마총이 원봉을 불러 다른 사람을 물러가게 한 후 말했다.

"이상한 일이로다! 이상한 일이야! 내가 방금 한 곳을 찾아갔는데, 그곳의 집은 장엄하고도 높아 왕이 사는 곳은 거기에 비할 바가 아니었네. 나는 사람들의 인도를 받아 앞으로 나아갔는데 이미 죽은 사도(司徒) 두십장(杜十丈: 杜祐)을 만났지. 그는 웃으며 계단을 내려와 나를 맞이하더니 이렇게 말하더군. '오래전부터 당신을 기다렸는데, 이렇게 만나다니 매우 기쁘오.' 그래서 그는 나를 붙잡으며 말했지. '나의 관직은 인간세계에서의 중서령(中書令)과 같은 것이라오. 또한 천지간의 일은 모두 내가 주관하지 않는 것이 없소이다. 그러나 오랫동안 바쁘게 일을 처리하다 보니 기운이 소진되고 게을러져서 현자를 구하여 이 일을 대신하고자 했소. 당신의 지식과 도량이면 진실로 큰일을 감당할 수 있을 것이오. 하물며 당신과 나는 친구간이기 때문에 당신을 초대하여 이 관직을 주려고 한 것이오.' 나는 눈물까지 흘려 보이면서 거절했다네. 한참 후에 십장이 말했지. '그대가 굳이 원치 않는다면 돌아가게. 그러나 20년 후에 다시 보게 될 걸세.'"

마총은 깨어나서 자기의 수명이 더 길어진 것을 크게 기뻐했다. 그러나 그 후 2년 만에 마총은 세상을 뜨고 말았는데, 이는 마총이 어쩌 말을 잘못 알아들은 것이겠는가? 두우(杜祐)가 그 수명을 늘려주겠다고 한 것은 마총의 마음을 기쁘게 해주기 위해서였다. (『집이기』)

馬總爲天平節度使, 暇日方修遠書, 時術人程居在傍. 總憑几, 忽若假寐, 而神色慘慄, 不類於常. 程不敢驚, 乃徐起, 詣其佐相元封告之. 俄而總召元封, 屛人謂曰: "異事! 異事! 某適有所詣, 嚴邃崇閎, 王者之居不若也. 爲人導前, 見故杜十丈司徒. 笑而下階相迎曰: '久延望, 甚喜相見.' 因留連曰: '祐之此官, 亦人世之中書令耳. 六合之內, 靡不關由. 然久處會劇, 心力殆倦, 將求賢自代. 公之識度, 誠克大用. 況親且故, 所以奉邀, 敬以相授.' 總因辭退, 至於泣下. 良久, 杜乃曰: '旣未爲願, 則且歸矣. 然二十年, 當復相見.'"

總旣寤, 大喜其壽之遐遠. 自是後二年而薨, 豈馬公誤聽? 將祐增其年, 以悅其意也. (出『集異記』)

308 · 8(3974)
최귀종(崔龜從)

최귀종은 [唐나라] 장경(長慶) 3년(823)에 하중부(河中府)의 대리평사 종사(大理評事從事)로 있었다. 그는 어느 날 저녁 꿈에 어떤 사람과 관청에 들어갔는데, 뜰에 이르러 바라보니 실내에 어떤 사람이 남쪽을 향해 앉아 있었다. 그런데 그 모습이 매우 의젓하고 위엄스러워 보였다. 또 한 사람이 그 옆에 앉아 있었는데 용모와 꾸밈이 대략 비슷했다. 그들은 모두 눈을 크게 뜨고 있었으며, 붓을 잡고 문서를 보는 것이 마치 사건을 판결하는 사람 같았다. 최귀종은 속히 달려가 계단에 이르러 절을 하고 물러 나왔다. 서묘(西廟)에 이르러 처마 밑의 창틈으로 보니 문서가 큰 함(函)에 쌓여 있었는데, 마치 요즈음 관사(官舍)와 같았다. 어떤 관리가 서류를 안고 나오자 두 사람은 그를 맞이하며 물었다.

"이곳은 저승의 관부(官府)가 틀림없는데 나는 내 벼슬 수명이 얼마나 되는지 알고 싶습니다."

그러자 그 관리가 바로 말했다.

"두 사람은 나중에 모두 이 주(州)의 자사가 될 것이니 애써 장부를 보려고 하지 마시오."

최귀종은 문을 나와서 또 같은 날에 종사가 된 동료를 만났는데 땅에 자리를 깔고 저포(摴蒱: 博戱 중 하나)놀이를 했다. 잠이 깬 뒤에도 아직도 눈에 선한 듯 해 최귀종은 크게 기이해 했다. 최귀종은 꿈속에서 그와 동행한 사람의 이름을 물어보았는데, 그의 이름은 자기와 늘 교유하던 사람이었지만 깨고 난 뒤에는 그 이름을 잊어 버렸다.

다음 날 관청에 들어가 숙사(宿舍)를 같이 사용하는 사람들에게 그 일을 말했더니 모두 길조라고 하면서 그 일을 이렇게 풀어서 말했다.

"당신은 주군(主君)이 될 꿈을 꾼 것이오. 또 꿈속에서 본 저포는 바로 포(蒲)를 뜻하오. 당신은 나중에 주군과 같은 사람이 될 것이며 부절(符節)을 가지고 포주(蒲州)로 가게 될 것이오."

그 후 최귀종은 사당에 들어갈 때면 꿈속의 일이 생각나 여러 차례 하독신(河瀆神)을 배알했다. 화주(華州)에 부임해서는 서악묘(西嶽廟)의 우신상(宇神像)에 절을 했으나 이는 모두 꿈에서 본 것이 아니었다.

개성연간(開成年間: 836~840)에 최귀종은 호부시랑(戶部侍郞)으로 있다가 도성을 나와 선주(宣州)의 지방관이 되었는데, 그 때는 그가 꿈을 꾼 지 20년이 되는 날이었다. 5월에 선주군에 이르자 관리가 아뢰었다.

"경정신(敬亭神)은 실로 이곳 선주 사람들이 가장 신봉하는 신입니다. 신분의 귀천을 막론하고 해마다 반드시 한 번은 제사를 올립니다. 그 외에 신에게 기도하고 그 보답에 감사하는 일이 하루라도 없는 날이 없었습니다. 그래서 이전의 염찰사(廉察使)들은 매번 예를 갖추고 제사를 올렸습니다."

최귀종은 당시 병을 앓고 있었는데, 가을이 되어 병이 낫자 사당에 배알갔다. 사당문에 이르러 정신이 멍해지더니 문득 병풍에 그려져 있는 사람이 서류를 안고 몸을 굽혀 예를 행하는 것이 보였는데, 그는 바로 예전의 꿈에서 보았던 그 관리였다. 사당에 들어가서 둘러보니 모든 것이 자기가 꿈에서 본 것과 일치했으나 오직 동행했던 사람만 없었다. 최귀종은 사당에서 돌아와 아내에게 이 일을 알려주었다.

다음 해 7월에 최귀종은 또 병이 났는데, 심하게 설사를 하고 심지어는 밥조차 먹고 싶지 않았으며, 저녁이 되면 증세가 더욱 심해졌다. 그래서 예전에 꾸었던 꿈을 스스로 떠올리며 '그 관리가 내게 알려준 것이 내가 여기에서 곧 죽게 된다는 말이었던가?'라고 생각했다. 그래서 최귀종은 마음속으로 기도를 했다. 잠이 들자 또 꿈을 꾸었는데, 자신이 새벽에 일어나 평상시와 같이 일을 처리하는 것이었다. 휴게실에 들어가려고 곁문에 이르자 집사(執事)인 요규(姚珪)가 귓속말을 했다.

"좌부군(左府君)께서 사자를 보내어 당신께 말을 전하라고 하셨습니다."

최귀종은 그 말을 듣고 가슴이 두근거리고 머리카락이 섰으며, 그 사람이 보통 사람이 아니라고 생각했다. 휴게실에 들어와 채 앉기도 전에 군복을 입고 칼을 찬 어떤 사람이 부리나케 달려 들어왔다. 그 모습을 보니 신체가 장대하고 얼굴이 검붉었는데, 사람의 얼굴색 같지가 않았다. 빛이 바래고 다 떨어진 자주색 옷을 입은 그 사람은 바로 경정묘 계단 아래에 있는 토우인(土偶人)이었다. 토우인이 미처 말을 꺼내기도 전에 최귀종이 큰소리로 말했다.

"제 수명이 얼마나 됩니까?"

말이 떨어지기 무섭게 토우인이 바로 대답했다.

"60몇 년은 될 것이다."

최귀종은 꿈속에서 그 말을 기억했으나 잠에서 깨어난 뒤 그 햇수를 잊어버렸다. 이는 아마도 신이 그 사람에게 수명을 미리 알려주고자 하지 않아서였던 것일까?

날이 밝자 최귀종은 스스로 글을 지어 신에게 축원하면서 그 이유를 자세히 말했고, 아들과 조카에게 사당에 술과 음식을 차리게 하고 기도를 했다.

이에 앞서 최귀종이 병이 났을 때 의원이 말했다.

"그 병은 한기(寒氣) 때문에 생긴 것입니다."

그래서 최귀종은 화기를 돋구는 약을 먹었으나 병세가 갑자기 더 심해졌다. 이에 최귀종은 절서(浙西) 지방에서 명의(名醫)를 찾았는데, 의원 심중(沈中)이 역마(驛馬)를 타고 왔다. 의원이 최귀종을 진맥하고 나서 바로 말했다.

"당신의 병은 열이 과하고 혈이 막혔으므로 마땅히 양기(陽氣)로 치료해야 하는데, 약제는 감초와 서각(犀角: 무소 뿔)을 주로 해야 합니다."

최귀종이 의원의 말대로 했더니, 병이 열흘 만에 약간의 차도가 있었고 한 달이 지나자 병세가 호전되었다. 최귀종은 이것이 필시 신의 도움이라고 생각하여 또 직접 글을 지어 신에게 축원했다. 또 자신의 봉록(俸祿)을 내어 낡고 무너진 사당을 수리했고, 토우인을 더 만들어 두었으며, 담에 그린 그림도 모두 새롭게 했다. 그리고 대대적으로 음악을 연주하여 신에게 제사지내고 스스로 옷소매를 들어 춤을 추었다.

당초 최귀종이 장경연간(長慶年間: 821~824)에 꿈을 꾸었을 때는 절대로 오목희(五木戲: 저포놀이)를 하지 않았으나 강남으로 와서는 종사(從事)들과 함께 다시 그 놀이를 했다. 최귀종은 나중에 재상이 되었으며, 소보(少保: 太子少保)를 그만두고 낙양으로 돌아왔다. 그는 대중(大中) 7년(853)에 죽었다. (「귀종자서」)

崔龜從, 長慶三年, 以大理評事從事河中府. 一夕, 夢與人入官署, 及其庭, 望見室內有人當陽. 儀衛甚盛. 又一人側坐, 容飾略同. 皆隆準盱目, 搦管視狀, 若決事者. 因疾趨及階, 拜唯而退. 行及西廡, 視廡下膈間, 文簿堆積於大格, 若今之吏舍. 有吏抱案而出, 因迎問之: "此當是陰府, 某願知祿壽幾何?" 吏應曰: "二人後且皆爲此州刺史, 無勞閱簿也." 及出門, 又見同時從事, 席地而搗蒲. 歸寤, 大異之, 髣髴在目. 唯所與同行者, 夢中問('問'原作'顧', 據明鈔本改)之, 其姓名是常所交遊, 及覺, 遂妄其人.

明日入公府, 話於同舍, 皆以爲吉, 解曰: "君夢得君(明鈔本'君'作'官'). 而又見搗蒲者, 蒲也. 君後當如主公, 節臨蒲州矣." 爾後每入祠廟, 輒思所夢, 嘗屢謁河瀆. 及爲華州, 拜西嶽廟宇神像, 皆非夢中所見.

開成中, 自戶部侍郎, 出爲宣州, 去前夢二十年矣. 五月至郡, 吏告曰: "敬亭神實州人所嚴奉. 每歲無貴賤, 必一祠焉. 其他祈禱報謝無虛日. 以故廉使輒備禮祠謁." 龜從時病, 至秋乃愈, 因謁廟. 及門悅然, 屛上有畫人, 抱案而鞠躬, 乃夢中之吏也. 入廟所經歷, 無非昔夢, 唯無同行者. 歸以告妻子.

明年七月, 龜從又病, 苦下泄, 尤不喜食, 暮夜輒大劇. 因自診前夢, 以爲'吏所告者, 吾其終於此乎?' 因心禱之. 旣寐, 又夢晨起視事如常時. 將就使室, 及側門, 有家吏姚珪者, 附耳言曰: "左府君使人傳語." 聞之心悸而毛竪, 意其非常人. 就室未及坐, 有一人, 戎服提刀, 奔趨而入. 視其狀魁岸, 面黝而加赤, 不類人色. 紫衣黦剝, 乃敬亭廟中階下土偶人也. 未及語, 龜從厲聲言曰: "我年得幾許?" 遽應曰: "得六十幾." 夢中記其言, 及覺, 遂忘其奇載. 意者神不欲人逆知其終歟? 遲明, 自爲文以祝神, 具道所以, 命兒姪將酒牢廟中以禱.

先是疾作, 醫言: "疾由寒而發." 服熱藥輒劇. 遂求醫於浙西, 醫沈中遂乘驛而至. 旣切脈, 直言: "公之疾, 熱過而氣壅, 當以陽治之, 藥劑以甘草·犀角爲主." 如其言, 涉旬而稍間, 經月而良已. 自以爲必神之助, 又自爲文以祝神. 因出私俸, 修廟之壞隳, 加置土偶人, 寫垣墉之畫繪皆新之. 大設樂以享神, 自擧襟袖以舞.

始長慶感夢之時, 絶不爲五木之戲, 及至江南, 方與從事復爲之. 龜從後入相, 罷爲少保歸洛. 大中七年卒. (出「龜從自敍」)

태평광기 권제 309 신 19

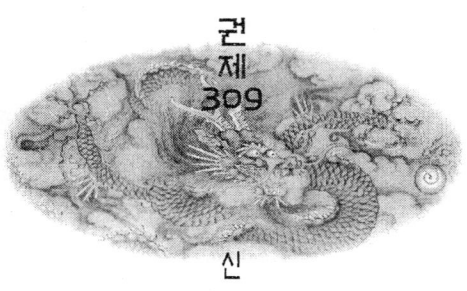

1. 장　침(蔣　琛)
2. 장준언(張遵言)

309 · 1(3975)
장 침(蔣 琛)

잡군(霅郡) 사람 장침은 이경(二經: 『書經』과 『易經』, 또는 『詩經』과 『書經』)에 정통하여 늘 향리에서 학생들을 가르쳤다. 그는 가을에서 겨울로 접어들 때마다 잡계(霅溪)와 태호(太湖) 가운데에 그물을 설치하여 [물고기를 잡아] 먹고살았다. 한번은 커다란 거북을 잡았는데, 그 생김새가 너무 기이했기에 그 거북을 돌아보며 이렇게 말했다.

"너는 비록 여차(余且: 전설상의 어부 이름으로 『莊子』「外物篇」에 나옴. 여기서는 蔣琛 자신을 비유함)의 그물에 걸렸지만 배가 갈리는 근심은 면하게 해주겠다. 이미 사령(四靈: 기린·봉황·거북·용)에 속하는 영물인데 [이렇게 붙잡혔으니] 이 비천한 늙은이에게 부끄럽지 않은가?"

그리고는 놓아주었더니 거북은 강 가운데로 헤엄쳐가면서 6~7번이나 뒤돌아보았다. 1년여 뒤 어느 저녁에 비바람이 몰아치는 어두움 속에서 물결이 세차게 부딪치는 소리가 들리기에 보았더니, 예전의 그 거북이 뱃전을 두드리며 사람처럼 서서 말했다.

"오늘 저녁에 태호·잡계·송강(松江)의 신이 경내에서 모이는데, 큰 하천의 여러 수장(首長)들도 그 소식을 듣고 초대에 응했으니, 이제 연회자리를 열고 걸상을 놓아 고깃배에 아주 가까이 있게 될 것이오. 그대는 이곳에 머물러 살면서 오랫동안 그물질을 했는데, 작은 물고기들까지 그대의 촘촘한 그물에 걸려 고통 받았으며, 요행히 화를 피한 고기들도 늘 원한을 품고 있소. 그래서 물고기들이 이 기회를 틈타 그대에게 보복할까 걱정이오. 나는 예전에 그대로부터 받은 은혜를 늘 마음속에 진심으로 간직해왔기에, 이 때문에 와서 [그대의 은혜에] 만분의 일이라도 보답하고자 하오. 그러니 그대는 이곳을 약간 물러나서 해를 피할 수 있겠소?"

장침이 말했다.

"그렇게 하겠소."

마침내 장침은 잔잔한 강물에 배의 닻줄을 내리고 상황을 살폈다.

얼마 되지 않아서 셀 수 없이 많은 거북·악어·물고기·자라 등이 2리 남짓 빙 둘러싸더니, 파도를 오므려 성을 만들고 파랑을 막아 땅을 만든 뒤 3개의 성문을 열고 큰길에 담을 쌓는 등 천여 가지 괴이한 것을 만들어냈다. 그들은 모두 사람 몸에 이무기 머리를 했으며 창을 들고 대오를 이루어 마치 무언가를 기다리기라도 하듯이 지키고 있었다. 이어서 교룡과 대합(大蛤) 수십 마리가 동쪽과 서쪽을 바삐 오가며 숨을 불어 누대를 비롯하여 주옥(珠玉) 궁전과 가무 연회석과 자리·걸상·깔개 등을 잠깐 새에 모두 갖추어놓았다. 그 안에 있는 술독·그릇·놀이 용품은 모두 인간 세상에 없는 것이었다. 또 신어(神魚) 수백 마리가 화주(火珠: 火齊珠. 주로 탑의 위쪽에 장식용으로 사용되는 球形의 옥돌)를 토하며 갑옷 입은 병사 백여 명을 이끌고 푸른 옷에 검은 관을 쓴 자를 호위하면서 잡계의 남쪽 나루터에서 나왔다. 다시 보았더니 물짐승 수백 마리가 빛을 띠며 철기병 200여 명을 이끌고 붉은 옷에 붉은 관을 쓴 자를 호위하면서 태호 가운데에서 나왔다. 두 신은 성문에 이르러 말에서 내려 서로 절을 했다. 잡계신이 말했다.

"한번 뵙지 못한 후로 지금까지 5기(紀: 60년)가 흘렀으니, 비록 그 동안 서신 왕래는 끊어지지 않았지만 [직접 만나] 환담한지는 너무 오래 되었습니다. 삼가 당신의 성덕(盛德)을 우러르면서 진심으로 걱정하고 있었습니다."

태호신이 말했다.

"내 마음 역시 그러했습니다."

두 신이 서로 예를 차리며 겸양하고 있을 때 늙은 교룡이 앞으로 나아와 소리쳤다.

"안류왕(安流王: 宋江神)께서 말에 오르셨습니다!"

그래서 두 신은 서서 안류왕을 기다렸다. 이윽고 호랑이와 표범 가죽옷을 입고 붉은 이마에 푸른 발을 하고 촛불을 손에 든 자가 깃발과 무기를 든 병사 천여 명을 이끌고 자주색 옷에 붉은 관을 쓴 자를 호위하면서 송강 서쪽 지류로부터 도착했다. 잡계신과 태호신은 성문에서 그를 맞이하여 아주 공손히 예를 차렸다. 서로 인사를 나눈 뒤에 송강신이 말했다.

"이번에 장차 재상이 될 사람이 강북으로 건너갈 것인데, 그는 풍모가 그다지 훌륭하지 못하고 행색 또한 몹시 초라합니다. 그래서 신들이 그를 알아보지 못할까 걱정이니, 모름지기 첩지를 내려 병예(屛翳: 風神. 또는 雲師·雨師·雷師라고도 함)에게 바람을 거두게 하고 빙이(馮夷: 水神)에게 파도를 잠재우게 해야 합니다. 이 역시 상제(上帝)의 평소 명령이시니 예법상 제가 직접 처리하는 것이 마땅합니다. 존귀하신 당신들을 오래 기다리게 했지만 저의 죄를 용서해주시겠지요? 하지만 제가 남몰래 물가에서 범상국(范相國: 范蠡. 越王 勾踐의 재상으로, 吳를 멸한 뒤 五湖에 배를 띄우고 떠돌아다녔다고 함)을 데려왔으니, 저의 허물을 보충하기에 충분할 것입니다."

곧 베옷을 걸친 사람이 검을 차고 앞으로 나오자, 잡계신과 태호신이 말했다.

"삼가 고명(高名)을 들은 지 오래되었소이다."

범군(范君: 范相國)이 말했다.

"저의 보잘것없는 덕이 아직 없어지지 않았는지라 오(吳) 땅 사람들이 저의 은덕을 기려 강가에 사당을 세우고 매년 봄과 가을에 소박한 제사를 차려주고 있습니다. 방금 시골 [사람들이 바친] 막걸리에 취해 있다가 강공(江公: 宋江神)에게 이끌려와서 당돌하게 이런 성대한 연회에 참석하고 보니 더욱 부끄럽고 두렵습니다."

그들은 서로 겸양하며 성문으로 들어갔다.

그들이 자리를 잡고 난 뒤에 늙은 교룡이 앞으로 나아와 소리쳤다.

"상왕(湘王: 湘水神)께서 성에서 2리 떨어진 곳에 당도했습니다!"

잠시 후 거마(車馬) 소리가 가득 울리면서 녹색 옷에 검은 관을 쓴, 기백과 풍모가 매우 훌륭한 자가 당도했는데, 앞뒤로 그를 인도하고 따르는 시종들이 100여 명이나 되었다. 상왕은 계단에 오른 뒤 세 신과 상견하면서 말했다.

"마침 멱라강(汨羅江)의 굴부사(屈副使: 屈原)와 함께 왔습니다."

이어서 의복이 허름하고 용모가 초췌한 사람이 허리를 굽히고 들어왔다. 굴원(屈原)이 막 자리에 앉자 범상국이 웃으며 굴원에게 말했다.

"당신은 방축당한 신하로서 파도의 곤욕을 치렀으며[즉 물에 빠져 죽었다는 뜻] 참소와 비방의 흔적이 죽은 뒤에도 없어지지 않았는데, 무슨 면목으로 또 이런 연회에 끼어들었소?"

굴원이 말했다.

"상강(湘江)의 외로운 혼백이자 물고기가 먹다 남긴 고기인 제가 어찌 감히 혀를 놀려 상국과 응대하겠습니까? 하지만 당신은 일곱 겹의 갑옷을 뚫을 수 있는 화살로는 새장 속의 새를 쏘지 않고, 엄청나게 큰 홍종(洪鍾)을 절단할 수 있는 검으로는 음식상 위의 고기를 자르지 않는다는 말을 들어보지 못했습니까? 또한 당신은 오(吳)를 멸망시키고 월(越)이 패권을 차지하게 했으며, 공을 이룬 뒤 물러나 오호(五湖) 위에서 소요하면서 만고(萬古)의 뒤까지 명성을 찬란히 빛내고 있습니다. 그래서 비천한 저는 당신의 훌륭하신 덕행과 명성을 남몰래 우러르면서 감히 당신을 보통 사람으로 대우하지 못합니다. 그런데 어찌하여 당신은 오늘 성대한 연회에서 저를 놀리면서 방축당한 신에게 위세를 부리십니까? 이는 새장 속의 병든 새를 쏘고 음식상 위의 썩은 고기를 자르는 것과 무엇이 다릅니까? 제가 생각건대 당신은 황금 살촉과 날카로운 칼날을 아끼십시오."

이에 상수신(湘水神)은 감동된 표정을 지으며 범군에게 벌주를 내리라고 명했다.

범군이 막 벌주를 마시려고 할 때, 여악(女樂) 수십 명이 모두 연주할 악기를 들고 무대에 서 있었다. 그때 배우가 소리쳤다.

"백발 미녀는 「공무도하가(公無渡河歌)」를 부르시오."

그 가사는 다음과 같았다.

탁한 파도 출렁이어 새벽안개 차갑게 엉기는데,
　　님은 강을 건너지 말아야 하거늘 끝내 건너갔네.
　　바람 불어 물결 거세니 님은 불러도 듣지 못하여,
　　옷 걷고 바라보며 강 가운데로 들어갔네.
　　물결은 옷을 휘감으며 걸음 따라 님을 삼키니,
　　물에 잠긴 시체는 깊숙이 교룡의 소굴로 들어갔네.
　　교룡은 님의 피 죄다 빨아 마셔 실컷 취하고,
　　님의 뼈를 누런 모래로 밀쳐내 떠오르게 했네.
　　이제 님이 죽었으니 첩은 어디로 갈거나?
　　일렁이는 파도로 뛰어들어 님의 혼백과 만나야겠네.
　　돌을 물어 날라 바다를 메웠다는 정위(精衛)의 마음 지니고서,
　　강의 근원을 끝까지 찾아내 그 수맥을 메우고 싶네.

백발 미녀가 노래를 끝내자 배우가 다시 소리쳤다.

"사추낭(謝秋娘: 唐 宰相 李德裕의 歌姬)은「채상곡(採桑曲)」을 춤추시오."

그 곡은 모두 10여 첩(疊: 지금의 節과 같음)이었으며 곡조가 애절했다. 춤이 채 끝나기 전에 밖에서 알리는 소리가 들렸다.

"신도선생(申徒先生: 申徒狄. '申徒'는 '申屠'라고 쓰기도 함. 殷나라 말 사람으로 紂王의 실정으로 천하가 어지러워지자 스스로 독에 들어가 연못에 빠져 죽었다고 함. 또는 夏나라 사람으로 湯王이 천하를 차지하자 이를 치욕으로 여겨 돌을 끌어안고 강에 빠져 죽었다고도 함)이 강가에서 오고, 서처사(徐處士: 徐衍. 周나라 말 사람으로 亂世를 싫어하여 돌을 끌어안고 바다에 빠져 죽었다고 함)와 치이군(鴟夷君: 伍子胥. 吳王 夫差의 신하. 夫差는 그의 간언을 듣지 않고 그에게 검을 내려 자결하게 했으며, 그의 시체를 술 담는 가죽부대에 담아 강에 던졌음. 그는 죽을 때 자신의 눈을 도려내서 성벽 위에 걸어두어 越軍의 침입을 지켜

보게 해달라고 했음)이 바닷가에서 왔습니다."

이어서 그들이 인도자를 따라 안으로 들어오자, 송강신・잡계신・상수신・태호신이 예를 갖추어 극진히 대접했다. 굴대부(屈大夫: 屈原)가 말했다.

"그대들은 독에 들어가 연못에 빠져 죽고, 돌을 끌어안고 바다에 빠져 죽고, 눈을 도려내 성벽에 걸어둔 자들이 아니오?"

그들이 대답했다.

"그렇습니다."

굴대부가 말했다.

"나에게 벗이 생겼군."

그리하여 붉은 현악기가 청아하게 울리고 맑은 관악기가 느긋하게 연주되었다. 술을 따른 옥 술잔이 바삐 오갔으며 산해진미 중에 갖춰지지 않은 것이 없었다.

사추낭의 춤이 끝나자 배우가 또 소리쳤다.

"조아(曹娥: 東漢 때의 孝女. 부친이 강에 빠져 죽었으나 시체를 찾지 못했는데, 당시 14살 된 曹娥가 스스로 강에 빠져 죽은 뒤 나중에 부친의 시체를 업고 떠올랐음)는 「원강파(怨江波)」를 부르시오."

그 곡은 모두 5첩이었는데 장침이 기억한 것은 제3첩뿐이었다. 그 가사는 다음과 같았다.

    슬픈 바람 쏴아 불고 파도는 끝없이 일렁이는데,
    만 리 길 갈대꽃에 푸른 안개 차갑게 엉기었네.
    교룡의 소굴은 깊고도 어두우며,
    몰아치는 첩첩한 파도는 나의 하늘[부친을 비유함]을 삼켰네.

온 세상 덮어주는 하늘[부친을 비유함]이 온전치 못하니 이 몸인들
어찌 온전하랴?
　　눈에 가득 고인 한 맺힌 피눈물 하릴없이 주르륵 흘렸네.
　　맹세하건대, 부드러운 뻘기 같은 이 내 손으로 저 괴수의 아가리에서
톱니 같은 이빨을 뽑아내어,
　　수부(水府)를 텅 비게 하고 저 비린내 나는 괴수를 숨게 하리라.
　　비췻빛 눈썹에 아리따운 미녀 강가에서 빠졌나니,
　　푸른 구름에 비낀 달만 괜스레 곱기만 하구나.
　　탄식하며 원한 삼키면서 힘없는 목소리로,
　　하릴없이 애절하게 노래 부르며 잔치자리에 나서네.

　조아의 노래가 끝나자 좌중은 모두 슬픈 표정을 지었다. 송강신이 술을 따르자 태호신이 일어나 춤을 추면서 노래를 지어 불렀다.

　　흰 이슬 널리 맺히고 서풍(西風)은 높이 부는데,
　　만 리의 푸른 물결 거센 파도로 출렁이네.
　　[물을] 세상에서 가장 부드러운 것이라고 말하지 마시라,
　　배 띄우고 배 뒤집는 건 모두 우리들 손에 달렸으니.

　이어서 송강신이 술잔을 비우고 난 뒤, 일어나 춤을 추면서 노래를 지어 불렀다.

　　그대는 보지 못했는가,
　　밤 되어 나루터에 모인 배 천 척,
　　그 안에 실려 있는 만백성에게서 짜낸 피땀을.
　　높다란 배들이 첩첩한 파도에 표류하니,
　　한스럽게도 보물 또한 기러기 털보다 가볍다네.
　　또 보지 못했는가,
　　아침[원문은 '潮'로 되어 있지만 『全唐詩』에 의거하여 '朝'로 고쳐 번
역함] 되어 나루터에 매어 있는 작은 배 한 척,

그 안에 타고 있는 푸른 도포 입은 선비 한 명을.
　　읍재(邑宰: 縣令)로 부임하러 가는 좋은 날에,
　　성난 파도와 울부짖는 바람에 운명을 맡긴다네.
　　이로써 알겠나니, 명성에 빠진 자와 이득에 빠진 자는,
　　수부(水府)의 물고기 밥을 면치 못함을.

상왕이 술잔을 들자 잡계신이 노래를 불렀다.

　　산세(山勢)는 물길을 휘감돌며 나뉘고,
　　짙푸른 물빛과 산색(山色)은 구름에 맞닿아 있네.
　　사시의 경물은 모두 시인에 의해 읊어지니,
　　오흥태수(吳興太守) 유사군(柳使君)을 바빠 죽게 만드는구나.

술잔이 잡계신에게 이르자 상왕이 노래를 불렀다.

　　아득히 안개 낀 파도는 구의산(九嶷山: 전설에 따르면, 舜임금이 남쪽을 巡狩하다가 죽어 이 산에 묻혔다고 함)에 닿아 있는데,
　　몇 사람이나 이곳을 지나며 강리(江蘺: 香草名) 보고 울었나?[唐代에는 九嶷山 일대가 귀양지였음]
　　해마다 초록빛 강물에 푸른 산색,
　　중화(重華: 舜임금)님 남순(南巡)할 때와 바뀌지 않았네.

이번에는 범상국이 「경회야연(境會夜宴)」이란 시를 지어 바쳤다.

　　광활하고 맑은 파도에 가을 기운 서늘한데,
　　깊숙한 수궁(水宮)에 초저녁이 길구나.
　　가련하게도 벼슬에서 물러나 오호(五湖)의 나그네 되었으나,
　　무슨 요행으로 뒤늦게 백곡왕(百谷王: '百谷'은 '百川'의 뜻)을 모시게 되었나?
　　향기롭게 하늘거리는 푸른 구름은 잔치자리에서 일고,

바삐 오가는 백옥 술잔엔 초장(椒漿: 山椒로 담근 술)이 넘치네.
주흥(酒興)에 겨워 홀로 작은 배 타고 떠나,
웃으며 금고(琴高: 옛 神仙. 『列仙傳』에 따르면, 그는 붉은 잉어를 타고 涿水 속으로 들어갔다고 함)의 불사향(不死鄕: 仙鄕. 여기서는 水宮을 말함)으로 들어가네.

처사 서연(徐衍)도 「경회야연병간범(境會夜宴幷簡范)」이란 시를 지어 바쳤다.

여의주 빛과 용이 내뿜는 불 밝게 빛나는데,
밤 이어 아침까지 저궁(渚宮: 戰國時代 楚의 別宮. 여기서는 水宮을 말함)에서 잔치 벌이네.
맑게 부는 봉황울음 피리 소리에 저 먼 포구 처량하고,
한가롭게 연주하는 붉은 금(琴) 소리에 가을 하늘 차갑네.
속마음 말하자면 함께 돌아갈 벗 만나서 다행이지만,
헤아려보니 군왕을 보좌한 공 없어 부끄럽네.
구름 비 타고 각자 진경(眞境: 仙境. 각 신들의 거처를 말함)으로 날아간 뒤,
파도 위로 불어오는 슬픈 바람 견디지 못하리.

굴대부는 왼손으로 술잔을 들고 오른손으로 쟁반을 두드리며 낭랑하게 노래를 지어 불렀다.

훨훨 나는 봉황이 상서로움 내리는데,
근심스럽게도 산계(山雞: 꿩)가 뒤섞여 나네.
온화한 옥이 보기(寶器)를 만드는데,
무부(碱砆: 옥처럼 생긴 돌)가 빛을 다투네.
왕후(王侯)의 문은 사방으로 열려 있건만,
훌륭한 계책 바칠 문은 굳게 닫혀 있네.
상서로운 그릇 쓸모없으니,
어두움으로 쇠미해지는 것이 당연하네.

헛수고로 바위 쪼아 배를 만드니,
강물 따라 떠가는 배의 뜻에 어긋나네.
나무 깎아 새 만드니,
높이 날아오를 리가 없네.
불쌍하게도 광활한 곳에 외톨이 신세니,
의지하여 도움 받을 무리가 없네.
쏟아지는 핏방울 질펀하게 흐르니,
단지 물고기 밥 되어 장차 돌아가리.
서풍(西風)은 소슬하고 상수(湘水)는 아득한데,
백지(白芷: 香草名) 향기 멈추고 강리(江籬: 香草名)는 시드네.
해 뉘엿뉘엿 기울어 강 구름 거두니,
노[樟]사방으로 슬픈 바람만 아련히 불어오네.
나그네 혼백은 강물에 빠졌지만,
나의 이름은 영원히 떠다니리.
푸른 파도가 마른다 하더라도,
그 명예는 길이 흐르리.
설사 달콤한 말이 예전보다 잘 통한다 하더라도,
어찌 오늘 군왕의 자리에 앉을 수 있으리?
이로써 명성 탐하고 벼슬 좇다가 세상 따라 사라지는 자는,
비록 저택의 본채에서 죽는다 하더라도,
내 짝이 될 수 없음을 알겠네.
세 발 솥 늘어놓은 훌륭한 연회에서,
여러 군후(君侯)를 모실 수 있게 되었네.
아로새긴 쟁반과 옥 그릇엔 진수성찬 담겨 있고,
금 술잔과 옥 술잔에 미주(美酒) 담아 바치네.
감히 속마음 털어놓으며 노래 한 곡 부르니,
내가 술잔 들고 머무는 것 나무라지 마소서.

신도선생(申屠先生: 申徒先生)도「경회야연」이란 시를 지어 바쳤다.

행전(行殿: 제왕이 행차할 때 머무는 궁전)엔 가을 아직 깊지 않았는데,
수궁엔 바람이 서늘하네.
누가 말했나? 이 밤에,

신들을 영접하여 배알하러 간다고.
영타(靈鼉: 악어의 울음소리가 북소리와 같다고 함)는 둥둥 북을 치고,
신룡(神龍)은 번쩍번쩍 빛나네.
붉은 누대는 파도를 누르고 솟아 있고,
비취빛 휘장은 구름에 닿도록 높이 쳐져 있네.
옥 퉁소는 차가운 가을 정취를 노래하고,
옥 슬(瑟)은 맑은 상성(商聲: 가을 소리. 秋聲·金聲이라고도 함)을 머금었네.
강호의 어지신 어른들이 이르시고,
하천의 귀하신 왕들이 늘어서 계시네.
나처럼 나약하고 범속한 사람이,
무너진 기강을 바로 세울 수 없음을 용서해주소서.
온통 어지러운 세상과 작별하고,
기꺼이 교룡의 마을에서 잠들려네.
그윽한 섬 사이에 은거하면서,
창해(滄海)가 상전(桑田)으로 변하는 걸 몇 번이나 보았나?
근래의 사람들은 모두 세속의 무리이니,
함께 술잔 기울이기 어렵네.
오늘 성대한 연회에 참석하니,
정신이 드높아짐을 다소 느끼네.
바야흐로 창랑(滄浪)의 벗과 기쁨을 나누지만,
금세 먼동이 틀까 걱정이네.
바다 사람이 짜내는 상서로운 비단 앞에서,
어찌 감히 문채(文彩)를 논하랴?
애오라지 영경(靈境: 仙境)의 연회를 노래하니,
이 만남은 진실로 잊기 어렵네.

마지막으로 치이군이 술잔을 들고 노래를 지어 불렀다.

전쟁의 풍운이 큰 들판에 부니 피 물결 도도히 흐르고,
천지가 서로 전쟁하니 오(吳) 땅에 온전한 밭이랑이 없었네.
[오나라의] 패업(霸業)이 장차 무너지려 하니,
훌륭한 계책이 받아들여지지 않음이 당연했네.

나라의 명운이 기울어 엎어지니,
나의 앞길도 재앙을 만났네.
가죽 부대에 담기는 큰 재액을 만나,
끝없이 깊은 강물 속으로 들어갔네.
상제(上帝)께선 나의 무고함을 불쌍히 여기시어,
대강(大江: 長江)에게 억울한 행적을 성난 파도로 알리게 하셨네.
그래서 산더미 같은 파도를 채찍질하고 바삐 몰아,
나의 응어리진 마음을 조금이나마 펼칠 수 있었네.
영경(靈境: 仙境)의 훌륭한 연회를 만나,
외람되게도 잔치자리에 참석하는 걸 허락 받았네.
퉁소 불고 쇠북 치며 노래하나니,
오(吳)나라 노래 부르고 월(越)나라 춤추며 아직 다 즐기지 못했는데,
갑자기 군성(軍城)의 새벽 북이 둥둥 울리네.
원컨대 상선(上善)의 부드러운 덕[물의 德性을 말함.『老子』제8장에
"上善若水"란 구절이 있음]만 지니고 있다면,
어느 행락지에선들 다시 만나기 어려우랴?

노래가 끝났을 때는 잡군 성루의 새벽 북소리가 멈췄고, 동정산(洞庭山) 절의 새벽 종소리가 울려왔다. 그러자 회오리바람이 마구 불고 검은 구름이 사방에서 일어났는데, 물결 사이에서 거마 소리가 여전히 시끄럽게 들렸다. 그러더니 잠시 후 아무 것도 보이지 않았다. 동이 터서 물색을 분간할 수 있게 되었을 때, 커다란 거북이 다시 강 가운데에서 머리를 내밀고 장침을 뒤돌아보고는 떠나갔다. (『집이기』[『찬이기』])

雪人蔣琛, 精熟二經, 常敎授於鄕里. 每秋冬, 於雪溪・太湖中流, 設網罟以給食. 常獲巨龜, 以其質狀殊異, 乃顧而言曰: "雖入余且之網, 俾免刳腸之患. 旣在四靈之列, 得無愧於鄒叟乎?" 乃釋之, 龜及中流, 凡返顧六七. 後歲餘, 一夕風雨晦冥, 聞波間洶洶聲, 則前之龜扣舷人立而言曰: "今夕太湖・雪溪・松江神境會, 川瀆諸長, 亦聞應召, 開筵解榻, 密邇漁舟. 以足下淹滯此地, 持網且久, 纖鱗細介, 苦於數網, 脫禍之輩, 常怏怨心. 恐水族乘使, 得肆胸臆. 昔日恩遇, 常貯懇誠, 由斯而來, 冀答萬一. 能退咫尺以遠擧乎?" 琛曰: "諾." 遂於安流中, 纜舟以伺焉.

未頃, 有䱜鼉魚鱉, 不可勝計, 周帀二里餘, 壘波爲城, 遏浪爲地, 開三門, 垣通衢, 異怪千餘. 皆人質螭首, 執戈戟, 列行伍, 守衛如有所待. 續有蛟蜃數十, 東西馳來, 乃噓氣爲樓臺, 爲瓊宮珠殿, 爲歌筵舞席, 爲座榻裀褥, 頃刻畢備. 其尊罍・器皿・玩用之物, 皆非人世所有. 又有神魚數百, 吐火珠, 引甲士百餘輩, 擁靑衣黑冠者, 由霅溪南津而出. 復見水獸亦數百, 衒耀, 引鐵騎二百餘, 擁朱衣赤冠者, 自太湖中流而來. 至城門, 下馬交拜. 溪神曰: "一不展覿, 五紀('紀'原作'絶', 據陳校本改)于茲, 雖魚鴈不絶, 而笑言久曠. 勤企盛德, 衷腸悾然." 湖神曰: "我心亦如之." 揖讓次, 有老蛟前唱曰: "安流王上馬!" 於是二神立候焉. 則有衣虎豹之衣, 朱其額, 靑其足, 執蠟炬, 引旌旗戈甲之卒, 凡千餘, 擁紫衣朱冠者, 自松江西泒而至. 二神迎於門, 設禮甚謹. 叙喧涼竟, 江神曰: "此去有將爲宰執者北渡, 而神貌未揚, 行李甚艱. 恐神不('不'字原空闕, 據陳校本補)識不知, 事須帖屛翳收風, 馮夷息浪. 斯亦上帝素命, 禮宜躬親. 候(明鈔本作'後')吾子淸塵, 得免擧罰否? 然竊於水濱拉得范相國來, 足以補其尤矣." 乃有披褐者, 仗劒而前, 溪湖神曰: "欽奉實久." 范君曰: "涼德未泯, 吳人懷恩, 立祠於江濆, 春秋設薄祀. 爲村醪所困, 遂爲江公驅來, 唐突盛筵, 益增慙慄." 於是揖讓入門.

旣卽席, 則有老蛟前唱曰: "湘王去城二里!" 俄聞軿闐車馬聲, 則有綠衣玄冠者, 氣貌甚偉, 騶殿亦百餘. 旣升階, 與三神相見, 曰: "適輒與汨羅屈副使俱來." 乃有服飾與容貌慘悴者, 傴僂而進. 方卽席, 范相笑謂屈原曰: "被放逐之臣, 負波濤之困, 讒痕謗跡, 骨銷未滅, 何慘面目, 更獵其盃盤?" 屈原曰('屈原曰'三字原闕, 據明鈔本・陳校本補): "湘江之孤魂, 魚腹之餘肉, 焉敢將喉舌酬對相國乎? 然無聞穿七札之箭, 不射籠中之鳥, 制洪鍾之劒, 不劘几上之肉? 且足下亡吳霸越, 功成身退, 逍遙于五湖之上, 輝煥於萬古之後. 故鄙夫竊仰重德盛名, 不敢以常意奉待. 何今日戲謔於綺席, 恃意氣於放臣? 則何異射病鳥於籠中, 剚腐肉於几上? 竊於君子惜金鏃與利刃也." 於是湘神動色, 命酒罰范君.

君將飲, 有女樂數十輩, 皆執所習於舞筵. 有俳優揚言曰: "嬌嬌美女, 唱「公無渡河歌」." 其詞曰: "濁波揚揚兮凝曉霧, 公無渡河兮公竟渡. 風號水激兮呼不聞, 提衣看入兮中流去. 浪排衣兮隨步沒, 沈屍深入兮蛟螭窟. 蛟螭盡醉兮君血乾, 推出黃沙兮泛君骨. 當時君死兮妾何適? 遂就波瀾兮合魂魄. 願持精衛銜石心, 窮取('取'字原空闕, 據陳校本改)河源塞泉脈." 歌竟, 俳優復揚言: "謝秋娘舞('舞'字原闕, 據陳校本補)「採桑曲」." 凡十餘疊, 曲韻哀怨. 舞未竟, 外有宣言: "申徒先生從河上來, 徐處士與鴟夷君自海濱至." 乃隨導而入, 江・溪・湘・湖禮接甚厚. 屈大夫曰: "子非蹈甕・抱石・抉眼之徒與?" 對曰: "然." 屈曰: "余得朋矣." 於是朱絃雅張, 清管徐奏. 酌瑤觥, 飛玉觴, 陸海珍味, 靡不臻極.

舞竟, 俳優又揚言: "曹娥唱「怨江波」." 凡五疊, 琛所記者唯三. 其詞曰: "悲風淅淅兮波絲絲, 蘆花萬里兮凝蒼煙. 虯螭窟宅兮淵且玄, 排波疊浪兮沈我天. 所覆不全兮身寧全? 溢眸恨血兮徒漣漣. 誓將柔荑抉鋸牙之啄, 空水府而藏其腥涎. 青娥翠黛兮沈江壖, 碧雲斜月兮空嬋娟. 吞聲飲恨兮語無力, 徒揚哀怨兮登歌筵." 歌竟, 四座爲之慘容. 江神把酒, 太湖神起舞作歌曰: "白露溥兮西風高, 碧波萬里兮翻洪濤. 莫言天下至柔者, 載舟覆舟皆我曹." 江神傾盃, 起舞作歌曰: "君不見, 夜來渡口擁千艘, 中載萬姓之脂膏. 當樓船泛泛於疊浪, 恨珠貝又輕於鴻毛. 又不見, 潮來津亭維一舠, 中有一士青其袍. 赴宰邑之良日, 任波吼而風號. 是知溺名溺利者, 不免爲水府之腥臊." 湘王持盃, 霅溪神歌曰: "山勢縈廻水脈分, 水光山色翠連雲. 四時盡入詩人詠, 役殺吳興柳使君." 酒至溪神, 湘王歌曰: "渺渺煙波接九嶷, 幾人經此泣江籬? 年年綠水青山色, 不改重華南狩時."

於是范相國獻「境會夜宴」, 詩曰: "浪瀾波澄秋氣涼, 沈沈水殿夜初長. 自憐休退左湖客, 何幸追陪百谷王? 香裊碧雲颺几席, 觥飛白玉灩椒漿. 酒酣獨泛扁舟去, 笑入琴高不死鄉." 徐衍處士獻「境會夜宴并簡范」詩曰: "珠光龍耀火燁燁, 夜接朝雲極渚宮. 鳳管淸吹淒極浦, 朱絃閒奏冷秋空. 論心幸遇同歸友, 揣分慙無輔佐功. 雲雨各飛眞境後, 不堪波上起悲風." 屈大夫左持盃, 右擊盤, 朗朗作歌曰: "鳳騫騫以降瑞兮, 患山雞之雜飛. 玉溫溫以呈器兮, 閃碔砆之爭輝. 當侯門之四闢兮, 堪嘉謨之重扉. 旣瑞器而無庸兮, 宜昏暗之相微. 徒刻石以爲舟兮, 顧沿流而志違. 將刻木而作羽兮, 與超騰之理非. 矜孑孑於空闊('闊'字原空闕, 據明鈔本·陳校本補)兮, 靡群援之可依. 血淋淋而滂流兮, 顧江魚之腹而將歸. 西風蕭蕭兮湘水悠悠, 白芷芳歇兮江籬秋. 日晼晼兮川雲收, 椓四起兮悲風幽. 羈魂汨沒兮, 我名永浮. 碧波雖涸兮, 厥譽長流. 向使甘言順行于曩昔, 豈今日居君王之座頭? 是知貪名徇祿而隨世磨滅者, 雖正寢而('而'原作'之', 據明鈔本改)死兮('兮'原作'乎', 據明鈔本改), 無得與吾儔. 當鼎足之嘉會兮, 獲周旋於君侯. 雕盤玉豆兮羅珍羞, 金卮瓊斝兮方獻酬. 敢寫心兮歌一曲, 無誚余持盃以淹留."

申屠先生獻「境會夜宴」詩曰: "行殿秋未晚, 水宮風初涼. 誰言此中夜, 得接朝宗行? 靈鼉振鼕鼕, 神龍耀煌煌. 紅樓壓波起, 翠幄連雲張. 玉簫冷吟秋, 瑤瑟淸含商. 賢臻江湖叟, 貴列川瀆王. 諒予喪俗人, 無能振頹綱. 分辭皆亂世, 樂寐蛟螭鄉. 棲遲幽島間, 幾見波成桑? 爾來盡流俗, 難與傾壺觴. 今日登華筵, 稍覺神揚揚. 方歡滄浪侶, 遽恐白日光. 海人瑞錦前, 豈敢言文章? 聊歌靈境會, 此會誠難忘." 鴟夷君銜盃作歌曰: "雲集大野兮血波洶洶, 玄黃交戰兮吳無全壘. 旣霸業之將隆, 宜嘉謨之不從. 國步顚蹶兮, 吾道遘凶. 處鴟夷之大困, 入淵泉之九重. 上帝愍余之非辜兮, 俾大江鼓怒其寃踪. 所以鞭浪山而疾驅波岳, 亦粗足展余拂鬱之心胸. 當靈境之良宴兮, 謬尊俎之相容. 擊簫鼓兮撞歌鍾, 吳謳越舞兮歡未極, 遽軍城曉鼓之鼕鼕. 願保上善之柔德, 何行樂之地兮難相逢?"

歌終, 雪郡城樓早鼓絶, 洞庭山寺晨鍾鳴. 而飄風勃興, 玄雲四起, 波間車馬音

猶合沓. 頃之, 無所見. 曙色旣分, 巨龜復延首於中流, 顧兩琛而去. (出『集異記』, 明鈔本作'出『纂異記』')

309·2(3976)
장준언(張遵言)

　　남양현(南陽縣)의 장준언은 공명을 구하려 과거에 응시했지만 낙방하여 돌아가는 길에 상산(商山)의 산관(山館: 驛館)에 투숙했다. 캄캄한 한밤중에 그는 대청에 서서 말에게 꼴 먹이는 일을 감독하고 있었는데, 동쪽 담 아래에서 하얗게 빛나는 어떤 물체가 보였다. 그래서 노복에게 살펴보게 했더니 다름 아닌 고양이만한 크기의 흰 개 한 마리가 있었는데, 수염·눈썹·발톱·이빨이 모두 옥처럼 하얬으며 털빛이 곱고 윤이 나서 정말 마음에 들고 사랑스러웠다. 장준언은 그 개를 아끼고 사랑하여 '첩비(捷飛)'란 이름을 지어주었는데, 그 말은 힘차게 달리는 것이 나는 것보다 빠르다는 뜻이었다. 그는 늘 첩비와 함께 생활했다. 장준언은 처음에는 노복 장지성(張志誠)에게 첩비를 소매에 넣고 다니게 했는데, 매번 물과 밥을 줄 때마다 한번도 자신의 눈앞에서 벗어난 적이 없었다. 첩비는 간혹 먹이가 마음에 들지 않으면 반드시 자기가 좋아하는 먹이를 줄 때까지 기다렸다가 먹곤 했다. 만약 먹을 것이 부족하면 장준언은 차라리 자신은 먹지 않을지언정 첩비의 먹이를 부족하게 하지는 않았다. 1년 남짓 지나서 첩비를 소매에 넣고 다니던 장지성이 [첩비를 돌보는 데] 소홀해지자, 장준언은 외출할 때마다 자신이 직접 첩비를 소매에 넣고 다녔다. 장준언은 첩비의 먹이에 더욱 정성을 기울이며 밤에도 함께 자고 낮에도 함께 있으면서 이렇게 계속 4년을 지냈다.

나중에 장준언이 양산(梁山)의 길을 가고 있을 때, 해가 장차 지려하고 날씨 또한 흐렸는데, 목적지에 도착하기 전에 비바람이 갑자기 몰아쳤다. 그래서 장준언은 노복들과 커다란 나무 아래에서 비를 피했는데, 그때는 날이 캄캄하여 아무 것도 보이지 않았다. 그런 와중에 갑자기 첩비가 온데간데없이 사라져버렸다. 장준언은 놀라 탄식하면서 장지성 등에게 명하여 흩어져서 첩비를 찾게 했다. 아직 첩비를 찾지 못하고 있을 때, 흰 옷을 입고 키가 8척 남짓 되는 한 사람이 홀연히 나타났는데 그 모습이 근사해 보였다. 장준언은 마치 밝은 달빛 아래에 서 있는 것처럼 훤해지는 것을 느꼈는데, 각자 상대방의 모습을 분간할 수 있었다. 장준언이 흰 옷 입은 사람에게 물었다.

"당신은 어디에서 왔으며 성씨가 무엇이오?"

흰 옷 입은 사람이 말했다.

"나는 성이 소(蘇)이고 항렬이 넷째이오."

그가 이어서 장준언에게 말했다.

"나는 이미 그대의 성명을 알고 있소. 그대는 첩비가 어디로 갔는지 아시오? 내가 바로 그 첩비이오. 그대는 지금 재액을 만나 죽어야만 하오. 하지만 나는 그대에게서 깊은 은혜를 받았으니[원문은 '愛'라 되어 있지만 문맥상 '受'의 誤記로 보임], 4년 동안 그대는 나를 잘 보양하여 심지어 자신의 음식을 거두어 나에게 주면서까지 온갖 정성을 기울이면서도 일찍이 터럭만큼도 후회한 적이 없었소. 그래서 나는 지금 맹세하건대 그대를 재액에서 벗어나게 해주겠지만 모름지기 10여 명의 목숨을 해쳐야만 하오."

그는 말을 마친 뒤, 마침내 장준언의 말을 타고 갔으며 장준언은 걸어서 그를 따랐다.

한 10리쯤 갔을 때 어떤 무덤 위에 서너 사람이 있는 것이 멀리서 보였는데, 그들은 흰 옷에 흰 관을 쓰고 키가 1장(丈) 남짓 되었으며 손에 활과 검을 들고 있었는데 그 모습이 매우 훌륭했다. 그들은 소사랑(蘇四郎)을 보고는 허리를 굽힌 채 달려와 영접하며 절을 했는데, 절을 하고 나서도 감히 그를 쳐다보지 못했다. 소사랑이 물었다.

"무슨 연유로 날 보자느냐?"

흰 옷 입은 사람이 말했다.

"대왕의 첩지를 받들어 수재(秀才) 장준언을 잡아가려고 왔습니다."

그들은 말을 마친 뒤 장준언을 힐끗 훔쳐보았다. 장준언은 겁에 질려 땅에 쓰러질 뻔했다. 소사랑이 말했다.

"무례하게 굴지 마라! 나와 장준언은 서로 왕래하는 사이이니, 너희들은 모름지기 나에게 길을 비켜주어야 할 것이니라."

그러자 네 사람은 근심에 싸여 소리내어 울었다. 소사랑이 장준언에게 말했다.

"근심하거나 두려워하지 마시오. 이 자들은 내 뜻을 어길 수 없소."

다시 10리를 가서 6~7명의 야차(夜叉) 무리를 또 만났는데, 그들은 모두 병기를 들고 있었고 구리 머리에 쇠 이마를 한 혐오스런 모습으로 이리저리 날뛰고 기웃거리면서 난폭하게 행동했다. 하지만 그들은 멀리서 소사랑을 보더니 악독함을 거두고 벌벌 떨며 서 있다가 엎드린 채로 두려움에 떨면서 절을 했다. 그러자 소사랑이 소리쳐 물었다.

"무얼 하러 왔느냐?"

야차들은 악독한 모습을 바꾸어 유순한 얼굴을 내보이며 팔꿈치로 기어서 다가와 말했다.

"대왕의 첩지를 받들어 오로지 수재 장준언을 잡아가려고 왔습니다."

그들은 이전에 흰 옷 입은 사람들이 했던 것처럼 장준언을 힐끗 훔쳐보았다. 소사랑이 말했다.

"장준언은 나의 친구이니 절대로 잡아갈 수 없느니라."

그러자 야차들은 일제히 머리를 땅에 찧어 피를 흘리면서 말했다.

"이전에 흰 옷 입은 사람 4명은 장준언을 잡아오지 못했기 때문에, 대왕께서 이미 각자에게 쇠 곤장 500대씩을 치라고 판결하여, 살았는지 죽었는지 아직도 알 수 없습니다. 사랑께서 지금 그를 넘겨주지 않으시면 저희들은 모두 죽게 됩니다. 엎드려 저희들의 목숨을 애걸하오니 잠시 장준언을 보내주십시오."

소사랑이 대노하여 야차들을 질타하자, 그들은 뒤로 물러나 수십 보 밖에서 쓰러져 피를 흘리며 도망쳤으며 눈물을 흘리며 계속 애원했다. 소사랑이 말했다.

"조무래기 귀신들이 감히 이러하다니! 내 말을 듣지 않으면 지금 당장 죽게 될 것이니라."

야차들이 훌쩍훌쩍 울면서 떠나가자 소사랑이 다시 장준언에게 말했다.

"저 자들은 정말 함께 얘기하기 어렵소. 지금 그들이 이미 떠났으니 그대를 위한 일이 이루어졌소."

다시 7~8리를 가서 50여 명의 병사들을 만났는데, 그 모습과 기색이 보통 사람과 같았다. 그들이 또 소사랑 앞에서 줄지어 절을 하자 소사랑이 말했다.

"무얼 하러 왔느냐?"

그들은 야차들이 했던 것처럼 대답하고는 이어서 또 말했다.

"이전의 야차 우숙량(牛叔良) 등 7명은 장준언을 잡아오지 못하여 모두 법에 따라 처형되었기에 저희들은 두려움에 떨고 있습니다. 사랑께서 어떤 법술을 지니고 계신지는 모르오나 저희들의 목숨을 구해주십시오."

소사랑이 말했다.

"단지 나를 따라오기만 하면 아마도 희망이 있을 것이다."

50명의 병사 중에서 그렇게 하겠다고 말하는 자가 절반이었다. 잠시 후 커다란 오두문(烏頭門)에 이르렀다. 또 몇 리를 갔더니 아주 장엄한 성채가 보였는데, [그 안에서] 군인 복장을 한 어떤 사람이 말을 달려 나아와서 대왕의 말을 전했다.

"사랑께서 먼 곳에서 오셨는데, 제가 다스리는 경계에 한계가 있어서 규정상 [관할 경계를 벗어나] 길에서 영접할 수 없었습니다. 청컨대 남관(南館)에서 잠시 쉬고 계시면 곧 모셔오도록 하겠습니다."

소사랑과 장준언이 남관에 들어가 미처 편히 쉬지도 못했을 때, 명을 전하는 사자가 연달아 이르러 불렀으며 장수재(張秀才: 張遵言)도 함께 오라고 했다. 이윽고 사자를 따라가서 보았더니 궁전과 관아들이 모두 진짜 왕궁 같았다. 문으로 들어가서 보았더니 곤룡포를 입고 면류관을 쓴 대왕이 소사랑을 영접하며 절을 했는데, 소사랑은 답배하면서도 아주 건성으로 예의를 차렸으며 그저 예! 예! 라고만 말할 뿐이었다. 대왕이 극진히 예의를 갖추어 앞으로 나아가 소사랑에게 읍(揖)하며 계단으로 오르게 하자, 소사랑도 약간 읍하고 궁전에 올라 장준언을 돌아보며 말했다.

"[이 사람은] 이곳 주인의 신분이니 이렇게[원문은 '邇'라 되어 있지만 문맥상 '爾'의 誤記로 보임] 하지 않으면 안 되오."

대왕이 말했다.

"전전(前殿)은 누추하니 사랑께서 연회를 즐길 만한 곳이 아닙니다."

그리고는 또 소사랑에게 읍했다. 모두 3곳의 궁전을 들렀는데, 각 궁전 안에는 모두 반탑(盤榻: 위에 나선형 문양이 새겨진 臥榻)·식기·휘장 등의 물건이 비치되어 있었다. 네 번째 궁전에 이르러서야 비로소 자리에 앉았는데, 먹는 음식과 그릇들은 인간 세상에 있는 것이 아니었다. 식사를 마치자 대왕은 소사랑에게 읍하며 야명루(夜明樓)로 오르게 했다. 야명루 위의 네 모서리 기둥은 모두 야명주(夜明珠: 夜光珠)로 장식되어 있었는데 그 빛이 대낮처럼 밝았다. 대왕은 술과 음악을 준비하라고 명하여 술잔이 몇 순배(巡杯) 돌고 나자 소사랑에게 말했다.

"술시중 들 사람이 있으니 불러오고자 합니다."

소사랑이 말했다.

"안될 게 무에 있겠소?"

여악(女樂) 7~8명과 술시중 드는 사람 10여 명은 그 용모와 단장이 모두 신선 같았다. 대왕과 소사랑은 각자 편한 옷을 입고 담소했는데, 또한 인간세상의 젊은이와 비슷했다. 잠시 후 소사랑이 한 미녀를 희롱하자 미인은 정색하며 받아주지 않았다. 소사랑이 다시 희롱하자 미인이 화를 내며 말했다.

"나는 유근(劉根: 漢 成帝 때 仙人으로 집을 버리고 嵩山에서 은거하며 신선술을 연마하다가 나중에 韓衆을 만나 得仙함)의 부인인데, 상원부인(上元夫人)의 처분을 받들지 않았다면 어찌 이곳에 와 있겠습니까?[상원부인의 처분으로 이곳에 귀양 와 있다는 뜻] 당신은 어찌하여 나를 쉽게 보십니까? 이 자리에 있는 허장사(許長史)도 [이전에] 운림왕부인(雲林王夫人)의 연회석상에서 나에게 말을 함부로 했는데, 내가 이미 두란향(杜蘭香: 전설상의 仙女로, 인간세상으로 폄적되어 洞庭湖 가로 내려왔다가 어부에 의해 길러졌으며, 10여 년 뒤에 다시 승천하여 떠났다고 함) 자매에게 말씀드려서 혼이 났습니다. 그래서 그는 아무리 하찮은 말이라도 감히 희롱하지 못하는데, 당신은 어찌하여 나를 쉽게 보십니까?"

그 말에 소사랑이 노하여 술잔으로 상아 쟁반을 한 번 내리쳤더니, 기둥 위의 야명주가 툭 하고 떨어져 캄캄하니 아무 것도 보이지 않았다.

장준언은 한참 동안 멍하니 있다가 다시 정신을 차려보니, 자신이 본래 있던 커다란 나무 아래에서 소사랑과 말과 함께 있는 것이었다. 소사랑이 말했다.

"그대는 이미 재액을 넘겼으니 이제 그대와 작별해야겠소."

장준언이 말했다.

"저는 당신에게서 목숨을 살려주신 은혜를 이미 극진히 받았지만, 당신의 출신을 전혀 알지 못하니 감격하여 우러러 받들고자 하는 마음을 어디에 표시해야 할지 모르겠습니다. 또 저의 일생은 다시 무엇에 의지해야 합니까?"

소사랑이 말했다.

"나는 말할 수 없소. 그대는 단지 상주(商州) 용흥사(龍興寺) 동쪽 행랑의 누더기 승복을 입은 노승을 찾아가 물어보면 곧 알 수 있을 것이오."

소사랑은 말을 마친 뒤 공중으로 솟구쳐 떠나갔다.

날이 이미 밝아오자 장준언은 말고삐를 정돈하여 상주로 갔는데, 과연 그곳에 용흥사가 있었다. 그래서 장준언은 누더기 승복을 입은 노승을 찾아뵙고 절을 올렸다. 노승은 처음엔 장준언을 심하게 물리쳤지만, 장준언이 계속 간청하자 깊은 밤이 되어서야 비로소 말했다.

"당신이 한사코 청하니 내 어찌 대답하지 않을 수 있겠소? 소사랑은 바로 태백성(太白星: 金星 또는 啓明星)의 정령이고 대왕은 선부(仙府)에서 폄적된 관리인데, 지금 이곳에 머물고 있소."

장준언이 다른 일을 노승에게 물었지만 노승은 결국 대답하지 않은 채 이렇게 말했다.

"나는 이제 이곳을 떠나야겠소."

노승은 즉시 장준언에게 돌아가라고 했다. 장준언은 다음날 그곳을 찾아갔지만 노승의 처소를 알 수 없었다. (『박이기』)

南陽張遵言, 求名下第, 塗次商山山館. 中夜晦黑, 因起廳堂督芻秣, 見東牆下一物, 凝白耀人. 使僕者視之, 乃一白犬, 大如猫, 鬚睫爪牙皆如玉, 毛彩淸潤, 悅懌可愛. 遵言憐愛之, 目爲'捷飛', 言駿奔之甚於飛也. 常與之俱. 初令僕人張志誠袖之, 每飮飼, 則未嘗不持目前. 時或飮食不快, 則必伺其嗜而嚥之. 苟或不足, 寧遵言輟味, 不令捷飛之不足也. 一年餘, 志誠袖行, 意以懈怠, 由是遵言每行, 自袖之. 飮食轉加精愛, 夜則同寢, 晝則同處, 首尾四年.

後遵言因行於梁山路, 日將夕, 天且陰, 未至所詣, 而風雨驟來. 遵言與僕等隱入樹下, 於時昏晦, 默無所覩. 忽失捷飛所在. 遵言驚歎, 命志誠等分頭搜討. 未獲次, 忽見一人, 衣白衣, 長八尺餘, 形狀可愛. 遵言豁然如日中立, 各得辨色. 問白衣人: "何許來, 何姓氏?"白衣人曰: "我姓蘇, 第四." 謂遵言曰: "我已知子姓字矣. 君知捷飛去處否? 則我是也. 君今災厄合死. 我緣愛君恩深, 四年已來, 能活我至於盡力輟味, 曾無毫釐悔恨. 我今誓脫子厄, 然須損十餘人命耳." 言訖, 遂乘遵言馬而行, 遵言步以從之.

可十里許, 遙見一塚上有三四人, 衣白衣冠, 人長丈餘, 手持弓劍, 形狀瓌偉. 見蘇四郎, 俯僂迎趨而拜, 拜訖, 莫敢仰視. 四郎問: "何故相見?"白衣人曰: "奉大王帖, 追張遵言秀才." 言訖, 偸目盜視遵言. 遵言恐, 欲踣地. 四郎曰: "不得無禮! 我與遵言往還, 君等須與我且去." 四人憂恚啼泣. 而四郎謂遵言曰: "勿憂懼. 此輩亦不能戾吾."

更行十里, 又見夜叉輩六七人, 皆持兵器, 銅頭鐵額, 狀貌可憎惡, 跳梁企踉, 進退獰暴. 遙見四郎, 戢毒慄立, 惕伏戰悚而拜. 四郎喝問曰: "作何來?"夜叉等霽獰毒爲戚施之顏, 肘行而前曰: "奉大王帖, 專取張遵言秀才." 偸目盜視之狀如初. 四郎曰: "遵言我之故人, 取固不可也." 夜叉等一時叩地流血而言曰: "在前白衣者四人, 爲取遵言不到, 大王已各使決鐵杖五百, 死者活者尙未分. 四郎今不與去, 某等盡死. 伏乞哀其性命, 暫遣遵言往." 四郎大怒, 叱夜叉, 夜叉等辟易, 崩倒者數十步外, 流血跳迸, 涕淚又言. 四郎曰: "小鬼等敢爾! 不然, 且急死." 夜叉等啼泣喑嗚而去, 四郎又謂遵言曰: "此數輩甚難與語. 今旣去, 則奉爲之事成矣."

行七八里, 見兵仗等五十餘人, 形神則常人耳. 又列拜於四郎前, 四郎曰: "何故來?" 對答如夜叉等, 又言曰: "前者夜叉牛叔良等七人, 爲追張遵言不到, 盡以付法, 某等惶懼. 不知四郎有何術, 救得某等全生." 四郎曰: "第隨我來, 或希冀耳." 凡五十人, 言可者半. 須臾, 至人烏(明鈔本'烏'作'鳥')頭門. 又行數里, 見城堞甚嚴, 有一人具軍容, 走馬而前, 傳王言曰: "四郞遠到, 某爲所主有限, 法不得迎拜於路. 請且於南館小休, 卽當邀迓." 入館未安, 信使相繼而名, 兼屈張秀才. 俄而從行, 宮室欄署, 皆眞王者也. 入門, 見王披衮垂旒, 迎四郞而拜, 四郞酬拜, 禮甚輕易, 言詞唯唯而已. 大王盡禮, 前揖四郞升階, 四郞亦微揖而上, 廻謂遵言曰: "地主之分, 不可不遜." 王曰: "前殿淺陋, 非四郞所讌處." 又揖四郞. 凡過殿者三, 每殿中皆有陳設盤榻・食具・供帳之備. 至四重殿中方坐, 所食之物及器皿, 非人間所有. 食訖, 王揖四郞上夜明摟. 樓上四角柱, 盡飾明珠, 其光爲晝. 命酒具樂, 飮數巡, 王謂四郞曰: "有佐酒者, 欲命之." 四郞曰: "有何不可?" 女樂七八人, 飮酒者十餘人, 皆神僊間容貌粧飾耳. 王與四郞各衣便服談笑, 亦鄰於人間少年. 有頃, 四郞戱一美人, 美人正色不接. 四郞又戱之, 美人怒曰: "我是劉根妻, 不爲奉上元夫人處分, 焉涉於此? 君子何容易乎? 中間許長史, 於雲林王夫人會上輕言, 某已贈語杜蘭香姉妹. 至多微言, 猶不敢掉譴, 君何容易歟?" 四郞怒, 以酒巵擊牙盤一聲, 其柱上明珠, 轂轂而落, 瞑然無所覩.

遵言良久憒而復醒, 元在樹下, 與四郞及鞍馬同處. 四郞曰: "君已過厄矣, 與君便別." 遵言曰: "某受生成之恩已極矣, 都不知四郞之由, 以歸感戴之所. 又某之一生, 更有何所賴耶?" 四郞曰: "吾不能言. 汝但於商州龍興寺東廊縫袡老僧處問之, 可知也." 言畢, 騰空而去.

天已向曙, 遵言遂整轡適商州, 果有龍興寺. 見縫袡老僧, 遂禮拜. 初甚拒遵言, 遵言求之不已, 老僧夜深乃言曰: "君子苦求, 吾焉可不應? 蘇四郞者, 乃是太白星精也, 大王者, 仙府之謫官也, 今居於此." 遵言以他事問老僧, 老僧竟不對, 曰: "吾今已離此矣." 卽命遵言歸. 明辰尋之, 已不知其處所矣. (出『博異記』)

태평광기 권제 310 신 20

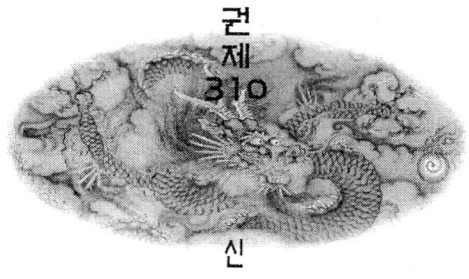

1. 장무파(張無頗)
2. 왕　기(王　錡)
3. 마　조(馬　朝)
4. 극원위(郄元位)
5. 하양조위(夏陽趙尉)
6. 노사종(盧嗣宗)
7. 삼사왕생(三史王生)
8. 장　생(張　生)

310 · 1(3977)
장무파(張無頗)

[唐나라] 장경연간(長慶年間: 821~824)에 장무파라는 진사가 남강(南康)에 살고 있었다. 장차 과거를 치를 즈음해서 장무파는 번우(番禺)로 가서 공명을 구할 작정이었으나, 마침 부수(府帥: 刺史)가 바뀌는 바람에 찾아가 의탁할 곳이 없었다. 장무파는 근심 걱정하다가 병이나 객점에 드러누웠고 따르던 하인들도 모두 달아나고 말았다. 어느 날 점을 아주 잘 치는 원대낭(袁大娘)이라는 사람이 객점에 왔는데, 그는 장무파를 자세히 살피더니 이렇게 말했다.

"당신은 어찌하여 이렇게 오랫동안 곤궁하게 살고 있습니까?"

원대낭은 입고 있던 옷을 벗어 술로 바꾸어서 장무파와 함께 마시면서 말했다.

"당신이 지금은 이렇게 곤궁하게 살고 있지만, 내 계책을 따르기만 한다면 열흘도 안 되어 저절로 넉넉해질 것이며 수명도 연장할 수 있을 것입니다."

장무파가 말했다.

"내 이처럼 곤란을 겪고 굶주리고 있는 판국에 감히 어찌 그 가르침을 받아들이지 않겠습니까?"

원대낭이 말했다.

"내게 옥룡고(玉龍膏) 한 합(合)이 있는데, 이 약은 죽은 사람을 살려낼 수도 있고, 또한 이 때문에 아름다운 미인을 만날 수도 있습니다. 당신은 그저 '고질병을 치료할 수 있다'는 간판 하나만 내 거십시오. 그런데 보통 사람들이 와서 병을 고쳐달라고 하면 그저 치료할 수 없다고 말하고, 이인(異人)이 병을 고쳐 달라고 하면 반드시 이 약을 가지고 가시오. 그러면 저절로 부귀해질 것이오."

장무파가 감사의 절을 올리고 약을 받자, 원대낭은 약을 난금합(暖金合: 황금으로 만든 일종의 寶合으로 이 속에 물건을 넣어 두면 저절로 따뜻해진다고 함)에 담아 주면서 이렇게 말했다.

"추울 때 이 합만 꺼내면 화로와 숯이 없어도 온 방안이 훈훈해질 것입니다."

장무파가 원대낭의 말을 따라 간판을 내건 지 며칠 만에 정말 누런 옷을 입은 관리 같은 사람이 찾아와 급히 문을 두드리며 말했다.

"광리왕(廣利王: 南海 海神의 封號. 唐나라 玄宗은 天寶 10년에 海神을 왕에 봉했는데, 東海神은 廣德王, 南海神은 廣利王, 西海神은 廣潤王, 北海神은 廣澤王에 봉했음)께서 그대가 옥룡고를 가지고 계신 것을 알고 저를 보내어 그대를 모셔 오라 하셨습니다."

장무파는 원대낭의 말을 염두에 두고 있었기 때문에 마침내 사자를 따라 갔다. 강가에 화려하게 장식한 배가 있었는데 배에 올라타자마자 아주 경쾌하게 내달렸다. 잠시 뒤에 아주 높은 성과 집이 보였는데 그 수비가 매우 삼엄했다. 관리는 장무파를 데리고 수십 개의 궁문을 지나 한 전각에 이르렀다. 그곳에는 많은 미녀들이 줄지어 서 있었는데, 옷차림새도 매우 아름다웠으며 똑바로 서서 시중을 들고 있었다. 관리가 종종 걸음으로 나아가 말했다.

"장무파를 데리고 왔습니다."

전각 위에서 발을 올리라는 소리가 들리더니 한 사내가 나타났다. 그는 왕의 옷을 입고 있었고, 머리에는 원유관(遠遊冠: 唐代의 親王들이 쓰던 冠)을 쓰고 있었다. 자색 옷 입은 두 명의 시녀가 그를 부축해서 계단에 내려서더니 장무파를 부르며 말했다.

"절은 하지 마십시오."

왕이 말했다.

"수재(秀才)는 남월(南越) 사람이 아니니 내 통치를 받지 않아도 되는 것으로 알고 있소. 그러니 부디 예를 표하지 마시오."

장무파가 한사코 절을 하자 왕도 허리를 굽혀 인사하며 말했다.

"과인이 복이 없어 멀리서 현인을 모셔오게 되었소. 나의 사랑하는 딸이 병에 걸려 내 마음은 온통 그 걱정뿐이오. 그대가 신고(神膏: 玉龍膏를 가리킴)를 가지고 있는 것으로 알고 있소. 만약 병을 고쳐 내 딸이 건강을 회복할 수만 있다면 진정으로 고맙게 생각하겠소."

그리고는 아감(阿監: 궁녀) 두 명을 불러 장무파를 귀주(貴主: 公主)가 있는 곳으로 데려가게 했다.

장무파는 다시 몇 개의 문을 지나 한 작은 전각에 이르렀다. 복도와 누각은 모두 명주로 장식되어 있었고 전각의 기둥과 처마는 비취색 구슬로 꾸며져 있었는데, 마치 황금을 박아 넣은 듯 빛이 났으며 기이한 향기가 온 전각 안에 가득 퍼져 있었다. 잠시 뒤에 두 여자가 나타나 주렴을 걷어 올리더니 장무파를 안으로 들어오게 했다. 들어가서 보았더니 진주로 꾸며진 휘장 안에 갓 15세 정도 된 한 여자가 있었는데,

비취색 비단에 황금 실로 짠 저고리를 입고 있었다. 장무파는 한참동안 공주의 맥을 짚더니 이렇게 말했다.

"공주의 병은 마음에서 생긴 것입니다."

장무파가 곧장 옥룡고를 꺼내 공주에게 술과 함께 삼키게 했더니, 공주의 병이 바로 나았다. 공주는 비취색 옥에 난새 두 마리가 새겨진 빗치개를 뽑아 장무파에게 주면서 한참 동안 눈인사를 했다. 장무파가 감히 받으려 하지 않자 공주가 말했다.

"이것으로 당신께서 베풀어주신 은혜에 보답하기에는 충분치 않다는 것을 알고 있습니다. 이것은 그저 저의 마음을 표한 것일 뿐, 왕께서 따로 내리시는 것이 틀림없이 있을 것입니다."

장무파는 몹시 부끄러워하며 고맙다고 인사했다. 아감은 장무파를 데리고 가서 왕을 알현했다. 왕은 해계서(駭雞犀)와 비취완(翡翠盌), 아름다운 옥과 빛나는 구슬을 꺼내 장무파에게 내렸다. 장무파는 절을 하며 그 예물을 고맙게 받았다. [장무파를 데리고 왔던 아까] 그 관리가 다시 장무파를 데리고 화려하게 장식한 배가 있는 곳까지 전송해주어 장무파는 번우로 돌아왔지만, 그가 머물렀던 객점의 주인은 아무것도 알아차리지 못했다. 장무파는 해계서만 팔았는데도 수만 금이나 되었다.

사람의 마음을 설레게 하는 공주의 아름다운 모습을 본 장무파는 몹시 그녀를 그리워했다. 그로부터 한 달 남짓 뒤에 갑자기 푸른 옷을 입은 시녀가 문을 두드리며 붉은 편지를 전해주었는데, 그곳에는 시 두 수가 적혀 있을 뿐 지은이의 이름은 적혀 있지 않았다. 장무파가 편지를 받아드는 순간 푸른 옷 입은 시녀가 갑자기 보이지 않았다. 장무파가 말했다.

"이것은 틀림없이 선녀가 지은 것일 게야."
시는 다음과 같았다.

    부끄럽게도 한수(漢水) 가에서 마음에 드는 사람 만나 명주 귀걸이 풀어 바쳤건만,
    그저 꿈속에서야 세상 끝에 있는 님을 만날 수 있구나.
    무심한 홍루(紅樓)에 해 저무니 꾀꼬리는 저 멀리 날아가고,
    이 내 몸은 시름에 겨운 채 깊은 궁궐 계단에 떨어지는 꽃만 대하고 있네.

다른 한 수는 다음과 같았다.

    제비는 재잘대다 물고 온 봄날 진흙을 비단 자리 위에 떨어뜨리고,
    시름에 겨운 이내 몸은 하릴없이 꽃 비녀만 정리하고 있네.
    차가운 방안에서 베개 기울이며 잠을 청해도 꿈조차 꾸어지지 않고,
    황금 화로 안의 향불은 하늘거리면서 혼자 타고 있다네.

잠시 뒤에 전에 왔던 그 관리가 다시 와서 말했다.
"왕께서 다시 당신을 모셔오라고 하십니다. 공주께서 지난 번처럼 다시 병이 나셨습니다."
장무파는 흔쾌히 다시 그곳으로 갔다. 장무파가 공주를 만나 다시 지난 번처럼 맥을 짚고 있는데 좌우 사람들이 말했다.
"왕후께서 드셨습니다."
장무파가 계단을 내려서자, 딸랑! 하고 패옥 소리가 들리더니 궁인과 시위들이 줄지어 섰다. 약 30세 가량 되어 보이는 여자가 나타났는데 마치 후비(后妃) 같은 복장을 하고 있었다. 장무파가 절을 올리자 왕후가

말했다.

"현철(賢哲)을 다시 수고롭게 해서 몹시 부끄럽습니다. 그런데 딸아이의 병이 무엇이기에 또 이렇게 고통스러워하고 있습니까?"

장무파가 말했다.

"지난 번 병과 같습니다. 마음에 충격을 받아 다시 이렇게 된 것입니다. 다시 지난 번의 약을 쓴다면 틀림없이 병의 뿌리까지 제거할 수 있을 것입니다."

왕후가 말했다.

"약은 어디에 있습니까?"

장무파가 약 상자를 꺼내 올리자 왕후는 아무 소리 없이 그것을 쳐다보더니 즐겁지 않은 기색으로, 그저 공주를 위로한 뒤에 나갔다. 왕후가 왕께 아뢰었다.

"우리 딸아이는 병이 난 것이 아니라 장무파를 마음에 두고 있는 것 같습니다. 그렇지 않고서야 어째서 궁중의 난금합이 그 사람의 손에 들어가 있단 말입니까?"

왕은 안색이 바뀌더니 한참 만에 이렇게 말했다.

"내 딸이 가충(賈充)의 딸이 되었단 말이지? 그렇다면 나도 가충의 뒤를 이어 마땅히 그들을 맺어주어 딸아이로 하여금 오랫동안 마음 고생하지 않게 해주어야지[賈充은 晉 惠帝 賈后의 부친. 그의 어린 딸 賈午가 자신의 부하 韓壽를 사랑하여 몰래 황제가 부친께 내린 서역의 기이한 향을 韓壽에게 가져다주었는데, 누군가가 韓壽의 몸에서 기이한 향기가 난다고 賈充에게 아뢰었다. 이에 賈充은 이상한 생각이 들어 賈午의 하녀를 불러다 알아보았더니 하녀가 사실대로 말했다. 이에 賈充은

賈׳[를 韓壽에게 시집보냈다고 함]."

장무파가 공주의 전각에서 나오자 왕은 그를 별관(別館)으로 불러 후하게 상을 내리고 잔치를 열어주었다. 나중에 왕이 장무파를 불러 말했다.

"과인이 사사로이 그대의 사람됨을 흠모하여 내 딸을 그대에게 부탁할까 하는데, 그대의 생각은 어떠시오?"

장무파는 두 번 절하고 감사인사를 하면서, 기쁜 마음을 스스로 가누지 못했다.

왕은 마침내 담당관리에게 명하여 길일을 택하게 하고 예를 갖추어 장무파를 대했다. 왕과 왕후는 다른 사위들보다 더욱 장무파를 우러러 받들고 정중하게 대했다. 장무파는 한 달 남짓 머무는 동안 아주 기쁘게 연회를 즐겼다. 왕이 말했다.

"장랑(張郎: 張無頗)은 다른 사위들과 달라 반드시 인간 세상으로 돌아가야 하네. 어젯밤에 저승에 가서 명부를 살펴보았더니 이 모든 것이 운명에 의해 이렇게 된 것이었네. 그래서 과인의 딸도 더 이상 아프지 않게 되었네. 번우는 여기서 가까운 곳이지만 그곳 사람들이 이상하게 생각할 것이고, 남강은 또 여기서 먼데다 다른 신이 관할하고 있으니, 소양(韶陽: 韶州)으로 돌아가는 편이 가장 좋겠네."

장무파가 말했다.

"저 역시 그렇게 하려고 했습니다."

그리고는 왕이 배와 옷, 진기한 보물과 금은보화를 갖추어 주게 하자, 장무파가 말했다 .

"시종은 제가 스스로 마련하면 될 뿐, 저승 사람은 쓰지 않겠습니다.

그렇게 되면 제 수명만 단축하게 될 뿐입니다."

마침내 장무파는 왕과 작별했다. 그러자 왕이 말했다.

"3년에 한 번씩 내가 그쪽으로 갈 테니 다른 사람에게 이 사실을 말해서는 안 되네."

장무파는 가솔들을 데리고 소양에서 살았는데, 그들을 알아보는 사람들이 거의 없었다. 소양에서 산지 한달 남짓 뒤에 원대낭이 갑자기 찾아와 문을 두드리며 장무파를 찾았다. 장무파가 깜짝 놀라자 원대낭이 말했다.

"장랑께서는 오늘날 이전에 내가 했던 말의 효험을 보게 되었으니, 작은 아씨와 함께 이 중매쟁이에게 보답하셔야 옳은 일입니다."

두 사람은 각자 진귀한 보물을 내어 원대낭에게 상을 주었다. 원대낭은 선물을 받은 뒤 작별을 고하고 떠나갔다. 장무파가 부인에게 그 영문을 물었더니, 부인이 말했다.

"그 분은 원천강(袁天綱)의 따님이시자 정선생(程先生)의 부인되시는 분입니다. 난금합은 바로 저희 궁궐에 있던 보물이었습니다."

그 후 3년마다 광리왕은 꼭 밤에 장랑의 집을 찾아왔다. 후에 장무파는 사람들에게 의심을 받자 다른 곳으로 떠나갔는데 어디로 갔는지 알 수 없었다. (『전기』)

長慶中, 進士張無頗, 居南康. 將赴擧, 遊丐番禺, 値府帥改移, 投詣無所. 愁疾臥于逆旅, 僕從皆逃. 忽遇善易者袁大娘, 來主人舍, 瞪視無頗曰: "子豈久窮悴耶?" 遂脫衣買酒而飮之, 曰: "君窘厄如是, 能取某一計, 不旬朔, 自當富贍, 兼獲延齡." 無頗曰: "某困餓如是, 敢不受敎?" 大娘曰: "某有玉龍膏一合子, 不惟還魂起死, 因此亦遇名姝. 但立一表白, 曰: '能治業疾.' 若常人求醫, 但言不可治, 若遇異人請之, 必須持此藥而一往. 自能富貴耳." 無頗拜謝受藥, 以暖金合盛之, 曰: "寒時但出此合, 則一室暄熱, 不假爐炭矣."

　無頗依其言, 立表數日, 果有黃衣若宦者, 扣門甚急, 曰: "廣利王知君有膏, 故使召見." 無頗誌大娘之言, 遂從使者而往. 江畔有畫舸, 登之甚輕疾. 食頃, 忽覩城宇極峻, 守衛甚嚴. 宦者引無頗入十數重門, 至殿庭. 多列美女, 服飾甚鮮, 卓然侍立. 宦者趨而言曰: "召張無頗至." 遂聞殿上使軸簾, 見一丈夫. 衣王者之衣, 戴遠遊冠. 二紫衣侍女, 扶立而臨砌, 招無頗曰: "請不拜." 王曰: "知秀才非南越人, 不相統攝. 幸勿展禮." 無頗彊拜, 王磬折而謝曰: "寡人薄德, 遠邀大賢. 蓋緣愛女有疾, 一心鍾念. 知君有神膏, 儻獲痊平, 實所媿戴." 遂令阿監二人, 引入貴主院.

　無頗又經數重戶, 至一小殿. 廊宇皆綴明璣, 翠璫楹楣, 煥燿若布金鈿, 異香氳鬱, 滿其庭戶. 俄有二女褰簾, 召無頗入. 覩眞珠繡帳中, 有一女子, 纔及笄年, 衣翠羅縷金之襦. 無頗切其脉, 良久曰: "貴主所疾, 是心之所苦." 遂出龍膏, 以酒吞之, 立愈. 貴主遂抽翠玉雙鸞篦而遺無頗, 目成者久之. 無頗不敢受, 貴主曰: "此不足酬君子. 但表其情耳, 然王當有獻遺." 無頗媿謝. 阿監遂引之見王. 王出駭雞犀·翡翠盌·麗玉·明瑰, 而贈無頗. 無頗拜謝. 宦者復引送于畫舸, 歸番禺, 主人莫能覺. 纔貨其犀, 已巨萬矣.

　無頗覩貴主華艷動人, 頗思之. 月餘, 忽有青衣, 扣門而送紅牋, 有詩二首, 莫題姓字. 無頗捧之, 青衣倏忽不見. 無頗曰: "此必仙女所製也." 詞曰: "羞解明璫尋漢渚, 但憑春夢訪天涯. 紅樓日暮鸎飛去, 愁殺深宮落砌花." 又曰: "燕語春泥墮錦筵, 情愁無意整花鈿. 寒閨欹枕不成夢, 香炷金爐自嫋煙." 頃之, 前時宦者又至, 謂曰: "王令復召. 貴主有疾如初." 無頗忻然復往. 見貴主, 復切脉次, 左右云: "王后至." 無頗降階, 聞環珮之響, 宮人侍衛羅列. 見一女子, 可三十許, 服飾如后妃. 無頗拜之, 后曰: "再勞賢哲, 實所懷懣. 然女了所疾, 又是何苦?" 無頗曰: "前所疾耳. 心有擊觸而復作焉. 若再餌藥, 當去根幹耳." 后曰: "藥何在?" 無頗進藥合, 后覩之默然, 色不樂, 慰喩貴主而去. 后遂白王曰: "愛女非疾, 私其無頗矣. 不然者, 何以宮中暖金合, 得在斯人處耶?" 王愀然良久曰: "復爲賈充女耶? 吾亦當繼其事而成之, 無使久苦也." 無頗出, 王命延之別館, 豐厚宴犒. 後王召之曰: "寡人竊慕君子之爲人, 輒欲以愛女奉託, 如何?" 無頗再拜辭謝, 心喜不自勝 ('勝'字原空闕, 據明鈔本補).

遂命有司, 擇吉日, 其禮待之. 王與后敬仰愈於諸壻. 遂止月餘, 懽宴俱極. 王曰: "張郎不同諸壻, 須歸人間. 昨夜('夜'原作夢, 據明鈔本·陳校本改), 檢於幽府云, 當是冥數. 卽寡人之女, 不至苦矣. 番禺地近, 恐爲時人所怪, 南康又遠, 況別封疆, 不如歸郜陽甚便." 無頗曰: "某意亦欲如此." 遂具舟楫·服飾·異珍·金珠·寶玉, 無頗曰: "唯侍衛輩卽須自置, 無使陰人. 此減算耳." 遂與王別. 曰: "三年卽一到彼, 無言於人." 無頗挈家居於郜陽, 人罕知者. 住月餘, 忽袁大娘扣門見無頗. 無頗大驚, 大娘曰: "張郎今日賽口, 及小娘子酬媒人可矣." 二人各具珍寶賞之. 然後告去. 無頗詰妻, 妻曰: "此袁天綱女, 程先生妻也. 暖金合卽某宮中寶也." 後每三歲, 廣利王必夜至張室. 後無頗爲人疑訝, 於是去之, 不知所適. (出『傳奇』)

310·2(3978)
왕기(王錡)

천흥현승(天興縣丞) 왕기는 [唐나라] 보력연간(寶曆年間: 825~827)에 일찍이 농주(隴州)에 간 적이 있었다. 왕기는 길 가 큰 나무 아래에서 쉬게 되었는데 말안장을 풀어놓고 땅에 드러누워 잠을 잤다. 그런데 갑자기 기병이 호령하는 소리가 서쪽에서부터 들려오기에 보았더니, 자색 옷 입은 사람이 수레를 타고 있었고 기병 몇 명이 그 뒤를 따르고 있었다. 자색 옷 입은 사람이 좌우의 시중들에게 말했다.

"왕승(王丞)을 모셔 오너라."

시종들은 왕기를 데리고 자색 옷 입은 사람에게로 갔는데, 장막과 집기 등이 모두 준비되어 있었다. 자색 옷 입은 사람이 앉아서 왕기와 한참 동안 이야기를 나누었지만, 왕기는 그를 어떻게 불러야 할지 몰라서 말할 때가 되면 매번 두리번거리면서 얼버무렸다. 자색 옷 입은 사람은 이를 알아차리고 말했다.

"내가 이 관직에 앉아 있은 지 20년이 되었으니, 그대가 날 부르고자 한다면 그래도 왕이라 부르는 것이 좋겠소."

왕기가 말했다.

"저는 아직 대왕께서 어디서 오셨는지 모르고 있습니다."

그 사람이 말했다.

"나 몽념(蒙恬)은 예전에 진(秦)나라를 위해 장성(長城)을 축조했는데, 그 작은 공로 덕분에 여러 차례 중임을 맡았소. 시황제(始皇帝)께서 돌아가신 뒤에 나는 일부 소인배들에게 모함을 받아 비명횡사했소. 상제(上帝)께서는 장성의 공역이 백성들에게 피해를 입혔다고 생각해서 그 벌로 나에게 오악(吳嶽)을 지키게 했소. 당시 오산(吳山)에는 악호(嶽號)가 있었기 때문에 사람들은 모두 나를 왕이라 불렀소. 그 후에 오악의 직무가 화산(華山)의 관할로 들어갔기 때문에 나는 그 임기도 다 채우지 못했소. 관조(官曹: 관리가 업무를 보는 곳. 즉 여기서는 오산의 실권을 말함)가 이미 [華山君에게] 옮겨가 더 이상 주관할 곳이 없어져 나는 그저 빈 산만 지키고 있소. 이곳은 인적이 드물어 적막하기 짝이 없는 곳이오. 또한 왕이라는 헛된 명성 때문에 낮은 관직으로 내려가지도 못하고 오늘날까지 왕이라는 이름을 도용하고 있소. 이곳에서 우연히 그대를 만나게 되었으니, 그대는 잠시 머물면서 나와 이야기나 나누다가 가시오."

왕기가 말했다.

"저는 아직 명성도 드러내지 못하고 천성도 나약한데, 다행히도 대왕께서 보살펴주신 은혜를 입게 되었으니, 어떻게 대왕의 가르침을 받들어야 할지 모르겠습니다."

몽념이 말했다.

"나는 그대를 삼가 흠모하고 있었는데 이렇게 훌륭하신 풍모를 뵙게 되었소. 그런데 호의까지 베풀어주겠다고 하니 얼마나 다행인지 모르겠소. 내가 청할 일이 한 가지 있는데, 어떻게 들어주시겠소?"

왕기가 말했다.

"정말 영광입니다."

몽념이 말했다.

"나는 오랫동안 한직에 있다보니 어딘가에 쓰이고 싶었소. 현재 도처에 있는 군사와 말들은 주인이 있어 내가 그들의 병권을 빼앗을 수가 없소. 오늘로부터 3년 뒤에 홍원(興元) 땅에 주인 없는 건아(健兒: 변경지역에서 수자리를 서는 군인. 唐 中期 이후에는 健兒의 가족들도 함께 변경지역에 오게 하여 땅과 집을 주어 살게 했음) 800명이 있을 것이오. 만약 빨리 도모한다면 틀림없이 내가 그들을 통솔할 수 있을 것이오. 내가 꼭 부탁드릴 것은 지전(紙錢) 만 장을 태워달라는 것이오. 그러면 내가 그것으로 힘을 얻어 일을 잘 해결할 수 있을 것이오."

왕기는 그렇게 해 주겠다고 대답하고 난 뒤에 꿈에서 깨어났는데, 온몸이 땀에 흥건하게 젖어 있었다. 왕기는 곧장 저자거리에 가서 지전 만 장을 사서 태웠다. 태화(太和) 4년(830)에 흥원절도사(興元節度使) 이강(李絳)이 살해당하는 일이 발생했는데, 후임 절도사 온조(溫造)가 역도 800명을 모두 죽였다. (『하동기』)

天興丞王錡, 寶曆中, 嘗遊隴州. 道憩于大樹下, 解鞍籍地而寢. 忽聞道騎傳呼自西來, 見紫衣乘車, 從數騎. 敕左右曰: "屈王丞來." 引錡至, 則帳幄陳設已具. 與錡坐語良久, 錡不知所呼, 每承言, 卽徘徊鹵莽. 紫衣覺之, 乃曰: "某潦倒一任二十年, 足下要相呼, 亦可謂爲王耳." 錡曰: "未諭大王何所自." 曰: "恬昔爲秦築長城, 以此微功, 屢蒙重任. 洎始皇帝晏駕, 某爲羣小所構, 橫被誅夷. 上帝仍以長城之役, 勞功害民, 配守吳嶽. 當時吳山有嶽號, 衆咸謂某爲王. 其後嶽職却歸於華山, 某罰配年月未滿. 官曹移使, 無所主管, 但守空山. 人跡所稀, 寂寞頗甚. 又緣已被虛名, 不能下就小職, 遂至今空竊假王之號. 偶此相遇, 思少從容." 錡曰: "某名跡幽沉, 質性屛慄, 幸蒙一顧之惠, 不知何以奉敎." 恬曰: "本緣奉慕, 顧展風儀. 何幸遽垂厚意. 誠有事則又如何?" 錡曰: "幸甚." 恬曰: "久閑('閑'原作'聞', 據明鈔本改)散, 思有以効用. 如今士馬處處有主, 不可奪他權柄. 此後三年, 興元當有八百人無主健兒. 若早圖謀, 必可將領. 所必奉託者, 可致紙錢萬張. 某以此藉手, 方諧矣." 錡許諾而寤, 流汗霢霂. 乃市紙萬張以焚之. 乃太和四年, 興元節度使李絳遇害, 後節度使溫造, 誅其兇黨八百人. (出『河東記』)

310 · 3(3979)
마 조(馬 朝)

마조는 천평군(天平軍: 唐나라 馬總의 군대 이름)의 보병이었다. 태화 연간(太和年間: 827~835) 초에 창주(滄州)의 이동첩(李同捷)이 난을 일으키자, 조정에서 조서를 내려 운주(鄆州)의 군대로 하여금 그들을 치게 했는데 마조도 그 행렬 안에 있었다. 군대는 평원(平原)의 남쪽에 이르러서 역적들과 수십 일을 대치하고 있었다. 마조의 아들 마사준(馬士俊)이 운주에서 먹을 것을 가지고 군영에 도착했는데 마침 교전을 앞두고 있던 차였다. 마조는 연로하여 장수들에게 이렇게 말했다.

"제 장남 마사준이 젊어서 힘이 세고 활도 잘 다루니, 내일 교전 때 저 대신 싸움터에 나가게 해주십시오."

주장(主將: 大將)이 그렇게 하라고 했다. 교전이 벌어지자 운주의 군대는 조금씩 달아나기 시작했고, 마사준도 거듭 화살을 맞고 중상을 입어 싸움터에서 혼절했다가 밤이 되어서야 겨우 깨어났다. 그런데 갑자기 어디선가 호명하는 소리가 들렸는데, 마치 문무관리 수십 명이 말하는 것 같았다. 마사준이 누군가 해서 살펴보았지만 불빛이 없어 제대로 보이지 않았는데, 그저 장부에 따라 호명하는 소리만 들렸다. 잠시 뒤에 마사준의 차례가 되었는데 도리어 마조를 불렀다. 그러자 옆에 있던 사람이 말했다.

"마조 본인이 아니니 속히 그를 잡아오시오."

그 사람은 이렇게 말하고 마사준을 지나쳐 갔다. 마사준은 멀리 왔는데도 그들이 여전히 장부를 보면서 검열하는 소리를 들을 수 있었다.

마사준은 당혹해하면서 힘을 내어 천천히 군영으로 돌아갔는데, 4경(更)이 되어서야 겨우 군영의 문에 도착할 수 있었다. 군영의 관리가 그를 맞이해 들이며 부축해서 마조가 있는 곳으로 갔다. 마조는 마사준이 이미 죽었다고 생각했는데, 그를 보자 기쁘기도 하고 놀랍기도 했다. 마조는 곧장 마사준에게 상처를 씻고 약을 붙이게 하면서 말했다.

"너는 술과 미음을 조금 먹고 잠시 자는 것이 좋겠다."

그리고는 물을 길으러 곧장 밖으로 나갔다. 당시 군영에는 말과 군사들이 매우 많았기 때문에 200~300명에게 우물 하나를 같이 쓰게 했다. 그래서 우물 주위 100보 밖에 우물물과 연결된 지하 수로를 설치해놓았는데, 그것은 군사들로 하여금 빙 둘러서서 물을 긷게 하기 위해서였다. 그때 마조는 물장군으로 물을 길어 무거운 물장군을 들어 올리다가 진흙에 미끄러져서 땅에 곤두박질쳐 넘어졌다. 때마침 땅에 부러진 칼이 있었는데 그 칼이 마조의 심장을 관통했다. 한참이 지나서 마사준은 마조가 돌아오지 않자 걱정되어 동료에게 말하고 우물로 가서 보았더니 마조는 이미 숨이 끊어진 상태였다. 마사준은 그로부터 열흘 뒤에 상처가 나았다. (『하동기』)

馬朝者, 天平軍步卒也. 太和初, 滄州李同捷叛, 詔鄆師討之, 朝在是行. 至平原南, 與賊相持累旬. 朝之子士俊, 自鄆餽食, 適至軍中, 會戰有期. 朝年老, 啓其將曰: "長男士俊, 年少有力, 又善弓矢, 來日之行, 乞請自代." 主將許之. 乃戰, 鄆師小北, 而士俊連中重瘡, 仆於鬪場, 夜久得蘇. 忽有傳呼, 語言頗類將吏十數人者. 且無燭, 士俊窺之不見, 但聞按據簿書, 稱點姓名. 俄次士俊, 則呼馬朝. 傍有人曰: "不是本身, 速令追召." 言訖遂過. 及遠, 猶聞其檢閱未已.

士俊惶惑, 力起徐歸, 四吏方至營門. 營吏納之, 囚扶持送至朝所. 朝謂其已死, 及見驚喜. 卽洗瘡傅藥, 乃曰: "汝可飮少酒粥, 以求寢也." 卽出汲水. 時營中士馬極衆, 每三二百人, 則同一井. 井乃周圓百步, 皆爲隧道, 漸以及泉, 盖使衆人得以環汲也. 時朝以罌缶汲水, 引重之際, 泥滑, 顚仆於地. 地中素有折刀, 朝心正貫其刃. 久而士俊懼其未廻, 告於同幕者, 及到則已絶矣. 士俊旬日乃愈.
(出『河東記』)

310·4(3980)
극원위(郄元位)

 [唐나라] 태화연간(太和年間: 827~835) 초에 하동아장(河東衙將: 衙將은 唐代 軍府 내의 武官를 가리킴) 극원위는 일찍이 [하동관찰사의] 명을 받들어 도성으로 갔다. 극원위가 사원(沙苑)에 이르렀을 때 마침 날이 저물었다. 극원위는 그때 한 사람을 보았는데, 그는 키가 1장(丈) 조금 넘고 자주색 옷에 금인(金印)을 차고 있었으며, 얼굴에 위엄이 넘쳤다. 그는 백마를 타고 있었는데 백마 역시 1장이 조금 넘었다. 또한 10여 명의 도종(導從: 옛날 제왕이나 귀족들이 외출할 때 그 앞과 뒤에서 따르던 시종)이 따르고 있었는데 그 모습이 보통사람들과 달랐다. 그들은 활과 화살을 들고 남쪽에서 오고 있었다. 극원위는 몹시 놀라 말을 세우고 그들을 피했다. 신인(神人)이 갑자기 무엇인가를 발견한 것처럼 채찍을 들어 서쪽을 가리키자 도종들도 모두 그쪽을 바라보았다. 극원위도 서쪽을 쳐다보았지만, 서쪽은 그저 적막하기만 할 뿐 아무 것도 보

이지 않았다. 극원위가 다시 고개를 돌려 그들을 찾아보았지만 이미 모두 사라진 뒤였다. 극원위는 갑자기 식은땀이 나기 시작하면서 다리가 후들거리고 소름이 끼쳐 자신도 모르는 사이에 말에서 떨어졌다. 결국 극원위는 열병이 나서 가마를 타고 집으로 돌아와 몸져누웠다가 열흘 조금 뒤에 병이 나았다. [알고 보았더니] 당시 하동연수(河東連帥: 連帥는 觀察使나 按察使를 가리킴)이자 사공(司空)으로 있던 이원(李愿)이 죽었던 것이다. (『선실기』)

河東衙將郘元位者, 太和初, 常奉使京輦. 行至沙苑, 會日暮. 見一人, 長丈餘, 衣紫佩金, 容狀豐偉. 御白馬, 其馬亦高丈餘. 導從近十輩, 形狀非常. 執弧矢, 自南來. 元位甚驚異, 立馬避之. 神人忽擧鞭西指, 若有所見, 其導從輩俱隨指而望. 元位亦西望, 寂然無視. 及廻視之, 皆不見矣. 元位瘁然汗發, 髀戰心慄, 不覺墮馬. 因病熱, 肩輿以歸, 旬餘方愈. 時河東連帥司空李愿卒. (出『宣室記』)

310 · 5(3981)
하양조위(夏陽趙尉)

풍익군(馮翊郡)의 관할 지역에 있는 하양현(夏陽縣)은 황하를 끼고 있다. 또 하양현의 동쪽에 있는 지관(池舘: 池苑館舍)은 태화산(太華山)과 중조산(中條山: 雷首山의 다른 이름)을 마주하고 있어 아침저녁으로 안개가 자욱하게 피어오르는 것이 보였다. 또 분천혈(濆泉穴)이 지관의 남쪽에 있는데 샘물이 아주 맑아 실오라기까지도 다 보였다. [唐나라] 태화연간(太和年間: 827~835)에 조생(趙生)이라는 사람이 하양현위(夏陽縣尉)로 있었다. 비 개인 어느 날 저녁에 조생은 친구 몇 명과 함께 무리지어 분천 가에서 달구경을 하고 있었다. 그런데 갑자기 얼굴이 아주 검고 녹색 도포를 걸친 한 사람이 나타나 물의 중류에서 내려오면서 한참 동안 헤엄치더니, 다음과 같이 시를 읊었다.

　　달빛은 휘영청 밝게 빛나고,
　　푸른 물결은 고요히 저 멀리로 흘러가는구나.

　조생이 한창 놀라고 있을 때, 갑자기 그 사람이 물가를 뒤돌아보더니 무엇인가 두려운 것이 있는 듯 얼른 물 속으로 들어가 머리만 내밀었다. 그러다가 잠시 뒤에 물 속으로 완전히 들어갔다. 조생은 이튿날 다시 분천 가로 갔다. 분천 기슭 옆으로 수십 걸음 걸어갔더니 신을 모셔둔 사당이 하나 있었는데, 사당 문에 '분수신(濆水神)'이라 표시되어 있었다. 조생이 사당 안으로 들어가서 보았더니 신상의 좌우에 찰흙으로 빚은 인형이 있었는데 녹색 도포를 걸치고 있었다. 그 얼굴을 자세히 살펴보았더니 전날 보았던 물 속에서 헤엄치던 그 사람 같았다. 조생이 말했다.
　"분수의 흙덩이 주제에 도리어 사람을 미혹하고 있으니, 요물이 아니고 무엇이란 말인가?"
　그리고는 분수신의 사당을 없애버리려고 하자 한 현리(縣吏)가 말했다.
　"이곳은 신을 모셔둔 사당이고 또 그 신은 비바람을 일으켜 식물의 생장을 도울 수도 있으니, 만약 이 사당을 부수어 버린다면 마을 사람들에게 재난을 가져다 줄 것입니다."
　그리하여 조생은 결국 분수신의 사당을 무너뜨리지 못했다. (『선실지』)

馮翊之屬縣夏陽, 據大河. 縣東有池館, 當太華('華'原作'和', 據明鈔本改)·中條, 煙靄嵐霏, 昏旦在望. 又有漢泉穴其南, 泉水淸澈, 毫縷無隱. 太和中, 有趙生者, 尉于夏陽. 嘗一夕雨霽, 趙生與友數輩, 聯步望月於漢泉之上. 忽見一人, 貌甚黑, 被綠袍, 自水中流, 沿泳久之, 吟曰:"夜月明皎皎, 綠波空悠悠." 趙生方驚, 其人忽廻望水濱, 若有所懼, 遂入水, 唯露其首. 有頃亦沒. 趙生明日又至泉所. 是岸傍數十步, 有神祠, 表其門曰'漢水神'. 趙生因入廟, 見神坐之左右, 搏埴爲偶人, 被綠袍者. 視其貌, 若前時所見水中人也. 趙生曰:"此漢壤也, 尙能惑衆, 非怪而何?" 將用剗其廟, 有縣吏曰:"此神廟, 且能以風雨助生植, 苟若毁其屋, 適足爲邑人之患." 於是不果隳. (出『宣室志』)

310·6(3982)
노사종(盧嗣宗)

포진(蒲津)에 순(舜)임금의 사당이 있고 또 아황(娥皇)과 여영(女英)의 사당이 순임금의 사당 곁에 위치해 있었는데, 흙 인형의 모습이 자못 아름다웠다. [唐나라] 개성연간(開成年間: 836~840)에 범양(范陽) 사람 노사종은 포진에서 임시직을 맡았다. 어느 날 노사종은 친구들과 함께 순 임금의 사당에 놀러갔다. 아황과 여영의 사당에 간 노사종은 이렇게 장난쳤다.

"저는 당신의 노예가 되고 싶은데 가능하겠습니까?"

노사종은 두 번 절하고 한참 동안 축원했다. 그러자 친구들이 말했다.

"자네는 어찌하여 모욕적인 말로 신을 업신여기는가?"

노사종은 더욱 더 히죽거리며 웃었다. 이로부터 노사종은 종종 혼자서 아황의 사당에 가서 흥건하게 술을 마시고는 자주 모욕적인 말로 아황을 희롱했다. 그러다 별안간 노사종은 병에 걸려 들것에 실려 집으로 돌아왔다. 노사종은 두려운 기색을 띠고 벌벌 떨면서 물을 끼얹은 것처럼 땀에 흠뻑 젖었다가 그 날 밤에 죽었다. 노사종의 집 하인들이 보았더니, 10여 명의 사람이 노사종을 질질 끌고 문을 나서 순임금의 사당을 향해 가고 있었다. 나중에 노사종의 시체를 살펴보았더니 그 등에 붉은 무늬가 많이 있었는데, 마치 몽둥이에 맞아서 그렇게 된 것 같았다. 포진 사람들은 이 일을 두고 모두 이상하게 생각했다. (『선실지』)

蒲津有舜祠, 又有娥皇・女英祠, 在舜祠之側, 土偶之容, 頗盡巧麗. 開成中, 范陽盧嗣宗, 假職於蒲津. 一日, 與其友數輩, 同遊舜廟. 至娥皇・女英祠, 嗣宗戲曰: "吾願爲帝子之隸, 可乎?" 再拜而祝者久之. 衆皆謂曰: "何侮易之言, 黷於神乎?" 嗣宗笑益酣. 自是往往獨遊娥皇祠, 酒酣, 多爲褻黷語. 俄被疾, 肩昇以歸. 色悸而戰, 身汗如瀝, 其夕遂卒. 家僮輩見十餘人, 摔拽嗣宗出門, 望舜祠而去. 及視嗣宗尸, 其背有赤文甚多, 若爲所撲. 蒲之人咸異其事. (出『宣室志』)

310・7(3983)
삼사왕생(三史王生)

왕생이라는 사람은 그 이름은 기억나지 않지만, 삼사(三史: 唐代의 科擧 과목 가운데 하나로 『史記』・『漢書』・『後漢書』를 공부함)를 공부하면서 널리 책을 읽어 상당히 정통했다. 왕생은 성격이 자랑하기를 좋아하고, 말도 쉽게 잘 내뱉었으며, 옛일을 말할 때도 억측이 아주 많았다. 옆에서 이의를 다는 사람이 있으면 왕생은 반드시 큰 소리로 떠들어대면서 그 사람의 말을 잘라버렸다. 한번은 패(沛) 땅에 놀러갔다가 그만 술에 취해 고조(高祖: 劉邦)의 사당으로 들어가 유방(劉邦)의 신상을 보고는 웃으면서 이렇게 말했다.

"너는 3척(尺)의 칼을 들고 잔악한 진(秦)나라를 멸망시키고 강대한 초(楚: 項羽)나라를 소멸시키고도 [다른 사람들이] 네 어머니를 오로(烏老)라 부르는 것을 막지 못했다. 또한 '큰바람 일고 구름 피어오르네'란 시구를 그저 입으로만 읊었지, 네가 언제 능히 천하에 위세를 떨쳤더냐!"

그리고 나서 왕생은 사당의 뜰과 처마 사이를 어슬렁거리면서 한참 동안 유방의 신상을 거만하게 바라보다가 이내 자신의 거처로 돌아왔다.

그날 밤 왕생은 잠자리에 들자마자 바로 죽었다. 10여 명의 기병이 나타나서 왕생을 사로잡아 유방의 사당이 있는 뜰로 끌고 갔는데, 한조(漢祖: 漢 高祖 劉邦)가 칼을 만지작거리면서 버럭 화를 내는 것이었다.

"너는 역사책을 몇 쪽 읽지도 않고 감히 존신(尊神: 유방 자신을 가리킴)을 모욕하다니! '오로(烏老)'란 말이 어느 경전에 나오느냐? 만약 그 근거를 대지 못하면 너는 죄에서 벗어나기 힘들 것이다."

왕생은 머리를 조아리고 말했다.

"신은 늘 대왕의 「본기(本紀)」를 보는데, 사마천(司馬遷)과 반고(班固)가 모두 '어머니 유온(劉媼)'이라는 구절에 대해 '온(媼)은 오로(烏老)의 반절(反切)'이라 주를 달고 '노모를 가리키는 칭호'라 풀이해놓았습니다. 이는 역사책에서도 보이고 스승께도 그렇게 들었으며 전적에도 실려 있는, 대명천지가 다 아는 사실이니, 신이 감히 마음대로 지어낸 것이 아닙니다."

한조는 더욱 화를 내며 말했다.

"짐의 사당 이외에도[原文에는 '中外'로 되어 있으나 '廟外'의 오기로 보임] 사수정장비(泗水亭長碑: 漢나라 高祖가 起兵하기 전에 泗水亭長을 맡은 적이 있는데, 그곳에 비석을 세우고 집안내력을 적어두었기 때문에 泗水亭長碑라 불렀음)에 집안 내력이 자세하게 모두 실려 있는데, 너는 어찌하여 외가 온씨(溫氏)에 대해 망령되이 '오로'라고 부르느냐? 너는 본서(本書: 「本紀」)를 잘못 읽었고 또한 책의 본뜻도 제대로 이해하지 못한 채, 감히 술기운을 빌어 신전의 뜰에서 큰 소리로 떠들어댔다. 내 너를 담당 관리에게 넘겨 죄를 묻게 하겠다."

한조의 말이 채 끝나기도 전에 서남쪽에서 한 청도자(淸道者: 옛날 고위관리가 외출할 때 앞에서 징을 치고 큰 소리로 고함을 쳐서 행인들에게 길을 비키게 하는 일을 담당했던 사람)가 "태공(太公: 劉邦의 父親)께서 납시옵니다" 하고 큰 소리로 말했다. 태공은 계단 앞에 와서 왕생을 보더니 이렇게 말했다.

"이 사람은 누구인데 이렇게 심하게 욕을 당하고 있느냐?"

한조는 계단을 내려오면서 이렇게 대답했다.

"아주 허황하고 요망되게 다른 사람을 무시하는 놈으로, 그 죄로 보아 사형에 처해야 마땅합니다."

왕생은 한쪽 눈으로 태공을 힐끗 쳐다보더니 아주 거친 목소리로 말했다.

"신이 역사책을 읽다보니 한조께서는 군친(君親: 太公)을 업신여기고도 도리어 꾸중을 듣지 않으셨는데, 신이 신묘(神廟)에서 몇 마디 농담한 것을 가지고 어찌 저자거리에서 참수하려 하십니까?"

한조는 다시 화를 내며 말했다

"설마하니 전적에서 내가 부친을 업신여긴 일을 싣고 있단 말이냐? 반드시 예를 들어 설명해야 한다."

왕생이 말했다.

"신은 감히 대왕의 일을 들어 설명하려 하는데 괜찮으시겠습니까?"

한조가 말했다.

"괜찮다."

왕생이 말했다.

"대왕께서 즉위하실 때 신하들이 모인 자리에서 전전(前殿)에 술을 놓고 태상황(太上皇: 太公)께 축수를 올리셨는데, 그런 일이 있으셨는지요?"

한조가 말했다.

"있다."

[왕생은 또 이렇게 말했다.]

"대왕께서는 태상황께 축수를 올리시면서 '대인께서는 늘 저를 농사도 짓지 않고 집안일도 돌보지 않는 무뢰한으로 재주가 둘째 형만 못하다고 생각하셨는데, 오늘날 제가 이루어놓은 일이 형과 비교해서 누가 더 많습니까?'라고 말씀하셨는데, 그런 일이 있으셨는지요?"

한조가 말했다.

"있다."

[왕생이 또 말했다.]

"대전에 있던 신하들이 모두 만세를 부르자 대왕께서는 크게 웃으시면서 좋아하셨는데, 그런 일이 있으셨는지요?"

한조가 말했다.

"있다."

왕생이 말했다.

"그것이 바로 부친을 업신여기신 것입니다."

태공이 말했다.

"이 사람은 논리적으로 꺾을 수가 없으니 속히 쫓아 보내라. 그렇지 않으면 틀림없이 '배갱(杯羹: 楚覇王 項羽가 劉邦의 부친을 포로로 잡고 그를 삶아먹겠다고 하자, 유방이 다 삶고 나면 자신에게도 한 그릇을 나누어 달라[分我一杯羹]고 대답했는데, 바로 이를 두고 이르는 말임)의 비웃음만 당할 것이다."

한조는 한참 동안 아무 말 없이 있다가 이렇게 말했다.

"이 놈을 베었다가는 3척의 내 칼만 더러워 질 뿐이다."

그리고는 왕생의 머리채를 틀어쥐고 있는 사람에게 그 뺨을 후려치게 했다. 왕생은 뺨을 한 대 얻어맞고 멍한 상태로 깨어나서 보니, 날이 밝은 뒤였다. 왕생은 거울로 자신의 뺨을 비추어보았더니 손자국 같은 것이 남아 있었는데, 며칠 뒤에야 없어졌다. (『찬이기』)

有王生者, 不記其名, 業三史, 博覽甚精. 性好誇炫, 語甚容易, 每辯古昔, 多以臆斷. 旁有議者, 必大言折之. 嘗遊沛, 因醉入高祖廟, 顧其神座, 笑而言曰: "提三尺劍, 滅暴秦, 霸强楚, 而不能免其母烏老之稱. 徒歌‘大風起兮雲飛揚’, 曷能威加四海哉!” 徘徊庭廡間, 肆曰久之, 乃還所止.

是夕纔寐而卒. 見十數騎, 擒至廟庭, 漢祖按劍大怒曰: “史籍未覽數紙, 而敢褻瀆尊神! ‘烏老’之言, 出自何典? 若無所據, 爾罪難逃.” 王生頓首曰: “臣常覽大王「本紀」, 見司馬遷及班固云‘母(母字原闕, 據陳校本補)劉媼’, 而注云‘烏老反(‘反’原作‘及’)’, 釋云‘老母之稱也’. 見之於史, 聞之於師, 載之於籍, 炳然明如白日, 非臣下敢出於胸襟爾.” 漢祖益怒曰: “朕中外泗水亭長碑, 昭然具載矣, 曷以外族媼氏而妄稱‘烏老’乎? 讀錯本書, 且不見義, 敢恃酒喧於殿庭. 付所司劾犯上之罪.”

語未終, 而西南有淸道者, 揚言: “太公來.” 方及階, 顧王生曰: “斯何人而見辱之甚也?” 漢祖降階對曰: “此虛妄侮慢之人也, 罪當斬之.” 王生逞目太公, 遂厲聲而言曰: “臣覽史籍, 見侮慢其君親者, 尙無所貶, 而賤臣戲語於神廟, 豈期肆於市朝哉?” 漢祖又怒曰: “在典冊, 豈載侮慢君親者? 當試徵之.” 王生曰: “臣敢徵大王可乎?” 漢祖曰: “然.” 王生曰: “王卽位, 會群臣, 置酒前殿, 獻太上皇壽, 有之乎?” 漢祖曰: “有之.” “旣獻壽, 乃曰. ‘大人常以臣無賴, 不事産業, 不如仲力, 今某之業, 孰與仲多?’ 有之乎?” 漢祖曰: “有之.” “殿上群臣皆呼萬歲, 大笑爲樂, 有之乎?” 曰: “有之.” 王生曰: “是侮慢其君親矣.” 太公曰: “此人理不可屈, 宜速逐之. 不爾, 必遭杯羹之讓也.” 漢祖默然良久曰: “斬此物, 汚我三尺刃.” 令搯髮者摑之. 一摑惘然而蘇, 東方明矣. 以鏡視腮, 有若指蹤, 數日方滅. (出『纂異記』)

310 · 8(3984)
장생(張生)

진사(進士) 장생은 금(琴)을 아주 잘 탔으며 맹가(孟軻: 孟子)의 책을 읽기 좋아했다. 장생은 과거에 낙방하여 포관(蒲關)을 거닐다가 순성(舜城)으로 들어갔다. 해가 곧 저물 것 같아 장생은 말고삐를 잡아끌며 얼른 관문으로 들어가려고 했는데 말이 그만 넘어지고 말았다. 잠시 뒤에 말은 죽고 장생은 의탁할 곳이 없어 결국 묘리(廟吏)에게 가서 하룻밤 묵기를 청했다. 묘리는 처마 아래를 가리키며 말했다.

"이곳 이외에는 달리 머무실 만한 곳이 없습니다."

그리하여 장생은 사당의 처마 아래에 묵게 되었다.

장생은 초저녁에 일찍 잠이 들었는데, 진홍색 옷 입은 두 사람이 나타나 자기 앞으로 오더니 이렇게 말했다.

"황제[여기서는 순임금을 가리킴]께서 서생을 모셔오라고 하십니다."

장생이 급히 가서 뵈었더니 황제가 물었다

"그대는 무슨 공부를 하고 있는가?"

장생이 대답했다.

"신은 유가(儒家)의 문하생으로 늘 공자(孔子)와 맹자(孟子)의 책을 공부하고 있습니다."

황제가 말했다.

"공자는 성인으로 짐도 오래 전부터 그를 알고 있다. 맹자는 어떤 사람이기에 공자와 함께 논해지고 있는가?"

장생이 말했다.

"맹자 역시 성인[여기서는 孔子를 가리킴]의 가르침을 전하는 사람으로, 인의를 숭상하고 예악(禮樂)을 만들어내고 교화(敎化)를 베푸신 분입니다."

황제가 말했다.

"저서가 있느냐?"

장생이 말했다.

"저서로는 7천 200장(章)이 있는데, 대개 공자의 제자들과 함께 질문하고 대답하는 내용입니다. 또한『노론(魯論: 魯나라 사람들이 전한 論語로 총 20편임)』과『제론(齊論: 齊나라 사람들이 전한 論語로, 魯論보다 2편이 더 있음)』에 대해서도 모두 잘 설명하고 있습니다."

황제가 물었다.

"그 문장을 기억하고 있는가?"

장생이 대답했다.

"저는 그 문장을 잘 알고 있을 뿐만 아니라 그 뜻도 깊이 이해하고 있습니다."

황제는 장생에게 문장을 외어보라고 하면서, 귀 기울여 들었다. 장생은 이렇게 외었다.

"만장(萬章)이 물었다.

'순(舜)은 밭에 나가서 하늘을 보고 소리쳐 울었사온데, 무엇 때문에 그렇게 소리쳐 울었습니까?'

맹자께서 대답하셨다.

'원망하고 사모하여서이다.'

만장이 물었다.

'[일찍이 曾子께서 말씀하시기를] 부모가 자신을 사랑하면 신이 나더라도 이 때문에 게을러져서는 안 되고, 부모가 자신을 미워하면 걱정이 되더라도 이 때문에 부모를 원망해서는 안 된다고 하셨는데, 그렇다

면 순은 그 부모를 원망했습니까?'

맹자께서 대답하셨다.

'장식(長息: 公明高의 제자)이 공명고(公明高: 曾子의 제자)에게 묻기를, "순이 밭에 나가 농사지었다는 것은 들어 알고 있지만, 하늘에 대고 소리쳐 울고 부모에 대해 그렇게 했다는 것은 저로서는 이해할 수 없는 일입니다[『孟子』「萬章」上에 나오는 말임]"라고 했다.'"

황제는 [여기까지 듣더니] 장생의 말을 막고 실망한 듯 이렇게 탄식했다.

"대개 정확한 사실도 모르면서 책을 쓰는 사람이 있다고 하더니, 바로 이 사람을 두고 이르는 말이구나. 짐이 천하를 버린 지 1,820년 만에 난폭한 진왕(秦王)이 제위를 찬탈하여 사해를 도탄에 빠지게 했다. 또한 나의 전적을 불사르고 나의 제도(帝圖: 천자의 謀策)를 없앴으며, 다른 사람의 입을 막고 제 멋대로 날뛰었다. 그래서 100년 뒤에는 경사(經史)의 내용이 사실과 어긋나기 시작했고, 말과 뜻은 우스개 소리에 가까워졌다. 내 일찍이 당(唐)나라 요(堯)임금에 대해 이렇게 찬미하는 것을 들었다.

'요임금이 옷자락을 드리우고 있어도[즉 아무 일을 하지 않아도] 천하가 다스려졌다[『周易』「繫辭傳 下」에 나오는 구절임].'

이는 천하가 무사태평함을 드러낸 것이다. 그러나 [요임금께서] 백성을 잘 헤아려주신 일이나, 천하의 모든 나라를 화애롭게 하신 일이나, 큰물이 져 물이 하늘에까지 닿고 높은 산이 무너져 언덕이 잠기고, 그로 인해 백성들이 탄식하게 되자 곤을 등용해 치수를 펼쳤던 일, 무릇 이와 같은 경우는 옷자락을 드리우고 아무 일 하지 않아도 천하가 다스려졌다는 뜻과는 크게 어긋난다. 또 짐에 대해 '아무 일을 하지 않아도 천하가 잘 다스려졌다'고 찬양하면서「요전(堯典)」에서 이렇게 썼다.

'사방의 문에서 손님인 제후들을 맞아들이셨고, 칠정(七政: 春·夏·秋·冬·天文·地理·人道를 말함)을 가지런하게 하셨으며, 상제께는 유제(類祭: 天帝나 五帝께 올리는 제사의 명칭)를 지냈고, 육종(六宗: 天·地·春·夏·秋·冬)에게는 인제(禋祭: 먼저 땔감에 불을 놓아 연기를 피운 뒤 다시 희생물이나 비단을 땔나무 위에서 태우는 제사)를 지냈으며, 산천에는 망제(望祭: 名山大川에 지내는 제사)를 지냈고, 여러 신들에게 두루 제사를 지내셨다. 또 공공(共工)을 [幽州로] 귀양 보내시고, 환두(驩兜)를 [崇山으로] 쫓아내시고, 곤(鯀)을 [羽山으로 추방하여] 처형하시고, 삼묘족(三苗族)을 [三危山으로 몰아내셨다『書經』「堯典」에 나오는 구절임].'

무릇 이와 같은 것은 무위지치(無爲之治)의 도와는 크게 거리가 있는 것이다. 그런데 지금 다시 듣자하니, 내가 하늘을 보고 소리쳐 운 것은 부모를 원망하고 사모해서라고 하는데, 나는 그런 행동을 한 적이 없다. 무릇 억지로 하지 않아도 되는 것이 하늘의 뜻이고, 억지로 이루려하지 않아도 이루어지는 것이 운명이다. 짐이 운 것은 내 운명이 부모와 부합하지 못함을 원망하여 하늘에 대고 소리쳐 운 것뿐이다. 만장의 물음에 맹자는 어째서 그 대답을 제대로 하지 못했는가? 성인의 뜻을 전한다면 어찌 이래서야 되겠는가?"

황제는 계속해서 탄식했다.

황제는 한참 뒤에 장생에게 말했다.

"금(琴) 타는 것을 배웠느냐?"

장생이 말했다.

"좋아하기는 하나 그렇게 잘 하지는 못합니다."

그러자 황제는 좌우의 신하들에게 금을 가져 오라고 하더니 말했다.

"오현금(五絃琴)을 타면서 「남풍(南風)」을 노래하는 내 솜씨도 듣지 않고 가면 인간세상으로 돌아가는 길이 어찌 영광스럽겠느냐?"

황제는 금을 타면서 이렇게 노래했다.

남풍이 훈훈하게 불어오니 풀은 무성하게 자라고,
오묘한 음은 청현(淸絃: 琴의 별칭)으로 모여드네.
드넓은 가르침은 자연에서 비롯되고,
빛나는 교화는 나의 도를 온전하게 만드네.
상하가 모두 즐거우니 세상에 이를 어찌 전할까나?

노래를 다하고는 금을 타면서 「남봉롱(南鳳弄)」을 연주했는데, 그 소리가 맑고 시원스러워서 사람의 속까지도 상쾌하게 만들었기에 장생은 자기도 모르게 이렇게 말했다.

"정말 오묘하구나!"

장생은 깜짝 놀라 잠에서 깨어났다. (『찬이기』[『원화기』])

進士張生, 善鼓琴, 好讀孟軻書. 下第遊蒲關, 入舜城. 日將暮, 乃排闥筆轡爭進, 因而馬蹶, 頃之馬斃, 生無所投足, 遂詣廟吏, 求止一夕. 吏指簷廡下曰: "捨此無所詣矣." 遂止.

初夜方寢, 見絳衣者二人, 前言曰: "帝召書生." 生遽往, 帝問曰: "業何道藝之人?" 生對曰: "臣儒家子, 常習孔孟書." 帝曰: "孔聖人也, 朕知久矣. 孟是何人得與孔同科而語?" 生曰: "孟亦傳聖人意也, 祖尚仁義, 設禮樂而施敎化." 帝曰:

"著書乎?" 生曰: "著書七千二百章, 蓋與孔門之徒難疑答問. 及『魯論』·『齊論』, 俱善言也." 帝曰: "記其文乎?" 曰: "非獨曉其文, 抑亦深其義." 帝乃令生朗念, 傾耳聽之. 念: 萬章問: '舜往於田, 號泣於旻天, 何爲其號泣也? 孟子曰: '怨慕也.' 萬章問曰: '父母愛之, 喜而不忘, 父母惡之, 勞而不怨, 然則舜怨乎?' 答曰: '長息問於公明高曰, 舜往於田, 則吾得聞命矣, 號泣于旻天, 怨於父母, 則吾不知也.'" 帝止生之詞, 憮然嘆曰: "蓋有不知而作之者, 亦此之謂矣. 朕捨天下千八百二十載, 暴秦竊位, 毒痛四海. 焚我典籍, 泯我帝圖, 蒙蔽群言, 逞恣私欲. 百代之後, 經史差謬, 辭意相及, 鄰於詼諧. 常聞贊唐堯之美曰: '垂衣裳而天下理.' 蓋明無事也. 然則平章百姓, 協和萬邦, 至於滔天懷山襄陵, 下民其咨, 夫如是則與垂衣之義乖矣. 亦聞贊朕之美曰: '無爲而治.' 乃載於典則云: '賓四門, 齊七政, 類上帝, 禋六宗, 望山川, 徧群神. 流共工, 放驩兜, 殛鯀, 竄三苗.' 夫如是與無爲之道遠矣. 今又聞泣于旻天, 怨慕也, 非朕之所行. 夫莫之爲而爲之者, 天也, 莫之致而致之者, 命也. 朕泣者, 怨己之命, 不合於父母, 而訴於旻天也. 何萬章之問, 孟軻不知其對? 傳聖人之意, 豈宜如是乎?" 嗟不能已.

久之謂生曰: "學琴乎?" 曰: "嗜之而不善." 帝乃顧左右取琴, 曰: "不聞鼓五絃, 歌「南風」, 奚足以光其歸路?" 乃撫琴以歌之曰: "南風薰薰兮草芊芊, 妙有之音兮歸淸絃. 蕩蕩之敎兮由自然, 熙熙之化兮吾道全. 薰薰兮思何傳?" 歌訖, 鼓琴爲「南鳳弄」, 音韻淸暢, 爽朗心骨, 生因發言曰: "妙哉!" 乃遂驚悟. (出『纂異記』, 明鈔本作 '出『原化記』')

태평광기 권제311 신 21

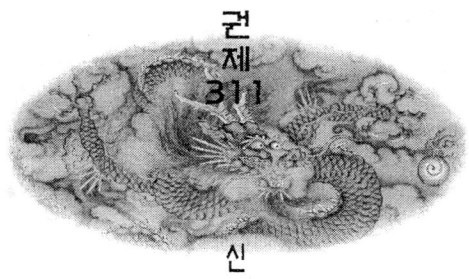

1. 소   광(蕭   曠)
2. 사   수(史   邈)
3. 전   보(田   布)
4. 진사최생(進士崔生)
5. 장   언(張   偃)
6. 배 씨 자(裴 氏 子)
7. 위   추(韋   騶)

311·1(3985)
소 광(蕭 曠)

　태화연간(太和年間: 827~835)에 처사(處士) 소광은 낙양(洛陽)에서 동쪽으로 유람을 떠났다. 그가 효의관(孝義館)에 이르러 밤에 쌍미정(雙美亭)에서 쉬고 있노라니 달이 높게 떠오르고 바람이 맑게 불어왔다. 소광은 금을 잘 탔던지라 금을 꺼내 연주를 하기 시작했다. 한밤중이 되자 어디선가 슬프게 읊조리는 소리가 들려왔는데, 잠시 후 다시 들으니 낙수(洛水) 위에서 한 사람이 길게 탄식을 하고 있는 것이었다. 조금씩 가까이 가서 보니 한 아름다운 여자였다. 소광은 금을 손에서 놓고 읍하면서 말했다.

　"당신은 누구십니까?"

　여자가 말했다.

　"낙포신녀(洛浦神女: 洛浦는 洛水를 말함)입니다. 옛날에 진사왕(陳思王: 曹植)이 일찍이 「낙신부(洛神賦)」를 지으신 적이 있었는데, 당신은 기억하지 못하십니까?"

　소광이 말했다.

　"기억하고 있습니다."

　소광이 또 물었다.

　"저는 낙신(洛神: 洛浦神女)이 바로 견황후(甄皇后)라고 들었습니다.

그녀가 죽은 뒤에 진사왕이 그녀의 혼령을 낙수 가에서 만나고 나서「감견부(感甄賦)」를 지었는데, 후에 [내용이] 도덕에 어긋난다고 생각하여「낙신부」라 제목을 바꾸고 뜻을 복비(宓妃: 중국 고대 신화에 나오는 신녀. 伏羲氏의 딸로 낙수에 빠져 죽어 洛水神이 되었음)에게 의탁했다고들 합니다. 이 말이 사실입니까?"

여자가 말했다.

"제가 바로 견황후입니다. 저는 처음에 진사왕의 재능을 흠모하여 문제(文帝: 曹丕)의 노여움을 샀고, 결국은 갇혀 있다가 죽고 말았습니다. 저의 혼령이 후에 진사왕을 낙수 가에서 만났는데, 제가 억울함을 호소하자 진사왕께서 깊이 느끼시고 부를 지으신 것입니다. 후에 그 일이 고상하지 못하다 여기시어 부의 제목을 [「낙신부」라고] 바꾸셨습니다. 제가 지금 한 말은 틀림없는 사실입니다."

잠시 후 머리를 틀어 올린 여종 두 명이 방석과 술, 안주를 가지고 안으로 들어왔다. 신녀가 소광에게 말했다.

"저는 처음 원(袁: 甄皇后는 처음에 袁紹의 며느리였다가 후에 曹丕의 아내가 되었음)씨 집안으로 시집가 며느리가 되었을 때부터 금 타는 것을 좋아했습니다. 매번「비풍(悲風)」이나「삼협류천(三峽流泉)」을 탈 때면 밤이 다하도록 연주한 연후에야 그쳤습니다. 방금 전에 당신이 타는 금 소리를 들었는데, 그 소리가 매우 청아했습니다. 지금 다시 한번 들어보기를 원합니다."

소광이「별학조(別鶴操)」와「비풍」을 연주하자 신녀는 길게 탄식하며 이렇게 말했다.

"당신의 금 타는 재주는 가히 채중랑(蔡中郞: 蔡邕)에 견줄 만합니다."

신녀는 소광에게 또 이렇게 물었다.

"당신은 진사왕이 쓴 「낙신부」가 어떻다고 생각하십니까?"

소광이 대답했다.

"사물을 잘 묘사했고 문체 또한 유려하여 양(梁)나라 소명태자(昭明太子)의 『문선(文選)』에 정선(精選)되었지요."

낙신(洛神: 神女. 즉 甄皇后)이 웃으며 말했다.

"부에서 나의 행동을 묘사하기를, '가볍기가 마치 놀란 기러기 같고, 부드럽기가 마치 헤엄치는 용과 같네'라고 했는데, 너무 서툴지는 않은지요?"

소광이 물었다.

"진사왕의 혼령은 지금 어디 있습니까?"

신녀가 말했다.

"그분은 지금 차수국(遮須國)의 왕으로 계십니다."

소광이 말했다.

"차수국이란 무엇입니까?"

신녀가 대답했다.

"유총(劉聰: 西晉 말 劉淵의 아들. 匈奴族 출신으로 16국 중 前越의 君王이 되었음)의 아들이 죽었다가 다시 살아나서는 그 아버지에게 이렇게 말했습니다. '누군가 제게 차수국에 오래도록 국왕이 없어 너의 아버지가 와서 왕이 되기를 기다리고 있다고 말했습니다.' 여기 나오는 나라가 바로 차수국입니다."

잠시 후 한 여종이 여자 한 명을 안내해 들어오며 말했다.

"직초(織綃: 상상 중의 龍女의 이름) 낭자께서 오셨습니다."

신녀가 말했다.

"낙수 용왕의 딸인데, 수부(水府)에서 생초(生綃)를 하도 잘 짜기에 아까 사람을 보내어 불러오게 한 것입니다."

소광이 직초낭자에게 물었다.

"근자에 세간에는 유의(柳毅)가 용녀와 혼인을 한 이야기가[唐 傳奇 「柳毅傳」을 말함]떠돌고 있는데, 정말 그런 일이 있었습니까?"

직초낭자가 말했다.

"십 분의 사, 오만 맞고 나머지는 모두 꾸며낸 말이니 현혹되어서는 안 됩니다."

소광이 말했다.

"제가 듣기에 용은 쇠를 두려워한다고 하던데, 사실입니까?"

직초낭자가 대답했다.

"용에게는 신령스럽게 변화하는 능력이 있어서 쇠・돌・금・옥 할 것 없이 무엇으로든 변화할 수 있는데, 어찌하여 유독 쇠만 두려워하겠습니까? 용이 진정으로 두려워하는 것은 교룡과 같은 무리일 뿐입니다."

소광이 또 물었다.

"듣자니 뇌(雷)씨[晉나라 雷煥. 그가 자주색 기운이 하늘로 올라가는 것을 보고 張和에게 豊城에 寶劍이 있다고 말을 하자 장화는 그에게 풍성현령 자리를 맡겼음. 그는 과연 감옥 안에서 龍泉과 太阿 두 보검을 얻어龍泉을 장화에게 주고 太阿는 자신이 차고 다녔는데, 후에 장화가 죽자龍泉은 어디론가 사라졌다고 함. 雷煥의 아들이 太阿를 들고 延平

津을 지날 때 검이 갑자기 물속으로 뛰어 들어갔는데, 검은 보이지 않고 두 마리 용이 기어가는 것만이 보였다는 전설이 있음]의 아들이 풍성검(豐城劍: 太阿劍)을 차고 연평진(延平津)에 이르렀을 때 검이 갑자기 물속으로 뛰어들어 용이 되었다고 하던데, 그런 일이 있었습니까?"

직초낭자가 말했다.

"허튼소리 입니다. 용은 오행으로 목(木)에 속해있고 검은 금(金)에 속해있으니, 금과 목은 상극(相剋)이지 상생(相生)하는 사이가 아닙니다. 그러니 어찌 변화할 수가 있겠습니까? 이 일이 어찌 참새가 물에 들어가 개구리가 되고 닭이 물에 들어가 조개가 되는 그런 것과 같을 수 있겠습니까? 다만 보검은 신령한 물건이고 수(水)와 금은 상생하는 사이니, 검이 물속으로 들어가면 천둥이 치게 되며 물에 가라앉지는 않습니다. 사람들이 물속에서 그 검을 찾아내지 못하게 되자 용이 되었다고 헛소리를 했던 것입니다. 뇌환(雷煥)은 다만 '변화하여 사라졌다'고만 했고, 장사공(張司空: 張和) 역시 '종국에는 [검과 용이] 합쳐져서 하나가 되었다'고만 말했을 뿐, 용이 되었다고는 말하지 않았습니다. 검이 아무리 신령스럽다 할지라도 그것은 결국 사람이 두드리고 달구고, 또 단련시켜 만들어 낸 물건이지 저절로 생겨난 것은 아닙니다. 그러니 아무리 해도 용이 될 수는 없다는 사실이 명백하다 하겠습니다."

소광이 또 말했다.

"베틀이 용이 된다는 말은 어떻습니까?"

직초낭자가 대답했다.

"베틀은 나무로 만든 것입니다. 용은 본디 목에 속한 것이니, 변화하여 나무로 돌아간다고 해서 뭐 이상할 게 있겠습니까?"

소광이 또 말했다.

"용의 변화무쌍함은 마치 신과도 같은데, 무슨 병이 걸렸기에 마사황(馬師皇: 黃帝 때의 의사. 말의 병을 잘 고쳤음)에게 치료해 주기를 부탁했습니까?"

직초낭자가 말했다.

"마사황은 천계의 고진(高眞: 훌륭한 眞人)이십니다. 그분은 말이 무거운 것을 지고 멀리 끌려다는 것을 긍휼히 여겨 마의(馬醫)가 되셨습니다. 그가 병을 고친 말만도 만여 필이나 됩니다. 천제께서 사자를 내려보내 용의 입술에 병이 나게 만든 다음 그의 능력을 시험해보게 했던 것입니다. 후에 [병이 나은] 용은 즉시 하늘로 올라갔는데, 이는 하늘이 시험해본 것이지 용에게 정말로 병이 있었던 것은 아니었습니다."

소광이 또 말했다.

"용은 제비 피를 좋아한다고 하던데, 사실입니까?"

직초낭자가 대답했다.

"용은 깨끗한 곳만 다니며 밤이슬을 먹고 삽니다. 만일 제비 피를 먹는다면 어찌 능히 나타났다 숨었다 [하며 변화]할 수 있겠습니까? 용이 좋아하는 것은 교룡이나 조개 종류입니다. 꾸며낸 이야기들일랑 믿지 마십시오. 그런 소리는 모두 양조사공(梁朝四公: 梁 武帝 때의 罡闍・黖杰・麩䬳・仉眪를 가리킴. 자세한 내용은 本書 권81 제4조 참고)이 멋대로 떠들어댄 말일 뿐입니다."

소광이 또 말했다.

"용은 무얼 좋아합니까?"

직초낭자가 말했다.

"잠자는 걸 좋아하지요. 길게 자면 천 년, 적게 자도 수백 년은 잡니다. 동굴 속에서 누워 자면 비늘 사이에 모래와 먼지가 쌓이게 되지요. 새들이 혹 나무 열매를 물어와 그 몸 위에 버리게 되면 비늘을 뚫고 나무가 자라는데, 그 나무가 한 아름이 될 때쯤 용은 잠에서 깹니다. 그때부터 떨치고 일어나 즉시 수행을 시작해 자기의 몸을 벗어버리고 허무(虛無)의 근원으로 들어가고, 정신을 깨끗하게 하여 적멸(寂滅: 無聲無形의 境地)로 돌아갑니다. 자연의 모습과 기(氣)는 그 변화에 따라 함께 변해 허공으로 흩어집니다. [이때의 용은] 한번도 회임을 해본 적도 없는 듯, 한번도 형상을 가져본 일이 없는 듯 그렇게 되는 것입니다. [도가에서 말하듯] 물건은 있는 듯 또 없는 듯 그 오묘함은 그윽하기만 한데, 이때가 되면 비록 용처럼 아무리 큰 형체라 할지라도 전체가 겨자씨만한 물건 안으로 들어갈 수가 있습니다. 그렇게 되면 그의 행동은 이르지 않는 데가 없고 근원으로 돌아가는 방법을 터득하여 조물주와 그 공력을 겨루게 되는 것입니다."

소광이 또 말했다.

"용의 수행법은 어떻게 터득할 수 있습니까?"

직초낭자가 말했다.

"고진의 수행법과 무엇이 다르겠습니까? 훌륭한 사람이 수행을 하면 몸과 정신이 같이 [그 경지에] 도달할 수 있고, 중간쯤 되는 사람이 수행을 하면 정신은 초월하게 되나 몸을 가라앉게 되며, 못난 사람이 수행을 하게 되면 몸과 정신 모두 땅에 떨어지게 됩니다. 수행을 할 때에 기운이 맑아지며 정신이 집중되는 듯 하면 어떤 물건이 자기 몸 밖으로 나올 텐데, 이것이 바로 노자(老子)가 말한 '보일 듯 말듯, 그 사이에 물건이 있도다'라는 것입니다. 그것의 오묘한 것은 감히 밖으로 누설할 수 없는데, 이는 하늘이 벌하실까 두려워서입니다."

이때 신녀가 좌우에 명해 [술상을 차리게 하고는 셋이서] 술잔을 돌리며 이야기를 나누었다. 그들은 서로 마음이 잘 맞아 즐거웠고 [두 여자는] 사람의 마음을 흔들어 놓을 만큼 아름다워서 마치 왼쪽에는 경지(瓊枝: 옥나무 가지)를 오른쪽에는 옥수(玉樹: 옥나무. 희고 깨끗함을 비유함)를 끼고 앉은 기분이었다. 그들은 밤새도록 친밀한 정을 나누며 서로의 회포를 풀었다. 소광이 말했다.

"두 선녀를 이곳에서 만났으니, 이곳이야 말로 '쌍미정(雙美亭)'입니다."

그때 갑자기 닭 우는 소리가 들리자 신녀는 소광에게 다음과 같은 시 한 수를 지어 주었다.

　　옥 젓가락 같은 눈물 두 뺨에 어리니 위나라 궁궐 떠오르고,
　　금 붉은 실 한줄 타니 맑은 바람처럼 내 시름 씻기네.
　　내일 아침에 지금을 다시 기억하면 시름에 겨우리,
　　빈 모래섬에 안개 걷히면 취우(翠羽: 물총새 깃털)조차 안보이네.

직초낭자도 다음의 시를 지었다.

　　샘 밑에서 생초 짜는 일 즐겁지 않았던지라,
　　다시금 소랑(蕭郎: 蕭曠)에게 술병을 다 비우라 권했네.
　　수심에 쌓인 채 옥금(玉琴)으로 타는 「별학조」를 듣게 되면,
　　맑은 눈물 떨어져 방울방울 진주가 되리라.

소광도 두 여자에게 다음과 같은 답시를 지어 주었다.

붉은 난초 아름다움을 토해내는 사이에 도화도 피었어라.
꽃을 찾는 운은 이미 만난 듯하여 혼자 즐거워하네.
주패(珠珮)와 오작교 이제부턴 없어지리니,
하릴없이 먼 하늘에 푸른 구름만 원망하네.

신녀는 명주와 취우를 꺼내 소광에게 주며 이렇게 말했다.

"이것은 진사왕의 부에서 말했던 '때론 명주를 따고, 때론 취우를 줍네'에 나오는 것입니다. 이것을 당신께 드려 「낙신부」에서 읊은 내용대로 한번 해 보려 합니다."

용녀(龍女: 織綃娘子)는 가벼운 생초 한필을 소광에게 주면서 이렇게 말했다.

"호인(胡人)이 이걸 사려고 하거든 만금 아니면 팔지 마십시오."

신녀가 말했다.

"당신은 골상과 관상이 모두 빼어나니 분명 훌륭하게 되실 것입니다. 그러나 당신이 깨끗하게 사시면서 속세의 것을 가벼이 여기고, 또 청아한 인품으로 타고난 성품을 지키신다면 저는 이곳에서 당신을 도와드릴 것입니다."

말을 마치더니 [두 여자는] 훌쩍 뛰어올라 허공을 밟고 공중으로 사라져 버렸고 더 이상은 아무것도 보이지 않았다. 훗날 소광은 두 여자가 준 명주와 생초를 간직하고 숭악(崇嶽: 崇山)을 떠돌았는데, 그의 친구가 우연히 그를 만나 이 일을 적어 두었던 것이다. 지금 그는 세상을 피해 지내며 다시는 모습을 드러내지 않고 있다. (『전기』)

太和處士蕭曠, 自洛東遊. 至孝義館, 夜憩于雙美亭, 時月朗風淸. 曠善琴, 遂取琴彈之. 夜半, 調甚苦, 俄聞洛水之上, 有長嘆者. 漸相邇, 乃一美人. 曠因捨琴而揖之曰: "彼何人斯?" 女曰: "洛浦神女也. 昔陳思王有賦, 子不憶耶?" 曠曰: "然." 曠又問曰: "或聞洛神卽甄皇后. 謝世, 陳思王遇其魄於洛濱, 遂爲「感甄賦」, 後覺事之不正, 改爲「洛神賦」, 託意於宓妃. 有之乎?" 女曰: "妾卽甄后也. 爲慕陳思王之才調, 文帝怒而幽死. 後精魄遇王洛水之上, 叙其冤抑, 因感而賦之. 覺事不典, 易其題. 乃不繆矣." 俄有雙鬟, 持茵席, 具酒殽而至. 謂曠曰: "妾爲袁家新婦時, 性好鼓琴. 每彈至「悲風」及「三峽流泉」, 未嘗不盡夕而止. 適聞君琴韻淸雅. 願一聽之." 曠乃彈「別鶴操」及「悲風」, 神女長嘆曰: "眞蔡中郎之儔也." 問曠曰: "陳思王「洛神賦」如何?" 曠曰: "眞體物瀏浣, 爲梁昭明之精選爾." 女微笑曰: "狀妾之擧止云'翩若驚鴻, 婉若游龍', 得無疎矣?" 曠曰: "陳思王之精魄今何在?" 女曰: "見爲遮須國王." 曠曰: "何爲遮須國?" 女曰: "劉聰子死而復生, 語其父曰: '有人告某云: 遮須國久無主, 待汝父來作主.' 卽此國是也."

俄有一靑衣, 引一女曰: "織綃娘子至矣." 神女曰: "洛浦龍王之處女, 善織綃于水府, 適令召之爾." 曠因語織綃曰: "近日人世或傳柳毅靈姻之事, 有之乎?" 女曰: "十得其四五爾, 餘皆飾詞, 不可惑也." 曠曰: "或聞龍畏鐵, 有之乎?" 女曰: "龍之神化, 雖鐵·石·金·玉, 盡可透達, 何獨畏鐵乎? 畏者蛟螭輩也." 曠又曰: "雷氏子佩豐城劍, 至延平津, 躍入水, 化爲龍, 有之乎?" 女曰: "妄也. 龍木類, 劍乃金, 金旣尅木, 而不相生. 焉能變化? 豈同雀入水爲蛤, 野雞入水爲蜃哉? 但寶劍靈物, 金水相生, 而入水雷生, 自不能沉于泉. 信其下搜劍不獲, 乃妄言爲龍. 且雷煥只言'化去', 張司空但言'終合', 俱不說爲龍. 任劍之靈異, 且人之鼓鑄鍛鍊, 非自然之物. 是知終不能爲龍, 明矣." 曠又曰: "梭化爲龍如何?" 女曰: "梭木也. 龍本屬木, 變化歸木, 又何怪也?" 曠又曰: "龍之變化如神, 又何病而求馬師皇療之?" 女曰: "師皇是上界高眞. 哀馬之負重引遠, 故爲馬醫. 愈其疾者萬有匹. 上天降鑒, 化其疾於龍唇吻間, 欲驗師皇之能. 龍後負而登天, 天假之, 非龍眞有病也." 曠又曰: "龍之嗜燕血, 有之乎?" 女曰: "龍之淸虛, 食飮沆瀣. 若食燕血,豈能行藏? 盖嗜者乃蛟蜃輩. 無信造作. 皆梁朝四公誕妄之詞爾." 曠又曰: "龍何好?"曰: "好睡. 人卽千年,小不下數百歲. 偃仰于洞穴,鱗甲間聚其沙塵. 或有鳥銜木實, 遺棄其上, 乃甲拆生樹, 至于合抱, 龍方覺悟. 遂振迅修行, 脫其體而入虛無, 澄其神而歸寂滅. 自然形之與氣, 隨其化用, 散入眞空. 若未胚腪, 若未凝結. 如物有恍惚, 精奇杳冥, 當此之時, 雖百骸五體, 盡可入于芥子之內. 隨擧止, 無所不之, 自得還元返本之術, 與造化爭功矣." 曠又曰: "龍之修行, 向何門而得?" 女曰: "高眞所修之術何異? 上士修之, 形神俱達, 中士修之, 神超形沉, 下士修之, 形神俱墮. 且當修之時, 氣爽而神凝, 有物出焉, 卽老子云:'恍恍惚惚, 其中有物也.' 其於幽微, 不敢洩露, 恐爲上天譴謫爾."

神女遂命左右, 傳觴叙語. 情況昵洽, 蘭艷動人, 若左瓊枝而右玉樹. 繾綣永夕, 感暢冥懷. 曠曰: "遇二仙娥於此, 眞所謂雙美亭也." 忽聞雞鳴, 神女乃留詩曰: "玉筯凝腮憶魏宮, 朱絲一弄洗淸風. 明晨追賞應愁寂, 沙渚煙銷翠羽空." 織綃詩曰: "織綃泉底少歡娛, 更勸蕭郞盡酒壺. 愁見玉琴彈「別鶴」, 又將淸淚滴眞珠." 曠答二女詩, 曰: "紅蘭吐艶間夭桃, 自喜尋芳數已遭. 珠珮鵲橋從此斷, 遙天空恨碧雲高." 神女遂出明珠・翠羽二物贈曠, 曰: "此乃陳思王賦云:'或採明珠, 或拾翠羽'. 故有斯贈, 以成「洛神賦」之詠也." 龍女出輕綃一疋贈曠, 曰: "若有胡人購之, 非萬金不可." 神女曰: "君有奇骨異相, 當出世. 但淡味薄俗, 淸襟養眞, 妾當爲陰助." 言訖, 超然躡虛而去, 無所睹矣. 後曠保其珠綃, 多遊嵩嶽, 友人嘗遇之, 備寫其事. 今遁世不復見焉. (出『傳記』)

311 · 2(3986)
사 수(史 邃)

[唐나라] 회창연간(會昌年間: 841~846)에 소황문(小黃門) 사수는 병이 들자 관직에서 물러나 집에서 [휴양하고] 있었다. 그러던 어느 날, 그는 갑자기 식구들을 불러 모으더니 다음과 같은 이야기를 들려주었다.

사수가 처음 병이 났을 때 한 누런 옷을 입은 사람을 보았는데, 그 사람은 문서를 들고서 이렇게 말을 했다.

"저승관부에서 당신의 혼령 둘을 불러들여 일을 하게 한 다음 하나의 혼령을 남겨주어 당신의 몸을 주관하게 할 것이오."

사수는 자신도 모르게 [그 누런 옷 입은 사람을] 따라 나섰다. 그들은 통화문(通化門)을 나서 동남쪽에 있는 한 황폐한 길로 들어섰다. 또 패수(灞水)와 산수(滻水)를 건너 남전산(藍田山)에 올라 산 위를 수십 리 걸어갔다. 그러자 갑자기 말을 타고 검은색 깃발을 쥔 사람이 나타나더니 이렇게 말을 했다.

"태일신(太一神)께서 대전에 오르신지 이미 오래 되었다. [다른] 죄인들은 모두 다 잡혀왔는데, 너는 어찌하여 이리 늦었느냐?"

그러면서 그들을 빨리 가라고 독촉했다. 그들은 한 성(城)에 당도했는데, 그곳에는 갑옷 입은 병사들이 문 양쪽에 줄지어 서있었다. 그들은 곧장 북쪽으로 가 한 궁궐에 이르렀는데, 궁문 수비가 매우 삼엄했다. 붉은색 옷을 입은 한 관리가 [사수를 데리고 온] 사자를 인도하여 함께 안으로 들어갔다. 가림벽 사이로 한 관리가 안에서 나오더니 이렇게 말했다.

"명을 받드시오."

사자는 몸을 수그리고 명을 받았다. 그 관리는 공문을 들고 낭독하기 시작했다.

"사수는 전생에 괄창산(括蒼山) 주록대부(主錄大夫)의 시종이었는데, 처음에는 행실이 공손하고 조심스러웠으나 도중에 일을 게을리 하고 타락하기 시작하여 황문으로 폄관시켜 그로 하여금 잘못을 깨닫게 하고자 했다. 지금 주록대부께서 다시 복직하게 되었으니 그 시종도 따라서 옮겨가야 한다. 이 사안은 이미 관부에 올려 비준을 얻었다."

낭독을 마치자 사수를 데리고 한 관원으로 들어갔다. 그곳에서 사수는 한 사람을 보았는데, 그 사람은 백발이 성성했고 자주색 옷을 입고 있었으며, 그 좌우에는 시종 십여 명이 줄지어 서 있었다. 사수가 절을 마친 다음 올려다보니 그 사람은 다름 아닌 소부(少傅) 백거이(白居易)였다. 사수는 원화연간(元和年間: 806~820) 초에 한림원(翰林院)의 하급 관리로 있었던 적이 있던 터라 백거이에게 이렇게 물었다.

"소부님께서 무슨 일로 이곳에 오셨습니까?"

백거이가 빙그레 웃으며 말했다.

"시종은 전생의 일을 기억하고 있는가?"

[백거이가 이 말을 마치자] 사수는 갑자기 잠에서 깨어나는 듯 했는데, 낯빛은 예전과 다름이 없었다. 여러 황문의 관리들은 사수의 병이 나았다는 이야기를 듣고 앞 다투어 그를 찾아왔다. 그날 밤, 백거이는 낙중(洛中)에서 죽었다. 백거이는 죽을 무렵에 친지들에게 이런 말을 했다.

"내가 옛날에 봉래선궁(蓬萊仙宮)에 있을 때 황제(武宗皇帝를 말한다)와 이생의 인연을 맺었소. 황제께서는 이생에서 인덕(麟德)의 이별을 하고 계신다오."

　말을 마치고 백거이는 죽었으나 사람들은 그 말뜻을 이해하지 못했다. 후에 날짜를 비교해보니 백거이가 죽던 날 황제는 인덕전(麟德殿)에서 연회를 베풀고 있었다. (『당년보록』)

　會昌中, 小黃門史遂, 因疾退於家. 一日, 忽召所親, 自言:
　初得疾時, 見一黃衣人, 執文牒曰: "陰司錄君二魂對事, 量留('量留'原作'曇', 據明鈔本改)一魂主身." 不覺隨去. 出通化門, 東南入荒徑. 渡灞滻, 陟藍田山, 山上約行數十里. 忽見一騎執黑幡, 云: "太一登殿已久. 罪人畢錄, 爾何遲也?" 督之而去. 至一城, 甲士翼門. 直北至一宮, 宮門守衛甚嚴. 有赤衣吏, 引使者同入. 蕭屛間, 有一吏自內出, 曰: "受敎受敎." 使者鞠躬受命. 宣曰: "史遂前世括蒼山主錄大夫侍者, 始者則恪, 中間廢墮, 謫官黃門, 冀其省悟. 今大夫復位, 侍者宜遷. 付所司准法." 遂領就一院. 見一人, 白鬚鬢, 紫衣, 左右十數列侍. 拜訖仰視, 乃少傅白居易也. 遂元和初爲翰林小吏, 因問曰: "少傅何爲至此?" 白怡然曰: "侍者憶前事耶?" 俄如睡覺, 神氣頓如舊. 諸黃門聞其疾愈, 競訪之. 是夕, 居易薨於洛中. 臨終, 謂所親曰: "昔自蓬萊, 與帝(謂武宗也)有閻浮之因. 帝於閻浮爲麟德之別." 言畢而逝. 人莫曉也. 較其日月, 當捐館之時, 乃上宴麟德殿也. (出『唐年補錄』)

311 · 3(3987)
전 포(田 布)

　당(唐)나라 때 재상이었던 최현(崔鉉)이 회남(淮南)을 진수하고 있을 때, 노탐(盧耽)은 절서(浙西) 지방에서 관직을 마쳤고 장택(張擇)은 상주(常州)에서 관직을 마쳤는데, 함께 유양(維揚)을 경유해 최현을 배알하러 왔다. 최현은 그때 마침 한가했던지라 두 손님과 더불어 장기를 두고 있었는데 한 관리가 들어오더니 여자 무당과 옛 위박절도사(魏博節度使) 전포가 함께 이 곳으로 와서 아무 정(亭)이라고 하는 여관에 묵고 있노라고 보고를 했다. 최현이 매우 이상하게 생각하자 [보고했던 그 관리가] 또 이렇게 말했다.

"[그 무당은] 매우 영험하답니다. 다른 무당들과는 다르니 그들을 도후(都候)의 관사로 옮겨 묵게 해 주시지요."

최현은 사람을 보내 가서 그 무당을 불러오게 했다. 이윽고 무당과 신(神: 田布)이 [최현을 찾아와] 번갈아가며 절을 올리고는 이렇게 말을 했다.

"상공(相公: 崔鉉)님께 감사 올립니다."

최현이 말했다.

"무얼 감사한단 말이오?"

신이 대답했다.

"제게 못난 자식 놈이 하나 있는데, 탐욕스럽게 부정을 저지르고 공무는 돌보지 않았기 때문에 사형에 처해져야 마땅했습니다. 그런데 상공님의 음덕을 입어 벌을 면하게 되어 저의 집안 사당에 제사 밥이 끊어지지 않을 수 있게 되었으니 이는 모두 상공님의 덕택입니다."

최현이 깜짝 놀라며 말했다.

"참 이상한 일이로다! 내가 재상노릇을 하고 있을 때 하주절도사(夏州節度使)로부터 은주자사(銀州刺史) 전회(田鏬)가 뇌물수수죄를 범하고 사사로이 갑옷과 무기를 제조한 다음 변방의 시장에 내다 팔아 말이나 베, 비단 등과 바꾸고 있다는 내용의 상주문을 받을 일이 있었소. 천자께서 이 이야기를 들으시고는 심히 화를 내시며 이렇게 말씀하셨소. '뇌물수수죄는 물론 달리 잘잘못을 따져 처벌하겠지만, 그에게 변방의 주(州)를 맡겼으면 응당 적을 방어해야지 오히려 갑옷과 무기를 만들어 적군을 돕다니, 이게 반역이 아니고 무엇이란 말인가? 중서성(中書省)에 명해 법에 근거해 그의 죄를 다스리게 하고 그 일족을 몰살시켜라.' 그 다음날 내가 천자께 조용히 아뢰었소. '전회가 저지른 죄는 법으로 다스려야 마땅합니다. 그렇지만 그는 전홍정(田弘正)의 손자이고 전포의 아들입니다. 전홍정은 하삭(河朔)에서 처음으로 [저희 조정으로 들어와] 폐하를 알현하고서 관직을 받았고, 전포는 그 부친의 뜻을 이루고 충효의 정신을 이어받아 전쟁터에서 싸우다 죽었습니다. 지금 만약 폐하께서 법을 집행하여 [그를 처형함으로써] 변방을 튼튼히 하시려 한다면 이는 너그러이 그의 죄를 용서해 주시어 충성심을 고무시키심만 못할 것입니다.' 천자께서는 그제야 마음을 푸시고 그를 멀리 떨어진 군(郡)의 사마(司馬)로 쫓아내는 데 그치셨소. 하지만 나는 지금껏 이 일을 한 번도 친척이나 사적인 관계의 사람들에게 발설한 적이 없었소. 이미 거의 다 잊어가고 있는데 지금 신께서 하신 말은 바로 그 일을 두고 하는 것이구려."

　최현은 이렇게 말하고는 아랫사람에게 명해 흰 옷을 차려입고 전포를 알현하게 했다. 또 전포에게 이렇게 말했다.

　"당신은 의롭게 죽은 사람인데, 어째서 이 어리석은 부인에게 구차하게도 부림을 당하고 있는 것이오?"

신이 말했다.

"제가 일찍이 이 노파에게 80만 냥을 빚진 일이 있기에 지금 수치스러움을 참아가며 빚을 갚고 있는 중입니다."

최현과 두 명의 손님, 그리고 감군사(監軍使) 막부 아래의 관료들이 함께 [돈을 모아] 그 빚을 갚아주자 신은 인사를 올리고 떠나갔다. 그때부터 이 무당은 하는 말마다 전혀 들어맞지 않았다. ('양즙이기작전')

唐相崔鉉鎭淮南, 盧耽罷浙西, 張擇('擇'字原空闕, 據明鈔本補)罷常州, 俱經維揚, 謁鉉. 鉉因暇日, 與二客方奕, 吏報女巫與故魏博節度使田布偕至, 泊逆旅某亭者. 鉉甚異之, 復曰: "顯驗. 與他巫異, 請改舍于都候之廨." 鉉趣召巫者至. 乃與神迭拜, 曰: "謝相公." 鉉曰: "何謝?" 神答曰: "布有不肖子, 黷貨無厭, 郡事不治, 當犯大辟. 賴公陰德免焉, 使布之家廟血食不絶者, 公之恩也." 鉉矍然曰: "異哉! 鉉爲相日, 夏州節度奏銀州刺史田鍼, 犯贓罪, 私造鎧甲, 以易市邊馬布帛. 帝赫怒曰: '贓自別議, 且委以邊州, 所宜防盜, 以甲資敵, 非反而何? 命中書以法論, 將赤其族.' 翌日, 鉉從容言於上曰: '鍼贓罪自有憲章. 然是弘正之孫, 田布之子. 弘正首以河朔入覲, 奉吏員, 布亦成父之命, 繼以忠孝, 伏劍而死. 今若行法以固邊圉, 未若因事弘貸, 激勸忠烈.' 上意乃解, 止黜授遠郡司馬. 而鉉未嘗一出口於親戚私昵. 已將忘之, 今神之言, 正是其事." 乃命廊下素(明鈔本'素'作'索')服而見焉. 謂之曰: "君以義烈而死, 奈何區區爲愚婦人所使乎?" 神曰: "布嘗負此媼八十萬錢, 今方忍耻償之." 鉉與二客及監軍使幕下, 共償其錢, 神乃辭去. 因言事不驗. ('梁楫李琪作傳')

311 · 4(3988)
진사최생(進士崔生)

　진사 최생은 관동(關東)에서 [도성으로] 과거를 보러 가고 있었다. 아침에 출발해 동관(潼關) 밖 10여 리를 갔을 때는 벌써 5경(更)을 알리는 북소리가 울려 퍼지는 밤이었다. 길에는 다니는 사람이라고는 한명도 없었고 그저 최생과 하인 한명, 짐 한 꾸러미, 그리고 나귀 한 마리가 있을 뿐이었다. 그때 갑자기 횃불을 손에 들고 호령을 하며 줄지어 가고 있는 행렬과 마주쳤는데, 깃발과 창, 무기를 손에 든 사람들이 200여 명은 되는 것이 마치 절도사의 의장 행렬처럼 보였다. 최생은 나무 그늘 속으로 몸을 숨겼다. 행렬이 그곳을 지나쳐서 2~3리도 채 못 갔을 때, 아까 맨 앞에 서서 행렬을 지휘하던 사람들이 다시 이리로 돌아왔다. 이에 최생은 [하는 수 없이] 그 행렬의 뒤를 천천히 따라가기 시작했다. 한 보병(步兵)이 다기(茶器)를 운반하고 있었는데, 걸음걸이가 매우 느렸다. 최생이 누가 행차하는 것이냐고 묻자 그 보병이 대답했다.

　"악신(嶽神)께서 천관(天官: 天曹의 관리) 최시어(崔侍御)를 영접하러 가는 길입니다. 수재(秀才: 崔生)께서는 지금 과거를 보러 가시는 길이니 한번 만나 뵙고 앞으로의 일을 점쳐보시는 게 어떻겠습니까?"

　최생이 자신은 그 분을 만나볼 방도가 없다고 하자 보병은 자기가 한번 물어봐 주겠노라고 약속했다. 사당 문 앞에 당도했을 때는 날이 채 밝기도 전이었다. 보병은 최생에게 문 옆에서 기다리고 있으라고 하고는 안으로 들어갔다가 한참 만에 나와서 이렇게 말했다.

　"최시어님께 이미 아뢰었습니다."

그러더니 급히 최생을 데리고 안으로 들어가 최시어를 만나게 해 주었다. 최생은 몹시 기뻤다. 얼마 후 악신이 그곳에 도착하여 최시어와 함께 서서 이야기를 나누고는 최시어를 데리고 사당 안으로 들어갔다. 악신은 안에다 휘장을 치고 연회석을 마련했는데, 준비한 악대도 아주 성대했다. 잠시 후 그들은 음악 연주 속에 술을 마셨다. 최생이 그 연회석상에 들어가자 최시어는 시종들에게 최생을 잘 모시라고 분부하며 국이나 차 등 필요한 것들은 다 가져다 드리라고 시키면서 아주 호의적으로 최생을 대해주었다. 최생은 그곳에서 술을 마신 뒤 얼마쯤 지나 약간 피곤해지자 [밖으로 나와] 천천히 걸어 다니며 주위를 둘러본다는 것이 그만 자기도 모르게 문 밖으로 나오고 말았다. 밖에서 그는 뜻밖에 자신의 육촌 당숙과 만나 손을 잡고서 옛날이야기를 나눴는데 당숙의 안색은 초췌했고 차림새는 남루하기 그지없었다. 최생이 물었다.

"당숙께서 세상을 뜨신지 벌써 오래되었는데, 어떻게 이곳에 오셨습니까?"

당숙이 대답했다.

"내가 세상을 하직한지 벌써 15년이 되었지만 한번도 누굴 찾아간 적이 없네. 나는 근자에 부수교(敷水橋)의 신이 되었는데, 매일같이 사람을 보내고 맞이하고 하느라 피곤하기 짝이 없네. 또 먹는 것, 입는 것 모두 궁색하기 그지없어 그 빈곤한 상황이란 구제하기조차 불가능 해 보이네. 조카가 천관 최시어님과 친하다는 사실을 내 이미 알고 있네. 게다가 우린 한 집안사람이 아닌가. 조카가 분명 나를 시어님께 천거해 주실 수 있으리라 생각해서 이곳으로 찾아와 간곡한 청을 하는 것이네. 만일 남산자신(南山觜神: 南山神. '觜'는 산 입구를 말함)이 될 수만 있다면 배고픔과 궁핍함은 대충 면할 수 있을 것이고 이후에는 승진하여 천조(天曹)의 관리가 될 수도 있을 것이네."

최생은 자신과 최시어는 이제 막 알게 된 사이일 뿐이어서 자기가 천거를 해 줄 수 있을지 잘 모르겠지만 한번 해보기는 하겠노라고 말했다.

얼마 후 최시어는 연회를 마치고 돌아와서 최생에게 말했다.

"자네는 내년에나 급제하게 될 것이니 올해는 과거를 치르지 않아도 무방하겠네. 나는 얼마 있다가 공무가 다 끝날 터이니 마땅히 이곳을 떠나가야 하네. 일정이 촉박하여 오래 머물 수가 없네."

이 말을 듣고 최생은 당숙이 부탁한 내용을 최시어에게 아뢰었다. 그러자 최시어가 말했다.

"남산자신이라면 인간 세상에 있어서의 선보관(選補官: 인재 선발을 주관하는 관리)과 비슷하니 지극한 청망관(淸望官: 唐代 3품 이상의 관직과 國子司業을 淸望官이라 했음)에 속한다고 할 수 있네. 그러니 부수교신 같이 낮고 보잘 것 없는 자리에 있는 자가 어찌 [그런 자리를] 바꿔 얻을 수 있겠는가? 다만 내가 한번 이야기를 해 준다면야 악신께서도 막지는 않으실 것이네."

말을 마치더니 다시 악신을 찾아가 예를 갖춰 절을 올렸다. 최생이 몰래 다가가 그 모습을 살펴보았더니 최시어가 부탁의 말을 하고 있는 것을 모두 들을 수 있었는데, 악신은 과연 그 일을 허락하고 당장에 명을 내려 관부의 첩지를 꺼내와 거기다 이름을 적어 넣게 하는 것이었다. 잠시 후 최생의 당숙이 첩지를 받고는 안으로 들어와 감사를 올렸는데, 그를 맞이하는 문무 관리들만 100~200여 명에 이르렀고 시위 또한 매우 위엄 있어 보였다. 최생이 앞으로 나아가 축하를 드리자 남산자신

[최생의 당숙]은 울면서 이렇게 말했다.

"조카님의 힘이 아니었다면 난 이런 자리를 얻을 수 없었을 것이네. 다음번에 관직을 옮기면 나는 분명 천부에 들어갈 수 있을 것이네. 올해 위수(渭水)가 범람하여 조카님의 장원(莊園)이 물에 쓸려 망가질 것이고 단번에 300~500 가구가 피해를 입을 것이지만, 내가 이미 명령을 내려 조카님을 보호하도록 해 놓았으니 5~6월 중에 조카님은 그 재난을 면할 수 있을 것이네. 또 500필의 비단을 조카님에게 답례로 드리겠네."

남산자신은 말을 마치자마자 시종들을 이끌고 그곳을 떠났다. 최시어 역시 그곳을 출발했고 악신은 그를 배웅했다. 최생은 혼자 그 사당 안에 남아 있다가 갑자기 꿈에서 깨어났다. 최생은 밖으로 나가 하인을 찾았는데, 그들은 객점 안에 있었을 뿐 아무 것도 본 것이 없다고 했다.

최생은 관(關)으로 들어가기를 관두고 다시 발길을 돌려 장원에 머물렀다. 그해 여름, 위수가 범람하여 휩쓸려 떠내려가고 망가진 집이 매우 많았으나 오로지 최생의 장원만은 화를 면할 수 있었다. 장원 앞에 빈 배 한 척이 매어져 있었는데, 물이 마르고 난 다음에 가 보니 배 안에 비단 500필이 있었고, 그 이듬 해 최생은 과연 과거에 급제했다. (『녹이기』)

進士崔生, 自關東赴擧. 早行潼關外十餘里, 夜方五鼓. 路無人行, 唯一僕一擔一驢而已. 忽遇列炬呵殿, 旗幟戈甲, 二百許人, 若方鎭者. 生映樹自匿. 旣過, 行不三二里, 前之導從復廻. 乃徐行隨之. 有健步押茶器, 行甚遲. 生因問爲誰, 曰: "嶽神迎天官崔侍御也. 秀才方應擧, 何不一謁, 以卜身事?" 生謝以無由自達, 健步許偵之. 旣及廟門, 天猶未曙. 健步約生伺之於門側, 入良久出曰: "白侍御矣."

遽引相見. 甚喜. 逡巡嶽神至, 立語, 便邀崔侍御入廟中. 陳設帳幄, 筵席鼓樂極盛. 頃之, 張樂飮酒. 崔臨赴宴, 約敕侍者, 祇待於生, 供以湯茶所須, 情旨敦厚. 飮且移時, 生倦, 徐行周覽, 不覺出門. 忽見其表丈人, 握手話舊, 顔色憔悴, 衣服襤縷. 生曰: "丈人久辭人間, 何得至此?" 答曰: "僕離人世, 十五年矣, 未有所詣. 近作敷水橋神, 倦於送迎. 而窘於衣食, 窮困之狀, 迨不可濟. 知姪與天官侍御相善. 又宗姓之分. 必可相薦, 故來投誠. 若得南山酱神祇, 卽粗免饑窮, 此後遷轉, 得居天秩矣." 生辭以乍相識, 不知果可相薦否, 然試爲道之. 侍御尋亦罷宴而歸, 謂曰: "後年方及第, 今年不就試亦可. 余少頃公事亦畢, 卽當歸去. 程期甚迫, 不可久留." 生因以表丈人所求告之. 侍御曰: "酱神似人間選補, 極是清資. 敷水橋神卑雜, 豈可便得? 然試爲言之, 嶽神必不相阻." 卽復詣嶽神迎奉. 生潛還伺之, 歷聞所託, 嶽神果許之, 卽命出牒補署. 俄爾受牒入謝, 迎官將吏一二百人, 侍從甚整. 生因出賀, 酱神泣曰: "非吾姪之力, 不可得此位也. 後一轉, 便入天司矣. 今年渭水泛溢, 姪莊當飄壞, 一道所損三五百家, 已令爲姪護之, 五六月必免此禍. 更有五百縑相酬." 須臾, 酱神驅殿而去. 侍御亦發, 嶽神出送. 生獨在廟中, 欻如夢覺. 出訪僕使, 只在店中, 一無所覩. 於是不復入關, 廻止別墅. 其夏, 渭水泛溢, 漂損甚多, 唯崔生莊獨免. 莊前泊一空船, 水涸之後, 船有絹五百疋, 明年果擢第矣. (出『錄異記』)

311・5(3989)
장언(張偃)

진사 장언은 회시(會試)에 참가하러 가는 길에 금천왕묘(金天王廟) 앞을 지나다가 큰 비를 만나게 되었다. 그는 일단 사당 문 안으로 들어가

비를 피했으나 저녁이 되도록 비가 그치지 않는 바람에 객점(客店)까지 도저히 갈 수가 없어서 사당의 가운데 문 안으로 들어가 하룻밤 묵었다. 사경(四更: 새벽 1시~3시) 쯤 되었을 때 금천왕이 여기저기 둘러보며 일을 처리하고 있는 소리가 들렸는데, 호령하는 소리가 매우 시끄러웠다. 얼마 후 장언을 부르는 소리가 들렸는데, 내일 오시(午時)에 아무 촌(村)을 지나다가 적리호(赤狸虎)에게 먹힌다고 하는 것이었다. 장언은 이를 듣고 매우 두려워하며 마당 계단 아래 숨을 죽이고 있다가 문 아래로 기어 들어갔다. 그가 이름을 대고 절을 올리자 금천왕이 말했다.

"너는 산 사람인데, 무슨 일로 이 곳에 왔느냐?"

장언이 방금 들은 일을 금천왕에게 말하자 금천왕이 말했다.

"호랑이를 불러 오너라."

잠시 후 호랑이가 오자 금천왕이 말했다.

"너에게 장언 대신 다른 짐승 두 마리를 주겠다."

호랑이가 말했다.

"마땅히 원수를 먹어야합니다. 다른 것으로 대신할 수는 없습니다."

금천왕이 말했다.

"호랑이가 언제 죽는지 한 번 알아보아라."

한 관리가 오더니 이렇게 보고했다.

"미시(未時)에 아무 촌에서 왕존(王存)이 쏜 화살에 맞아 죽습니다."

금천왕이 말했다.

"그렇다면 장언에게 호랑이에게 잡혀 먹히게 되어있는 시간이 지난 다음에 가면 된다고 말하여라."

장언이 앞에 있는 길로 나아갔을 때 과연 여러 사람들이 모여 시끄럽게 구는 모습이 보였는데, [그 사람들에게] 물어보니 이렇게 대답하는 것이었다.

"아무 촌에 사는 왕존이 적리호를 쏘아 죽였다오."

과연 금천왕이 말 한 대로였다. 이에 장언은 술을 사고 사슴 육포를 구해와 사당으로 가서 [금천왕께] 감사를 드렸다. (『문기록』)

進士張偃者赴擧, 行及金天王廟前, 遇大雨. 於廟門避雨, 至暮不止, 不及詣店, 遂入廟中門宿. 至四更, 聞金天視事之聲, 嘔喝甚厲. 須臾, 聞喚張偃, 來日午時, 行至某村, 爲赤狸虎所食. 偃聞之甚懼, 候庭下靜, 遂于門下匍匐而入. 自通名而拜. 金天曰: "汝生人, 何事而來?" 遂具以前事告金天, 金天曰: "召虎來." 須臾虎至, 金天曰: "與二大獸食而代偃." 虎曰: "寃家合食. 他物代之不可." 金天曰: "檢虎何日死." 有一吏來曰: "未時爲某村王存射死." 金天曰: "命張偃過所食時卽行." 及行至前路, 果見人喧鬧, 問之, 乃曰: "某村王存, 射殺赤狸虎." 果金天所言. 偃遂自市酒, 求鹿脯, 親往廟謝之. (出『聞奇錄』)

311·6(3990)
배씨자(裴氏子)

천수(天水) 팽군(彭郡)에 배씨 성을 가진 사람이 있었는데, 함통연간(咸通年間: 860~874)에 동랑(東閬)에서 고림법술(孤林法術)을 배웠다. 이 사람은 자신의 친척뻘 되는 아녀자들을 간음했는데, 일이 발각되어 감옥에 갇혔다. 매일 그에게 음식을 가져다주는 사람은 다름 아닌 고림

법신(孤林法神)이었다. 옥리(獄吏)가 이 일을 이상하게 생각하여 신에게 물었다.

"신께서는 그토록 신령하신데, 어째서 그 사람으로 하여금 이 형벌을 면하도록 해 주지 않는 것입니까?"

신이 대답했다.

"나의 법술을 전수받은 사람은 자신의 몸을 온전히 하고 해를 멀리 해야만 남을 구제할 수 있소. [지금 그 사람은] 이미 금기와 맹서한 바를 어겼으니 어찌 [인간 세상의] 왕법(王法)뿐이겠소? 이는 신께서도 용서할 수 없는 일이오. 그에게 잘 대해주는 것은 그가 그간 향을 사른 공덕에 대한 보답일 뿐이오."

후에 배아무개는 곤장을 맞고 죽었다. (『녹이기』)

天水彭郡裴氏子, 咸通中, 於東閭學孤林法. 淫其親表婦女, 事發繫獄. 每日供其飲食, 悉是孤林法神爲致之. 獄吏怪而謂其神曰: "神旣靈異, 何不爲免此刑?" 神曰: "受吾法者, 只可全身遠害, 方便濟人. 旣違戒誓, 豈但王法? 神亦不容也. 今之慇懃, 以酬香火之功." 竟笞殺之. (出『錄異記』)

311・7(3991)
위 추(韋 騶)

위추라는 사람은 오음(五音)에 밝았고 휘파람을 잘 불었다. 그는 스스로를 '일군공자(逸群公子)'라 칭했는데, 한번 진사과에 응시했다 떨어지자 바로 그만두면서 이렇게 말했다.

"남아대장부란 모름지기 천하에 뜻을 두어야지 어찌 더러운 속세에 자신의 절개를 굽힐 수 있단 말인가!"

훗날 위추가 악양(岳陽)으로 가자 악양태수(岳陽太守)는 그와 친척이었던지라 그에게 벼슬자리를 주었다. 그러나 그는 몇 달 만에 병을 핑계 삼아 사직하고 그곳을 떠났다. [그러던 중] 위추의 친동생 위래(韋騋)가 배를 타고 가다가 동정호(洞庭湖)에 빠져 죽는 일이 생기자 위추는 호수로 가서 목을 놓아 슬피 울었다. 위추는 배를 호수에 있는 신을 모신 사당에 정박시켜놓고 그 사당을 불태우려하며 이렇게 말했다.

"돈 많은 상인이나 호인(胡人)들은 모두 무사히 이 호수를 건너고 가난하고 불쌍한 내 동생은 이런 재앙을 만나야 하니, 이따위 사당은 두어 무엇 하리오?"

그러다 위추는 배 안에서 갑자기 언뜻 잠이 들었는데, 꿈에 한 신인(神人)이 의복을 성대하게 차려입고 나와 인사를 올리고는 이렇게 말했다.

"저승의 법도에는 억울하게 사람을 죽게 하는 일이 없습니다. 명공(明公: 韋騋)의 선친께서는 예전에 한 성(城)을 다스리셨는데, 곧고 정직하기로 이름난 분인지라 귀신들이 오히려 그 분을 피했습니다. 그분은 [邪神을 모시는] 사당을 아주 많이 없애버리셨는데, 그 중 없애서는 안 되었던 사당이 두 군데 있었습니다. 그 두 사당의 신이 천제(天帝)께 상소(上訴)를 했으나 천제께서는 처음에 허락하지 않으셨습니다. 하지만 10여 년 동안이나 계속 호소를 하는 바람에 천제께서는 [당신 선친의] 자식들 중에 하나를 그들에게 주어 그 허물어진 사당의 두 주인에게 사죄하도록 하신 것입니다. 그런데 [자식들 중에] 홀로 물러나서는 도(道)를 깨우치지 못하고 밖으로 나아가서는 세상에 도움을 주지 못하는 사람으로 골라야만했기에 바로 당신의 동생이 적격이었던 것입니다. 만약 장례를 치러야 하는데 [시신을] 찾을 수가 없었다면 이는 저의 과실입니다. 뱃사람으로 하여금 시신을 호수가로 올려 보내도록 하겠습니다."

위추는 깜짝 놀라 잠에서 깨어났고 [불 지르려 했던] 일을 급히 그만 두었다. 그리고는 고기잡이배에 갈고리와 밧줄을 싣고 강가로 갔더니 과연 강기슭에서 동생의 시신을 찾을 수 있었다. 그날 저녁, 위추는 또 꿈에서 신을 봤는데, 그 신이 위추에게 감사를 올리며 이렇게 말을 했다.

"귀신은 사람의 분노를 두려워하지 않습니다. 귀신이 두려워하는 것은 인간의 과감함인데, 이는 그 마음이 정성스럽기 때문입니다. 당신은 바로 과감한 사람입니다. 옛날 동정호에서 음악을 연주하는 것은 모두 제가 맡아했던 일입니다. 원컨대 좋은 음악으로 당신의 두터운 은혜에 보답하고자 하니, 「함지(咸池: 堯임금 때의 樂名)」의 곡조를 듣고 속세의 번뇌를 씻으시기 바랍니다."

이때 위추는 갑자기 금(金)・석(石)・우(羽)・약(籥) 등의 악기를 보았는데, 이 악기들은 서로 어우러져 쨍그랑 소리를 내며 연주를 시작했다. 위추는 그 소리의 기이함에 감탄해 마지않으며 현실 세계에서 들을 수 있는 소리는 아니리라 생각했다. 곡이 끝나자 위추는 잠에서 깨어났다. (『감택요』)

韋騶者, 明五音, 善長嘯. 自稱'逸群公子', 擧進士, 一不第便已, 曰: "男子四方之志, 豈屈節於風塵哉!" 遊岳陽, 岳陽太守以親知見辟. 數月謝病去. 驥親弟騋, 舟行, 溺於洞庭湖, 驥乃水濱慟哭. 移舟湖神廟下, 欲焚其廟, 曰: "千里佔胡, 安穩獲濟, 吾弟窮悴, 乃罹此殃, 焉用爾廟爲?" 忽於舟中假寐, 夢神人盛服來謁, 謂驥曰: "幽冥之途, 無枉殺者. 明公先君, 昔爲城守, 方聞讜正, 鬼神避之. 撤淫祠甚多, 不當廢者有二. 二神上訴, 帝初不許. 因請十餘年, 乃許與後嗣一人, 謝二廢廟之主. 然亦須退不能知其道, 進無以補於時者, 故賢弟當之耳. 儻求喪不獲, 卽我之過. 當令水工送屍湖上." 驥驚悟, 其事遽止. 遂命漁舟施鉤緡, 果獲弟之屍於岸. 是夕, 又夢神謝, 曰: "鬼神不畏忿怒. 而畏果敢, 以其誠也. 君今爲人果敢('果敢'下明鈔本有'如是吾所懷畏'六字). 昔洞庭張樂, 是吾所司. 願以至音酬君厚惠, 所冀觀「咸池」之節奏, 釋浮世之憂煩也." 忽覩金·石·羽·籥, 鏗鏘振作. 驥甚歎異, 以爲非據. 曲終乃寤. (出『甘澤謠』)

태평광기 권제 312 신 22

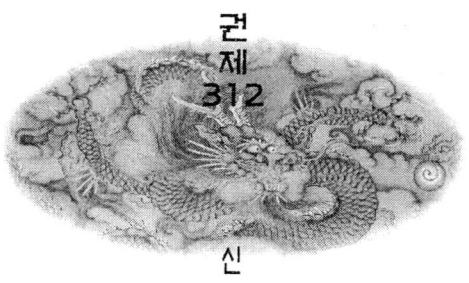

1. 초 주 인(楚 州 人)
2. 함 하 신(陷 河 神)
3. 건 종 유(蹇 宗 儒)
4. 활　능(滑　能)
5. 유　회(柳　晦)
6. 유 산 보(劉 山 甫)
7. 이 주 씨(爾 朱 氏)
8. 이 중 려(李 仲 呂)
9. 신창방민(新昌坊民)
10. 배 씨 녀(裵 氏 女)
11. 하 후 정(夏 侯 禎)
12. 서　환(徐　煥)
13. 나 홍 신(羅 弘 信)
14. 이　요(李　嶢)

312 · 1(3992)
초주인(楚州人)

초주(楚州)와 사주(泗州) 근처에 사는 어떤 사람이 처자와 노복 몇 명을 한 마을에 살게 하고 자신은 몇 년 동안 객지생활을 한 뒤 어느 날 집에 돌아왔다. 마을의 어른과 젊은이들이 서로 술을 들고 그를 찾아가면 그는 그들을 맞아들여 함께 술을 마시며 취할 때까지 즐겁게 보냈다. 마을 사람들은 피리만으로 「낙신곡(樂神曲)」을 연주했다. 새벽이 밝아올 무렵 갑자기 춤추던 사람에게 신의 영혼이 붙어 말했다.

"대왕께서 주인을 만나보시고 혼인 맺는 일을 의논하고자 하십니다."

그 사람은 크게 놀라서 꾸짖으며 말했다.

"신도(神道)로 사람을 속이지 마시오. 나는 아들도 없고 딸도 없는데 어찌 당신과 사돈이 되겠소?"

신이 말했다.

"나는 당신의 아내를 맞아들여 나의 아내로 삼을 것이니 속히 몸단장을 시키시오. 잠시 후에 당신의 아내를 맞이하러 오겠소."

그 사람은 너무 화가 났다. 마을 사람들은 각자 돌아가면서 춤 추던 마을 사람이 취중에 의식 없이 한 말이라고 생각했다. 잠시 후 곧 날이 밝자 갑자기 문밖에서 말 우는 소리가 들렸다. 주인은 매우 괴이하게 생각하여 나가서 그것을 꾸짖으려 했다. 문을 나서자 한 호신(胡神)이 있었는데, 그는 붉은 옷을 입고 있었고 수염이 많이 나 있었으며, 키는 1장(丈) 남짓이었다. 그 호신은 머리를 담 위로 내밀며 [그 사람의 부인을] 불러 말했다.

"낭자, 갑시다."

그 사람은 그 이유를 알지 못했고, 그의 아내는 방안에서 엎어져 죽었다. (『원화기』)

近楚・泗之間, 有人寄妻及奴婢數人於村落, 客遊數年, 一日歸至. 村中長少, 相率攜酒訪之, 延入共飲, 酒酣甚樂. 村人唯吹笛爲「樂神曲」. 殆欲徹曙, 忽前舞者爲著神下語云: "大王欲與主人相見, 合與主人論親情." 此子大驚, 呵責曰: "神道無欺. 我且無兒女, 與汝何('何'原作'爲', 據明鈔本改)親情?" 神曰: "我合聘得君妻, 可速粧梳. 少頃旣來迎娶." 此子大怒. 村人各散, 以爲舞者村人, 醉言無識. 少頃卽天明, 忽聞門外馬嘶鳴. 此子大怪, 欲出自叱之. 乃見一胡神, 紫衣多髯, 身長丈餘. 首出牆頭, 喚曰: "娘子可發去也." 此子不知所以, 其妻於室中仆倒而卒. (出『原化記』)

312・2(3993)
함하신(陷河神)

함하신(陷河神)은 다음과 같은 신이다.

휴주(嶲州) 휴현(嶲縣)에 장(張) 노인 부부가 있었는데 늙도록 자식이 없었다. 장노인은 날마다 계곡으로 가서 땔감을 하여 생활을 유지했다.

그러던 어느 날 장노인은 바위틈 사이에서 나무를 하다가 칼날에 손가락을 다쳤다. 피가 마구 흘러 동굴 안에 방울져 떨어지자, 장노인은 나뭇잎으로 피를 덮어놓고 돌아왔다. 훗날 다시 그곳에 이르러 나뭇잎을 들추어내고 보니 그 피는 작은 뱀으로 변해 있었다. 장노인은 뱀을 손바닥에 놓고 잠시 놀았는데, 그 뱀이 마치 무언가를 그리워하는 듯 바라보자 장노인은 대나무를 잘라 뱀을 그 속에 넣고 품속에 넣었다. 집으로 돌아온 뒤 장노인은 뱀에게 여러 가지 고기를 먹여가며 길을 들였다. 뱀은 때가 지나자 점점 자라 1년 후에는 밤에 닭과 개를 훔쳐 먹었고, 2년 후에는 양과 돼지를 훔쳐 먹었다. 이웃 사람들은 그들의 가축이 없어진 것에 대해 자못 괴이하게 여겼지만 장노인은 아무런 말도 하지 않았다.

그 후 현령이 촉마(蜀馬)를 잃어버렸는데, 그 자취를 찾아서 장노인의 집으로 들어가 급히 찾아보았지만 말은 이미 그 뱀이 삼켜버린 뒤였다. 현령은 그 괴이함에 놀라 장노인에게 독한 동물을 키우는 것을 질책했다. 장노인은 엎드려 죄를 빌며 뱀을 죽이려 했다. 어느 날 저녁 갑자기 천둥 번개가 심하게 치더니 온 현이 큰물에 잠겨 사방이 끝없이 아득했으나 장노인 부부만 살아 남았다. 그 후 장노인과 뱀이 다 어디론가 사라지자 그 현을 '함하현(陷河縣)'으로 고쳤고, 그 뱀을 '장오자(張惡子)'라고 했다.

훗날 요장(姚萇: 五胡十六國 중 後秦의 太祖)은 촉으로 유람을 갔다가, 재동령(梓潼嶺)에 이르러 길옆에서 쉬고 있었다. 그때 어떤 백성이 와서 요장에게 말했다.

"그대는 빨리 진(秦: 後秦)으로 돌아가시오. 진의 사람은 장차 군주를 잃게 될 것이오. 그곳을 안정시키고 구제하는 것은 그대에게 달렸소."

요장이 그 백성의 성씨를 물으니 백성이 대답했다.

"나는 장오자이오. 훗날 나를 잊지 마시오."

요장은 진으로 돌아온 후 과연 장안(長安)에서 황제가 되었다. 그래서 사자에게 명하여 촉으로 가서 장오자를 찾게 했으나 찾지 못하자 마침내 그 백성을 만난 곳에 사당을 세웠다. 오늘날 장상공묘(張相公廟)가 바로 그것이다.

희종이 촉(蜀)으로 행차하던 날 장상공묘의 신이 사당으로부터 10여 리 밖에까지 나와 줄지어 서서 엎드려 어가를 영접했는데, 자욱한 안개 속에 마치 장오자의 모습이 보이는 듯했다. 희종은 자신이 차고 있던 칼을 풀어 신에게 주면서 자기를 위해 힘써줄 것을 축원했다. 바라던 대로 반란이 평정되고 어가 행렬이 도성으로 돌아오자 희종은 장오자에게 진귀한 보물을 내려주었으나 사람들은 감히 엿보지 못했다. 왕탁(王鐸)은 다음과 같은 시를 지어 돌에 새겼다.

밤 비에 용은 3척(尺)의 갑(匣)을 버렸고,
봄 구름에 봉황은 구중성(九重城)으로 들어갔네.

(『왕씨견문』)

陷河神者: 鶩州鶩縣有張翁夫婦, 老而無子. 翁日往溪谷採薪以自給. 無何, 一日, 於巖竇間刃傷其指. 其血滂注, 滴在一石穴中, 以木葉窒之而歸. 他日復至其所, 因抽木葉視之, 仍化爲一小蚰. 翁取於掌中, 戲玩移時, 此物眷眷('眷眷'原作 '紛紛', 據明鈔本改)然, 似有所戀, 因截竹貯而懷之. 至家則啖以雜肉, 如是甚馴擾. 經時漸長, 一年後, 夜盜雞犬而食, 二年後, 盜羊豕. 鄰家頗怪失其所畜, 翁媼不言.

  其後縣令失一蜀馬, 尋其跡, 入翁之居, 迫而訪之, 已存在虺腹矣. 令驚異, 因責翁蓄此毒物. 翁伏罪, 欲殺之. 忽一夕, 雷電大震, 一縣並陷巨湫, 渺瀰無際, 唯張翁夫婦獨存. 其後人虺俱失, 因改爲'陷河縣', 曰虺爲'張惡子'.

  爾後姚萇遊蜀, 至梓潼嶺上, 憩于路傍. 有布衣來, 謂萇曰: "君宜早還秦. 秦人將無主. 其康濟者在君乎." 請其氏, 曰: "吾張惡子也. 他日勿相忘." 萇還後, 果稱帝于長安. 因命使至蜀, 求之弗獲, 遂立廟于所見之處. 今張相公廟是也.

  僖宗幸蜀日, 其神自廟出十餘里, 列伏迎駕, 白霧之中, 髣髴見其形. 因解佩劍賜之, 祝令效順. 指期賊平, 駕廻, 廣贈珍玩, 人莫敢窺. 王鐸有詩刊石曰: "夜雨龍抛三尺匣, 春雲鳳入九重城." (出『王氏見聞』)

312 · 3(3994)
건종유(謇宗儒)

  검남군교(黔南軍校) 건 아무개가 있었는데 원래 이름은 기억나지 않는다. 그는 성격이 정직했으며, 가난했지만 즐겁게 살았다. 그가 사는 곳은 선부묘(宣父廟: 공자묘)와 인접해 있어서 집에서 밥을 먹을 때마다 반드시 먼저 공자에게 제사를 올렸는데, 해마다 이렇게 했다.

  [唐나라] 함통(咸通) 2년(861)에 만족(蠻族)이 국경을 침범하자 염찰사(廉察使: 唐代의 觀察使, 宋·元代의 廉訪使, 후대의 按察使를 가리킴)는 군대를 검열하고 이를 통솔할 장수를 뽑으려고 했지만 적당한 인재를 찾지 못했다. 건씨의 꿈에 홀연 왕처럼 관복을 차려 입은 사람이 나

타나 말했다.

"나는 중니(仲尼: 孔子)이니라. 고맙게도 네가 매번 나에게 마음을 써 주었으니 내가 너를 도와주는 것은 당연하다. 네가 이름을 종유(宗儒)로 고치면 그때부터 부귀해질 것이다."

건 아무개는 깨어난 뒤 기뻐하며 만족 정벌을 자청했고, 아울러 이름을 바꾸기를 청했다. 이 당시 사람들은 모두 그 일을 꺼려했는데, 갑자기 건종유가 자청해서 간다는 소식이 들리자 마침내 그를 보냈다. 건종유가 한 번 싸워서 만족을 대파하자 그 잔당들은 모두 도망쳤다. 검남의 군통수가 조정에 표를 올려 건종유의 공을 아뢰자 조정에서는 건종유를 낭주자사(朗州刺史)로 제수했다.

건종유는 임기가 만료되어 도성으로 들어갔는데 여러 차례 승진하여 사농경(司農卿: 국가의 재무를 관장하는 司農寺의 장관)이 되었으며 조정으로부터 더 많은 재물을 받았다. 건종유는 몇 년 후 관직에 있다가 죽었다. (『남초신문』)

黔南軍校姓騫者, 不記其初名. 性鯁直, 貧而樂. 所居鄰宣父廟, 家每食, 必先薦之, 如是累年.

咸通二年, 蠻寇侵境, 廉使閱兵, 擇將未獲. 騫忽夢一人, 冠服若王者, 謂曰: "吾則仲尼也. 媿君每傾心於吾, 吾當助若. 仍更名宗儒, 自此富貴矣." 旣覺, 喜而請行, 兼請易名. 是時人盡難之, 忽聞宗儒請行, 遂遣之. 一戰而大破蠻寇, 餘孽皆遁. 黔帥表上其功, 授朗州刺史.

秩滿詣京師, 累遷司農卿, 賜賞復多. 數年卒官. (出『南楚新聞』)

312·4(3995)
활 능(滑 能)

 唐나라 함통연간(咸通年間: 860~874)에 한림대조(翰林待詔) 활능은 바둑 실력이 최고였다. 나이 40쯤 되는 장생(張生)이라는 사람이 활능에게 대국(大局)을 청하러 왔다. 장생은 활생(滑生: 滑能)에게 한 집을 주고 시작했는데, 활생이 오랫동안 심사숙고한 끝에 겨우 한 점을 두면 장생은 곧바로 거기에 응수했다. 장생은 간혹 일어나서 뜰을 거닐면서 활생이 다시 돌을 놓을 때까지 기다렸다가 또 곧바로 응수했다.

 황소(黃巢)가 난을 일으켜 장안(長安) 궁궐을 침범하는 바람에 희종(僖宗)은 촉(蜀: 四川)으로 몽진(蒙塵)하게 되었고, 활능도 장차 행재소(行在所: 임금이 밖으로 행차해서 잠시 머무는 곳)로 가기 위해 금주(金州) 길을 통해서 촉으로 들어가려고 했다. 장생이 말했다.

 "앞으로 갈 필요 없소. 나는 바둑을 두러 온 사람이 아니라 천제께서 내게 명하여 바둑을 둘 수 있게 그대를 데려오라고 했을 뿐이오."

 활능은 경악을 금치 못했고, 처자식도 울었다. 이에 활능은 갑자기 죽고 말았다. (『북몽쇄언』)

 唐咸通中, 翰林待詔滑能, 棋品最高. 有張生者, 年可四十, 來請對局. 初饒一路, 滑生精思久之, 方下一子, 張隨手應之. 或起行庭際, 候滑生更下, 又隨應之.
 及黃寇犯闕, 僖宗幸蜀, 滑將赴行在, 欲取金州路入. 張曰: "不必前適. 某非棊客. 天帝命我取公棊耳." 滑驚愕, 妻子啜泣. 奄然而逝. (出『北夢瑣言』)

312 · 5(3996)
유 회(柳 晦)

 유회는 하동(河東) 사람으로 젊어서 문재(文才)가 있었으며, 선대의 공로로 벼슬을 시작했다. [唐나라] 함통연간(咸通年間: 860~874) 말에 유회는 벼슬이 습유(拾遺)에 이르렀다. 그는 일찍이 조정에 상소(上疏)했다가 받아들여지지 않자 벼슬을 버리고 종남산(終南山)에 들어가 은거했다.
 하루는 도성에 들어가 선양리(宣陽里)에 있는 옛 친구를 찾아갔다. 도중에 한 사람이 먹을 것을 달라고 했는데, 유회가 그에게 음식을 주자 그 사람은 단지 세 번 냄새만 맡을 뿐이었다. 유회가 이상하게 생각하여 그 까닭을 물었더니 그 사람이 대답했다.
 "나는 저승 일을 맡아 보는 사람인데, 그대가 베풀어준 음식에 대해 마음속으로 깊이 감격했소. 그대는 3년 후에 재상이 될 것이오."
 그 사람은 말을 마치고 사라졌다. 유회는 그 말을 믿지 않았다.
 황소(黃巢)가 도성 궁궐을 침범했을 때 격문 잘 쓰는 사람을 구하자 어떤 사람이 유회를 추천했다. 황소는 곧 말을 달려 유회를 맞아들이고 강제로 격문을 짓게 했다. 격문이 행재소에 도달하자 희종은 그 격문이 유회가 쓴 것임을 알고 이렇게 말했다.
 "유회는 스스로 물러나기를 청한 것이지 짐이 그를 버린 것은 아니다. 그런데 어찌 이렇게 심하게 비방한단 말인가?"
 황소의 난이 평정되자 유회의 죄를 사면해 주어서는 안 된다고 공론이 모아졌다. 황소는 유회를 중서사인(中書舍人)으로 임명한 후 얼마 안 되어 위상(僞相)에 제수했다. (『보록기전』)

柳晦, 河東人, 少有文學, 始以廕補. 咸通末, 官至拾遺. 因上䟽不納, 乃去官, 廬於終南山.

一日入城, 訪故友於宣陽里. 忽遇一人求食, 晦與之, 此人但三覿而已. 晦怪而問之, 答曰: "吾陰府掌事者, 蒙君設食, 深愧於心. 君自此三年, 當爲相." 言訖不見. 晦未之信也.

及黃巢犯闕, 求能檄者, 或薦晦. 巢乃馳騎迎之, 逼使爲檄. 檄達行在, 僖宗知晦所作, 乃曰: "晦自求退, 非朕棄遺. 何訕謗之甚耶?" 賊平, 議不赦. 巢命晦爲中書舍人, 尋授僞相. (出『補錄記傳』)

312 · 6(3997)
유산보(劉山甫)

당(唐)나라 팽성(彭城) 사람 유산보는 조정의 권문세가로서 그의 부친은 영외(嶺外)에서 벼슬하고 있었다. 유산보는 부친을 모시고 북쪽으로 돌아가다가 청초호(靑草湖)에 배를 대놓고 언덕에 올라갔는데, 북방천왕사(北方天王祠)를 발견하고 그곳을 찾아갔다. 그 건물은 무너져있었고 참배객의 발길도 끊인 상태였다. 유산보는 젊어서 글 짓는 재주가 있었는데, 그 사당에 다음과 같은 시를 적어놓았다.

비바람에 무너진 담장 몇 해의 봄을 견디었나?

뜰에는 잡초 무성하고 자리에는 먼지 가득하네.
본디 신명은 감응이 없는 것이니
성쇠가 어찌됐건 사람에게 달렸다네.

이날 밤 유산보는 천왕에게 질책을 당하는 꿈을 꾸었는데, 천왕이 스스로 말했다.

"나는 천왕이 아니라 남악신(南嶽神: 남악은 衡山을 말함)이다. 나는 이 지방 일대를 주관하고 있는데 왜 나를 모욕하느냐?"

잠시 후 유산보는 놀라 깨어났는데, 풍랑이 갑자기 일어나 배가 거의 침몰하려고 하자 급히 일어나 잘못을 뉘우치고 시를 적었던 판자를 떼어냈다. 그랬더니 이내 풍랑이 가라앉았다. (「산보자서」)

唐彭城劉山甫, 中朝士族也, 其父官於嶺外. 侍從北歸, 舟於靑草湖, 登岸, 見有北方天王祠, 因詣之. 見廟宇摧頹, 香火不續. 山甫少有才思, 因題詩曰: "壞牆風雨幾經春, 草色盈庭一座塵. 自是神明無感應, 盛衰何得却由人."

是夜夢爲天王所責, 自云: "我非天王, 南嶽神也. 主張此地, 何爲見侮?" 俄而驚覺, 風浪暴起, 殆欲沈溺, 遽起悔過, 令撤詩板. 然後方定. (出「山甫自序」)

312 · 7(3998)
이주씨(爾朱氏)

[唐나라] 함통연간(咸通年間: 860~874)에 이주(爾朱)라는 성을 가진 사람은 무협(巫峽)에 살면서 해마다 형주(荊州)·익주(益州)·구당(瞿塘)

지역을 왕래하며 장사했다. 백마신사(白馬神祠)라고 하는 사당이 있었는데, 이주씨는 일찍이 거기에서 기도를 드렸다.

하루는 촉에서 돌아오다가 다시 그 사당에 들러 제사를 올렸는데, 갑자기 신이 하는 말이 들렸다.

"나는 그대가 해마다 나를 알고 믿어준 데 대해 감사하게 생각하오. 나는 장차 이곳을 떠나려 하기 때문에 그대에게 분명히 알리고 헤어지고자 하오."

이주씨가 놀라 물었다.

"신은 어디로 가십니까?"

신이 대답했다.

"나는 호남(湖南)의 성황신(城隍神)이 될 것이오. 상제께서 내가 삼협(三峽)의 백성들에게 작은 덕이나마 베풀었다고 하여 마침내 나를 승진 발탁한 것이오. 그러나 천하가 장차 어지러질 것이고 지금의 천자도 세상을 오래 다스리지 못할 것이오."

이주씨는 다시 놀라 물었다.

"그렇다면 이어받을 군주는 누구입니까?"

신이 대답했다.

"당나라의 덕은 아직 성하오."

이주씨가 그 이름을 묻자 신이 대답했다.

"이는 정말 누설해서는 안 되는 것이오."

이주씨가 간청하자 신이 말했다.

"어제 천부(天符)를 보았더니 다만 두 개의 태양이 있었소."

신은 말을 마치고 더 이상 말하지 않았다. 그 해에 의종(懿宗) 황제가 승하하고 희종(僖宗)이 진왕(晉王)으로 있다가 제위(帝位)에 올랐다.
(『남초신문』)

　　咸通中, 有姓爾朱者, 家於巫峽, 每歲賈於荊·益·瞿塘之壖. 有白馬神祠, 爾朱嘗禱焉.
　　一日, 自蜀廻, 復祀之, 忽聞神語曰: "愧子頻年相知. 吾將捨茲境, 故明言與君別耳." 客驚問: "神安適耶?" 曰: "吾當爲湖南城隍神. 上帝以吾有薄德於三峽民, 遂此升擢耳. 然天下將亂, 今天子亦不久馭世也." 爾朱復驚曰: "嗣君誰也?" 曰: "唐德尙盛." 客請其諱, 神曰: "固不可泄." 客懇求之, 乃曰: "昨見天符, 但有雙日也." 語竟, 不復言. 是歲懿皇升遐, 僖宗以晉王卽位. (出『南楚新聞』)

312·8(3999)
이중려(李仲呂)

　　고장현(姑臧縣) 사람 이중려는 함통연간(咸通年間: 860~874) 말에 여주(汝州) 노산현령(魯山縣令)에 제수되었다. 이중려는 정사를 돌봄에 똑똑하고 빈틈이 없어 관리들이 감히 그를 속이지 못했다. 날이 가물자 이중려는 여러 신에게 기우제를 지냈으나 효험이 없었다. 그래서 이중려는 목욕재계하고 직접 현에서 20리 떨어진 노산(魯山)의 요사(堯祠)로 가 기도하면서 그가 타던 검은 말과 마부 장한(張翰)을 제물로 바쳤다. 제사가 끝나고 산을 내려오려는데, 갑자기 운무가 일더니 호숫가에 이르자 큰비가 내렸고, 마부와 말이 갑자기 죽었다. 이에 이중려는 다시 제단을 설치하여 제사를 드리고 동쪽 벽에 그 마부와 말을 그려놓았다. (『삼수소독』)

姑臧李仲呂, 咸通末, 調授汝之魯山令. 爲政明練, 吏不敢欺. 遇旱, 請禱群望, 皆不應. 仲呂乃潔齋, 自禱於縣二十里魯山堯祠, 以所乘烏馬及騶人張翰爲獻. 祭畢, 將下山, 雲霧暴起, 及半澤而大雨, 僕馬皆暴殞. 於是仲呂復設祭, 圖僕馬于東壁. (出『三水小牘』)

312 · 9(4000)
신창방민(新昌坊民)

청룡사(靑龍寺) 서랑(西廊) 북쪽 가까운 곳에 '비사문천왕(毗沙門天王)'이라는 석씨부족(釋氏部族)이 그려져 있는데, 그림이 살아 움직이는 듯 너무나도 생생하여 이 신에게 기도하는 자가 매우 많았다. 신창리(新昌里)에 사는 어떤 사람은 돌림병을 앓고 있었는데, 뼈만 앙상한 채 허약하기 그지없어 옷조차 제대로 입을 수 없었으며, 의원과 무당도 그 병을 고치지 못했다.

어느 날 그는 스스로 불문(佛門)에 귀의코자 한다면서 사람들에게 자신을 비사문천왕의 신상이 그려진 담장 아래에 데려다 놓아달라고 했다. 그는 절의 주지승에게 보시를 후하게 한 뒤 절에서 숙식했다. 열흘이 지나자 꿈에 천왕의 모습을 한 사람이 나타났는데, 그는 두레박줄 같은 질긴 힘줄을 가지고 와서 병자에게 먹였다. 그 사람이 자꾸 먹으라고 재촉하는 바람에 단단하고 질긴 것을 씹어 한 장(仗) 정도를 먹었더니 갑자기 가늘던 뼈가 나무처럼 강해진 것을 느꼈다. 다음 날에는 걸을 수 있게 되었고 또 그 다음 날에는 달릴 수 있게 되었으며, 한 달 후에는 힘세기로 소문이 났다.

이에 앞서 금군(禁軍)이 성문에 6균(鈞: 1균은 30斤)이나 되는 활을 걸어놓고 말했다.

"이 활을 반쯤 당길 수 있는 자에게는 활 무게의 곱절에 해당하는 식량을 주고, 완전히 잡아당길 수 있는 자에게는 또 그 곱절에 해당하는 식량을 주겠다."

이 백성은 거기에 응모하여 활을 팽팽히 잡아당겨 평생토록 먹고 살 만 한 후한 상을 받았다. (『당궐사』)

青龍寺西廊近北, 有繪釋氏部族曰('曰'原作'田', 據明鈔本·許本改)'毗沙門天王'者, 精彩如動, 祈請輻湊. 有居新昌里者, 因時疫, 百骸綿弱, 不能勝衣, 醫巫莫能療.

一日, 自言欲從釋氏, 因肩置繪壁之下. 厚施主僧, 服食於寺廡. 逾旬, 夢有人如天王之狀, 持筋類綆, 以食病者. 復促迫之, 咀嚼堅靭, 力食羹丈, 遽覺綿骨木強. 又明日能步, 又明日能馳, 逾月以力聞.

先是禁軍懸六鈞弓於門, 曰: "能引起半者, 倍糧以賜, 至滿者又倍之." 民應募, 隨引而滿, 於是服厚祿以終身. (出『唐闕史』)

312 · 10(4001)
배씨녀(裴氏女)

당(唐)나라 황소(黃巢)의 난 때 배 아무개라는 조정의 선비가 있었는데, 그는 처자식[원문에는 '妻子'로 되어 있으나 『北夢瑣言』권12에 의거하여 '妻子'로 고쳐 번역함]을 데리고 남쪽 한중(漢中)으로 피난했다. 도성을 막 출발하려할 때 그 집의 딸이 갑자기 죽었으나 전쟁으로 세상이 어수선하여 딸을 묻을 겨를도 없었다. 낙곡(洛谷)에 이르렀을 때 밤에 그 딸의 말소리가 들렸으나 모습은 보이지 않았다. 딸의 부모가 그녀에게 캐물었더니 딸이 말했다.

"나는 산수신(溣水神)의 아들에게 폭행을 당했는데, 그는 나를 꾀어 그의 집으로 데려갔습니다. 그러자 그의 아버지[溣水神]가 함부로 산사람을 죽였다고 역정을 내고 꾸짖으며 갑자기 그를 때렸습니다. 그리고 저에게 사죄하고 위로하면서 사람을 시켜 인간세상으로 보내주라고 했습니다. 하지만 저는 당장 이 혼령을 의탁할 데가 없습니다. 그래서 아버님을 따라 남쪽으로 가고자 하니 풀을 한 아름 뽑아서 대상자 속에 넣어주시면 거기에 혼령을 의탁하겠습니다."

그녀는 먹는 것과 말하는 것이 살아생전과 다름이 없었다. 이 후 그녀는 살 곳을 이미 찾았다고 하면서 슬프게 목메어 울며 작별하고 떠나갔다. (『북몽쇄언』)

唐黃巢之亂, 有朝士裴某, 挈妻子, 南趨漢中. 纔發京都, 其室女暴亡, 兵難揮霍, 不暇藏瘞. 行及洛谷, 夜聞其女有言, 不見其形. 父母詰之, 女云: "我爲溣水神了强暴, 誘我歸其家. 其父貞怒, 以妄殺生人, 遽答之. 兼遜謝撫慰, 令人送來. 而日夕未有所託. 且欲隨大人南行, 俾拔茅爲抱致於箱笥之中, 庶以魂識依止." 飮食語言, 不異於常. 爾後又言已有生處, 悲咽告辭而去. (出『北夢瑣言』)

312 · 11(4002)
하후정(夏侯禎)

여주(汝州) 노산현(魯山縣) 서쪽 60리 작은 산에 '여령관(女靈觀)'이라는 사당이 있었다. 그 신상은 여자 하나뿐이었는데, 쪽진 머리를 내리고 눈썹을 찡그리고 있었으며, 고운 모습을 하고 있었으나 얼굴에는 원망과 그리워하는 빛을 띠고 있었다. 사당 뒤는 좌우로 둘레가 수 무(畝: 사방 6尺이 1步이고, 100步가 1畝임)나 되는 평지였고, 그 위에는 세 개의 봉우리가 우뚝 솟아 있었는데, 높이가 모두 10여 장(丈)이었으며 삼엄하기가 태화산(太華山)과 같았다. 그곳의 노인이 말했다.

"대중연간(大中年間: 847~860) 초에 이곳에 갑자기 폭풍과 세찬 비가 내리다가 어느 날 저녁에 그쳤는데, 그 때 이 산이 생겼소."

그 여신(女神)이 나무꾼 앞에 모습을 드러내며 말했다.

"나는 상오(商於) 여자인데, 천제께서 나를 이곳에 보내어 주위 100리를 관할하라고 했소. 마을에 알려 앞산에 사당을 세우라고 하시오. 산이름은 '여령산(女靈山)'인데, 이것은 내가 가지고 온 것이오."

[唐나라] 함통연간(咸通年間: 860~874) 말에 노산현의 주부(主簿) 황보매(皇甫枚)는 시제(時祭: 春·夏·秋·冬 四時에 日月·山川 등에 지

내는 제사) 때문에 친구 하후정과 함께 갔다. 제사가 끝나자 황보매는 하후정과 함께 사당을 둘러보았다. 하후정은 혼자 연연해하며 가지 못한 채 술잔에 술을 부어 여신에게 올리며 말했다.

"나 하우정은 젊지만 아직 짝이 없습니다. 이제 신령의 아름다운 모습을 우러러보게 되었으니, 원컨대 이 사당에서 청소하는 노복으로 삼아 주십시오. 그러면 벼슬을 버리고 곧 돌아오겠습니다."

그 날 저녁 하후정은 정신이 멍하여 잠을 이룰 수가 없었는데, 마치 귀신이 씌인 것 같았다. 그의 노복이 황보매에게 가서 알리기에 황보매가 곧장 달려가서 하후정을 살펴보니 그는 입을 다물고 눈을 멍하니 뜬 채 말을 못했다. 황보매가 말했다.

"여령신 때문에 그런 게 아닌가?"

하후정이 고개를 끄덕였다. 황보매는 관리에게 명하여 여령신에게 기도하게 했다.

"하후정이 이기지도 못할 만큼 많은 술을 마시고 엉뚱한 말을 하여 신의 귀를 더럽혀 지금 병이 났습니다. 이는 신께서 그에게 벌을 내린 것입니까, 아니면 그의 청을 들어준 것입니까? 만약 벌을 내린 것이라면 이는 말 한마디 때문에 한 국사(國士)를 죽이는 꼴이 됩니다. 이것은 생명을 아끼는 덕에 위배되는 일이며 오로지 무고한 사람을 죽이는 것일 뿐입니다. 천제께서 어찌 이를 내려다보지 않겠으며, 신이 하계에서 이같은 잔학한 행동을 하도록 내버려두시겠습니까? 만약 그 청을 들어준 것이라면 한마디 말로 정절의 도리를 버려 음탕한 풍기를 퍼뜨린 꼴이 되고 맙니다. 이는 선녀(仙女)가 장석(張碩)을 사모하여 구름수레를 움직이고[杜蘭香이라는 선녀가 張碩을 흠모하여 下界로 찾아온 일을 말함], 신녀(神女)가 정교보(鄭交甫: 전하는 바에 따르면 정교보는 漢皐臺 아래에서 두 명의 神女를 만났다고 함)를 돌아보며 밝은 패옥을 풀어준 것과 같습니다. 만약 천제[원문은 九閽. 구혼은 즉 九天으로 하늘의 가장 높은 곳을 말하는데, 여기서는 天帝의 의미로 쓰였음]께서 한 번 소리친다면 반드시 남녀간의 음란함을 꾸짖을 것입니다. 하물며 천하에는 미남자가 많은데 왜 하필이면 이 사람입니까? 부디 신께서는 저의 말을 경청해 주십시오."

제사가 끝나자 하후정은 예전처럼 건강을 되찾았다. (『삼수소독』)

汝州魯山縣西六十里, 小山間有祠, 曰'女靈觀'. 其像獨一女子焉, 低鬟嚬蛾, 艶冶而有怨慕之色. 祠堂後平地, 左右圍數畝, 上擢三峯, 皆十餘丈, 森如太華. 父老云: "大中初, 斯地忽暴風疾雨, 一夕而止, 遂有此山." 其神見形於樵蘇者曰: "吾商於之女也, 帝命有此百里之境. 可告鄕里, 立祠於前山. 山名'女靈', 吾持來者也."

咸通末, 縣主簿皇甫枚, 因時祭, 與友人夏侯禎偕行. 祭畢, 與禎縱觀. 禎獨眷眷不能去, 乃索巵酒酹曰: "夏侯禎少年未有匹偶. 今者仰覩靈姿, 願爲廟中掃除之隷. 旣舍爵乃歸."

其夕, 夏侯生怊悅不寐, 若爲陰物所中. 其僕來告, 枚走視之, 則目瞪口噤, 不能言矣. 謂曰: "得非女靈乎?" 禎頷之. 枚命吏禱之曰: "夏侯禎不勝酸醲之餘, 至有慢言, 黷於神聽, 今疾作矣. 豈降之罰耶, 抑果其請耶? 若降之罰, 是以一言而斃一國士乎. 違好生之德, 當專戮之辜. 帝豈不降鑒, 而使神恣虐於下乎? 若果其請, 是以一言舍貞靜之道, 播淫佚之風. 念張碩而動雲軿, 顧交甫而解明珮. 若九閽一叫, 必貽幃箔不修之責言. 況天下多美丈夫, 何必是也? 神其聽之." 奠訖, 夏侯生康豫如故. (出『三水小牘』)

312 · 12(4003)
서 환(徐 煥)

익양군(弋陽郡) 동남쪽에 흑수하(黑水河)가 있고, 그 물가에 흑수장군(黑水將軍)의 사당이 있었다. [唐나라] 태화연간(太和年間: 827~835)에 설용약(薛用弱)이 의조랑(儀曹郎)에서 익양군수(弋陽郡守)로 부임했는데, 정사(政事)를 엄격하게 했지만 잔인하지는 않았다. 어느 날 저녁 설용약의 꿈에서 집사가 말했다.

"흑수장군이 오셨소."

설용약이 흑수장군을 맞아들이고 보니 그는 신체가 크고 뛰어난 대장부로, 수염이 나고 눈이 부리부리한 웅걸(雄傑)이었으며, 황금갑옷을 입고 활 통을 지고 있었다. 자리에 앉자 흑수장군이 말했다.

"나는 흑수하에 빠져 죽었지만 나 자신은 본디 인의의 마음을 지니고 있었기 때문에 천제께 상소할 수 있었소. 그런데 천제께서 '너는 저승에서의 벼슬이 성하다'고 하시며 이 관직[黑水神]을 제수하셨소. 낭중(郎中: 薛用弱)께서 나를 위해 강가에 사당을 지어주시면 틀림없이 이곳 백성들을 보호해주겠소."

설용약은 그렇게 하겠노라고 하며 잠에서 깼다. 설용약은 마침내 사당을 세우고 제사를 올렸는데, 홍수와 가뭄이 들 때마다 기도를 드리면 모두 영험했다. 설용약에게는 갈계보검(葛谿寶劍)이 있었는데, 흑수신이 설용약의 꿈에 다시 나타나 그 보검을 달라고 하자 설용약이 주겠다고 했다. 설용약은 [다음날 일어나서] 사당의 앞 기둥을 파고 칼집과 함께 검을 넣어두고 사당 밖에 작은 문을 설치하여 빗장을 걸어놓았다.

[唐나라] 건부연간(乾符年間: 874~879) 무술년(戊戌年: 878)에 대리소경(大理少卿) 서환이 옥사(獄事)를 공정하게 잘 판결하여 익양군수(弋陽郡守)로 제수되었다. 가을 7월에 도성을 출발했는데, 때는 한창 장마철이어서 동도(東道)는 진흙탕이었다. 효산(崤山)과 함곡관(函谷關)을 지나 동주(東周)를 거쳐 허주(許州)와 채주(蔡州)를 경유할 때까지도 한 번도 갠 날이 없었다. 장강(長江)과 회하(淮河)를 건넌 후 가록관(嘉鹿館)에서 잠을 잤는데, 그곳은 익양군의 서쪽 경계지역이었다. 당시에는 여전히 심한 비가 내리던 데다가 바람이 쓸쓸하게 불어 종복과 마부들은 대부분 추위에 떨었다. 서환이 술을 갖추어 놓고 흑수신에게 기도하자 그날 저녁에 곧 날이 갰다. 서환은 이 일로 인해 흑수신을 더욱 공경하게 되었고, 매년 봄가을에 늘 제사를 올리면서 자신도 반드시 참여했다.

이듬해 겨울 11월, 역적 수 천 명이 익양 군성(郡城)을 공격했다. 그러나 서환이 굳게 수비했으므로 역적들은 성을 뚫지 못하고 병사를 이끈 채 서쪽 의양(義陽)으로 들어갔다. 당시에 무뢰배가 사당에 보검이 있다는 사실을 적군의 비장(裨將: 副將)에게 말하자 비장은 무리를 데리고 가서 사당의 기둥을 부순 뒤 보검을 가지고 떠났다.

새벽이 되자 역적들은 닥치는 대로 약탈했는데, 안개가 사방에서 모여 드는 통에 어디로 가야 할지 종잡을 수 없었다. 그때 갑자기 한 초동(樵童)을 만나자 역적들은 그를 붙잡고서 앞에서 길을 안내하게 했다. 산을 넘자 안개가 개였는데, 그곳은 바로 역적들을 평정하는 의병 장주(張周)의 군영이었다. 장주의 군대는 마침 역적들과 맞딱뜨리자 그들을 모두 죽였다. 장주는 역적의 우두머리를 직접 잡아 보검을 되찾은 다음 다시 그 사당에 돌려보내 주었다. 지금까지도 철마다 지내는 제사가 끊어지지 않고 있다. (『삼수소독』)

弋陽郡東南, 有黑水河, 河滸有黑水將軍祠. 太和中, 薛用弱白儀曹郎出守此郡, 爲政嚴而不殘. 一夕, 夢贊者云: "黑水將軍至." 延之, 乃魁岸丈夫, 鬚目雄傑, 介金附韉. 旣坐, 曰: "某頃溺於玆水, 自以秉仁義之心, 得('得'原作'末', 據明鈔本改)展上訴於帝. 帝曰: '爾陰位方崇', 遂授此任. 郎中可爲立祠河上, 當保佑斯民." 言許而寤. 遂命建祠設祭, 水旱災沴, 禱之皆應. 用弱有葛谿寶劍, 復夢求之, 遂以爲贈. 仍剜神前柱, 幷匣實之, 外設小扉, 加扃鐍焉.

乾符戊戌歲, 大理少卿徐煥, 以決獄平允, 授弋陽郡. 秋七月出京, 時方霖霪, 東道泥濘. 歷崤·函, 度東周, 由許·蔡, 略無霽日. 旣渡長淮, 宿于嘉鹿館, 則弋陽之西境也. 時方苦雨淒風, 徒御多寒色. 煥具酒祈之, 其夕乃霽. 煥由是加敬, 每春秋常祀, 必躬親之.

明年冬十月, 賊黨數千人, 來攻郡城. 煥堅守, 城不可拔, 乃引兵西入義陽. 時有無賴者, 以廟劍言於賊神將, 將乃率徒, 破柱取去.

旣而曉出縱掠, 氣霧四合, 莫知所如. 忽遇一樵童, 遂執之, 令前導. 旣越山霧開, 乃義營張周寨也. 卒與賊遇, 盡殺之. 張周親擒其首, 解其劍, 復歸諸廟. 至今時享不廢. (出『三水小牘』)

312·13(4004)
나홍신(羅弘信)

[唐나라] 중화연간(中和年間: 881~885)에 위박절도사(魏博節度使)

나홍신은 처음에 본군(本軍)의 보사소교(步射小校)로 있으면서 군마를 방목하는 일을 관장했다. 나홍신은 일찍이 위주(魏州) 관음원(觀音院) 문 밖에서 살았는데, 그곳에는 속칭 '백수옹(白鬚翁)'이라고 하는 신사(神祠)가 있었다.

종천(宗千)이라는 무당이 갑자기 나홍신을 찾아가 말했다.

"밤에 신이 내게 와서 난데없이 당신이 머지않아 이 땅의 주인이 될 것이라고 했소."

나홍신은 화를 내며 말했다.

"나를 위험에 빠뜨리려고 그러시오?"

훗날 무당이 다시 와서 그 말을 고하자 나홍신은 그 말을 비밀로 하라고 했다. 1년이 못되어 군란(軍亂)이 일어나자 나홍신은 절도사로 추대되었다. 나홍신은 외모가 훌륭하고 힘이 세었으며 활도 잘 쏘아 비록 그 명성은 아직 떨쳐지지 않았지만 군중들은 이미 그를 따르고 있었다. 나홍신은 계속 승진하여 태위(太尉) 겸 임회왕(臨淮王)에 이르렀다. (『북몽쇄언』)

中和年, 魏博帥羅弘信, 初爲本軍步射小校, 掌牧圉之事. 曾宿於魏州觀音院門外, 其地有神祠, 俗號'白鬚翁'.

巫有宗千者, 忽詣弘信謂曰: "夜來神忽有語, 君不久爲此地主." 弘信怒曰: "欲危我耶?" 他日, 復以此言來告, 弘信因令密之. 不朞歲, 果有軍變, 推弘信爲帥. 弘信狀貌豐偉, 多力善射, 雖聲名未振, 衆已服之. 累加至太尉臨淮王. (出『北夢瑣言』)

312 · 14(4005)
이 요(李 嶢)

당(唐)나라 건녕연간(乾寧年間: 894～898)에 유창미(劉昌美)는 기주자사(夔州刺史)가 되었다. 마침 여름철이라 장마로 인해 삼협(三峽)의 강물이 넘쳐 그 물살이 급하고도 험했다. 당시 속담에 이런 말이 있었다.

> 염예퇴(灩澦堆)의 크기가 말 정도 되면
> 구당협(瞿塘峽: 長江 三峽의 시발점. 서쪽 四川省 奉節縣 白帝城에서
> 시작하여 동쪽 巫山 大溪에 이름)에서 밑으로 내려갈 수 없네.

그래서 여행객들은 배를 거두고 물이 빠질 때까지 기다려야만 했다.
학사(學士) 이요는 가족을 데리고 촉(蜀)에서 강을 따라 장차 강릉으로 가려고 했다. 유창미는 물살이 험하다고 하면서 이요를 가지 못하게 막았다. 그러나 이요는 [유창미의 말을 듣지 않고] 황급히 떠났는데, 얼마 후 배가 뒤집혀 일가족이 모두 익사했다. 그런데 오직 유모 한 사람만이 하룻밤 사이 풍랑에 의해 강 언덕으로 떠내려와 살았다.
이에 앞서 영안(永安)의 소금판매업자 진소노(陳小奴)가 빈 배를 저어 구당으로 내려갔다. 진소노는 낭떠러지 아래에 한 사람이 있는 것을 보았는데, 그 사람은 사각모를 쓰고 있었고, 몸에 꼭 끼는 흰 적삼과 푸른 바지를 입고 있었으며, 손에는 마름쇠를 쥐고 있었다. 그 사람은 진소노에게 이요의 행방을 물으면서 그를 데리러 왔다고 스스로 말했다. 유모는 깨어나서 자사 유창미에게 아뢰었다.
"이학사(李學士: 李嶢)는 한 관청에 들어가 일을 맡게 되었는데, 그

관청은 문이 붉고 벽은 희었으며, 관리들이 모두 이학사에게 하례했습니다. 또 들었더니 '이번 여정의 명부(名簿)에는 유모의 이름이 없다'고 했습니다. 그래서 저는 마침내 강물 밖으로 나올 수 있게 되었습니다."

(『북몽쇄언』)

唐乾寧中, 劉昌美爲夔州刺史. 屬夏潦, 峽漲湍險. 里俗云: "灩澦大如馬, 瞿塘不可下." 於是行旅輟棹以候之.

學士李嶢, 挈家, 自蜀沿流, 將之江陵. 昌美以水勢正惡, 止之. 嶢忽遽而行, 俄而舟覆, 一家溺死焉. 唯乳媼一人, 隔夜爲駭浪推送江岸而蘇.

先是永安鹽竈戶陳小奴, 棹空船下瞿塘. 見崖下有一人, 裹四縫帽, 著窄白衫靑袴, 執鐵蒺藜. 問嶢行程, 自云迎候. 及乳媼旣蘇, 亦言於刺史云: "李學士至一官署上事, 朱門白壁, 寮吏參賀. 又聞云: '此行無乳媼名.' 遂送出水." (出『北夢瑣言』)

태평광기 권제 313 신 23

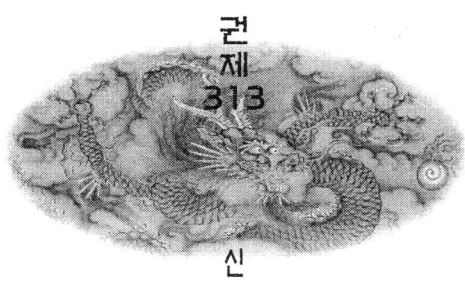

1. 양 표(楊 鎬)
2. 장 경(張 璟)
3. 최종사(崔 從 事)
4. 왕심지(王 審 知)
5. 장회무(張 懷 武)
6. 이 매(李 玫)
7. 조 유(趙 瑜)
8. 관승단처(關承漰妻)
9. 이빙사(李 冰 祠)
10. 정군웅(鄭 君 雄)
11. 종리왕사(鍾離王祠)
12. 반고사(盤 古 祠)
13. 적인걸사(狄仁傑祠)
14. 갈씨부(葛 氏 婦)
15. 마희성(馬 希 聲)
16. 방 식(龐 式)

313 · 1(4006)
양 표(楊 鑣)

당(唐)나라의 양표는 상국(相國) 양수(楊收)의 아들이다. 그는 젊어서 강서종사(江西從事)를 지냈는데, 가을에 대고신(大孤神)에게 제사지낼 때 아름다운 신녀상을 좋아하여 우연히 [결혼하자는] 장난말을 했다. 양표가 제사를 마치고 배로 돌아와서 보았더니, 하늘에 운무가 끼면서 용모가 아주 아름다운 한 여자가 그를 찾아와 '양랑(楊郞)'이라고 부르면서 말했다.

"저의 언니가 다행히도 당신의 돌아보심을 받았기에 곧 배를 돌려 가서 혼례를 올리길 바라고 있습니다. 그래서 제가 당신을 삼가 모시러 온 것입니다."

양표는 놀라고 괴이쩍어하면서 말했다.

"전에 한 말은 그저 농담이었을 뿐이오."

그러자 신녀가 말했다.

"저의 언니는 본래 당신을 사모하는 마음이 없었는데 당신이 먼저 스스로 그렇게 말한 것입니다. 만일 중도에 그만두면 당장 당신에게 이롭지 못한 일이 생길까 걱정입니다."

양표는 하는 수 없이 결국 결혼을 허락했다. 그러면서 집안일을 처리할 수 있도록 한 달의 말미를 달라고 청했다. 양표는 집으로 돌아와서 일을 다 처리한 뒤 갑자기 죽었는데, 마치 귀신이 맞이해 간 것 같았다. 양표와 인척 관계에 있던 보궐(補闕) 설택(薛澤)이 일찍이 이 일을 아주 상세하게 말해주었다.

근자에 옛 등주절도판관(鄧州節度判官)이었던 낭중(郎中) 사재덕(史在德)의 아들 사광택(史光澤)은 매우 총명하고 영준했는데, 한창 과거(科擧) 공부를 하고 있었다. 한번은 별장에서 돌아오다가 술 취한 김에 태산묘(泰山廟)로 들어가서 태산신에게 말했다.

"내가 태산신의 셋째 아들이 되어도 괜찮겠소?"

그는 집에 돌아온 이후로 정신이 혼미해졌으며 마치 누군가가 그를 부르는 것 같았는데, 결국 한 달이 지나서 죽었다. (『북몽쇄언』)

唐楊鑣, 相國收之子. 少年爲江西從事, 秋祭大孤神, 鑣悅神像之容, 偶以言戲之. 祭畢廻舟, 而見空中雲霧, 有一女子, 容質甚麗, 詣鑣, 呼爲'楊郎', 云: "家姊多幸, 蒙楊郎採顧, 便希廻橈, 以成禮也. 故來奉迎." 鑣驚怪, 乃曰: "前言戲之耳." 神女曰: "家姊本無意輒慕君子, 而楊郎先自發言. 苟或中輟, 立恐不利於君." 鑣不得已, 遂諾之. 希從容一月, 處理家事, 歸家理命訖, 倉卒而卒, 似有鬼神迎也. 補闕薛澤, 與鑣有姻, 嘗言此事甚詳.

近者故鄧州節度判官史在德郎中, 子光澤, 甚聰俊, 方修擧業. 自別墅歸, 乘醉入泰山廟, 謂神曰: "與神作第三兒可乎?" 自是歸家精神恍惚, 似有召之者, 踰月而卒. (出『北夢瑣言』)

313·2(4007)
장경(張璟)

여산(廬山)의 서생 장경은 [唐 昭宗] 건녕연간(乾寧年間: 894~897)에 학업으로 인해 계주(桂州)로 갔다. 그런데 형주(衡州)의 견호탄(犬嘷灘)에 이르러 배가 파손되자 강 언덕에 올라 강가의 사당에서 잠을 잤다가 사당의 신에게 꾸지람을 들었다. 장경이 평소에 공부한 것을 가지고 대답했더니, 신이 태도를 바꾸고 그를 친절하게 맞이하여 자리에 앉히고서 말했다.

"입인(立仁)이라는 무당이 죄를 지어 멸족 당하게 되었는데, 사당 신인 내가 악신(嶽神)에게 그를 변호하고자 하나 상주문을 작성할 사람이 없소."

그래서 장경이 상주문을 작성한 뒤, 악신에게 상주했더니 악신이 그 일을 허락해주었다. 사당 신은 기뻐하며 백금 10덩이를 장경에게 선물로 주었다. 장경을 직접 만난 유산보(劉山甫)와 교서랑(校書郞) 요척(廖陟)이 그 일을 아주 상세히 말해주었다. (『북몽쇄언』)

廬山書生張璟, 乾寧中, 以所業之桂州. 至衡州犬嘷灘, 損船上岸, 寢於江廟, 爲神所責. 璟以素業對之, 神爲改容, 延坐從容, 云: "有巫立仁者, 罪合族, 廟神爲理之於嶽神, 無人作奏." 璟爲草之, 旣奏, 嶽神許之. 廟神喜, 以白金十鋌爲贈. 劉山甫與校書郞廖陟親見璟, 說其事甚詳. (出『北夢瑣言』)

313 · 3(4008)
최종사(崔從事)

　복건종사(福建從事) 최(崔) 아무개는 그 이름을 잊어버렸다. 그는 정직하고 자신을 잘 단속하여 막부에서 존경받았다. 명을 받들어 호상(湖湘) 지역에 사신으로 갔다가 복명(復命)하러 돌아오는 길에 도적을 만나 동행한 사람들이 모두 죽었다. 오직 최 아무개만 [살아남아] 당황하고 있을 때, 홀연히 어떤 사람이 나타나 그에게 길을 인도해주어 화를 면할 수 있었다. 그는 또 도중에 학질에 걸렸는데 약을 구할 곳이 없었다. 그러다가 연평진(延平津)의 사당에 머물렀는데, 꿈에 사당 신이 그에게 약 3알을 주기에 먹고 나서 깜짝 놀라 깨어났더니 순식간에 병이 나아 있었다.

　팽성(彭城)의 유산보(劉山甫)가 스스로 다음과 같은 이야기를 해주었다. 그의 외조부 이경이(李敬彝)가 낭중(郞中)이 되어 동도(東都: 洛陽)의 육재방(毓財坊)에서 살았는데, 그곳 토지신이 굉장히 영험했다. 하인 장행주(張行周)가 그 신을 섬겨 응답을 받았다. 홍수가 일어나기 전에 토지신이 미리 장행주의 꿈에 나타나 그에게 [홍수가 일어날 것이라고] 알려주면서 음식을 달라고 청했다. 그 날이 되자 토지신이 무리를 이끌고 와서 밀려드는 홍수의 맨 앞을 막아준 덕분에 이경이의 집은 전혀 쓸려나가지 않았다. (『북몽쇄언』)

　福建崔從事, 忘其名. 正直檢身, 幕府所重. 奉使湖湘, 復命, 在道遇賊, 同行皆死. 唯崔倉皇中, 忽有人引路獲免. 中途復患痁疾, 求藥無所. 途次延平津廟, 夢爲廟神賜藥三丸, 服之, 驚覺頓愈.

彭城劉山甫自云: 外祖李敬彝爲郞中, 宅在東都毓財坊, 土地最靈. 家人張行周, 事之有應. 未大水前, 預夢告張, 求飮食. 至其日, 率其類謁水頭, 並不衝圮李宅. (出『北夢瑣言』)

313·4(4009)
왕심지(王審知)

복주(福州) 해구(海口)의 황기안(黃碕岸)은 바위가 가파르게 솟아 있어서 늘 오가는 배들의 근심거리가 되곤 했다. 왕심지는 복건관찰사(福建觀察使)가 되자 그 문제를 해결하고자 했으나 공사인력이 부족하여 걱정했다. [唐 昭宗] 건녕연간(乾寧年間: 894~897)에 왕심지의 꿈에 황금갑옷을 입은 신이 나타나 자신을 오안왕(吳安王)이라고 하면서 그 굴착공사를 도와주겠다고 했다. 왕심지는 깨어난 뒤 그 일을 빈객과 막료들에게 말해주었다. 그리고는 판관(判官) 유산보(劉山甫)에게 가서 그 신에게 제사를 올리라고 명했는데, 제사를 마치기 전에 바다 속의 괴물들이 모두 모습을 드러냈다. 유산보가 승원(僧院)에서 쉬면서 높은 곳에 올라 자세히 보았더니, 갑자기 폭풍이 불고 천둥이 치면서 한 물체가 보였는데 물고기도 아니고 용도 아니었으며 비늘이 누렇고 등지느러미가 붉었다. 이렇게 사흘이 지난 뒤에 폭풍과 천둥이 겨우 멈추었는데, 이미 항구 하나가 따로 생겨나서 배들이 다니기에 매우 편리해졌다. 역참(驛站)에서 조정에 표문을 올려 이 사실을 알렸더니, 조정에서 '감당항(甘

棠港)'이라는 이름을 내려주었다. 민종사(閩從事: 福建從事) 유산보는 대대로 조정에서 벼슬한 명문 구족(舊族)으로, 『금계한담(金溪閑談)』12권을 지어 그 일을 자세히 기록해놓았다. (『북몽쇄언』)

　福州海口黃碕岸, 橫石巉峭, 常爲舟楫之患. 王審知爲福建觀察使, 思欲制置, 憚於役力. 乾寧中, 因夢金甲神, 自稱吳安王, 許助開鑿. 及覺, 言於賓寮. 因命判官劉山甫往設祭, 祭未終, 海內靈怪俱見. 山甫憩於僧院, 憑高觀之, 風雷暴興, 見一物, 非魚非龍, 鱗黃鬣赤. 凡三日, 風雷乃霽, 已別開一港, 甚便行旅. 驛表以聞, 賜號'甘棠港'. 閩從事劉山甫, 乃中朝舊族也, 著『金溪閑談』十二卷, 具載其事. (出『北夢瑣言』)

313 · 5(4010)
장회무(張懷武)

　남평왕(南平王: 南平은 五代十國 가운데 하나로 荊南이라고도 함) 종부(鍾傅)는 강서(江西)를 진수하고 있을 때, 도사 심태허(沈太虛)를 파견하여 여산(廬山) 구천사자(九天使者: 道敎의 神名)의 사당에 기도하게 했다. 심태허는 기도를 마치고 나서 밤에 낭하(廊下)에 앉아 있었는데, 마치 꿈을 꾸듯이 정신이 몽롱해지는 사이에 보았더니 벽화 속의 한 사람이 앞으로 다가와 그에게 읍(揖)하며 말했다.

　"저는 장회무(張懷武)로 일찍이 장군(將軍)을 지냈습니다. 상제(上帝)께서 제가 대중에게 약간의 음덕을 쌓았다고 하여 지금 저를 이 사당에 배속하여 영관(靈官: 神職. 사당 안의 小神)으로 삼으셨습니다."

심태허는 깨어난 뒤 일어나 벽화를 살펴보았더니, 거기에 '오백영관(五百靈官)'이라 씌어 있었다. 심태허는 돌아가 진사(進士) 심빈(沈彬)에게 그 일을 말했다.

심빈은 20년 뒤에 예릉(醴陵)을 유람하다가 그곳 현령 육생(陸生)의 빈객이 되었다. 심빈이 한창 식사를 하고 있을 때, 군리(軍吏) 허생(許生)이 나중에 도착하여 장회무에 대해 이야기했다. 그래서 심빈이 물었더니 허생이 대답했다.

"장회무는 채주(蔡州)의 비장(裨將: 副將)으로 저의 장사(長史)였습니다. 근래 갑진년(甲辰年: 944)에 큰 기근이 들었을 때, 장회무는 예장(豫章)만 풍년이 들었다는 소식을 듣고 즉시 다른 장수 한 명과 함께 각자 부하를 거느리고 예장으로 급히 갔습니다. 이미 길을 떠났는데 두 군대는 서로를 조금도 용납하지 않더니, 오창(五昌: 武昌의 誤記로 보임)에 이를 즈음에는 사소한 틈이 벌어져 크게 충돌한 끝에 날짜를 잡아 장차 한판 붙으려 했습니다. 말려도 듣지 않자 장회무는 이내 검을 들고 망루로 올라가 사다리를 치운 뒤 병사들에게 말했습니다.

'내가 너희들과 함께 오늘 행군하는 것은 다른 목적이 있는 것이 아니라 단지 백성들의 목숨을 구하기 위함일 뿐이다. 그런데 어찌하여 사소한 분을 참지 못하고 서로 맞붙어 싸우려고 하느냐? 대저 싸움이란 반드시 강자를 상처 입히고 약자를 죽게 만드는 법이다. 이러하다면 무얼 하러 부모님이 계신 고향을 떠나 길바닥에서 죽겠느냐? 무릇 두 군대가 싸우게 된 까닭은 나 장회무가 있기 때문이다. 그래서 지금 나는 너희들을 위해 죽음으로써 두 군대를 하나 되게 하여 다툼이 일어나지

않게 하려 한다.'

그리고는 결국 자결했습니다. 이에 두 군대의 병사들은 모두 망루 아래에 엎드려 통곡했으며, 마침내 서로 화목하게 지내면서 예장에 이를 때까지 한 명도 도망친 자가 없었습니다."

허생은 단지 장회무의 옛 은혜만 간직하고 있었을 뿐 그가 영관이 된 것은 모르고 있었다. 그래서 심빈은 이 모든 일을 기술하여 사람들에게 널리 알렸다. 어찌 하늘이 장차 정의를 위해 죽은 사람을 격려하기 위해 일부러 신령의 감응을 빌어 세상 사람들에게 알린 것이 아니겠는가! (『계신록』)

南平王鍾傳, 鎭江西, 遣道士沈太虛, 禱廬山九天使者廟. 太虛醮罷, 夜坐廊廡間, 怳然若夢, 見壁畫一人, 前揖太虛曰: "身張懷武也, 常爲軍將. 上帝以微有陰功及物, 今配此廟爲靈官." 旣寤, 起視壁畫, 署曰'五百靈官'. 太虛歸, 以語進士沈彬.

彬後二十年, 游醴陵, 縣令陸生客之. 方食, 有軍吏許生後至, 語及張懷武. 彬因問之, 許曰: "懷武者, 蔡之裨將, 某之長史也. 頃甲辰年大饑, 聞豫章獨稔, 卽與一他將, 各帥其屬奔豫章. 旣卽路, 兩軍稍不相能, 比至五昌, 一隙大構, 將決戰. 禁之不可, 懷武乃攜劒上戍樓, 去其梯, 謂其徒曰:'吾與汝今日之行, 非有他圖, 直救性命耳. 奈何不忍小忿, 而相攻戰? 夫戰, 必彊者傷而弱者亡. 如是則何爲去父母之國, 而死於道路耶? 凡兩軍所以致爭者, 以有懷武故也. 今爲汝等死, 兩軍爲一, 無構難也.' 遂自刎. 於是兩軍之士, 皆伏樓下慟哭, 遂相與和親, 比及豫章, 無一逃亡者." 許但懷其舊恩, 亦不知靈官之事. 彬因述記, 以申明之. 豈天意將感發死義之士, 故以肸蠁告人乎! (出『稽神錄』)

313·6(4011)
이 매(李 玫)

[당나라] 천우연간(天祐年間: 904~907) 초에 서주(舒州)의 창고 관리 이매가 스스로 다음과 같은 이야기를 했다.

그는 젊었을 때 병을 앓은 끝에 마침내 귀신을 볼 수 있게 되어, 사람들을 위해 화복(禍福)을 말해주었는데 대부분 맞아떨어졌다. 당시 회남대장(淮南大將) 장호(張顥)는 황제를 폐위시키거나 옹립할 수 있는 권력을 쥐고 있었기에 그 위세가 조야(朝野)를 진동했다. 이매는 한번은 첨산(灊山)의 사명진군(司命眞君) 사당에서 자고 다음날 도사 최천연(崔繟然) 등 몇 사람과 함께 장차 성으로 들어갈 참이었다. 사당을 떠나 몇 리쯤 갔을 때, 이매는 갑자기 동행들을 길옆에 세우고는 자신은 커다란 나무에 숨어서 엿보더니 한참 있다가 떠났다. [이것을 보고] 최천연이 말했다.

"또 귀신을 보았소?"

이매가 말했다.

"방금 전에 족쇄와 수갑을 단단히 찬 어떤 사람이 관졸 수십 명에게 호송되어 가는 것을 보았는데, 필시 사명진군에게 불려 가는 것 같았습니다. 그는 비록 의기(意氣)가 아직 남아 있지만 이미 화를 면치 못하게 되었습니다."

어떤 이가 이매에게 그 사람이 누구냐고 물었더니, 이매는 한참 뒤에야 비로소 말했다.

"장호입니다."

그 말을 들은 사람들은 모두 두려워하면서 이를 비밀로 했는데, 열흘도 안 되어 과연 장호가 주살 당했다는 소식이 들렸다.

[또 한번은] 이종(李宗)이 개원사(開元寺)를 완공하고 나서 문무 관원과 스님·도사들을 절에 모아 큰 잔치를 열었는데, 잔치가 끝난 뒤에 이매가 또 최천연에게 말했다.

"아까 좌중에 있던 어떤 객이 두 [저승] 관리에게 단단히 붙잡혀 가는 것을 보았는데, 그는 오래가지 못할 것입니다."

그러면서 이매는 그 사람의 의복과 용모를 설명해주었는데, 다름 아닌 단련순관(團練巡官) 진강(陳絳)이었다. 며칠 되지 않아서 과연 진강은 갑자기 병이 들어 죽었다. 도사 소수묵(邵修默)은 최천연의 제자로서 그 일을 직접 보았다. (『계신록』)

天祐初, 舒州有倉官李玫, 自言: 少時因病, 遂見鬼, 爲人言禍福, 多中. 淮南大將張顥, 專廢立之權, 威振中外. 玫時宿於灊山司命眞君廟, 翌日, 與道士崔繹然數人, 將入城. 去廟數里, 忽止同行於道側, 自映大樹以窺之, 良久乃行. 繹然曰: "復見鬼耶?" 曰: "向見一人, 桎梏甚嚴, 吏卒數十人衛之, 向廟而去, 是必爲眞君考召也. 雖意氣尙在, 已不自免矣." 或問爲誰, 久之乃肯言曰: "張顥也." 聞者皆懼, 共祕之, 不旬日而聞顥誅.

李宗造開元寺成, 大會文武僧道於寺中, 旣罷, 玫復謂繹然曰: "向坐中有客, 爲二吏固揖之而去, 是不久矣." 言其衣服容貌, 則團練巡官陳絳也. 不數日, 絳暴疾卒. 道士邵修默, 崔之弟子, 親見之. (出『稽神錄』)

313 · 7(4012)
조 유(趙 瑜)

명경과(明經科) 출신인 조유는 노(魯: 山東) 지방 사람으로, 누차 진사시(進士試)에 응시했으나 낙방하여 매우 곤궁하게 지냈다. 그래서 태산(太山: 泰山)을 유람하다가 태악묘(太嶽廟)에서 죽게 해달라고 신에게 빌었다. 그가 막 사당 문을 나서려는데 갑자기 하급관리가 뒤따라오면서 말했다.

"판관(判官)께서 당신을 부르십니다."

조유는 그 관리를 따라가서 문득 한 청사(廳事)에 도착했는데, 주렴 안에서 어떤 사람이 말했다.

"사람이 중하게 여기는 것이 목숨인데 그대는 어찌하여 죽게 해달라고 빌었느냐?"

조유가 대답했다.

"저는 향천(鄕薦: 鄕吏의 추천. 唐代에 進士科에 응시하려면 州縣 지방관의 추천을 받아야 했음)을 받아 누차 진사시에 응시했으나 낙방했습니다. 그렇다고 고향으로 물러났어도 농사지을 밑천이 없으며 가난과 질병으로 곤궁하게 지냅니다. 그래서 더는 살아갈 의지가 없기 때문에 죽게 해달라고 빌었던 것입니다."

한참 동안 주렴 안에서 장부를 검열하는 소리가 들리더니 이윽고 어떤 사람이 말했다.

"그대는 팔자가 매우 박복하여 급제나 벼슬과는 모두 연분이 없다. 그러나 이미 이렇게 그대를 불러들였으니 마땅히 [그대의 어려운 생활을] 이겨낼 수 있는 방법을 마련해주겠다. 지금 약방문(藥方文) 하나를 그대에게 줄 테니, 그대는 이것을 가지고 의식을 풍족히 할 수 있을 것이다. 그러나 가산을 축적해서는 안되니, 가산을 축적한다면 다시 가난해질 것이다."

조유는 감사의 절을 하고 그곳을 나왔다. 조유가 문밖에 이르렀을 때, 공중에서 커다란 오동잎 하나가 바람에 날려 그의 앞에 떨어졌다. 살펴보았더니 그 위에 파두환(巴豆丸: 한약재인 巴豆 열매로 만든 丸藥. 下劑로 쓰임) 약방문이 적혀 있었는데, 인간세상의 약방문과 똑 같았다. 조유는 마침내 자신을 옛 장수현령(長水縣令)이라 하면서 이문시(夷門市: 開封市)에서 그 약을 팔았다. 그 약을 먹은 자는 병이 낫지 않는 경우가 없었으므로 조유는 아주 많은 돈을 벌었다. 도사 이덕양(李德陽)이 그 오동잎을 직접 보았는데, 이미 10여 년이 지났는데도 아직도 새 것 같았다. (『계신록』)

明經趙瑜, 魯人, 累擧不第, 困厄甚. 因游太山, 祈死于嶽廟. 將出門, 忽有小吏自後至曰: "判官召." 隨之而去, 奄至一廳事, 簾中有人云: "人所重者生, 君何爲祈死?" 對曰: "瑜應鄕薦, 累擧不第. 退無歸耕之資, 涇厄貧病. 無復生意, 故祈死耳." 良久, 聞簾中檢閱簿書, 旣而言曰: "君命至薄, 名第祿仕皆無分. 旣此見告, 當有以奉濟. 今以一藥方授君, 君以此足給衣食. 然不可置家, 置家則貧矣." 瑜拜謝而出. 至門外, 空中飄大桐葉至瑜前. 視之, 乃書巴豆丸方於其上, 亦與人間之方正同. 瑜遂自稱前長水令, 賣藥於夷門市. 餌其藥者, 病無不愈, 獲利甚多. 道士李德陽, 親見其桐葉, 已十餘年, 尙如新. (出『稽神錄』)

313 · 8(4013)
관승단처(關承湍妻)

　청성현(青城縣)의 민강(岷江)이 갑자기 범람하여 주민들의 가옥을 휩쓸어갔다. 청성현 주민 관승단의 부인 계씨(計氏)는 어린 자식을 품에 안고 나무궤짝 위에 올라타고서 거센 물결에 밀려 드넓은 강을 떠다니고 있었다. 그때 붉은 두건에 칼을 찬 사람과 붉은 옷에 홀(笏)을 든 사람이 나타나 계씨 모자를 안전하게 보호하여 현성(縣城)의 해자(垓字)까지 이르도록 해주었다. 그래서 계씨 모자는 물결을 따라 둥둥 떠서 현성의 해자에 이르렀다가 뱃사공에게 구출되어 무사했다. (『북몽쇄언』)

　青城縣岷江暴漲, 漂墊民居. 縣民關承湍妻計氏, 有孩提子在懷抱, 乃上木櫃, 爲駭浪推漾大江. 唯見赤幘佩刀者, 泊朱衣秉簡者, 安存之, 令泊縣隍植. 乃隨流泛泛, 至縣隍, 爲舟子迎拯而出, 子母無恙. (出『北夢瑣言』)

313 · 9(4014)
이빙사(李冰祠)

　[당나라] 천우(天祐) 7년(910)[天祐 年號는 실제로는 904년에서 907년까지 4년만 쓰였음] 여름에 성도(成都)에 비가 많이 내려 민강(岷江)이 범람하는 바람에 경구강(京口江)의 제방이 허물어졌다. 그날 밤에 마치 수백 수천 명이 있는 것처럼 시끄럽게 떠드는 소리가 들렸으며, 무수

히 많은 횃불들이 심한 폭풍우 속에서도 불이 꺼지지 않았다. 다음날 아침에 보았더니 큰 제방이 수백 장(丈)이나 옮겨져서 제방의 물이 신진강(新津江)으로 흘러 들어갔다. 한편 이양빙(李陽冰)의 사당 안에 세워놓았던 깃발들이 모두 [물에 젖어] 축축해 있었다. 당시에 신진과 가미(嘉眉) 일대는 수해가 극심했지만 경강(京江)은 더 이상 넘치지 않았다. (『녹이기』)

天祐七年夏, 成都大雨, 岷江漲, 將壞京口江灌堰上. 夜聞呼噪之聲, 若千百人, 列炬無數. 大風暴雨而火影不滅. 及明, 大堰移數百丈, 堰水入新津江. 李陽冰祠中所立旗幟皆濕. 是時, 新津·嘉眉水害尤多, 而京江不加溢焉. (出『錄異記』)

313 · 10(4015)
정군웅(鄭君雄)

정군웅이 수주자사(遂州刺史)로 있을 때, 어느 날 저녁에 난데없이 수천 명의 병사들이 나타나 수동파(水東灞) 안에서 깃발과 무기를 들고 시끄럽게 떠들었는데, 그 모양이 군대가 행군하는 것과 다름없었다. 정군웅은 [그들이 누군지] 감히 캐묻지 못하고 그저 경비만 하고 있었다. 그러다가 동이 트기 전에 은밀히 정탐병을 보내 알아보게 했더니, 대군(大軍)은 이미 떠나고 겨우 3~5명만 뒤에 남아 있었다. 정탐병이 물었더니 그들이 대답했다.

"우리는 강□신(江□神)이오. 수년 동안 천부(川府: 四川 지역)가 불안하여 삼협(三峽) 안으로 옮겨갔었는데, 이제 원근이 안정되었기에 도로 천부로 돌아가는 것이오."

다시 자세히 살펴보았더니, 군영을 친 자리와 불 피운 군막(軍幕)의 흔적이 하나하나 분명히 남아 있었다. (『녹이기』)

鄭君雄爲遂州刺史, 一日晚, 忽見兵士數千人, 在水東瀼內, 旗幟戈甲, 人物喧鬧, 與軍行無異. 不敢詰問, 警備而已. 未曉, 密偵之, 大軍已去, 只三五人在後. 偵者問之, 曰: "江□神也. 數年川府不安, 移在峽內, 今遠近安矣, 却歸川中." 復視之, 有下營及火幕踪跡, 一一可驗焉. (出『錄異記』)

313 · 11(4016)
종리왕사(鍾離王祠)

수주(遂州) 동쪽 언덕의 당촌(唐村)에 다음과 같은 이야기가 전해진다. 옛날에 어떤 사람이 넓은 소매 달린 옷을 입고 옛 두건을 쓴 채 길옆에 서서 마을 사람에게 말했다.

"나는 종리왕이다. 이전에 나의 사당은 강 하류 10여 리에 있다가 홍수 때문에 파손되었는데, 지금 신상(神像)이 강물을 거슬러 올라와 곧 이곳에 도착할 것이다. 그러니 너는 이곳에 나를 위해 사당을 세워라."

마을 사람이 강으로 가서 살펴보았더니, 몇 척 길이의 목인(木人) 하나가 있기에 마침내 그것을 발견한 곳에 사당을 세우고 '당촌신(唐村神)'이라 불렀다. 지금도 그 신에게 기도하면 모두 효험이 있다. 어떤 사람은 그 신상을 처음 보았을 때 도사의 모습 같았다고 한다. (『녹이기』)

遂州東岸唐村, 云: 昔有一人, 衣大袖, 戴古冠幘, 立於道左, 語村人曰: "我鍾離王也. 舊有廟在下流十餘里, 因水摧損, 今像泝流而止, 將至矣. 汝可於此爲我立廟." 村人詣江視之, 得一木人, 長數尺, 遂於所見處立廟, 號'唐村神'. 至今禱祈皆驗. 或云, 初見時如道士狀. (出『錄異記』)

313 · 12(4017)
반고사(盤古祠)

광도현(廣都縣)에 있는 반고삼랑(盤古三郞)의 사당은 상당히 영험함을 보였다. 그곳 주민이 사당 문을 지날 때 조금이라도 공경을 드리지 않으면, 대부분 얻어맞거나 길에서 넘어지곤 했다. 양지우(楊知遇)라고 하는 광도현의 주민은 일찍이 정일명위록(正一明威籙: 道家의 修煉 符籙의 일종. 正一은 도가의 수련법으로, 唐 潘師正이 陶隱居의 正一法을 터득하여 司馬承禎에게 전수함. 나중에 元 成宗은 張道陵의 후예인 張與材를 正一敎主로 삼음. 明威는 하늘의 恩賞과 刑罰을 뜻함)을 배웠다. 그는 어느 날 저녁에 몹시 취하여 집으로 돌아가려는 참이었는데, 길은 멀고 달도 뜨지 않아 캄캄했으며 함께 돌아갈 동무도 없었다. 그래서 그는 사당 신의 도움을 얻어 돌아가는 길을 찾길 원했다. 잠시 후 횃불 하나가 사당 문에서 나오더니 앞에서 그를 인도하여 그의 집까지 이르렀다. 양지우는 20여 리를 가는 동안 좁은 다리와 외진 길에서도 넘어지지 않았으며, [그가 집에 도착하자] 횃불도 보이지 않았다. 마을 사람들은 그 일을 매우 놀라워했다. ([『녹이기』 권4])

廣都縣有盤古三郞廟, 頗有靈應. 民之過門, 稍不致敬, 多爲毆擊, 或道途顚蹶. 縣民楊知遇者, 嘗受正一明威籙. 一夕醉甚, 將還其家, 路遠月黑, 無伴還家. 願得神力, 示以歸路. 俄有一炬火, 自廟門出, 前引至其家. 二十餘里, 雖狹('狹'原作'狄', 據明鈔本・許本改)橋編路, 無蹉跌, 火炬亦無見矣. 鄕里之人尤驚. (原闕出處, 今見『錄異記』四)

313・13(4018)
적인걸사(狄仁傑祠)

위주(魏州) 남곽(南郭)에 있는 적인걸의 사당은 그가 살아 있을 때 세운 사당이다. 칙천무후(則天武后) 때 적인걸이 위주자사로 있으면서 선정(善政)을 베풀었기 때문에 관리와 백성들이 그를 위해 사당을 세웠다. 나중에 적인걸이 조정으로 들어간 뒤에도 위주의 백성들은 매달 초하루가 되면 사당을 찾아가 제사를 지냈다. 그러면 조정에 있던 적인걸도 그 날은 얼굴에 취기가 돌았다. 칙천무후는 적인걸이 술을 전혀 마시지 않는다는 사실을 평소 알고 있었기에, 캐물었더니 적인걸이 그 일을 상세히 대답했다. 그래서 칙천무후가 사람을 보내 알아보게 했더니 정말이었다.

[五代 後唐의] 장종(莊宗)이 하삭(河朔)에서 패권을 차지하고 있을

때, 한번은 어떤 사람이 술에 취하여 적인걸 사당의 낭하(廊下)에서 잠을 잤다. 그가 한밤중에 깨어나서 보았더니, 어떤 사람이 당(堂)의 섬돌 아래에서 정중히 허리를 굽힌 채 일을 여쭙고 있었다. 당 안에 있는 사람이 그 사람에게 무슨 일인지 물었더니, 그 사람이 대답했다.

"부명(符命)을 받들어 위주에서 만 명을 잡아와야 합니다."

당 안에 있는 사람이 말했다.

"그 주는 몹시 빈곤하고 빈번히 재난을 당했으니 다른 곳과 바꾸도록 하라."

그 사람이 말했다.

"알겠습니다. 가서 상부에 아뢰어보겠습니다."

그 사람은 떠났다가 잠시 후 다시 돌아와 말했다.

"진주(鎭州)에서 부명을 집행하기로 이미 바꾸었습니다."

말을 마친 뒤 그들은 사라졌다. 그 해에 장종은 군대를 파견하여 진주를 토벌했는데, 성을 공격하여 함락시킨 뒤에 보았더니 양군(兩軍)의 전사자가 아주 많았다. (『옥당한화』)

魏州南郭狄仁傑廟, 卽生祠堂也. 天后朝, 仁傑爲魏州刺史, 有善政, 吏民爲之立生祠. 及入朝, 魏之士女, 每至月首, 皆詣祠奠醊. 仁傑方朝, 是日亦有醉色. 天后素知仁傑初不飮酒, 詰之, 具以事對. 天后使驗問, 乃信.

莊宗觀霸河朔, 嘗有人醉宿廟廊之下. 夜分卽醒, 見有人於堂陛下, 聲折咨事. 堂中有人問之, 對曰: "奉符於魏州索萬人." 堂中語曰: "此州虛耗, 災禍頻仍, 移於他處." 此人曰: "諾. 請往白之." 遂去, 少頃復至, 則曰: "已移命於鎭州矣." 語竟不見. 是歲, 莊宗分兵討鎭州, 至於攻下, 兩軍所殺甚衆焉. (出『玉堂閑話』)

313 · 14(4019)
갈씨부(葛氏婦)

연주(兗州) 동초리(東鈔里)의 사수(泗水) 가에 정자가 하나 있는데, 그 정자 밑에 천제왕(天齊王: 東嶽 泰山의 神)의 사당이 있고 그 사당 안에는 삼랑군(三郞君)이라는 신이 있다. 무당의 말에 따르면, [삼랑군은] 천제왕의 사랑하는 아들로 그 신통함이 굉장히 영험하다고 한다. 또 전하는 말에 따르면, 대종(岱宗: 泰山의 別稱) 아래에서 초동(樵童)과 목동(牧童)이 간혹 화려하게 치장한 시종을 거느린 마치 왕후(王侯)와 같은 사냥꾼을 만났는데 그가 바로 이 신[三郞君을 말함]이라고 한다. 노(魯: 山東) 지방 사람들은 천제왕보다 삼랑군을 훨씬 더 경외한다.

주량(朱梁: 朱溫이 세운 五代 後梁을 말함) 때 갈주(葛周)는 연주의 군대를 통솔하고 있었는데, 한번은 집안의 부녀자들을 데리고 사수 가의 정자로 놀러갔다가 삼랑군의 신사에 이르렀다. 갈주에게는 십이랑(十二郞)이라는 아들이 있었고 아들의 부인은 용모가 아름다웠는데, 그녀는 삼랑군 앞에서 절을 하고 자세히 쳐다본 뒤 물러났다. 그런데 그녀는 얼마 후 가슴에 통증을 느껴 땅에 쓰러져 한참 동안 기절했다. 온 가족이 크게 놀라 곧장 삼랑군에게 기도했더니 잠시 후 그녀의 병세가 나아졌다. 이때부터 그녀는 정신이 이상해지더니 꿈속처럼 혼미한 상태에서 늘 삼랑군과 만났다. 갈주의 집에서는 이를 두려워하여 그녀를 동경(東京: 洛陽)으로 보내 삼랑군을 피하게 했다. 그러나 얼마 되지 않아서 삼랑군이 또 찾아와서 그녀에게 말했다.

"나는 그대를 오랫동안 찾았는데 오늘에야 다시 만났구려."

그 후로 삼랑군은 이틀 밤마다 찾아왔는데, 삼랑군이 올 때쯤 되면 그녀는 먼저 기지개를 켜고 재채기를 하면서 시종에게 말했다.

"그가 이미 왔다."

그리고는 곧장 일어나 휘장 속으로 들어갔는데, 시종이 귀를 기울여 엿들었더니 두 사람이 소곤거리며 웃는 소리가 들렸으며, 그렇게 얼마 동안 있다가 삼랑군은 떠나갔다. 이렇게 하는 것이 늘 있는 일로 되었다. 그녀의 남편은 삼랑군을 두려워하여 결국 감히 부인과 함께 자지 못했다. 그렇게 오랜 시간이 지난 뒤에 그녀는 죽었다. (『옥당한화』)

兗之東鈔里泗水上有亭, 亭下有天齊王祠, 中有三郞君祠神者. 巫云, 天齊王之愛子, 其神甚靈異('子其神甚靈異'六字原空闕, 據黃本補). 相傳岱宗之下, 樵童牧豎, 或有逢犴獵者, 騎從華麗, 有如('有如'二字原空闕, 據黃本補)侯王, 卽此神也. 魯人畏敬, 過於天齊.

朱梁時, 葛周鎭兗部署, 嘗擧家婦女遊於泗亭, 遂至神祠. 周有子十二郞者, 其婦美容止, 拜於三郞君前, 熟視而退. 俄而病心痛, 踣地悶絶久之. 擧族大悸, 卽禱神, 有頃乃瘳. 自是神情失常, 夢寐恍惚, 嘗與神遇. 其家懼, 送婦往東京以避之. 未幾, 其神亦至, 謂婦曰: "吾尋汝久矣, 今復相遇." 其後信宿輒來, 每神將至, 婦則先伸欠呵嚏, 謂侍者曰: "彼已至矣." 卽起入帷中, 侍者屬耳伺之, 則聞私竊語笑, 逡巡方去. 率以爲常. 其夫畏神, 竟不敢與婦同宿, 久之婦卒. (出『玉堂閒話』)

313 · 15(4020)
마희성(馬希聲)

  호남(湖南)의 마희성은 부친의 관직을 이어받았다. 당시 몇 해 동안 계속 심한 가뭄이 들자 신에게 기우제를 지냈으나 효험이 없었다. 그래서 마희성은 남악(南嶽: 衡山)의 사천왕묘(司天王廟)와 경내의 신사(神祠)를 폐쇄했으나 끝내 비는 오지 않았다. 그래서 그의 형 마희진(馬希振)이 관부로 들어가 [마희성에게 그렇게 하지 말라고] 말리면서 한밤중까지 술을 마신 뒤 물러 나왔다. 그런데 당(堂) 앞에서 시끄러운 소리가 들리면서 연달아 마희진을 부르기에 다시 들어가 보았더니, 마희성이 옷도 걸치지 않은 채로 계단 아래에 고꾸라져 있었으며 그의 머리는 이미 부서져 있었다. 마희진은 측근들에게 [마희성의 시체를] 수레에 싣게 하고 비단으로 그 머리를 덮어주었다. 다음날 출상(出喪)하고 나서 마희진은 동생 마희범(馬希範)에게 그 관직을 이어받게 했다.

  이에 앞서 대장 주달(周達)은 남악에서 돌아오다가 강 위에 낀 운무 속에서 마희성이 붙잡혀 가는 것을 보았으나, 이를 비밀로 하고 감히 말하지 않았다. 그날 저녁에 검은 장막 같은 어떤 물체가 갑자기 빈 당(堂)으로 들어가더니, 그 즉시 마희성이 죽었던 것이다. (『북몽쇄언』)

  湖南馬希聲, 嗣父位. 連年亢旱, 祈禱不應. 乃封閉南嶽司天王廟, 及境內神祠, 竟亦不雨. 其兄希振, 入諫之, 飮酒至中夜而退. 聞堂前諠譟, 連召希振復入, 見希聲倒立於階下, 衣裳不披, 其首已碎. 令親信輿上, 以帛蒙首. 翌日發喪, 以弟希範嗣位.

先是人將周達, 自南嶽廻, 見江上雲霧中, 擁執希聲而去, 祕不敢言. 夕有物如黑幕, 突入空堂, 創時而卒. (出『北夢瑣言』)

313·16(4021)
방 식(龐 式)

　[五代] 후당(後唐) 장흥(長興) 3년(932)에 진사(進士) 방식은 숭양관(嵩陽觀) 옆에서 학업을 닦으면서 물가에 초막을 지어놓고 살았다. 하루는 방식이 새벽에 앞마을에 갔다가 아직 돌아오지 않고 있었다. 초막 안에는 설생(薛生)만 있었는데, 그는 동군(東郡) 사람으로 젊고 성실했으며 방식을 스승으로 섬기고 있었다. 설생은 새벽에 일어나 개울로 가서 세수하고 양치질하고 나서 보았더니, 초막의 동남쪽 숲 속에서 다섯 사람이 모두 성관(星冠: 道士의 모자)과 하피(霞帔: 노을 무늬를 놓은 도사의 옷)를 착용하거나 혹은 봉액의(縫掖衣: 옆이 넓게 터진 儒生의 道袍)를 입고 있었는데 그 옷 색깔이 각각 달랐다. 그들은 풍채가 빼어나고 목소리가 맑게 울렸으며 눈빛이 사람을 쏘고 향기가 10여 보 밖까지 풍겼다. 설생이 경이로워하면서 다섯 사람에게 두루 절을 했더니 그들이 설생에게 물었다.
　"그대는 무얼 하는 사람인가?"
　설생이 갖추어 대답하자 그들이 또 물었다.
　"그대는 나를 따라 떠날 수 있겠는가?"
　설생은 부모님이 연로하시기 때문에 [지금은 떠날 수 없고] 다른 날을 기약하자고 했더니 그들이 또 말했다.

"그대가 지금은 떠나지 않겠다고 하니, 내 마땅히 그대의 등에 글을 써서 표식해 놓아야겠네."

그리고는 설생에게 웃옷을 벗게 했다. 설생은 자기 등 위로 마치 바람이 스쳐 지나가는 것 같다고만 느꼈다. 그들은 [설생의 등 위에] 글을 다 쓰고 나서 다시 숲 속으로 들어가더니 모두 사라져버렸다.

얼마 후 방식이 돌아오자 설생은 그간의 일을 자세히 말하면서 자기 등을 보여주었는데, 거기에는 붉은 글씨 한 줄이 적혀 있었다. 자체(字體)는 전서(篆書)와 주문(籒文)이 섞여 있었는데, 그 중에서 단지 두 글자만 당시 관용 서체로 쓴 '귀인(貴人)'자 같았으며 나머지는 모두 알아볼 수 없었다. 설생이 또 손으로 그 글자를 문질렀더니 몇 자가 뭉개졌는데, 색깔이 피처럼 선명했으며 며칠 동안 향기가 사라지지 않았다. 나중에 방식은 과거에 급제하여 낙향현령(樂鄕縣令)에 제수되었다가 반역 장수 안종진(安從進)에게 살해당했으며, 설생은 얼마 후 활대(滑臺)로 돌아가서 집에서 죽었다. (『옥당한화』)

唐長興三年, 進士龐式, 肄業于嵩陽觀之側, 臨水結菴以居. 一日, 晨往前村未返. 菴內唯薛生, 東郡人也, 少年純愨, 師事於式. 晨興, 就澗水盥漱畢, 見菴之東南林內, 有五人, 皆星冠霞帔, 或縫掖之衣, 衣各一色. 神彩俊拔, 語音清響, 目光射人, 香聞十餘步. 薛生驚異, 遍拜之, 問薛曰:"爾何人?" 生具以對, 又問: "爾能隨吾去否?" 薛辭以父母年老, 期之異日, 又曰: "爾旣不去, 吾當書爾之背誌之." 遂令肉袒. 唯覺其背上如風之吹. 書畢, 却入林中, 並失其處.

斯須龐式至, 具述, 且示之背, 見朱書字一行. 字體雜以篆籒, 唯兩字稍若官體

'貴人'字, 餘皆不別. 薛生又以手捫之, 數字挈破, 色鮮如血, 數日, 香尙不銷. 後龐式登第, 除樂鄕縣令, 爲叛帥安從進所殺, 薛氏子尋歸滑臺, 歿於家. (出『玉堂閑話』)

태평광기 권제 314 신 24

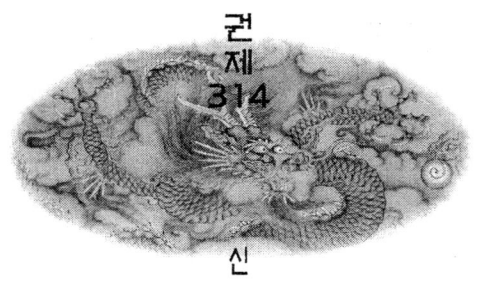

1. 청태주(淸泰主)
2. 복야피(僕射陂)
3. 이영자(李泳子)
4. 초예준(譙乂俊)
5. 유초(劉峭)
6. 원주부로(袁州父老)
7. 주정우(朱廷禹)
8. 승덕림(僧德林)
9. 사마정이(司馬正彝)
10. 유선(劉宣)
11. 황로(黃魯)
12. 장연(張鋋)
13. 곽후(郭厚)
14. 심양현리(潯陽縣吏)
15. 주원길(朱元吉)
16. 고주왕씨(沽酒王氏)
17. 포회(鮑回)
18. 유호(劉皥)
19. 최련사(崔練師)

314·1(4022)
청태주(淸泰主)

당(唐: 後唐)나라 청태연간(淸泰年間: 934~936)의 군주[李從珂]는 진(晉: 後晉)나라 고조(高祖: 石敬瑭)의 처형이었다. 명종(明宗: 李嗣源)이 막 태원장수(太原將帥)가 되었을 때, 이주(二主: 李從珂)의 군직은 그다지 높지 않았다. 이주는 격국(擊鞠)을 하다가 조양자(趙襄子)를 모셔둔 사당 안으로 들어가게 되었는데, 그곳에 있던 토우들이 일제히 자리에서 물러서는 것이었다. 이를 본 이주도 몹시 놀라했지만, 속으로는 스스로 자부하게 되었다. 후에 이주는 명종이 많은 공로를 세우게 되자, 늘 두려움을 느끼면서도 이렇게 말했다.

"조양자가 정말 내게 복을 가져다 줄 수 있을까?"

그 후 이주는 대위(大位: 帝位)에 올랐다. (『북몽쇄언』)

唐淸泰主, 乃晉高祖之婦兄也. 明宗始爲太原將帥, 二主軍職未高. 因擊鞠, 入趙襄子廟, 俱見土偶避位而立. 甚訝之, 潛亦自負. 及明宗功高, 常危懼, 二主曰: "趙襄子終能致福邪?" 爾後二主迭享大位. (出『北夢瑣言』)

314 · 2(4023)
복야피(僕射陂)

[後唐] 을미년(乙未年: 935)에 거란이 하삭(河朔: 黃河 以北) 지방을 점령하자 진(晉: 後晉)의 군대가 전연(澶淵)에서 그들과 대항했다. 천하는 어지럽고 백성들은 전쟁에 지쳐 있었다. 한림학사(翰林學士) 왕인유(王仁裕)는 명을 받들고 풍익군(馮翊郡)으로 가는 길에 정주(鄭州)를 거쳐서 복야피를 지나가게 되었다. 왕인유는 그곳에서 정주의 백성들과 군영(軍營)의 아녀자들이 길을 막고 서서 모두 여러 색깔의 작은 깃발을 손에 들고 복야피에 꽂는 광경을 보았는데, 그 깃발은 수를 셀 수 없을 정도로 많았다. 왕인유가 그곳 사람에게 무슨 일로 그러냐고 물어보았더니, 모두 이렇게 대답했다.

"정주의 사람들 모두 집집마다 꿈에서 이위공(李衛公: 衛國公 李靖)을 보았는데, 그가 이렇게 말했습니다. '많은 깃발을 만들어 복야피에 놓아주십시오. 저는 지금 수많은 병사들을 모아서 중원(中原)에서 오랑캐들을 정벌할 작정인데, 오직 깃발이 모자랄 뿐입니다.' 그래서 집집마다 깃발을 바치는 것입니다."

왕인유는 애초에 그 말을 믿지 않고, 요망한 말이라 생각했다. 그런데 한달 여 뒤에 오랑캐가 격파되었다. 왕인유는 돌아오는 길에 다시 복야피를 지나가게 되자 하인에게 그 길로 돌아가라고 시켜 풀숲으로 가 보았는데, 여전히 많은 깃발이 꽂혀 있었다. (『옥당한화』)

乙未歲, 契丹據河朔, 晉師拒于澶淵. 天下騷然, 疲於戰伐. 翰林學士王仁裕,奉使馮翊, 路由于鄭, 過僕射陂. 見州民及軍營婦女, 塡咽於道路, 皆執錯彩小旗子, 揷於陂中, 不知其數. 詢其居人, 皆曰: "鄭人比家夢李衛公云: '請多造旗幡, 置於陂中. 我見集得無數兵, 爲中原剪除戎寇, 所乏者旌旗耳.' 是以家別獻此幡幟." 初未之信, 以爲妖言. 果旬月之間, 擊敗胡虜. 及使廻, 過其陂, 使僕者下路, 訪于草際, 存者尙多. (出『玉堂閒話』)

314·3(4024)
이영자(李泳子)

촉(蜀)의 대리소경(大理少卿) 이영(李泳)이 한번은 비성(郫城)에 있는 별장으로 돌아가는 길에 다리를 건너다가 파초 위에 놓여 있는 한 갓난 아이를 보았다. 이영은 아이의 모습이 남다른 것을 어여삐 여겨 아이를 거두어 집으로 돌아와서는 아들 삼아 길렀다.

6~7년 뒤에 아이는 글을 쓸 수 있었고, 담소도 잘 나누었기에 부모는 그 아이를 친아들보다 더 애지중지 했다. 아이는 12살이 되었을 때 읽어 본 적이 없는 경사(經史)도 마치 옛날부터 학습해온 것처럼 읽었기 때문에 사람들은 모두 그 아이를 신동이라 생각했다.

이영의 아들이 한번은 혼자 방안에서 글을 읽고 있었는데, 부모가 어쩌다가 아들이 글 읽는 모습을 훔쳐보게 되었다. 그런데 어떤 사람이 장부를 들고 있었고, 또 동자 두 명이 그에게서 장부를 받아 아들에게 올렸다. 그러자 아들이 곧장 큰 글씨로 몇 줄 적어 다시 돌려주자, 그 사람이 장부를 들고 나갔다. 부모는 이를 매우 이상하게 생각했다. 이튿날 아들이 자신 곁에 서서 있었기 때문에 이영은 넌지시 이렇게 말했다.

"내가 어제 밤에 우연히 네 방을 보게 되었는데, 혹시 저승세계의 일을 판결하고 있었던 것이 아니냐?"

아들이 말했다.

"그렇습니다."

이에 이영이 몇 가지 질문을 해보았지만 아들은 그저 엎드려 절만 할 뿐 뭐라 대답하지 않았다. 이영이 말했다.

"저승과 인간세계는 그 일이 다르므로 더 이상 질문을 해서 내 너를 곤욕스럽게 하지는 않을 테니 스스로 처신을 잘 하도록 하라."

이영의 아들은 다시 절을 했다.

그로부터 6년 뒤 어느 날 아침에 아들은 부모에게 이렇게 아뢰었다.

"저는 그저 소경(少卿)과 부인의 아들로 18년이나 살았는데, 오늘로서 그 일이 끝났습니다. 그래서 내일 신시(申時)에 저승으로 돌아가야 합니다."

그리고는 아들이 한참동안 눈물을 흘리자 이영 부부도 이 때문에 눈물을 흘렸다. 이영이 물었다.

"내 관직이 어디까지 이르겠느냐?"

아들이 대답했다.

"그저 대리소경까지입니다."

과연 이튿날 신시가 되어 아들이 죽자, 이영도 관직에서 물러나 쉴 생각이었다. 그런데 이로부터 얼마 지나지 않아 이영은 한 사건에 연루되어 파직 당하고 말았다. (『야인한화』)

蜀人理少卿李泳, 嘗歸郫城別墅, 過橋, 見一嬰兒, 以蕉葉薦之. 泳憐其形相貌異, 收歸, 哺養爲子. 六七年, 能書, 善譚笑, 父母鍾愛之, 過於親子. 至十二歲, 經史未見者, 皆覽之如夙習, 人皆謂之神智.

嘗獨居一室中閱書, 父母偶潛窺之. 見一人持簿書, 復有二童子接引呈過. 其子便大書數行, 却授之去. 父母異之. 來日, 因侍立, 泳疑曲謂之曰: "吾夜來竊有所覩, 汝得非判陰府事乎?" 曰: "然." 重問則唯拜不對. 泳曰: "陰府人間, 事意不同, 吾不欲苦問, 汝宜善保." 子又拜.

却後六年, 一旦白父母: "兒只合與少卿夫人爲兒一十八年, 今則事畢. 來日申時, 却歸冥司." 因泣下久之, 父母亦爲之出涕. 泳問曰: "吾官至何?" 答曰: "只在大理少卿." 果來日申時, 其子卒, 故泳有退閑之志. 未久, 坐事遂罷. (出『野人閒話』)

314・4(4025)
초예준(譙乂俊)

나강현(羅江縣)의 도사 초예준은 장년(壯年)에 태산부군(太山府君)에게 잡혀가는 꿈을 꾸었다. 태산부군은 초예준에게 황제의 조서를 내리더니 그를 장직(杖直)에 임명하고는 낮에는 인간 세상에 돌아가게 하고, 밤에는 저승에 오게 했는데, 이렇게 20여년을 보냈다.

그는 늘 사람들에게 이렇게 말했다.

"이승에서의 수명이 아직 다하지 않은 사람이 나쁜 짓을 하면 저승에서 살아 있는 사람의 영혼을 잡아다가 매질합니다. 사람은 이승에서 병을 앓거나 거지가 되는 것은 바로 이 때문입니다. 이전에 친척이나 마을 사람들이 매 맞는 것을 본 적이 있는데, 이튿날 그를 찾아가서 살펴보면 영락없이 그러했습니다. 그래서 저는 늘 이 직분에서 벗어나기를 바랐습니다. 어느 날 저승에서 한 도사를 만났는데, 그는 자신의 이름도 말하지 않고 이렇게 말했습니다. '그대는 어찌하여 명향(名香)을 사르지 않습니까? 대낮에 이승에서 남진성(南辰星)과 북극성(北極星)을 향해 당신의 바람을 고하면 틀림없이 그 직책에서 벗어날 수 있을 것입니다.'"

초예준이 그 도사의 말대로 경건하게 빌었더니, 어느 날 갑자기 태산부군이 황제의 조서를 돌려달라고 했다. 초예준은 그때 비로소 장직에서 벗어날 수 있었다. 초예준은 그로부터 도량(道場)으로 들어가 『주역(周易)』을 열심히 읽으면서 80세 조금 너머까지 살았다. (『야인한화』)

羅江縣道士譙乂俊, 壯年, 忽夢太山府君追之. 賜以黃敕, 補爲杖直, 晝歸陽間, 夜赴冥府, 如此二十餘年. 常說: "人間有命未終爲惡者, 追生魂笞之. 其人在陽間之病或貧乞是也. 往見親戚及里人被笞者, 明旦往視之, 皆驗. 然恒願得免. 忽於冥間遇道士, 不言姓名, 謂曰: '爾何不致名香? 晝('香晝'原作'者盡', 據明鈔本改)於陽間上告南辰北極, 必得免.'" 乂俊依此虔告, 忽爾太山府君却追黃敕. 自是遂免. 因入道攻『易』, 年八十餘. (出『野人閒話』)

314·5(4026)
유 초(劉 峭)

신유년(辛酉年: 901)에 금수주부(金水主簿) 유초는 운정산(雲頂山)을 노닐다가 산묘(山廟)에 새로 장식한 당(堂)이 있는 것을 보았다. 당 안에 토우가 있었는데, 붉은 옷을 입은 채 말 위에 앉아 있었다. 유초가 이를 이상하게 여겨 산주(山主) 소눌(昭訥)에게 물어보았더니 소눌이 대답했다.

"제가 3일 동안 꿈에서 운정산 대왕을 만났는데, 가까운 시일 안에 신임 판관(判官)이 운정산에 올 것이니 반드시 전당(殿堂)을 세우고 붉은 옷을 입은 관리를 빚어 제사를 올려야 한다고 하셨습니다. 그래서 제가 이렇게 당(堂)을 수리하고 토우를 만든 것입니다."

유초는 그 당시에는 그 말을 믿지 않았다. 유초는 이듬해 임기를 다 채우고 성도(成都)로 돌아가는 길에 우연히 도관원외랑(都官員外郞) 손봉길(孫逢吉)을 만났기에 그 말을 해주었더니, 손봉길이 말했다.

"근자에 안중고(安仲古)가 오랫동안 병을 앓더니 죽을 때가 되자, 집안의 어른과 아이에게 이렇게 말했다고 합니다.

'운정산 대왕이 이미 문서와 말을 준비하고 예물을 갖추어 나를 운정산 판관에 임명하셨다.'

안중고는 말을 다하고는 의젓한 모습으로 단정하게 앉아서 죽었습니다."

(『살성록』)

辛酉歲, 金水主簿劉峭, 因游雲頂山, 覩山廟盛飾一堂. 有土偶, 朱衣據鞍. 峭訝之, 詰於山主昭訥, 昭訥曰: "余三夕連夢見王, 語近辟一判官, 宜設堂宇, 塑朱衣一官而祀之. 故有此作." 峭不之信. 明年秩滿, 還成都, 遇都官員外孫逢吉, 言其事, 逢吉曰: "頃爲安仲古彌留之際, 語長幼: '雲頂山王已具書馬聘禮, 辟吾作判官.' 言絶, 儼然端坐長逝." (出『撒誠錄』)

314・6(4027)
원주부로(袁州父老)

원주(袁州)의 한 마을에 어떤 노인이 있었는데, 천성이 공손하고 정이 많아서 마을 사람들의 추앙을 받았으며, 집안도 매우 넉넉했다.

하루는 자주색 옷 입은 젊은이가 노인의 집을 찾아와서 먹을 것을 좀 달라고 했는데, 수레가 화려하고 하인도 아주 많았다. 노인은 곧장 그를 안으로 불러들인 뒤 음식을 아주 성의 있게 차려 내와 하인들까지도 주었다. 노인은 그 앞에서 음식 시중을 들면서 이렇게 생각했다.

"장리(長吏: 지위가 비교적 높은 高官)나 조사(朝使: 조정의 사신)가 현(縣)에 왔다면 틀림없이 머물 곳이 있을 텐데, 그렇다면 이 젊은이는 누구란 말인가?"

이런 생각이 들자 노인의 얼굴에는 의심스런 빛이 가득했다. 젊은이는 노인의 생각을 알아차리고 말했다.

"당신이 나를 의심하는 이상 나도 더 이상 당신을 숨길 수가 없군요. 나는 앙산신(仰山神)이오."

노인은 당황해하면서 두 번 절하고 말했다.

"앙산에는 날마다 제사가 넘쳐나고 있는데, 어째서 음식을 달라고 하십니까?"

앙산신이 말했다.

"대개 사람들이 내게 제사를 지내는 것은 모두 내게 복을 빌기 위해서입니다. 내 능력으로 복을 줄 수 없는 경우나 간혹 그 사람이 아니면 복을 누려서는 안 되는 경우 나는 그들이 바치는 음식을 감히 먹을 수 없소이다. 그대가 덕망이 있는 사람이기 때문에 그대를 찾아와 음식을 구하는 것일 따름입니다."

젊은이는 음식을 다 먹은 뒤 감사의 인사를 하고 나서 사라졌다. (『계신록』)

袁州村中有老父, 性謹厚, 爲鄕里所推, 家亦甚富. 一日有紫衣少年, 車僕甚盛, 詣其家求食. 老父卽延入, 設食甚至, 徧及僕者. 老父侍食於前, 因思: "長吏朝使行縣, 當有頓地, 此何人哉?" 意色甚疑. 少年覺之, 謂曰: "君疑我, 我不能復爲君隱. 仰山神也." 父悚然再拜, 曰: "仰山日厭於祭祀, 奈何求食乎?" 神曰: "凡人之祀我, 皆從我求福. 我有力不能致者, 或非其人不當受福者, 我皆不敢享之. 以君長者, 故從君求食爾." 食訖, 辭讓而去, 遂不見. (出『稽神錄』)

314 · 7(4028)
주정우(朱廷禹)

강남(江南)의 내신(內臣: 宦官) 주정우가 해준 이야기이다.

한번은 그의 한 친척이 배를 타고 강을 건너다가 바람을 만나 배가 몇 번이나 뒤집힐 뻔했다. 그러자 뱃사공이 말했다.

"이곳 해신(海神)이 무엇인가를 요구하고 있으니 얼른 배 안에 있는 물건들을 물 속에 던지는 것이 좋겠습니다."

배에 실려 있던 물건을 물 속으로 거의 다 던졌을 때쯤 갑자기 누런 색 옷을 입은 부인이 배를 타고 왔는데 용모가 매우 빼어났다. 또 푸른 옷 입은 하인 네 명이 그녀를 위해 배를 저어 왔는데, 모두 붉은 머리카락에 돼지 이빨을 하고 있어 몹시 무섭게 생겼었다. 부인은 마침내 그가 타고 있던 배에 올라서더니, 이렇게 물었다.

"좋은 가발이 있으면 내게 한번 보여주시오."

그 사람은 마음이 조급하고 두려워 다른 말은 생각나지 않아서 그저 이렇게 말했다.

"물건은 이미 다 드렸습니다."

부인이 말했다.

"배의 뒤쪽 벽에 걸려 있는 상자 안에 있소이다."

뱃사공은 그녀의 말에 따라 가발을 찾아내었다. 배 안에 말린 고기가 있었는데, 부인은 그것을 가져다가 네 명의 하인에게 주었다. 그 손을 보았더니 까마귀 발톱이었다. 그녀가 가발을 가지고 간 뒤에야 배가 목적지에 도달할 수 있었다.

주정우가 또 해준 이야기이다.

그의 한 친척이 강서(江西)에서 광릉(廣陵)으로 가는 길에 10살 난 아이를 데리고 갔다. 배가 마당(馬當)에 이르러 정박했을 때 그가 해안에 올라 해지는 것을 감상하고 난 뒤에 배에 돌아와 보니, 아이가 보이지 않았다. 이곳저곳을 다 찾다가 결국 우거진 수풀 속에서 아이를 찾았는데, 아이는 이미 얼이 빠진 상태였다. 이튿날이 되어서야 아이가 말을 할 수 있었는데, 이렇게 말했다.

"어떤 사람이 저를 데리고 가 제게 한 가지 기술을 가르쳐 주었습니다."

그리고는 아이가 곧장 손가락으로 길게 휘파람을 불자 산새 몇천 마리가 휘파람 소리에 따라 날아왔는데, 깃털 빛깔이 아주 특이한 것이 사람으로서는 알 수 없는 새였다. 거기서부터 배를 동쪽으로 저어갔는데, 아이가 때때로 휘파람을 불면 그때마다 새들이 반드시 날아왔다. 배가 백사(白沙)에 도착하자, 새는 더 이상 날아들지 못했다[五代 後唐 同光 3년(925)에 莊宗 李存勗이 이곳에서 사냥을 했다고 함]. 집안사람들이 널리 의사와 무당을 불러 아이를 치료한지 한참이 지나서야 아이는 병이 나았다. (『계신록』)

江南內臣朱廷禹, 言: 其所親泛海遇風, 舟將覆者數矣. 海師云: "此海神有所求, 可卽取舟中所載, 棄之水中." 物將盡, 有一黃衣婦人, 容色絶世, 乘舟而來. 四靑衣卒刺船, 皆朱髮豕牙, 貌甚可畏. 婦人竟上船, 問: "有好髮髢, 可以見與?" 其人忙怖, 不復記, 但云: "物已盡矣." 婦人云: "在船後掛壁('壁'原作'璧', 據『稽神錄』改)篋中." 如言而得之. 船屋上有脯腊, 婦人取以食四卒. 視其手, 烏爪也. 持髢而去, 舟乃達.

廷禹又言: 其諸親自江西如廣陵, 攜一十歲兒. 行至馬當泊, 登岸晚望, 及還船, 失其兒. 徧尋之, 得於茂林中, 已如癡矣. 翌日, 乃能言, 云: "爲人召去, 有所敎我." 乃吹指長嘯, 有山禽數十百隻, 應聲而至, 毛彩怪異, 人莫能識. 自爾東下, 時時吹嘯, 衆禽必至. 至白沙, 不敢復入. 博訪醫巫治之, 久乃愈. (出『稽神錄』)

승덕림(僧德林)

절서(浙西)의 덕림 스님이 젊었을 때 서주(舒州)를 돌아다니다가 길옆에서 한 사람을 보았는데, 그는 호미를 들고 사방 1장(丈) 정도 되는 밭을 매고 있었다. 주위 수십 리 밖에 인가가 보이지 않았기에 덕림 스님이 물어보았더니 그 사람이 대답했다.

"이전에 제가 서주에서 동성현(桐城縣)으로 가는 길에 이곳에 이르러 갑자기 학질을 앓아 더 이상 가지 못하고 풀밭에 드러누웠습니다. 한참이 지나서 깨어나 보았더니 이미 날이 저문 뒤였습니다. 사방을 둘러보았지만 인가는 보이지 않고, 그저 범 울음소리만 들려 꼼짝없이 죽었다고 생각했습니다. 그런데 갑자기 어떤 사람이 나타났는데, 부장이 따르고 있는 것으로 보아 대장(大將) 같아 보였습니다. 그는 이곳에 와서 말에서 내린 뒤 호상(胡牀)에 기대어 앉아 있다가 한참 뒤에 병졸 두 명을 불러 말했습니다.

'이 사람을 잘 보호해서 내일 동성현으로 보내라.'

그리고는 말에 올라타고 떠나갔는데, 순식간에 사라져 보이지 않았으며, 그저 병졸 두 명만 남아 있었습니다. 저는 가까스로 일어나 앉으면서 그들에게 그가 누구냐고 물었더니, 이렇게 대답했습니다.

'저 분은 모장군(茅將軍)으로, 늘 밤에 나와 호랑이를 사냥하신다. 혹시 네가 호랑이에게 해를 당할 까 염려되어 우리들로 하여금 너를 지키게 하셨다.'

다른 질문을 하고 싶었지만, 저는 피곤해서 다시 잠들었습니다. 깨어나서 보았더니 날이 이미 밝아있었습니다. 병졸 두 명도 더 이상 보이지 않았기에 저는 곧장 일어나 걸었는데, 마치 아무런 병도 앓지 않은 것처럼 몸이 아주 가볍고 건강해져 있었습니다. 동성현에 도착하고 얼마 지나지 않아 병이 나았습니다. 그래서 저는 모장군을 만났던 곳에 사당을 세워 제사를 지냈습니다."

덕림 스님은 10년 동안 서주에서 머물다가 돌아오는 길에 보았더니, 마을마다 모장군의 사당이 세워져 있었다. (『계신록』)

浙西僧德林, 少時游舒州, 路左見一夫, 荷鉏治方丈之地. 左右數十里不見居人, 問之, 對云: "頃時自舒之桐城, 至此暴得痁疾, 不能去, 因臥草中. 及稍醒, 已昏矣. 四望無人煙, 唯虎豹吼叫, 自分必死. 俄有一人, 部從如大將. 至此下馬, 據胡牀坐, 良久, 召二卒曰: '善守此人, 明日送至桐城縣下.' 遂上馬去, 倏忽不見, 唯二卒在焉. 某卽彊起問之, 答: '此茅將軍也, 常夜出獵虎. 憂汝被傷, 故使護汝.' 欲更問之, 困而復臥. 及覺, 已日出. 不復見二卒, 卽起而行, 意甚輕健, 若無疾者. 至桐城, 頃之疾愈. 故以所見之處, 立祠祀之." 德林上舒州十年, 及廻, 則村落皆立茅將軍祠矣. (出『稽神錄』)

314 · 9(4030)
사마정이(司馬正彝)

사마정이가 처음 하급관리로 있을 때, 한번은 율수(溧水)로 가는 도중에 객점까지는 아직 멀었는데 배는 몹시 고프고 목이 말라 자못 초조해

하고 있었다. 그때 갑자기 새로 이은 몇 칸짜리 초가집을 발견했다. 부인 혼자서 손님을 맞이하며 음식을 차려냈는데, 음식이 아주 풍성하고 정갈했다. 사마정이가 감사의 인사를 하자, 부인이 말했다.

"도성에 가시거든 좋은 가루분과 연지가 있으니, 반드시 그것을 사다가 은혜를 베풀어주십시오."

사마정이는 그렇게 하겠다고 했다. 건업(建業)에 갔다가 마침 율수로 가려는 한 친구를 만났기에 사마정이는 가루분과 연지를 사서 그에게 들려 보내면서 그곳의 위치를 자세히 알려주었다. 친구가 가서 보았더니 객점은 보이지 않고, 한 여신의 사당이 있기에 그곳에다 가루분과 연지를 놓고 갔다. 사마정이는 나중에 율수현령(溧水縣令)이 되었다. 전해오는 말에 따르면 사람들이 종종 그 부인을 만났는데, 그녀가 신녀인지는 알 수 없었다고 한다. (『계신록』)

司馬正彛者, 始爲小吏, 行溧水道中, 去前店尙遠, 而饑渴甚, 意頗憂之. 俄而遇一新草店數間. 獨一婦人迎客, 爲設飮食, 甚豐潔. 天彛謝之, 婦人云: "至都, 有好粉臙脂, 宜以爲惠." 正彛許諾. 至建業, 遇其所知往溧水, 因市粉脂詣遺之, 具告其處. 旣至, 不復見店, 但一神女廟, 因置所遺而去. 正彛後爲溧水令. 相傳云, 往往有遇之者, 未知其審. (出『稽神錄』)

314 · 10(4031)
유 선(劉 宣)

[後梁] 무인년(戊寅歲: 918)에 오(吳: 五代十國 중의 하나)나라의 군사들이 월(越: 五代十國 중의 하나)나라를 치려다 임안(臨安)에서 패했다. 오나라의 비장(裨將: 大將의 부장) 유선은 중상을 입고 시체들 틈에 누워 있었다. 밤이 되자 저승관리 몇 명이 장부를 들고 와서 시체를 두루 검열했다. 유선 차례가 되자 그들은 곧장 유선을 일으켜 세워 보더니 이렇게 말했다.

"이 사람은 아닙니다."

그리고는 유선을 십여 걸음 밖으로 끌고 가더니 길옆에 두고 떠나갔다. 이튿날 적군들이 물러가자 유선은 군영으로 돌아올 수 있었다.

유선은 본래 표주박처럼 통통하고 피부가 희었다. 그가 처음 땅에 엎드려 숨어 있을 때 월나라 사람이 그의 엉덩이 살을 잘라갔지만 유선은 감히 꼼짝도 하지 못했다. 후에 상처는 다 나았지만, 새살이 더 이상 나지 않아 결국 엉덩이가 약간 비뚤어졌다. 유선은 10여 년 뒤에 죽었다. (『계신록』)

戊寅歲, 吳師征越, 敗於臨安. 裨將劉宣傷重, 臥於死人中. 至夜, 有官吏數人, 持簿書至, 徧閱死者. 至宣, 乃扶起視之曰: "此漢非是." 引出十餘步, 置路左而去. 明日賊退, 宣乃得歸.

宣肥白如瓠. 初伏於地, 越人割其尻肉, 宣不敢動. 後瘡愈, 肉不復生, 臀竟小偏. 十餘年乃卒. (出『稽神錄』)

314 · 11(4032)
황 로(黃 魯)

　서삼회(徐三誨)가 무주(撫州)의 녹사참군(錄事參軍)으로 있을 때, 그 휘하에 황로라는 간력(幹力: 고대 관에서 관리에게 배정해주는 하인)이 있었다. 황로는 군의 신분이 낮은 사람으로, 젊고 살결이 아주 희었다. 황로는 부모가 고향 마을에 살아 계셨기 때문에 몇 달에 한번 부모님을 뵈러 고향으로 돌아갔다가 열흘 뒤에 다시 돌아왔다. 그런데 어느 날 황로가 집으로 돌아간 지 한 달이 지나도록 돌아오지 않았기에 서삼회는 하급관리를 그 집으로 보내 그를 데려오게 했다. 황로의 집안사람들이 말했다.

　"황로는 오랫동안 집에 오지 않았습니다."

　이 말에 황로의 가족들은 흩어져서 그를 찾기 시작했다. 한달 남짓 뒤에 가족들은 깊은 산 속에서 황로를 발견했는데, 그는 누런 옷에 짚신을 신고 탄궁(彈弓)을 가지고 놀고 있었다. 황로는 몇몇 다른 젊은이와 함께 놀고 있었는데, 그 옷차림새가 모두 같았다. 황로의 가족들은 그를 붙잡으려 했지만 그를 붙잡을 수 없었다. 황로의 집안은 부유했기 때문에 곧바로 사람들을 모집하여 풀밭에 숨어서 황로를 기다렸다. 그리하여 며칠 만에 황로를 잡았는데, 그와 함께 있던 다른 젊은이들은 모두 달아났다. 집으로 돌아와서 황로에게 어찌된 일인지 묻자 황로가 대답했다.

　"산에 석씨(石氏)라는 사람이 살고 있었는데, 그 집이 왕공(王公)의 집과도 같았습니다. 그가 저를 사위로 들였습니다."

황로는 더 이상 다른 말은 하지 않았다. 황로는 며칠 동안 집에 있다가 다시 사라졌다. 황로의 가족들은 산에서 다시 황로를 찾아내었는데, 그렇게 하기를 세 번이나 했다. 그러던 어느 날 황로는 결국 어디론가 사라졌으며 더 이상 그를 찾을 수 없었다. 석씨가 사는 곳을 찾아가 보았지만, 역시 찾을 수 없었다. 이 산은 임천(臨川) 사람들이 돌을 캐던 곳으로, 석씨는 돌 신인 것 같다. (『계신록』)

徐三誨爲撫州錄事參軍, 其下幹力黃魯者. 郡之俚人, 年少, 頗白晳. 有父母在鄕中, 數月一告歸, 歸旬日復來. 一旦, 歸月餘不至, 三誨遣吏至其家召之. 家人云: "久不歸矣." 於是散尋之. 又月餘, 乃見在深山中, 黃衣屨履, 挾彈而游. 與他少年數人, 皆衣服相類. 捕之不獲. 魯家富, 乃多募人, 伏草間以伺之. 數日, 果擒之, 而諸少年皆走. 旣歸, 問其故, 曰: "山中有石氏者, 其家如王公. 納我爲壻." 他無所言. 留數日, 復失去. 又於山中求得之, 如是者三. 後一日竟去, 遂不復見. 尋石氏之居, 亦不能得. 此山乃臨川人採石之所, 蓋石之神也. (出『稽神錄』)

314・12(4033)
장 연(張 鋋)

장연은 여러 차례 읍재(邑宰: 縣令)를 지내면서 청렴함과 정직함으로 이름이 났었다. 후에 장연은 팽택현령(彭澤縣令)이 되자 사람을 그곳 관아로 보냈다. 당(堂) 뒤에는 신을 모셔둔 사당이 있었는데, 사당 앞에는 거목이 숲을 이루어 까마귀와 소리개 등의 날짐승이 무리 지어 그 위에 둥지를 틀고 있어서 새똥이 당(堂)에 더럽게 쌓여 있었다. 또한 사람들은 사당의 신을 두려워해서 감히 그곳에 범접도 하지 못하고 있었다. 장연은 이를 몹시 싫어해서 무당을 시켜 신에게 이렇게 빌게 했다.

"토지신은 관아를 깨끗하게 해서 사는 사람을 잘 보살펴야 마땅하거늘, 어찌 이렇게 더럽혀 놓았습니까? 토지신께서는 사흘 안에 반드시 새들을 모두 몰아내셔야 합니다. 그렇지 않으면 제가 사당을 불태우고 나무를 베어버리겠습니다!"

장연이 관아에 머문 지 이틀 째 되던 날 커다란 물수리 몇 마리가 날개를 떨치며 날아와서 많은 둥지를 모두 무너뜨렸다. 다시 그 이튿날 비가 억수같이 내려 새똥이 모두 씻겨져 내려갔다. 이로부터 관아는 아주 깨끗해졌다. (『계신록』)

張鋌者, 累任邑宰, 以廉直稱. 後爲彭澤令, 使至縣宅. 堂後有神祠, 祠前巨木成林, 烏鳶('烏鳶'原作'爲焉', 據明鈔本改)野禽, 羣巢其上, 糞穢積於堂中. 人畏其神, 故莫敢犯('犯'原作'於', 據明鈔本改). 鋌大('大'原作'矣', 據明鈔本改)惡之, 使巫祈于神曰: "所爲土地之神, 當潔淸縣署, 以奉居人, 奈何使腥穢如是邪? 爾三日中, 當盡逐衆禽. 不然, 吾將焚廟而伐樹矣!" 居二日, 有數大鶚, 奮擊而至, 盡壞羣巢. 又一日大雨, 糞穢皆淨. 自此宅居淸潔矣. (出『稽神錄』)

314 · 13(4034)
곽 후(郭 厚)

이종(李宗)은 서주자사(舒州刺史)로 있을 때 개원사(開元寺)를 다시 지었다. 장인들이 모인 뒤에 한 오래된 우물을 치려고 했는데, 우물 속에서 다음과 같은 말소리가 들리는 것 같았다(이것은 본권의「朱廷禹」고사의 본문인데, 이곳에 잘못 연결되었기에 여기서는 없앴다).

"도적 떼가 도성을 침범하여 천하가 어지러울 때, 스님들이 내 노자 돈을 탐내어 나를 죽이고는 이 우물에 집어 던져서 바람에 제 유골이 이 안에 있습니다. 부디 저 대신 이공(李公: 李宗)께 이 사실을 알려 저를 장사지내 주십시오. 제 뜻을 저버리지 말아 주십시오."

담당관리는 이 사실을 이종에게 알렸다. 이튿날 이종은 직접 우물에 가서 우물 속을 파게 했는데, 정말 그 안에서 유골이 나왔다. 그리하여 이종은 곧장 의복과 관을 준비하여 그를 제사지내고 묻어주었다. 시신을 장사지내던 날 오백(伍伯: 伍長. 옛 군대에서 한 伍의 우두머리)이 다시 땅에 넘어졌다. 귀신이 말했다.

"저 대신 이공께 감사하다고 전해주십시오. 저의 혼백이 이곳에 머문 지 30년이 넘었는데, 공 덕택에 지금 구주사령(九州社令)께서 저를 토지신에 임명하셨으며, 저는 이곳에서 제사를 받게 되었습니다."

개원사에서는 지금까지 이 토지신에게 제사를 올리고 있다. (『계신록』)

李宗爲舒州刺史, 重造開元寺. 工徒始集, 將浚一廢井, 井('井'下原有'中如言而得之船屋上有脯臘婦人取以食四卒視其手'二十二字, 係本卷「朱廷禹」條內文,

誤衍於此, 今刪. 今本『稽神錄』無「郭厚」條. 明鈔本於此處空一行計二十二字)
"土寇犯闕, 天下亂, 僧輩利吾行資, 殺我投此井中, 今骸骨在是. 爲我白李公, 幸葬我. 無見棄也." 主者以告宗. 翌日親至井上, 使發之, 果得骸骨. 卽爲具衣衾棺槨, 設祭而葬之. 葬日, 伍伯復仆地. 鬼告('告'原作'如', 據明鈔本改)曰: "爲我謝李公. 幽魂處此, 已三十年, 籍公之惠, 今九州社令, 已補我爲土地之神, 配食於此矣." 寺中至今祀之. (出『稽神錄』)

314 · 14(4035)
심양현리(潯陽縣吏)

 [後唐] 경인년(庚寅年: 930)에 강서절도사(江西節度使) 서지간(徐知諫)이 돈 백만 냥을 여산사자묘(廬山使者廟)에 시주하자 심양현령은 하급 관리 한 명을 보내 그 일을 담당하게 했다. 이 관리는 성으로 들어가 화공을 불러 함께 여산사자묘로 갔는데, 화공은 안료와 화구를 등에 지고 관리를 따라갔다. 성을 막 나서자 갑자기 관리가 술에 취한 사람처럼 멍해져서 스스로 허리띠를 풀어 땅에 던졌다. 화공은 관리가 술에 취했다고 생각하고 허리띠를 주워 그를 따라갔다. 잠시 뒤에 관리는 옷을 벗고 모자를 던져버렸는데, 여산에 다다랐을 때 즈음에는 거의 벌거숭이 상태였다. 여산사자묘의 근처에 있는 계곡에 푸른 옷을 입은 한 군졸이 있었는데, 흰 가죽이 무릎을 덮고 있었다. 관리가 다가가자 군졸이 관리를 잡으려 했다. 이에 화공이 관리를 구하며 말했다.
 "이 사람은 술 취한 사람입니다."

군졸은 버럭 화를 내며 말했다.

"아무리 시끄럽게 떠들어대도 누가 들어줄 줄 아느냐?"

그리고는 관리를 잡아서 물에 앉았다. 화공은 그제야 그가 사람이 아닌 것을 알고 사당으로 달려가 사람들에게 그 사실을 알려주었다. 사람들이 다투어 가 보았더니 군졸은 사라지고 없었고 그 관리는 여전히 물에 앉아 있었는데, 이미 죽은 뒤였다. 사람들은 관리가 몸에 지니고 있던 출납장부를 살펴보고 나서야 그가 서지간이 보시한 돈을 반 이상이나 착복했음을 알게 되었다. 진사(進士) 사악(謝岳)이 이를 직접 보았다. (『계신록』)

庚寅歲, 江西節度使徐知諫, 以錢百萬施廬山使者廟, 潯陽令遣一吏典其事. 此吏嘗入城, 召一畵工俱往, 畵工負荷丹彩雜物從之. 始出城, 吏昏然若醉, 自解腰帶投地. 畵工以爲醉('醉'下明鈔本有'取'字, 屬下)而隨之. 須臾, 復脫衣棄帽, 比至山中, 殆至裸身. 近廟澗水中, 有一卒, 靑衣, 白韋蔽膝. 吏至, 乃執之. 畵工救之曰: "此醉人也." 卒怒曰: "交交加加, 誰能得會?" 竟擒之, 坐於水中. 工知其非人也, 走往廟中告人. 競往視之, 卒已不見, 其吏猶坐水中, 已死矣. 乃閱其出給之籍, 則已乾沒過半. 進士謝岳親見之. (出『稽神錄』)

314 · 15(4036)
주원길(朱元吉)

오강현령(烏江縣令) 주원길이 해준 이야기이다.

그의 친구 아무개는 배를 타고 채석기(采石磯)로 가다가 풍랑을 만나 함께 가던 배 몇 척이 모두 침몰했다. 아무개도 물에 빠졌는데, 물은 보이지 않고 인간세상에서나 보이는 그런 길이 나 있었다. 아무개는 그 길을 따라 동쪽으로 달려갔는데, 거의 동쪽 해안 산기슭 아래에 이르렀을 때 커다란 관아가 보였다. 문 밖에는 부서진 배의 판자가 구릉처럼 무더기로 쌓여 있었고, 또 어떤 사람이 물에 빠진 사람들의 많은 재산을 창고 안으로 옮기고 있었다. 문안으로 들어서자 어떤 관리가 당(堂) 위에서 익사자들을 모두 차례대로 부르더니 장부를 보면서 확인하고 있었다. 아무개의 차례가 되자 이렇게 말했다.

"이 사람은 여기 와서는 안 되는 사람이니 그를 밖으로 내보내거라."

그 말을 들은 어떤 관리가 곧장 그를 데리고 가서 물 밖으로 나가 배가 있는 곳까지 바래다주었다. 또한 배 안의 재물도 모두 그에게 돌려주었다. 아무개는 아무 것도 모른 채 멍하니 물 밖으로 나왔는데, 어느새 서쪽 강 언덕의 모래에 도착해 있었다. 배는 전혀 부서지지 않았고, 물에 젖은 흔적도 없었다. (『계신록』)

烏江縣令朱元吉, 言: 其所知泛舟至采石, 遇風, 同行者數舟皆沒. 某旣溺, 不復見水, 道路如人間. 其人驅之東行, 可在東岸山下, 有大府署. 門外堆壞船板木如丘陵, 復有人運諸溺者財物入庫中, 甚衆. 入門, 堂上有官人, 徧召溺者, 閱籍審之. 至某獨曰: "此人不合來, 可令送出." 吏卽引去, 復至舟所. 舟中財物, 亦皆還之. 怳然不自知, 出水, 已在西岸沙上矣. 擧船儼然, 亦無霑濕. (出『稽神錄』)

314 · 16(4037)
고주왕씨(沽酒王氏)

건강(建康) 강녕현(江寧縣)의 관아 뒤에 왕씨라는 술 파는 사람이 있었는데, 그는 공평하고 정직하기로 이름이 나 있었다. [後晉] 계묘년(癸卯歲: 943) 2월 16일 밤에 가게 하인이 바깥문을 닫으려고 하는데, 많은 하인과 말을 거느린 붉은 옷 입은 사람 몇 명이 갑자기 가게 문 앞에 와서는 이렇게 고함쳤다.

"문을 열어라. 내 잠시 여기서 쉬어가겠다."

하인은 급히 안으로 달려 들어가서 주인 왕씨에게 그 사실을 알렸다. 왕씨가 나가서 손님을 안으로 모시라고 말했는데, 그들은 벌써 들어와 자리를 잡고 앉아 있었다. 그리하여 주인 왕씨가 얼른 술과 음식을 풍성하게 차려내고 또 그 시종들까지도 음식을 차려내어 그들을 위로하자 손님은 아주 고마워했다. 잠시 뒤에 꼰 새끼줄 십만 장(丈)을 든 하인과 말뚝 수백 개를 든 또 다른 사람이 함께 앞으로 와서 말했다.

"포위하겠습니다."

자색 옷 입은 사람이 그렇게 하라고 허락했다. 그러자 두 사람은 곧 장 밖으로 나가 말뚝을 땅에 박고 그 위를 새끼줄로 묶더니 마을 사람들의 집을 돌아다니며 새끼줄로 둘러쳤다. 한참 뒤에 일을 마쳤다고 고하자 자색 옷 입은 사람은 자리에서 일어나 가게 바깥까지 나왔다. 시종이 말했다.

"이 가게 역시 포위망 안에 있습니다."

자색 옷 입은 사람들이 서로 말했다.

"주인이 우리에게 아주 잘 대해주었으니, 이 가게만 빼면 어떻겠소?"

그러자 여러 사람들이 말했다.

"한 집 뿐인데, 안될 것이 뭐가 있겠소?"

그리고는 명령을 내려 말뚝을 옮겨 박게 해서 가게를 포위망 밖으로 밀어낸 다음, 주인을 돌아보며 말했다.

"이것으로 그대에게 보답했습니다."

말을 다하고는 갔는데, 순식간에 그들이 보이지 않았다. 다시 새끼줄과 말뚝을 보았더니 이미 사라지고 없었다.

잠시 뒤에 순사(巡使) 구양진(歐陽進)이 야경을 돌다가 가게 앞에 와서 물었다.

"어찌하여 이 깊은 밤에 문을 열어놓고 등촉까지 끄지 않고 있느냐?"

주인 왕씨는 자신이 본 대로 모두 말해주었으나 구양진은 그 말을 믿지 않았다. 구양진은 왕씨를 잡아 하옥시키고 해괴망측한 말을 한 죄를 물으려 했다. 왕씨가 하옥된 지 이틀째 되는 날 건강에 큰불이 났는데, 주작교(朱雀橋) 서쪽에서부터 봉대산(鳳臺山)에 이르기까지의 백성들이 불에 타 거의 다 죽었다. 왕씨 가게의 주위 이웃도 모두 불에 타 죽어 재가 되었는데, 오직 왕씨만 그 화를 면했다. (『계신록』)

建康江寧縣廨之後, 有沽酒王氏, 以平直稱. 癸卯歲, 二月旣望夜, 店人將閉外戶, 忽有朱衣數人, 僕馬甚盛, 奄至戶前, 叱曰: "開門. 吾將暫憩於此." 店人奔走告其主. 其主曰出迎, 則已入坐矣. 主人因設酒食甚備, 又犒諸從者, 客甚謝焉. 頃之, 有僕夫執絅繩百千丈, 又一人執橛杙數百枚, 前白: "請布圍." 紫衣可之. 卽出, 以杙釘地, 繫繩其上, 圍坊曲人家使徧. 良久白事訖, 紫衣起至戶外. 從者曰: "此店亦在圍中矣." 紫衣相謂曰: "主人相待甚厚, 免此一店可乎?" 皆曰: "一家爾, 何爲不可?" 卽命移杙, 出店於圍外, 顧主人曰: "以此相報." 遂去, 倏忽不見. 顧視繩杙, 已亡矣. 俄而巡使歐陽進邏巡夜, 至店前, 問: "何故深夜開門, 又不滅燈燭何也?" 主人具告所見, 進不信. 執之下獄, 將以妖言罪之. 居二日, 建康大火, 自朱雀橋西至鳳臺山, 居人焚之殆盡. 此店四鄰皆爲煨燼, 而王氏獨免. (出『稽神錄』)

314 · 17(4038)
포 회(鮑 回)

포회는 일찍이 깊은 산 속에 들어가 사냥을 하다가 그곳에서 한 젊은이를 보았다. 그는 커다란 나무 아래에 벌거벗은 채로 누워 있었으며, 머리카락이 땅에 흐트러져 있었다. 포회가 활을 쏘려 하자 젊은이가 말했다.

"나는 산신으로, 미처 당신을 피하지 못했소. 나를 죽이지 않으면 내 당신을 부귀하게 해드리리다."

포회가 칼로 산신의 입을 찌르자 산신의 입에서 피가 솟아져 나왔으며, 결국 포회는 그를 죽이고 말았다. 그로부터 얼마 지나지 않아 포회도 죽었다. (『계신록』)

鮑回者, 嘗入深山捕獵, 見一少年. 裸臥大樹下, 毛髮委地. 回欲射之, 少年曰: "我山神也, 避君不及. 勿殺我, 富貴可致." 回以刃刺其口, 血皆逆流, 遂殺之. 無

何미쭉. (出『稽神錄』)

314 · 18(4039)
유 호(劉 皞)

한(漢: 五代十國의 하나인 後漢)나라 종정경(宗正卿: 宗正寺의 長官) 유호는 어느 날 꿈에서 한 사람이 손에 장부를 들고 있는 것을 보았는데, 마치 그 모습이 저승관리 같았다. 유호는 그가 사람의 운명과 복록을 관장하는 사람이라 생각하고 그에게 다가가 물으면서 자신의 미래의 궁달에 대해 알고 싶어했다. 그러자 관리가 말했다.

"제왕(齊王)의 판관(判官)으로 있다가 나중에 사도(司徒) 겸 종정경이 될 것입니다."

유호는 조정에서의 자신의 지위가 이미 높았기 때문에 일개 왕부(王府)의 관직을 맡게 될 것이라는 말에 기분이 좋지 않았다. 유호는 꿈에서 깬 뒤 그것을 낱낱이 기억하고 있었기 때문에 친구에게 그 꿈 이야기를 해주었다. 후에 유호는 명을 받고 오월(吳越)에 사신으로 갔는데, 운주(鄆州)를 거쳐서 가다가 공관에서 느닷없이 전염병에 걸리게 되었다. 유호는 어지러워 정신이 없던 중에 제왕의 판관이 된다고 한 전날의 꿈이 생각났는데, 그 제왕이 바로 태산신(太山神)인 천제왕(天齊王)인 것 같았다. 그리하여 가까운 시종을 사당으로 보내어 꿈 이야기를 하고, 향을 피우고 점대를 던지며 그 꿈에 대해서 물어보았다. 점괘 하나를 던지자 바로 응답이 있었다. 종경[유호를 가리킴]은 집안 일을 아직 다 처리하지 못했다며 다시 신을 찾아가서 사신으로 바다를 건너갔다가 돌아온 뒤에 명을 따를 수 있게 해달라고 간청하면서 여러 번 점대를 던졌지만 이번에는 신이 허락하지 않았다. 유호는 그로부터 얼마 지나지 않아 역참의 관사에서 죽었다. ([『옥당한화』])

漢宗正卿劉皞, 忽夢一人, 手執文簿, 殆似冥吏. 意其知人命祿, 乃詰之, 仍希閱己將來窮達. 吏曰:"作齊王判官, 後爲司徒宗正卿." 皞自以朝籍已高, 不樂却爲王府官職. 夢覺, 歷歷記之, 亦言於親友. 後銜命使吳越, 路由鄆州, 忽於公館染疾. 恍惚意其曾夢爲齊王判官, 恐是太山('太山'原作'大四', 據明鈔本改)神天齊王也. 乃令親侍就廟, 陳所夢, 炷香擲茭以質之. 一擲果應. 宗卿以家事未了, 更將明懇神祈, 俟過海廻, 得以從命, 頻擲不允. 俄卒於郵亭. (原闕出處, 明鈔本作'出『玉堂閒話』')

314 · 19(4040)
최련사(崔練師)

진주(晉州) 여도사 최련사는 그 이름을 잊어버렸는데, 그녀가 무슨 도를 수련했는지 아는 사람이 없었다. 최련사는 짐수레 한 대를 마련하여 다른 사람에게 빌려주고 그 돈을 받아 살아나갔다. 최련사는 때때로 음덕을 세웠으나 다른 사람들은 그것을 알아차리지 못했다. 어느 날 아침 길에서 어린 아이가 짐수레에 깔려 죽자 그 부모가 관가에 그 일을 고발했다. 관가에서는 짐수레를 몰았던 마부를 잡아와 형틀을 씌우고 소와 짐수레로 죽은 아이의 집에 대신 보상하게 하려했다. 그러자 마부가 말했다.

"이것은 최련사에게서 빌려온 것입니다."

사법관은 최련사를 불러와 마부와 함께 구속했다.

태수(太守) 난원복(欒元福)의 꿈에 저승관리 최판관(崔判官)이 나타나 말했다.

"최련사는 나의 조카딸인데, 그녀가 무슨 죄를 지었기에 이렇게 잡아두고 있느냐?"

태수는 꿈에서 깨어나 최련사를 불러와 꿈 이야기를 해주었다. 그러자 최련사가 대답했다.

"저는 비록 최씨이기는 하나 그가 어떤 친척어른인지는 모릅니다."

잠시 뒤에 죽었던 아이가 다시 살아났다. 주(周: 後周)의 고조(高祖: 太祖 郭威의 誤記로 보임)는 이 이야기를 듣고 기이하게 생각해서 최련사를 도성으로 불러들여 도사로 선발한 뒤 진주 자극궁(紫極宮)으로 보내어 재를 올리게 했다. (『옥당한화』)

晉州女道士崔練師, 忘其名, 莫知所造何道. 置輜車一乘, 傭而自給. 或立小小陰功, 人亦不覺. 一旦('旦'原作'二', 據明鈔本改), 車於路輾殺一小兒, 其父母訴官. 追攝駕車之夫, 械之, 欲以其牛車償死兒之家. 其人曰: "此物是崔練師處租來." 官司召練師, 幷繫之.

太守欒元福, 夜夢冥司崔判官謂曰: "崔練師我之姪女, 何罪而繫之?" 夢覺, 召練師, 以夢中之言告之. 練師對曰: "某雖姓崔, 莫知是何長行." 俄而死兒復活. 周高祖聞而異之, 召崔練師入京, 仍擇道士, 往晉州紫極宮修齋焉. (出『玉堂閑話』)

태평광기

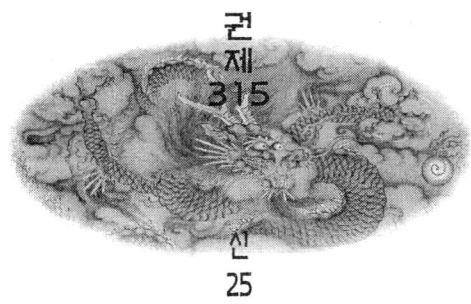

권제 315

신 25

(淫祠附)

1. 이 산 묘(梨山廟)
2. 오 연 도(吳延瑫)

음사(淫祠)
3. 여 광 사(餘光祠)
4. 저 부 묘(鉏父廟)
5. 포 군(鮑君)
6. 장 조(張助)
7. 착이석인(著䬣石人)
8. 낙서고묘(洛西古墓)
9. 예 장 수(豫章樹)
10. 적인걸격(狄仁傑檄)
11. 비포산묘(飛布山廟)
    (有目無文)
12. 화 비 파(畵琵琶)
13. 벽 산 신(壁山神)

315 · 1(4041)
이산묘(梨山廟)

건주(建州)에 이산묘가 있었는데, 그 지방 사람들은 이곳을 옛 재상 이회(李回)를 모신 사당이라고 말했다. 이회는 폄적되어 건주자사(建州刺史)로 있다가 임천(臨川)에서 죽었다. 이회가 죽던 날 저녁, 건안(建安) 사람들은 모두 꿈에 이회가 흰 말을 타고서 이산으로 들어오는 것을 보았는데, 후에 [이회가 죽었다는] 부고가 도착하자 그를 위해 이 사당을 세워주었다. 사람들 사이에는 [그 사당이] 매우 영험하다는 소문이 돌았다.

왕연정(王延政)이 건안에 있을 때 복주(福州)와 사이가 좋지 않았다. 그래서 그는 자기 밑에 있는 장군 오(吳) 아무개를 시켜 병사를 이끌고 진안(晉安)으로 진격해 들어가게 했다. 오 아무개는 새로 검 하나를 주조했는데, 그 검은 매우 날카로웠다. 오 아무개는 장차 떠나려고 할 적에 검을 들고 이산묘 안으로 들어가 기도하며 이렇게 말했다.

"나는 이 검으로 천 명의 사람을 손수 찔러죽이길 원합니다."

그날 밤에 오 아무개의 꿈에 한 사람이 나타나 이렇게 말했.

"사람은 악한 소원을 빌어서는 안 된다. 하지만 내 너를 보우하여 남의 손에는 죽지 않을 수 있도록 해 주겠다."

과연 오 아무개는 전쟁에서 패하여 좌우의 병사들이 모두 사방으로 흩어져 버렸고, 적의 추격병이 장차 이르려하자 스스로 살아날 길이 없다 판단하고서 그 검으로 자신의 목을 베어 죽고 말았다. (『계신록』)

建州梨山廟, 土人云, 故相李回之廟. 回貶爲建州刺史, 後卒于臨川. 卒之夕, 建安人咸夢回乘白馬, 入梨山, 及凶問至, 因立祠焉. 世傳靈應.

王延政在建安, 與福州構隙. 使其將吳某, 帥兵向晉安. 吳新鑄一劍, 甚利. 將行, 攜劍禱于梨山廟, 且曰: "某願以此('此'字原空闕, 據明鈔本補)劍, 手殺千人." 其夕, 夢人謂己曰: "人不當發惡願. 吾祐汝, 使汝不死於人之手." 旣戰敗績, 左右皆潰散, 追兵將及, 某自度不免, 卽以此劍自刎而死. (出『稽神錄』)

315 · 2(4042)
오연도(吳延瑫)

광릉(廣陵) 두창(豆倉)에 오연도라는 관리가 있었는데, 동생의 나이가 스무 살이 되자 동생에게 아내를 찾아주려 하고 있었다. 그의 이웃에 사는 매파는 일찍이 오씨의 부탁을 받아놓고 있던 터였다. 하루는 어떤 사람이 매파의 집을 찾아와서 이렇게 말했다.

"장사공(張司空) 댁에서 모셔오라고 하셨습니다."

매파는 그 사람을 따라 나섰다. [따라가 보니] 그 집은 정승사(政勝寺) 동남쪽에 위치해 있었는데, 저택이 매우 웅장했다. 매파가 말했다.

"저는 장공(張公: 張司空)께서 여기 계시다는 얘기를 일찍이 들어보지 못했습니다."

매파를 데리고 온 사람이 말했다.

"장공께서는 임안(臨安) 싸움에서 전사하셨습니다. 그래서 알고 있는 사람이 드물지요."

한참을 가니[원문에는 '知'로 되어있으나 明鈔本에 의거해 '之'로 바꿔 해석함] [안채가 나왔다.] 그 집안은 매우 화려하게 꾸며져 있어서 마치 왕공(王公)의 저택 같았다. 거기에 한 노부인이 있었는데, 자신을 '현군(縣君)'이라고 말했다. 매파가 다가가 앉자 잠시 후 노부인의 딸도 나왔다. 노부인이 매파에게 말했다.

"자네가 오씨 집안의 신부 감을 찾고 있다고 들었네. 내가 내 딸아이로 하여금 그 집안을 섬기게 하고 싶은데."

매파가 말했다.

"오씨네는 그저 말단 관리의 가난한 집안일뿐입니다. 그러니 어찌 감히 당신네들과 같은 귀한 집안과 혼인할 수 있단 말입니까?"

장씨가 대답했다.

"내 어머니는 연로하시고 나는 형제 하나 없소이다. 그런데 가업(家業)은 또 이리도 크니 좋은 사람을 만나 섬기면서 이 가업을 그에게 맡기려고 하는 것이오. 듣자니 오씨 집안 아들은 효성스럽고 점잖아 내가 모실만 하다 하더이다. 훌륭한 집안 아들을 무엇 하러 찾겠소?"

매파가 말했다.

"좋습니다. 돌아가서 한번 물어보겠습니다."

매파는 돌아가 이 일을 오연도에게 말했다. 오연도는 이상하다고 생각했으나 감히 아무 말도 하지 못했다. 며칠 후 갑자기 마차 몇 대가 이웃 매파의 집을 찾아왔는데, 장씨와 딸과 늙은 하녀 두 명이 함께 왔다. 장씨는 사람을 보내 오연도의 아내를 불러오게 해 함께 자리했다. 술과 음식을 매우 성대히 차려냈는데, 이 모든 것은 장씨가 준비해 온 것들이었다. 장씨가 스스로 혼사 이야기를 꺼내자 오연도의 아내는 속으로 이렇게 생각했다.

'이 장씨네 딸이 비록 단정하고 미색이기는 하지만 그래도 보아하니 서른은 족히 넘었을 것 같은데, 우리 도련님은 아직 나이가 어리니 꼭 마음에 들어 할 것 같지는 않아.'

그러자 장씨가 바로 이렇게 말하는 것이었다.

"부부의 인연이란 전생에 맺어진다 했습니다. 뜻만 맞는다면 나이의 많고 적음이 무슨 문제겠습니까?"

오연도의 아내는 깜짝 놀라 더 이상 아무 말도 하지 못했다. 장씨는 붉은 비단과 흰 비단 두 필을 꺼내면서 말했다.

"이것은 예물입니다."

이 외에도 예물로 준 것이 아주 많았다.

날이 어두워지자 장씨는 이웃 매파를 초대해 함께 집으로 돌아갔다. 매파가 그곳에게 며칠을 묵었을 때, 장씨가 매파에게 이렇게 말했다.

"우리 집안은 매우 부자라오. 남들이 모를 뿐이지. [그러니 이 재산이] 언젠가는 오랑(吳郞: 吳延瑫의 동생) 것이 된다오."

방안에는 커다란 궤짝이 세 개 있었는데, 그 높이가 모두 천정에 닿을 정도였다. 장씨네 딸은 그 궤짝들을 열어 매파에게 보여주었는데, 한 궤짝에는 금이 가득 들어있었고, 나머지 두 궤짝에는 은이 가득 들어있었다. 장씨는 또 땅을 가리키며 말했다.

"이 속이 모두 돈이라오."

그리고는 사람을 시켜 땅을 파게 했는데, 1척도 넘는 깊이에 돈이 가득 쌓여있었다. 바깥채로 나가보니 마당에 붉은 갈기를 한 흰 말이 매어져 있었고 그 옆에는 돼지 한 마리가 있었다. 장씨가 말했다.

"이것들은 모두 예물이오."

바깥채 서쪽으로 또 널따란 건물이 한 채 나왔는데, 온갖 장인들이 만든 물건들이 다 갖추어져 있었다. 장씨가 말했다.

"여기서도 역시 예물을 만들고 있다오."

매파는 밤이 되어 잠자리에 들었는데, 갑자기 밖에서 무엇인가에 놀란 듯한 돼지의 울음소리가 들려왔다. 장씨가 여종들에게 소리쳤다.

"이 돼지를 밖에 두어서는 안 된다. 필시 뱀에게 물리게 될 것이야."

매파가 말했다.

"뱀이 어찌 돼지를 먹습니까?"

장씨가 말했다.

"여기서는 그런 일이 늘 있다오."

매파가 장씨와 함께 촛불을 들고 가서 살펴보니 과연 커다란 붉은 뱀 한 마리가 땅속에서 기어 나와 돼지 주위를 빙빙 맴돌다 다시 땅속으로 들어가는 것이었다. 이렇게 해서 돼지는 무사할 수 있었다. 다음 날 장씨는 매파에게 이별을 고하려다가 갑자기 여종 두 명을 부르더니 자신의 양 옆을 부축하게 하면서 매파에게 말했다.

"내가 일이 있어 가까운 곳에 좀 나가봐야 하오. 잠시 갔다가 올 것이오."

그리고는 두 명의 여종과 함께 하늘로 올라가더니 이내 사라져버렸다. 매파가 깜짝 놀라자 장씨의 어머니가 말했다.

"내 딸이 잠시 하늘의 모임에 참석하러 갔으니 잠시 앉아 기다리시오. 걱정 말고."

한 식경쯤 지나자 장씨가 밖에서 들어왔는데, 약간 술 냄새를 풍기고 있었다. 장씨가 말했다.

"몇몇 신선들이 나를 붙잡고 술을 마시자 했으나 집에 매파가 와있다고 구지 사양을 하여 간신히 돌아올 수 있었다오."

매파는 [장씨네서] 돌아온 뒤에 더욱더 놀라워했으나 감히 이 일을 입 밖에 내지 못했다.

그러고 나서 한 달 남짓 지났을 때 장씨는 또 매파를 불러들였는데, 현군[장씨의 어머니]이 몹시 위독하다는 것이었다. 매파가 도착했을 때는 이미 장씨의 어머니가 죽은 후였다. 매파는 장례에 참석했는데, 장씨의 어머니는 양자현(楊子縣) 북쪽에 있는 서(徐)씨 마을에 묻혔다. [장례식 날] 온 서씨 집안의 사람들이 다 모였다. 서씨 집안에 한 여자아이가 하나 있었는데, 열 살 남짓 되어보였다. 장씨는 그 여자아이를 쓰다듬으며 이렇게 말했다.

"이 아이는 관상이 좋습니다. 분명 회북(淮北) 지방 장수(將帥)의 아내가 될 것이니 잘 돌보도록 하십시오."

장례가 끝나자 장씨는 또 매파에게 선물을 주고 온 집안이 남쪽으로 떠나가 버렸으나 어디로 갔는지 알 수 없었고 혼사 역시 허사가 되고 말았다. 매파는 돌아와서 장씨가 살던 옛 집을 찾아가보았지만 시골집 몇 채 만이 남아있을 뿐이었다. 마을 사람들에게 물어보니 이렇게 대답했다.

"여기 산지 꽤 오래 되었지요. 장사공의 집이라고들 하던데, 사실인지는 모르겠습니다."

십년 뒤에 광릉에 전란이 일어나자 오연도의 동생은 건업(建業)으로 돌아갔는데, 아무런 변고도 없었다. (『계신록』)

廣陵豆倉官吳延瑫者, 其弟旣冠, 將爲求婦. 鄰有媒嫗, 素受吳氏之命. 一日, 有人詣門云: "張司空家使召." 隨之而去. 在政勝寺之東南, 宅甚雄壯. 嫗云: "初不聞有張公在是." 其人云: "公沒於臨安之戰. 故少人知者." 久知(明鈔本'知'作'之', 按此句有脫訛). 其家陳設炳煥, 如王公家. 見一老姥, 云是'縣君'. 之坐, 頃之, 其女亦出. 姥謂嫗曰: "聞君謂吳家求婚. 吾欲以此女事之." 嫗曰: "吳氏小吏貧家. 豈當與貴人爲婚邪?" 女因自言('言'字原空闕, 據明鈔本·許本·黃本補) 曰: "兒以母老, 無兄弟. 家業旣大, 事託善人. 聞吳氏子孝謹可事. 豈求高門邪?" 嫗曰: "諾. 將問之."

歸以告延瑫. 異之, 未敢言. 數日, 忽有車輿數乘, 詣鄰嫗之室, 乃張氏女與二老婢俱至. 使召延瑫之妻卽席. 具酒食甚豐, 皆張氏所備也. 其女自議婚事, 瑫妻內思之: '此女雖極端麗, 然可年三十餘, 其小郎年節少, 未必歡也.' 其女卽言曰: "夫妻皆繫前定. 義如有合, 豈老少邪?" 瑫妻聳然, 不敢復言. 女卽出紅白羅二疋曰: "以此爲禮." 其他贈遺甚多.

至暮, 邀鄰嫗俱歸其家. 留數宿, 謂嫗曰: "吾家至富. 人不知耳. 他日皆吳郞所有也." 室中三大廚, 其高至屋. 因開示之, 一廚實以金, 二廚實以銀. 又指地曰: "此中皆錢也." 卽命掘之, 深尺餘, 卽見錢充積. 又至外廳, 庭中繫朱鬣白馬, 傍有一豕. 曰: "此皆禮物也." 廳之西復有廣廈, 百工製作畢備. 曰: "此亦造禮物也." 至夜就寢, 聞豕如有驚. 呼諸婢, 曰: "此豕不宜在外. 是必爲虵所嚙也." 嫗曰: "虵豈食猪者邪?" 女曰: "此中常有之." 卽相與秉燭視之, 果見大赤虵, 自地出, 縈繞其豕, 復入地去. 救之得免. 明日, 方與嫗別, 忽召二靑衣, 夾侍左右, 謂嫗曰: "吾有故近出. 少選當還." 卽與靑衣凌虛而去. 嫗人驚. 其母曰: "吾女暫之天上會計, 但坐. 無苦也." 食頃, 乃見自外而入, 微有酒氣. 曰: "諸仙留飮, 吾以媒嫗在此, 固辭得還." 婦歸('婦歸'原作'嫗婦', 據明鈔本改), 益駭異而不敢言.

又月餘, 復召嫗去, 縣君疾亟. 及往, 其母已卒. 因嫗至葬, 葬于楊子縣北徐氏村中. 盡室往會. 徐氏有女, 可十餘歲. 張女撫之曰: "此女有相. 當爲淮北一武將('將'字原空闕, 據明鈔本·黃本補)之妻, 善視之." 旣葬, 復後贈嫗, 擧家南去, 莫知所之, 婚事('事'字原空闕, 據明鈔本補)亦竟不成. 嫗歸, 訪其故居, 但里舍數間. 問其里中, 云: "住此已久. 相傳云張司空之居, 竟不得其是." 後十年, 廣陵亂, 吳氏之弟歸于建業, 亦竟無恙. (出『稽神錄』)

음사

315 · 3(4043)
여광사(餘光祠)

한(漢)나라 영제(靈帝) 초평(初平) 3년(186: 靈帝 때는 初平이라는 年號가 없으며, 獻帝 때 初平이라는 年號가 있기는 하나 190년 한 해에 불과하므로 실제로는 獻帝 中平 3年의 誤記로 보임)에 영제는 나유관(裸遊館)을 지어 더운 여름의 피서지로 삼았다. 영제는 그곳에서 밤새도록 술과 연회에 취해 있느라 아침이 와도 깨어나질 못했다. 내관(內官)들이 커다란 촛불을 가져다가 대전 아래에 던지면 영제는 그제야 잠에서 깨어났다. 훗날 동탁(董卓)은 도성을 함락시키고 나유관을 불질러버렸다. 위(魏)나라 함희연간(咸熙年間: 264~265)까지도 내관들이 촛불을 던져놓았던 그 곳은 어둔 밤에 별처럼 빛을 발했다. 당시 사람들은 그 빛을 신광(神光)이라 여기고는 그 곳에 건물 하나를 지어 여광사라 이름하고서 복을 빌었다. 명제(明帝) 말년에 이르자 [복을 비는 사람들이] 점차 줄어들었다. (『습유기』)

漢靈帝初平三年, 起裸遊館, 盛夏避暑. 長夜飮宴醉, 迷於天曉. 內官以巨燭投於殿下, 帝乃覺悟. 及董卓破京師(明鈔本'破京師'作'毁長安')焚其館宇. 至魏咸熙中, 其投燭之所, 冥夜有光如星. 時人以爲神光, 於此立室, 名曰'餘光祠', 以祈福. 至明帝末, 稍除焉. (出『拾遺記』)

315・4(4044)
저부묘(耝父廟)

회계(會稽) 석정태(石亭埭)에 커다란 단풍나무가 한 그루 있었는데, 속이 썩어 텅 비어있어서 비만 오면 그 안에 물이 가득 고였다. 한 상인이 산 두렁허리를 가지고 지나가다가 한 마리를 썩은 나무의 속에다 집어넣었다. 후에 마을 사람들이 와서 보고는 나무 안에 있을 수 없는 두렁허리가 그 속에 있다하여 모두 그 두렁허리를 신성시 했다. 그리고는 나무 옆에 집을 짓고 제물을 잡아 제사를 올리면서, 하루라도 제사를 거르는 날이 없었다. 사람들은 그 사당을 '저부묘'라고 불렀는데, [두렁허리 신에게 대고] 제사를 올리고 기원을 하면 복이 오고, 신을 업신여기거나 제사 올리기를 태만히 하면 재앙이 즉시 내려온다고들 말했다. 훗날 그 상인은 다시 이곳에 왔다가 [이 광경을 보고는] 크게 웃으며 그 두렁허리를 잡아 국 끓여 먹었다. 그 후로 두렁허리 신도 없어졌다. (유경숙『이원』)

會稽石亭埭, 有大楓樹, 其中朽空, 每雨, 水輒滿. 有估客携生鮰至此, 輒放一頭於朽樹中. 村民見之, 以魚鮰非樹中之物, 咸神之. 乃依樹起室, 宰牲祭祀, 未嘗虛日. 目爲'鮰父廟', 有禱請及穢慢, 則禍福立至. 後估客復至, 大笑, 乃求鮰臛食之. 其神遂絶. (出劉敬叔『異苑』)

315 · 5(4045)
포 군(鮑 君)

옛날 여남(汝南)에 사는 한 사람이 밭에 그물을 설치해두고서 노루를 포획했다. 그러나 그 그물을 설치한 본래 주인이 미처 발견하기도 전에 행인이 먼저 발견하고서 노루를 훔쳐 달아났다. 행인은 본래 주인을 기다리지 않고 노루를 가져버린 것이 마음에 걸렸는데, 마침 전복이 한 마리 있자 그것을 그물에 넣어놓고 떠났다. 본래 주인은 와서 그물 속에 전복이 걸려든 것을 보고는 이상하게 생각한 나머지 신일 것이라 생각하고 감히 가지고 집에 돌아오지도 못했다. 그리고 마을 사람들은 함께 건물을 지어 사당을 만들고 그 전복을 '포군'이라 불렀다. 훗날 마을 사람 중에 포군을 섬기는 사람이 늘어나자 사당의 기둥을 붉게 칠하고 대들보도 무늬를 넣어 꾸몄으며 나날이 악기 연주 소리가 그치질 않았다. 병든 자 가운데 혹 [이 사당에 제사를 올리고] 우연히 병이 나은 자들은 신령이 있다고 떠벌려댔다. 그러자 길을 가다 사당 앞을 지나던 행인들 중에서 안으로 들어와 제사를 올리고 가지 않는 사람이 없었다. 이렇게 7~8년 지났을 때, 전복 주인이 이 길을 지나다가 사당 아래에 이르렀다. 그가 사람들에게 어찌된 일이냐고 묻자 사람들은 자초지종을 다 말해주었다. 전복 주인이 말했다.

"그건 내가 가지고 있던 전복이었소. 신은 무슨 신이 있단 말이오?"

그제야 사람들은 포군에게 제사지내던 것을 그만 두었다. (『포박자』)

昔汝南有人, 於田中設繩罥, 以捕麞而得者. 其主未覺, 有行人見之, 因竊麞取去. 猶念取之不俟其主, 有鮑魚, 乃以一頭置罥中而去. 本主來, 於罥中得鮑魚, 怪之以爲神, 不敢持歸. 於是村里因共而置屋立廟, 號爲'鮑君'. 後轉多奉之者, 丹楹藻梲, 鍾鼓不絶. 病或有偶愈者, 則謂有神. 行道經過, 莫不致祠焉. 積七八年, 鮑魚主後行過廟下. 問其故, 人具爲說. 乃曰: "此是我鮑魚耳. 何神之有?" 於是乃息. (出『抱朴子』)

315・6(4046)
장 조(張 助)

남둔(南頓)에 장조라는 사람이 밭에서 농사일을 하고 있었다. 그는 벼를 심다가 오얏 씨 하나를 발견하고는 집에 가지고 갈 생각으로 땅을 파고 그것을 꺼냈다. 그는 다시 축축한 흙으로 씨눈 부분을 덮어놓은 다음에 속이 비어있는 뽕나무 속에다 넣어두었는데, 집으로 돌아갈 때 그만 가지고 오는 것을 잊어먹고 말았다. 훗날 장조는 먼 곳으로 가서 일을 하게 되어 고향을 떠나게 되었다. 그의 마을 사람들은 후에 뽕나무에서 갑자기 오얏이 자라는 것을 보고는 신이 있다고 생각했다. 눈병이 나서 눈이 몹시 아프던 사람이 이 뽕나무 그늘 아래에서 쉬다가 나무에 대고 이렇게 기원했다.

"이군(李君: 뽕나무에서 자라는 오얏나무 신)께서 만일 나의 눈병을 낫게 해 주신다면 돼지 한 마리를 사례로 드리겠습니다."

그런데 우연히 눈이 낫게 되어서 그는 정말 돼지 한 마리를 잡아 이군께 제사를 올렸다. 이 일은 너무나도 사실과 다르게 와전되어서 사람들은 이 나무가 능히 눈 먼 자의 눈을 뜨게 해준다고까지 말했다. 그러자 원근의 사람들은 너 나 할 것 없이 다 이 나무 밑으로 와 기도를 올렸다. 그래서 그 나무 아래에는 늘 수레가 길을 가득 메웠고 술과 고기가 넘쳐흘렀다. 이렇게 해서 몇 년이 지났을 때 장조는 일을 마치고 고향으로 돌아왔는데, 이와 같은 광경을 보고는 이렇게 말했다.

"이것은 내가 옛날에 묻어 두었던 오얏 씨일 따름이오. 무슨 신이 있단 말이오?"

그러자 사람들은 그 오얏나무를 베어버렸다. (『풍속통』[『포박자』])

南頓人張助者, 耕於田中. 種禾, 見一李核, 意欲持歸, 乃掘取之. 以濕土封其根, 置空桑中, 遂忘取之. 助後作遠職, 不在. 其後里中人見桑中忽生李, 謂之神. 有病目痛者, 蔭息此桑下, 因祝之, 言: "李君能令我目愈者, 謝一豚." 其目偶愈,便殺豚祭之. 傳者過差, 便言此樹能令盲者得視. 遠近翕然, 互來請福. 其下常車馬塡溢, 酒肉滂沱. 如此數年, 張助罷職來還, 見之, 乃曰: "此是我昔所置李核耳. 何有神乎?" 乃斫去. (出『風俗通』, 明鈔本作'出『抱朴子』')

315 · 7(4047)
착이석인(著餌石人)

여양현(汝陽縣)의 큰길 가까이에 팽씨묘(彭氏墓)가 있었고 묘 입구 쪽에 한 석인(石人)이 서 있었다. 한 농사짓는 노파가 시장에 가 떡 몇 장을 사오다가 돌아오는 길에 날이 너무 더워 팽성묘 앞 나무 그늘에서 쉬었는데, 노파는 사가지도 오던 떡을 잠시 석인의 머리 위에 올려놓는다는 것이 그만 돌아갈 때 가지고 가는 것을 잊어버리고 말았다. 뒤에 그곳에 온 사람이 석인 머리 위에 떡이 올려져 있는 것을 보고는 사람들에게 어찌된 일이냐고 물었다. 그 중 어떤 사람이 장난삼아 이렇게 말했다.

"이 석인에게는 신이 있어서 병을 고칠 수 있소. 병 고침을 받은 사람이 이 떡으로 석인신께 답례를 한 것이오."

이 말은 사람들의 입을 돌고 돌아 나중에는 이런 말까지 나왔다.

"머리가 아픈 사람은 석인의 머리를 만지고 배가 아픈 사람은 석인의 배를 만진 다음, 자신의 [머리와 배를] 만지면 낫지 않는 사람이 없다."

이렇게 되자 천리 밖에서도 이 석인에게 치료를 받으러 오는 사람이 생겼다. 처음에는 닭이나 돼지를 차려놓았으나 나중에는 소와 양을 차렸고, 휘장을 설치해 놓고 악기를 매일같이 연주해댔다. 이렇게 하기를 몇 년이 지났다. 후에 이전에 떡을 잊고 안 가져간 그 노파는 이 말을 듣고 사람들에게 사실을 말해 주었다. 그러자 그 후론 아무도 그 석인을 찾지 않았다. (『포박자』)

又汝陽有彭氏墓, 近大道, 墓口有一石人. 田家老母到市, 買數片餌以歸, 天熱, 過蔭彭氏墓口樹下, 以所買餌, 暨著石人頭上, 及去, 忘取之. 後來者見石人頭上有餌, 求而問之. 或人調云: "此石人有神, 能治病. 病愈者以餌來謝之." 如此轉以相語, 云: "頭痛者, 摩石人頭, 腹痛者, 摩石人腹, 亦還以自摩, 無不愈者." 遂千里來就石人治病. 初具鷄豚, 後用牛羊, 爲立帷帳, 管弦不絶. 如此數年. 前忘餌母聞之, 乃爲人說. 無復往者. (出『抱朴子』)

315 · 8(4048)
낙서고묘(洛西古墓)

낙서(洛西)에 오래된 묘가 있었다. 그 묘는 군데군데 구멍이 나고 무너진 지 이미 오래되어서 안에 물이 가득 고여 있었다. 물은 대부분이 석회수(石灰水)였는데, 주로 종기를 치료하는 데 사용되었다. 여름날 그 앞을 지나던 행인 중에 종기를 앓던 사람이 있었는데, 너무 더워 괴롭던 차에 묘 안에 맑은 물이 있는 것을 보고는 그 물로 몸을 씻었다. 그랬더니 우연찮게도 종기가 치료되었다. 그러자 많은 병자들이 그 소식을 듣고는 너나할 것 없이 그곳을 찾아와 [묘 안의 석회 물로] 몸을 씻었다.

얼마 뒤에는 그 물을 마심으로써 속병을 고치는 사람까지 나왔다. 묘 근처에 살던 사람들은 묘가 있는 자리에 사당을 짓고 그 물을 팔았다. 또 물을 사러오는 사람은 사당에 제사를 지내야 했기 때문에 술과 고기가 끊이지 않았다. 그곳을 찾아오는 사람들이 더욱 많아지자 물이 거의 바닥이 났다. 그러자 물을 팔던 사람들은 밤에 몰래 다른 곳의 물을 길어다가 묘 안의 물을 채워 넣었다. 먼 곳에 있어 직접 오지 못하는 사람들은 모두 일꾼 편에 그릇과 예물을 보내 사오게 했다. 이렇게 해서 물 팔던 사람들은 모두 큰 부자가 되었다. 어떤 사람이 그 물에는 아무런 신령함도 없다고 말하자 관가에서 물 파는 행위를 금지시켰고, 그 묘도 막아버렸다. 그 후 사람들의 발길이 끊겼다. (『포박자』)

洛西有古墓. 穿壞多時, 水滿墓中. 多石灰汁, 主治瘡. 夏日行人, 有病瘡煩熱, 見此墓中水淸好, 因自洗浴. 瘡偶便愈. 於是諸病者聞之, 悉往自洗. 轉有飮之以治腹內者. 近墓居人, 便於墓所立廟舍, 而賣此水. 而往買者, 又當祭廟中, 酒肉不絶. 而來者轉多, 此水行盡. 於是賣者常夜竊運他水以益之. 其遠道人不能往者, 皆因行使, 或持器遺信買. 於是賣('於是賣'三字原闕, 據明鈔本補)水者大富. 或言其無神, 官家禁止, 遂塡塞之. 乃絶. (出『抱朴子』)

315・9(4049)
예장수(豫章樹)

당(唐)나라 홍주(洪州)에 예장수라는 나무가 있었는데, 진(秦)나라 때부터 그때까지 천년 이상이나 살았다. 원근의 사람들은 모두 그 나무를 우러르고 공경하며 여자나 돼지, 양 등을 바쳐 제사 지냈다. 호초(胡超)라는 도사(道士)가 있었는데, 그는 스스로 백학산(白鶴山)에서 은거하고 있다고 말했다. 그는 이곳저곳을 떠돌다 이곳 홍부(洪府: 洪州)에 왔는데, 돼지·양·여자 등이 앞을 가로막고 줄지어 서서 그에게 이 나무의 신 때문에 억울하게 죽임을 당했다고 호소를 하는 것이었다. 이에 호초가 땔나무를 쌓아놓고 그 나무를 불태우려 하자 사람들은 깜짝 놀라 두려워했다. 그 나무 위에는 황새 둥지 수십 개가 있었는데, 불사르려고 하기 삼일 전부터 황새는 하늘로 날아 올라가더니 공중을 배회하며 내려오지 않았다. 또 사방에는 인가가 즐비했고 또 모두가 대나무 투성이어서 한번 불이 붙으면 번져나가지나 않을까 걱정이 되었는데, [불을 지른] 그날 큰 바람이 불어와 화염을 위로 곧장 치솟아 오르게 해서 주변에는 아무런 피해도 없었다. 그래서 호초는 이 일을 상주하여 그 자리에 도관(道觀)을 설치했다.

唐洪州有豫章樹, 從秦至今, 千年以上. 遠近崇敬, 或索女婦, 或索猪羊. 有胡超師, 云隱於白鶴山中. 時遊洪府, 見猪·羊·婦女遮列, 訴稱此神枉見殺害. 超乃積薪將焚之, 猶驚懼. 其樹上有鸛雀窠數十, 欲燒前三日, 鸛翔空中, 徘徊不下. 及四邊居宅櫛比, 皆是竹木, 恐火延燒, 于時大風起, 吹焰直上, 旁無損害. 遂奏其地置觀焉.

315 · 10(4050)
적인걸격(狄仁傑檄)

　당(唐)나라 수공(垂拱) 4년(688)에 안무대사(安撫大使) 적인걸이 서초패왕(西楚霸王) 항우(項羽)와 그의 장교(將校)들에게 격문을 보내 고했는데, 그 대략의 내용은 다음과 같았다.
　위대한 명성은 거짓으로 얻을 수 없고 제위는 힘으로 빼앗을 수 없다. 하늘의 뜻에 순응하는 자는 겸양을 즐긴다는 찬사를 받고, 시류에 어긋나게 행동하는 자는 선견지명이 있는 군주가 될 수 없다. 조룡(祖龍: 秦始皇)은 천자로 군림하면서 제후들을 함부로 죽였으며, 조고(趙高)로 하여금 권력을 잡게 하고 몽념(蒙恬)을 꺾어버려 결국엔 죽게 만들었다. 사구(沙丘: 地名. 秦始皇이 죽은 곳임)가 앞에서 화를 불렀고 망이(望夷: 宮名. 趙高가 이곳에서 秦二世를 시해했음)가 뒤에서 나라를 멸망시켰다. 칠묘(七廟: 周代 天子의 宗廟. 『禮記』에 의하면 天子는 七廟를 모셨는데, 三昭·三穆·太祖의 廟가 그것임)는 무너지고 천하의 백성들은 모두 죽임을 당했다. 새는 먼지 나는 곳을 날면서도 깨끗한 세상을 생각하지만, 물고기가 끓는 물 속에서 어찌 편안할 수 있단 말인가! 빛나도다, 한(漢)이여! 하늘로부터 명을 받았도다. 적제(赤帝: 炎帝)의 부서(符瑞: 상서로운 징조)에 합당하고 사령(四靈: 전설상의 황제인 蒼帝 靈威仰·黃帝 含樞紐·白帝 百招拒·黑帝 協光紀를 말함)의 천운과도 부합하도다. 굽어보아 지유(地維: 대지를 버티어 받친다고 하는 상상의 밧줄)를 펼쳐놓으니 봉기(鳳紀: 帝王과 관련된 기록. 즉 帝紀)의 상서로움이 빛나고, 우러러 천강(天綱: 현세의 기강. 왕법)을 세우니 왕업의 홍성함이 울창하도다. 그런데 너는 몰래 택국(澤國: 물가의 마을)을 떠다니다가 물가에서 [오합지졸들을] 불러 모아 세발솥을 들어올리는 기개를 자랑하고, 산도 뽑아낼 수 있는 힘을 뽐냈다. 너는 저 상서로운 징조가 어디로 모이는지도 헤아리지 못했고, 천운이 어디로 가고 있는지도 알지 못했다. 그래서 결국 관중(關中: 陝西省 渭河 유역 일대)에서 떨치고 날아오른 날개는 해하(垓下: 漢나라 高祖가 項羽를 쳐서 멸망시킨 곳)에서 꺾이고 말았다. 이 모든 게 사람의 잘못으로 인한 결과이지 어찌 하늘이 너를 망하게 한 것이겠느냐! 네가 비록 한때는 [劉邦의] 백만 대군을 쫓았으나 결국은 너의 8천 병사도 죽게 만들었다. 이 일을 거울삼아 본다면 어찌 애석하지 않겠느냐! 그러니 너는 마땅히 너의 혼백을 동쪽 산봉우리에 감추고 너의 혼령을 북극으로 거두어 들여야 한다. 너는 무슨 자격으로 헛되이 제사 밥을 얻어먹으며 그 많은 제물들을 희생시키느냐? 나 적인걸은 천자의 명을 받아 이 한 귀퉁이를 지키고 있는데, 따를 것은 따르고 바꿀 것은 바꿈에 있어 모두 의거하는 바가 있다. 내가 이제 사람을 보내어 너의 사당을 불질러버리고 [사당 안의] 대실(臺室)을 모두 허물어버리려 한다. 또 화려한 휘장도 다 없앨 것이니 깃털 장식의 장막도 역시 이것들과 함께 연기로 변할 것이다. 그러니 너는 속히 이곳을 떠나 사람들에게 걱정을 끼치지 말라. 이 격문이 도착하면 법령이 떨어진 것과 마찬가지니라. (『오홍장고집』)

唐垂拱四年, 安撫大使狄仁傑, 檄告西楚霸王項君將校等, 其略曰: "鴻名不可以謬假, 神器不可以力爭. 應天者膺樂推之名, 背時者非見幾之主. 自祖龍御宇, 橫噬諸侯, 任趙高以當軸, 棄蒙恬而齒劍. 沙丘作禍於前, 望夷覆滅於後. 七廟隳圯, 萬姓屠原. 鳥思靜於飛塵, 魚豈安於沸水! 赫矣, 皇漢! 受命玄穹. 膺赤帝之貞符, 當四靈之欽運. 俯張地紐, 彰鳳紀之祥, 仰緝天綱, 鬱龍興之兆. 而君潛遊澤國, 嘯聚水鄉, 矜扛鼎之雄, 逞拔山之力. 莫測大符之所會, 不知曆數之有歸. 遂奮關中之翼, 竟垂垓下之翅. 蓋實由於人事, 焉有屬於天亡! 雖驅百萬之兵, 終棄八千之子. 以爲殷監, 豈不惜哉! 固當匿魄東峰, 收魂北極. 豈合虛承廟食, 廣費牲牢? 仁傑受命方隅, 循革攸寄. 今遣焚燎祠宇, 削平臺室. 使蕙帷銷盡, 羽帳隨煙. 君宜速遷, 勿爲人患. 檄到如律令." (出『吳興掌故集』)

315 · 11(4051)
비포산묘(飛布山廟)

(본문은 원래 빠져있다. 모두 6줄이고 한 줄은 22자씩이다)
(正文原闕. 共六行, 行二十二字)

315 · 12(4052)
화비파(畫琵琶)

(본문 시작 부분에 앞 두 줄이 빠져있다. 한 줄은 22자씩이다.)
　서생(書生)은 배를 정박시켜놓고 산 위에 올라가 한가로이 거닐었다. 숲으로 들어가 몇 십 걸음 걸어 올라갔더니 위에 언덕이 하나 나왔고 거기에 승방(僧房)이 있는 집이 보였는데, 대문이 열려 있었다. 방 안에는 침상과 평상이 있었고 문 밖에는 작은 행랑채가 몇 칸 있었다. [마침 서생] 옆에는 붓과 벼루가 놓여져 있었는데, 서생은 본디 그림을 잘 그렸던지라 붓을 들고 방문 옆의 흰 벽 위에 비파 하나를 그려 넣었다. 그 비파의 크기는 실물과 똑 같았다. 그림을 다 그린 다음에 바람이 잔잔해지자 서생은 다시 배를 타고 떠났다. 스님은 돌아와서 그림이 그려져 있는 것을 보았는데, 누가 그린 것인지 알 수 없어 마을 사람들에게 이렇게 말했다.

"아마도 오대산(五臺山)의 신성한 비파인가 보오."

이 말은 물론 농담으로 한 것이었다. 그러나 마을 사람들 사이에 이 말이 퍼져나가 사람들은 예물을 준비해 와서 [비파 그림 앞에] 제사를 올리며 복을 빌었는데, 매우 효험이 있었다.

서생은 그리고 나서 양주(楊州)에 도착했다. 서생은 오(吳) 땅으로 들어간 지 몇 년이 지났을 때, 강서로(江西路) 승방에 신성한 비파가 있는데 그 영험을 드러낸 게 한 두 번이 아니라는 소리를 듣게 되었다. 서생은 속으로 이상하다고 생각했다. 후에 다시 강서로 돌아오는 길에 그는 뱃사람에게 명해 배를 그곳에 정박해놓게 하고는 위로 올라가 승방을 방문했다. 그러나 스님은 또 없었다. [자기가] 그렸던 비파는 여전히 남아 있었는데, 그 앞에 깃발이 꽂혀 있고 향로가 타고 있었다. 서생은 물을 가져다 그 그림을 깨끗이 지웠다. 그때까지도 스님이 돌아오지 않자 서생은 배 위에서 하룻밤을 보내고 이튿날 다시 올라가 보았다. 스님이 밤중에 돌아와 비파가 없어진 사실을 발견하고 마을 사람들에게 알리자 마을 사람들은 모두 모여들어 슬퍼하며 탄식했다. 서생이 이유를 묻자 사람들은 전에 [이 비파 그림을 통해 겪었던] 영험한 체험들을 모두 말해주었다. 또 지금 분명 누군가가 이 비파를 배신했기 때문에 비파가 모습을 감춘 것이라고 말했다. 서생은 크게 웃으며 자기가 이 그림을 그리게 된 경위와 지우게 된 이유 등을 모두 말해주었다. 스님과 마을 사람들 역시 그의 말을 믿었고 그때부터 비파가 영험하고 신성하다는 소문도 없어지게 되었다. (『원화기』)

(原闕二行. 行二十二字)

泊船, 書生因上山閒步. 入林數十步, 上有一坡, 見僧房院開. 中有牀, 牀塌, 門外小廊數間. 傍有筆硯, 書生攻畫, 遂把筆, 於房門素壁上, 畫一琵琶. 大小與眞不異. 畫畢, 風靜船發. 僧歸, 見畫處, 不知何人, 乃告村人曰: "恐是五臺山聖琵琶." 當亦戱言. 而遂爲村人傳說, 禮施求福, 甚效.

書生便到楊家(明鈔本'家'作'州'). 入吳經年, 乃聞人說江西路僧室, 有聖琵琶, 靈應非一. 書生心疑之. 因還江西時, 令船人泊船此處, 上訪之. 僧亦不在. 所畫琵琶依舊, 前幡花香爐. 書生取水洗之盡. 僧亦未歸, 書生夜宿于船中, 至明日又上. 僧夜已歸, 覺失琵琶, 以告, 鄰人大集, 相與悲歎. 書生故問, 具言前驗. 今應有人背着, 琵琶所以潛隱. 書生大笑, 爲說畫之因由, 及拭却之由. 僧及村人信之, 靈聖亦絶耳. (出『原化記』)

315 · 13(4053)
벽산신(壁山神)

합주(合州)에 벽산신이 있었다. 사람들은 그 신에게 제사를 올릴 때면 반드시 태뢰(太牢: 소·양·돼지)로써 해야 했는데, 그렇지 않으면 반드시 재앙이 닥쳤다. 마을 사람들 모두가 두려움에 떨며 매년 제물을 잡아 바치니, 그간 바친 제물의 수는 헤아릴 수조차 없을 지경이었다. 촉(蜀) 지방에서 온 선효(善曉)라는 스님은 일찍이 주현(州縣)의 관리를 지낸 적이 있었으나, 관직을 옮겨가거나 관리에 선발 되는 과정에서 많은 고통을 겪고는 머리를 깎고 중이 되었다. 그는 엄격히 불가의 계율(戒律)을 닦았으며 곳곳을 떠돌아다니면서 이름난 절을 찾아가 참배했다. 선효 스님은 이 사당을 와서 보고는 이렇게 말했다.

"천지에 제사를 지낼 때는 제물을 바침에 있어 법도가 있어야 하는 법이다. 그런데 이 귀신은 어찌 천지의 법도를 능멸할 수 있단 말이냐? 소란 농사를 짓는 데 있어 꼭 필요한 것인데 네가 그것을 제물로 삼아 제사를 더럽혔으니, 이는 너무 지나친 것이 아니더냐?"

이렇게 말하고는 도끼를 가져오게 해 토우신상(土偶神像) 몇 개를 쳐부숴버렸다. 토우신 한 개만이 남았을 때, 선효 스님 역시 힘에 부쳤기 때문에 잠시 쉬었다가 기력을 회복한 후 다시 치려고 했다. 그때 묘축(廟祝: 사당에서 香火를 관리하는 사람)이 스님께 부탁하며 말했다.

"이 신은 줄곧 소식(蔬食)만 했습니다."

이렇게 해서 그 토우신만은 온전할 수 있었다. 합주 사람들은 그 소식을 듣고 모두 놀라하며 본도(本道: 黔南道)에 보고를 올렸다. 그러나 선효 스님은 아무 탈도 없었다. 이는 선효 스님이 정도(正道)로써 신을 질책했기 때문에 신 역시 감히 스님에게 재앙을 내릴 수 없었던 것이다. (『북몽쇄언』)

合州有壁山神. 鄉人祭, 必以太牢, 不爾致禍. 州里懼之, 每歲烹宰, 不知紀極. 蜀僧善曉, 早爲州縣官, 苦於調選, 乃剃削爲沙門. 堅持戒律, 雲水參禮. 行經此廟, 乃曰: "天地郊社, 薦享有儀. 斯鬼何得僭於天地? 牛者稼穡之資, 爾淫其祀, 無乃過乎?" 乃命斧擊碎土偶數軀. 殘一偶, 而僧亦力困, 稍蘇其氣, 方次擊之. 廟祝祈僧曰: "此一神從來蔬食." 由是存之. 軍州驚愕, 申聞本道. 而僧端然無恙. 斯以正理責之, 神亦不敢加禍也. (出『北夢瑣言』)

태평광기 권제 316

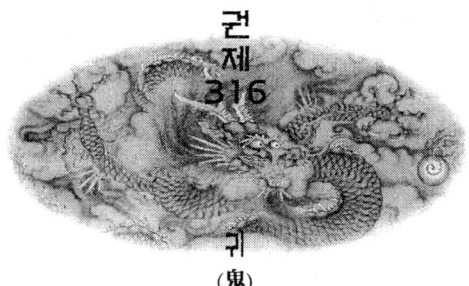

귀(鬼)

1

1. 한 중(韓　　重)
2. 공손달(公 孫 達)
3. 선우기(鮮 于 冀)
4. 노 충(盧　　充)
5. 담 생(談　　生)
6. 진 번(陳　　蕃)
7. 유 조(劉　　照)
8. 장한직(張 漢 直)
9. 범 단(范　　丹)
10. 비 계(費　　季)
11. 주 식(周　　式)
12. 진아등(陳 阿 登)

316 · 1(4054)
한중(韓重)

오왕(吳王) 부차(夫差)에게 옥(玉)이라는 딸이 있었는데 나이가 18세였다. 소년 한중(韓重)은 나이가 19세였는데, 옥은 한중이 좋아 몰래 편지를 주고받으면서 안부를 물었고 한중의 아내가 되겠노라 약속했다. 한중은 노(魯)나라와 제(齊)나라 사이에서 공부를 하고 있었기 때문에 부모에게 오왕을 찾아가서 구혼해달라고 부탁했다. [한중의 부모는 오왕에게 구혼했으나] 오왕은 화를 내며 딸을 주지 않았다. 이에 옥이 화병이 나 죽자 오왕은 딸의 시신을 창문(閶門: 대궐 문) 밖에 묻었다. 3년 후에 한중이 돌아와 부모에게 여쭙자 그의 부모가 말했다.

"오왕께서 크게 화를 내자 옥이 화병이 나 죽었는데, 이미 장례를 치렀다."

한중은 슬피 통곡하며 제사음식과 지전을 갖추어 옥의 무덤에 가서 조문했다. 그때 옥이 무덤 옆에서 모습을 드러내며 한중에게 말했다.

"예전에 당신께서 떠나신 뒤에 양친을 시켜 우리 아버님께 청혼하시기에 반드시 우리의 큰 소원을 이룰 것이라고 생각했는데, 뜻하지 않게 헤어진 후 이런 좋지 않은 운명을 만났으니 어떻게 하면 좋겠는지요?"

옥은 왼쪽으로 돌아보며 목을 길게 뽑아 노래했다.

남산에 까마귀 있건만,
북산에 그물 치네.
마음으로 그대를 따르고자 했으나,
참소하는 말이 너무 많았네.
슬픔이 맺혀 병이 나고,
목숨이 끊어져 황토에 묻혔네.
운명이 뜻대로 되지 않으니,
원망한들 어이 하리오?
새들의 우두머리는,
이름이 봉황이라.
하루아침에 수컷을 잃고,
3년 동안 마음 아파했네.
비록 많은 새 있지만,
봉황의 짝이 되지는 못하네.
하잘 것 없는 몸을 드러내어,
빛나는 그대를 만났도다.
몸은 멀리 있으나 마음은 가까이 있으니,
어찌 잠시라도 잊으리오?

옥은 노래를 끝마치고 흐느껴 울면서 스스로 슬픈 감정을 추스르지 못했다. 옥이 한중에게 함께 무덤으로 돌아가자고 하자 한중이 말했다.

"삶과 죽음은 길이 달라서 허물이 생길까 두려워 감히 당신의 말을 들어주지 못하겠소."

옥이 말했다.

"삶과 죽음의 길이 다르다는 것은 저도 알고 있습니다. 그러나 한 번 이별하면 영원히 훗날을 기약할 수 없습니다. 그대는 내가 귀신이라서 그대에게 화를 끼칠까 두려워하는 것입니까? 진실로 그대를 받들고자 하는데 어찌 믿지 못하십니까?"

한중은 그 말에 감동하여 옥을 따라 무덤으로 돌아갔다. 옥은 한중에게 주연(酒宴)을 베풀어 사흘 밤낮동안 부부의 예를 다했다. 한중이 무덤을 나올 때 옥은 직경 1촌 되는 야광주를 한중에게 주면서 말했다.

"아버님은 이미 그 이름을 훼손시켰고 또 우리의 소원을 끊었으니 다시 무슨 말을 하겠습니까? 원컨대 낭군께서는 부디 몸조심하십시오. 만약 저의 집에 가시거든 대왕(大王: 吳王)께 경의를 표해주십시오."

한중은 무덤 밖으로 나와서 드디어 왕을 찾아가 그 일을 아뢰었으나 왕은 크게 역정을 내며 말했다.

"내 딸은 이미 죽었는데, 네가 거짓말을 지어내어 죽은 영혼을 더럽히는구나. 이는 무덤을 파서 물건을 훔쳐내고 귀신에게 핑계를 둘러대는 것에 지나지 않는다."

오왕은 달려가서 한중을 잡으려 했으나 한중은 달아나 옥의 무덤에 이르러 옥에게 호소했다. 옥이 말했다.

"걱정하지 마십시오. 제가 지금 돌아가서 아버님께 말씀드리겠습니다."

옥이 곱게 단장하고 갑자기 나타나자 왕은 깜짝 놀라 희비가 교차하는 듯 옥에게 물었다.

"너는 어찌 살아났느냐?"

옥이 무릎을 꿇고 말했다.

"옛날 제생(諸生: 學生) 한중이 저를 달라고 했을 때 아버지께서는 허락하지 않으셨습니다. 이제 그 이름이 훼손되고 의로움도 끊겨 스스로 죽음에 이르게 되었습니다. 한중은 먼 곳에서 돌아와 제가 이미 죽었다는 말을 듣고 제사음식과 지전을 가지고 저의 무덤에 찾아와 조문하고 위로했습니다. 그의 돈독하고 변함없는 행동에 감동하여 다시 만나보고 구슬을 그에게 준 것입니다. 한중이 저의 무덤을 파헤친 것이 아니니 그에게 벌주지 마시옵소서."

왕비가 그 말을 듣고 나와서 옥을 안았으나 옥은 마치 연기처럼 사라졌다. (『녹이전』)

吳王夫差, 小女曰玉, 年十八. 童子韓重, 年十九. 玉悅之, 私交信問, 許爲之妻. 重學於齊魯之間, 屬其父母使求婚. 王怒不與. 玉結氣死, 葬閶門外. 三年重歸('歸'原作'詰', 據明鈔本改), 問其父母, 父母曰: "王大怒, 玉結氣死, 已葬矣." 重哭泣哀慟, 具牲幣往弔. 玉從墓側表形見, 謂重曰: "昔爾行之後, 令二親從王相求, 謂必克從大願, 不圖別後, 遭命奈何?" 玉左顧宛頸而歌曰: "南山有鳥, 北山張羅. 志欲從君, 讒言孔多. 悲結生疾, 沒命黃壚. 命之不造, 冤如之何? 羽族之長, 名爲鳳凰. 一日失雄, 三年感傷. 雖有衆鳥, 不爲匹雙. 故見鄙姿, 逢君輝光. 身遠心近, 何嘗暫忘."

歌畢, 獻欷涕流, 不能自勝. 要重還冢, 重曰: "死生異道, 懼有尤愆, 不敢承命." 玉曰: "死生異路, 吾亦知之. 然一別永無後期. 子將畏我爲鬼而禍子乎? 欲誠所奉, 寧不相信?" 重感其言, 送之還冢. 玉與之飮讌, 三日三夜, 盡夫婦之禮. 臨出, 取徑寸明珠以送重曰: "旣毁其名, 又絶其願, 復何言哉? 願郞('願郞'原作'時節', 據明鈔本改)自愛. 若至吾家, 致敬大王."

重旣出, 遂詣王自說其事, 王大怒曰: "吾女旣死, 而重造訛言, 以玷穢亡靈. 此不過發冢取物, 託以鬼神." 趣收重, 重脫走, 至玉墓所訴玉. 玉曰: "無憂. 今歸白王." 玉粧梳忽見, 王驚愕悲喜, 問曰: "爾何緣生?" 玉跪('跪'原作'詭', 據明鈔本改)而言曰: "昔諸生韓重來求玉, 大王不許. 今名毁義絶, 自致身亡. 重從遠還, 聞玉已死, 故齎牲幣, 詣冢弔唁. 感其篤終, 輒與相見, 因以珠遺之. 不爲發冢, 願勿推治." 夫人聞之, 出而抱之, 正如煙然. (出『錄異傳』)

316 · 2(4055)
공손달(公孫達)

임성(任城)의 공손달은 감로연간(甘露年間: 256~260)에 진군(陳郡)에서 벼슬하다가 죽었는데, 장차 염(殮)하려고 할 때 그의 아들과 군(郡)의 관리 수십 명이 와서 조문했다. 그때 공손달의 5살 난 아들이 갑자기 혼령이 씌어 말을 하더니 아버지와 같은 목소리로 사람들에게 곡을 멈추라고 소리쳤다. 그리고는 여러 아들을 불러놓고 차례대로 훈계했다. 아들들이 슬픔을 이기지 못하자 공손달은 아들들을 위로하고 권면하면서 말했다.

"사계절의 운행에는 시작과 끝이 있는 법, 사람의 수명이 길고 짧던 간에 누가 이렇게 되지 않겠느냐?"

공손달은 천여 마디의 말을 했는데, 모두 문장에 들어맞았다. 아들이 또 여쭈었다.

"사람은 죽으면 모두 지각이 없어진다고 하는데 오직 선친께서는 총명함이 남다르시니 이는 신령이 깃들어있는 것입니까?"

공손달이 대답했다.

"귀신의 일은 너희가 알 바 아니다."

그리고는 종이와 붓을 찾아 종이 가득 글을 썼다. 혼령에 씌인 아들이 종이를 땅에 던지자 마침내 씌었던 혼령이 떨어져나갔다. (『열이전』)

任城公孫達, 甘露中, 陳郡卒官, 將歛, 兒及郡吏數十人臨喪. 達五歲兒, 忽作靈語, 音聲如父, 呵衆人哭止. 因呼諸子, 以次敎誡. 兒等悲哀不能自勝, 及慰勉之曰: "四時之運, 猶有始終, 人脩短殊, 誰不致此?" 語千餘言, 皆合文章. 兒又問曰: "人亡皆無所知, 惟大人聰明殊特, 有神靈耶?" 答曰: "鬼神之事, 非爾所知也." 因索紙筆作書, 辭義滿紙. 投地遂絶. (出『列異傳』)

316 · 3(4056)
선우기(鮮于冀)

후한 건무(建武) 2년(26), 서하의 선우기는 청하태수(淸河太守)가 되어 공관(公館)을 짓다가 미처 다 끝내지 못한 채 죽었다. 후임 태수 조고(趙高)가 지금까지의 비용을 계산해보니 2백만 전이었으나, 오관(五官: 郡 太守의 속관 五官掾) 황병(黃秉)과 공조(功曹: 군 태수의 속관 功曹史. 즉 사건을 기록하는 官吏인 錄事) 유적(劉適)은 4백만 전을 지출했다고 했다. 선우기는 곧 귀신으로 나타나서 대낮에 무리를 인도하여 관부로 들어갔다. 선우기가 조고 및 황병 등과 함께 계산을 대조해 보았더니, 이는 유적과 황병 등이 은닉한 것이 확실했다. 선우기는 곧 표문(表文)을 지어 자신의 입장을 밝혔는데, 그 표문의 내용은 대략 다음과 같았다.

"조고는 귀한 자리에 있으면서 오히려 사소한 예절을 숭상하는 사람입니다. 그는 본래 시골에서 농사짓던 사람이었는데, 같은 무리들에 오만을 떨다가 부하관리의 밀모(密謀)를 제때에 잘 살피지 못했습니다. 그들의 본성은 비첩(婢妾)과 같아서 세상에 아첨하여 높은 관직을 구하고 악랄하게 도둑질하여 조정관리를 욕보였습니다. 『주역』에서 '부승(負

乘: 군자의 자리에 있으면서 소인의 일을 하는 사람. 즉 신분에 어울리지 않게 행동하는 사람을 말함.『周易』「繫辭·上」에 나옴)'을 비판했는데, 이는 진실로 조고를 두고 한 말입니다. 신은 귀신으로서 말을 다할 수 없으니 삼가 천 리의 역참을 통해 아룁니다."

그리고는 조고에게 표문을 주며 위에 바치게 했다.

선우기가 곧장 서북쪽으로 30리쯤 갔을 때 수레와 말이 모두 사라져 더 이상 보이지 않았다. 황병 등은 모두 땅에 엎드려 있다가 죽었다. 조고가 그 사실을 기록하여 조정에 아뢰자 황제는 다음과 같은 조서를 내렸다.

"서하에 있는 선우기의 전답과 저택을 처자식에게 돌려주고, 아울러 사람을 파견하여 관리토록 함으로써 저승에서의 소송을 멈추게 하라."

(『수경』)

後漢建武二年, 西河鮮于冀爲淸河太守, 作公廨, 未就而亡. 後守趙高, 計功用二百萬, 五官黃秉·功曹劉適言四百萬錢. 冀乃鬼見, 白日導從入府. 與高及秉等, 對共計校, 定爲適秉所割匿. 冀乃書表自理, 其畧言: "高貴尙小節. 畎畝之人, 而踞遺類, 硏密失機. 婢妾其性, 媚世求顯, 偸竊狠鄙, 有辱天官.『易』譏'負乘', 誠高之謂. 臣不勝鬼言, 謹因千里驛聞." 付高上之.

便西北去三十里, 車馬皆滅, 不復見. 秉等皆伏地物故. 高以狀聞, 詔下: "還冀西河田宅妻子焉, 兼爲差代, 以弭幽中之訟." (出『水經』)

316 · 4(4057)
노 충(盧 充)

노충은 범양(范陽) 사람이었다. 그의 집에서 서쪽으로 30리 떨어진 곳에 최소부의 무덤이 있었다. 20살이 된 노충은 동짓날 하루 전에[『搜神記』 원문에는 '先冬至一日'로 되어 있어 이에 의거하여 번역함] 집을 나서 서쪽으로 사냥하러 갔는데, 노루를 쏘아 맞추었으나 노루는 쓰러졌다가 다시 일어났다. 노충은 그 노루를 쫓다가 자기도 모르게 갑자기 북쪽으로 1리쯤까지 갔다. 거기에는 사방이 마치 관저처럼 보이는 높은 기와집이 있었다. 노루는 더 이상 보이지 않았고, 문안에서 문지기 한 명이 소리쳤다.

"손님, 어서 오십시오."

그러면서 어떤 사람이 두건과 새 옷 한 벌을 던져주며 말했다.

"부군(府君)께서 이것을 그대에게 주라고 하셨습니다."

노충이 새 옷을 다 갈아입고 들어가서 소부(小府: 九卿의 하나. 궁중에서 사용하는 의복과 財貨를 관장함)를 알현하자, 소부가 노충에게 말했다.

"당신 부친께서 우리 집을 비루하게 여기지 않으시고, 근자에 편지를 보내 당신에게 내 막내딸을 신붓감으로 주라고 하시기에 이렇게 맞이해 온 것이오."

최소부는 곧 편지를 노충에게 보여주었다. 부친이 돌아가셨을 때 노충은 비록 어렸으나 이미 부친의 필적을 보아서 알고 있었으므로 곧장 흐느껴 울며 더 이상 물리치지 못했다. 최소부는 곧 집안사람들에게 명했다.

"노서방이 이미 왔으니 딸을 단장시키는 것이 좋겠다. 단장이 끝나면 동쪽 곁채로 데리고 오너라."

황혼 무렵에 집안에서 이런 소리가 들려왔다.

"아가씨의 단장이 끝났습니다."

최소부가 노충에게 말했다.

"당신은 동쪽 곁채로 가보시오."

노충이 곁채로 가보니 최소부의 딸이 이미 가마에서 내려와 있었다. 이들은 자리맡에 서서 맞절을 했고, 이러한 주연(酒宴)은 3일간 계속되었다. 3일간의 주연이 끝나자 최소부가 노충에게 말했다.

"당신은 돌아가도 좋소. 내 딸이 아들을 낳으면 돌려보낼 테니 의심하지 마시오. 그리고 딸을 낳으면 여기에 두고 기르겠소."

최소부는 집안사람에게 명하여 수레를 준비하여 손님을 배웅하라고 했다. 노충이 곧 작별하고 나가자 최소부는 대문까지 나와 배웅하면서 노충의 손을 잡고 울었다.

노충이 문을 나서자 푸른 소가 끌고 있는 소 수레가 보였고, 또 자신이 본래 입었던 옷과 활이 문밖에 그대로 있었다. 잠시 후 [최소부의 딸은] 전교(傳敎) 한 사람을 보내어 노충에게 두건과 옷을 주게 하고 위로하며 말했다.

"이제 막 혼인을 했는데 이별하자니 너무나도 슬프군요. 그래서 지금 당신에게 옷 한 벌과 이불 한 채를 정표로 드리겠습니다."

노충이 수레에 오르자 수레는 번개처럼 달려가 순식간에 집에 도착했다. 모친이 노충을 보고 그 이유를 묻자 노충은 사실대로 대답했다.

[최소부의 딸과] 헤어진 후 4년이 지난 3월에 노충은 물에 가서 놀고 있었는데, 문득 옆에 소 수레가 물에 떴다 가라앉았다 하는 것이 보였다. 그 수레가 강 언덕으로 올라왔을 때는 같이 앉아 있던 사람들이 모두 보았다. 노충이 가서 그 수레 뒷문을 열어보니 최소부의 딸과 3살 된 아들이 함께 타고 있었다. 최소부의 딸은 어린 아들을 안아 노충에게 돌려주면서 또 황금주발과 함께 다음과 같은 시를 주었다.

> 밝게 반짝이는 영지 같은 모습
> 아름다운 광채 어찌 그리 눈부신가?
> 꽃다운 자태는 당시 으뜸이었고,
> 기이한 자질은 신비함이 드러났다네.
> 맺은 꽃봉오리 피어보지도 못한 채
> 한여름에 서리 맞아 시들었네.
> 빛나는 영화 영원히 어둠 속으로 스러져
> 인생길 다시는 펼칠 길 없네.
> 음양의 이치 깨닫지 못했다네,
> 철인(哲人)이 홀연 강림할 때까지는.
> 이제 한 번 헤어지면
> 언제 다시 만나리오?

노충이 아이와 황금주발과 시를 받고 나자 갑자기 최소부의 딸이 사라졌다. 노충은 그 후에 수레를 타고 시장으로 들어가 황금주발을 팔면서 그 황금주발을 알아보는 사람이 나타나기를 바랐다. 어떤 하녀가 그것을 알아보고 돌아와 주인마님에게 아뢰었다.

"시장에 어떤 사람이 수레를 타고 최씨 아가씨의 관속에 있던 황금주발을 팔고 있었습니다."

주인마님은 바로 최씨 아가씨의 친이모였다. 이모는 자기의 아들을 보내어 그것을 살펴보게 했는데, 하녀가 말한 것과 같았다. 이에 [이모의 아들이] 수레에 올라가 자신의 성명을 말하고는 노충에게 말했다.

"옛날 우리 이모가 최소부에게 시집가서 딸을 낳았는데, 그 딸이 출가하지 못한 채 죽었습니다. 그래서 저의 어머니께서 그것을 애통하게 여겨 황금주발 하나를 관속에 넣어주었습니다. 황금주발을 얻게 된 경위를 말씀해주십시오."

노충이 사실대로 대답하자 이모의 아들도 슬프게 목 놓아 울더니 황금주발을 가지고 집으로 돌아가 어머니께 이 사실을 알렸다. 최씨의 이모는 곧 노충의 집을 찾아가 아이를 데리고 돌아오라고 명했다. 모든 친척들이 다 모였는데, 노충의 아들은 최소부의 딸도 닮았고 노충을 닮기도 했다. 최씨 아가씨의 아들과 황금주발이 다 징험되자 최씨 이모가 말했다.

"나의 외조카는 자가 온휴(溫休)인데, 온휴란 바로 혼령과 결혼한다['溫休'의 反切은 '幽'가 되고, '休溫'의 반절은 '婚'이 되기 때문에 '幽婚'이라 함]는 말이오."

노충의 아들은 마침내 훌륭한 인물이 되었고, 군수를 지냈다. 그의 자손들은 지금까지 대대로 벼슬하고 있다. 그의 후손 노식(盧植)은 자가 자간(子幹: 원문에는 '幹'으로 되어 있으나 『搜神記』에 의거하여 '子幹'으로 고침)으로, 천하에 이름을 떨쳤다. (『수신기』)

盧充, 范陽人. 家西三十里, 有崔少府墓. 充年二十, 充冬至一日, 出宅西獵, 射麞中之, 麞倒而起. 充逐之, 不覺忽見道北一里許. 高門瓦屋, 四周有如府舍. 不復見麞, 門中一鈴下, 唱: "客前." 有一人投一襆新衣, 曰: "府君以遺郎." 充着訖進見, 少府語充曰: "尊府君不以僕門鄙陋, 近得書, 爲君索小女爲婚, 故相迎耳." 使以書示充. 父亡時, 充雖小, 然已識父手跡, 卽歔欷無復辭免. 便勑內: "盧郞已來, 便可使女粧嚴. 卽就東廊."

至黃昏, 內白: "女郞粧嚴畢." 崔語充: "君可至東廊." 旣至, 女已下車. 立席頭, 却共拜, 時爲三日. 給食三日畢, 崔謂充曰: "君可歸. 女生男, 當以相還, 無相疑. 生女當留養." 勑內嚴車送客. 充便辭出, 崔送至中門, 執手涕零.

出門見一犢車, 駕靑衣(明鈔本'衣'作'牛'), 又見本所着衣及弓箭, 故在門外. 尋遣傳敎將一人, 捉襆衣與充, 相問曰: "姻緣('緣'原作'授', 據『搜神記』改)始爾('爾'下原有'援始'二字, 今據『搜神記』‧明鈔本『廣記』刪), 別甚悵恨. 今故致衣一襲, 被褥自副." 充上車, 去如電逝, 須臾至家. 母見, 問其故, 充悉以狀對.

別後四年三月, 充臨水戲, 忽見傍有犢車, 乍沉乍浮. 旣而上岸, 同坐皆見. 而充往開其車後戶, 見崔氏女與三歲男共載. 女抱兒以還充, 又與金椀, 並贈詩曰: "煌煌靈芝質, 光麗何猗猗. 華艷當時顯, 嘉異表神奇. 含英未及秀, 中夏罹霜萎. 榮耀長幽滅, 世路永無施. 不悟陰陽運, 哲人忽來儀. 今時一別後, 何得重會時?" 充取兒椀及詩, 忽然不見. 充後乘車入市賣椀, 冀有識者. 有一婢識此, 還白大家曰: "市中見一人乘車, 賣崔氏女郞棺中椀." 大家卽崔氏親姨母也. 遣兒視之, 果如婢言. 乃上車叙姓名, 語充曰: "昔我姨嫁少府, 女未出而亡. 家親痛之, 贈一金椀著棺中. 可說得椀本末." 充以事對, 此兒亦爲悲咽, 齎還白母. 母卽令詣充家迎兒還. 諸親悉集, 兒有崔氏之狀, 又復似充貌. 兒椀俱驗, 姨母曰: "我外甥也, 卽字溫休, 溫休者, 是幽婚也." 遂成令器, 歷郡守. 子孫冠蓋相承至今. 其後植字幹, 有名天下. (出『搜神記』)

316 · 5(4058)
담 생(談 生)

　담생은 40살이 되도록 아내가 없었는데, 외로움을 느낄 때마다 늘 『시경(詩經)』을 읽었다. 그런데 갑자기 한밤에 나이 15~6세쯤 되고 자태와 꾸밈이 천하에 둘도 없는 여자가 담생을 찾아와 부부가 되었다. 여자가 말했다.

　"나는 사람과 다르니 불로 나를 비춰보지 마세요. 3년 후에는 비춰보아도 됩니다."

　이들은 부부가 되어 한 아들을 낳았는데, 이미 2살이 되었다. 담생은 참을 수 없어서 밤에 아내가 잠들 때를 기다렸다가 몰래 불로 비추어 보았는데, 아내의 허리 위는 사람처럼 살이 돋아나 있었고, 허리 아래는 다만 마른 뼈만 있을 뿐이었다. 아내는 이를 알아차리고서 이렇게 말했다.

　"당신은 나를 져버렸군요. 나는 막 살아나려고 했는데, 당신은 어찌 1년을 참지 못하고 나를 비춰보았습니까?"

　담생이 사과했지만 아내는 울면서 눈물을 멈추지 못하고 말했다.

　"당신과 부부의 인연은 비록 영원히 끝났지만, 우리 아이를 생각해볼 때 만약 당신이 가난하면 스스로 아이와 같이 살 수 없을 것입니다. 잠깐 나를 따라오면 당신에게 물건을 하나 주겠습니다."

　담생은 아내를 따라 가, 화려한 집으로 들어갔는데, 집이며 기물들이 예사롭지 않았다. 아내는 진주로 된 도포 한 벌을 담생에게 주며 말했다.

"이것이면 먹고 살 수 있을 겁니다."

아내는 담생의 옷자락을 찢어 가진 다음 담생을 떠나보냈다.

후에 담생이 도포를 가지고 시장에 나아갔는데, 수양왕(睢陽王)의 집 안사람이 그것을 사서 담생은 천만 전을 벌었다. 수양왕이 그 옷을 알아보고 말했다.

"이것은 내 딸의 도포이니 필시 무덤을 판 게야."

수양왕은 곧 담생을 잡아와 심문했다. 담생은 사실대로 아뢰었으나 수양왕은 그 말을 믿지 않았다. 그래서 딸의 무덤을 보았더니 무덤은 예전처럼 완전한 상태였다. 딸의 무덤을 파서 보니 과연 관 뚜껑 아래에서 담생의 옷자락이 나왔다. 수양왕이 담생의 아들을 불러와 보았더니 과연 딸을 닮았는지라 수양왕은 그제야 담생의 말을 믿게 되었다. 수양왕은 담생을 불러 다시 도포를 주고 그를 사위로 삼았다. 그리고 표문을 올려 그 아들을 시중(侍中)으로 삼았다. (『열이전』)

談生者, 年四十, 無婦, 常感激讀書. 忽('書忽'原作'詩經', 據明鈔本改)夜半有女子, 可年十五六, 姿顏服飾, 天下無雙, 來就生爲夫婦. 乃('乃'原作'之', 據明鈔本改)言: "我與人不同, 勿以火照我也. 三年之後, 方可照." 爲夫妻, 生一兒, 已二歲. 不能忍, 夜伺其寢後, 盜照視之, 其腰已上生肉如人, 腰下但有枯骨. 婦覺, 遂言曰: "君負我. 我垂生矣, 何不能忍一歲而竟相照也?" 生辭謝, 涕泣不可復止, 云: "與君雖大義永離, 然顧念我兒, 若貧不能自偕活者. 暫隨我去, 方遣君物." 生隨之去, 入華堂, 室宇器物不凡. 以一珠袍與之曰: "可以自給." 裂取生衣裾, 留之而去.

後生持袍詣市, 睢陽王家買之, 得錢千萬. 王識之曰: "是我女袍, 此必發墓."

乃取拷之. 生具以實對, 王猶不信. 乃視女冢, 冢完如故. 發視之, 果棺蓋下得衣裾. 呼其兒, 正類王女, 王乃信之. 卽召談生, 復賜遺衣, 以爲主壻. 表其兒以爲侍中. (出『列異傳』)

316 · 6(4059)
진 번(陳 蕃)

진번이 미천한 신분일 때 주인 황신(黃申)의 집에 머무른 적이 있었다. 황신의 부인이 밤에 아이를 낳았으나 진번은 그 사실을 몰랐다. 삼경이 되자 누군가 대문을 두드렸는데, 한참 후에 문안에서 어떤 사람이 응답하는 소리가 들렸다.

"집 안에 귀한 사람이[원문에는 '人'으로 되어 있으나 본서 권 137에 의거하여 '貴人'으로 고쳐 번역함. 여기서 '貴人'은 '陳蕃'을 가리킴] 있어 앞쪽으로는 들어올 수 없소."

또 문을 두드린 사람에게 일러 말했다.

"뒷문으로 들어가시오."

잠시 후 뒷문으로 들어갔던 사람이 돌아오자 문안에 있던 사람이 그에게 물었다.

"어떤 아이를 보았습니까? 이름은 무엇이며, 몇 살까지 살겠습니까?"

뒷문으로 들어갔다가 돌아온 사람이 말했다.

"남자아이인데, 이름은 아노(阿奴)이고 15살까지 살 것이오."

문안에 있던 사람이 또 물었다.

"훗날 어떻게 죽습니까?"

그 사람이 대답했다.

"남의 집을 짓다가 땅에 떨어져 죽을 것이오."

진번은 그 말을 듣고 믿지 않았다.

15년 후 진번은 예장태수(豫章太守)가 되었는데, 관리를 보내어 옛날의 아노라는 아이가 살았던 곳에 가서 물어보게 했다. 아노의 집에서 이렇게 말했다.

"아노는 동쪽 이웃의 집 짓는 일을 돕다가 용마루에서 떨어져 죽었습니다."

(『유명록』)

陳蕃微時, 嘗行宿主人黃申家. 申婦夜産, 蕃不知. 夜三更, 有扣門者, 久許, 聞裏有人應云: "門裏有人, 不可前." 相告云: "從後門往." 俄聞往者還, 門內者問之: "見何兒? 名何, 當幾歲?" 還者云: "是男, 名阿奴, 當十五歲." 又問曰: "後當若爲死?" 答曰: "爲人作屋, 落地死." 蕃聞而不信.

後十五年, 爲豫章太守, 遣吏征問, 昔兒阿奴所在. 家云: "助東家作屋, 墮棟亡沒." (出 『幽明錄』)

316 · 7(4060)
유 조(劉 照)

유조는 건안연간(建安年間: 196~219)에 하간태수(河間太守)가 되었다. 부인이 죽자 유조는 관청 정원 안에 부인의 관을 묻었다. 황건적(黃巾賊)의 난을 만나자 유조는 군(郡)을 버리고 도망했다. 후임 태수가 와서 밤에 꿈을 꾸었는데, 한 부인이 자기를 찾아와서 동침하는 것이었다. 부인은 그 후에 또 고리 한 쌍을 주고 갔는데, 태수는 그 고리의 이름을 알 수 없었다. 그 부인이 말했다.

"이것은 위유쇄(萎蕤鎖)입니다. 이는 금실로 연결되어 있고 사람 마음대로 늘였다 줄였다 할 수 있어 실로 진귀한 물건입니다. 나는 이제 떠나야 하기 때문에 이것을 드리고 작별하니 삼가 다른 사람에게는 말하지 말아주십시오."

20일 후 유조는 아들을 보내어 아내의 관을 운구해오도록 했다. 후임 태수는 비로소 그간의 일을 깨달았다. 유조의 아들은 그 고리를 보고 슬퍼 통곡하며 자신을 가누지 못했다. (『녹이전』)

劉照, 建安中, 爲河間太守. 婦亡, 埋棺於府園中. 遭黃巾賊, 照委郡走. 後太守至, 夜夢見一婦人往就之. 後又遺一雙鎖, 太守不能名. 婦曰: "此萎蕤鎖也. 以金縷相連, 屈申在人, 實珍物. 吾方當去, 故以相別, 愼無告人." 後二十日, 照遣兒迎喪. 守乃悟云云. 兒見鎖感慟, 不能自勝. (出『錄異傳』)

316 · 8(4061)
장한직(張漢直)

진국(陳國)의 장한직은 남양군(南陽郡)으로 가서 경조윤(京兆尹) 연숙

견(延叔堅)에게 『좌씨전(左氏傳)』을 배웠다. 장한직이 간 지 몇 달이 지나자 귀신이 그의 누이동생에게 붙어 장한직을 흉내 내어 큰소리로 말했다.

"나는 병들어 죽었는데, 주검은 길 위에 있으며 늘 배고픔과 추위에 시달리고 있다. 두세 켤레의 짚신을 만들어 집 뒤 닥나무 위에 걸어놓았고, 부자방(傅子方)이 보내온 돈 500전(錢)을 북쪽 창 아래에 두었는데, 모두 잊어버리고 가져오지 못했다. 또 이유(李幼)에게 소 한 마리를 샀는데, 증명서가 책 상자 안에 있다."

사람들이 가서 물건을 찾아보니 모두 그 말과 같았다. 그의 아내는 오히려 이런 물건이 있다는 것을 모르고 있었다. 그의 누이동생은 막 친정에 왔기 때문에 이러한 일들을 알 수 없었다. 집안사람들은 슬픔에 잠겼고 더욱 이것이 사실이라고 여겼다. 장한직의 부모형제는 상복을 입고 주검을 맞이하러 오다가 학사(學舍)에서 몇 리 떨어진 곳에서 장한직과 그를 따르는 제생(諸生)을 만났다. 장한직은 집안사람들을 돌아보고는 그들이 상복 입은 것을 괴이하게 생각했다. 집안사람들도 장한직을 보고 정말로 귀신이라고 생각했다. 서로 망연자실해 있다가 장한직이 앞으로 나아가서 부친에게 사건의 본말이 이러이러함을 말했다. 그제야 [장한직의 부친은] 비로소 이것이 요물의 짓이었음을 알게 되었다. (『풍속통』[『수신기』])

陳國張漢直, 至南陽, 從京兆尹延叔堅, 學『左氏傳』. 行後數月, 鬼物持其妹, 爲之揚言曰: "我病死, 喪在陌上, 常苦飢寒. 操一三量不借, 掛屋後楮上, 傅子方送我五百錢, 在北牖下, 皆忘取之. 又買李幼牛一頭, 本券在書篋中."

往索, 悉如其言. 婦尚不知有此. 妹新歸寧, 非其所及. 家人哀傷, 益以爲審. 父母兄弟, 椎結迎喪, 去精舍數里, 遇漢直與諸生相隨. 漢直顧見家人, 怪其如此. 家見漢直, 良以爲鬼也. 悄悦有問, 漢直乃前, 爲父說其本末如此. 得知妖物之爲. (出『風俗通』, 明鈔本作'出『搜神記』')

316·9(4062)
범 단(范 丹)

진류군(陳留郡) 외황현(外黃縣)의 범단은 자가 사운(史雲)이었다. 그는 젊었을 때 위종좌사(尉從佐使: 縣尉 屬下의 佐吏. 오늘날의 하급공무원에 해당함)가 되어 격서(檄書)를 가지고 독우(督郵)를 알현했다. 범단은 지조와 절개가 있었기에 스스로 심부름이나 하는 하급 관리가 된 것을 못마땅하게 여겼다. 범단은 진류군의 큰 연못에 이르러 타던 말을 죽이고 벼슬아치가 쓰는 두건을 던져버린 다음 거짓으로 길에서 강도를 만난 척 했다. 어떤 신이 범단의 집에 내려와 말했다.

"나는 사운이다. 강도에게 죽임을 당했으니 속히 진류군 큰 연못에 가서 내 옷을 가져오너라."

집안사람은 마침내 큰 연못에서 두건 하나를 건졌다.

범단은 남군(南郡)에 갔다가 다시 삼보(三輔: 漢 武帝 太初 원년에 세 구역으로 나눈 장안 부근 지역의 지방장관. 즉 장안 동쪽의 京兆尹, 長陵 이북의 左馮翊, 渭城 以西의 右扶風. 여기서는 장안을 널리 가리킴)로 들어가 영명(英明)한 현사들에게 배움을 구하고, 13년 후에 집으로 돌아왔다. 집안사람들은 범단을 더 이상 알아보지 못했다. 진류 사람들은 그의 뜻과 덕행을 높이 샀고, 그가 죽은 뒤 호(號)를 '정절선생(貞節先生)'이라 했다. (『수신기』)

陳留外黃范丹, 字史雲. 少爲尉從佐使, 檄謁督郵. 丹有志節, 自恚爲厮役小吏. 及於陳留大澤中, 殺所乘馬, 捐棄官幘, 詐逢劫者. 有神下其家曰: "我史雲也. 爲劫人所殺, 疾取我衣於陳留大澤中." 家取得一幘.

丹遂之南郡, 轉入三輔, 從英賢游學, 十三年乃歸. 家人不復識焉. 陳留人高其志行, 及歿, 號曰'貞節先生.' (出『搜神記』)

316 · 10(4063)
비 계(費 季)

오(吳) 땅 사람 비계는 타지에서 수년 동안 장사를 했다. 당시 길에는 강도가 많아서 그의 아내는 늘 그를 걱정했다. 비계는 같은 무리들과 함께 여산(廬山) 아래 여관에서 잠을 잤는데, 각자 서로 집을 떠난 지 얼마나 되었는지 물었다. 비계가 말했다.

"나는 집을 떠난 지 이미 수년이 지났소. 집을 떠나올 때 아내와 헤어지면서 가져가겠다며 아내에게 금비녀를 달라고 했는데, 이는 아내가 나에게 금비녀를 줄 것인지 그 뜻을 살펴보고자 한 것이었소. 그래서 나는 비녀를 얻어 문틀 위에 얹어놓았는데, 출발할 때 아내에게 말하는 것을 잊어버렸소. 그 비녀는 아직 그 문틀 위에 있을 것이오."

그 날 저녁 비계 아내의 꿈에 비계가 나타나 이렇게 말했다.

"나는 도중에 강도를 만나 죽은 지 이미 2년이 되었소. 내 말을 믿지 못하겠거든 내가 당신에게서 받은 비녀를 가져가지 않고 문틀 위에 놓아두었으니 가서 찾아보면 될 것이오."

비계의 아내는 잠을 깬 뒤 문틀을 더듬어 비녀를 찾아내었고, 집안에서는 드디어 장례를 치렀다. 1년 여 후에 비계는 행상을 마치고 집으로 돌아왔다. (『수신기』)

吳人費季, 客賈數年. 時道多劫, 妻常憂之. 季與同輩旅宿廬山下, 各相問去家幾時. 季曰: "吾去家已數年. 臨來, 與妻別, 就求金釵以行, 欲觀其志, 當與吾否耳. 得釵, 仍以著戶楣上, 臨發忘道. 此釵故當在戶上也."

爾夕, 妻夢季曰: "吾行遇盜, 死已二年. 若不信吾言, 吾取汝釵, 遂不以行, 留在戶楣上, 可往取之." 妻覺, 揣釵得之, 家遂發喪. 後一年餘, 季行來歸還. (出『搜神記』)

316 · 11(4064)
주 식(周 式)

한(漢)나라 하비(下邳) 사람 주식이 한번은 동해에 갔다가 길에서 한 관리를 만났는데, 그 관리는 두루마리 문서를 들고서 배에다 태워달라고 부탁했다. 10여 리쯤 가자 관리가 주식에게 말했다.

"내 잠시 들를 데가 있으니 이 문서를 당신 배 안에 좀 맡겨둡시다.

절대로 펴 보지 마시오."

관리가 간 후 주식은 몰래 그 문서를 펴 보았는데, 그것은 모두 죽은 사람의 명부(名簿)였으며, 그 아래 조목에 주식의 이름이 있었다. 잠시 후 관리가 돌아왔는데도 주식은 여전히 그 문서를 보고 있었다. 관리가 화를 내며 말했다.

"아까 내가 일러주었는데 왜 보았소?"

주식은 머리에 피가 흐르도록 조아렸다. 한참 후에 관리가 말했다.

"당신이 멀리까지 나를 태워준 것은 고맙지만 이 문서에서 당신의 이름을 삭제할 수는 없소. 당신은 오늘 이후 집으로 돌아가서 3년간 문밖으로 나오지 않으면 액을 피할 수 있소. 그리고 나의 장부를 보았다고 말하지 마시오."

주식이 집으로 돌아온 후 2년도 넘게 밖으로 나가지 않자 집안사람들은 모두 그를 이상하게 생각했다. 한 이웃 사람이 죽었는데, 주식의 부친이 주식에게 화를 내며 조문을 다녀오라고 하자 주식은 집에 가만히 있을 수가 없었다. 그래서 막 문을 나섰는데 그 관리를 만났다. 관리가 말했다.

"내가 당신에게 3년 동안 밖으로 나오지 말라고 했는데, 지금 문을 나섰으니 어찌 될는지는 알겠지요? 나는 당신을 찾았으나 찾지 못해 그 때문에 계속하여 곤장을 맞았소. 이제 당신을 보았으니 어떻게 할 수가 없구려. 3일 후 정오에 당신을 데리러 오겠소."

주식은 또 눈물을 흘리면서 이와 같은 사정을 부친에게 자세히 이야기했으나 부친은 그 말을 믿지 않았다. 그러나 모친은 밤낮으로 주식을 지키며 눈물을 흘렸다. 3일 후 정오가 되어 그 관리가 주식을 데리러 오자 주식은 곧 죽고 말았다. (『법원주림』)

漢下邳周式, 嘗至東海, 道逢一吏, 持一卷書, 求寄載. 行十餘里, 謂式曰:"吾暫有所過, 留書寄君船中. 愼勿發之." 去後, 式盜發視書, 皆諸死人錄, 下條有式名. 須臾吏還, 式猶視書. 吏怒曰:"故以相告, 何忽視之?" 式扣頭流血. 良久曰:"感卿遠相載, 此書不可除. 卿今日已去, 還家, 三年勿出門, 可得度也. 勿道見吾書." 式還不出, 已二年餘, 家皆怪之. 鄰人卒亡, 父怒, 使往弔之, 式不得止. 適出門, 便見此吏. 吏曰:"吾令汝三年勿出, 而今出門, 知復奈何? 吾求不見, 連相爲得鞭杖. 今已見汝, 無可奈何. 後三日日中, 當相取也." 式還涕泣, 具道如此, 父故不信. 母晝夜與相守涕泣. 至三日日中時, 見來取, 便死. (出『法苑珠林』)

316·12(4065)
진아등(陳阿登)

한(漢)나라 회계군(會稽郡)의 구장(句章) 사람이 동쪽 들판에 갔다가 돌아오는 길에 날이 저물어 집에 이르지 못하자 길 옆 작은 집에 불빛이 있는 것을 보고 들어가 잠을 자려고 했다. 그 집에 도착하니 한 젊은 여자가 있었는데, 그녀는 남편과 같이 자려고 하지 않고 이웃집의 여자를 불러와 함께 어울렸다. 밤에 그녀들은 같이 공후(箜篌)를 연주하며 노래했다.

길게 이어진 칡넝쿨 위의 등넝쿨

하나는 느슨하고 하나는 팽팽하네.
당신은 내 성명을 알고 싶으세요?
나의 성은 진이고 이름은 아등이지요.

그 사람은 날이 밝자 동쪽 성곽 밖으로 나갔는데, 음식을 팔고 있는 어떤 할머니가 가게 안에 있었다. 그 사람이 잠시 앉아서 어제 자기가 본 것을 할머니에게 이야기 했더니 할머니가 놀라서 말했다.
"그 아이는 내 딸인데 근래에 죽어서 성곽 밖에 장사지냈다오."

(『영괴집』)

漢會稽句章人, 至東野還, 暮不及門, 見路傍小屋然火, 因投宿. 至, 有一少女, 不欲與丈夫共宿, 呼鄰家女自伴. 夜共彈箜篌, 歌曰: "連綿葛上藤, 一緩復一絙. 汝欲知我姓? 姓陳名阿登." 明至東郭外, 有賣食母在肆中. 此人寄坐, 因說昨所見, 母驚曰: "此是我女, 近亡, 葬於郭外爾." (出『靈怪集』)

태평광기 권제 317 귀 2

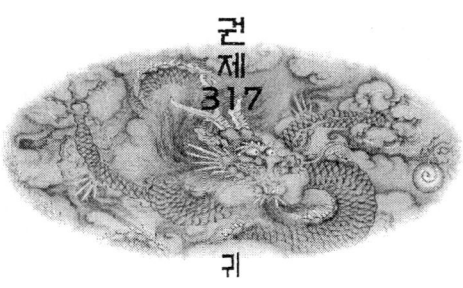

1. 오 상(吳 祥)
2. 주 옹 중(周 翁 仲)
3. 전 주(田 疇)
4. 문 영(文 穎)
5. 왕 번(王 樊)
6. 진 거 백(秦 巨 伯)
7. 종 대(宗 岱)
8. 정 기(鄭 奇)
9. 종 요(鍾 繇)
10. 하 후 현(夏 侯 玄)
11. 혜 강(嵇 康)
12. 예 언 사(倪 彦 思)
13. 심 계(沈 季)
14. 미 축(糜 竺)
15. 왕 필(王 弼)
16. 진 선(陳 仙)
17. 호 희(胡 熙)
18. 노 숙(魯 肅)

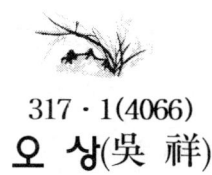

317·1(4066)
오 상(吳 祥)

한(漢)나라 제기현(諸曁縣)의 관리 오상은 과중한 업무에 지친 나머지 장차 깊은 산 속으로 도망쳐 숨고자 했다. 그는 길을 가다가 한 계곡에 도착했는데, 날이 저물 즈음에 아주 고운 비단옷을 입은 젊은 여자가 나타나 말했다.

"저는 혼자 살고 있고 이웃도 없으며, 오직 외로운 노파 하나만 10여 보 떨어진 곳에 살고 있습니다."

오상은 그 말을 듣고 매우 기뻐하며 곧장 그녀를 따라갔다. 1리 남짓 가서 곧 그녀의 집에 도착했는데, 그녀의 집은 몹시 가난하고 누추했지만 오상을 위해 음식을 차려왔다. 1경(更)이 끝나갈 무렵에 한 노파가 부르는 소리가 들렸다.

"장고자(張姑子)!"

여자가 "예!" 하고 대답했다. 오상이 누구냐고 물었더니 여자가 대답했다.

"아까 말씀드린 그 노파입니다."

두 사람은 함께 새벽까지 잠자리에 들었다가 닭이 울자 오상이 떠났다. 두 사람은 서로 연연해하면서 여자가 자주색 수건을 오상에게 정표로 주자 오상도 베수건으로 답례했다. 오상은 어제 저녁에 그녀를 만났던 곳에 이르러 계곡을 건너려고 했는데, 밤사이에 물이 갑자기 불어나서 건널 수 없을 정도로 깊었다. 그래서 하는 수 없이 그 여자의 집으로 되돌아갔더니, 어젯밤에 있었던 곳엔 아무 것도 보이지 않았으며 단지 무덤 하나만 있었다. (『법원주림』)

漢諸暨縣吏吳祥者, 憚役委頓, 將投竄深山. 行至一溪, 日欲暮, 見年少女子, 綵衣甚美, 云: "我一身獨居, 又無鄕里, 唯有一孤嫗, 相去十餘步耳." 祥聞甚悅, 便卽隨去. 行一里餘, 卽至女家, 家甚貧陋, 爲祥設食. 至一更竟, 聞一嫗喚云: "張姑子!" 女應曰: "諾!" 祥問是誰, 答云: "向所道孤嫗也." 二人共寢至曉, 鷄鳴祥去. 二情相戀, 女以紫巾贈祥, 祥以布手巾報. 行至昨所遇處, 過溪, 其夜水暴溢, 深不可涉. 乃廻向女家, 都不見昨處, 但有一冢耳. (出『法苑珠林』)

317·2(4067)
주옹중(周翁仲)

여남(汝南) 사람 주옹중이 처음 태위연(太尉掾)으로 있을 때 그의 부인이 아들 하나를 낳았다. 나중에 주옹중은 북해상(北海相: 北海郡國의 재상)이 되었을 때, 귀신을 잘 볼 줄 아는 주광(周光)이라는 관리를 주부(主簿)로 임명했다. 주옹중은 주광을 여남군으로 보내 [자신의 家廟에] 치성(致誠)하라고 하면서 아울러 이렇게 말했다.

"그대가 일을 마치고 나면 납제일(臘祭日: 금수를 사냥해서 연말에 조상에게 지내는 제사)에 내 아들과 함께 [고향으로 가서] 가묘(家廟)에 참배할 것이네."

주부가 일을 마친 뒤 돌아오자, 주옹중이 물었더니 주부가 대답했다.

"단지 어떤 백정이 떨어진 옷에 머리를 묶어 올리고 신위(神位) 자리에 걸터앉아 칼을 들고 고기를 썰고 있는 것만 보였습니다. 그리고 의관을 정제하고 청색과 흑색 인끈을 찬 몇 사람이 당(堂)의 동쪽과 서쪽 곁채에서 방황하면서 들어가지 못하고 있었는데, 무슨 영문인지는 모르겠습니다."

그러자 주옹중은 검을 들고 당으로 올라가 부인에게 말했다.

"당신은 어찌하여 그런 놈을 길렀소?"

부인이 크게 화를 내며 말했다.

"당신은 늘 아들의 생김새와 목소리, 그리고 공부 좋아하는 것이 모두 자길 닮았다고 했소. 늙은이가 죽으려 하니 미친 소리를 하는구먼!"

주옹중은 부인에게 [아들의 일을] 자세히 일러주면서, 가묘에 치성할 때 여차여차했으니 이실직고하지 않으면 모자를 즉시 참수하겠다고 했다. 그제야 부인이 울면서 말했다.

"옛날에 우리가 나이가 많이 들도록 아들이 없자 스스로 불안했습니다. 그래서 사실은 [내가 낳은] 딸을 백정의 아들과 바꿔치기하고 백정에게 돈 만 냥을 주었습니다."

그 아들은 나이가 이미 18살이 되었다. 주옹중은 마침내 그를 본래 백정의 집으로 돌려보내고, 이미 떡장수에게 시집가 있던 자신의 친딸을 데려왔다. 그녀는 나중에 서평(西平)의 이문사(李文思)에게 다시 시집갔는데, 이문사는 벼슬이 남양태수(南陽太守)에 이르렀다. (『풍속통』)

汝南周翁仲, 初爲太尉掾, 婦産男. 及爲北海相, 吏周光能見鬼, 署爲主簿. 使還致敬於本郡縣, 因告之曰: "事訖, 臘日可與小兒俱侍祠." 主簿事訖還, 翁仲問之, 對曰: "但見屠人, 弊衣蠡髻而踞神坐, 持刀割肉. 有衣冠靑墨綬數人, 彷徨堂東西廂, 不進, 不知何故." 翁仲因持劒上堂, 謂媼曰: "汝何故養此子?" 媼大怒曰: "君常言, 兒體貌聲氣喜學似我. 老翁欲死, 作爲狂語!" 翁仲具告之, 祠祭如此, 不具服, 子母立截. 媼泣涕言: "昔以年長無男, 不自安. 實以女易屠者之男, 畀錢一萬." 此子年已十八. 遣歸其家, 迎其女, 已嫁賣麩者妻. 後適西平李文思, 文思官至南陽太守. (見『風俗通』)

317 · 3(4068)
전 주(田 疇)

전주는 북평(北平) 사람이다. 유우(劉虞)가 공손찬(公孫瓚)에게 살해당했는데, 전주는 유우를 추모해 마지않아 그의 묘소로 가서 닭고기와 술을 차려놓고 곡을 했다. 그 곡성이 숲과 들녘에 울려 퍼지자, 날짐승도 처량히 울고 길짐승도 슬피 울었다. 전주가 풀밭에 누워 있을 때 홀연히 어떤 사람이 알려왔다.

"유유주(劉幽州: 劉虞)께서 오셔서 전자태(田子泰: 田疇)와 함께 평생의 일을 논하고자 하십니다."

전주는 본래 총명하고 식견이 뛰어났기 때문에 그것이 유우의 혼령임을 알고서 나아가 절을 올렸다. 전주는 울음을 그치지 못한 채 유우에게 닭과 술을 바쳤다. 전주가 취했을 때 유우가 말했다.

"공손찬이 현상금을 걸고 그대를 급히 찾고 있으니 숨어서 해를 피하는 것이 좋겠네."

전주가 대답했다.

"군주와 신하의 도리는 살아 있을 때 그 도의를 다하는 것입니다. 지금 당신의 혼령을 만났으니 함께 구천(九泉)으로 돌아가고자 합니다. 죽더라도 뼈는 썩지 않을 것이니 어찌 도망가겠습니까?"

유우가 말했다.

"그대는 만고(萬古)의 지조 높은 사람이니 그대의 도의를 깊이 간직하시게."

그리고는 순식간에 사라졌으며, 전주도 취중에서 깨어났다. (왕자년 『습유기』)

田疇, 北平人也. 劉虞爲公孫瓚所害, 疇追慕無已, 往虞墓, 設雞酒之禮哭之. 音動林野, 翔鳥爲之悽鳴, 走獸爲之悲吟. 疇臥於草間, 忽有人通云: "劉幽州來, 欲與田子泰言生平之事." 疇神悟遠識, 知是劉虞之魂, 旣進而拜. 疇泣不自止, 因相與進鷄進酒. 疇醉, 虞曰: "公孫瓚購求子甚急, 宜竄伏避害." 疇對曰: "君臣之道, 生則盡其義. 今見君之靈, 願得同歸九泉. 骨且不朽, 安可逃乎?" 虞曰: "子萬古之高士也, 深愼爾儀." 奄然不見, 而疇醉亦醒. (出王子年『拾遺記』)

317 · 4(4069)
문 영(文 穎)

한(漢)나라 남양(南陽) 사람 문영은 자(字)가 숙장(叔長)으로, 건안연간(建安年間: 196~219)에 감릉부승(甘陵府丞)이 되었다. 한번은 문영이 부(府)의 경계를 지나다가 그곳에서 투숙했는데, 삼경(三更)의 밤에 그의 꿈에 어떤 사람이 나타나 그 앞에 무릎을 꿇고 말했다.

"옛날에 저의 선친께서 저를 이곳에 묻으셨는데, 강물이 무덤을 덮치는 바람에 관목(棺木)이 물에 잠겨 절반가량이 침수되었지만 저 스스로 이를 따뜻하게 할 방법이 없습니다. 그래서 당신이 이곳에 계신다는 말을 듣고 일부러 부탁하러 찾아온 것입니다. 외람되지만 당신이 내일 이곳에 잠시 머무시면서 [저의 무덤을] 높고 건조한 곳으로 옮겨주신다면 정말 고맙겠습니다."

귀신이 입고 있는 옷을 문영에게 보여주었는데 모두 축축이 젖어 있었다. 문영은 마음속으로 측은하게 여기고 있다가 곧 꿈에서 깨어났다. 그리고는 좌우 사람들에게 문의했더니 그들이 말했다.

"꿈이란 헛된 것일 뿐이니 무슨 괴이할 게 있겠습니까?"

그래서 문영은 다시 잠을 잤다.

그런데 새벽녘에 그 귀신이 다시 꿈에 나타나 문영에게 말했다.

"저는 곤궁한 처지를 당신께 말씀드렸는데 어찌하여 불쌍히 여기지 않으십니까?"

문영이 꿈속에서 물었다.

"그대는 누구인가?"

귀신이 대답했다.

"저는 본래 조국(趙國) 사람으로 지금은 왕망신(汪芒神: 汪芒은 古國名으로 防相氏의 故都라고 함)에 소속되어 있습니다."

문영이 말했다.

"그대의 관은 지금 어디에 있는가?"

귀신이 대답했다.

"가까운 곳에 있습니다. 당신의 막사에서 북쪽으로 10여 보 떨어진 물가의 오래된 버드나무 밑에 바로 제가 있습니다. 날이 곧 밝으려 하여 더 이상 당신을 뵙고 있을 수 없으니, 당신은 꼭 좀 저를 생각해주십시오."

문영이 말했다.

"그렇게 하겠네."

그리고는 퍼뜩 꿈에서 깼다.

날이 밝고 나서 출발하려 할 때 문영이 말했다.

"비록 꿈은 괴이하게 여기기에 부족하다고 말하지만, 이건 어찌하여 이렇게 분명하단 말인가!"

좌우 사람들이 말했다.

"그렇다면 어찌하여 잠시 시간을 내서 확인해보지 않으십니까?"

그러자 문영은 즉시 일어나 10여 명을 데리고 앞장서서 강물을 따라 올라가 보았더니 과연 오래된 버드나무 한 그루가 있었다. 문영이 말했다.

"바로 이곳이다."

그리고는 버드나무 밑을 파보게 했더니 얼마 되지 않아서 과연 관이 하나 나왔는데, 관목이 심하게 썩어 있었고 물 속에 반쯤 잠겨 있었다. 문영이 좌우 사람들에게 말했다.

"예전에 사람들에게서 [이런 일을] 들었을 때는 헛된 것이라고 생각했다. 그러나 [이런 일을 겪고 보니] 세간에 전해지는 일은 확인해보지 않으면 안 된다."

문영은 그 관을 다른 곳으로 옮겨서 묻어주고 떠났다. (『수신기』)

漢南陽文穎, 字叔長, 建安中, 爲甘陵府丞. 過界止宿, 夜三鼓時, 夢見一人跪前曰: "昔我先人葬我於此, 水來湍墓, 棺木溺, 漬水處半, 然無以自溫. 聞君在此, 故來相依. 欲屈明日, 暫住須臾, 幸爲相遷高燥處." 鬼披衣示穎, 而皆沾濕. 穎心愴然, 卽寤. 訪諸左右, 曰: "夢爲虛耳, 何是怪?" 穎乃還眠.

向晨, 復夢見, 謂穎曰: "我以窮苦告君, 奈何不相愍悼乎?" 穎夢中問曰: "子爲誰?" 對曰: "吾本趙人, 今屬汪芒氏之神." 穎曰: "子棺今何所在?" 對曰: "近在君帳北十數步, 水側枯楊樹下, 卽是吾也. 天將明, 不復得見, 君必念之." 穎答曰: "諾." 忽然便寤.

天明可發, 穎曰: "雖云夢不足怪, 此何太過!" 左右曰: "亦何惜須臾, 不驗之耶?" 穎卽起, 率十數人, 將導順水上, 果得一枯楊. 曰: "是矣." 掘其下, 未幾, 果得棺, 棺甚朽壞, 沒半水中. 穎謂左右曰: "向聞於人, 謂之虛矣. 世俗所傳, 不可無驗." 爲移其棺, 葬之而去. (出『搜神記』)

317·5(4070)
왕 번(王 樊)

『돈황실록(燉煌實錄)』에 다음과 같은 이야기가 실려 있다.

왕번이 죽은 후에 어떤 사람이 그의 무덤을 도굴하고 보았더니, 왕번이 다른 사람과 함께 저포(摴蒱: 樗蒱. 360개의 눈을 盤上에 그려놓고 6개의 말을 붙여서 윷짝처럼 생긴 五木을 던져 노는 놀이로, 漢魏時代에 성행했음)를 하고 있다가 술을 그 도굴꾼에게 주었다. 도굴꾼은 당황하고 두렵기도 하여 엉겁결에 그것을 받아 마셨다. 또 보았더니 어떤 사람이 구리 말을 끌고 무덤에서 나왔다. 밤에 어떤 신인(神人)이 성문에 이르러 스스로 이렇게 말했다.

"나는 왕번의 사자이다. 지금 무덤을 도굴한 자가 있어서 술로 그의 입술을 검게 물들여 놓았으니, 새벽에 그가 오거든 확인하여 사로잡도록 하라."

도굴꾼이 성으로 들어오자 성문지기가 곧바로 그를 포박하여 캐물었더니 신인이 말한 그대로였다. (『독이지』)

『燉煌實錄』云: 王樊卒, 有盜開其冢, 見樊與人摴蒱, 以酒賜盜者. 盜者惶怖, 飮之. 見有人牽銅馬出冢者. 夜有神人至城門, 自云: "我王樊之使. 今有發冢者, 以酒墨其脣訖, 旦至, 可以驗而擒之." 盜卽入城, 城門者乃縛詰之, 如神所言. (出 『獨異志』)

317 · 6(4071)
진거백(秦巨伯)

낭야(琅邪) 사람 진거백은 60살이 되었는데, 한번은 술을 마시고 밤에 가다가 도중에 봉산묘(蓬山廟)를 지나갔다. 그때 갑자기 두 손자가 나타나 진거백을 맞이하여 100여 보쯤 부축하고 가더니 냅다 그의 목덜미를 잡아채 땅에 처박으며 욕했다.

"이 늙은 놈! 네가 아무 날에 나를 때렸기에 지금 내가 너를 죽이겠다!"

진거백이 생각해보았더니 아무 날에 정말로 그 손자를 때린 적이 있었다. 그래서 진거백이 거짓으로 죽은 체하고 있었더니 그들은 진거백을 내버려두고 떠났다. 진거백이 집으로 돌아와 두 손자를 혼내주려고 하자, 두 손자는 놀라 탄식하고 머리를 조아리면서 말했다.

"손자로서 어떻게 그런 짓을 하겠습니까? 아마도 귀신의 장난일 것이니 다시 한번 시험해보십시오."

진거백은 타당하다고 생각했다.

며칠 뒤에 진거백은 거짓으로 취한 척하고 이전의 봉산묘를 지나갔다. 다시 두 손자가 와서 진거백을 부축하자, 진거백은 그들을 꽉 붙잡아 꼼짝 못하게 했다. 집에 도착해서 보았더니 다름 아닌 두 개의 인형[원문은 '兩人'이지만 문맥상 '兩偶人'이 타당함]이었다. 진거백이 불을 가져와 그것을 지져 배와 등이 모두 불에 타 터지자 뜰에 내다놓았는데, 밤에 그것이 모두 도망쳐버렸다. 진거백은 그것을 잡지 못한 것을 몹시 한스러워했다.

한 달 뒤에 진거백은 또 술에 취한 척하고 밤길을 가면서 칼을 품고 있었는데 그의 집에서는 이를 모르고 있었다. 그런데 진거백이 밤늦도록 돌아오지 않자, 그의 손자들은 그가 또 그 귀신들에게 곤욕을 치르고 있을까봐 걱정하여 함께 그를 마중하러 갔는데, 진거백은 [그 귀신들인 줄 알고] 그들을 찔러 죽이고 말았다. (『수신기』)

琅邪秦巨伯, 年六十, 嘗夜行飮酒, 道經蓬山廟. 忽見其兩孫迎之, 扶持百餘步, 便捽伯頸着地罵: "老奴! 汝某日捶我, 我今當殺汝!" 伯思惟, 某時信捶此孫. 伯乃佯死, 乃置伯去. 伯歸家, 欲治兩孫, 孫驚愕叩頭, 言: "爲子孫, 寧可有此? 恐是鬼魅, 乞更試之." 伯意悟.

數日, 乃詐醉, 行此廟間. 復見兩孫來扶持伯, 伯乃急持, 動作不得. 達家, 乃是兩人也. 伯著火灸之, 腹背俱焦坼, 出著庭中, 夜皆亡去. 伯恨不得之.

後月, 又佯酒醉夜行, 懷刀以去, 家不知也. 極夜不還, 其孫恐又爲此鬼所困, 仍俱往迎之, 伯乃刺殺之. (出『搜神記』)

317 · 7(4072)
종 대(宗 岱)

종대는 청주자사(靑州刺史)로 있을 때 사신(邪神)에게 제사지내는 것을 금하고「무귀론(無鬼論)」을 지었는데, 그 논리가 매우 정밀하여 그를 꺾을 수 있는 자가 없었으며 인근 주(州)의 사람들도 모두 그에게 감화되었다. 나중에 갈건(葛巾)을 쓴 어떤 서생이 명함을 써서 전하며 종대를 찾아오자, 종대는 그와 함께 오랫동안 담론했다. 종대는 논리적으로 막히지는 않았는데, 간혹 언변이 제대로 펼쳐지지 못하면 그때마다 서생이 나서서 거들어주었다. 그런데 「무귀론」을 논하게 되자 서생은 곧바로 종대를 논박했다. 종대의 논리가 막히려 하자 서생은 옷을 떨치며 일어나 말했다.

"그대가 우리들의 혈식(血食: 제삿밥)을 끊은 지 20여 년이나 되었소. 그 동안 그대에게 푸른 소와 구레나룻 노복이 있어서 그대를 곤경에 빠뜨릴 수 없었는데, 지금 노복이 이미 배반했고 소도 이미 죽었으니 오늘[원문은 '슥日'이지만 '今日'의 오기로 보임]에야 그대를 제압할 수 있게 되었소."

서생은 말을 마친 뒤 사라져버렸다. 다음날 종대는 죽었다. (『잡어』)

宗岱爲青州刺史, 禁淫祀, 著「無鬼論」, 甚精, 無能屈者, 鄰州咸化之. 後有一書生, 葛巾, 修刺詣岱, 與之談甚久. 岱理未屈, 辭或未暢, 書生輒爲申之. 次及「無鬼論」, 便苦難岱. 岱理欲屈, 書生乃振衣而起曰: "君絶我輩血食二十餘年. 君有青牛髥奴, 未得相困耳, 今奴已叛, 牛已死, 슥日得相制矣." 言絶, 遂失書生. 明日而岱亡. (出『雜語』)

317·8(4073)
정 기(鄭 奇)

후한(後漢) 때 여남군(汝南郡) 여양현(汝陽縣)의 서문정(西門亭)에 귀신이 있었는데, 그곳에 투숙한 손님들은 대부분 죽거나 혹은 머리카락이 없어지거나 정신이 나가거나 했다. 여남군의 시봉연(侍奉掾)으로 있던 의록(宜祿) 사람 정기는 휴가를 얻어 떠났는데, 서문정에서 6~7리 떨어진 곳에서 어떤 아름다운 부인이 수레에 태워달라고 부탁했다. 정기는 처음에는 난색을 표했지만 나중에는 그녀를 수레에 태웠다. 정기가 서문정에 들어가 급히 누대 아래로 갔더니, 그곳 관리가 누대로 올라가서는 안 된다고 아뢰자 정기가 말했다.

"나는 꺼리지 않는다."

날도 어두워졌으므로 정기는 결국 누대로 올라가 부인과 함께 잠을 잤다.

정기는 날이 밝기 전에 출발했는데, 정졸(亭卒)이 누대로 올라가 청소하다가 죽어 있는 부인을 발견하고는 대경실색하여 달려가 정장(亭長)에게 아뢰었다. 정장은 북을 쳐서 여러 여리(廬吏: 村莊의 일을 관장하는 관리)들을 불러 모아 함께 모여 그 시체를 조사했더니, 다름 아닌 서문정에서 서북쪽으로 8리 떨어진 곳에 있는 오씨(吳氏) 집 부인으로 죽은 지 얼마 되지 않은 상태였다. [전날] 밤에 그녀를 염하려고 했을 때 갑자기 등불이 꺼졌는데, 다시 등불을 켜고 보았을 때는 그녀의 시체가 사라지고 없었다. 그녀의 집에서는 즉시 그녀의 시체를 가지고 갔다. 정기는 서문정을 출발하여 몇 리쯤 갔을 때 복통이 생겼는데, 남돈(南頓)의 이양정(利陽亭)에 이르러 복통이 극심해지더니 결국 죽고 말았다. [그 후로 사람들은] 그 누대에는 감히 다시는 올라가지 않았다. (『풍속통』)

後漢時, 汝南汝陽西門亭有鬼魅, 賓客宿止多死亡, 或亡髮失精. 郡侍奉掾宜祿鄭奇休, 去亭六七里, 有美婦人乞寄載. 奇初難之, 然後上車. 入亭, 趨至樓下, 吏卒白樓不可上, 奇曰: "我不惡也." 時亦昏冥, 遂上樓, 與婦人接宿.

未明發去, 亭卒上樓掃除, 見死婦, 大驚, 走白亭長. 擊鼓會諸廬吏, 共集診之, 乃亭西北八里吳氏婦, 新亡. 夜臨殯火滅, 及火至失之. 其家卽持去. 奇發, 行數里, 腹痛, 到南頓利陽亭, 加劇物故. 樓遂無敢復上. (出『風俗通』)

317 · 9(4074)
종 요(鍾繇)

종요가 갑자기 조회에도 참석하지 않고 정신상태가 평소와 달랐으므로, 동료가 그 까닭을 물었더니 종요가 말했다.

"늘 어떤 부인이 날 찾아오곤 하는데 그 미모가 보통이 아니라네."

동료가 말했다.

"틀림없이 귀신일 것이니 죽여 버리게."

그 후 그 부인이 찾아와서 문 밖에 멈춰 서서 말했다.

"어찌하여 저를 죽이려는 마음을 품으셨습니까?"

원상(元常: 鍾繇의 字)이 말했다.

"그런 일은 없소."

그리고는 은근히 부인을 불러들였다. 그러나 종요는 마음이 모질지 못하여 부인에게 작은 상처만 입혔다. 부인은 곧바로 뛰쳐나가 새 솜으로 피를 닦으면서 길 어귀까지 도망갔다.

다음날 종요는 사람을 시켜 핏자국을 추적하게 하여 커다란 무덤 하나에 이르게 되었다. 관 속에는 한 부인이 마치 살아 있는 듯한 모습으로 누워 있었는데, 흰 명주 적삼에 붉은 수놓은 배자를 입고 있었다. 그 부인은 한쪽 넓적다리에 상처를 입었으며, 배자 속의 솜으로 피를 닦은 흔적이 있었다. 그 후로 그 부인은 나타나지 않았다. (『유명록』)

鍾繇忽不復朝會, 意性有異於常, 寮友問其故, 云: "常有婦人來, 美麗非凡間者." 曰: "必是鬼物, 可殺之." 後來止戶外, 曰: "何以有相殺意?" 元常曰: "無此." 慇懃呼入. 意亦有不忍, 乃微傷之. 便出去, 以新綿拭血, 竟路.

明日, 使人尋跡, 至一大冢. 棺中一婦人, 形體如生, 白練衫, 丹繡裲襠. 傷一髀, 以裲襠中綿拭血. 自此便絶. (出『幽明錄』)

317 · 10(4075)
하후현(夏侯玄)

하후현이 사마경왕(司馬景王: 司馬師)에게 주살 당하자, 그의 친족들이 그를 위해 제사를 지냈다. 그때 홀연히 하후현이 나타나 영좌(靈座: 神位를 모시는 곳)로 오더니 자신의 머리를 떼어내 옆에 두고는 과일·생선·술·육고기 등 제사음식을 죄다 모아 목 안에 집어넣고 나서 자신의 머리를 다시 붙였다. 그리고는 말했다.

"내가 이미 상제께 청을 올렸으니 자원(子元: 司馬師의 字)은 후사가 없을 것이다."

얼마 후 영가(永嘉)의 난이 일어났으며, 군대가 돌아온 뒤 세종(世宗:

司馬師의 廟號)이 죽었는데 후사가 없었다. (『이원』)

夏侯玄被司馬景王所誅, 宗人爲設祭. 見玄來靈座, 脫頭於邊, 悉歛果魚酒肉之屬, 以內頸中畢, 還自安其頭. 旣而言曰:"吾得請於帝矣, 子元無嗣也." 尋有永嘉之役, 軍還, 世宗殂而無子. (出『異苑』)

317 · 11(4076)
혜 강(嵇 康)

혜강이 등불 아래에서 금(琴)을 타고 있을 때, 키가 1장(丈)도 넘고 검은 홑옷에 가죽 허리띠를 찬 어떤 사람이 홀연히 나타났다. 혜강은 그를 찬찬히 쳐다보더니 이내 등불을 훅 불어 끄면서 말했다.

"나는 귀신과 함께 불빛을 다투는 것[함께 등불 밑에 있다는 뜻]이 치욕스럽다."

혜강이 한번은 먼 길을 떠났는데, 낙양(洛陽)에서 수십 리 떨어진 곳에 '월화(月華)'라고 하는 정자가 있기에 그 정자에 투숙했다. 그 정자에서는 예전부터 줄곧 사람이 죽어나갔지만, 중산(中散: 嵇康의 字)은 마음가짐이 대범하고 활달하여 조금도 두려워하지 않았다. 일경(一更)에 중산은 금을 타면서 먼저 여러 곡조를 연주했는데, 그 청아한 소리가 빼어나게 울려 퍼졌다. 그때 공중에서 칭찬하는 소리가 들리자 중산은 금을 매만지며 소리쳤다.

"당신은 누구십니까?"

그 사람이 대답했다.

"나는 이미 작고한 사람으로 이곳에서 죽었습니다. 당신의 금 연주를 들어보니 그 소리가 맑고 부드러워서 예전부터 좋아했기 때문에 이렇게 와서 들은 것입니다. 나는 불행히도 무고하게 살해당하여 형체가 심하게 훼손되었기에 당신을 접견하기가 마땅치 않습니다. 하지만 당신의 금 연주를 몹시 좋아하여 꼭 한번 뵙고 싶었을 뿐이니, 당신은 괴이하게 여기거나 꺼려하지 말아주십시오. 다시 몇 곡 연주해주셨으면 합니다."

중산이 다시 금을 연주하자 그 사람은 박자를 맞추었다. 중산이 말했다.

"밤도 이미 깊었는데 어찌하여 나타나지 않습니까? 겉모습 따위야 무얼 따질 게 있겠습니까?"

그러자 그 사람은 손에 머리를 든 채로 말했다.

"당신의 금 연주를 듣다보니 나도 모르게 마음이 트이고 정신이 깨어나 마치 잠시 다시 살아난 듯 합니다."

그리고는 중산과 함께 음악의 이치에 대해 논했는데, 그 언변이 매우 명석하고 해박했다. 그 사람이 중산에게 말했다.

"한번 당신의 금을 저에게 보여주십시오."

그 사람이 「광릉산(廣陵散)」이라는 곡을 연주하자, 중산은 곧장 그에게서 그 곡을 배워 모두 터득했다. 중산이 이전에 배웠던 곡들은 그 사람이 가르쳐준 「광릉산」에 전혀 미치지 못했다. 그 사람은 중산에게 그 곡을 다른 사람에게 가르쳐주지 말라고 맹세하게 했다. 날이 밝자 그 사람이 중산에게 말했다.

"우리는 비록 오늘밤에 한 번 만났지만 우정은 천년토록 영원할 것입니다. 이제 길이 이별해야 하니 슬픈 마음을 가눌 길이 없습니다."

(『영귀지』)

嵇康燈下彈琴, 忽有一人, 長丈餘, 著黑單衣, 革帶. 康熟視之, 乃吹火滅之曰: "恥與魑魅爭光."

嘗行, 去路(明鈔本'路'作'洛')數十里, 有亭名'月華', 投此亭. 由來殺人, 中散心神蕭散, 了無懼意. 至一更操琴, 先作諸弄, 雅聲逸奏. 空中稱善, 中散撫琴而呼之: "君是何人?" 答云: "身是故(明鈔本'故'作'古')人, 幽沒於此. 聞君彈琴, 音曲淸和, 昔所好, 故來聽耳. 身不幸非理就終, 形體殘毀, 不宜接見君子. 然愛君之琴, 要當相見, 君勿怪惡之. 君可更作數曲." 中散復爲撫琴, 擊節. 曰: "夜已久, 何不來也? 形骸之間, 復何足計?" 乃手挈其頭曰: "聞君奏琴, 不覺心開神悟, 怳若蹔生." 遂與共論音聲之趣, 辭甚淸辯. 謂中散曰: "君試以琴見與." 乃彈「廣陵散」, 便從受之, 果悉得. 中散先所受引, 殊不及. 與中散誓, 不得敎人. 天明, 語中散: "相與雖一遇於今夕, 可以遠同千載. 於此長絶, 不勝('勝'原作'能', 據明鈔本改)悵然." (出『靈鬼志』)

317・12(4077)
예언사(倪彦思)

오(吳)나라 때 가흥현(嘉興縣)의 예언사는 현성(縣城) 서쪽의 연리(埏里)에서 살았다. 그의 집에는 귀신이 있었는데, 사람과 말도 하고 사람처럼 마시고 먹었지만 모습만 드러내지 않았다. 예언사의 노비 중에서 남몰래 주인을 욕하는 자가 있자, 곧바로 귀신이 이렇게 말했다.

"지금 당장 주인에게 고해바치겠다."

예언사가 그 노비를 처벌했기 때문에 감히 주인을 욕하는 자가 없어졌다.

예언사에게는 작은 부인이 있었는데 그 귀신이 예언사에게 그 부인을 달라고 했다. 그래서 예언사는 도사를 모셔와서 귀신을 쫓아내려 했는데, [도사가 신을 부르려고] 술과 안주를 차려놓았더니 귀신이 측간에서 거름을 가져와서 그 위에 뿌렸다. 또 도사가 힘껏 북을 두드리며 여러 신들을 불러 모시고 있을 때, 귀신은 복호(伏虎: 호랑이 모양으로 만든 휴대용 변기)를 가져오더니 신좌(神座) 위에서 바람을 불어 뿔피리 소리를 냈다. 잠시 후 도사는 문득 등 위로 서늘한 기운을 느꼈는데, 놀라 일어나 옷을 벗고 보았더니 다름 아닌 복호였다. 그래서 도사는 하던 일을 그만 두고 도망쳐버렸다.

한번은 예언사가 밤에 이불 속에서 부인과 은밀히 얘기하면서 그 귀신에 대해 걱정하고 있었다. 그러자 귀신이 즉시 대들보 위로 올라가 예언사에게 말했다.

"네가 부인과 함께 내 험담을 하니 내 지금 당장 네 집 대들보를 부러뜨리겠다."

곧바로 우지끈 하는 소리가 났다. 예언사는 대들보가 부러지는 것이라고 두려워하면서 등불을 가져와 살펴보았더니, 귀신이 바로 등불을 꺼버렸으며 대들보 부러지는 소리가 더욱 다급하게 들렸다. 예언사는 집이 무너질까 걱정하여 어른 아이 할 것 없이 모두 밖으로 나가게 한 뒤, 다시 등불을 가져와 살펴보았더니 대들보는 예전 그대로 아무 이상이 없었다. 그때 귀신이 크게 웃으며 예언사에게 다그쳤다.

"이래도 또 내 험담을 하겠느냐?"

군(郡)에 있는 전농교위(典農校尉: 各 縣의 屯田・田租・民政・生産 등의 일을 관장하는 관리)가 그 일을 듣고 나서 말했다.

"그 귀신은 틀림없이 살쾡이가 둔갑한 것이다."

그러자 귀신이 즉시 찾아가서 전농교위에게 말했다.

"너는 관부에서 수백 곡(斛)의 곡식을 빼돌려 아무 곳에 감춰놓아 관리로서 부정을 저지른 주제에 감히 나에 대해 이러쿵저러쿵하다니! 지금 당장 관부에 고발하여 사람을 데리고 가서 네가 훔친 곡식을 가져오게 하겠다."

전농교위는 크게 두려워하면서 사죄했으며, 그 후로는 감히 [귀신에 대해] 언급하지 못했다. 3년 뒤에 귀신은 [예언사의 집을] 떠났는데 어디로 갔는지 알 수 없었다. (『수신기』)

吳時, 嘉興倪彦思, 居縣西埏里. 有鬼魅在其家, 與人語, 飮食如人, 唯不見形. 彦思奴婢有竊罵大家者, 云: "今當以語." 彦思治之, 無敢罵之者.

彦思有小妻, 魅從求('求'原作'來', 據明鈔本改)之. 彦思乃迎道士逐之, 酒殽旣設, 鬼乃取厠中草糞, 布著其上. 道士便盛擊鼓, 召請諸神, 魅乃取虎伏, 於神座上吹作角聲音. 有頃, 道士忽覺背上冷, 驚起解衣, 乃伏虎也. 於是道士罷去.

彦思夜於被中, 竊與嫗語, 共患此魅. 魅卽屋梁上, 謂彦思曰: "汝與婦道吾, 吾今當截汝屋梁." 卽隆隆有聲. 彦思懼梁斷, 取火照視, 魅卽滅火, 截梁聲愈急. 彦思懼屋壞, 大小悉遣出, 更取火, 視梁如故. 魅大笑, 問彦思: "復道吾不?"

郡中典農聞之曰: "此神正當是狸物耳." 此魅卽往, 謂典農曰: "汝取官若干百斛穀, 藏著某處, 爲吏汚穢, 而敢論吾! 今當白於官, 將人取汝所盜穀." 典農大怖而謝之, 自後無敢道. 三年後去, 不知所在. (出『搜神記』)

317 · 13(4078)
심 계(沈 季)

오흥(吳興) 사람 심계는 오(吳)나라 천기(天紀) 2년(278)에 예장태수(豫章太守)가 되었다. 하루는 대낮에 누런 두건과 누인 명주옷을 착용한 한 사람이 관청에 나타나, 자신을 여남(汝南) 평여(平輿) 사람 허자장(許子將: 許劭)이라고 칭하면서 무덤을 이장(移葬)해달라고 청하고는 순식간에 사라져버렸다. 심계는 그의 무덤을 찾았으나 어디에 있는지 알 수 없자 결국 그의 혼을 불러 장례를 치러주었다. (『예장기』)

吳興沈季, 吳天紀二年, 爲豫章太守. 白日, 於廳上見一人, 著黃巾練衣, 自稱汝南平輿許子將, 求改葬, 倏然不見. 季求其喪, 不知所在, 遂招魂葬之. (『豫章記』)

317 · 14(4079)
미 축(糜 竺)

미축은 도주공(陶朱公: 范蠡)의 상술(商術)을 이용하여 날마다 억만 금의 이윤을 얻어서, 그 재물이 왕후(王侯)에 맞먹었고 천여 칸의 보물창고가 있었다. 미축은 본디 삶과 죽음을 꿰뚫어볼 수 있었다. 그의 집

마구간 옆에는 오래된 무덤이 있었는데 그 안에 시체가 매장되어 있었다. 미축이 어느 날 밤에 [어디선가 들려오는] 울음소리를 찾아가 보았더니, 홀연히 한 부인이 등을 드러낸 채로 와서 말했다.

"옛날 한(漢)나라 말에 적미군(赤眉軍: 西漢 末에 樊崇 등이 이끈 농민 봉기군으로, 눈썹에 붉은 색을 칠해서 王莽의 군대와 구별했음)이 제 무덤을 파헤쳐 관을 열고 옷을 벗겨내는 바람에, 지금까지 땅속에서 살이 드러난 채로 200여 년이나 지냈습니다. 그래서 이렇게 장군을 찾아와 저를 다시 깊이 묻어주시길 청하며, 아울러 해진 옷으로 저를 덮어주시길 비는 것입니다."

미축은 즉시 돌로 된 겉관과 옹기로 된 속관을 준비하라고 명하여, 그녀를 위해 제사를 지내주고 잘 안장한 뒤에 푸른 베로 만든 치마와 저고리를 무덤 위에 덮어주었다.

1년이 지난 어느 날 미축이 작은 길을 가고 있을 때, 이전의 부인이 자신이 묻힌 곳에서 홀연히 나타났는데 푸른 기운이 용과 뱀처럼 서려 있었다. 어떤 사람이 미축에게 물었다.

"혹시 용의 요괴가 아닐까요?"

미축도 이를 괴이한 일이라고 의심하여 가동(家童)에게 물었더니, 가동이 대답했다.

"때때로 푸른 갈대 지팡이가 저절로 묘문(墓門)을 드나드는 것을 보았는데, 그것이 귀신이라고 의심은 했지만 감히 말씀을 드리지 못했습니다."

미축은 성격이 꺼리는 것이 많았고 엽승술사(厭勝術士: 주문이나 부적 등을 사용하여 흉악한 귀신을 복종시키거나 재앙을 물리치는 술법을 부리는 術士)를 믿어, 자기 뜻에 거슬리는 말을 하는 자는 즉시 처형했기 때문에 가동이 말을 하지 않았던 것이다.

미축은 재물이 산처럼 많이 쌓여 있어서 헤아릴 수 없었으므로, 방제(方諸: 달밤에 물을 받을 때 사용하던 네모지고 오목한 대야로 주로 제사용으로 쓰였음. 보름날 밤에 이것을 달빛 밑에 놓아두면 물이 생긴다고 함)를 그릇 삼아 그것들을 담아 두었다. 또 계란만 한 크기의 진주가 뜰에 가득했기에 그 뜰을 '보정(寶庭)'이라 불렀으며 외부 사람들은 그곳을 엿볼 수 없었다. 며칠 뒤에 푸른 옷을 입은 동자 몇 명이 홀연히 찾아와서 말했다.

"미축 당신의 집에 틀림없이 화재가 일어나서 하나도 남는 것이 없게 될 것입니다. 그러나 당신은 마른 해골까지도 측은히 여길 줄 아니, 하늘의 도리상 당신의 덕을 저버릴 수 없습니다. 그래서 그 화재를 물리쳐주고자 이렇게 찾아왔으니, 당신의 재물이 다 없어지지 않도록 해주겠습니다. 오늘 이후로는 스스로 방비하는 것이 좋겠습니다."

그래서 미축은 창고 안을 빙 둘러서 봇도랑을 파놓았다. 열흘 뒤에 과연 불이 창고 안에서 일어나 주옥을 태워 10분의 1밖에 남지 않았다. 이 모든 것은 양수(陽燧: 햇빛을 받아 불을 일으킬 때 사용하던 볼록한 銅製 기구)가 뜨거운 열을 받아 저절로 [불이 생겨나서] 물건을 태운 것이었다. 불이 한창 타고 있을 때, 푸른 옷 입은 동자 수십 명이 와서 불을 끄는 것이 보였는데, 구름 같은 푸른 기운이 불 위를 덮자 즉시 불이 꺼졌다. 동자가 또 말했다.

"황새와 같은 새들을 많이 모아 화재를 막으십시오. 그런 새들은 둥지에 물을 모아두는 습성이 있습니다."

그래서 미축의 하인들은 해오라기 수천 마리를 모아 봇도랑 안에서 길러 화재를 막았다.

미축이 탄식하며 말했다.

"사람의 재운(財運)에는 한계가 있는 법이니 차고 넘칠 수 없구나!"

미축은 [너무 많은 재물이] 자신에게 근심이 될까봐 걱정했다. 당시 삼국이 교전하느라 군대비용이 이전의 만 배나 필요하자, 미축은 진귀한 보물과 수레·의복 등을 실어내 선주(先主: 劉備)를 도왔다. 또한 황금 1억 근과 산처럼 쌓인 고운 비단과 수놓은 융단, 그리고 준마 천 필도 바쳤다. 그러나 촉(蜀)이 망한 뒤에 미축은 재물이 하나도 남아 있지 않아서 한을 삼키며 죽었다. (왕자년『습유기』)

麋竺用陶朱公計術, 日益億萬之利, 貲擬王侯, 有寶庫千間. 竺性能振生死. 家馬廐屋側有古冢, 中有伏尸. 竺夜尋其泣聲, 忽見一婦人, 袒背而來, 云: "昔漢末爲赤眉所發, 扣棺見剝, 今袒肉在地, 垂二百餘年. 就將軍求更深埋, 幷乞弊衣自掩." 竺卽令爲石椁瓦棺, 設祭旣畢, 以靑布裙衫, 置於冢上.

經一年, 行於路曲, 忽見前婦人葬所, 靑氣如龍虵之形. 或有人問竺曰: "將非龍怪耶?" 竺乃疑此異, 乃問其家童, 云: "時見靑蘆杖, 自然出入於門, 疑其神也, 不敢言." 竺爲性多忌, 信厭術之士, 有言中忤, 卽加刑戮, 故家童不言.

竺貲貨如丘山, 不可算記, 內以方諸爲具. 及大珠如卵, 散滿於庭, 故謂之'寶庭', 而外人不得窺. 數日, 忽見有靑衣童子數人來云: "麋竺家當有火厄, 萬不遺一. 賴君能惻愍枯骨, 天道不辜君德. 故來禳却此火, 當使君財物不盡. 自今以後, 亦宜自衛." 竺乃掘溝渠, 周繞其庫內. 旬日, 火從庫內起, 燒其珠玉, 十分得一. 皆是陽燧得旱爍, 自能燒物也. 火盛之時, 見數十靑衣童子來撲火, 有靑氣如雲,覆火上卽滅. 童子又云: "多聚鸛鳥之類以禳災. 鸛能聚水巢上也." 家人乃收集鴝鵒數千頭, 養於池渠之中, 厭火也.

竺歎曰: "人生財運有限, 不得盈溢!" 竺懼爲身之忠. 時三國交兵, 軍用萬倍, 乃輸其珍寶車服, 以助先主. 黃金一億斤, 錦綺繡氍毹, 積如丘山, 駿馬千匹. 及蜀破後, 無所有, 飮恨而終. (出王子年『拾遺記』)

317 · 15(4080)
왕 필(王 弼)

왕필은『주역(周易)』을 주석하면서 번번이 [일찍이『周易』을 注釋한 漢代의] 정현(鄭玄)을 [고리타분한] 서생이라고 비웃으며 말했다.

"늙은이가 생각도 없군!"

그런데 어느 날 밤에 갑자기 쪽문 밖에서 나막신 끄는 소리가 들리더니, 금세 누군가가 들어와 자신을 정현이라고 하면서 왕필을 꾸짖었다.

"그대는 아직 젊은데 어찌하여 문구를 경솔하게 천착하면서 이 노인을 함부로 헐뜯는가?"

그 사람은 얼굴 가득 노기를 띤 채 말을 마치고는 곧 물러갔다. 왕필은 몹시 꺼림칙했는데, 그 후 돌림병에 걸려 죽고 말았다.

王弼注『易』, 輒笑鄭玄爲儒, 云: "老奴無意!" 于時夜分, 忽聞外閣有著屐聲, 須臾便進, 自云鄭玄, 責之曰: "君年少, 何以輕穿鑿文句, 而妄譏詆老子也?" 極有忿色, 言竟便退. 弼惡之, 後遇癘而卒.

317 · 16(4081)
진 선(陳 仙)

　오(吳)나라 때 진선은 장사를 했는데, [한번은] 나귀를 몰고 가다가 문득 빈집 하나를 지나게 되었다. 그 집은 붉은 대문을 한 고대광실이었는데 사람 그림자도 보이지 않았다. 진선은 나귀를 끌고 그 집으로 들어가 잠을 잤는데, 밤이 깊어지자 어디선가 말소리가 들려왔다.
　"천한 놈이 겁도 없이 감히 화를 자초하다니!"
　곧바로 한 사람이 진선 앞으로 곧장 다가오더니 호되게 꾸짖었다.
　"네놈이 감히 관사(官舍)에 침입하다니!"
　때마침 달빛이 어슴푸레하게 비치고 있었기에 보았더니, 얼굴에 검정 사마귀가 심하게 나 있고 눈동자가 없으며 입술이 말려 올라가 이가 드러나 있는 어떤 괴물이 손에 누런 밧줄을 들고 있었다. 진선이 즉시 뒷마을로 도망쳐가서 그 일을 자세히 말했더니 마을 노인이 말했다.
　"예전부터 그곳엔 악귀(惡鬼)가 있소."
　다음날 진선은 그 저택을 보았던 곳을 살펴보았더니 높다란 무덤과 깊숙한 묘도(墓道) 뿐이었다. (『유명록』)

　　吳時, 陳仙以商賈爲事, 驅驢行, 忽過一空宅. 廣廈朱門, 都不見人. 仙牽驢入宿, 至夜, 聞有語聲: "小人無畏, 敢見行災!" 便有一人, 逕到仙前, 叱之曰: "汝敢輒入官舍!" 時籠月曖昧, 見其面上黶深, 目無瞳子, 脣褰齒露, 手執黃絲. 仙卽奔走後村, 具說事狀, 父老云: "舊有惡鬼." 明日, 看所見屋宅處, 並高墳深土邃. (出『幽明錄』)

317 · 17(4082)
호 희(胡 熙)

    오(吳)나라의 좌중랑(左中郞)과 광릉상(廣陵相: 廣陵郡國의 宰相)을 지낸 호희는 자가 원광(元光)이다. 호중(胡中)이라는 그의 딸은 결혼 허락을 받고 시집가게 되었는데, 난데없이 임신을 했으며 그녀 자신도 어찌된 영문인지 알지 못했다. 호희의 부친 호신(胡信)은 엄격하게 집안의 법도를 지켰으므로, 호희의 부인 정씨(丁氏)에게 딸을 죽이라고 했다. 그랬더니 갑자기 귀신이 딸의 뱃속에서 말을 했는데, 꽥꽥하는 소리를 내면서 이렇게 말했다.
    "무슨 이유로 내 어머니를 죽이려 하시오? 나는 아무 달 아무 날에 반드시 태어날 것이오!"
    주위 사람들이 괴이함에 깜짝 놀라 그 일을 호신에게 아뢰자, 호신은 직접 가서 그 소리를 들어보고는 그녀를 놓아주었다.
    그 후 호중이 아이를 낳아 바닥에 놓아두었는데, 아이의 모습은 보이지 않고 주위에서 아이 소리만 들렸다. 그 아이는 다 자라자 여느 사람처럼 말을 했다. 호희의 부인은 [그 아이를 위해] 따로 휘장을 마련해주었다. 한번은 그 아이가 스스로 말했다.
    "이제 제 모습을 드러내어 할머니께 보여드리겠어요."
    호희의 부인이 보았더니, 그는 붉은 휘장에 싸여 있었는데 앞뒤로 황금 비녀가 꽂혀 있었고 손과 팔이 보기 좋았으며 금(琴)을 잘 탔다. 그는 때때로 할머니와 어머니에게 먹고 싶은 것을 물어보고는 술·육포·대추 따위를 구해 가지고 돌아왔다. 한번은 호중이 앉아서 옷을 짓고 있었는데, 아이가 그녀의 무릎을 끌어안거나 등을 타고 오르면서 몇 차례 장난을 치자, 그녀는 참다못하여 속으로 몰래 화를 내며 말했다.

"사람이 어떻게 귀신 자식과 함께 있을 수 있단 말인가!"

그러자 즉시 아이가 옆에서 화를 내며 말했다.

"저는 어머니께 그저 장난을 쳤을 뿐인데 귀신 자식이라고 욕을 하시다니요! 지금 당장 어머니의 손가락으로부터 어머니의 뱃속으로 들어가 어머니께 [저의 진면목을] 알게 하겠어요."

호중은 손가락이 즉시 뻣뻣해지면서 아파 오더니 통증이 점점 위로 올라가 팔로 들어갔는데, 마치 누군가가 자신을 칼로 찌르는 것 같아 금방이라도 죽을 것만 같았다. 그래서 호희의 부인이 음식을 차려놓고 아이에게 빌었더니 잠시 후 호중의 통증이 멎었다. (『녹이전』)

吳左中郎廣陵相胡熙, 字元光. 女名中, 許嫁當出, 而歘有身, 女亦不自覺. 熙父信, 嚴而有法, 乃遣熙妻丁氏殺之. 歘有鬼語腹中, 音聲嘖嘖曰: "何故殺我母? 我某月某日當出!" 左右驚怪, 以白信, 信自往聽, 乃捨之.

及産兒遺地, 則不見形, 止聞兒聲, 在於左右. 及長大, 音語亦如人. 熙妻別爲施帳. 時自言: "當見形, 使姥見." 熙妻視之, 在丹帷襃, 前後釘金釵, 好手臂, 善彈琴. 時問姥及母所嗜欲, 爲得酒脯棗之屬以還. 母坐作衣, 兒來抱膝緣背數戲, 中不耐之, 意竊怒曰: "人家豈與鬼子相隨!" 卽於旁怒曰: "就母戲耳, 乃罵作鬼子! 今當從母指中, 入於母腹, 使母知之." 中指卽直而痛, 漸漸上入臂髆, 若有貫刺之者, 須臾欲死. 熙妻乃設饌, 祝請之, 有頃而止. (出『錄異傳』)

317 · 18(4083)
노 숙(魯 肅)

손권(孫權)이 병들자 무당이 아뢰었다.

"어떤 귀신이 명주 두건을 쓰고 있는데 작고한 장상(將相)과 비슷했사옵니다. [시위병들이] 꾸짖었으나 그는 아예 돌아보지도 않고 곧장 궁궐로 들어갔사옵니다."

그날 밤에 손권은 [꿈에서 죽은] 노숙이 찾아오는 것을 보았는데, 그의 옷과 두건이 모두 무당의 말 그대로였다. (『유명록』)

孫權病, 巫啓云: "有鬼著絹巾, 似是故將相. 呵叱初不顧, 徑進入宮." 其夜, 權見魯肅來, 衣巾悉如其言. (出『幽明錄』)

태평광기

권제 318

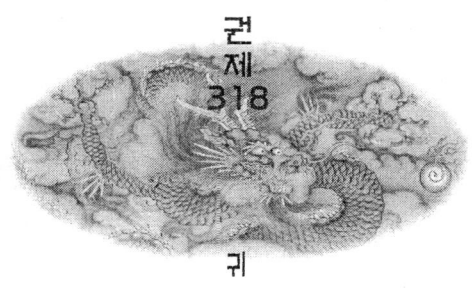

귀 3

1. 육 기(陸   機)
2. 조 백 륜(趙 伯 倫)
3. 주 언(朱   彦)
4. 환 회(桓   回)
5. 주 자 장(周 子 長)
6. 순 택(荀   澤)
7. 환 월(桓   軏)
8. 주 자 지(朱 子 之)
9. 양 선(楊   羨)
10. 왕 조 종(王 肇 宗)
11. 장 우(張   禹)
12. 소 공(邵   公)
13. 오 사 계(吳 士 季)
14. 주 자 문(周 子 文)
15. 왕 공 백(王 恭 伯)
16. 이 경(李   經)
17. 사 막 지(謝 邈 之)
18. 팽 호 자(彭 虎 子)
19. 사 마 념(司 馬 恬)
20. 완 덕 여(阮 德 如)
21. 진 경 손(陳 慶 孫)
22. 견 충(甄   沖)

318 · 1(4084)
육 기(陸 機)

    육기는 처음 낙양(洛陽)에 갔을 때 하남(河南)에서 잠시 머물렀다가 언사현(偃師縣)으로 들어갔다. 마침 날이 어두컴컴해졌는데, 길가를 보았더니 민가 같은 것이 있기에 그곳에 들어가 투숙했다. 그는 그곳에서 몸가짐이 단정하고 기상이 원대해 보이는 한 젊은이를 만났는데, 『역경(易經)』을 옆에 놓은 채 투호(投壺) 놀이를 하고 있었다. 젊은이는 육기와 더불어 이야기를 나누었는데, 현리(玄理)를 깊이 터득하고 있어서 육기는 속으로 그 재주에 탄복해 마지않으며 스스로 그 젊은이에게 응대할 수 없다고 생각하면서 이튿날 동이 트자마자 바로 그곳을 나왔다. 육기가 여관에 도착해서 말을 풀자 여관집 할멈이 말했다.

    "이곳부터 동쪽 십수 리 밖에 마을이라고는 없습니다. 그저 산양(山陽) 왕씨 집안[王弼의 집안]의 무덤만이 있을 따름입니다."

    육기가 그쪽을 바라다보았더니 빈 들판에 먹구름만 끼여 있었으며, 아름드리나무가 해를 가리고 있었다. 육기는 그제야 자신이 어제 만났던 젊은이가 정말로 왕필이었음을 알았다. (『이원』)

    陸機初入洛, 次河南, 入偃師. 時陰晦, 望道左, 若有民居, 因投宿. 見一少年, 神姿端遠, 置『易』投壺. 與機言倫, 妙得玄微, 機心伏其能, 無以酬抗, 旣曉便去.

稅驂逆旅, 逆旅嫗曰:"此東十數里無村落. 有山陽王家家耳." 機往視之, 空野霾雲, 拱木蔽日. 方知昨所遇者, 信王弼也. (出『異苑』)

318 · 2(4085)
조백륜(趙伯倫)

말릉(秣陵) 사람 조백륜은 일찍이 양양군(襄陽郡)에 간 일이 있었다. [떠나기에 앞서] 뱃사람들이 돼지를 잡아서 제사를 올리기로 해놓고, 정작 제사 때는 달랑 새끼 돼지의 어깨살만 제물로 바쳤다. 그 날 저녁 조백륜 일행은 꿈에서 한 노인과 할멈을 보았는데, 귀밑털과 머리카락은 모두 쇠었고, 무명옷을 입은 채 손에는 부러진 노를 들고 화를 내고 있었다. 이튿날 출항하자마자 배가 갑자기 모래와 돌에 부딪쳤는데, 사람의 힘으로는 도저히 막아낼 수 없었다. 후에 다시 후한 제물을 바치자 배가 순조롭게 잘 빠져나갔다. (『유명록』)

秣陵人趙伯倫, 曾往襄陽. 船人以猪豕爲禱, 及祭, 但犲肩而已. 爾夕, 倫等夢見一翁一姥, 鬢首蒼素, 皆著布衣, 手持橈楖, 怒之. 明發, 輒觸沙衝石, 皆非人力所禁. 更施厚饌, 卽獲流通. (出『幽明錄』)

318 · 3(4086)
주 언(朱 彦)

영가군(永嘉郡) 사람 주언은 영녕현(永寧縣)에 살고 있었다. 주언은 황무지를 개간하여 집을 짓고 살았는데, 음악소리와 함께 아이의 울음소리가 들렸다. 주언은 밤에 아주 건장하고 키가 큰 한 사람이 나타나 주언이 켜놓은 불을 끄려고 했다. 그러나 주언은 평소 담력이 크고 용감했기 때문에 전혀 그를 두려워하지 않았고 집도 옮기지 않았는데, 그러고도 아무런 해도 입지 않았다. (『이원』)

永嘉朱彦, 居永寧. 披荒立舍, 便聞絃管之聲, 及小兒啼呼之音. 夜見一人, 身甚壯大, 吹('吹'原作'呼', 據明鈔本改)殺其火. 彦素膽勇, 不以爲懼, 卽不移居, 亦無後患. (出『異苑』)

318 · 4(4087)
환 회(桓 回)

유총(劉聰: 前趙의 昭武帝) 건원(建元) 3년(315)에 병주(幷州)의 좨주(祭酒) 환회는 길에서 한 노인을 만났는데, 노인이 환회에게 물었다.

"악공(樂工) 성빙(成憑)은 지금 무슨 관직을 맡고 있습니까? 내 그 사람과 오랜 친분이 있기 때문에 그와 청담(淸談)을 나누면서 효렴(孝廉)

들을 골라 낼 수 있었소. 혹시 그를 만나거든 나 대신 소식이나 좀 전해 주시오."

환회가 노인에게 이름을 묻자 노인이 말했다.

"나는 오군(吳郡)의 마자헌(麻子軒)이오."

노인은 그 말을 남기고는 사라졌다. 환회가 성빙을 만났을 때 노인의 뜻을 모두 전해주자, 성빙이 탄식하며 말했다.

"옛날에 그런 사람이 있었는데, 그가 세상을 떠난 지 근 50년이 되었습니다."

중랑(中郞: 王公府나 軍府의 隸下官吏) 순언서(荀彦舒)는 이 이야기를 듣고 마자헌을 위해 축문을 지었으며, 성빙에게 명해 술과 음식을 마련해서 큰길에서 제사 지내게 했다. (『이원』)

幷州祭酒桓回, 以劉聰建元三年, 於途遇一老父, 問之云: "有('有'原作'是', 據明鈔本改)樂工成憑, 今何職? 我與其人有舊, 爲致淸談, 得察孝廉. 君若相見, 令知消息." 回問姓字, 曰: "我吳郡麻子軒也." 言畢而失. 回見憑, 具宣其意, 憑歎曰: "昔有此人, 計去世近五十年." 中郎荀彦舒聞之, 爲造祝文, 令憑設酒飯, 祀於通衢之上. (『異苑』)

318 · 5(4088)
주자장(周子長)

[東晉] 주자장은 무창군(武昌郡) 오대포(五大浦) 동강두(東岡頭)에 살

고 있었다. 함강(咸康) 3년(337)에 주자장은 한계포(寒溪浦)에 있는 혜(嵇) 아무개 집에 갔는데, 혜 아무개의 집은 오대포에서 몇 리나 떨어져 있어서 저녁이 되어서야 오대포에 이르렀으나 아직 도착하지 못한 상태였다. 이보다 앞서 한 텅 빈 언덕에 네모 번듯한 기와집 한 채가 길을 가고 막고 있는 것이 보였는데, 그 집 하인이 갑자기 주자장의 머리채를 잡았다. 주자장이 말했다.

"나는 불제자인데, 네가 어떻게 나를 잡을 수 있느냐?"

관리가 말했다.

"불제자라면 범패를 염송할 수 있느냐?"

주자장은 이전부터 『사천왕(四天王)』와 『서자경(庶子經)』을 잘 외고 있었기에 그 자리에서 서너 차례 염송했지만, 관리는 여전히 주자장의 머리채를 잡고 놓아주지 않았다. 이에 주자장이 욕을 하며 말했다.

"무창현의 어리석은 귀신 같으니! 내 너에게 내가 불제자라는 것을 일러주었고, 또 너를 위해 불경을 여러 번 염송했거늘, 너는 어찌하여 여전히 사람을 잡고 놓아주지 않는 것이냐?"

주자장을 잡았던 귀신이 곧 바로 주자장의 머리채를 놓자 더 이상 기와집이 보이지 않았다.

귀신은 고의로 주자장을 쫓아왔다. 귀신은 주자장이 문 앞을 지나갈 때 문 앞을 가로막고 주자장으로 하여금 들어가지 못하게 하면서 소리도 내지 못하게 했다. 그리하여 주자장은 귀신을 데리고 한계사(寒溪寺)로 가서 바로 귀신의 멱살을 잡고 말했다.

"내 너를 한계사의 스님 앞에 데려가겠다."

그러자 귀신도 주자장의 멱살을 잡고 서로 질질 끌면서 오장당(五丈

塘)을 건너 서쪽으로 갔다. 뒤에 있던 다른 귀신이 주자장의 멱살을 잡은 귀신에게 말했다.

"놓아주시오. 서쪽으로 가면 우리를 절 안으로 끌고 들어갈 것이오."

주자장을 잡은 귀신이 말했다.

"잡은 이상 그를 놓아줄 수 없소이다."

주자장이 다시 뒤에 있는 귀신에게 말했다.

"절 안에 지금 스님들이 있다."

주자장을 잡은 귀신이 그래도 두려워하지 않자, 뒤에 있던 다른 귀신이 작은 소리로 말했다.

"그럼 너는 최근에 성 동쪽에서 스님을 만났을 때는 어째서 얼굴색이 변했지?"

그리고는 모두들 껄껄대며 웃었다. 주자장이 집으로 돌아왔을 때는 이미 삼경(三更)이 지난 뒤였다. (『영귀지』)

周子長, 居武昌五大浦東岡頭. 咸康三年, 子長至寒溪中嵇家, 家去五大數里. 合暮還五大, 未達. 先是空岡, 忽見四匝瓦屋當道, 門卒便捉子長頭. 子長曰: "我佛弟子, 何足捉我?" 吏曰: "若是佛弟子, 能經唄不?" 子長先能誦『四天王』及『庶(『法苑珠林』六五'庶'作'鹿')子經』, 誦之三四過, 捉故不置. 便罵之曰: "武昌癡鬼! 語汝, 我是佛弟子, 爲汝誦經數偈, 故不放人?" 捉者便放, 不復見屋.

鬼故逐之. 過家門前, 鬼遮不得入, 亦不得作聲. 而將鬼至寒溪寺中過, 子長便擒鬼胸, 云: "將汝至寺中和尙前." 鬼擒子長胸, 相拖渡五丈塘, 西行. 後鬼謂捉者曰: "放爲. 西將牽我入寺中." 捉者曰: "已擒不放." 子長復爲後者曰: "寺中正有禿輩." 乃未肯畏之, 後一鬼小語曰: "汝近城東逢禿時, 面何以敗?" 便共大笑.

子長比達家, 已□□更盡矣. (出『靈鬼志』)

318 · 6(4089)
순 택(荀 澤)

영천(潁川) 사람 순택은 [東晉] 태원연간(太元年間: 376～397)에 죽었으나 늘 모습을 드러내고 집으로 돌아와 부인 노국(魯國) 공씨(孔氏)와 다정하게 지내며 정을 주고받다가 결국 공씨가 회임을 하게 되었다. 공씨가 열 달 뒤에 출산하고 보니 물밖에 없었다.

첩이 다른 방에서 장을 담그자 순택이 말했다.

"상가에서는 장을 담가서는 안 되는 것으로 알고 있는데, 네가 고의로 이런 짓을 했으렷다. 나는 지금 상관의 문책을 받아 그 벌로 콩을 세고 있는데, 너무 힘들어 감당하기 어렵구나."

그로부터 얼마 지나지 않아 순택은 발길을 끊고 공씨를 찾아오지 않았다. (『이원』)

潁川荀澤, 以太元中亡, 恒形見還, 與婦魯國孔氏, 嬿婉綢繆, 遂有娠焉. 十月而産, 産悉是水.

別房作醬, 澤曰: "我知喪家不當作醬, 而故爲之. 今上官責我數豆粒, 致令劬不復堪." 經少時而絕. (出『異苑』)

318 · 7(4090)
환 월(桓 軏)

환월은 [東晉] 태원연간(太元年間: 376~397: 原文에는 太原이라 되어 있지만, 太元의 誤記로 보임)에 파동태수(巴東太守)가 되었는데, 그 가족들은 모두 강릉(江陵)에 남겨 두었다. 부인의 유모인 진씨(陳氏)의 아들 도생(道生)은 환월을 따라 임지로 가다가 급류에 휩쓸려 떠내려가 죽었다. 도생은 죽은 뒤에 현신(現身)하여 말했다.

"저는 지금 하백신(河伯神)의 시종이 되었는데, 20일 정도 휴가를 얻게 되었기에 이렇게 잠시 돌아오게 되었습니다."

도생의 모친이 아주 슬퍼하자, 환월이 기르던 까마귀 한 마리가 날개를 펼쳐 도생 모친의 입을 가렸다. 그리하여 도생 모친의 혓바닥에 혹이 하나 생겨났는데, 이때부터 그녀는 더 이상 울 수 없었다. (『이원』)

桓軏太原中爲巴東太守, 留家江陵. 妻乳母姓陳, 兒道生, 隨軏之郡, 墮瀨死. 道生形見云: "今獲在河伯左右, 蒙假二十日, 得暫還." 母哀至, 軏有一黑鳥, 以翅掩其口. 舌上遂生一瘤, 從此便不得復哭. (出『異苑』)

318 · 8(4091)
주자지(朱子之)

동양군(東陽郡)의 주자지의 집에 어떤 귀신이 늘 찾아왔다. 주자지의 아들이 심장병을 앓자, 귀신이 말했다.

"내 당신을 위해 치료할 방법을 찾아보겠소이다."

그러더니 이렇게 말했다.

"호환(虎丸)을 불에 구워 먹으면 바로 병이 나을 것이오. 큰 창 하나를 구해 내게 주면 당신을 위해 호환을 가져오리다."

주자지의 집에서 곧바로 창을 가져다가 귀신에게 주자 귀신은 곧장 창을 들고 나갔는데, 얼마 지나지 않아 돌아와서 뜰 한가운데에 창을 놓았다. 또 호환을 땅에 던졌는데, 그때까지도 여전히 따뜻했다. (『제해기』)

東陽郡朱子之, 有一鬼, 恒來其家. 子之兒病心痛, 鬼語之: "我爲汝尋方." 云: "燒虎丸飮卽差. 汝覓大戟與我, 我爲汝取也." 其家便持戟與鬼, 鬼持戟去, 須臾還, 放戟中庭. 擲虎丸著地, 猶尙暖. (出『齊諧記』)

318·9(4092)
양 선(楊 羨)

[東晉] 효무제(孝武帝) 태원연간(太元年間: 376~397) 말에 오현(吳縣)의 양선의 집에 원숭이처럼 생긴 한 물체가 나타났는데, 사람 얼굴에 머리카락이 나 있었다. 양선이 밥을 먹을 때마다 귀신은 늘 양선의 밥을 빼앗아갔다. 양선의 부인이 베틀에서 베를 짜고 있을 때 양선은 칼을 들고 귀신을 죽이려 했다. 귀신이 베틀을 향해 달아나자 부인의 모습이 귀신으로 변했다. 양선이 [귀신으로 변한 부인을] 그대로 베어 죽이자, 귀

신은 모습을 드러내며 부인의 몸속에서 빠져나와 박장대소했다. 귀신이 떠나가고 난 뒤에야 양선은 비로소 자신이 죽인 것이 부인이었음을 알았다. 부인을 보았더니 10여 개로 토막 나 있었다. 양선의 부인은 그때 회임한 지 거의 6개월이 다 되어갔기에 뱃속의 아이는 이미 머리카락이 생겨나고 있었다. 이를 본 양선은 몹시 마음 아파하다가 죽었다. (『광고금오행기』)

孝武帝太元末, 吳縣楊羨, 有一物似猴, 人面有髮. 羨每食, 鬼恒奪之. 羨婦在機織, 羨提刀殺鬼. 鬼走向機, 婦形變爲鬼. 羨因斫之, 見鬼跳出, 撫掌大笑. 鬼去, 羨始悟. 視婦成十餘段. 婦妊身殆六月, 腹內兒髮已生. 羨惋痛而死. (出『廣古今五行記』)

318 · 10(4093)
왕조종(王肇宗)

태원(太原) 사람 왕조종은 병에 걸려 죽었는데, 죽은 후에도 모습을 드러내어 그의 어머니 유씨(劉氏) 및 아내 한씨(韓氏)와 더불어 이야기를 나누었다. 그가 어머니에게 술을 달라고 하기에 어머니가 술잔을 들어 그에게 주었더니 그가 이렇게 말했다.

"좋은 술이로다!"

왕조종은 아내에게 이렇게 말했다.

"3년간 헤어져 있을 뿐이오."

상기(喪期)가 끝났을 때 아내는 병이 들자 이렇게 말했다.

"동혈(同穴: 부부가 죽은 뒤에 같은 무덤에 묻힌다는 의미)의 뜻은 예로부터 이루기 어려운 것이거늘, 살아 있을 때처럼 부부가 함께 있을 수 있다면 이 어찌 나의 지극한 바람이 아니겠는가!"

마침내 그녀는 약을 먹지 않고 죽었다. (『술이기』)

太原王肇宗病亡, 亡後形見, 於其母劉及妻韓共語. 就母索酒, 擧杯與之, 曰: "好酒!" 語妻曰: "與卿三年別耳." 及服終妻疾, 曰: "同穴之義, 古之所難, 幸者如存, 豈非至願!" 遂不服藥而歿. (出『述異記』)

318 · 11(4094)
장 우(張 禹)

[西晉] 영가연간(永嘉年間: 307~312)에 황문장(黃門將) 장우는 큰못을 지나가고 있었는데, 날이 어두컴컴해지더니 갑자기 대문 하나가 활짝 열렸다. 장우는 앞으로 나아가 청사(廳事)로 갔다. 한 계집종이 나와 [무슨 일로 왔느냐고] 묻자 장우가 말했다.

"길 가던 중에 비를 만났기에 하룻밤 묵고 갔으면 합니다."

계집종은 안으로 들어가 그 사실을 알리고 잠시 뒤에 다시 나와 장우를 부르더니 앞으로 오게 했다. 30세 가량 되어 보이는 여자가 휘장 안에 앉아 있었으며 시녀가 스무 명 남짓 되었는데, 옷이 모두 빛이 나고 아름다웠다. 여자가 장우에게 원하는 바를 물었더니 장우가 말했다.

"내게 밥은 있으니, 마실 것만 있으면 됩니다."

여자는 솥을 가져오게 해서 장우에게 주라고 했다. 그리하여 장우는 불을 피우고 국을 끓였는데, 끓는 소리가 나기에 살펴보았더니 물이 여전히 찼다. 여자가 말했다.

"나는 죽은 사람입니다. 무덤 안에는 당신에게 줄 것이 아무것도 없으니, 참으로 부끄러울 따름입니다."

여자는 흐느껴 울며 장우에게 말했다.

"저는 임성현(任城縣) 손씨(孫氏) 집안의 딸로, 아버지께서는 중산태수(中山太守)를 지내셨습니다. 저는 돈구(頓丘) 사람 이씨(李氏)에게 시집가서 1남 1여를 두었는데, 사내아이는 11살이고 딸아이는 7살입니다. 제가 죽은 뒤 남편 이씨는 이전에 제가 부리던 계집종 승귀(承貴)를 총애했습니다. 지금 내 자식은 매번 승귀에게 머리와 얼굴을 심하게 맞고 있습니다. 저는 늘 뼈저리게 이 일을 애통해하며 그 계집종을 죽이고자 했습니다. 그러나 죽은 사람은 기가 약하기 때문에 반드시 다른 사람의 몸을 빌려야 합니다. 부탁하건대 당신께서 나를 도와 이 일을 해결해준다면 틀림없이 당신에게 후한 보답을 하겠습니다."

장우가 말했다.

"모름지기 부인의 말을 생각하면 안 되었지만, 살인이란 너무 큰일이기 때문에 감히 명을 따를 수가 없습니다."

부인이 말했다.

"무슨 이유로 당신으로 하여금 직접 살인하게 하겠습니까? 그저 당신은 저를 위해 제가 당신에게 말해준 일의 정황을 그대로 이씨 집안에 전해주기만 하면 됩니다. 그러면 남편 이씨는 승귀를 아껴서 틀림없이 액막이 제사를 올리려 할 것입니다. 그때 당신은 반드시 스스로 엽단법(厭斷法: 고대 方士들이 행하던 巫術가운데의 하나로, 귀신을 물리치던 방법)에 능하다고 말하십시오. 남편 이씨는 그 말을 들으면 틀림없이 승귀에게 직접 그 일에 참여하게 할 것입니다. 그러면 그때 제가 기회를 엿보아서 그녀를 죽이겠습니다."

장우는 그렇게 하겠다고 대답했다. 날이 밝자 장우는 그곳을 나와 이씨를 찾아가 여자가 한 말을 모두 전해주었다. 이씨는 소스라치게 놀라면서 그 사실을 승귀에게 말해주었다. 승귀는 몹시 두려워하면서 장우에게 목숨을 구해달라고 했다. 잠시 뒤에 장우는 손씨가 시녀 20여 명과 함께 밖에서 들어오는 것을 보았는데, 모두 칼을 들고 승귀를 찔러 승귀는 그 자리에서 땅에 고꾸라져 죽었다. 얼마 뒤에 장우가 다시 못을 지나가는데, 여자는 시녀를 시켜 여러 색깔로 된 비단 54필(匹)을 보내 장우에게 보답했다. (『지괴』)

永嘉中, 黃門將張禹, 曾行經大澤中, 天陰晦, 忽見一宅門大開. 禹遂前至廳事. 有一婢出問之, 禹曰: "行次遇雨, 欲寄宿耳." 婢入報之, 尋出, 呼禹前. 見一女子, 年三十許, 坐帳中, 有侍婢二十餘人, 衣服皆燦麗. 問禹所欲, 禹曰: "自有飯, 唯須飮耳." 女敕取鐺與之. 因燃火作湯, 雖聞沸聲, 探之尙冷. 女曰: "我亡人也. 塚墓之間, 無以相共, 慙愧而已." 因獻歆告禹曰: "我是任城縣孫家女, 父爲中山太守. 出適頓丘李氏, 有一男一女, 男年十一, 女年七歲. 亡後, 李氏幸我舊使婢承貴者. 今我兒每被捶楚, 不避頭面. 常痛極心髓, 欲殺此婢. 然亡人氣弱, 須有所憑. 託君助濟此事, 當厚報君." 禹曰: "雖念夫人言, 緣殺人事大, 不敢承命." 婦人曰: "何緣令君手刃? 唯欲因君爲我語李氏家, 說我告君事狀. 李氏念惜承貴,必作禳除. 君當語之, 自言能爲厭斷之法. 李氏聞此, 必令承貴苞事. 我因何使殺之." 禹許諾. 及明而出, 遂語李氏, 其以其言告之. 李氏驚愕, 以語承貴. 人懼, 遂求救於禹. 旣而禹見孫氏自外來, 侍婢二十餘人, 悉持刀刺承貴, 應手仆地而死. 未幾, 禹復經過澤中, 此人遣婢送五十匹雜綵以報禹. (出『志怪』)

318 · 12(4095)
소공(邵公)

소공은 학질을 앓고 있었는데, 1년이 지나도록 병이 낫지 않았다. 후에 소공은 혼자서 별장에 있었는데, 학질이 발작할 때 어린 아이 몇 명이 나타나 자신의 손과 발을 잡고 있는 것을 보았다. 그리하여 소공이 일부러 자는 척 하다가 갑자기 일어나 그 가운데 한 아이를 잡았더니, 그 아이는 누런 익조(鷁鳥)로 변했고, 나머지 아이들은 모두 달아났다. 소공은 익조를 묶어서 집으로 돌아온 다음 창에 매달아놓고 죽여서 잡아먹으려 했다. 날이 밝자 익조는 어디론가 사라지고 없었고, 학질도 나았다. 이로부터 당시에 학질을 앓는 사람들은 그저 '소공'의 이름을 부르기만 하면 곧 바로 병이 나았다. (『녹이전』)

邵公者, 患瘧, 經年不差. 後獨在墅居, 瘧作之際, 見有數小兒, 持公手足. 公因陽瞑, 忽起, 捉得一小兒, 化成黃鷁, 其餘皆走. 仍縛以還家, 懸於窓, 將殺食之. 及曙, 失鷁所在, 而瘧遂愈. 于時有患瘧者, 但呼'邵公'卽差. (出『錄異傳』)

318 · 13(4096)
오사계(吳士季)

가흥현령(嘉興縣令) 오사계는 일찍이 학질을 앓았다. 오사계는 배를 타고 무창묘(武昌廟)를 지나가다가 사람을 보내 사례하면서 학질 귀신을 막아 달라고 빌었다. 얼마 뒤에 오사계는 사당에서 20리 남짓 떨어진 곳에서 잠을 자다가 연못에 있던 한 기마병이 자신을 쫓아오는 꿈을 꾸었는데, 오사계는 그 속도가 아주 빠르다고 생각했다. 그 기마병은 오사계를 보더니 곧장 말에서 내려 한 관리와 함께 배 안으로 들어간 뒤에 한 꼬마를 붙잡아서 데리고 갔다. 그로부터 얼마 뒤에 오사계의 학질이 나았다. (『녹이전』)

嘉興令吳士季者, 曾患瘧. 乘船經武昌廟過, 遂遣人辭謝, 乞斷瘧鬼焉. 旣而去廟二十餘里, 寢際, 忽夢塘上有一騎追之, 意甚疾速. 見士季乃下, 與一吏共入船後, 縛一小兒將去. 旣而瘧疾遂愈. (出『錄異傳』)

318 · 14(4097)
주자문(周子文)

[東晉] 원제(元帝) 말년에 초군(譙郡) 사람 주자문은 어렸을 때의 자가 아서(阿鼠)였다. 그의 집은 진릉군(晉陵郡) 연릉현(延陵縣)에 있었는데, 그는 젊었을 때 자주 사냥을 나갔다. 그가 한번은 산에 들어가 사냥

을 하다가 함께 간 사람들과 헤어지게 되었다. 그런데 갑자기 산골짜기에 한 사람이 나타났는데, 키가 5척(尺) 정도 되었으며 활과 화살을 쥐고 있었다. 화살촉 머리부분은 너비가 2척 정도 되었는데, 모두 눈처럼 희었다. 그 사람이 갑자기 산골짜기에서 나와 "아서야!"하고 부르자 그 소리에 주자문은 자신도 모르게 대답했다. 그 사람이 주자문을 향해 활을 겨냥하자 주자문은 곧장 그 자리에서 엎드린 채 꼼짝도 하지 못했다. 잠시 뒤에 그 사람은 사라졌다. 함께 사냥 왔던 사람들이 주자문을 찾아내었더니 주자문은 전혀 말을 하지 못했다. 그래서 사람들이 그를 수레에 태워 집으로 데리고 돌아왔는데, 그로부터 며칠 뒤에 주자문은 죽었다. (『광고금오행기』)

元帝末, 譙郡周子文, 小字阿鼠. 家在晉陵郡延陵縣, 少時獵射. 常入山射獵, 伴侶相失. 忽山岫間見一人, 長五尺許, 捉弓箭. 箭鏑頭廣二尺許, 白如霜雪. 此人忽出喚曰: "阿鼠!" 子文不覺應諾. 此人牽弓滿, 向子文, 便伏, 不能復動. 遂不見此人. 獵伴尋求子文, 都不能語. 輿還家, 數日而卒. (出『廣古今五行記』)

318 · 15(4098)
왕공백(王恭伯)

진(晉)나라 때의 왕공백은 자(字)가 자승(子升)이고 회계(會稽) 사람이었는데, 용모가 매우 아름답고 금(琴)을 아주 잘 탔다. 왕공백은 동궁사인(東宮舍人)으로 있을 때 휴가를 내어 오(吳) 땅에서 쉬고 있었다. 왕공백이 창문(閶門)의 역참에서 달을 바라보면서 금을 타고 있을 때 갑자기 한 여자가 시녀 한 명을 데리고 나타나서 왕공백에게 말했다.

"소첩은 평생 금을 아꼈는데, 원컨대 함께 연주해보았으면 합니다."

그 자태가 매우 아름다웠기에 왕공백은 그녀를 머물게 해서 함께 밤을 보낸 뒤에 새벽이 되어서 헤어졌다. 여자는 비단 요와 향주머니를 이별의 정표로 주었고, 왕공백은 옥비녀를 선물로 주어 보냈다.

잠시 뒤에 날이 밝자, 이웃 배에서 오현령(吳縣令) 유혜기(劉惠基)의 죽은 딸의 영전 앞에 놓여 있던 비단 요와 향주머니가 사라졌다는 소리가 들렸다. 잠시 뒤에 한 관리가 이웃 배를 두루 수색하다가 왕공백이 타고 있던 배로 와서 그것을 찾아내었다. 왕공백은 두려운 나머지 이렇게 말했다.

"저도 옥비녀를 그녀에게 주었습니다."

유혜기가 딸의 시신을 살펴보게 했더니, 정말 죽은 딸의 머리에서 옥비녀가 나왔다. 유혜기는 목놓아 울면서 왕공백을 불러 사위의 예로서 대했다. 그 딸의 이름은 치화(稚華)로 16세에 죽었다. (형자재『산하별기』)

晉世王恭伯, 字子升, 會稽人, 美姿容, 善鼓琴. 爲東宮舍人, 求假休吳. 到閶門郵亭, 望月鼓琴. 俄有一女子, 從一女, 謂恭伯曰: "妾平生愛琴, 願共撫之." 其姿質甚麗, 恭伯留之宿, 向曉而別. 以錦褥香囊爲訣, 恭伯以玉簪贈行.

俄而天曉, 聞鄰船有吳縣令劉惠基亡女, 靈前失錦褥及香囊. 斯須, 有官吏遍搜鄰船, 至恭伯船, 獲之. 恭伯懼, 因述其(明鈔本'述'其作'還之')言: "我亦贈其玉簪." 惠基令檢, 果於亡女頭上獲之. 惠基乃慟哭, 因呼恭伯以子壻之禮. 其女名稚華, 年十六而卒. (出邢子才『山河別記』)

318 · 16(4099)
이경(李 經)

계양군(桂陽郡) 사람 이경은 창을 들고 자신을 쫓아오는 주평(朱平)과 부딪쳤다. 주평이 백여 걸음 쫓아갔을 때 갑자기 키가 1장(丈) 남짓 되는 귀신이 나타나 주평을 저지하며 말했다.

"이경이 아직 목숨이 남아 있으니 어찌 죽일 수 있겠느냐? 그만 두지 않으면 틀림없이 네 손이 다칠게다."

주평은 술김에 곧장 이경의 집으로 달려갔다. 그러자 귀신도 그 뒤를 따라왔다. 주평은 이경을 보고서 칼을 휘두르려고 했는데, 그 순간 마치 포박된 것처럼 갑자기 꼼짝도 할 수 없었으며, 정말 왼쪽 손가락에 상처가 났다. 주평은 그 자세로 뜰 가운데에 서 있다가 저녁때가 되어서야 겨우 술에서 깨어나 집으로 돌아갔다. 귀신이 말했다.

"내가 아까 자네에게 말했는데, 어찌하여 내 말을 따르지 않았느냐?"

귀신은 말을 다하고는 사라졌다. (『유명록』)

桂陽人李經, 與(明鈔本'與'作'遇')朱平帶戟逐焉. 行百餘步, 忽見一鬼, 長丈餘, 止之曰: "李經有命, 豈可殺之? 無爲, 必傷汝手." 平乘醉, 直往經家. 鬼亦隨之. 平旣見經, 方欲奮刃, 忽屹然不動, 如被執縛, 果傷左手指焉. 遂立庭間, 至暮, 乃醒而去. 鬼曰: "我先語汝, 云何不從?" 言終而滅. (出『幽明錄』)

318 · 17(4100)
사막지(謝邈之)

사막지가 오흥군(吳興郡) 태수(太守)로 있을 때 그의 수하에 추람(鄒覽)이라는 급사(給使)가 초선(樵船: 땔감 운반용 수레)을 타고 부대의 뒤를 따르고 있었다. 배가 평망정(平望亭)에 이르렀을 때 밤에 비바람이 일자 앞서 가던 부대는 잠시 진을 치고 머물렀다. 그러나 추람이 탄 배에는 지붕이 없었기 때문에 비를 피할 데가 없었다. 추람은 사방을 둘러 보다가 제방 아래에서 불이 밝혀져 있는 한 집을 발견하고는 곧장 그곳으로 가 투숙하려 했다.

제방아래에 가서 보았더니 띠로 지붕을 인 집이 한 채 있었는데, 그 안에 약 50세 가량 되어 보이는 남자가 밤에 발을 짜고 있었다. 다른 침상에는 10세 된 사내아이가 있었다. 추람이 그 사람에게 하룻밤 묵어 갈 것을 청하자 그 사람은 흔쾌히 그렇게 하라고 했다. 사내아이가 눈물을 흘리며 흐느껴 울자 그 사람이 그만 울라고 말렸지만, 아이는 멈추지 않고 동이 틀 때까지 계속 울었다. 추람이 아이가 우는 까닭을 묻자, 그 사람이 말했다.

"이 아이는 제 아들인데, 어머니가 개가를 해야 하기 때문에 슬퍼서 이렇게 울고 있을 따름입니다."

동틀 무렵에 추람은 그곳을 떠나왔다. 추람이 다시 뒤돌아보았더니 조금 전의 그 집은 보이지 않고 무덤 두 개만 덩그러니 있었으며, 그 주위로 풀이 무성하게 우거져 있었다.

추람은 길을 가다가 배를 타고 오는 한 여자를 만났는데, 여자가 추람에게 이렇게 말했다.

"이곳은 사람이 다닐 곳이 못되는데, 당신은 어찌하여 그곳에서 나옵니까?"

이에 추람이 어제 밤에 자신이 보았던 일을 모두 갖추어 말해주자, 여자가 말했다.

"그 아이는 제 아들입니다. 사실은 제가 다른 곳으로 시집가게 되어 이렇게 무덤에 인사차 왔습니다."

그리고는 목메어 했다. 여자는 무덤에게 가서 목놓아 울더니 개가하지 않았다. (『녹이전』)

謝邈之爲吳興郡, 帳下給使鄒覽, 乘樵船在部伍後. 至平望亭, 夜風雨, 前部任頓住. 覽露船, 無所庇宿. 顧見塘下有人家燈火, 便往投之.

至有一茅屋, 中有一男子, 年可五十, 夜織薄. 別牀有小兒, 年十歲. 覽求寄宿, 此人欣然相許. 小兒啼泣歔欷, 此人喩止之不住, 啼遂至曉. 覽問何意, 曰: "是僕兒, 其母當嫁, 悲戀故啼耳." 將曉覽去. 顧視不見向屋, 唯有兩塚, 草莽湛深.

行逢一女子乘船, 謂覽曰: "此中非人所行, 君何故從中出?" 覽具以昨夜所見事告之, 女子曰: "此是我兒. 實欲改適, 故來辭墓." 因哽咽. 至塚號咷, 不復嫁. (出『錄異傳』)

318 · 18(4101)
팽호자(彭虎子)

팽호자는 젊었을 때 근력이 셌으며 늘 귀신은 없다고 말했다. 그의 어머니가 세상을 뜨자 박수가 이렇게 주의를 주었다.

"아무 날에 살(煞: 사람이 죽자마자 그 혼백이 변해 煞이라는 凶神이 된다고 함)이라는 흉신(凶神)이 틀림없이 와서 마구 사람을 죽일 테니 반드시 집을 나가 피해있어야 하오."

그 말에 집안의 부녀자와 아이들은 모두 달아나 피신했으나, 팽호자만은 도망가지 않고 집에 혼자 남아 있었다. 그 날 밤에 어떤 사람이 문을 밀고 들어와 동서로 다니면서 사람을 찾았으나, 사람을 찾지 못했다. 그러자 이번에는 집안으로 들어와 여막 쪽으로 다가왔다. 팽호자는 당황하여 어찌할 바를 모르다가 침상 머리에 독 하나가 있는 것을 발견하고는 얼른 그 안으로 들어가서 널빤지로 머리를 덮었다. 팽호자는 어머니가 널빤지 위에 앉는 것을 느꼈는데, 어떤 사람이 물었다.

"널빤지 밑에 사람이 없소?"

어머니가 아무도 없다고 하자, 흉신은 무리들을 이끌고 떠나갔다. (『계신록』[『유명록』])

彭虎子, 少壯有膂力, 常謂無鬼神. 母死, 俗巫誡之云: "某日殃煞當還, 重有所殺, 宜出避之." 合家細弱, 悉出逃隱, 虎子獨留不去. 夜中, 有人排門入, 至東西屋, 覓人不得. 次入屋, 向廬室中. 虎子遑遽無計, 牀頭先有一甕, 便入其中, 以板蓋頭. 覺母在板上, 有人問: "板下無人耶?" 母云: "無." 相率而去. (出『稽神錄』,

明鈔本作'出『幽明錄』')

318 · 19(4102)
사마념(司馬恬)

등애(鄧艾)의 사당은 경구(京口)에 있었는데, 단지 초가집에 불과했다. 진(晉: 東晉)의 안북장군(安北將軍: 鎭北將軍의 誤記로 보임) 사마념이 병상에 누워 있을 때 꿈에 한 노인이 나타나 이렇게 말했다.

"나는 등공(鄧公: 鄧艾)이라 하는데 집이 무너져 내려앉았으니, 그대가 수리해주시오."

사마념은 후에 그곳을 찾아가 보고서야 비로소 그곳이 등애의 사당임을 알고 기와집을 세워 주었다.

융안연간(隆安年間: 397~401)에 어떤 사람이 신좌(神座)에서 여자를 만나고 있었는데, 갑자기 뱀 한 마리가 나타나 그들을 네댓 번 칭칭 휘감았다. 여자의 집에서는 딸을 찾아 여기까지 왔다가 이 광경을 보고는 술과 포를 차려놓고 사당에 제사를 올렸다. 그런 뒤에 그들은 겨우 풀려날 수 있었다. (『유명록』)

鄧艾廟在京口, 止('止'原作'上', 據明鈔本改)有一草屋. 晉安北將軍司馬恬, 於病中夢見一老翁曰: "我鄧公, 屋舍傾壞, 君爲治之." 後訪之, 乃知艾廟, 爲立瓦屋.

隆安中, 有人與女子會於神座上, 有一蛇來, 繞之數四匝. 女家追尋見之, 以酒肺癰祠. 然後得解. (出『幽明錄』)

318 · 20(4103)
완덕여(阮德如)

 완덕여가 한번은 뒷간에서 귀신을 보았다. 귀신은 1장(丈)이 넘는 키에 시커먼 얼굴, 부리부리한 눈에 하얀 홑옷을 입고 평상책(平上幘: 魏晉이래 武官들이 쓰던 머리 부분이 평평한 두건)을 쓰고 있었는데, 바로 지척 앞에 서 있었다. 완덕여는 마음을 가라앉히고 천천히 웃으면서 말했다.
 "사람들이 귀신은 징그럽게 생겼다고 하더니, 정말 그렇구나!"
 귀신은 무안하여 얼굴을 붉히며 물러갔다. (『유명록』)

 阮德如, 嘗於廁見一鬼. 長丈餘, 色黑而眼大, 著白單衣, 平上幘, 去之咫尺. 德如心安氣定, 徐笑而謂之曰: "人言鬼可憎, 果然!" 鬼赧而退. (出『幽明錄』)

318 · 21(4104)
진경손(陳慶孫)

 영천(潁川) 사람 진경손(陳慶孫)의 집 뒤쪽에는 신수(神樹)가 있었는데, 많은 사람들이 그곳에 와서 복을 빌었기 때문에 마침내 사당을 짓고

'천신묘(天神廟)'라 불렸다. 진경손에게는 검은 소가 있었는데, 어느 날 신이 공중에서 이렇게 말했다.

"나는 천신이다. 내 너의 소가 마음에 드니 만약 그것을 나에게 바치지 않는다면 다음 달 20일에 네 아들을 죽일 것이다."

진경손이 말했다.

"사람의 수명에는 정해진 명이 있는 법, 그 명을 당신이 마음대로 할 수 없을 것이오."

정해진 날이 되자 그의 아들이 과연 죽고 말았다. 천신이 또 말했다.

"네가 소를 나에게 주지 않으면 5월에 네 아내를 죽일 것이다."

진경손은 이번에도 소를 바치지 않았다. 약속한 그 날이 되자 아내가 정말 죽었다. 천신이 또 와서 말했다.

"네가 소를 나에게 주지 않으면 가을에는 틀림없이 너를 죽일 것이다."

진경손은 이번에도 소를 바치지 않았다. 그러나 가을이 되었는데도, 진경손은 죽지 않았다. 그러자 귀신이 그를 찾아와 사죄하며 말했다.

"그대의 사람됨은 마음이 바르기 때문에 큰 복을 받을 것입니다. 원컨대 이 일을 소문내지 말아주십시오. 천지신명께서 이 일을 알게 되신다면 제 죄가 작지 않을 것입니다. 사실 저는 보잘 것 없는 귀신으로, 사명신(司命神) 아래에서 하급관리로 일하게 되어 당신의 부인과 아들이 죽을 때를 알았기에 이를 이용해 당신을 속여 먹을 것을 얻어내려 했을 뿐이니, 부디 너그러운 마음으로 용서해주십시오. 명부에 적힌 당신의 수명은 83세로 되어 있고, 집안의 모든 일은 당신의 뜻대로 될 것이며, 귀신들도 모두 당신을 도울 것입니다. 저도 하인이 되어 당신을 상전으로 받들어 모시겠습니다."

곧이어 머리를 땅에다 찧으면서 쿵쿵대고 절하는 소리가 들렸다. (『유명록』)

潁川陳慶孫家後有神樹, 多就求福, 遂起廟, 名'天神廟'. 慶孫有烏牛, 神於空中言: "我是天神, 樂卿此牛, 若不與我, 來月二十日, 當殺爾兒." 慶孫曰: "人生有命, 命不由汝." 至日, 兒果死. 復言: "汝不與我, 至五月殺汝婦." 又不與. 至時, 婦果死. 又來言: "汝不與我, 秋當殺汝." 又不與. 至秋, 遂不死. 鬼乃來謝曰: "君爲人心正, 力受大福. 願莫道此事. 天地聞之, 我罪不細. 實見小鬼得作司命度事幹, 見君婦兒終期, 爲此欺君索食耳, 願深恕亮. 君錄籍年八十三, 家方如意, 鬼神祐助. 吾亦當奴僕相事." 遂聞稽顙聲. (出『幽明錄』)

318·22(4105)
견 충(甄 沖)

견충은 자(字)가 숙양(叔讓)이고 중산(中山) 사람으로, 운사현령(雲社縣令)이 되었다. 그가 임지로 가는 길에 채 혜회현(惠懷縣)에 이르지 않았을 때 갑자기 어떤 사람이 이렇게 알려왔다.

"사랑(社郞: 토지신의 아들)께서 곧 오실 것입니다."

[잠시 뒤에 사랑이 왔는데 보았더니] 용모가 준수하고 말쑥하게 생긴 젊은이였다. 사랑은 자리를 잡고 앉더니 인사를 하며 이렇게 말했다.

"부친께서 저를 이렇게 보내신 것은 제 누이를 당신과 결혼시켜 당신과 인척관계를 맺기를 몹시 원하고 계시기에, 그 뜻을 알리게 하기 위함입니다."

견충은 깜짝 놀라서 이렇게 말했다.

"저는 나이가 많고 또한 처자가 있는데, 무슨 까닭에 이런 이야기를 꺼내십니까?"

사랑이 다시 말했다.

"저의 누이는 젊고 또한 천하에 둘도 없는 미인이라 틀림없이 좋은 배필을 얻고자 할 것입니다. 그런데 당신은 무슨 까닭에 이를 거절하십니까?"

견충이 말했다.

"저는 이미 늙은 노인이고 또한 보다시피 부인이 있는데, 어찌 예를 어겨가며 부인을 새로 맞아들일 수 있겠습니까!"

두 사람이 이렇게 서로 몇 차례 이야기를 주고 맞았지만, 견충이 전혀 마음이 움직이는 기색이 보이지 않자 사랑은 노기를 띠며 말했다.

"부친께서 틀림없이 직접 오실 것인데, 그때는 아마 그 분의 뜻을 거스를 수 없을 것입니다."

사랑이 가고 난 뒤에 양쪽 언덕 위로 두건을 쓰고 말채찍을 든 사람들이 줄지어 나타났고, 그들 뒤로 많은 시종들이 따르고 있었다.

잠시 뒤에 사공(社公)이 왔는데 보았더니 노부(鹵簿: 고대 帝王·后妃·太子·王公·大臣들이 出行할 때 따르던 의장대로, 지위에 따라서 의식이 달랐음)와 도종(導從: 옛날 제왕이나 귀족들이 외출할 때 그 앞뒤에서 따르던 시종을 가리킴)의 규모가 방백(方伯)과 같았다. 사공은 화려한 수레를 타고 있었는데, 푸른 깃발이 붉은 깃대를 빙 둘러 쳐져 있었으며, 복거(覆車: 붉은 색 그물을 수레 덮개나 외면에 덮은 수레. 좋은 일이 있을 때 사용하는 장식) 몇 대가 따르고 있었다. 사공의 딸은 사망거(四望車: 귀족이 타던 수레의 일종으로, 사면에 창문이 있어서 사방을 볼 수 있었음)를 타고 있었는데, 비단 보장(步障: 고대의 귀족이나 고관들이 바람이나 먼지를 피하기 위해 치던 장막) 수십 장이 그 주위로 둘러쳐져 있었다. 또한 시녀 8명이 일찍이 본 적이 없는 빛이 나는 옷을 입고 수레 앞에 있었다. 그들은 견충이 있는 곳 근처의 언덕 위로 와서 만옥(幔屋: 장막을 둘러쳐서 만든 방)을 펼치고 자리를 깔았다. 사공은 수레에서 내려와 안석에 기대어 흰 모직 방석을 간 채 책상다리를 하고 앉았다. 그 옆으로 옥타호(玉唾壺)와 대모(玳瑁)로 만든 수건 바구니가 놓여 있었으며, 사공은 흰색 주미(麈尾)를 손에 쥐고 있었다. 사공의 딸은 동쪽 언덕에 있었는데, 수레 양쪽 옆에는 환관들이 흰색 총채를 들고 서 있었으며 시녀들은 수레 앞에 있었다. 사공은 측근의 60명 정도 되는 관리를 앞으로 불러 앉히고 그들에게 음악을 연주하게 했는데, 들고 있는 악기도 모두 유리로 만든 것 같았다. 사공이 견충에게 말했다.

"내게 미천한 딸이 있는데, 내가 특별히 아끼는 딸이오. 그대가 훌륭한 재능과 덕을 갖추고 있기에 그대와 맺어주고 싶은 마음에서 내 자식놈을 보내 뜻을 전했던 것이오."

견충이 말했다.

"저는 이미 늙었고 또한 처자가 있으며, 장성한 자식도 있습니다. 비록 좋은 혼처가 탐나기는 하지만 감히 분부를 받들지는 못하겠습니다."

사공이 또 말했다.

"내 딸은 이제 갓 20살이 되었고, 용모가 아름다우며 4덕(四德: 아녀자가 마땅히 갖추어야 할 네 가지 도리로, 곧 婦德·婦言·婦容·婦工을 말함)을 모두 갖추고 있소. 지금 언덕에 있으니, 더 이상 고민하지 말고 혼례나 올리시지요."

견충은 더욱 더 완강하게 거절하면서 그들을 못된 귀신이라 생각하여 곧장 칼을 뽑아 무릎 위에 걸쳐놓으며 목숨을 걸고 거절하면서 더 이상 대꾸하지 않았다. 사공은 대노하여 곧장 표범 세 마리와 호랑이 두 마리를 불러들이라고 했다. 호랑이와 표범은 아가리를 쩍 벌리고 땅이 갈라지게 포효하며 곧장 견충에게 달려들었다. 이렇게 하기를 수십 차례나 하면서 날이 밝을 때까지 서로 대치했다. 사공은 견충을 어떻게 할 방법이 없자 그대로 떠나가면서 그곳에 수레 한 대와 시종 수십 명을 남겨두어 [나중에라도] 견충을 맞이해 가고자 했다. 견충이 곧장 혜회현(惠懷縣)으로 옮겨가서 관아에 머물자, [사공이 두고 갔던] 견충을 맞이할 수레와 시종들도 수레를 몰고 그곳 문 앞까지 왔다. 그중 한 사람이 단의(單衣: 朝服에 버금가는 盛裝으로 祭禮나 손님 접대, 혼인식 등에 입었음)를 입고 두건을 쓴 채 견충에게 공손하게 절을 하고 그곳에서 머무는 바람에 견충은 더 이상 가지 못했다. 견충이 그곳에 머문 지 10여 일이 조금 지나자 그들은 비로소 그곳을 떠나갔다. 나중에 견충은 두건을 두르고 말채찍을 든 사람 두 명이 집까지 쫓아온 것을 보았는데, 집에 도착한지 얼마 되지 않아서 견충은 전염병에 걸려 죽었다. (『유명록』)

甄沖, 字叔讓, 中山人, 爲雲杜令. 未至惠懷縣, 忽有一人來通, 云: "杜郞, 須臾便至." 年少, 容貌美淨. 旣坐寒溫, 云: "大人見使, 貪慕高援, 欲以妹與君婚,故來宣此意." 甄愕然曰: "僕長人, 且已有家, 何緣此議('議'原作'里', 據明鈔本改)?" 社郎復云: "僕妹年少, 且令色少雙, 必欲得佳對. 云何見拒?" 甄曰: "僕老翁, 見有婦, 豈容違越!" 相與反覆數過, 甄殊無動意, 社郎有恚色, 云: "大人當自來, 恐不得違爾." 旣去, 便見兩岸上有人著幘, 捉馬鞭, 羅列相隨, 行從甚多.

社公尋至, 鹵簿導從如方伯. 乘馬擧, 靑幢赤絡, 覆車數乘. 女郎乘四望車, 錦步障數十張. 婢子八人, 來車前, 衣服文彩, 所未嘗見. 便於甄傍邊岸上, 張幔屋, 舒薦席. 社公下, 隱膝(明鈔本'膝'作'漆')几坐, 白旃坐褥. 玉唾壺, 以瑇瑁爲手巾籠, 捉白塵尾. 女郎却在東岸, 黃門白拂夾車立, 婢子在前. 社公引佐吏令前坐, 當六十人, 命作樂, 器悉如瑠璃. 社公謂甄曰: "僕有陋女, 情所鍾愛. 以君體德令茂, 貪結親援, 因遣小兒, 已具宣此旨." 甄曰: "僕旣老悴, 已有室家, 兒子且大. 雖貪貴聘, 不敢聞命." 社公復云: "僕女年始二十, 姿色淑令, 四德克備. 今在岸上, 勿復爲煩, 但當成禮耳."

甄拒之轉苦, 謂是邪魅, 便拔刀橫膝上, 以死拒之, 不復與語. 社公大怒, 便令呼三斑兩虎來. 張口正赤, 號呼裂地, 徑跳上. 如此者數十次, 相守至天明. 無如之何, 便去, 留一牽車, 將從數十人, 欲以迎甄. 甄便移至惠懷上縣中住, 所迎車及人至門中. 有一人著單衣幘, 向之揖, 於此便住, 不得前. 甄停十餘日, 方敢去. 故見二人著幘捉馬鞭, 隨至家, 至家少日而染('染'原作'歸', 據明鈔本改)病, 遂亡. (出『幽明錄』)

태평광기 권제319 귀 4

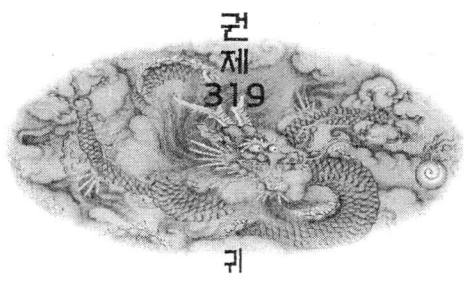

1. 장자장(張子長)
2. 환도민(桓道愍)
3. 주림하(周臨賀)
4. 호무회(胡茂廻)
5. 완 담(阮　瞻)
6. 임상령(臨湘令)
7. 고 씨(顧　氏)
8. 강주록사(江州錄事)
9. 진 소(陳　素)
10. 호 장(胡　章)
11. 소 소(蘇　韶)
12. 하후개(夏侯愷)
13. 유 타(劉　他)
14. 왕 융(王　戎)
15. 왕중문(王仲文)

319·1(4106)
장자장(張子長)

    진(晉)나라 때 무도태수(武都太守) 이중문(李仲文)은 군(郡)에 태수로 있을 때 딸을 잃었는데, 그때 딸의 나이 18살이었다. 이중문은 딸을 임시로 군의 성 북쪽에 묻어두었다. 후에 장세지(張世之)가 그곳으로 이중문을 대신해 부임해왔다. 그에게는 장자장이라는 스무 살 먹은 아들이 있었는데, 그 아들은 관아에서 시종(侍從)을 맡고 있었다. 하루는 장자장의 꿈에 한 17~18세 가량 되어 보이는 용모가 아주 빼어난 여자가 나타나더니 자신은 전임 태수의 딸인데 불행히도 요절했으나 지금 다시 살아나게 되었으며, 장자장을 보고 마음에 들어 이렇게 찾아오게 되었다고 말했다. 여자는 대엿새 동안 밤마다 장자장을 찾아왔다. 하루는 여자가 대낮에 나타났는데, 옷에서 매우 향기로운 냄새가 났다. 그날 둘은 부부의 연을 맺었는데, [자고 난 뒤 보니] 여자의 잠옷에는 마치 처녀처럼 얼룩이 묻어있었다.

    후에 이중문은 하녀를 보내어 딸의 무덤을 살펴보게 하고 장세지의 집에 들러 그의 아내에게 안부를 묻게 했다. 그런데 하녀가 관아로 들어가 보니 장세지 아들의 침상 위에 이중문 딸의 신발 한 짝이 놓여있는 것이었다. 하녀는 신발을 잡고 흐느껴 울면서 장자장이 무덤을 파 헤친 것이 틀림없다며 소리를 질렀다. 하녀는 그 신발을 가지고 돌아와 이중문에게 보여주었다. 이중문은 깜짝 놀라 사람을 보내 장세지에게 물어보았다.

"당신의 아들이 어찌하여 내 죽은 딸의 신발을 가지고 있습니까?"

장세지가 아들을 불러내 어찌된 일인가를 묻자 아들은 자초지종을 설명했다. 이중문과 장세지는 모두 괴이한 일이라고 생각해 관을 열어보았다. 그랬더니 딸의 시신에 살이 다시 돋아나 마치 살아있을 때의 모습과 다름없었는데, 오직 오른 발에만 신발을 신고 있었다. 얼마 후 장자장의 꿈에 또 이중문의 딸이 나타나 이렇게 말했다.

"나는 이제 막 환생하려던 참이었는데, 사람들이 나의 관을 열어보는 바람에 이제 죽은 살이 썩어 들어가 다시는 살아날 수 없게 되었습니다. 이 원통한 마음을 어찌 다 말로 하겠습니까?"

여자는 눈물을 흘리며 장자장과 헤어졌다. (『법원주림』)

晉時, 武都太守李仲文, 在郡喪女, 年十八. 權假葬郡城北. 有張世之代爲郡. 世之男字子長, 年二十, 侍從在廨中. 夢一女, 年可十七八, 顔色不常, 自言前府君女, 不幸早亡, 會今當更生, 心相愛樂, 故來相見就. 如此五六夕. 忽然晝見, 衣服薰香殊絶. 遂爲夫妻, 寢息衣皆有涉, 如處女焉.

後仲文遣婢視女墓, 因過世之婦相問. 入廨中, 見此女一隻履, 在子長牀下. 取之啼泣, 呼言發冢. 持履歸, 以示仲文. 仲文驚愕, 遣問世之: "君兒何由得亡女履耶?" 世之呼問, 兒具陳本末. 李張並謂可怪, 發棺視之. 女體已生肉, 顔姿如故, 唯右脚有履. 子長夢女, 曰: "我比得生, 今爲所發, 自爾之後, 遂死肉爛, 不得生矣. 萬恨之心, 當復何言?" 泣涕而別. (出『法苑珠林』)

319 · 2(4107)
환도민(桓道愍)

 진(晉)나라 환도민은 초현(譙縣) 사람이었다. 융안(隆安) 4년(400)에 그의 아내가 죽었는데, 그 부부는 서로간의 정이 돈독했던지라 환도민은 몹시 비통해했다. [아내가 죽은] 그해 어느 날, 환도민은 밤에 막 잠이 들었는데 병풍 위를 쳐다보니 손 하나가 올려져 있었다. 그가 급히 횃불을 높이 들어 병풍 밖을 비춰보았더니 다름 아닌 아내였다. 아내의 모습이나 장신구 등은 살아있을 때와 다름없었다. 환도민은 조금도 두려워하지 않고 아내를 이끌고 와 함께 누웠다. 둘은 이야기를 나누며 그동안 쌓인 이별의 정한을 풀었다. 환도민이 말했다.
 "당신은 죽은 뒤로 아무 소식조차 없더니 지금은 어떻게 갑자기 돌아오게 되었소?"
 아내가 말했다.
 "돌아오고 싶은 마음이야 너무도 간절했지만 저승과 이승은 길이 다르고 각자 속해있는 관부도 따로 있으니 서로에게 주어진 길에 따라야 했던 것뿐이지요. 저는 살아생전에 별다른 죄를 짓지는 않았으나, 당신이 계집종을 특별히 귀여워하신다고 늘 의심했었습니다. 저는 그 투기심으로 인해 벌을 받아 지옥에 떨어졌다가 이제야 비로소 빠져나오게 되었습니다. 이제 다시 목숨을 얻어 사람으로 환생하게 되었기에, 이렇게 당신께 이별을 고하러 온 것입니다."
 환도민이 말했다.
 "어디서 다시 태어나시오? 내가 당신을 찾아낼 수 있소?"

아내가 말했다.

"환생하게 되었다는 것만 알 뿐, 어느 곳인지는 알 수 없습니다. 일단 현세의 사람으로 다시 태어나게 되면 전생의 일은 모두 잊게 됩니다. 그러니 어떻게 서로 찾을 수 있겠습니까?"

날이 밝자 아내는 떠나갔고 둘은 눈물 흘리며 헤어졌다. 환도민은 아내를 복도 아래까지 전송해 주고 돌아온 후에 갑자기 두려움을 느꼈으며, 오랫동안 넋 나간 듯 있었다. (『법원주림』)

晉桓道愍, 譙人也. 隆安四年喪婦, 內顧甚篤, 纏痛無已. 其年, 夜始寢, 視屛風上, 見一人手. 擎起秉炬, 照屛風外, 乃其婦也. 形貌粧飾具如生. 道愍了不畏懼, 遂引共臥. 言語往還, 陳敍存亡. 道愍曰: "卿亡來初無音影, 今夕那得忽還?" 答曰: "欲還何極, 人神道殊, 各有司屬, 自由自任耳. 新婦生時, 差無餘罪, 止恒疑君憐愛婢使. 以此妬忌之心, 受報地獄, 始獲免脫. 今當受生爲人, 故來與君別也." 道愍曰: "當生何處? 可得尋之不?" 答曰: "但知當生, 不測何處. 一爲世人, 無容復知宿命. 何由相尋求耶?" 至曉辭去, 涕泗而別. 道愍送至步廊下而歸, 已而方大怖懼, 恍惚時積. (出『法苑珠林』)

319 · 3(4108)
주림하(周臨賀)

진(晉)나라 때의 의흥(義興) 사람 주 아무개는 영화연간(永和年間: 345~356)에 말을 타고서 두 사람을 데리고 성밖으로 나갔다. 아직 마을에 도착하기도 전에 날이 저물고 말았는데, 길가에 새로 지은 작은 초가집 한 채가 보였다. 그 집에는 한 16~17세 가량 되어 보이는 여자가 문밖에 나와 먼 곳을 바라보고 있었는데, 그 여자는 용모도 빼어났고 옷차림새도 깨끗했다. 여자는 주 아무개 일행이 지나가는 것을 보고 이렇게 말했다.

"날은 이미 저물었고 앞에 있는 마을까지 가려면 아직 길이 먼데, 임하(臨賀)까지는 어떻게 가시려고 그러십니까?"

주 아무개가 하룻밤 묵어가게 해 달라고 청하자 여자는 불을 지피고 음식을 준비했다. 일경(一更: 저녁 7시에서 9시 사이)이 가까웠을 때 밖에서 한 어린아이가 '아향(阿香)'하고 부르는 소리가 들렸다. 여자가 대답했다.

"그래!"

그러자 또 곧바로 어린아이가 말했다.

"관부에서 당신을 불러와 천둥수레를 밀라고 하십니다."

여자는 작별을 고하며 이렇게 말했다.

"지금 일이 있어서 좀 가봐야겠습니다."

[그녀가 떠나자] 밤새 크게 천둥번개가 치고 비가 내렸다. 여자는 새벽녘이 되어서야 돌아왔다.

주 아무개가 말에 올라 [길을 떠나다가] 고개를 돌려 어제 묵었던 곳을 바라다보니 [집은 온데간데없고] 만든 지 얼마 되지 않은 무덤 하나만이 있을 뿐이었다. 무덤 입구에는 자라풀과 잡초가 자라 있었다. 주 아무개는 이를 보고서 놀랍기도 하고 슬프기도 했다. 그로부터 5년 후 주 아무개는 과연 임하태수(臨賀太守)가 되었다. (『법원주림』)

晉義興人姓周, 永和年中, 出郭乘馬, 從兩人行. 未至村, 日暮, 道邊有一新小草屋. 見一女子出門望, 年可十六七, 姿容端正, 衣服鮮潔. 見周過, 謂曰: "日已暮, 前村尙遠, 臨賀詎得至?" 周便求寄宿, 此女爲燃火作食. 向一更, 聞外有小兒喚'阿香'聲. 女應曰: "諾!" 尋云: "官喚汝推雷車." 女乃辭行, 云: "今有事當去." 夜遂大雷雨. 向曉女還. 周旣上馬, 看昨所宿處, 止見一新冢. 冢口有馬尿及餘草. 周甚驚惋. 至後五年, 果作臨賀太守. (出『法苑珠林』)

319・4(4109)
호무회(胡茂廻)

진(晉)나라 때 회남(淮南) 사람 호무회는 귀신을 볼 수 있었다. 그는 비록 보고 싶지 않았으나 어쩔 수가 없었다. 그가 한번은 양주(揚州)에 갔다가 역양(歷陽)으로 돌아오고 있는 중이었다. 성 동쪽에 신을 모신 사당이 하나 있었는데, 마침 사람들이 무당을 시켜 제사를 올리게 하고 있었다. 얼마 지났을 때 뭇 귀신들이 나타나 서로 소리를 지르며 말했다.

"상관께서 오셨다!"

그러더니 서로 앞을 다투어 사당 문밖으로 줄행랑을 쳤다. 호무회가 뒤를 돌아다보니 스님 둘이 사당 안으로 들어가고 있었다. 여러 귀신들은 둘 셋이 서로 짝을 지어 부둥켜안고서 사당 근처의 풀밭에 숨어 스님을 쳐다보고 있었는데, 모두 두려워하는 기색이 역력했다. 얼마 후 스님들이 떠나자 여러 귀신들이 다시 사당 안으로 들어왔다. 호무회는 이 일로 인해 불교를 독실하게 믿게 되었다. (『법원주림』)

昔淮南胡茂廻, 能見鬼. 雖不喜見, 而不可止. 後行至揚州, 還歷陽. 城東有神祠, 正值民將巫祝祀之. 至須臾, 有羣鬼相吡曰:"上官來!"各迸走出祠去. 茂廻顧, 見二沙門來, 入祠中. 諸鬼兩兩三三相抱持, 在祠邊草中, 望見沙門, 皆有怖懼. 須臾沙門去後, 諸鬼皆還祠中. 茂廻於是精誠奉佛. (出『法苑珠林』)

319 · 5(4110)
완 첨(阮 瞻)

완첨은 본디 무귀론(無鬼論)을 주장했다. 하루는 한 귀신이 나타나 통성명하며 손님의 신분으로 그를 배알했다. 둘은 인사치레를 마친 후 명리(名理)에 관해 이야기를 나누었는데, 귀신 손님은 매우 총명했다. 마지막으로 대화가 귀신의 일에 미치자 둘은 주거니 받거니 하며 격렬한 논쟁을 벌였다. 결국 귀신 손님은 논쟁에서 지게 되자 버럭 화를 내며 이렇게 말했다.

"귀신에 관한 이야기는 고금을 막론하고 많은 성현들이 적고 있는데, 어찌하여 당신만은 혼자 귀신이 없다고 하시는 게요?"

이렇게 말하며 괴물로 바뀌더니 얼마 후 사라져버렸다. 완첨은 잠자코 있었으나 안색이 매우 안 좋았다. 그 후 일년쯤 있다가 완첨은 병이 나 죽었다. (『유명록』)

阮瞻素秉無鬼論. 有一鬼通姓名, 作客詣之. 寒溫, 聊談('談'原作'諸', 據明鈔本改)名理, 客甚有才情. 末及鬼神事, 反覆甚苦. 客遂屈之, 仍作色曰:"鬼神古今聖賢所共傳, 君何獨言無?" 卽變爲異形, 須臾便滅. 阮嘿然, 意色大惡. 年餘病死. (出『幽冥錄』)

319·6(4111)
임상령(臨湘令)

융안연간(隆安年間: 397~401) 초에 진군(陳郡) 사람 은(殷) 아무개는 임상현령(臨湘縣令)이 되었다. 그 현에는 귀신이 하나 있었는데, 키는 3장(丈)도 넘어서 발돋움을 하면 [머리가] 지붕보다도 높았고 [지붕에] 앉아 다리를 뻗으면 다리가 땅에까지 닿았다. 은 아무개가 임상현령이 되어 이 귀신을 잡아오라 명령을 내리자 귀신은 매번 병풍을 흔들고 창문을 요동쳐댔는데, 하는 짓이 갈수록 더욱 심해졌다. 은 아무개의 동생 은관(殷觀)도 이 귀신을 보았다. 은 아무개는 칼을 뽑아 늘 옆에 두었다. 은 아무개가 귀신과 말싸움을 하자 귀신이 말했다.

"내 욕을 하지 말라. 내 너의 입이 터지도록 두들겨 줄 테다!"

[이렇게 말하면서] 귀신은 갑자기 모습을 감추더니 은 아무개의 입을 때려 터뜨려 놔 피가 줄줄 흐르게 만들었다. 은 아무개는 결국 입이 한쪽으로 삐뚤어져 병신이 되고 말았다. (『유명록』)

隆安初, 陳郡殷氏爲臨湘令. 縣中一鬼, 長三丈餘, 跂上屋, 猶垂脚至地. 殷入, 便來命之, 每搖屛風, 動窓戶, 病轉甚. 其弟觀亦見. 恒拔刀在側. 與言爭, 鬼語云: "勿爲罵我. 當打汝口破." 鬼忽隱形, 打口流血. 後遂喎偏, 成殘廢人. (出『幽明錄』)

319·7(4112)
고 씨(顧 氏)

 오중(吳中) 사람 고 아무개는 시골집으로 가려고 대낮에 길을 나섰는데, 집에서 십여 리 떨어진 곳에 이르렀을 때 서북쪽에서 어렴풋 무슨 소리가 들리는 것 같았다. 그가 고개를 들어 위를 쳐다보니 400~500명 가량 되어 보이는 사람이 공중에 서있었는데, 그들은 모두 붉은 옷을 입고 있었으며 키는 2장(丈)이나 되었다. 그들은 갑자기 아래로 내려오더니 고 아무개를 세 겹으로 에워쌌다. 고 아무개는 숨을 쉴 수도 없었고 꼼짝달싹 할 수도 없었다. 그들은 아침부터 저녁까지 그 포위를 풀어주지 않았다. 고 아무개는 말도 할 수 없게 되자 마음속으로 북두군(北斗君: 죽음을 주관하는 신)을 불렀다. 한 식경(食頃)쯤 지나자 귀신들은 서로 바라보며 이렇게 말했다.
 "이 사람은 신을 섬기는 마음이 올바르니 놔주고 가도 될 것 같네."
 [말이 끝나자] 안개가 걷히듯 눈앞이 확 트였다.
 고 아무개는 집으로 돌아온 뒤 몹시 피곤하여 몸져눕고 말았다. 그날 저녁 문 앞의 한 군데에 불이 훤히 비치고 있었는데, 불길이 타오르지는 않고 있었다. 귀신들이 어지럽게 불 옆으로 나와 왔다 갔다 하더니 고 아무개를 불러 이야기를 나누었다. 어떤 놈은 방안으로 들어와 이불을 걷어내기도 하고 어떤 놈은 그의 머리 위에 올라가기도 했는데, 기러기 털보다도 가벼웠다. 그 귀신들은 새벽녘이 되어서야 사라졌다. (『유명록』)

 吳中人姓顧, 往田舍, 晝行, 去舍十餘里, 但聞西北隱隱. 因擧首, 見四五百人,皆赤衣, 長二丈. 倏忽而至, 三重圍之. 顧氣奄奄不通, 輾轉不得. 且至哺, 圍不解. 口不得語, 心呼北斗. 又食頃, 鬼相謂曰: "彼正心在神, 可捨去." 豁如霧除. 顧歸舍, 疲極臥. 其夕, 戶前一處, 火甚盛而不燃. 鬼紛紜相就, 或往或來, 呼顧談. 或入去其被, 或上頭而輕於鴻毛. 開晨失. (出『幽明錄』)

319 · 8(4113)
강주록사(江州錄事)

진(晉) 나라 때 환표노(桓豹奴: 桓嗣)가 강주에서 관리로 있을 때 감씨(甘氏) 성을 가진 녹사가 있었는데, 그 사람의 집은 임천군(臨川郡)의 관할지역 내에 있었다. 감록사는 아들이 나이 열 셋에 병에 걸려 죽자 집 동쪽에 있는 공동묘지에 묻어주었다. [아들이 죽은 지] 열흘이 지났을 때 감록사는 동쪽 길에서 북 치는 소리와 악기 연주소리를 들었는데, 백여 명은 족히 되어 보이는 사람들이 곧장 감록사의 집으로 오더니 이렇게 묻는 것이었다.

"녹사님께서 여기 계십니까? 저희는 특별히 녹사님을 찾아뵈러 왔습니다. 아드님께서도 여기 같이 있습니다."

그런데, 말소리만 들릴 뿐 말하는 사람의 모습은 보이지 않았다. 감록사는 몇 동이의 술을 꺼내 그들에게 주었다. 얼마 후 그들이 모두 떠나고 난 뒤 보았더니, 두 술동이가 모두 비어있었다.

임천태수(臨川太守)는 처음에 [악기 연주] 소리를 듣고서 사람들이 놀이를 벌이고 있으니 분명 자기를 찾아오리라 생각하고 있었는데, 한참이 지났는데도 아무도 자기를 찾아오지 않는 것이었다. 태수는 후에 감록사의 말을 듣고서 크게 놀랐다. (『유명록』)

晉桓豹奴爲江州時, 有甘錄事著, 家在臨川郡治下. 兒年十三, 遇病死, 埋著家東輩家之間. 旬日, 忽聞東路有打鼓倡樂聲, 可百許人, 徑到甘家, 問: "錄事在否? 故來相詣. 賢子亦在此." 止聞人聲, 亦不見其形也. 乃出數罌酒與之. 俄傾失去, 兩罌皆空.

始聞有鼓聲, 臨川太守謂是人戲, 必來詣己, 旣而寂爾不到. 聞甘說之, 大驚. (出『幽明錄』)

319·9(4114)
진 소(陳 素)

진(晉)나라 승평(昇平) 원년(357)에 섬현(剡縣)에 사는 진소라는 사람은 집안은 매우 부유했으나 아내를 얻은 지 십 년이 되도록 자식이 없었다. 남편이 첩을 얻으려 하자 아내는 사당으로 가 천지신명께 기도를 올렸는데, 얼마 있다 갑자기 임신을 하게 되었다. 그때 마침 이웃에 사는 한 서민의 아내도 임신을 했다. 진소의 아내는 [그 사실을 알고] 돈으로 그 백성의 아내를 매수하며 이렇게 말했다.

"내가 만일 아들을 낳는다면 이건 내 소원을 하늘이 들어주신 것이지만, 만일 나는 딸을 낳고 자네는 아들을 낳게 된다면 어떻게 하든 바꿔치기 해야만 하네."

둘은 그렇게 서로 약속했다. 후에 이웃집 여자는 과연 아들을 낳았으나 삼일 후 진소의 아내는 딸을 낳았다. 이에 둘은 [약속대로] 서로 아기들을 바꿔치기 했다. 진소는 매우 기뻐하며 아들을 열세 살 될 때까지 키웠다. 진소가 집안 사당에서 제사를 지내고 있을 때 집안에 원래 귀신을 잘 보던 한 늙은 여종이 이렇게 말했다.

"제가 지금 보았더니 주인님 댁의 조상들은 문 앞으로 오더니 멈추어 섰고, 오히려 한 무리의 서민들이 자리에 앉아 제사 음식들을 먹고 있었습니다."

진소는 매우 이상한 일이라고 생각하고는 사람을 보내 귀신을 볼 수 있는 사람들을 불러오게 한 후 제사 지내면서 돌아가며 보게 했더니 하는 말들이 [그 늙은 여종의 말과] 똑같았다. 진소가 아내에게 어찌된 일이냐고 묻자 아내는 겁이나 사실대로 말했다. 진소는 아들을 원래의 집으로 돌려보내고 딸을 집으로 불러들였다. (『유명록』)

晉昇平元年, 剡縣陳素家富, 娶婦十年無兒. 夫欲娶妾, 婦禱祠神明, 忽然有身. 鄰家小人婦亦同有. 因貨鄰婦, 云: "我生若男, 天願也, 若是女, 汝是男者, 當交易之." 便共將許. 鄰人生男, 此婦後三日生女. 便交取之. 素忻喜, 養至十三. 當祠祀, 家有老婢, 素見鬼, 云: "見府君家先人, 來至門首便住, 但見一輩小人, 來座所食噉此祭." 父甚疑怪, 便迎見鬼人至, 祠時轉令看, 言語皆同. 素便入問婦, 婦懼, 且說言此事. 還男本家, 喚女歸. (出『幽明錄』)

319 · 10(4115)
호 장(胡 章)

　담현(郯縣) 사람 호장과 상우현(上虞縣) 사람 관쌍(管雙)은 모두 창과 방패를 좋아했다. 관쌍이 죽은 후에 호장이 꿈을 꾸었는데, 관쌍이 자기 앞에서 칼을 타고 뛰어오르는 놀이를 하고 있는 것이었다. 호장은 잠에서 깨어난 뒤에도 마음이 그다지 좋지 않아서 날이 밝자 부적을 써서 벽에 붙여놓았다. 얼마 있다가 호장은 일이 있어 가까운 곳으로 출타를 하게 되었다. 그가 이미 배를 띄워놓고 노를 저어 나아가려고 하고 있을 때 갑자기 관쌍이 나타나더니 그를 붙잡으며 이렇게 말했다.
　"사람이 한번 서로 알고 지냈으면 그 마음은 천년을 가는 것이네. 내가 어제 밤에 자네를 찾아가 함께 놀아보려 했으나 마침 자네가 자고 있어서 나는 그냥 물러가고 말았네. 그런데 오늘 자네는 어찌하여 부적을 써 붙이며 나를 쫓아내려 했는가? 남아 대장부가 천하의 이치를 그렇게도 못 깨우치다니! 내가 부적 따위를 두려워하겠는가?"

(『유명록』)

　郯縣胡章, 與上虞管雙, 喜好干戈. 雙死後, 章夢見之, 躍刃戱其前. 覺甚不樂, 明日, 以符帖壁. 章欲近行. 已汎舟理檝, 忽見雙來攀留之, 云: "夫人相知, 情貫千載. 昨夜就卿戱, 值眠, 吾卽去. 今何故以符相厭? 大丈夫不體天下之理! 我畏符乎?" (出『幽明錄』)

319 · 11(4116)
소 소(蘇 韶)

소소는 자가 효선(孝先)으로 안평(安平) 사람이었다. 그는 중모현령(中牟縣令)으로 있다가 죽었다. 그의 백부 소승(蘇承)은 남중랑군사(南中郎軍司)로 있다가 죽었다. 집안의 여러 아들들이 장례를 치르러 돌아오는 길에 양성(襄城)에 이르렀을 때였다. 소승의 아홉 번째 아들 소절(蘇節)이 밤에 꿈에서 저승의 의장대를 보았는데, 그 대열은 엄숙하기 그지없었다. 소절은 그 대열 안에 소소가 끼어있는 것을 보았는데, [소소는 소절을 보자] 사람을 시켜 그를 불러오게 하더니 이렇게 말했다.

"너는 감히 의장대의 뜻을 거슬렀으니 그 죄는 곤형(髡刑: 머리를 빡빡 밀던 고대 형벌 중의 하나)에 처해져야 마땅하다."

소절은 머리를 숙여 곤형을 받다가 깜짝 놀라 잠에서 깨어났는데, 깨어나 머리를 만져보니 과연 머리카락이 잘려나가 있었다. 이튿날 밤에 그는 다른 사람과 함께 잠을 자고 있었는데, 꿈에 또 소소가 나타나 이렇게 말했다.

"너는 아직 머리를 다 깎지 않았다."

그리고는 전날과 마찬가지로 또 머리를 깎았다. 그 다음 날 저녁에 소절은 준비를 단단히 하고서 불을 훤히 밝혀놓고 부적을 붙여놓았으나 소소는 여전히 꿈에 나타났다. 이렇게 해서 지난번처럼 꿈에 머리를 깎이는 일이 닷새간 계속되었다. 소절의 머리카락은 본디 매우 아름다웠으나 닷새 만에 대머리가 되고 말았다. 6~7일이 지나자 소소는 다시 꿈에 나타나지 않았다.

하루는 소절이 대낮에 수레에 타고 있는데, 소소가 말을 타고 안으로 들어왔다. 소소는 검은 두건을 두르고 누런 갈포로 만든 단의(單衣: 朝服에 버금가는 盛裝으로 祭禮, 손님 접대, 혼인식 등에 입었음)를 입은 채 흰 버선에 검은 신발을 신고 있었다. 소소가 소절의 수레의 끌채에 기대서자 소절은 그의 형제들을 부르며 이렇게 소리쳤다.

"중묘현령께서 여기 계십니다."

여러 형제들은 모두 깜짝 놀라 사방을 두리번거렸으나 아무것도 보이지 않았다. 소절이 소소에게 물었다.

"무슨 일로 오셨습니까?"

소소가 말했다.

"나를 이장해 주었으면 하네."

그러더니 이내 떠나겠다고 하면서 말했다.

"다음날 다시 오겠네."

소소는 문을 나서자마자 바로 사라졌다가 며칠 후 과연 다시 나타났다. 형제들이 소소와 한자리에 앉자 소절이 말했다.

"형님께서 정말 이장되기를 원하신다면 형님의 자식들에게도 따로 알리셔야합니다."

소소가 말했다.

"내 그럼 편지를 쓰겠네."

소절이 그에게 붓을 주었으나 그는 그 붓을 받으려 하지 않으면서 이렇게 말했다.

"저승의 글과 이승의 글은 서로 다르다네."

그러면서 소절에게 몇 글자 적어 보여줬는데, 그 글씨가 마치 호인(胡

人)의 것 같아 모두들 웃었다. 소소는 소절을 시켜 아들에게 편지를 쓰게 했는데, 그 내용은 다음과 같다.

"옛날 위(魏) 나라 무후(武侯: 曹操)는 서하(西河)에서 물놀이를 하다가 중류에 이르렀을 때 오기(吳起)를 돌아보며 이렇게 말하셨다. '아름답구나, 견고한 강산이여! 위나라의 보배로다.' 나는 본디 경락(京洛) 일대를 특히 좋아해서, 살아생전에 그 지방을 드나들면서 망산(邙山)을 바라볼 때면 늘 이런 생각을 했다. '아, 즐겁도다. 이곳은 실로 만대(萬代)에 길이 남을 묘지로다! 북으로는 맹진(孟津)의 도도한 물결을 등지고 있고 남으로는 웅장한 도성을 바라보고 있구나.' 내가 비록 지금까지 아무에게도 이 일을 이야기하지는 않았으나 늘 이를 가슴에 품고 있었다. 그런데 뜻밖에 갑작스런 죽음을 맞이하다 보니 이 뜻을 이루지 못하고 말았다. 시월이 가기 전에 어서 나를 이장시켜 달라. 군사[백부 蘇承을 말함]님 묘지 옆에 몇 무의 땅을 사기만 하면 될 것이다."

소절은 소소와 이야기를 나누는 동안 소소의 입이 움직이는 것만 볼 수 있었을 뿐이었다. 소소의 목소리는 크고 맑게 울려 퍼졌으나 옆에 있던 사람들은 끝내 듣지 못했다. 후에 소절이 소소를 집 안으로 데리고 들어가 제사상을 차려주었으나 소소는 앉으려하지 않았고 음식을 먹으려 하지도 않았다. 소절이 소소에게 말했다.

"중모 어른께서 생전에 술과 생선을 매우 좋아하셨으니 지금 조금이라도 드셔 보시지요."

소소는 술잔을 들더니 단숨에 잔을 비우며 이렇게 말했다.

"좋은 술이로다."

소절은 분명 술잔이 비는 것을 보았는데, 소소가 떠나간 뒤에 보니 술잔은 술이 가득 담겨진 채였다.

　소소는 전후로 30번 이상 소절을 찾아왔고, 두 형제는 매우 막역하게 어울렸다. 소절이 의문스러운 것들을 물어보면 소소는 이렇게 말했다.

　"천상과 지하의 일에 대해 이야기한다 해도 내가 다 알고 있다고는 할 수 없네. 다만 안연(顔淵: 공자 제자 중의 한 명인 顔回)과 복상(卜商: 공자 제자 중의 한 명인 子夏)이 지금 천상에서 수문랑(修文郞)을 맡고 있다는 것만 알고 있네. 수문랑은 모두 여덟 명이 있네. 귀신 중의 성인은 항량(項梁)이고, 현자(賢者)는 오계자(吳季子)라네."

　소절이 죽는 것은 사는 것은 무슨 차이가 있냐고 묻자 소소가 대답했다.

　"다를 바 없네. 다만 죽은 자는 '허(虛)'이고 산 자는 '실(實)'이라는 것만 다를 뿐이지."

　소절이 또 물었다.

　"죽은 자는 왜 시체로 돌아가지 않습니까?"

　소소가 말했다.

　"예를 들어 자네의 팔 하나를 잘라 땅에 떨어뜨린 다음 다시 그 잘려 나간 팔을 베고 자른다면 자네가 아픔을 느낄 수 있겠나? 죽고 나서 영혼이 시신을 떠나는 것은 그와 같은 이치라네."

　소절이 물었다.

　"봉분(封墳)을 잘 만들어 후장(厚葬)해주면 죽은 자가 기뻐합니까?"

　소소가 대답했다.

　"별 상관없네."

　그러자 소절이 말했다.

　"별 상관없다면 무엇 때문에 이장을 원하십니까?"

소소가 말했다.

"지금은 정말로 상관하지 않네. 다만 살아생전의 뜻을 말해보았을 뿐이었네."

소절이 또 물었다.

"아들은 아직 어리고 형수는 저리 젊고, 또 가문은 나날이 어려워만 가는데, 이런 것들이 마음에 걸리지 않습니까?"

소소가 말했다.

"내게는 이미 산 사람들이 가지고 있는 정이 없다네."

소절이 또 물었다.

"수명이라는 게 있습니까?"

소소가 대답했다.

"각자 수명을 가지고 있지."

소절이 물었다.

"저와 다른 이들의 수명을 알고 계십니까?"

소소가 말했다.

"알게 되면 말해주겠네."

소절이 물었다.

"올해 역질이 돌았는데, 이는 무엇 때문입니까?"

소소가 대답했다.

"**태산공**(太山公) 유공재(劉孔才: 劉劭)가 저승에서 반란을 일으키려고 이승에서 마음대로 사람들을 잡아와 자신의 병사로 삼은 것이라네. 지금은 북제(北帝)께서 유공재의 이와 같은 음모를 아시고 이미 그를 주살시켰네."

소절이 말했다.

"지난번 꿈에 형님께서 나타나 저의 머리카락을 자르셨는데, 그 의장대는 누구를 모시고 가던 행렬이었습니까?"

소소가 대답했다.

"제남왕(濟南王)이었네. 자네는 죽임을 당해야 마땅했네만 내 자네를 보호하여 곤형을 받게 하고 죽음을 면하게 해 준 것이었네."

소절이 또 물었다.

"귀신은 산 사람에게 보탬이 될 수 있습니까?"

소소가 대답했다.

"죽은 사람은 스스로 마음이 생겨야 산 사람을 생각해 줄 수 있는 것이니, 내가 자네를 살려 준 것이 바로 그러한 것이었네. 만일 귀신 스스로 마음이 생기지 않는다면 산 사람이 아무리 제사를 지내고 복을 빈다해도 아무런 보탬도 주지 않는다네."

소절이 또 물었다.

"지난번 꿈에 형님이 나타나신 것은 실제로 모습을 드러내셨던 것입니까?"

소소가 대답했다.

"무릇 산 사람이 죽은 사람 꿈을 꿀 때는 모두가 죽은 사람이 실제로 모습을 드러내는 것이라네."

소절이 물었다.

"살았을 적의 원수를 죽은 후에 다시 갚을 수 있습니까?"

소소가 대답했다.

"귀신은 살생을 매우 엄중히 한다네. 그러니 자기 마음대로 할 수는 없는 것이지."

소절이 차에서 내리자 소소는 소절의 키가 작음을 비웃으며 이렇게 말했다.

"자네는 정말이지 조린서(趙麟舒) 같네."

조린서는 키가 매우 작았는데, 바로 소소 부인의 형제였다. 소소가 떠나려고 하자 소절은 그를 잡으며 문을 걸어 잠갔다. 소소는 하는 수 없이 잠시 머물러 있다가 떠나갔는데, 소절이 보니 문은 여전히 잠겨져 있는 채였으나 소소는 이미 가고 없었다. 소소는 소절과 작별하면서 이렇게 말했다.

"내가 지금 수문랑에 제수되었으니, 앞으로는 업무를 지키느라 다시 올 수 없을 것이네."

소절은 소소의 손을 잡았는데, 손에 힘이라고는 하나도 없어서 그저 손에 닿았다는 느낌만 들 뿐이었다. 소소는 그렇게 이별을 하고 떠난 후 다시는 나타나지 않았다. (왕은 『진서』)

蘇韶, 字孝先, 安平人也. 仕至中牟令, 卒. 韶伯父承, 爲南中郞軍司而亡. 諸子迎喪還, 到襄城. 第九子節, 夜夢見鹵簿, 行列甚肅. 見韶, 使呼節曰: "卿犯鹵簿, 罪應髠刑." 節俛受剃, 驚覺摸頭, 卽得斷髮. 明暮, 與人共寢, 夢見韶曰: "卿髠頭未竟." 卽復剃如前夕. 其日暮, 自備甚謹, 明燈火, 設符刻, 復夢見韶. 髠之如前夕者五. 節素美髮, 五夕('夕'原作'載', 據明鈔本改)而盡. 問六七日, 不復夢見.

後節在車上, 晝日, 韶自外入, 乘馬. 著黑介幘, 黃綀單衣, 白襪幽履. 憑節車轅, 節謂其兄弟曰: "中牟在此." 兄弟皆愕視, 無所見. 問韶: "君何由來?" 韶曰: "吾欲改葬." 卽求去, 曰: "吾當更來." 出門不見, 數日又來. 兄弟遂與韶坐, 節曰:

"若必改葬, 別白敕兒." 韶曰: "吾將爲書." 節授筆, 韶不肯, 曰: "死者書與生者異." 爲節作其字, 像胡書也, 乃笑. 卽喚節爲書曰: "古昔魏武侯, 浮於西河, 而下中流, 顧謂吳起曰: '美哉, 河山之固! 此魏國之寶也.' 吾性愛好京洛, 每往來出入, 瞻視邙上. '樂哉, 萬世之墓也! 北背孟津, 洋洋之河, 南望天邑, 濟濟之盛.' 此志雖未言, 銘之於心矣. 不圖奄忽, 所懷未果. 前去('去'原作'志', 據『太平御覽』五五四・八八三改) 十月('月'原作'日', 據『太平御覽』五五四・八八三改), 便速改葬. 在軍司墓次, 買數畝地, 便足矣." 節與韶語, 徒見其口動. 亮氣高聲, 終不爲傍人所聞. 延韶入室, 設坐祀之, 不肯坐, 又無所饗. 謂韶曰: "中牟平生好酒魚, 可少飮." 韶手執盃飮盡, 曰: "佳酒也." 節視盃空, 旣去, 盃酒乃如故.

前後三十餘來, 兄弟狎甚. 節問所疑, 韶曰: "言天上及地下事, 亦不能悉知也. 顏淵・卜商, 今見在爲修文郎. 修文郎凡有八人. 鬼之聖者, 今項梁, 成賢者, 吳季子." 節問死何如生, 韶曰: "無異. 而死者虛, 生者實, 此其異也." 節曰: "死者何不歸屍體?" 韶曰: "譬如斷卿一臂以投地, 就剝削之, 於卿有患不? 死之去屍骸, 如此也." 節曰: "厚葬以墳土龍, 死者樂此否?" 韶曰: "無在也." 節曰: "若無在, 何故改葬?" 韶曰: "今我誠無所在. 但欲述生時意耳." 弟曰: "兒尙小, 嫂少, 門戶坎軻, 君顧念否?" 韶曰: "我無復情耳." 節曰: "有壽命否?" 韶曰: "各有." 節曰: "節等壽命, 君知之否?" 曰: "知語卿也." 節曰: "今年大疫病何?" 韶曰: "劉孔才爲太山公, 欲反, 擅取人以爲徒衆. 北帝知孔才如此, 今已誅滅矣." 節曰: "前夢君剪髮, 君之鹵簿導誰也?" "濟南王也. 卿當死, 吾念護卿, 故以刑論卿." 節曰: "能益生人否?" 韶曰: "死者時自發意念生, 則吾所益卿也. 若此(明鈔本'此'作'死')自無情, 而生人祭祀以求福, 無益也." 節曰: "前夢見君, 豈實相見否?" 韶曰: "夫生者夢見亡者, 亡者見之也." 節曰: "生時仇怨, 復能害之否?" 韶曰: "鬼重殺. 不得自從."

節下車, 韶大笑節短, 云: "似趙麟舒." 趙麟舒短小, 是韶婦兄弟也. 韶欲去, 節留之, 閉門下鎖鑰. 韶爲之少住, 韶去, 節見門故閉, 韶已去矣. 韶與節別曰:"吾今見爲修文郎, 守職不得來也." 節執手, 手軟弱, 捉覺之. 乃別, 自是遂絶. (出王隱『晉書』)

319 · 12(4117)
하후개(夏侯愷)

하후개는 자가 만인(萬仁)으로 병을 얻어 세상을 떠났다. 그의 집안사람 아들 중에 구노(狗奴)라는 아이가 있었는데, 그 아이는 원래부터 귀신을 잘 보았다. 구노는 하후개가 몇 번이나 집으로 돌아와 말과 그의 동생 하후완공(夏侯阮公)을 데려가려는 것을 보았다. 하후완공은 구노의 집으로 도망 왔다가 [구노로부터 이야기를 듣고] 어찌된 영문인가를 알고는 겨울이 될 때까지 구노의 집에 머물렀다. 하후개의 맏아들 하후통(夏侯統)이 집안 식구들에게 이렇게 말했다.

"어젯밤 꿈에 나는 어떤 사람에게 포박 당했는데, 그 사람과 힘껏 싸운 연후에야 풀려날 수 있었소."

말을 마치자마자 집안이 마치 대낮처럼 밝아오더니 하후개가 평상적(平上幘)을 쓰고 단의(單衣: 朝服에 버금가는 盛裝으로 祭禮, 손님 접대, 혼인식 등에 입었음)을 입고서 살아있을 때와 다름없이 안으로 들어와 앉는 것이었다. 그는 서쪽 벽 아래의 커다란 평상 위에 앉아 살아있을 때와 다름없이 슬퍼하다 웃다 하더니 말을 마치자 이 가는 소리를 내며 이렇게 말했다.

"어떤 놈이 우리 집안을 얕보고 내 아들이 남을 숨겨주었다고 무고를 했다. 내 아들이 벌거벗겨진 채 포박을 당하려 하는 것을 보고 내 사람을 보내 구해주었다."

하후개는 수십 명의 장수를 거느리고 왔는데, 그 중 대부분은 밖에 세워뒀고 여덟 줄의 사람만이 하후개를 따르고 있었다. 하후완공이 평상을 서쪽 벽에서 앞쪽으로 끌자 하후개가 이 모습을 보고는 이렇게 말했다.

"왜 평상을 가져가는가?"

또 말했다.

"집안에 안주인이 없으니 집안 꼴이 말이 아니구나."

하후완공이 왜 자기가 아내를 얻지 않는지에 대해 대답하자 하후개가 말했다.

"너는 나와 같이 오래 살아서 [형수의 포악함을 보았기 때문에] 그런 말을 하는 것이다. 여러 귀신들 중에 딱 한 사람을 불러올 수 있다."

하후완공이 누구냐고 묻자 하후개가 말했다.

"자식들 중에 있으니 그리 기뻐할 일이 못된다."

하후개는 손자들을 보겠다고 하면서 이렇게 말했다.

"너무 어린 아이들은 기가 약하니 나에게 가까이 오지 못하도록 하여라."

또 이렇게 말했다.

"큰 딸아이는 관상이 훌륭하니 함부로 남에게 시집보내지 말라."

하후개가 하후완공에게 또 물었다.

"네가 죽은 딸을 보고 싶어 한다면 불러줄 수도 있다."

하후완공이 말했다.

"딸은 이미 죽은 지 오래되어서 그다지 보고 싶지 않습니다."

하후개가 말했다.

"네 딸이 몇 번이나 아비가 보고 싶다고 했으나 저지당하는 바람에 이뤄지지 않았다."

하후개는 또 이렇게 말했다.

"나는 원래 아직 죽을 때가 아니었으며 9년이라는 수명이 남아있었다. 저승에 기사관(記事官) 자리가 비어 열 명을 데려갔는데, 다른 사람들은 모두 글을 알지 못해 글 솜씨가 적당치 않다 판단되어 다시 풀려날 수가 있었다. 오직 나의 글만 선택되는 바람에 저승에 남아 결원을 메우게 된 것이다."

(왕은 『진서』)

夏侯愷, 字萬仁, 病亡. 愷家宗人兒狗奴, 素見鬼. 見愷數歸, 欲取馬, 及其弟阮公將去. 阮逃狗奴家, 解喩, 及冬得止. 愷長子統, 向其家說: "昨夢人見縛, 與力大爭, 爾乃得解." 語訖, 閤門忽有光明如晝, 見愷著平上幘·單衣, 入坐如生平. 坐西壁大牀, 悲笑如生時, 聲訖, 便切齒作聲, 言: "人易我門戶, 誣統藏人. 祖衫見縛, 賴我遣人救之, 得解." 將數十人, 大者在外, 八行隨愷. 阮牽牀離壁, 愷見語阮: "何取牀?" 又說: "家無主, 不成居." 阮答何不娶妻, 愷曰: "卿與共居爾許年, 而作此語也. 諸鬼中當有一人達." 阮問誰, 愷曰: "兒輩意, 不足悅也." 呼見孫兒, 云: "少者氣弱, 勿令近我." 又說: "大女有相, 勿輒嫁人." 愷問阮: "欲見亡女, 可呼之." 阮曰: "女亡已久, 不願見也." 愷曰: "數欲見父, 而禁限未得見." 又說: "我本未應死, 尙有九年. 官記室缺, 總召十人, 不識, 書不中, 皆得出. 我書中, 遂逼留補缺."(出王隱『晉書』)

319 · 13(4118)
유 타(劉 他)

　유타가 하구(下口)에 살고 있을 때 난데없이 귀신 하나가 그의 집에 왔다. 처음에는 너무 어두워서 그저 흰색의 바지를 입은 사람의 형상을 한 것이 보이는 듯 마는 듯 했을 뿐이었다. 그러나 그날 이후 귀신은 며칠에 한번씩 그의 집에 왔는데 더 이상 모습을 감추지도 않았고, [언제부턴가는] 다시 떠나지도 않았다. 귀신은 음식 훔쳐 먹기를 좋아했다. 귀신이 비록 사람에게 해를 입히지는 않았지만 유타는 귀신으로 인해 매우 난처했다. 유타는 처음에는 감히 그 귀신에게 욕도 하지 못했다. 길익자(吉翼子)라는 사람이 있었는데, 그 사람은 겁이 없어서 귀신 따위는 믿지 않았다. 길익자가 하루는 유타의 집을 찾아와 이렇게 말했다.
　"당신 집에 귀신이 어디 있소? 어서 불러오시오. 내 당신을 대신해 욕을 해 주리다."
　이때 대들보 위에서 귀신이 내는 소리가 들렸다. 당시 손님이 매우 많이 모여 있었는데, 사람들이 한꺼번에 위를 쳐다보자 귀신은 위에서 물건을 마구 집어던지기 시작했다. 귀신이 던진 한 물건이 마침 길익자의 얼굴에 정통으로 맞았는데, 자세히 보니 주인댁 마님의 때 묻은 더러운 속옷이었다. 사람들이 박장대소하며 즐거워하자 길익자는 몹시 부끄러워하며 세수를 하고서 떠났다.

어떤 사람이 유타에게 말했다.

"이 귀신이 음식을 훔쳐 먹으면 음식이 없어지는 것으로 보아 이는 형체 있는 놈인 게 분명합니다. 독약을 놓아 죽이면 처치할 수 있을 것입니다."

이 말을 듣고 유타는 다른 사람 집에서 야갈(冶葛: 毒草의 일종으로 野葛이라고도 함. 일명 斷腸草)을 다려 두 홉의 즙을 얻은 다음 몰래 자기 집으로 가지고 돌아왔다. 저녁 무렵에 그는 사람을 시켜 [야갈을 넣어] 죽을 쑤게 한 다음 그것을 책상 위에 올려놓고 대야로 덮어두었다. 잠시 후 귀신이 안으로 들어오는 소리가 들렸다. 귀신은 대야를 들춰 죽을 꺼내 먹기 시작했는데 죽을 먹다가 그릇을 던져 박살내 버리고 밖으로 뛰쳐나갔다. 잠시 후 지붕 위에서 토하는 소리가 들리기 시작하더니 귀신은 몹시 화를 내면서 몽둥이로 창문을 때려 부웠다. 유타는 이 일에 대해 미리 대비를 하고서 귀신과 함께 맞붙어 싸웠다. 귀신은 감히 집 안으로 들어오지를 못하다가 사경(四更: 새벽 1시에서 3시 사이) 중에 떠나간 후 다시는 나타나지 않았다.(『속수신기』)

劉他在下口居, 忽有一鬼, 來住劉家. 初因閽, 髣髴見形如人, 著白布袴. 自爾後, 數日一來, 不復隱形, 便不去. 喜偸食. 不以爲患, 然且難之. 初不敢呵罵. 吉翼子者, 强梁不信鬼. 至劉家, 謂主人: "卿家鬼何在? 喚來. 今爲卿罵之." 卽聞屋梁作聲. 時大有客, 共仰視, 便紛紜擲. 一物下, 正著翼子面, 視之, 乃主人家婦女褻衣, 惡猶著焉. 衆共大笑爲樂, 吉大慙, 洗面而去.

有人語劉: "此鬼偸食乃食盡, 必有形之物. 可以毒藥中之." 劉卽於他家煮冶葛, 取二升汁, 密齎還. 向夜, 令作糜, 著於几上, 以盆覆之. 後聞鬼外來. 發盆取麋, 既吃, 擲破甌出去. 須臾, 聞在屋頭吐, 嗔怒非常, 便棒打窗戶. 劉先以防備, 與鬪. 亦不敢入戶, 至四更中, 然後遂絶. (出『續搜神記』)

319 · 14(4119)
왕 융(王 戎)

 안풍후(安豊侯) 왕융은 남의 집 장례에 참가하러 간 적이 있었다. 그때 그 집 주인이 아직 입관 과정을 다 끝마치지 못하고 있었기 때문에 출상(出喪)하러 온 손님들은 모두 대청에 모여 있었다. 안풍후는 수레 안에 누워 있다가 갑자기 새처럼 생긴 한 이상한 물체가 공중에 있는 것을 보았는데, 한참을 보고 있노라니 그 물체는 점점 커졌다. 가까이까지 왔을 때 보니 그것은 붉은 말이 끄는 수레였는데, 안에 두건을 쓰고 붉은 옷을 입은 사람이 손에 도끼를 들고 앉아있었다. 수레가 땅에 닿자 [수레 안에 타고 있던] 붉은 옷 입은 사람은 수레에서 내려 곧장 왕융의 수레 안으로 들어왔다. 왕융이 안석을 돌려서 붉은 옷 입은 사람을 앉히자 그 사람이 왕융에게 말했다.
 "내 당신을 보니 정신이 맑고 깨끗하여 아무 것도 숨기는 바 없고, 더구나 신분 또한 고귀하여 내 당신을 따르고자 했던 것이오. 하지만 내 당신께 한 가지 꼭 해 둘 말이 있소. 앞으로 남의 집에 초상이 났을 때 아주 가까운 사이가 아니라면 급히 찾아가지 마시오. 혹 정말로 불가피한 상황이라면 푸른 소를 타고 구레 나루를 기른 하인에게 그 소를 몰게 하시오. 혹은 백마를 타고 가도 그 화를 면할 수가 있소."

왕융에게 또 말했다.

"당신은 삼공(三公: 東漢의 太尉・司徒・司空)의 자리에까지 오를 수 있을 것이오."

둘이 한참동안 이야기를 나눈 후에야 주인은 비로소 입관을 하고 출상할 차비를 마쳤다. 손님들이 모두 안으로 들어가자 이 귀신 역시 안으로 들어갔다. 이 귀신은 방안으로 들어가자마자 도끼를 꺼내 들더니 관의 옆 벽 위를 걸어 다니기 시작했다. 그때 한 친척이 관 옆으로 다가와 죽은 이와 영원히 이별하려 하자 귀신은 도끼로 그 사람의 이마를 내리쳤다. 그 사람이 땅에 쓰러지자 좌우 사람들이 와 그를 부축해 밖으로 나갔다. 귀신은 관 위에 서서 왕융을 바라보며 웃고 있었는데, 이 광경을 사람들이 모두 목격했다. 그러고 나서 귀신은 도끼를 들고 밖으로 나갔다. (『속수신기』)

安豊侯王戎, 嘗赴人家殯斂. 主人治棺未竟, 送('送'字原闕, 據『搜神後記』補) 者悉在('在'字原空闕, 據黃本補)廳事上. 安豊車中臥, 忽見空中有一異物, 如鳥, 熟視轉大. 漸近, 見一乘赤馬車, 一人在中, 著幘赤衣, 手持一斧. 至地下車, 徑入王車中. 廻几容之, 謂王曰: "君神明淸照, 物無隱情, 亦有身, 故來相從. 然當贈君一言. 凡人家殯殮葬送, 苟非至親, 不可急往. 良不獲已, 可乘靑牛, 令髡奴御之. 及乘白馬, 則可禳之." 謂戎: "君當致位三公." 語良久, 主人內棺當殯. 衆客悉入, 此鬼亦入. 旣入戶, 鬼便持斧, 行棺牆上. 有一親趣棺, 欲與亡人訣, 鬼便以斧正打其額. 卽倒地, 左右扶出. 鬼於棺上視戎而笑, 衆悉見. 鬼亦持斧而出. (出『續搜神記』)

319 · 15(4120)
왕중문(王仲文)

왕중문은 하남군(河南郡)의 주부(主簿)로 있었는데 그의 집은 구지현(緱氏縣)의 북쪽에 있었다. 한번은 그가 휴가를 얻어 집으로 돌아가는 길에 못가를 지나가게 되었는데, 뒤를 보니 흰 개 한 마리가 자신의 뒤에 서있는 것이었다. 왕중문이 이 개가 너무도 사랑스러워 가지려고 하자 이 개는 갑자기 사람의 형상으로 변했다. 키는 6척이었고 모습은 마치 방상시(方相氏)와도 같았으며, 눈이 불덩이처럼 시뻘겋고 이를 갈고 혀를 빼물고 있는 모습이 끔찍하기 그지없었다. 왕중문이 때리려고 하자 그 괴물은 뒤로 물러서기도 하고 수레에 뛰어오르려 하기도 했다. 왕중문은 너무도 겁이 나서 하인을 시켜 때리게 했으나 [하인 역시] 그 괴물을 어찌하지 못했다. 왕중문은 직접 수레에서 내려 하인과 함께 괴물을 때렸으나 역시 제압할 도리가 없었다. 더구나 둘 다 기진맥진하여 더 이상 때릴 수도 없게 되자 그냥 그 괴물을 버려두고 도망쳐 버리고 말았다. 그는 집으로 돌아와 사람들에게 이 사실을 말하고 10여 명을 불러 모아 칼과 횃불을 손에 들고 괴물을 찾아보았으나 괴물은 이미 어디론가 사라지고 없었다. 한달 남짓 지났을 때 왕중문은 느닷없이 그 괴물을 또 보게 되었다. 왕중문은 하인과 함께 달아났으나 집에 도착하기도 전에 길에 고꾸라져 둘 다 죽고 말았다. (『속수신기』)

王仲文爲河南郡主簿, 居緱氏縣北. 得休應歸, 道經水澤, 見後有一白狗. 仲文甚愛之, 欲便取, 忽變如人. 長六尺, 狀似方相, 目赤如火, 磋齒嚼舌, 甚有憎惡.

欲擊之, 或却, 或欲上車. 仲文大怖, 便使奴打, 不能奈何. 因下車, 佐奴共又打, 亦不禁. 並力盡, 不能復打, 於是捨走. 告人家, 合十餘人, 持刀捉火, 自來視之, 便不知所在. 月餘日, 仲文忽復見之. 與奴並走, 未到人家, 伏地俱死. (出『續搜神記』)

태평광기 권제 320

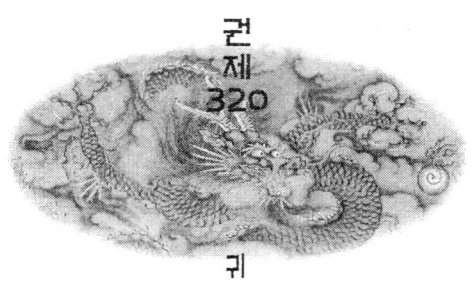

귀 5

1. 채 모(蔡 謨)
2. 요 원 기(姚 元 起)
3. 여 초(閭 勖)
4. 손 치(孫 稚)
5. 색 손(索 遜)
6. 풍 술(馮 述)
7. 임 회 인(任 懷 仁)
8. 왕 명(王 明)
9. 왕 표 지(王 彪 之)
10. 왕 응 지(王 凝 之)
11. 요 우(姚 牛)
12. 환 공(桓 恭)
13. 완 유 지(阮 瑜 之)
14. 유 징(劉 澄)
15. 유 도 석(劉 道 錫)
16. 조 길(趙 吉)
17. 사 마 륭(司 馬 隆)

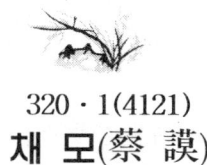

320 · 1(4121)
채 모(蔡 謨)

채모는 광록대부(光祿大夫)로 초징 되었는데, 집에 있을 때 갑자기 동남쪽에서 마치 사람이 금방 죽은 것 같이 곡하는 소리가 들렸왔다. 채모가 가서 보았더니 한 젊은 여자가 울타리 옆에서 울고 있었다. 채모는 그녀가 왜 우는지 알지 못했고, 아마 다른 사람과 다툰 것이라고 생각했다. 그때 갑자기 초혼(招魂)하는 소리가 들려서 가서 보았더니 그 여자가 공중으로 솟구쳐 하늘로 올라가버리는 것이었다. 채모는 속으로 그것을 매우 꺼림칙해 했다. 얼마 후 채모는 병이 나서 죽고 말았다. (『영이지』)

일설에는 다음과 같은 이야기가 있다. 채모가 대청에 앉아 있었는데, 갑자기 이웃집에서 초혼하는 소리가 들렸다. 채모는 곧 뜰 앞으로 나가서 구경하다가 상가(喪家)에서 어떤 노부인이 황색 비단으로 만든 반소매 옷에 아래에는 옥색치마를 입고 두둥실 승천하는 광경을 보게 되었다. 노부인은 한 번 외치는 소리를 들을 때마다 돌아다보았는데, 세 번을 외치면 세 번 모두 돌아다보았다. 노부인은 한참을 배회하다가 소리가 들리지 않자 사라졌다. 채모가 상가에 가서 물어보니, 죽은 자의 옷차림이 노부인과 같았다고 했다. (『유명록』)

蔡謨徵爲光祿大夫, 在家, 忽聞東南啼哭聲, 有若新死. 便見一少年女, 死(明鈔本'死'作'此')人並離(明鈔本'離'作'雖')啼哭. 不解所爲, 恐是人家欲爭耳. 忽聞呼魂聲, 便見生(明鈔本'生'作'此')女, 從空中去上天. 意甚惡之. 少時疾患, 遂薨. (出『靈異志』)

一說, 誤在廳事上坐, 忽聞鄰左復魄聲. 乃出庭前望, 正見新死之家, 有一老嫗, 上著黃羅半袖, 下著縹裙, 飄然升天. 聞一喚聲, 輒廻顧, 三喚三顧. 徘徊良久, 聲旣絶, 亦不復見. 問喪家, 云亡者衣服如此. (出『幽明錄』)

320 · 2(4122)
요원기(姚元起)

하내(河內)의 요원기는 산림 부근에 살았는데, 집안사람들은 모두 늘 들에 가서 농사를 지었고, 7살 된 딸만이 집을 지켰다. 그런데 이 딸이 점점 야위어가 부모가 딸에게 물으니 딸이 말했다.

"항상 어떤 사람이 찾아왔는데 키가 1장(丈) 남짓 되고 얼굴이 4개 있었으며, 각 얼굴에는 모두 7개의 구멍이 있었어요. 스스로 '고천대장군(高天大將軍)'이라고 하면서 나를 보자마자 삼키더니 곧 밑으로 배설했어요. 이같이 하기를 몇 번이나 했어요. 고천대장군이 말했어요. '절대로 내 얘기를 하지 마라. 얘기했다간 내 뱃속에 오래도록 잡아 둘 테다.'"

온가족은 놀라 탄식했고, 마침내 집을 옮겨 그 사람을 피했다. (『영귀지』)

河內姚元起, 居近山林, 擧家恒入野耕種, 唯有七歲女守屋. 而漸覺瘦, 父母問女, 女云: "常有一人, 長丈餘而有四面, 面皆有七孔. 自號'高天大將軍', 來輒見吞, 遂出下部. 如此數過. 云: '愼勿道我. 道我常長留腹中.'" 闔門駭愕, 遂移避. (出『靈鬼志』)

320 · 3(4123)
여 초(間 勤)

오흥군(吳興郡) 무당현(武唐縣)의 여초가 새벽에 밖에서 어떤 사람이 손뼉 치는 소리를 듣고 나가 보았더니 검은 두건을 쓴 두 관리가 자기를 데리고 곧장 물가에 이르러 이렇게 말했다.

"관부에서 배를 타고 콩을 보내주라고 해서 왔다."

그리고는 여초에게 노를 잡게 하고 두 관리는 밧줄로 배를 끌었는데, 가흥군(嘉興郡)에 이르러 잠시 여관에서 머물렀다. 평망정(平望亭)에 이르자 여초는 몰래 도망쳐 집으로 돌아왔다. 10여 일 후 밖에서 또 여초를 부르는 소리가 들렸는데, 여초가 또 나가보니 두 관리가 말했다.

"너는 어찌 감히 배를 버리고 도망쳤느냐?"

관리가 [여초를 데리고] 배에 이르렀는데 그 배에는 여전히 콩이 많았다. 관리는 또 여초에게 노를 잡아 배를 젓게 하고 자기들은 밧줄로 배를 끌었다. 앞으로 가서 가락(嘉樂)의 옛 무덤에 이르자 관리가 여초에게 말했다.

"내가 잠시 한 곳에 들러야 하니 너는 뒤에 남아서 다시는 도망가지 마라. 만약 음식이 있으면 직접 너를 부르겠다."

얼마 후 한 관리가 여초를 불러 올렸다. 여초가 보았더니 그곳은 문이 높은 기와집이었는데, 거기에서는 한바탕 즐거운 연회가 열리고 있었다. 관리는 여초에게 술을 따르라고 했고 아울러 구운 고기를 주었다. 날이 밝아오자 두 관리가 말했다.

"우리는 떠날 것이니 너는 여기에 잠시 머물러 있도록 해라."

얼마 후 보이는 것이라곤 높은 무덤과 숲뿐이었다. 여초는 마음이 혼미하고 어지러웠다. 여초의 집안에서는 여초를 찾으러 나섰다가 하루가 지나서야 찾아냈다. 얼마 후 여초는 큰 종기가 나서 죽고 말았다. (『영귀지』)

吳興武唐閭勳, 凌晨聞外拍手, 自出看, 見二烏幘吏, 逕將至渚, 云: "官使乘船送豆至." 乃令勳柂, 二吏絚挽, 至嘉興郡, 暫住逆旅. 及平望亭, 潛逃得歸. 十餘日, 外復有呼聲, 又見二吏云: "汝何敢委叛?" 將至船, 猶多菽. 又令捉柂船, 二吏絚挽. 始前至嘉樂故塚, 謂勳曰: "我須過('過'原作'遇', 據明鈔本改)一處, 留汝在後, 愼勿復走. 若有飲食, 自當相喚." 須臾, 一吏呼勳上. 見高門瓦屋, 歡醼盈堂. 仍令勳行酒, 幷賜炙啖. 天將曉, 二吏云: "而見去, 汝且停." 頃之, 但見高墳森木. 勳心迷亂. 其家尋覓, 經日方得. 尋發大瘡而死. (出『靈鬼志』)

320 · 4(4124)
손 치(孫 稚)

진(晉)나라의 손치는 자가 법휘(法暉)이며 제군(齊郡) 반양현(般陽縣) 사람이다. 그의 부친 손조(孫祚)는 진나라 때 태중대부(太中大夫)를 지냈다. 손치는 어려서부터 부처를 받들었는데, 18세 되던 [東晉 成帝] 해인 함강원년(咸康元年: 335) 8월에 죽었다. 부친 손조는 나중에 무창(武昌)으로 이사 가서 살았다. 함강 3년(337) 4월 초파일에 승려 우법계(于法階)가 불상을 들고 손조의 집 앞을 지나가자 손조 부부와 어른 아이들이 모두 나와서 구경했는데, [이미 죽은] 손치도 그 사람들 속에 끼어 불상을 따라 가고 있는 것이 보였다. 손치는 부모를 보자 무릎을 꿇어 안부를 여쭙고는 부모를 따라 함께 집으로 돌아갔다. 손조는 그 때 병을 앓고 있었는데 손치가 말했다.

"다른 병인(病因)은 없고 스스로 몸을 잘 지키지 못해서 생긴 것입니다. 5월이면 나을 것입니다."

손치는 말을 마치고 떠나갔다.

손치는 그 해 7월 15일에 다시 집으로 돌아와 무릎을 꿇고 절을 하고는 부모님의 안부를 여쭈었는데, 모든 것이 살아있을 때와 같았다. 그리고 다음과 같은 이야기를 했다.

"외조부께서 태산부군(泰山府君)이 되셨는데, 저를 보시자 어머니의 이름을 얘기하시면서 '네가 아무개의 아들이냐? 너는 아직 올 때가 안 되었는데 어떻게 이곳에 왔느냐?' 하시기에 제가 '백부(伯父)께서 저를 데리고 와서 대신 벌을 받게 하려고 했습니다'라고 대답했습니다. 그래서 태산부군께서 백부를 심문케 하고는 채찍으로 벌을 내리려고 했는데 제가 풀어달라고 빌어서 용서를 받았습니다."

손치의 형 손용(孫容)은 자가 사연(思淵)인데, 당시 그 옆에 있었다. 손치가 말했다.

"비록 나의 본래 육신은 떨어져 나갔지만 살기에 넉넉하고 즐거운 곳

에 있습니다. 나는 글만 읽을 뿐 달리 하는 것은 없으니 형은 걱정하지
마십시오. 그저 부지런히 정진하기만 하면 복은 저절로 사람을 따르는
법입니다. 나는 2년간 배움을 완성하면 국왕의 집에서 다시 태어나게
될 것입니다. 저와 같은 무리들 500여 명이 있는데 지금 복당(福堂)에
있는데, 이들은 배움이 완성되면 모두 제6의 천상(天上)에서 태어나게
될 것입니다. 나도 본래 제6의 천상에서 환생하게 되어 있었지만 조상
을 구해주었다는 이유로 인연에 구속되어 혼자만 왕가(王家)에서 태어
나게 되었습니다."

손치는 [咸康] 5년(339) 7월 7일에 다시 집으로 돌아와 주성(郗城)에
도적의 난이 일어날 것이라고 했다. [이러한] 사례가 매우 많았는데, 모
두 손치가 말한 대로였다. 그러나 집안사람들이 그것을 비밀로 했기 때
문에 전해지는 것이 없었다. 손치가 또 말했다.

"조상들이 죄를 많이 지었기 때문에 마땅히 그분들을 위해 복을 빌어
야 할 것입니다. 저는 지금 사람의 몸으로 거듭 나게 되었으니 저에게
더 이상 신경 쓰실 필요 없고 조상님이나 보살펴 주십시오. 바라건대 부
형(父兄)께서는 부지런히 공덕을 쌓아주시고, 제사 음식을 만들 때는 힘
써 신선하고 깨끗하게 해주십시오. 하나하나 불법(佛法)대로 하면 최상
의 복을 받을 것이고, 그 다음으로 하면 그 다음의 복을 받을 것입니다.
만약 그렇게 할 수 없다면 이는 제사 음식을 쓸데없이 낭비하는 것일
뿐입니다. 마땅히 평등하게 하여 마음으로 너와 나의 구분이 없어야 그
복은 많아질 것입니다."

손조에게 한 계집종이 있었는데 손치가 아직 집으로 돌아오지 않았
을 때 갑자기 병에 걸려 거의 죽을 지경이 되었으며 온 몸이 다 아팠다.

손치가 [부친에게] 말했다.

"이 계집종은 도망가고자 했기 때문에 내가 미리 매를 때려 다시는 도망가지 못하게 했습니다."

손치가 계집종을 심문하자 그녀가 말했다.

"이전에 정말 도망가려고 다른 사람과 약속을 했었는데, 바로 그날 저에게 매를 드는 바람에 도망가는 것을 그만두었습니다."

(『법원주림』)

晉孫稚, 字法暉, 齊般陽縣人也. 父祚, 晉太中大夫. 稚幼奉佛法, 年十八, 以咸康元年八月亡. 祚('亡祚'原作'祚亡', 據明鈔本乙正)後移居武昌. 至三年四月八日, 沙門于法階行尊像, 經家門, 夫妻大小出觀, 見稚亦在人衆之中, 隨侍像行. 見父母, 見跪問訊, 隨共還家. 祚先病, 稚云: "無他禍祟, 不自將護所致耳. 五月當差." 言畢辭去.

其年七月十五日復歸, 跪拜問訊, 悉如生時. 說: "其外祖父爲泰山府君, 見稚, 說母字曰: '汝是某甲兒耶? 未應便來, 那得至此?' 稚答: '伯父將來, 欲以代讁,' 有教推問, 欲鞭罰之, 稚救解得原." 稚兄容, 字思淵, 時在其側. 稚謂曰: "雖離故形, 在優樂處. 但讀書, 無他作, 願兄勿憂也. 他但勤精進, 福自隨人矣. 我二年學成, 當生國王家. 同輩有五百人, 今在福堂, 學成, 皆當上生第六天上. 我本亦應上生, 但以解救先人, 因緣纏縛, 故獨生王家耳."

到五年七月七日復歸, 說邾城當有寇難. 事例甚多, 悉皆如言. 家人祕之, 故無傳者. 又云: "先人多有罪讁, 宜爲作福. 我今受身人中, 不須復營, 但救先人也. 願父兄勤爲功德, 作福食時, 務使鮮潔. 一一如法者受上福, 次者次福. 若不能然, 徒費設耳. 當使平等, 心無彼我, 其福乃多."

祚時有婢, 稚未還時, 忽疾始死, 通身皆痛. 稚云: "此婢欲叛, 我前與鞭, 不復得去耳." 推問, 婢云: "前實欲叛, 與人爲期, 日垂至而便住去耳." (出『法苑珠林』)

320 · 5(4125)
색 손(索 遜)

　[東晉] 승평연간(昇平年間: 357~361)에 서주자사(徐州刺史) 색손은 배를 타고 진릉(晉陵)으로 갔다. 어두울 때 출발하여 강을 돌아 몇 리를 갔을 때, 어떤 사람이 색손에게 태워달라고 하면서 말했다.
　"나의 집은 한총(韓塚)에 있는데 다리가 아파서 걸을 수가 없으니 당신의 배를 타고 갔으면 하오."
　사경(四更) 쯤에 한총에 도착하자 그 사람은 곧 떠나버렸다. 색손은 사람을 시켜[원문은 '二人'이라 되어 있으나 『搜神後記』 卷2에 의거하여 '遣人'으로 고쳐 번역함] 배를 끌게 했는데, 한 여울을 지나기가 여간 쉽지 않았다. 그래서 배를 탔던 사람을 욕하며 말했다.
　"내가 당신을 몇 리나 태워주었는데 곧장 가버리면 함께 배를 끌 사람도 없잖소."
　색손이 그 사람을 [쫓아가서] 힘껏 때리려고 하자 그 사람은 곧 되돌아와서 함께 배를 끌었는데, 별로 힘쓰는 것 같지도 않았으나 쉽게 건널 수 있었다. 그 사람이 곧 여러 무덤 사이로 들어가자 색손은 그가 사람이 아니라고 의심하여 사람을 시켜 몰래 살펴보게 했다. 그 사람은 무덤 사이를 지나가더니 곧 사라져버렸다. 얼마 후 그 사람은 다시 나와서 한 무덤에 이르러 소리쳐 말했다.

"재공(載公)!"

어떤 사람이 나와서 응답하자 그 사람이 말했다.

"내가 아까 남의 배를 타고 왔는데 함께 배를 끌어주지 않자 그놈이 나를 때리려고 했소. 이제 복수하러 가려고 잠시 감라(甘羅: 그물채)를 빌리려고 왔소."

재공이 말했다.

"내 감라를 망가뜨리면 다시는 얻을 수 없소."

그 사람이 말했다.

"걱정할 필요 없소. 한 번 시험해보고자 할 뿐이오."

색손은 그 말을 듣고 곧 배로 돌아왔다.

얼마 후 언덕 위로 한 물체가 왔는데, 그 물체는 백곡(百斛)의 식량을 담을 만한 속이 텅 빈 둥근 대바구니 같았으며 길이는 2장(丈) 남짓이었다. 그것이 곧장 배로 향해 오자 색손이 크게 소리쳤다.

"네놈이 내 배를 타고나서 함께 내 배를 끌지 않았어도 나는 너를 때리지 않았다. 이제 재공의 감라로 지금 나를 치려고 하는데, 내 오늘 반드시 네놈을 흠씬 패주겠다."

그러자 감라는 갑자기 사라졌고, 배는 마침내 앞으로 나아갔다. (『속수신기』)

昇平中, 徐州刺史索遜, 乘船往晉陵. 會闇發, 廻河行數里, 有人寄索載, 云: "我家在韓塚, 脚痛不能行, 寄君船去." 四更時('時'原作'守', 據明鈔本改), 至韓塚, 此人便去. 遜二人牽船, 過一渡, 施力殊不便. 罵此人曰: "我數里載汝來, 遽去, 不與人牽船." 欲輿痛手, 此人便還, 與牽, 不覺用力而得渡. 人便徑入諸塚間,遜疑非人, 使竊尋看. 此經塚間, 便不復見. 須臾復出, 至一塚呼曰: "載公!" 有出者應, 此人說: "我向載人船來, 不爲共牽, 奴便欲打我. 今當往報之, 欲暫借甘羅來." 載公曰: "壞我甘羅, 不可得." 此人: "無所苦. 我試之耳." 遜聞此, 卽還船.

須臾, 岸上有物來, 赤如百斛篙, 長二丈許. 遙來向船, 遜便大呼: "奴載我船, 不與我牽, 不得痛手. 方便載公甘羅, 今欲擊我, 今日要當打壞奴." 甘羅忽然失却, 於是遂進. (出『續搜神記』)

320 · 6(4126)
풍 술(馮 述)

상당(上黨) 사람 풍술은 동진(東晉) 원희연간(元熙年間: 419~420)에 재상부(宰相府)의 장군으로 있을 때, 휴가를 얻어 호뢰관(虎牢關)으로 돌아가다가 갑자기 길에서 네 사람을 만났다. 그 사람들이 각자 노끈과 지팡이를 가지고 풍술에게로 달려오자 풍술은 말에 채찍질을 하며 피하려고 했으나 말이 앞으로 나아가려 하지 않았다. 네 사람은 각각 말의 다리를 하나씩 잡고 갑자기 강물로 쓰러뜨리면서 풍술에게 물었다.

"강을 건너고 싶소?"

풍술이 말했다.

"물이 깊어 헤아릴 수 없고 노도 없는데 어떻게 건너겠소? 당신이 나를 죽이려고 작정한 것이오?"

네 사람이 말했다.

"죽이지는 않고 당신을 데리고 관아까지 가야겠소."

네 사람은 마침내 다시 말의 다리를 잡고 강물을 건너 북쪽으로 갔다. 풍술은 단지 파도소리만 들릴 뿐 물이 있다는 것은 느끼지 못했다. 강가에 거의 이르자 네 사람이 서로 말을 주고받았다.

"이 사람은 옷이 정결하지 못한데 어떻게 데려가지?"

당시 풍술은 죽은 동생을 위해 상복을 입고 있었다. 풍술은 귀신이 자기를 버리고 떠나가면 곧 물에 빠져 죽을까봐 몹시 걱정하여 이내 말을 힘껏 채찍질하여 곧장 언덕으로 올라갔다. 풍술이 네 사람에게 사의를 표하며 말했다.

"나는 이미 은덕을 입었는데 어찌 또 수고롭게 하겠소?"

(『속수신기』)

上黨馮述, 晉元熙中, 爲相府將, 假歸虎牢, 忽逢四人. 各持繩及杖, 來赴述, 述策馬避焉, 不肯進. 四人各捉馬一足, 倏然便倒河上, 問述: "欲渡否?" 述曰: "水深不測, 旣無舟楫, 何由得過? 君正欲見殺耳?" 四人云: "不相殺, 當持君赴官." 遂復捉馬脚, 涉河而北. 述但聞波浪聲, 而不覺水. 垂至岸, 四人相謂曰: "此人不淨, 那得將去?" 時述有弟服. 深恐鬼離之, 便當溺水死, 乃鞭馬作勢, 逕登岸. 述辭謝曰: "旣蒙恩德, 何敢復煩勞?" (出『續搜神記』)

320 · 7(4127)
임회인(任懷仁)

동진(東晉) 승평(升平) 원년(357)에 임회인은 13살의 나이로 대서좌(臺

書佐: 尙書部의 書佐. 서좌는 문서와 기록을 맡은 하급관리. 書記)가 되었다. 그때 고향 사람 왕조(王祖)는 영사(令史: 尙書部에 속한 문서를 주관하는 벼슬)로 있으면서 항상 임회인을 총애했다. 임회인이 15~6살이 되어 다른 뜻을 품자 왕조는 원한을 품고 있다가 가흥(嘉興)으로 가서 임회인을 죽이고 관속에 넣어 서조(徐祚)의 집 밭머리에 묻었다. 서조가 나중에 그 밭가에서 쉬며 하룻밤을 보냈는데, 갑자기 무덤이 있는 것이 보였다. 서조는 아침·점심·저녁 끼니때마다 먹을 것을 나누어 무덤에 놓고 제사를 지내며 [그 무덤을 향하여] 이렇게 불러 말했다.

"밭머리 귀신아, 내게로 와서 밥 먹어라."

날이 저물어 잠잘 때가 되면 또 이렇게 말했다.

"이리 와서 나와 같이 자자꾸나."

이렇게 세월이 흘렀다.

그 후 어느 날 밤에 갑자기 그 귀신이 모습을 드러내며 말했다.

"내일 우리 집에서 탈상을 하고 제사를 지낼 것인데, 제사상이 매우 풍성할 것이니 당신은 내일 나를 따라오십시오."

서조가 말했다.

"나는 산 사람이니 그 집에 나타나지 않는 것이 도리인 듯 하다."

귀신이 말했다.

"내가 당신의 모습을 감춰드리겠습니다."

이리하여 서조는 귀신을 따라갔다. 한 식경이 지나자 그 귀신의 집에 도착했는데, 집안에는 손님이 들끓었다. 귀신이 서조를 영좌(靈座)에 앉히고는 둘이서 실컷 먹고 나니 음식이 바닥났다. [이를 본] 식구들은 울부짖으며 아들이 돌아왔나 보다 하면서 슬픔을 억누르지 못했다. 귀신은 왕조가 오는 것을 보고 말했다.

"저자가 나를 죽인 사람입니다."

귀신은 여전히 그를 두려워하면서 곧 밖으로 나가버렸다. 서조의 모습이 드러나자 집안사람들이 크게 놀라서 서조에게 그 일을 자세히 물어보았고 서조는 사건의 자초지종을 말했다. 마침내 귀신의 집안에서 서조를 따라가 관을 옮겨가자, 그 뒤로 귀신은 더 이상 나타나지 않았다. (『유명록』)

晉升平元年, 任懷仁年十三, 爲臺書佐. 鄉里有王祖復爲令史, 恒寵之. 懷仁已十五六矣, 頗有異意, 祖銜恨, 至嘉興, 殺懷仁, 以棺殯埋於徐祚家田頭. 祚後宿息田上, 忽見有塚. 至朝中暮三時食, 輒分以祭之, 呼云: "田頭鬼, 來就我食." 至瞑眠時, 亦云: "來伴我宿." 如此積時.

後夜忽見形云: "我家明當除服作祭, 祭甚豊厚, 君明隨去." 祚云: "我是生人, 不當相見." 鬼云: "我自隱君形." 祚便隨鬼去. 計行食頃, 便到其家, 家大有客. 鬼將祚上靈座, 大食減. 合家號泣, 不能自勝, 謂其兒還. 見王祖來, 便曰: "此是殺我人." 猶畏之, 便走出. 祚卽形露, 家中大驚, 具問祚, 因叙本末. 遂隨祚迎喪, 旣去, 鬼便斷絶. (出『幽明錄』)

320・8(4128)
왕 명(王 明)

동래군(東萊郡)의 왕명(王明: 원문에는 '王明兒'로 되어 있으나 여기에서는 四庫全書本『太平廣記』에 의거하여 '王明'으로 고쳐 번역함)은 강서(江西)에 살았었는데 죽은 지 1년이 지났을 때 갑자기 그 모습을 드러내고 집으로 돌아왔다. 하루가 지나자 친구들을 불러오게 하고는 그동안의 안부를 물으며 말했다.

"천조(天曹: 天上의 관아)에서 잠시 돌아가도 좋다고 허락했소."

이야기를 하다가 이별할 때가 되자 왕명은 눈물을 흘리면서 고향소식을 물었는데 그 정이 각별했다. 왕명이 아들에게 명했다.

"내가 세상을 떠난 지 1년이 되고 보니 고향을 보고 싶구나."

왕명은 아들에게 같이 고향 마을을 보러 가자고 했다. 고향으로 가는 길에 등애(鄧艾)의 사당을 지나게 되자 그것을 태우라고 했다. 아들이 깜짝 놀라 말했다.

"등애는 생전에 정동장군(征東將軍)을 역임했고, 죽어서는 영험하다고 해서 백성들이 제사를 지내며 복을 빌고 있는데 어찌하여 태우라고 하십니까?"

왕명이 역정을 내며 말했다.

"등애는 지금 상방(尙方: 천자가 쓰는 기물을 만드는 곳)에서 갑옷을 닦느라 열 손가락이 거의 굽을 지경인데 무슨 신령함이 있겠느냐?"

왕명이 또 말했다.

"왕대장군(王大將軍: 王敦) 또한 소가 되어 일하다가 거의 죽게 되었고, 환온은 병졸이 되어 함께 지옥에 있다. 이들은 모두 자기들도 매우 고통스러워 어찌할 줄 모르는데 어떻게 남들에게 복을 줄 수 있겠느냐? 네가 복을 많이 받고자 한다면 마땅히 공손하고 삼가며 충효의 도리를 다하고 화를 내지 말아라. 그러면 곧 좋은 일이 끝없이 생길 것이다."

왕명이 또 명했다.

"손톱을 모아 보관해두면 죽은 후에 속죄할 수 있다."

또 문턱을 높게 만들면 귀신이 사람이 사는 방에 들어가 사람의 죄과를 기록하려다가 문턱에 발이 걸려 넘어지기 때문에 기록해야 할 죄과를 잊어버린다고 일러주었다. (『유명록』)

東萊王明兒, 居在江西, 死經一年, 忽形見還家. 經日, 命招親好, 叙平生, 云: "天曹許以蹔歸." 言及將離, 語便流涕, 問訊鄕里, 備有情焉. 敕兒曰: "吾去人間, 便已一周, 思覲桑梓." 命兒同觀鄕閭. 行經鄧艾廟, 令燒之. 兒大驚曰: "艾生時爲征東將軍, 沒而有靈, 百姓祠以祈福, 奈何焚之?" 怒曰: "艾今在尙方摩鎧, 十指垂掘, 豈其有神?" 因云: "王大將軍亦作牛, 驅馳殆斃, 桓溫爲卒, 同在地獄. 此等並困劇理盡, 安能爲人損益. 汝欲求多福者, 正當恭愼, 盡忠孝順, 無恚怒. 便善流無極." 又令: "可錄指爪甲, 死後可以贖罪." 又使高作戶限, 鬼來入人室內, 記人罪過, 越限撥脚, 則忘事矣. (出『幽明錄』)

320 · 9(4129)
왕표지(王彪之)

동진(東晉)의 왕표지가 나이가 어려 아직 벼슬 하지 않을 때의 일이다. 한 번은 왕표지가 서재에 혼자 앉아 있었는데 서재 앞에는 대나무 숲이 있었다. 갑자기 대나무 숲에서 탄식하는 소리가 들렸는데, 왕표지는 두려웠으나 그 소리가 모친과 흡사하여 가서 보았더니, 그의 모친이 예전의 복장을 하고 있었다. 왕표지가 무릎을 꿇고 절하며 흐느껴 울자 모친이 말했다.

"너에게 장차 갑작스런 재앙이 닥칠 것이다. 너는 오늘 이후로 흰 개를 볼 것인데, 만약 그 개와 함께 동쪽으로 천 리를 간다면 3년 후에는 재앙을 면할 수 있을 것이다."

[모친은 말을 마치고] 갑자기 사라졌다. 왕표지는 아침까지 슬퍼했다.

다음 날 날이 밝자 흰 개 한 마리가 나타나 늘 왕표지를 따라다니자 왕표지는 곧 짐을 꾸려 회계군(會稽郡)으로 갔다. 천리 밖으로 나가니 보이는 것들마다 모두 쓸쓸하고 적적했다. 3년이 지난 뒤 왕표지는 집으로 돌아와서 다시 예전의 그 서재에서 살았다. 그런데 갑자기 앞쪽에서 무슨 소리가 들리기에 가서 보았더니 모친이 예전의 모습을 하고서 이렇게 말했다.

"네가 내 말을 들어주어서 너를 축하해주러 왔다. 이후로 너는 80세가 넘게 살 것이며 벼슬은 태사(台司: 尙書令과 三公)에 이를 것이다."

왕표지는 그 후에 모두 모친의 말대로 되었다. (『유명록』)

晉王彪之, 年少未官. 嘗獨坐齋中, 前有竹. 忽聞有欸聲, 彪之惕然, 怪似其母, 因往看之, 見母衣服如昔. 彪之跪拜獻欸, 母曰: "汝方有奇厄. 自今以去, 當日見白狗, 若能東行出千里, 三年, 然後得免災." 忽不復見. 彪之悲悵達旦.

旣明, 獨見一白狗, 恒隨行止, 便行營竹裝, 將往會稽. 及出千里外, 所見便肅然都盡. 過三年乃歸, 復還先齋住. 忽聞前聲, 往見母如先, 謂: "從吾, 故來慶汝. 汝自今已後, 年踰八十, 位班台司." 皆如母言. (出『幽明錄』)

320 · 10(4130)
왕응지(王凝之)

　동진(東晉)의 좌장군(左將軍)인 낭야(琅邪) 사람 왕응지의 부인 사씨(謝氏: 謝道蘊)는 갑자기 두 아들을 잃고 너무 애통한 나머지 6년 동안이나 눈물을 흘리며 지냈다. 그 후 갑자기 두 아들이 형구를 차고 나타나 어머니를 위로하며 말했다.
　"그만 진정하십시오. 저희 둘 다 죄를 지어 벌을 받고 있으니 저희들을 위해 복을 빌어주셔야지요."
　그 후 사씨는 슬픔을 진정시키고 부지런히 아들들을 위해 공덕을 쌓았다. (『유명록』)

　晉左軍琅邪王凝之, 夫人謝氏, 頓亡二男, 痛惜過甚, 銜淚六年. 後忽見二兒俱還, 並著械, 慰其母曰: "可自割. 兒並有罪譴, 宜爲作福." 於是得止哀, 而勤爲求請. (出『幽冥錄』)

320 · 11(4131)
요 우(姚 牛)

　수현(須縣: 魯迅 輯錄 『幽明錄』 원문에는 '項縣'으로 되어 있음) 백성 요우가 10여 세 되었을 때 부친이 마을 사람에게 살해되자 요우는 의복을 팔아 칼과 창을 사서 복수하려고 했다. 후에 그는 수현 문 앞에서 원수와 마주치자, 군중이 보는 앞에서 손에 들고 있던 칼로 원수를 찔러 죽였다. 관리가 그를 사로잡았으나 현령은 그의 효행을 깊이 동정하여 그 일처리를 미루었다가, 얼마 후에 그를 풀어주었다. 또 그는 자사와 군수의 도움으로 마침내 아무 탈이 없게 되었다.

그 후 현령이 사냥을 나갔다가 사슴을 쫓아 풀 속으로 들어갔는데, 거기에는 오래된 깊은 함정이 몇 군데 있었다. 현령이 탄 말이 그곳으로 달려가려 하자 갑자기 한 노인이 나타나 막대기를 들어 말을 쳤다. 말이 놀라 피하는 바람에 사슴을 쫓아가지 못했다. 현령이 화가나[원문에는 '令奴'로 되어 있으나 노신 집록『幽明錄』원문에 근거하여 '令怒'로 고쳐 번역함] 활을 당겨 그 노인을 쏘려고 하자 노인이 말했다.

"이 속에 함정이 있어서 당신이 떨어질까 걱정되어 그렇게 했을 따름입니다."

현령이 말했다.

"당신은 누구시오?"

노인이 꿇어앉아 말했다.

"나는 백성 요우의 아버지입니다. 당신이 요우를 살려준 것에 감사하여 이렇게 와서 은혜를 갚은 것입니다."

그 노인은 말을 마치고 사라졌다. (『유명록』)

須縣民姚牛, 年十餘, 父爲鄕人所殺, 牛嘗賣('賣'原作'殺', 據明鈔本改)衣服, 市刀戟, 圖欲報讎. 後在縣門前相遇, 手刃之於衆中. 吏擒得, 官長深矜孝節, 爲推遷其事, 會赦得免. 又爲州郡論救, 遂得無他.

令後出獵, 逐鹿入草中, 有古深井數處. 馬將趣之, 忽見一翁, 擧杖擊馬. 馬驚避, 不得及鹿. 令奴引弓將射之, 翁曰:"此中有井, 恐君墮耳." 令曰:"汝爲何人?" 翁長跪曰:"民姚牛父也. 感君活牛, 故來謝." 因滅不見. (出『幽明錄』)

320 · 12(4132)
환 공(桓 恭)

환공은 환석민(桓石民: 桓溫의 조카로 佐將軍을 역임함)의 참군(參軍)으로 단도현(丹徒縣)에서 살았다. 그의 관사에 있는 평상 앞에는 한 작은 구덩이가 있었는데, 자세히 보니 그것은 오래된 무덤으로 관은 이미 썩어 있었다. 환공은 식사를 할 때 항상 먼저 생선과 나물, 그리고 밥을 그 구덩이 속에 던져주었는데 그렇게 몇 년을 보냈다. 그 후 환공이 잠이 들었다가 막 깨어나 보니 한 사람이 침상 앞에서 이렇게 말했다.

"나는 죽은 지 700여 년이 되었는데, 후사(後嗣)가 끊겨서 제사 음식도 맛보지 못했소. 그런데 그대가 항상 내게 음식을 던져 주어서 무척 감사하게 생각하오. 그대의 명부를 보았더니, 이 후에 마땅히 영주자사(寧州刺史)가 될 것이오."

후에 환공은 과연 그 사람의 말대로 되었다. (『유명록』)

桓恭爲桓石民參軍, 在丹徒. 所住廨, 牀前一小陷穴, 詳視是古墓, 棺已朽壞. 桓食, 常先以鮭飯投穴中, 如此經年. 後眠始覺, 見一人在牀前云:"吾終沒以來, 七百餘年, 後絕嗣滅, 烝嘗莫寄. 君恒食見播及, 感德無已. 依君籍, 當應爲寧州刺史." 後果如言. (出『幽明錄』)

320 · 13(4133)
완유지(阮瑜之)

동진(東晉) 태원(太元) 10년(385), 완유지는 시흥(始興)의 절 앞에서 살았다. 완유지는 어려서 고아가 되었으며 너무도 가난하여 늘 울고 다녔다. 그런데 갑자기 한 귀신이 책 담은 상자를 가지고 완유지의 앞에 나타나 말했다.

"아버지는 죽어서 저승으로 돌아갔건만 그대는 어찌 이리 오래도록 울고 있소? 지금부터 3년 안에 그대의 가세가 일어날 것이오. 내가 그대의 집에서 살 텐데 아무런 손해도 입히지 않을 것이니 내가 재앙이 될 것이라고 두려워하지 마시오. 그대를 위해 좋은 일을 만들어주겠소."

그 후로 귀신은 늘 완유지의 집에 머물면서, 집에서 필요한 것이 있으면 그에게 가져다주었다.

2~3년 후 완유지는 살림이 조금 나아지자 귀신에게 음식을 대접하며 함께 이야기를 나누었다. 완유지가 귀신의 성을 물으니 귀신이 대답했다.

"나의 성은 이(李)이고 이름은 유지(留之)인데 그대의 자형(姊兄)이라오."

완유지가 물었다.

"당신은 여길 어떻게 오셨습니까?"

귀신이 말했다.

"나는 죄업을 다 치르고 지금은 잠시 귀도(鬼道)에 들어와 있어서, 당분간 그대의 집에 살고 있는 거라오. 4~5년 후에는 떠나야 하오."

완유지가 말했다.

"그러면 또 어디로 가십니까?"

귀신이 대답했다.

"인간 세상에 다시 태어날 거요."

때가 되자 귀신은 과연 작별하고 떠나갔다. (『유명록』)

晉太元十年, 阮瑜之居在始興佛圖前. 少孤貧不立, 哭泣無時. 忽見一鬼, 書塼('塼'原作'搏', 據明鈔本改)著前云: "父死歸玄冥, 何爲久哭泣? 卽後三年中, 君家可得立. 僕當寄君家, 不使有損失, 勿畏我爲凶. 要爲君作吉." 後鬼恒在家, 家須用者, 鬼與之.

二三年, 君(明鈔本'君'作'用')小差, 爲鬼作食, 共談笑語議. 阮問姓, 答云: "姓李名留之, 是君姊夫耳." 阮問: "君那得來?" 鬼云: "僕受罪已畢, 今甦生鬼道, 權寄君家. 後四五年當去." 曰: "復何處去?" 答曰: "當生世間." 至期, 果別而去. (出『幽明錄』)

320・14(4134)
유 징(劉 澄)

동진(東晉) 의희(義熙) 5년(409)에 팽성(彭城) 사람 유징은 늘 귀신을 보곤 했다. 유징은 좌위사마(左衛司馬)가 되어 장군 군영의 막사와 인접해서 살게 되었는데, 밤이면 장군을 찾아가 이야기를 나누었다. 그들은 붉은색 옷을 입고 손에는 붉은 깃발을 잡고 있는 작은 아이 하나를 보게 되었는데, 그 동그란 모습이 마치 부용화(芙蓉花) 같았다. 며칠 후 장군의 군영에 큰 불이 났다. (『유명록』)

晉義熙五年, 彭城劉澄, 常見鬼. 及爲左衛司馬, 與將軍巢營廨宇相接, 澄夜相就坐語. 見一小兒, 赭衣手把赤幟, 團團似芙蓉花. 數日, 巢大遭火. (出『幽明錄』)

320 · 15(4135)
유도석(劉道錫)

유도석과 그의 사촌동생 유강조(劉康祖)는 젊어서부터 귀신의 존재를 믿지 않았다. 그의 사촌형 유흥백(劉興伯)은 젊어서부터 귀신을 보았지만 논쟁으로는 그들을 굴복시킬 수 없었다. 한번은 유흥백이 경구현(京口縣) 장광교(長廣橋)의 저택 동쪽에서 이런 말을 했다.

"어떤 죽은 귀신이 동쪽 울타리 위에 있다."

유도석은 웃으면서 곧 유흥백에게 그 장소를 물어보고 유흥백을 데리고 함께 그곳으로 가서 큰칼로 귀신을 베려고 했다. 유흥백이 뒤에 있다가 소리쳤다.

"귀신이 너를 치려고 한다!"

유도석은 귀신이 있는 곳에 채 가기도 전에 곧 큰 몽둥이로 때리는 것 같은 소리를 듣고 땅에 거꾸러지고 말았다. 유도석은 이튿날이 되어서야 깨어났고 한 달 후에 상처가 모두 나았다. 유흥백이 또 말했다.

"대청 동쪽 끝 뽕나무 위에 어린아이의 모습을 한 귀신이 있는데, 성장하면 필시 사람을 해칠 것이다."

유강조가 그 말을 믿지 않고서 나무 위 어디쯤에 귀신이 있느냐고 묻자 유흥백은 그 위치를 분명히 가리켜주었다. 10여 일 후 달빛이 어둑어둑하던 날 밤에 유도석은 어둠 속에 숨어 있다가 창으로 귀신이 있는 곳을 찌르고 곧장 돌아왔는데, 이 사실을 아는 사람이 없었다.

다음날 유흥백이 아침에 와서 갑자기 놀라며 말했다.

"이 귀신은 어제 밤에 어떤 사람에게 찔려 거의 죽었는지 움직이지도 않네. 죽을 날도 머지 않은 것 같네."

유강조는 껄껄 웃었다. (『유명록』)

劉道錫與從弟康祖, 少不信有鬼. 從兄興伯, 少來見鬼, 但辭論, 不能相屈. 嘗於京口長廣橋宅東, 云: "有殺鬼, 在東籬上." 道錫笑, 便問其處, 牽興伯俱去, 捉大刀欲斫之. 興伯在後喚云: "鬼擊汝!" 道錫未及鬼處, 便聞如有大杖聲, 道錫因倒地. 經宿乃醒, 一月日都差. 興伯復云: "廳事東頭桑樹上, 有鬼, 形尙孺, 長必害人." 康祖不信, 問在樹高下, 指處分明. 經十餘日, 是月晦夕, 道錫逃闇中, 以戟刺鬼所住, 便還, 人無知者.

明日, 興伯早來, 忽驚曰: "此鬼昨夜那得人刺之, 殆死, 都不能復動. 死亦當不久." 康大笑. (出『幽明錄』)

320・16(4136)
조 길(趙 吉)

업현(鄴縣)의 옛 현위(縣尉) 조길은 일찍이 논두렁 가에서 살았다. 옛날에 어떤 절름발이가 죽어 그 논두렁 옆에 묻혔다. 20여 년 후에 먼 곳에서 온 사람이 조길의 대문 밖을 지나가게 되었다. 그 사람은 십여 걸음을 가다가 갑자기 절름발이가 되었는데, 조길이 이상하여 그 이유를 묻자 먼 곳에서 온 사람이 웃으면서 말했다.

"예전에 절름발이 귀신이 있었는데 그것을 장난으로 흉내 낸 것뿐이오."

(『유명록』)

鄴縣故尉趙吉, 常在田陌間. 昔日有一蹇人死, 埋在陌邊. 後二十餘年, 有一遠方人, 過趙所門外. 遠方人行十餘步, 忽作蹇, 趙怪問其故, 遠人笑曰: "前有一蹇鬼, 故效以戲耳." (出『幽明錄』)

320 · 17(4137)
사마륭(司馬隆)

동위군(東魏郡: 동위군은 남조 劉宋 때 설치된 것으로 이는 '東莞郡'의 오기로 보임)에서 아무개라는 사람이 있었는데 그 이름은 잊어버렸다. 그는 고향으로 돌아와서 군수를 지내고 죽었는데, 그의 무덤은 동안군(東安郡)의 영산(靈山)에 있었다. 그의 무덤은 예전에 다른 사람에게 파헤쳐져서 관이 이미 훼손되었다.

사현(謝玄)은 팽성(彭城)에 있을 때 제군(齊郡) 사람 사마륭(司馬隆)과 그의 동생 사마진(司馬進), 그리고 동안군(東安郡)의 왕상(王箱) 등과 함께 부서진 관을 가져다가 각기 수레를 만들었다. 그로부터 얼마 안 되어 그 세 사람이 모두 병에 걸리자, 주련(注連: 出棺 후에 죽은 귀신이 다시 집으로 돌아오지 못하게 물을 뿌려 깨끗이 하여 집 입구에 쳐 놓은 새끼)까지 해놓았으나 재앙이 끊이지 않았다. 왕상 모친의 영혼이 그의 자손에게 말했다.

"왕상이 예전에 사마륭 형제와 서부군(徐府君)의 무덤 속 관을 가져다가 수레를 만들었는데, 사마륭 등이 죽고 패가망신한 것은 모두 이 때문이다."

(『유명록』)

東魏徐, 忘名. 還作本郡卒, 墓在東安靈山. 墓先爲人所發, 棺柩已毁.

謝玄在彭城, 將有齊郡司馬隆·弟進·及東安王箱等, 共取壞棺, 分以作車. 少時三人悉見患, 更相注連, 凶禍不已. 箱母靈語子孫云: "箱昔與司馬隆兄弟, 取徐府君墓中棺爲車, 隆等死亡喪破, 皆由此也." (出『幽明錄』)

태평광기 권제 321 귀 6

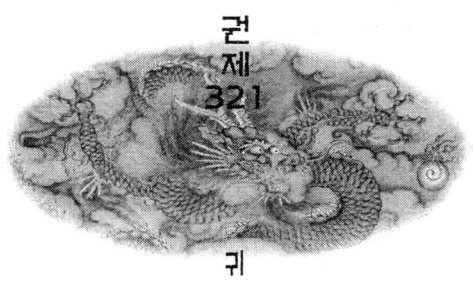

1. 곽 번(郭 翻)
2. 왕 원 지(王 瑗 之)
3. 견 등(牽 騰)
4. 신 귀(新 鬼)
5. 유 청 송(劉 靑 松)
6. 유 량(庾 亮)
7. 사 마 의(司 馬 義)
8. 이 원 명(李 元 明)
9. 장 개(張 闓)
10. 유 소 지(庾 紹 之)
11. 위 씨(韋 氏)
12. 호 복 지(胡 馥 之)
13. 가 옹(賈 雍)
14. 송 정 백(宋 定 伯)
15. 여 광(呂 光)

321 · 1(4138)
곽번(郭 翻)

진(晉)나라의 곽번은 자(字)가 장상(長翔)이고 무창(武昌) 사람으로, 경언(敬言)의 제자이다. 그는 관직에 초징 되었으나 나아가지 않았다. 곽번이 죽고 나서 며칠 뒤에 그의 막내아들이 갑자기 악귀에 씌인 것처럼 사람을 알아보지 못하고 혼령의 말을 했는데, 그 목소리가 그의 부친 같았다. 그는 저승세계에 대해 많은 것을 알고 있어서 묻는 것에 모두 대답했다. 예전에 [곽번이 살아 있을 때] 유량(庾亮)이 곽번을 상좌(上佐: 고급 보좌관)로 삼으려 했는데 곽번이 나아가지 않았었다. 그래서 곽번의 가족이 물었다.

"당신은 살아서는 훌륭한 덕행을 지니셨고 죽어서는 신명(神明)이 되셨는데, 지금은 혹 관직에 있지 않으십니까?"

곽번[의 혼령]이 대답했다.

"나는 본래 벼슬길에 나아가려는 뜻이 없었다. 그래서 예전에 유공(庾公: 庾亮)이 나를 선발하고자 했을 때는 내가 원하지 않았기 때문에 벗어날 수 있었다. 그러나 지금은 다시 벼슬에 구속되어 처음의 뜻을 따를 수 없게 되었기 때문에 이렇게 근심하고 있다."

가족들이 물었다.

"유공은 지금 무슨 관직에 있습니까?"

곽번이 대답했다.

"유공은 천조(天曹)의 임명을 받아 무군대장군(撫軍大將軍)이 되어 지금 동해의 동쪽에서 신병(神兵)을 통솔하고 있는데, 나를 자신의 사마(司馬)로 선발했다. 유공은 본래 사인조(謝仁祖: 謝尙. 원문은 '謝仁爲祖'라 되어 있으나 '爲'는 衍字로 보임)를 그 관직에 선발하려고 했으나, 그의 지위와 명망이 부족하고 또 장대후(蔣大侯: 蔣子文)가 먼저 그를 도위(都尉)로 선발했기 때문에 그를 임명할 수 없었다."

이어서 가족들이 또 물었다.

"도태위(陶太尉: 陶侃)는 무슨 관직에 있습니까?"

곽번이 대답했다.

"도태위는 말할 수 없이 고생하고 있는데, 지금 죄를 지어 벌을 받고 있기 때문이다. 그러나 그 기간이 지나면 그는 크게 등용될 것이다."

가족들이 또 물었다.

"왕승상(王丞相: 王導)은 지금 무슨 관직에 있습니까?"

곽번이 대답했다.

"왕공(王公: 王導)은 상서랑(尙書郞)이 되어 많은 공무로 정신없이 바쁜데, 그 지위는 생전에 미치지 못하지만 존귀함과 권세는 생전과 다름 없다."

사람들이 말했다.

"죽은 뒤에도 [세상에 남아 있는] 뒷사람을 생각합니까?"

장상(長翔: 郭翻)이 말했다.

"죽은 지 오래되면 더 이상 살아 있는 사람을 생각하지 않지만, 나의 경우는 이제 막 죽어서 이승에 대한 미련이 아직 끊어지지 않았기 때문에 여전히 생각하고 있다."

곽번의 혼령은 아들에게 종이와 붓을 준비하라고 말하여 친구들에게 보내는 편지를 쓰고자 했다. 아들이 붓을 들자 혼령은 아들에게 명하여 글을 쓰게 했는데, 글씨는 모두 가로로 쒸어 있었고 호인(胡人)의 글자 같았다. 한 장을 다 쓰고 나자 혼령이 말했다.

"이것은 귀서(鬼書)이니 인간들이 알아볼 수 없다."

그리고는 다른 사람에게 종이를 가져오게 하여 자신이 부르는 대로 받아쓰게 했다. 다 쓰고 나자 사람들이 말했다.

"소효선(蘇孝先: 蘇韶)도 오래 전에 이런 말을 했습니다."

혼령은 그 밑에 다시 시 2수를 받아쓰게 했다.

　　정신이 흩어져 푸른 하늘에 오르니,
　　이 몸은 순식간에 스러졌네.
　　예전에 품었던 뜻 되새기며,
　　혼령은 여전히 자유롭게 노닐고 싶네.
　　하지만 평소 먹은 마음 잘 간직할 수 없어,
　　때에 따른 요구를 면하지 못했네.

　　[이런 나의 마음] 친구들에게 대충 전하지만,
　　요망하다 생각하고 잊어버릴까 걱정이네.
　　죽어 사라진 후엔 아무 것도 모른다고 하지만,
　　옛날에도 소소(蘇韶: 晉代의 中牟縣令 蘇韶[字는 孝先]가 죽은 뒤 그의 혼령이 冥界의 일을 말했다는 고사가 『蒙求』卷上「蘇韶鬼靈」에 보임. 本書 권319 제11조 「蘇韶」에도 나옴)가 있었다네.

그런 후에 곽번의 혼령은 소리 없이 떠나갔다. (아래에 한 줄이 비어 있는데 원래 闕文이다.)

晉郭翻, 字長翔, 武昌人, 敬言之弟子也. 徵聘不起. 亡數日, 其少子忽如中惡狀, 不復識人, 作靈語, 音聲如其父. 多知陰世('陰世'二字原空闕, 據黃本補), 所問皆答. 而昔時庾亮欲取爲上佐, 不就. 家問曰: "君生有令德, 沒爲神明, 今豈有官職也?" 答曰: "我本無仕進之志. 以('之志以'三字原空闕, 據黃本補)庾公欲見取, 不願, 放(明鈔本'放'作'故')得脫. 今復爲驅縶, 不得從初願, 故爾戚('初願故爾戚'五字原空闕, 據黃本補)戚也." 問: "庾今何官?" 答云: "爲天所用, 作撫軍大將軍, 現居('將軍現居'四字原空闕, 據黃本補)東海之東, 統領神兵('領神兵'三字原空闕, 據黃本補), 取吾爲司馬. 本欲取謝仁爲祉之選('爲祉之選'四字原空闕, 據黃本補)官, 以爲資望未足, 且蔣大侯先取爲都尉, 是以不能." 因('不能因'三字原空闕, 據黃本補)問: "陶太尉何官?" 答云: "陶辛苦不可言, 方在罪謫之候. 過此('候過此'三字原空闕, 據黃本改)大得叙用也." 又問: "王丞相今何職?" 答曰: "王公爲尙書郞('郞'字原空闕, 據黃本補), 大屈事更萬機, 位雖不及生時, 而貴勢無異也." 諸人曰: "亡後還思('後還思'三空原空闕, 據黃本補)後人否?" 長翔曰: "亡已久, 則不復念生人, 如吾始死, 私心('私心'二字原空闕, 據黃本補)未歇, 猶自有念也." 靈語兒, 求紙筆, 欲作書與親舊. 捉筆以命('舊捉筆以命'五字原空闕, 據黃本補)兒書之, 皆橫行, 似胡書. 已成一紙, 曰: "此是鬼書, 人莫能識('莫能識'三字原空闕, 據本黃本補)." 使人持紙, 口授作書. 書畢, 諸人言: "蘇孝先多作此語久('此語久'三字原空闕, 據黃本補)." 下作復授作詩二首曰: "神散登旻蒼, 性軀忽以亡. 追念疇('追念疇'三字原空闕, 據黃本補)昔志, 精魂還逍遙. 秉心不得令, 不免時所要." "薄言告所親, 恐('告所親恐'四字原空闕, 據黃本補)謂言妖忘('忘'字原空闕, 據黃本補. 大沒無識, 在昔有蘇韶." 于是絶響而去('絶響而去'四字原空闕, 據黃本補). (下空一行, 原闕.)

321 · 2(4139)
왕원지(王瑗之)

광한(廣漢) 사람 왕원지가 신안현령(信安縣令)으로 있었는데, 하루는 그가 현청(縣廳)에 있을 때 난데없이 한 귀신이 나타나 자신의 성이 채(蔡)이고 이름이 백개(伯喈)라고 말했다. 잠시 후에 [왕원지는 그 귀신과 함께] 시(詩)에 대해 논했는데, 귀신은 고금의 일에 해박하여 알지 못하는 것이 없었다. 그래서 왕원지가 물었다.

"당신은 옛날의 채옹(蔡邕)이시오?"

귀신이 대답했다.

"아니오. 그와 성과 자(字)가 같을 뿐이오."

왕원지가 또 물었다.

"그렇다면 예전의 채백개는 지금 어디에 있소?"

귀신이 말했다.

"그는 천상에서 선인(仙人)이 되어 아주 많은 복록을 누리면서 매우 즐겁게 지내고 있으니, 더 이상 옛날 [이승에 있을 때의] 그가 아니오."

(『제해기』)

廣漢王瑗之, 爲信安令, 在縣, 忽有一鬼, 自稱姓蔡名伯喈. 俄復談議詩, 揆知古今, 靡所不諳. 問: "是昔日蔡邕否?" 答云: "非也. 與之同姓字耳." 問: "前伯喈今何在?" 云: "在天上作仙人, 甚是('甚是'二字原空闕, 據黃本補)受福, 甚快樂, 非復疇昔也." (出『齊諧記』)

321 · 3(4140)
견 등(牽 騰)

견등은 [東晉] 함화(咸和) 3년(328)에 패군태수(沛郡太守)가 되었다. 그는 무절제하게 출행(出行)을 일삼았는데, 하루는 꿈에 검은 옷을 입은 사람이 나타나 고했다.

"당신은 어찌하여 그렇게 끊임없이 자주 출행하시오? [앞으로 계속 출행한다면] 당신 말의 다리를 부러뜨릴 수밖에 없소."

견등이 나중에 또 출행했을 때, 말의 다리가 아무 이유도 없이 부러졌다. 견등이 성 외곽 근처에 이르렀을 때, 갑자기 날이 어두워지면서 키가 1장(丈)도 넘고 검은 관에 흰 옷을 입은 어떤 사람이 나타나 수레 모는 사람을 멀리서 꾸짖으며 길을 비키라고 했다. 잠시 후 그 키 큰 사람이 당도하더니 말채찍으로 마부를 내리쳐서 땅에 쓰러뜨렸다.

날이 갠 뒤에 시종들이 수레를 살펴보았더니 텅 비어 있었다. 그래서 견등의 소재를 찾아 60~70보를 가서 보았더니, 견등이 잡목더미 속에서 안석에 기대어 앉아 있었다. [시종들이 어찌된 일인지 견등에게 물었더니] 견등이 말했다.

"나도 어찌된 일인지 전혀 모르겠다."

견등은 50일 뒤에 주살 당했다. (『유명록』)

牽騰以咸和三年爲沛郡太守. 出行不節, 夢烏衣人告曰: "何數出不輟? 唯當斷馬足." 騰後出行, 馬足自斷. 騰近行廓外, 忽('廓外忽'三字原空闕, 據黃本補)然而闇, 有一人, 長丈餘, 玄冠白衣, 遙叱將車人, 使避之. 俄而('避之俄而'四字原空闕, 據黃本補)長人至, 以馬鞭擊御者, 即倒.

旣明, 從人視車空. 覓騰所('覓騰所'二字原空闕, 據黃本補)在, 行六七十步, 見在榛莽中, 隱几而坐. 云: "了不自知." 騰五十日被誅. (出『幽明錄』)

321 · 4(4141)
신 귀(新 鬼)

어떤 갓 죽은 신참 귀신이 있었는데, 그는 몸이 수척하고 피곤에 지쳐 있었다. 한번은 그가 생전의 친구를 문득 만났는데, 그 친구는 죽은 지 20년이나 되었지만 살이 찌고 건강했다. 서로 안부를 묻고 나서 친구가 말했다.

"자네는 어찌 이 모양인가?"

신참 귀신이 말했다.

"나는 배가 고파서 거의 견딜 수가 없네. 자네는 [먹을 것을 얻는] 여러 방법을 알고 있을 것이니 당연히 나에게 그 방법을 가르쳐주어야지."

친구 귀신이 말했다.

"그거야 정말 쉬운 일이지. 사람들에게 괴이한 짓을 하기만 하면 그들은 필시 몹시 두려워하면서 자네에게 음식을 줄 걸세."

그래서 신참 귀신이 큰 마을의 동쪽으로 들어갔더니 부처님을 극진히 모시는 집이 있었다. 그 집의 서쪽 행랑채에 맷돌이 있자 신참 귀신은 곧장 가서 사람이 하는 것처럼 그 맷돌을 돌렸다. 그랬더니 집주인이 자식들에게 말했다.

"부처님께서 우리 집이 가난한 것을 불쌍히 여기시어 귀신에게 맷돌을 돌리게 하시나 보구나!"

그리고는 보리를 날라다 맷돌에 부었다. 신참 귀신은 저녁까지 여러 곡(斛)의 보리를 갈고 피곤에 지쳐서 떠났다. 그래서 신참 귀신은 친구 귀신에게 욕을 했다.

"자네는 어찌하여 날 속였는가?"

친구 귀신이 말했다.

"한 번만 더 가보면 틀림없이 음식을 얻게 될 걸세."

신참 귀신은 다시 마을의 서쪽으로 가서 한 집으로 들어갔는데 그 집은 도교를 신봉하고 있었다. 문 옆에 디딜방아가 있자 신참 귀신은 곧장 그 위로 올라가서 사람이 하는 것처럼 방아를 찧었다. 그러자 집주인이 말했다.

"어제는 귀신이 아무개를 도와주었다더니 오늘은 또 날 도와주려고 왔으니, 곡식을 가져와 빻게 해야겠군."

그리고는 또 하녀에게 곡식을 키질하고 체로 치게 했다. 저녁이 되어 신참 귀신은 힘이 빠져 몹시 피곤했지만 집주인은 그에게 음식을 주지 않았다. 신참 귀신은 저물녘에 돌아와 친구 귀신에게 버럭 화를 내며 말했다.

"나는 자네의 인척(姻戚)으로 보통 관계가 아니거늘 어찌하여 날 속였는가? 이틀 동안 사람을 도와주었지만 음식 한 그릇도 얻어먹지 못했네."

친구 귀신이 말했다.

"자네는 운이 없었을 뿐이네. 그 두 집은 불교와 도교를 신봉하기 때문에 그들을 놀라게 하기가 어려웠던 것이네. 이번에는 일반 백성의 집을 찾아가 괴이한 짓을 부리면 반드시 음식을 얻게 될 걸세."

신참 귀신은 다시 나가서 한 집을 찾았는데 대문 입구에 대나무 장대가 세워져 있었다. 문안으로 들어가서 보았더니 한 무리의 여자들이 창앞에서 함께 식사하고 있었다. 신참 귀신이 뜰 안으로 들어가자 흰 개한 마리가 있기에 곧장 그 개를 안고 공중을 다녔더니 그 집 식구들이 크게 놀라 말했다.

"지금껏 이런 괴이한 일은 없었다!"

[그래서 무당에게 점을 쳐보았더니] 무당이 이렇게 말했다.

"어떤 객귀(客鬼)가 음식을 구하고 있으니, 개를 잡고 맛있는 과일과 술과 밥을 차려 뜰에서 제사를 지내면 별 탈 없을 것이오."

그 집에서 무당의 말대로 하여 신참 귀신은 과연 배불리 먹을 수 있었다. 그 후로도 신참 귀신은 늘 괴이한 짓을 했는데 이는 친구 귀신이 가르쳐준 것이었다. (『유명록』)

有新死鬼, 形疲瘦頓. 忽見生時友人, 死及二十年, 肥仁建. 相問訊曰: "卿那爾?" 曰: "吾飢餓, 殆不自任. 卿知諸方便, 故當以法見教." 友鬼云: "此甚易耳. 但爲人作怪, 人必大怖, 當與卿食."

新鬼往入大墟東頭, 有一家奉佛精進. 屋西廂有磨, 鬼就推('推'字原空闕, 據明鈔本補)此磨, 如人推法. 此家主語子弟曰: "佛憐吾家貧, 令鬼推磨!" 乃輦麥與之. 至夕, 磨數斛, 疲頓乃去. 遂罵友鬼: "卿那訑我?" 又曰: "但復去, 自當得也."

復從墟西頭入一家, 家奉道. 門傍有碓, 此鬼便上碓, 如人舂狀. 此人言: "昨日鬼助某甲, 今復來助吾, 可䈆穀與之." 又給婢簸篩. 至夕, 力疲甚, 不與鬼食. 鬼暮歸, 大怒曰: "吾自與卿爲婚媾, 非他比, 如何見欺? 二日助人, 不得一甌飮食." 友鬼曰: "卿自不偶耳. 此二家奉佛事道, 情自難動. 今去可覓百姓家作怪, 則無不得."

鬼復出, 得一家, 門首有竹竿. 從門入, 見有一羣女子, 窗前共食. 至庭中, 有一白狗, 便抱令空中行, 其家見之大驚, 言: "自來未有此怪!" 占云: "有客鬼索食, 可殺狗, 並甘果酒飯, 于庭中祀之, 可得無他." 其家如師言, 鬼果大得食. 自此後恒作怪, 友鬼之敎也. (出『幽明錄』)

321 · 5(4142)
유청송(劉靑松)

광릉(廣陵) 사람 유청송이 어느 날 새벽에 일어나서 보았더니, 관복을 입은 한 사람이 첩지를 가지고 와서 말했다.

"노군태수(魯郡太守)에 임명되셨습니다."

그 사람은 말을 마치고는 곧장 떠났는데, 그가 떠난 뒤에 [첩지도] 보이지 않았다. 다음날 그 사람이 다시 찾아와서 말했다.

"당신은 곧장 부임하셔야 합니다."

유청송은 자신이 필시 죽으리란 것을 알고는 들어가 부인에게 [그 사실을] 알려준 뒤 집안일을 처리했다. 그가 목욕을 하고 기다렸더니, 신시(申時: 오후 3시~5시 사이)에 이르러 거마(車馬)가 나타났는데 관리들이 좌우에서 시중을 들고 있었다. 그때 유청송은 갑자기 죽었다. 그의 식구들은 그가 수레에 오르는 것을 모두 보았는데, 수레는 남쪽으로 100여 보를 달려 나가다가 점점 높이 올라가더니 이내 사라졌다. (『유명록』)

廣陵劉靑松, 晨起, 見一人著公服, 賫板云:"召爲魯郡太守." 言訖便去, 去後亦不復見. 至來日復至, 曰: "君便應到職." 靑松知必死, 入告妻子, 處分家事. 沐浴, 至晡, 見車馬, 吏侍左右. 靑松奄忽而絶. 家人咸見其升車, 南出百餘步, 漸高而沒. (出『幽明錄』)

321 · 6(4143)
유 량(庾 亮)

유량이 형주(荊州)를 진수(鎭守)하고 있을 때, 한번은 측간에 갔는데 측간 안에서 갑자기 한 물체가 나타났다. 그 물체는 방상(方相: 옛날에 疫鬼를 쫓아낼 때 썼던 神像)처럼 생겼는데, 두 눈이 온통 시뻘겋고 몸에서 광채가 빛났으며 점점 땅속에서 솟아 나오고 있었다. 그래서 유량이 팔을 걷어붙이고 주먹으로 내리쳤더니, 퍽 하는 소리와 함께 그것이 땅속으로 오그라져 들어갔다. 유량은 이로 인해 병들어 드러누웠다가 결국 죽고 말았다. (『견이록』)

庾亮鎭荊州, 亮登厠, 忽見厠中一物. 如方相, 兩眼盡赤, 身有光燿, 漸漸從土中出. 庾乃攘臂, 以拳擊之, 應手有聲, 縮入地. 因而寢疾, 遂亡. (出『甄異錄』)

321 · 7(4144)
사마의(司馬義)

금오장군(金吾將軍) 사마의의 첩 벽옥(碧玉)은 금(琴)과 노래에 뛰어났다. 사마의가 [東晉 孝武帝] 태원연간(太元年間: 376~396)에 병들어 위독했을 때 벽옥에게 말했다.

"내가 죽거든 너는 다른 사람에게 시집가서는 안 된다. [만약 시집간다면] 반드시 너를 죽일 것이다."

벽옥이 말했다.

"삼가 명을 받들겠습니다."

그 후 사마의의 장례를 치른 뒤에 그의 이웃사람이 벽옥을 맞이하려고 [하자 벽옥은 승낙]했다. 벽옥이 떠나려 할 때 사마의가 말을 타고 대문으로 들어오더니 활을 당겨 벽옥을 쏘아 그녀의 목구멍을 명중시켰다. 그 즉시 벽옥은 목구멍이 심하게 아프더니 실성한 모습으로 있다가 갑자기 숨이 끊어졌다. 10여 일 뒤에 벽옥은 다시 살아났지만 말을 할 수 없었으며 사지도 얻어맞은 것처럼 상해 있었다. 만 1년이 지나서 벽옥은 비로소 말을 할 수 있게 되었지만 여전히 말이 불분명했다. 벽옥은 모습은 그다지 아름답지 못했으나 본래 목소리가 고와서 사랑받았던 것이었다. 그래서 병을 앓고 난 뒤로는 결국 다른 사람에게 시집갈 수 없었다. (『견이록』)

金吾司馬義妾碧玉, 善絃歌. 義以太元中病篤, 謂碧玉曰: "吾死, 汝不得別嫁. 當殺汝." 曰: "謹奉命." 葬後, 其鄰家欲娶之. 碧玉當去, 見義乘馬入門, 引弓射之, 正中其喉. 喉便痛啞, 姿態失常, 奄忽便絶. 十餘日乃甦, 不能語, 四肢如被搊損. 周歲始能言, 猶不分明. 碧玉色甚不美, 本以聲見取. 旣被患, 遂不得嫁. (出『甄異錄』)

321 · 8(4145)
이원명(李元明)

전당(前唐)의 이원명이 한번은 침상 위에 누워 있었는데, 한밤중에 갑자기 어떤 사람이 자신을 부르는 소리가 들렸다.
"원명! 원명!"
한참 뒤에 이원명이 나가서 대답하자, 곧바로 두 사람이 그를 끌고 가서 어떤 집으로 들어가더니 그곳에 그를 놓아두고 떠났는데, 그곳이 어딘지 알 수 없었다. 한참의 시간이 흘렀지만 끝내 보이는 것이 거의 없었다. 그래서 이원명은 자신이 앉아 있는 침상을 천천히 만져보았더니 관목(棺木)이었으며, 사방 벽이 모두 무덤이었다. 이원명은 겁에 질려 불안해하면서 그곳을 떠나려 했지만 허공에 오르는 것처럼 어려워서 나갈 수가 없었다.

이원명의 식구들은 이곳저곳을 찾아보았지만 그가 어디로 갔는지 알 수 없었다. 그래서 종복을 거느리고 다니면서 함께 큰 소리로 그의 이름을 불렀다. 마침내 이원명이 무덤 속에서 그 소리를 듣고 멀리서 대답하자, 식구들이 그 무덤 문을 부수고 그를 꺼냈다.

前唐('前唐'二字原空闕, 據黃本補)李元明, 嘗在牀上臥, 時夜半, 忽聞人呼云:

"元明! 元明!" 久('久'字原空闕, 據黃本補)乃出應, 有二人使奉將去, 入屋下, 捨去, 不知所在. 至逾時, 竟('逾時竟'三字原空闕, 據黃本補)鮮所見. 徐捫所坐牀, 是棺木, 四壁皆是冢. 恐怖不安, 欲去, 難('恐怖不安欲去難'七字原空闕, 據黃本補)如升天, 不復能出.

家人左右索, 不知所往. 因率領僕從('知所往因率領僕從'八字原空闕, 據黃本補), 乃共大呼其名. 元明于冢中聞, 遙應之, 乃鑿門出之.

321 · 9(4146)
장개(張闓)

□성(□城)의 장개는 [東晉 元帝] 건무(建武) 2년(318)에 [수레를 타고] 야외에서 집으로 돌아오다가 어떤 사람이 길옆에 누워 있는 것을 보고 [어찌된 일인지] 물었더니, 그 사람이 말했다.

"발에 병이 나서 더 이상 갈 수 없습니다. 집은 남초(南楚) 지방에 있지만 제 소식을 알려줄 사람도 없습니다."

장개는 그를 불쌍히 여겨 뒷 수레에 실은 짐을 버리고 대신 그를 태워주었다. 그러나 집에 도착한 뒤에도 그 사람은 감사하는 기색이라곤 전혀 없었으며, 게다가 장개에게 이렇게 말했다.

"아까는 사실 발에 병이 났던 게 아니라 당신을 시험해본 것일 뿐이었소."

장개가 크게 화를 내며 말했다.

"그대는 어떤 사람이기에 감히 나를 희롱하는 것이오?"

그 사람이 대답했다.

"나는 귀신이오. 북대사(北臺使)의 명을 받들어 당신을 잡아가려고 왔는데, 당신을 보니 근실하고 정직한 사람인지라 차마 잡아갈 수 없었기 때문에 발에 병이 난 척하고 길옆에 누워 있었던 것이오. 아까 당신은 자기 물건을 버리고 대신 나를 태워주었기에 그 마음에 진실로 감동했소. 그러나 나는 명을 받고 왔는지라 내 마음대로 할 수가 없으니 어쩌면 좋겠소?"

장개가 깜짝 놀라 귀신에게 머물길 청한 뒤, 돼지고기와 술을 마련하여 귀신에게 제사지내자 귀신은 그것을 먹었다. 장개가 눈물을 흘리며 자신을 구해달라고 간청하자 귀신이 말했다.

"당신과 이름이 같은 사람이 있소?"

장개가 말했다.

"객지 사람인 황개(黃闓)라는 사람이 있습니다."

귀신이 말했다.

"당신이 먼저 그를 찾아가면 내가 뒤따라가겠소."

장개가 그 집에 도착하여 주인 황개가 나오자, 귀신은 붉은 밧줄로 그의 머리를 잡아매고는 손을 돌려 작은 파종침(破腫針: 종기를 째는 데 쓰는 양날 침)으로 그의 가슴을 찔렀다. 주인 황개가 알아차리자 귀신은 곧장 나와서 장개에게 말했다.

"당신은 부귀한 상(相)을 지녔기에 내가 이를 아까워하여 일부러 법을 어기면서까지 당신을 구제해준 것이오. 그러나 신도(神道)는 비밀스러운 것이니 이 일을 누설해서는 안 되오."

장개가 떠난 뒤에 주인 황개는 갑자기 가슴이 아프더니 밤중에 곧 죽었다. 장개는 60세까지 살았으며 벼슬은 광록대부(光祿大夫)에 이르렀다. (『견이록』)

□城張闓, 以建武二年, 從野還宅, 見一人臥道側, 問之, 云: "足病, 不能復去. 家在南楚, 無所告訴." 闓憫之, 有後車載物, 棄以載之. 旣達家, 此人了無感色, 且語闓曰: "向實不病, 聊相試耳." 闓大怒曰: "君是何人, 而敢弄我也?" 答曰: "我是鬼耳. 承北臺使來相收錄, 見君長者, 不忍相取, 故佯爲病臥道側. 向乃捐物見載, 誠銜此意. 然被命而來, 不自由, 奈何?" 闓驚, 請留鬼, 以豚酒祀之, 鬼相爲酹享. 於是流涕, 因請求救, 鬼曰: "有與君同名字者否?" 闓曰: "有僑人黃闓." 鬼曰: "君可詣之, 我當自往." 闓到家, 主人出見, 鬼以赤摽摽其頭, 因回手, 以小鈹刺其心. 主人覺, 鬼便出, 謂闓曰: "君有貴相, 某爲惜之, 故虧法以相濟. 然神道幽密, 不可宣泄." 闓後去, 主人暴心痛, 夜半便死. 闓年六十, 位至光祿大夫. (『甄異錄』)

321 · 10(4147)
유소지(庾紹之)

진(晉)나라의 신야(新埜) 사람 유소지는 어릴 적 자(字)가 도복(道覆)이며 상동태수(湘東太守)를 지냈다. 그는 남양(南陽)의 종협(宗恊)과 이종사촌형제간으로 우애가 매우 돈독했다. 유소지는 [東晉 安帝] 원흥연간(元興年間: 402~404) 말에 병으로 죽었는데, 의희연간(義熙年間: 405~418)에 갑자기 모습을 드러내고 종협을 찾아왔다. 그의 모습과 의복은 모두 생전과 똑 같았으나 두 다리에 차꼬를 차고 있었다. 그가 이르러 차꼬를 풀어 바닥에 놓고 앉자 종협이 물었다.

"무슨 연유로 날 찾아왔는가?"

유소지가 대답했다.

"잠시 휴가를 받아 돌아오는 길인데, 자네와는 [생전에] 절친한 사이였기 때문에 이렇게 찾아온 것이네."

종협이 귀신의 일에 대해 물었으나, 유소지는 대충 얼버무리면서 그다지 자세히 대답하지 않은 채 그저 이렇게만 말했다.

"마땅히 열심히 정진해야 하며 살생해서는 안 되네. 만약 살생을 완전히 끊을 수 없더라도 소를 잡아서는 안 되며, 고기를 먹을 때에도 동물의 심장을 먹어서는 안 되네."

종협이 말했다.

"오장과 고기에 다른 점이 있는가?"

유소지가 대답했다.

"심장은 정신이 깃들어 있는 집이니 [심장을 먹는다면] 그 죄가 특히 무겁네."

유소지는 친척들에 대해 물으면서 세상일을 논했다. 마지막에 유소지가 술을 청하자, 종협은 그때 마침 담가놓은 수유주(茱萸酒: 茱萸는 예로부터 민간에서 辟邪의 용도로 쓰였음)가 있었기에 그것을 차려 내왔다. 술이 나왔으나 유소지는 그것을 마시지 않으면서 말했다.

"수유 냄새가 나는군."

종협이 말했다.

"수유를 싫어하는가?"

유소지가 대답했다.

"나뿐만이 아니라 명계(冥界)의 관리들은 모두 싫어한다네."

유소지는 생전에 목소리가 높고 우렁찼는데 지금 담론할 때도 평상시와 다름없었다. 잠시 후 종협의 아들 종수지(宗邃之)가 왔는데, 유소지는 그의 나막신 소리를 듣고는 몹시 두려워하면서 종협에게 말했다.

"생기(生氣)가 나를 짓눌러 더 이상 이곳에 머물 수 없네. 자네와는 3년 동안 이별할 것이네."

그리고는 차꼬를 다시 차고는 일어나 문밖으로 나가더니 이내 사라졌다. 종협은 그 후 정원랑(正員郞)이 되었으며 과연 3년 뒤에 죽었다. (『명상기』)

晉新埜庾紹之, 小字道覆, 湘東太守. 與南陽宗愔, 中表昆弟, 情好綢繆. 紹元興末病亡, 義熙中, 忽見形詣愔. 形貌衣服, 具如平生, 而兩脚著械. 旣至, 脫械置地而坐, 愔問: "何由得來顧?" 答云: "暫蒙假歸, 與卿親好, 故相過也." 愔問鬼神之事, 言輒漫略, 不甚諧對, 唯云: "宜勤精進, 不可殺生. 若不能都斷, 可勿宰牛, 食肉之時, 勿啗物心." 愔云: "五臟與肉, 乃有異耶?" 答曰: "心者藏神之宅也, 其罪尤重." 具問親戚, 因談世事. 末復求酒, 愔時與茱萸酒, 因爲設之. 酒至杯不飮, 云: "有茱萸氣." 愔曰: "爲惡耶?" 答云: "下官皆畏之, 非獨我也." 紹之爲人, 語聲高壯, 比言論時, 不異恒日. 有頃, 愔兒邃之來, 紹聞屐聲, 極有懼色, 謂愔曰: "生氣見陵, 不復得住. 與卿三年別耳." 因貫械而起, 出戶便滅. 愔後爲正員郎, 果三年而卒. (出『冥祥記』)

321 · 11(4148)
위 씨(韋 氏)

안정(安定) 사람 위씨는 [劉裕의 군대가] 북쪽으로 요홍(姚泓: 五胡十六國 後秦의 마지막 君主)을 정벌할 때 귀국하여 도성에 이르러 친지의 집에 머물렀다. 당시는 세상이 몹시 어지러웠는데, [南朝] 제(齊)나라에서 온 어떤 손님이 위씨를 찾아와 근황을 묻자 위씨가 말했다.

"지금은 비록 근심은 면했으나 몸이 몹시 고달프고 기력도 없습니다. 국이라도 한 그릇 끓여먹고 싶지만 그것조차 할 수 없으니 처량하기 짝이 없습니다."

그날 밤에 위씨가 곤히 자고 있을 때, 갑자기 누가 침상을 두드리며 다가와서 말했다.

"관부(官府)에서 당신께 돈을 보내셨습니다."

위씨가 깜짝 놀라 문을 나가서 보았더니, 난데없이 돈 천 냥이 밖에 있었고 또 오사관(烏紗冠)과 두건[원문은 '幘于'라 되어 있지만 '幘子'의 오기로 보임]을 쓴 어떤 관리가 첩지를 들고 문을 등진 채 서 있었다. 위씨는 집주인을 불러 함께 살펴보고자 했는데, 집주인이 도착했을 때 그 관리는 이미 사라지고 없었다. 결국 위씨는 그 돈을 가져다 썼다. (『유명록』)

安定人姓韋, 北伐姚泓之時歸國, 至都, 住親知家. 時□□擾亂('擾亂'二字原空闕, 據黃本補), 齊有客來問之, 韋云: "今雖免慮, 而體氣憮然, 未有氣力('氣力'二字原空闕, 據黃本補). 思作一羹, 尤莫能得, 至淒苦."

夜中眠熟, 忽有叩門而來告('而來告'二字原空闕, 據黃本補)者云: "官與君錢." 使驚出戶, 忽一千錢在外, 又見一烏紗冠('紗冠'二字原空闕, 據黃本補)幘于執板背戶而立. 呼主人共視, 比來已不復見. 而取錢('取錢'二字原空闕, 據黃本補)用之. (出『幽明錄』)

321·12(4149)
호복지(胡馥之)

상군(上郡)의 호복지는 이씨(李氏)를 부인으로 맞았으나, 10여 년이 지나도록 아들을 낳지 못한 채 부인이 그만 죽고 말았다. 그래서 호복지는 통곡하며 말했다.

"당신은 결국 자식도 남기지 않고 가버렸으니 어찌 이리도 잔인하시오!"

그러자 부인이 갑자기 벌떡 일어나 앉으며 말했다.

"당신이 이렇게 애통해하시는 것에 감동했어요. 제 몸이 곧바로 썩지는 않을 것이니, 인정(人定: 사람들이 잠들어 고요한 한밤중) 후에 저를 찾아와 생전처럼 [잠자리를 함께] 하시면, 틀림없이 당신을 위해 아들을 낳아드리겠어요."

부인은 말을 마친 뒤 도로 누웠다.

호복지는 부인이 말한 대로 등불을 켜지 않은 채로 어둠 속에서 부인과 동침했다. 부인이 다시 말했다.

"죽은 사람이 다시 살아날 리는 없겠지요. 하지만 [당신 거처] 옆에

방을 하나 마련하여 그곳에 저를 안치해놓았다가 만 10달을 기다린 후에 저를 묻어주세요."

그 후로 부인의 몸에서 약간의 온기가 느껴지는 것이 마치 아직 죽지 않은 것 같았다. 10달 뒤에 부인이 과연 아들 하나를 낳자 아들의 이름을 '영산(靈産)'이라 했다. (『유명록』)

上郡胡馥之, 娶婦李氏, 十餘年無子而婦卒. 哭之慟: "汝竟無遺體, 怨酷何深!" 婦忽起坐曰: "感君痛悼. 我不卽朽, 可人定('人定'二字原空闕, 據黃本補)後見就, 依平生時, 當爲君生一男." 語畢還臥.

馥之如言, 不取燈燭, 暗而就之. 復曰: "亡人亦無生理. 可側作屋見置, 須('須'字原空闕, 據黃本補)伺滿十月, 然後殯." 爾後覺婦身微煖, 如未亡. 旣十月後, 生一男, 男名'靈産'. (出『幽明錄』)

321 · 13(4150)
가 옹(賈 雍)

예장태수(豫章太守) 가옹은 신기한 법술을 지니고 있었다. 한번은 군의 경계를 나가 도적을 토벌하다가 도적에게 살해당하여 머리가 잘렸다. 그는 [머리가 없는 채로] 말을 타고 군영으로 돌아왔는데 가슴속에서 이런 말이 들려왔다.

"나는 전세가 불리하여 도적에게 살해당했는데, 제군들이 보기에 머리 있는 것이 보기 좋은가, 머리 없는 것이 보기 좋은가?"

부하 관리들이 울면서 말했다.

"머리 있는 것이 보기 좋습니다."

가옹이 말했다.

"그렇지 않아. 머리 없는 것도 보기 좋지."

말을 마치고는 마침내 죽었다. (『유명록』)

豫章太守賈雍, 有神術. 出界討賊, 爲賊所殺, 失頭. 上馬回營, 胸中語曰: "戰不利, 爲賊所傷, 諸君視有頭佳乎, 無頭佳乎?" 吏涕泣曰: "有頭佳." 雍曰: "不然. 無頭亦佳." 言畢遂死. (出『幽明錄』)

321 · 14(4151)
송정백(宋定伯)

남양(南陽)의 송정백이 젊었을 때 밤길을 가다가 귀신을 만났는데, 귀신에게 [누구냐고] 물었더니 귀신이 대답했다.

"나는 귀신이오."

귀신이 물었다.

"그대는 또 뉘시오?"

송정백은 귀신을 속여 말했다.

"나도 귀신이오."

귀신이 물었다.

"어디로 가려 하시오?"

송정백이 대답했다.

"완시(宛市)로 가려 하오."

귀신이 말했다.

"나도 완시로 가려 하오."

그리하여 함께 몇 리를 가다가 귀신이 말했다.

"걸음이 너무 느리니 서로 번갈아 업어주기로 하면 어떻겠소?"

송정백이 말했다.

"그거 좋소!"

귀신이 먼저 송정백을 업고 몇 리를 갔는데 귀신이 말했다.

"그대는 너무 무거우니 귀신이 아닌 듯하오."

송정백이 말했다.

"나는 갓 죽은 귀신이라서 몸이 무거울 뿐이오."

이번에는 송정백이 귀신을 업었는데 귀신은 거의 무게가 느껴지지 않았다. 그들은 이렇게 두세 차례 번갈아 업어주었다.

송정백이 다시 말했다.

"나는 갓 죽은 귀신이라서 귀신들이 무엇을 싫어하는지 모르오."

귀신이 대답했다.

"오직 사람의 침만을 좋아하지 않소."

그리하여 함께 가다가 도중에 물을 만났다. 송정백은 귀신에게 먼저 건너가라고 한 뒤 들어보았더니 물소리가 전혀 나지 않았다. 이번에는 송정백이 스스로 물을 건너갔는데 철벅철벅 하는 소리가 났다. 그래서 귀신이 다시 말했다.

"어째서 소리가 나는 것이오?"

송정백이 말했다.

"이제 갓 죽어서 물 건너는 데 익숙하지 않기 때문에 그런 것이니 날 이상하게 생각하지 마시오."

완시에 거의 도착할 즈음에 송정백은 곧바로 귀신을 업어 어깨 위에 올려놓고 꽉 붙잡았다. 귀신은 고함을 지르고 꽥꽥 소리를 내면서 내려 달라고 요구했으나 송정백은 들어주지 않았다. 송정백이 곧장 완시로 가서 귀신을 땅에 내려놓았더니 한 마리 양으로 변했다. 송정백은 바로 그것을 팔았으며, 또 그것이 변화할까봐 걱정하여 침을 뱉었다. 그리고 는 돈 1,500냥을 받고 그곳을 떠났다. 당시에 이런 말이 나돌았다.

"정백이 귀신을 팔아 천오백 냥을 벌었다네."

(『열이전』)

南陽宋定伯, 年少時, 夜行逢鬼, 問之, 鬼言: "我是鬼." 鬼問: "汝復誰?" 定伯誑之, 言: "我亦鬼." 鬼問: "欲至何所?" 答曰: "欲至宛市." 鬼言: "我亦欲至宛市."

遂行數里, 鬼言: "步行太遲, 可共遞相擔, 何如?" 定伯曰: "大善!" 鬼便先擔定伯數里, 鬼言: "卿太重, 不是鬼也." 定伯言: "我新鬼, 故身重耳." 定伯因復擔鬼, 鬼略無重. 如是再三.

定伯復言: "我新鬼, 不知有何所惡忌." 鬼答言: "唯不喜人唾." 于是共行, 道遇水. 定伯令鬼渡, 聽之了然無水音. 定伯自渡, 漕漼作聲. 鬼復言: "何以有聲?" 定伯曰: "新死, 不習渡水故爾, 勿怪吾也."

行欲至宛市, 定伯便擔鬼著肩上, 急執之. 鬼大呼, 聲咋咋然, 索下, 不復聽之. 徑至宛市中, 下著地, 化爲一羊. 便賣之, 恐其變化, 唾之. 得錢千五百, 乃去. 當時有言: "定伯賣鬼, 得錢千五." (出『列異傳』)

321 · 15(4152)
여 광(呂 光)

[五胡十六國 後凉 太祖] 여광의 승강(承康) 원년(399)에 어떤 귀신이 도성의 거리에서 소리쳤다.

"형제가 서로 죽이고 백성들이 피폐해진다!"

순찰관리가 찾아내 살펴보고자 했으나 아무 것도 보이지 않았다. 그 해에 여광이 죽고 아들 여소(呂紹)가 대신 제위에 올랐으나, 닷새만에 여소의 서형(庶兄: 부친의 첩실이 낳은 이복형) 여찬(呂纂)이 여소를 살해하고 스스로 제위에 올랐다. (『술이기』)

呂光承康元年, 有鬼叫於都街曰: "兄弟相滅, 百姓弊!" 徼吏尋視之, 則無所見. 其年光死, 子紹代立, 五日, 紹庶兄纂, 殺紹自立. (出『述異記』)

태평광기 권제 322 귀 7

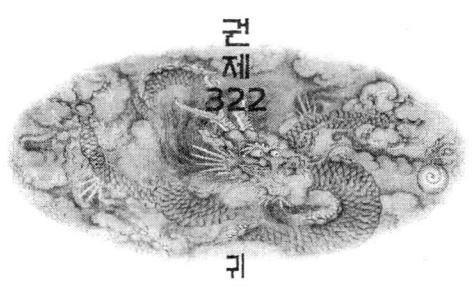

1. 도 간(陶 侃)
2. 사 상(謝 尙)
3. 양양군인(襄陽軍人)
4. 여 순(呂 順)
5. 환 공(桓 恭)
6. 유 숭(庾 崇)
7. 조공선(曹公船)
8. 왕지도(王志都)
9. 당 방(唐 邦)
10. 왕 구(王 矩)
11. 주 의(周 義)
12. 원 걸(袁 乞)
13. 왕항지(王恒之)
14. 유 둔(劉 遁)
15. 왕사규(王思規)
16. 화 일(華 逸)
17. 장군림(張君林)
18. 만 병(蠻 兵)
19. 진 고(陳 皐)
20. 원무기(袁無忌)
21. 신채왕소평(新蔡王昭平)
22. 원학제생(遠學諸生)

322·1(4153)
도 간(陶 侃)

도간은 자(字)가 사행(士行)이다. 한번은 도간이 뒷간에 갔다가 그곳에서 수십 명의 사람을 보았는데, 하나같이 커다란 도장을 가지고 있었다. 그 가운데 한 사람이 단의(單衣: 朝服에 버금가는 盛裝으로 祭禮나 손님 접대, 혼인식 등에 입었음)를 입고 평상책(平上幘: 魏晉이래 武官들이 쓰던 머리 부분이 평평한 두건)을 쓰고 있었는데, 자칭 후제(後帝)라고 하면서 이렇게 말했다.

"그대가 덕망 높은 사람이기에 이렇게 그대를 보러 왔소이다. 3년 동안 [밖에 나가서 나를 보았다는] 말을 하지 않으면, 그대는 아주 부귀해질 것이오."

도간이 바로 일어나자 그 사람은 순식간에 사라졌다. 그리고 도간의 자가 새겨져 있는 커다란 도장이 뒷간에 남아 있었다.『잡오행서(雜五行書)』에는 '뒷간 신을 후제(後帝)라고 한다"고 적혀 있다. (『이원』)

陶侃, 字士行. 曾如厠, 見數十人, 悉持大印. 有一人單衣平上幘, 自稱後帝, 云: "君長者, 故出見. 三載勿言, 富貴至極." 侃便起, 旋失所在. 有大印作公字, 當其穢所.『雜五行書』曰: "厠神曰後帝也." (出『異苑』)

322 · 2(4154)
사 상(謝 尙)

하후홍(夏侯弘)은 자칭 귀신을 볼 수 있으며, 귀신과 말을 할 수 있다고 했다. 진서장군(鎭西將軍) 사상은 타고 다니던 말이 갑자기 죽자 몹시 우울해하며 말했다.

"그대가 만약 이 말을 살려 낼 수 있다면, 그대는 정말 귀신을 볼 수 있는 것이오."

그 말을 들은 하후홍은 밖으로 나가더니 한참 뒤에 다시 돌아와서 말했다.

"사당신이 당신의 말을 좋아해서 데려간 것이니 틀림없이 다시 살아날 것입니다."

사상은 죽은 말을 마주하고 앉아 있자니 잠시 후 말 한 마리가 갑자기 문 밖에서 안으로 걸어들어 왔다. 말은 그 시체 옆으로 와서는 바로 사라졌는데, 그 순간 말이 다시 일어나 움직였다. 사상이 말했다.

"나에게 후사가 없는 것은 내 일신의 벌이오."

하후홍은 한참동안 사상에게 아무 말도 하지 않더니, 이렇게 말했다. "조금 전에 소귀(小鬼)가 보이던데, 그 이유를 알 수 없었소."

후에 하후홍은 새 수레를 탄 한 귀신과 부딪쳤는데, 시종이 10여 명 정도 되었으며 모두들 푸른 실로 짠 도포를 입고 있었다. 하후홍이 앞으로 가서 소고삐를 잡아끌자 수레에 타고 있던 사람이 하후홍에게 말했다.

"그대는 어찌하여 길을 막는 것이오?"

하후홍이 말했다.

"묻고 싶은 것이 있소이다. 진서장군 사상에게는 자식이 없는데, 그 사람의 풍류와 명망으로 보아 그 제사를 끊어지게 해서는 안 됩니다."

그러자 수레를 타고 있던 사람이 얼굴색이 바뀌더니 이렇게 말했다.

"그대가 말하는 것으로 보아하니 그는 바로 내 아들이오. 그 아이가 젊었을 때 집안의 하녀와 사통하면서 앞으로 두 번 다시 결혼하지 않겠다고 맹세했는데, 지금 도리어 그 약속을 어기려 하다니. 지금 그 하녀가 죽어 하늘에다 대고 그 아이를 고소했기에 자식이 없는 것이오."

하후홍이 그 일을 사상에게 모두 말하자 사상이 말했다.

"내 젊었을 때 정말 그런 일이 있었소이다."

하후홍은 강릉(江陵)에서 대귀(大鬼)를 보았는데, 손에 창을 들고 있었으며, 소귀(小鬼)와 시종 몇 사람이 그 뒤를 따르고 있었다. 하후홍은 두려운 나머지 길옆에 서서 길을 비켜주었다. 하후홍은 대귀가 지나간 뒤에 소귀 한 명을 잡고 대귀가 들고 가는 것이 무엇이냐고 물어보았다. 그랬더니 소귀가 말했다.

"사람을 죽일 때 이 창을 사용하는데, 만약 이것으로 배와 심장을 찌르면 죽지 않는 사람이 없습니다."

하후홍이 말했다.

"이 병을 치료할 수 있는 방법이 있느냐?"

귀신이 말했다.

"오골계를 잡아 상처 부위에 붙이면 바로 나을 것입니다."

하후홍이 또 물었다.

"지금 어디로 가는 중이냐?"

귀신이 말했다.

"틀림없이 형주(荊州)와 양주(揚州)로 갈 것인데, 그 날 하루 종일 심장과 배가 아픈 사람은 죽지 않는 이가 없을 것입니다."

그리하여 하후홍이 사람을 시켜 오골계를 잡아서 상처 부위에 놓게 했더니, 열에 여덟아홉은 죽지 않았다. 지금도 그 병에 걸리면 번번이 오골계를 상처 부위에 붙이는데, 이는 하후홍에게서 시작된 것이다. (『지괴록』)

夏侯弘自云見鬼, 與其言語. 鎭西謝尙所乘馬忽死, 憂惱甚至, 謝曰: "卿若能令此馬生者, 卿眞爲見鬼也." 弘去良久, 還曰: "廟神樂君馬, 故取之, 當活." 尙對死馬坐, 須臾, 馬忽自門外走還. 至馬尸間, 便滅, 應時能動起行. 謝曰: "我無嗣, 是我一身之罰." 弘經時無所告, 曰: "頃所見小鬼耳, 必不能辨此源由." 後忽逢一鬼, 乘新車, 從十許人, 着靑絲布袍. 弘前提牛鼻, 車中人謂弘曰: "何以見阻?" 弘曰: "欲有所問. 鎭西將軍謝尙無兒, 此君風流令望, 不可使之絶祀." 車中人動容曰: "君所道, 正是僕兒. 年少時, 與家中婢通, 誓約不再婚而違約. 今此婢死, 在天訴之, 是故無兒." 弘具以告, 尙曰: "吾少時誠有此事."

弘于江陵, 見一大鬼, 提矛戟, 有小鬼隨從數人. 弘畏懼, 下路避之. 大鬼過後, 捉得一小鬼, 問此何物. 曰: "殺人以此矛戟, 若中心腹者, 無不輒死." 弘曰: "治此病有方否?" 鬼曰: "以烏雞薄之, 卽差." 弘又曰: "今欲何行也?" 鬼曰: "當至荊·揚二州, 爾時比日行心腹病, 無有不死者." 弘乃敎人殺烏雞以薄之, 十不失八九. 今有中惡, 輒用烏雞薄之, 弘之由也. (出『志怪錄』)

322 · 3(4155)
양양군인(襄陽軍人)

진(晉: 東晉)나라 태원연간(太元年間: 376～397) 초에 부견(苻堅)은 장군 양안(楊安)을 보내 양양(襄陽)을 공격하게 했다. 한 군인이 군영에서 사망하자 동향 사람이 그 관을 메고 고향으로 돌아왔는데, 이튿날이면 그 집에 당도할 수 있었다. 그날 밤 죽은 사람이 부인의 꿈에 나타나서 이렇게 말했다.

"지금 운구해가고 있는 것은 내 시신이 아니오. 선창(船艙: 원문은 '倉樂'이라 되어 있지만, '樂'은 衍字로 보임. 문맥상 倉은 艙과 통함. 문맥을 자세히 살펴보면 군영에서 죽은 사람이 한 둘이 아니었는데, 염을 한 시체는 船艙 위에 두고 그렇지 않은 시체는 船艙 아래에 두었음)아래에서 얼굴을 아래로 하고 있는 시신이 바로 나요. 당신이 이전에 나를 위해 땋아주었던 머리모양이 그대로 있을 터이니 들춰보면 곧바로 알아볼 수 있을 것이오."

이튿날 과연 관을 운구해온 사람이 도착했다. 부인은 시어머니께 꿈속에서 남편이 한 말을 전해주었지만, 시어머니는 사실로 여기지 않았다. 부인은 직접 남풍(南豐)으로 가서 다른 사람의 시신을 자세하게 살피고 다녔다. 그중 한 시신이 남편이 전에 했던 것과 같은 머리모양을 하고 있었는데, 틀림없는 자신의 솜씨였다. (『유명록』)

晉太('晉太'二字原空闕, 據黃本補)元初, 苻堅遣將楊安侵襄陽. 其一人于軍中亡, 有同鄉人扶喪歸, 明日應到家. 死者夜與婦夢云: "所送者非我尸. 倉('我尸倉三字原空闕, 據黃本補)樂面下者是也. 汝昔爲吾作結髮猶存, 可解看使知." 迄明 ('知迄明' 三字原空闕, 據黃本補)日送喪者果至. 婦語母如此, 母不然之. 婦自至 南豐細檢('豐細檢' 三字原空闕, 據黃本補)他家尸. 髮如先, 分明是其手迹. (出『幽明錄』)

322 · 4(4156)
여 순(呂 順)

여순은 부인이 죽자, 다시 부인의 사촌 여동생에게 장가들었다. 여순은 [나중에 죽어서 같이 묻힐 요량으로] 무덤 세 개를 만들었는데, 무덤을 거의 다 쌓아갈 때쯤이면 번번이 무너져 내려서 완성하지 못했다. 하루는 여순이 낮잠을 자고 있었을 때 부인이 다가와서 함께 누웠는데, 몸이 얼음처럼 차가웠다. 그래서 여순은 이승과 저승이 다르다고 하면서 어서 떠나라고 말했다. 후에 부인은 다시 나타나 사촌 여동생을 보고는 버럭 화를 내며 말했다.

"천하에 남자가 끝도 없이 많거늘, 너는 어찌하여 나와 같이 한 남편을 섬기려 하느냐! 무덤을 완성하지 못하는 것도 다 내가 그렇게 한 것이다."

그로부터 얼마 지나지 않아 여순 부부는 갑자기 함께 죽었다. (『유명록』)

呂順喪婦, 更娶妻之從妹. 因作三墓, 搆累垂就, 輒無成. 一日順晝臥, 見其婦來就同寢, 體冷如冰. 順以死生之隔, 語使去. 後婦又見其妹, 怒曰: "天下男子復何限, 汝乃與我共一墳! 作家不成, 我使然也." 俄而夫婦俱殞. (出 『幽明錄』)

322・5(4157)
환 공(桓 恭)

환공은 환안민(桓安民)의 참군(參軍)으로 단양군(丹陽郡)에서 살았다. 그가 살고 있는 관사의 평상 앞에 구덩이가 하나 있었는데, 자세히 보았더니 그것은 오래된 무덤으로 그 안에 정말 썩어 망가진 관이 있었다. 환공은 식사 때마다 늘 먼저 밥 한 덩이를 구덩이 안으로 던졌다. 환공은 몇 년 동안 이렇게 했는데, 어느 날 갑자기 한 사람이 평상 앞에 나타나 다음과 같이 말했다.

"내가 죽은 지 이미 700여 년이 넘었는데, 후사가 끊겨서 제사[烝嘗: 조상에게 지내는 제사로, 烝은 겨울제사를 가리키고 嘗은 가을 제사를 가리킴]도 받을 수 없었소. 그런데 그대가 늘 식사 때마다 먹여 주었으니, 그대의 은혜에 감사하는 뜻으로 그대를 영주자사(寧州刺史)로 만들어 주겠소."

그로부터 얼마 지나지 않아 환공은 정말 영주자사로 옮겨갔다. (『유명록』)

桓恭爲桓安('安'字原空闕, 據明鈔本補)民參軍, 在丹陽. 所住廨, 牀前有一陷穴, 詳見古冢, 視之果有壞棺. 恭每食, 常先以飯投穴中. 如此經年, 忽見一人在牀前, 云: "吾沒已來七百餘年, 嗣息絶滅, 烝嘗莫及. 常食見餐, 感君之德, 報君以寧州刺史也." 未幾果遷. (出『幽明錄』. 黃本無此篇.)

322・6(4158)
유 숭(庾 崇)

유숭은 [東晉] 건원연간(建元年間: 343~344)에 강주(江州)에서 익사했다. 유숭은 죽은 그 날부터 집으로 돌아와서 모습을 드러냈는데, 살아 있을 때와 마찬가지였으며 대부분 부인 악씨(樂氏)의 방에서 지냈다. 부인 악씨는 처음에는 두려워서 매번 조카딸들을 불러들여 함께 있었다. 그래서 유숭은 부인과 함께 있는 시간이 점점 줄어들었고, 어떤 때는 잠깐만 있다 가야 했으므로 문득 이렇게 욕했다.

"나는 그저 산 사람들과 만나고 싶어 왔을 뿐인데, 도리어 당신의 의심과 미움만 사고 있으니, 당신이 어찌 내가 돌아온 뜻을 이해하겠소?"

조카딸들이 방안에서 실을 잣고 있는데, 갑자기 실 잣는 기구들이 공중에 떠오르더니, 누군가가 그것을 마구 흔들어서 땅에 내던졌다. 조카딸들이 무서워하며 모두들 달아나자 이때부터 귀신[유숭을 가리킴]은 자주 그 모습을 드러냈다.

악씨에게는 겨우 세 살 된 아들이 한 명 있었는데, 자주 악씨에게 와서 먹을 것을 달라고 했다. 이에 악씨가 말했다.

"돈이 없는데, 어떻게 먹을 것을 구할 수 있겠니?"

이 말을 들은 귀신은 마음이 아파 아이의 머리를 쓰다듬으며 말했다.

"불행하게도 내가 일찍 죽는 바람에 네 처지가 궁핍하게 되었구나.

너에게 미안한 마음이나 너를 그리워하는 마음이야 그칠 날이 있겠느냐.”

그러더니 갑자기 돈 200냥을 부인 악씨 앞에 놓으며 말했다.

“이 돈으로 아이에게 먹을 것을 사주시구려.”

그렇게 몇 년을 지냈지만, 부인은 더욱 가난해져서 스스로 살아갈 방법이 없게 되었다. 그러자 귀신이 말했다.

“당신은 나를 위해 수절했고 또한 이렇게 가난하니, 내 바로 당신을 데리러 가겠소.”

이로부터 얼마 지나지 않아 부인 악씨는 병을 얻어 죽었으며, 귀신도 그 이후로는 나타나지 않았다. (『유명록』)

庾崇者, 建元中, 于江州溺死. 爾日卽還家見形, 一如平生, 多在妻樂氏室中. 妻初恐懼, 每呼諸從女作伴. 于是作伴漸疎, 時或暫來, 輒恚罵云: "貪與生者接耳, 反致疑惡, 豈副我歸意耶?" 從女在內紡績, 忽見紡績之具在空中, 有物撥亂, 或投之於地. 從女怖懼皆去, 鬼卽常見.

有一男, 纔三歲, 就母求食. 母曰: "無錢, 食那可得?" 鬼乃悽愴, 撫其兒頭曰: "我不幸早世, 令汝窮乏. 愧汝念汝, 情何極也." 忽見將二百錢置妻前, 云: "可爲兒買食." 如此經年, 妻轉貧苦不立. 鬼云: "卿旣守節, 而貧苦若此, 直當相迎耳." 未幾, 妻得疾亡, 鬼乃寂然. (出『幽明錄』)

322·7(4159)
조공선(曹公船)

　유수구(濡須口)에 있던 커다란 배 한 척이 뒤집혀 물에 가라앉았는데, 물이 얕을 때면 그 모습을 드러냈다. 한 장노(長老)가 [그 배를 보더니] 이렇게 말했다.

　"이것은 조공의 배이다."

　한번은 한 어부가 밤에 그 옆에서 자면서 자신의 배를 그 배에다 묶어두었다. 그런데 피리와 거문고 소리가 들리더니, 남다른 향기가 퍼져왔다. 어부가 막 잠들었을 때 꿈속에 한 사람이 나타나 그를 몰아내며 말했다.

　"관기에게 접근하지 마라."

　전해오는 말에 따르면 조공이 기녀를 배에 싣고 가다가 이곳에서 배가 뒤집혔다고 하는데, 그 배는 지금도 그곳에 있다. (『광고금오행기』)

　濡須口有大船, 船覆在水中, 水小時便出見. 長老云: "是曹公船." 常有漁人夜宿其旁, 以船繫之. 但聞竽笛絃歌之音, 又香氣非常. 漁人始得眠, 夢人驅遣云: "勿近官妓." 傳曰, 曹公載妓船覆于此, 至今在焉. (出『廣古今五行記』)

322 · 8(4160)
왕지도(王志都)

마중숙(馬仲叔)과 왕지도는 모두 요동(遼東) 사람으로, 서로에 대해 잘 알고 교분이 매우 두터웠다. 훗날 마중숙이 먼저 죽었는데, 이듬해 갑자기 모습을 드러내며 왕지도에게 이렇게 말했다.

"내가 불행하게도 먼저 죽었지만, 늘 자네를 생각해왔네. 자네가 아직 부인이 없는 것을 생각해서 내가 마땅히 나서서 자네 부인을 구해주겠네. 동짓달 스무 날에 부인을 자네 집으로 보낼 테니 자네는 그저 집안을 청소한 뒤에 평상과 자리를 깔아놓고 기다리게."

약속한 날이 되자, 왕지도는 남몰래 집안을 청소하고 자리를 깔아놓았다. 그런데 갑자기 세찬 바람이 불고 대낮인데도 하늘이 어두컴컴해지더니, 바람은 저녁이 되어서야 멈추었다. 침실 안에 갑자기 붉은 휘장이 절로 펼쳐지기에 왕지도가 휘장을 열고 그 안을 살펴보았더니, 꽃같이 아름다운 여자가 의복을 단정하게 차려입은 채 평상 위에 있었다. 여자는 평상 위에 누운 채 겨우 숨만 내쉬고 있었다. 친척과 집 안팎의 사람들은 깜짝 놀라서 감히 여자에게 다가가지 못하고, 그저 왕지도만이 다가가서 보았다. 잠시 뒤에 여자는 깨어나 자리에서 일어나 앉았다. 왕지도가 물었다.

"당신은 누구시오?"

여자가 말했다.

"저는 하남(河南) 사람으로, 저희 부친은 청하태수(淸河太守)로 계십니다. 시집갈 때가 임박했는데, 영문도 모른 채 갑자기 이곳에 오게 되었습니다."

왕지도가 사정을 모두 말해주자, 여자가 말했다.

"이것은 제게 당신의 아내가 되라는 하늘의 뜻이 틀림없습니다."

그리하여 두 사람은 마침내 부부가 되었다. 후에 왕지도가 여자의 집으로 찾아갔더니 그 집사람들도 크게 기뻐하며 하늘이 맺어준 인연이라 생각하고 마침내 딸을 주었다. 그들은 아들 하나를 낳았는데, 그 아들은 후에 남군태수(南郡太守)가 되었다. (『유명록』)

馬仲叔·王志都, 並遼東人也, 相知至厚. 叔先亡, 後年忽形見, 謂曰: "吾不幸早亡, 心恒相念. 念卿無婦, 當爲卿得婦. 期至十一月二十日, 送詣卿家, 但掃除設牀席待之." 至日, 都密掃除施設. 天忽大風, 白日晝昏, 向暮風止. 寢室中忽有紅帳自施, 發視其中, 牀上有一婦, 花媚莊嚴. 臥牀上, 纔能氣息. 中表內外驚怖, 無敢近者, 唯都得往. 須臾便蘇, 起坐. 都問: "卿是誰?" 婦曰: "我河南人, 父爲淸河太守. 臨當見嫁, 不知何由, 忽然在此." 都具語其意, 婦曰: "天應令我爲君妻." 遂成夫婦. 往詣其家, 大喜, 亦以爲天相與也, 遂與之. 生一男, 後爲南郡太守. (出『幽明錄』)

322 · 9(4161)
당 방(唐 邦)

항산(恒山) 사람 당방이 [東晉] 의희연간(義熙年間: 405~418)에 문 두드리는 소리를 듣고 밖으로 나가보았더니, 붉은 옷 입은 관리 두 명이

와 있었다. 그들이 말했다.

"관에서 당신을 잡아오라고 합니다."

붉은 옷 입은 관리들은 당방을 데리고 현의 동쪽 언덕에 있는 은안(殷安)의 무덤 앞에 갔는데, 무덤 안에서 누군가 붉은 옷 입은 관리들에게 말했다.

"애당초 당복(唐福)을 잡아오라고 했거늘, 어찌하여 함부로 당방을 잡아 왔느냐?"

그리고는 명을 내려 붉은 옷 입은 관리를 때린 뒤에 당방을 내보내게 했다. 그로부터 얼마 지나지 않아 당복이 죽었다. (『이원』)

恒('恒'字原空闕, 據黃本補)山唐邦, 義熙中, 聞扣門者, 出視, 見兩朱衣吏. 云: "官欲得汝." 遂將至縣東塢殷安冢中, 冢中有人語吏云: "本取唐福, 何以濫取唐邦?" 敕鞭之, 遣將出. 唐福少時而死. (出『異苑』)

322 · 10(4162)
왕 구(王 矩)

형양태수(衡陽太守) 왕구는 광주자사(廣州刺史)가 되었다. 왕구는 장사(長沙)에 이르렀을 때 키가 한 장(丈) 남짓 되는 한 사람을 보았는데, 그는 흰색 단의(單衣: 朝服에 버금가는 盛裝으로, 祭禮나 손님 접대, 혼인식 등에 입었음)를 입은 채 강기슭에 서서 첩지를 들고 왕구의 노복을 부르면서 이렇게 말했다.

"배에 태워 건네 주시오."

왕구는 첩지를 든 사람을 살펴보고 나서야 그가 두령지(杜靈之)임을 알았다. 왕구는 두령지를 배에 올라타게 한 다음 이야기를 나누며 한동안 만나지 못해 가슴에 담아둔 마음을 이야기했다. 왕구가 물었다.

"그대는 경조(京兆) 사람인데, 언제 출발해서 왔소?"

그는 왕구에게 아침에 출발했다고 대답했다. 왕구가 이상하게 여겨 다시 묻자, 두령지가 말했다.

"천상의 경조에서 왔소. 나는 귀신으로 당신에게 가 보라는 명을 받고 왔을 따름이오."

그 말을 들은 왕구는 몹시 두려워했다. 두령지는 왕구에게 종이와 붓을 달라고 하더니 이렇게 말했다.

"당신은 틀림없이 천상의 문자를 이해하지 못할 것입니다."

두령지는 곧장 글을 새로 쓰고 두루마리를 말더니, 왕구에게 작은 상자 하나를 달라고 해서 그것을 담고 봉한 뒤에 왕구에게 주며 말했다.

"지금 열지 말고 광주에 도착할 즈음해서 열어보십시오."

왕구는 광주에 도착한 후 몇 개월 동안 우울해 하다가 마침내 상자를 열고 보았는데, 거기에 다음과 같은 내용이 적혀 있었다.

"왕구를 좌사명주부(左司命主簿)에 임명한다."

왕구는 몹시 꺼림칙하게 생각하다가 결국 병을 얻어 죽었다. (『유명록』)

衡陽太守王矩, 爲廣州. 矩至長沙, 見一人長丈餘, 着白布單衣, 將奏在岸上, 呼矩奴子: "過我." 矩省奏, 爲杜靈之. 入船共語, 稱叙希闊. 矩問: "君京兆人, 何

時發來?"答矩朝發. 矩怪問之, 杜曰: "天上京兆. 身是鬼, 見使來詣君耳." 矩人
懼. 因求紙筆, 曰: "君必不解天上書." 乃吏作, 折卷之, 從矩求一小箱盛之, 封付
矩曰: "君今無開, 比到廣州, 可視耳." 矩到數月, 悁悒, 乃開視, 書云: "令召王矩
爲左司命主簿. 矩意大惡, 因疾卒. (出『幽明錄』)

322 · 11(4163)
주 의(周 義)

여남(汝南) 사람 주의는 패국(沛國) 사람 유단(劉旦)의 손녀를 부인으로 맞아들였다. 주의는 예장군(豫章郡) 애현령(艾縣令)의 동생으로, 그곳으로 가던 중에 병을 얻었다. 애현에서 10리 떨어진 곳에 도착했을 때 주의가 말했다.

"저는 아무래도 안 되겠습니다."

그리하여 애현령은 가족들을 뒤에 남겨두어 천천히 오게 하고 자신은 먼저 동생과 함께 애현으로 갔는데, 주의는 하룻밤 뒤에 죽었다. 주의의 부인이 애현에 도착해서 주의의 시신 앞에 서자 주의는 손을 들어 부인과 이별했다. 주의의 부인이 주의를 위해 머리를 빗겨주자, 주의는 다시 부인의 비녀를 뽑았다. 염을 하고 난 뒤에 주의의 부인은 자려고 방에 들어갔는데, 주의가 침상 위로 올라와 부인에게 말했다.

"당신과 함께 한 시간은 짧았지만, 당신에 대한 정은 아주 깊었소. 그런데 불행히도 이와 같은 지경에 이르고 말았구려. 형은 어질지 못하게도 나를 집안사람들과 격리시켜 놓아 끝내 나로 하여금 그들과 작별인

사도 나누지 못하게 했소. 나는 그것이 정말 한스러울 따름이오. 내가 손을 들어 당신과 이별하고 또 당신의 비녀를 뽑아 일어나려고 했는데, 많은 사람들의 기에 눌리는 바람에 결국 그렇게 하지 못했소."

이로부터 주의는 매일 밤마다 부인을 찾아와 함께 잠을 잤는데, 살아 있을 때와 다름이 없었다. (『술이기』)

汝南周義, 取沛國劉旦孫女爲妻. 義豫章艾縣令弟, 路中得病. 未至縣十里, 義語: "弟必不濟." 便留家人在後, 先與弟至縣, 一宿死. 婦至臨尸, 義擧手別婦. 婦爲梳頭, 因復拔婦釵. 殯訖, 婦房宿, 義乃上牀, 謂婦曰: "與卿共事雖淺, 然情相重. 不幸至此. 兄不仁, 離隔人室家, 終沒不得執別. 實爲可恨. 我向擧手別, 又拔卿釵, 因欲起, 人多氣逼不果." 自此每夕來寢息, 與平生無異. (出『述異記』)

322・12(4164)
원걸(袁乞)

오흥(吳興) 사람 원걸의 처는 임종 때가 되자 원걸의 손을 잡고 말했다.

"내가 죽고 나면 당신은 재혼하실 것입니까?"

원걸이 말했다.

"차마 그렇게는 못하겠소."

그러나 원걸은 후에 다시 부인을 맞아들였다. 어느 날 대낮에 원걸의 죽은 부인이 나타나 말했다.

"당신은 이전에 재혼하지 않겠다고 맹세하시더니, 어째서 그 말을 어기셨습니까?"

그리고는 칼을 꺼내어 원걸의 음경을 잘라버렸다. 원걸은 비록 죽지는 않았지만, 영원히 남자구실을 할 수 없었다. (『이원』)

吳興袁乞, 妻臨亡, 把乞手云: "我死, 君再婚否?" 乞曰: "不忍." 後遂更娶. 白日見其婦語云: "君先結誓, 何爲負言?" 因以刀割陰. 雖不致死('死'字原闕, 據明鈔本補), 人理永廢也. (出『異苑』)

322 · 13(4165)
왕항지(王恒之)

사문(沙門) 축법사(竺法師)는 회계(會稽) 사람으로 북중랑(北中郎) 왕항지와 교분이 아주 두터웠다. 두 사람은 함께 삶과 죽음, 죄와 복, 인과응보에 관한 일들을 토론했는데, 그 뜻이 아득하여 정확하게 알기가 어려웠다. 그리하여 두 사람은 함께 먼저 죽는 사람이 상대방에게 사후의 세계에 대해 알려주기로 약속했다. 후에 왕항지가 사당에 있을 때 갑자기 축법사가 나타나 이렇게 말했다.

"빈도(貧道)는 아무 달 아무 날에 명이 다해 죽었는데, 죄와 복은 모두 거짓이 아니었습니다. 응보의 징험은 물건에 그림자가 있고 두드리면 소리가 나는 것과 같습니다. 그러니 단월(檀越: 施主)께서 부지런히 도(道)와 덕(德)을 닦으시면 틀림없이 신명의 세계에 오를 것입니다. 이

전에 그대와 먼저 죽은 사람이 이런 사실을 알려주기로 약속했기에 이렇게 알려드리러 왔습니다."

축법사는 말을 다하고는 사라졌다. (『속수신기』)

沙門竺法師, 會稽人, 與北中郎王恒(『搜神後記』卷六 '恒' 作 '坦')之, 周旋甚厚. 共論死生・罪福・報應之事, 茫昧難明. 因便共要, 若有先死, 當相報語. 後王於廟中, 忽見法師來曰: "貧道以某月日命過, 罪福皆不虛. 應若影響. 檀越當勤修道德, 以升躋神明耳. 先與君要, 先死者相報, 故來相語." 言訖, 不復見. (出『續搜神記』)

322・14(4166)
유 둔(劉 遁)

[東晉] 안제(安帝) 의희연간(義熙年間: 405~418)에 유둔은 모친상을 당해 집에 있었다. 그때 어떤 귀신이 유둔의 집에 와 늘 머물면서 평상과 안석을 옮겨놓고 온갖 기물을 뒤집어엎었으며, 노래를 부르고 울기고 하고 욕도 해댔다. 귀신은 다른 사람의 비밀을 발설하기 좋아했기 때문에 하인들은 감히 죄를 짓지 못했다. 유둔은 동생을 시켜 집을 살피게 했는데, 동생이 새끼줄에 목이 묶인 채로 집 들보에 매달려 있는 것을 보고 허둥지둥 내렸으나 동생은 이미 정신이 나간 뒤였다. 동생은 그로부터 한 달이 지나서 깨어났다. 또한 유둔이 불을 때어 밥이 거의 다 될 무렵이면 밥이 사라지곤 했다. 그리하여 유둔이 몰래 야갈(野葛: 독

성이 있는 칡)을 사와 삶아서 그것을 쌀과 섞어 죽을 끓여놓았더니 아니나 다를까 귀신이 다시 그것을 훔쳐가 먹었는데, 집 북쪽에서 토하는 소리가 들렸다. 이때부터 귀신은 종적을 감추고 사라졌으며 집안은 조용해졌다. 그리하여 세간에서는 유둔이 독으로 귀신을 물리쳤다[劉遁藥鬼]는 말이 전해졌다. 유둔은 후에 유의(劉毅)의 참군(參軍)으로 있다가 송(宋)나라 고조(高祖: 劉裕)에게 피살되었다. (『광고금오행기』)

安帝義熙中, 劉遁母憂在家. 常有一鬼, 來住遁家, 搬徙牀几, 傾覆器物, 歌哭罵詈. 好道人之陰私, 僕役不敢爲罪. 遁令弟守屋, 遁見繩繫弟頭, 懸著屋梁, 狼狽下之, 因失魂. 踰月乃差. 遁每饌欲熟, 輒失之. 遁密市野葛, 煮作糜, 鬼復竊之, 於屋北乃聞吐聲. 從此寂滅. 故世傳劉遁藥鬼. 遁後爲劉毅參軍, 爲宋高祖所殺. (出『廣古今五行記』)

322 · 15(4167)
왕사규(王思規)

장사(長沙) 사람 왕사규가 해염현령(海鹽縣令)으로 있을 때의 일이다. 어느 날 갑자기 한 관리가 나타났는데, 왕사규가 누구냐고 물었더니 관리가 말했다.

"그대를 주부(主簿)로 삼으라는 명을 받들고 왔습니다."

그리고는 첩지를 꺼내 평상 앞에 놓았다. 관리가 또 말했다.

"10월이니 아직 기한이 많이 남아 있습니다. 만약 나를 믿지 못하겠거든 7월 15일 정오에 하늘을 보면 틀림없이 보이는 것이 있을 것입니다."

왕사규는 집안사람들에게 명하여 약속한 날짜에 하늘을 살펴보게 했다. 그 날이 되자 어디선가 곡소리가 들리면서 공중에 사람이 나타나 깃발을 늘어놓았는데, 마치 그 모습이 장례를 치르는 것 같았다. (『견이록』)

長沙王思規, 爲海鹽令. 忽見一吏, 思規問是誰, 吏云: "命召君爲主簿." 因出板置牀前. 吏又曰: "期限長遠, 在十月. 若不信我, 到七月十五日日中時, 視天上, 當有所見." 思規敕家人, 至期看天. 聞有哭聲, 空中見人, 垂旌羅列, 狀如送葬. (出『甄異錄』)

322 · 16(4168)
화 일(華 逸)

광릉(廣陵) 사람 화일은 강릉(江陵)에서 타향살이하다 죽은 지 7년 만에 집으로 돌아왔다. 처음에는 그 말소리만 들릴 뿐 그 모습은 보이지 않았다. 가족들이 그 모습을 볼 수 있게 해달라고 간절하게 청하자 화일은 이렇게 대답했다.

"내가 너무 초췌하여 차마 너희들에게 내 모습을 보여줄 수 없다."
가족들이 죽은 이유를 묻자 화일이 말했다.
"내 타고난 수명이 비록 길지는 않았지만, 그렇다고 죽을 때는 아직 아니었다. 내 생전에 하인을 벌주고 매질할 때 정도(正道)를 잃었고, 또

내 뜻을 거스리는 노복들을 모조리 죽였기 때문에 수명이 줄어들게 되었다."

그리고 또 말했다.

"명을 받들고 장사(長沙)에 가는 길인데, 돌아오는 길에 틀림없이 다시 집에 들를 것이다."

약속한 날이 되자 화일은 정말 집으로 와서 두 아들에게 이렇게 가르쳤다.

"내가 일찍 죽었으니, 너희들은 마땅히 스스로 노력해서 일어나야 할 것이다. 집안이 몰락한다면 어찌 너희들을 자식이라 할 수 있겠느냐!"

또 자신의 자식들을 가르치지 않았다며 형을 꾸짖으면서 몹시 불만스런 표정을 지었다.

화일은 또 한번은 이렇게 말했다.

"맹우(孟禹)는 이름이 이미 저승 명부에 올라 있으니, 살 날이 얼마 남지 않았다."

그때 맹우는 힘이 세고 기골이 장대했는데, 후에 그 날짜가 되자 갑작스럽게 죽었다. (『견이록』)

廣陵華逸, 寓居江陵, 亡後七年來還. 初聞語聲, 不見其形. 家人苦請, 求得見之, 答云: "我困瘁, 未忍見汝." 問其所由, 云: "我本命雖不長, 猶應未盡. 坐平生時罰撻失道, 又殺卒反奴, 以此減筭." 云: "受使到長沙, 還當復過." 如期果至, 敎其二子云: "我旣早亡, 汝等當勤自勗勵. 門戶淪沒, 豈是人子!" 又責其兄不垂敎誨, 色甚不平.

乃曰: "孟禹已名配死錄, 正餘有日限耳." 爾時, 禹氣强力壯, 後到所期, 暴亡.

(出『甄異錄』)

322 · 17(4169)
장군림(張君林)

  오현(吳縣)의 장군림은 동쪽 고을 양리(楊里)에 살고 있었다. [東晉] 융안연간(隆安年間: 397~401)에 갑자기 한 귀신이 나타나 장군림을 도와 일을 했다. 장군림에게는 본래 오랫동안 보관해오던 기물 가운데 깨져 이미 쓸모없게 된 시루가 있었다. 이에 귀신은 항아리의 밑바닥을 쳐서 구멍을 낸 다음 시루로 만들어 사용했는데, 집안사람들이 일어날 즈음에는 밥이 이미 되어 있었다. 이 귀신은 다른 것은 필요러 하지 않았으며 그저 사탕수수만 마실 뿐이었다. 귀신이 스스로를 고갈(高褐)이라고 하자 누군가 말했다.
  "이 귀신은 반어(反語: 민간에서 쓰던 隱語로서, 일종의 '거꾸로 말하기'임. 切語·切口·切脚이라고도 하는데, 魏晉南北朝시대에 많이 유행했음)를 사용하고 있는데, 고갈은 바로 갈호(葛號: 무덤에 난 풀의 이름)의 반어['고갈'에서 고의 'ㄱ'과 갈의 'ㅏㄹ'을 합치면 '갈'자가 되고, 고의 'ㅗ'과 갈의 'ㄱ'과를 합치면 '고'가 됨]입니다. 무덤이 많이 있으며, 특히 오래된 무덤이 많은 것으로 보아 이 물건은 귀신이 틀림없습니다."
  매번 장군림 혼자만이 귀신을 볼 수 있었는데, 그 모습이 17~18세 된 소녀 같았다. 귀신은 얼굴이 검푸르고 온몸에 푸른 색 옷을 걸치고 있었다. 귀신은 곧장 장군림의 가족들에게 흰 항아리를 가져오게 하더니 물을 담고 위를 덮었다. 이튿날 아침에 보았더니 어떤 물체가 그 안에 들어 있었다. 장군림은 본래 가난했는데, 이로부터 마침내 부자가 되었다. 일찍이 귀신이 이렇게 말했다.

"나를 미워하지 마십시오. 때가 다하면 스스로 떠날 것입니다."

후에 과연 귀신은 떠나갔다. (『견이록』)

吳縣張君林, 居東鄕楊里. 隆安中, 忽有鬼來助驅使. 林原有舊藏器物中破甑, 已無所用. 鬼使撞甕底穿爲甑, 比家人起, 飯已熟. 此鬼無他須, 唯啗甘蔗. 自稱高褐, 或云: "此鬼爲反語('語'原作'器', 據明鈔本改), 高褐者葛號. 丘壟累積, 尤多古冢, 疑此物是其鬼也." 林每獨見之, 形如少女, 年可十七八許. 面靑黑色, 遍身靑衣. 乃令林家取白甖, 盛水, 覆頭. 明旦視之, 有物在中. 林家素貧, 遂致富. 嘗語: "毋惡我. 日月盡自去." 後果去. (出『甄異錄』)

322 · 18(4170)
만 병(蠻 兵)

남평군국(南平郡國: 義熙 2년[406년]에 劉毅가 桓玄을 토벌한 공으로 南平郡公에 봉해지고 그 封地를 南平國이라 했음)의 만병은 [東晉] 의희연간(義熙年間: 405~418) 초에 그 무리들을 따라 고숙현(姑熟縣)에 오자마자 귀신에 씌였다. 만병은 목소리를 가늘고 길게 해서 흐느껴 울었는데, 때로는 처마 끝에서 그 소리가 났고, 때로는 정원수 위에서 들렸다. 만병은 길흉을 점칠 때마다 번번이 먼저 비파를 달라고 하고는 비파를 연주하면서 말했다. 당시 부장사(府長史: 官府의 屬官의 우두머리)로 있던 극의(郗倚: 郗僧施로, 바로 劉毅의 寵臣이였음)가 이렇게 물었다.

"틀림없이 승진하겠지요?"

그러자 만병이 말했다.

"머지않아 지절(持節: 節은 황제가 내리는 권력의 징표로, 晉나라 제도에 '持節'은 관직이 없는 사람을 죽일 권한을 가진 사람을 말함)이 될 것입니다."

그로부터 얼마 지나지 않아 극의는 남만교위(南蠻校尉)가 되었고, 나[『靈鬼志』의 작자 荀氏를 말함]는 남평국(南平國)의 낭중(郎中)이 되어 직접 그 땅을 다스렸다. 형주(荊州)에서 떠돌던 말에 따르면 그것은 모두 쥐가 한 짓으로, 그 이름은 '귀후(鬼侯)'라고 한다고 했다. (『영귀지』)

南平國蠻兵, 義熙初, 隨衆來姑熟, 便有鬼附之. 聲呦呦細長, 或在簷宇之際, 或在庭樹上. 若占吉凶, 輒先索琵琶, 隨彈而言. 於時郗倚爲府長史, 問: "當遷官?" 云: "不久持節也." 尋爲南蠻校尉('尉'字原空闕, 據明鈔本・許本補), 予爲國郎中, 親領此土('土'原作'上', 據明鈔本改). 荊州俗語云, 是老鼠所作, 名曰'鬼侯'. (出『靈鬼志』)

322 · 19(4171)
진 고(陳 皐)

평원(平原) 사람 진고는 [東晉] 의희연간(義熙年間: 405~418)에 광릉(廣陵)의 번량(樊梁: 樊氏가 쌓은 橋梁)에서 부터 배 뒤에 타고 나왔다. 그런데 갑자기 키가 한 장(丈) 남짓하고, 머리에는 진홍색 관을 쓴 붉은 귀신이 나타났는데 그 모습이 마치 사슴뿔 같았다. 붉은 귀신은 진고에게 다가와 배를 태워 줄 것을 부탁하더니, 어느새 배에 올라타 있었다. 진고는 평소 금기(禁氣: 도가의 술법)를 행할 수 있어서 남방 민가를 불렀다. 그러자 귀신이 혀를 내밀고 눈이 휘둥그레졌다. 진고가 막대기를 귀신에게 던졌더니 귀신은 곧 바로 사방으로 흩어져서 불덩이로 변해 들판을 비추었다. 진고는 얼마 지나지 않아 불에 타 죽었다. (『영귀지』)

平原陳皐, 於義熙中, 從廣陵樊梁後乘船出. 忽有一赤鬼, 長可丈許, 首戴絳冠, 形如鹿角. 就皐求載, 倏爾上船. 皐素能禁氣, 因歌俗家南地之曲. 鬼乃吐舌張眼. 以杖竿擲之, 卽四散成火, 照於野. 皐無幾而死. (出『靈鬼志』)

322 · 20(4172)
원무기(袁無忌)

진(晉: 西晉)나라 진국(陳國) 사람 원무기는 동평(東平)에서 살았다. 영가연간(永嘉年間: 307~312) 초에 돌림병에 걸려 원씨(袁氏) 일가 백여 명이 거의 모두 죽게 되었다. 그리하여 원무기는 커다란 저택을 피해 이사 가서 잠시 농가에서 지냈다. 한 작은 방에서 원무기 형제는 나무 평상에다 자리 몇 겹을 깔고 함께 잠을 잤다. 원무기 형제가 밤에 잠들었다가 날이 밝은 뒤에 보았더니 침상이 문 밖에 나와 있었다. 며칠 동안 이와 같은 일이 계속 벌어지자 원무기 형제는 두려운 나머지 잠을 잘 수 없었다.

후에 보았더니 한 여자가 문 앞에 왔다가 원무기 등이 잠을 자지 않는 것을 보고는 들어오려다가 다시 문 밖으로 나가는 것이었다. 그때 날이 밝지는 않았지만 달빛이 밝게 빛나고 있어서 원무기 형제는 함께 그 여자를 살펴볼 수 있었다. 여자는 비단 옷에 옅은 화장을 하고 있었으며, 머리에는 화삽(花挿: 머리에 꽂는 꽃 모양의 장식)과 은비녀, 상아 빗 등이 꽂혀 있었다. 원무기 등이 함께 여자를 뒤쫓아가자 여자는 막 집을 돌아 달아나다가 넘어졌는데, 그 바람에 트레머리와 화삽 등의 꾸미개가 모두 땅에 떨어졌다. 원무기 등이 모두 떨어진 장식들을 줍는 사이에 여자는 다시 일어나 문밖을 나가 남쪽으로 달아났다. 여자는 길가에 있는 한 우물 안으로 뛰어 들어갔다. 이에 원무기 등은 집으로 돌아와 잠을 잤다. 이튿날 날이 밝은 뒤 화삽과 비녀, 상아 빗을 보았더니 하나같이 진짜였다. 원무기 등이 우물을 허물자 그 안에서 가래나무로 만든 관 하나가 나왔는데, 이미 썩어 망가져 있었다. 그리하여 원무기 등이 관을 새로 짜고 여자의 옷을 갈아입힌 뒤 높고 마른 땅으로 옮겨 장사지내주었더니, 그 후로는 여자가 나타나지 않았다. (『지괴록』)

晉陳國袁無忌, 寓居東平. 永嘉初, 得疫癘, 家百餘口, 死亡垂盡. 徙避大宅, 權住田舍. 行一小屋, 兄弟共寢, 板牀薦席數重. 夜眠及曉, 牀出在戶外. 宿昔如此, 兄弟怪怖, 不能得眠.

後見一婦人, 來在戶前, 知忌等不眠, 前却戶外. 時末曙月明, 共窺之. 綵衣白粧, 頭上有花揷及銀釵・象牙梳. 無忌等共逐之, 初繞屋走而倒, 頭髻及花揷之屬皆墮. 無忌悉拾之, 仍復出門南走. 臨道有井, 遂入其中. 無忌還眠. 天曉, 視花・釵・牙梳, 並是眞物. 遂壞井, 得一楸棺, 俱已朽壞. 乃易棺並服, 遷於高燥處葬之, 遂斷. (出『志怪錄』)

322・21(4173)
신채왕소평(新蔡王昭平)

진(晉)나라 때 신채(新蔡) 사람 왕소평은 소 수레를 청사(廳事)에 두었었는데, 밤에 뜬금없이 서재 안으로 들어와 벽을 들이박더니 밖으로 나갔다. 또 시끄럽게 떠들고 싸우는 소리가 사방에서 들려왔다. 그리하여 왕소평은 사람들을 불러 모아 활과 쇠뇌를 준비하여 싸울 채비를 갖춘 다음 소리 나는 곳을 향해 일제히 활을 쏘았다. 활시위 소리와 동시에 귀신은 화살에 맞았는데, 화살 몇 대를 맞더니 그대로 쓰러져 땅속으로 들어갔다. (『수신기』)

晉世新蔡王昭平, 犢車在廳事上, 夜無故自入齋室中, 觸壁而後出. 又數聞呼噪攻擊之聲, 四面而來. 昭乃聚衆, 設弓弩戰鬪之備, 指聲弓弩俱發. 而鬼應聲接矢, 數枚皆倒入土中. (出『搜神記』)

322 · 22(4174)
원학제생(遠學諸生)

멀리 유학간 한 제생(諸生: 秀才)이 있었다. 그 부모가 밤에 일하고 있을 때 아들이 갑자기 돌아와 이렇게 탄식했다.

"지금 저는 혼백일 뿐 더 이상 살아있는 사람이 아닙니다."

부모가 어찌된 일인지 묻자 아들이 대답했다.

"이달 초에 병이 들어 오늘 아무 시에 죽었습니다. 저는 지금 낭야(琅邪) 임자성(任子成)의 집에 있는데, 내일이면 염을 해야 될 것 같아 이렇게 아버님 어머님을 모시러 왔습니다."

그 부모가 말했다.

"그곳은 여기서 천릿길인데, 우리가 아무리 서둘러 간다하더라도 어떻게 네 곁에 갈 수 있겠느냐!"

그러자 아들이 말했다.

"바깥에 수레가 준비되어 있으니, 그저 올라타시기만 하시면 절로 그곳에 도착할 것입니다."

부모는 그 말에 따라 수레에 올라탔는데, 갑자기 잠이 오는 것 같더니 동이 틀 무렵에 이미 그곳에 도착해 있었다. 타고 온 수레를 살펴보았더니 그저 혼거(魂車: 장례 때 죽은 사람이 생전에 입었던 옷을 실은 수레)와 목마였다. 이들 부부는 주인(主人: 여기서는 任子成을 가리킴)을 만나고 난 뒤 아들의 시신 앞으로 가 애통해 했다. 부모는 아들의 병세에 대해 물어보았더니, 아들의 혼백이 말한 그대로였다. (『속수신기』)

有諸生遠學. 其父母夜作, 兒忽至, 歎息曰: "今我但魂魄耳, 非復生人." 父母問之, 兒曰: "此月初病, 以今日某時亡. 今在琅邪任子成家, 明日當殮, 來迎父母." 父母曰: "去此千里, 雖復顛倒, 那得及汝!" 兒曰: "外有車乘, 但乘之, 自得至矣." 父母從之, 上車忽若睡, 比雞鳴, 已至所在. 視其駕乘, 但魂車·木馬. 遂與主人相見, 臨兒悲哀. 問其疾消息, 如其言. (出『續搜神記』)

태평광기 권제323 귀 8

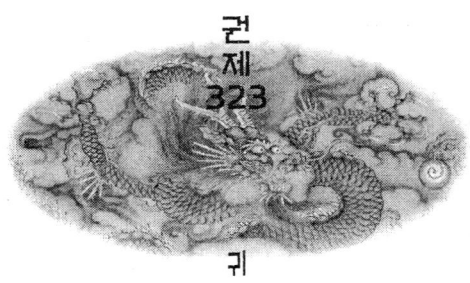

1. 장 륭(張　　隆)
2. 길각석(吉礜石)
3. 부양인(富陽人)
4. 급 사(給　　使)
5. 견법숭(甄法崇)
6. 사 회(謝　　晦)
7. 사령운(謝靈運)
8. 양 청(梁　　淸)
9. 서도요(徐道饒)
10. 동래진씨(東萊陳氏)
11. 사도흔(謝道欣)
12. 심적지(沈寂之)
13. 왕 호(王　　胡)
14. 도계지(陶繼之)
15. 주 태(朱　　泰)
16. 대승백(戴承伯)
17. 장 수(章　　授)
18. 시속문생(施績門生)
19. 장도허(張道虛)

323·1(4175)
장 륭(張 隆)

[南朝] 송(宋)나라 영초(永初) 3년(422), 오군(吳郡)에 사는 장륭의 집에 갑자기 귀신이 나타나서 이렇게 말했다.

"네가 나에게 먹을 것을 주면 너를 도와주겠다."

장륭은 귀신에게 먹을 것을 준 다음 커다란 칼로 귀신이 앉아서 음식을 먹고 있는 곳을 내리쳤다. 그러자 갑자기 수십 명의 울음소리가 들렸는데, 그 소리가 매우 구슬펐다. 그중 어떤 사람의 말소리가 들려왔다.

"죽으면 관을 어떻게 구한단 말이오?"

또 이런 소리도 들려왔다.

"주인집에 부서진 배가 한 척 있는데, 나는 그 배가 아주 마음에 든다오. 우리 그걸 가져다가 관을 만들어 씁시다."

곧이어 배가 한 척 끌려오더니 도끼소리와 톱질하는 소리가 들렸다. 날이 어두워지자 시체를 가져다가 배 안에다 집어넣으라고 호령하는 소리가 들렸다. 그러나 장륭은 아무것도 보지는 못했고, 다만 그들의 명령하는 소리를 들었을 뿐이었다. 얼마 후 장륭은 배가 공중으로 점점 떠오르더니 이내 구름 속으로 들어가는 것을 보았다. 모든 것이 사라진 후 수십 명의 사람들이 크게 웃으며 서로 이야기하는 소리가 들려오는 듯했다.

"네가 능히 나를 죽일 수 있느냐? 아까는 네가 나를 줄곧 미워했기에 나 역시 네가 증오스러워 몰래 너의 배를 없애버렸던 것이다."

장륭은 이때부터 마음을 바꾸어 이 귀신을 섬기기 시작했다. 장륭이 귀신에게 길흉이나 장례의 계획에 대해 물으면 귀신은 이렇게 대답했다.

"너는 커다란 단지 하나를 담 모퉁이에 가져다 놓아라. 내가 너를 위해 그 안에다 무언가를 구해다 놓겠다."

후에 장륭은 열흘에 한번 꼴로 그 단지를 쏟아보았는데, 그러면 돈이나 금·은·동·철, 혹은 생선 같은 것이 그 안에서 나왔다. (『유명록』)

宋永初三年, 吳郡張隆家, 忽有一鬼, 云: "汝與我食, 當相佑助." 後爲作食, 因以大刀斫其所食處. 便聞數十人哭, 哭亦甚悲. 云: "死何由得棺?" 又聞云: "主人家有破船, 奴甚愛惜. 當取爲棺." 見取船至, 有釜鋸聲. 日旣暝, 聞呼喚擧尸置船中. 隆皆不見, 惟聞處分. 便見船漸升空, 入雲霄中. 及滅後, 復聞如有數十人大笑云: "汝那能殺我也? 但向以惡我憎汝, 故隱沒汝船耳." 隆便回意奉事此鬼. 問吉凶及將來之計, 語隆曰: "汝可以大甕著壁角中. 我當爲覓物也." 十日一倒, 有錢及金·銀·銅·鐵·魚腥之屬. (出『幽明錄』)

323·2(4176)
길각석(吉罊石)

길미한(吉未翰)의 사촌 동생 중에 길각석이라는 사람이 있었는데, 일전에 단도제(檀道濟) 밑에서 참군(參軍)을 지낸 적이 있었다. 길각석이 한번은 병에 걸렸는데, 한 붉은 옷을 입은 사람이 그를 찾아오더니 읍하며 이렇게 말했다.

"저는 특별히 당신을 맞이하러 왔습니다."

길각석이 후하게 상을 차려내 대접하며 한번만 죽음을 면하게 해달라고 하자 귀신이 말했다.

"당신의 후한 접대에 감사하는 뜻에서 잠시 일 처리를 미루겠습니다."

그러더니 귀신은 이내 사라졌고, 길각석의 병은 점차 차도를 보였다. 후에 길각석은 부모상을 당해 수양(壽陽)으로 돌아오는 길에 또 그 귀신과 마주쳤는데, 그 귀신이 말했다.

"당신을 데리러 올 사자가 곧 당도할 테니 속히 떠날 차비를 하십시오."

길각석이 말했다.

"지난번에 당신께서 이미 저를 살려주셨으니 지금 다시 한번 저를 불쌍히 여겨 살려주실 수는 없으신지요?"

귀신이 말했다.

"지난번에 당신을 불러오라고 할 때는 당신을 부리려고 했던지라 제가 데려가지 않았던 것입니다. 그러나 이번에는 태산부군(泰山府君)께서 당신을 주부(主簿)에 임명하신 것이고, 또 사자도 곧 도착할 것이니 다시 사양해서는 안 됩니다."

얼마 후 명령을 전달하러 온 수레가 도착하는 것이 보였는데, 저승의 사자들은 유극(油戟: 의장병이 행렬 선두에서 쓰는 목제 병기)을 손에 들고 그의 집 앞에 늘어섰다. 그가 집안사람들에게 보라고 가리켰으나 사람들은 아무도 사자들을 보지 못했다. 길각석은 편지를 보내 친척과 친구들을 불러 모은 다음 이별을 고하고, 그들과 담소를 나누던 중에 갑자기 죽었다. (『유명록』)

吉末翰從弟名磐石, 先作檀道濟參軍. 嘗病, 因見人著朱衣前來, 揖云: "特來相迎." 磐石厚爲施設, 求免, 鬼曰: "感君延接, 當爲少停." 乃不復見, 磐石漸差. 後丁艱, 還壽陽, 復見鬼, 曰: "迎使尋至, 君便可束粧." 磐石曰: "君前已留懷, 今復得見愍否?" 鬼曰: "前召欲相使役, 故停耳. 今泰山屈君爲主簿, 又使隨至, 不可辭也." 便見車馬傳敎, 油戟羅列于前. 指示家人, 人莫見也. 磐石介書呼親友告別, 語笑之中, 便奄然而盡. (出『幽明錄』)

323 · 3(4177)
부양인(富陽人)

[南朝] 송(宋)나라 원가연간(元嘉年間: 424~453) 초에 부양(富陽) 사람 왕(王) 아무개는 도랑 끝에 게를 잡기 위해 통발을 놓았다. 다음 날 아침에 가서 보니 2척 가량 되는 나무토막이 통발 안에 들어가 통발을 다 찢어놓았고 게는 한 마리도 남아있지 않았다. 왕 아무개는 통발을 다시 수리하고 그 나무토막을 꺼내 물가로 던졌다. 다음 날 다시 가보니 그 나무토막이 또 통발을 덮치고 있어 지난번처럼 일을 망쳐놓았다. 왕 아무개는 통발을 또 고쳐놓고 그 다음 날 다시 가서보았으나 지난번과

마찬가지였다. 왕 아무개는 이 나무에 요괴가 붙었을지도 모른다고 의심하면서 게 담는 광주리 안에 나무토막을 집어넣고 꽁꽁 묶은 다음 지고 돌아오면서 이렇게 말했다.

"집에 가거든 너를 쪼개서 불태워 버리겠다."

집에서 3리 떨어진 곳에 이르렀을 때 부스럭거리는 소리가 나서 뒤를 돌아보니 아까 그 나무토막이 사람 얼굴에 원숭이 몸을 하고, 팔과 다리가 각각 하나씩 달린 물체로 변해 왕 아무개에게 이렇게 말하는 것이었다.

"내가 본디 게를 좋아해서 이렇게 물 속에 들어가 자네의 게 잡이 통발을 찢어놓았네. 내 자네를 이미 너무 많이 괴롭혔으나 그래도 나를 좀 너그러이 용서해주어 이 광주리 속에서 내보내주기 바라네. 나는 산신이니 마땅히 자네를 도와 통발 가득 게를 잡을 수 있게 해 주겠네."

왕 아무개가 말했다.

"네가 내게 횡포를 부린 것이 한 두 번이 아니니 그 죄는 죽어 마땅하다."

이 물체는 즉시 머리를 조아리며 놓아달라고 청을 하면서 거듭 '자네 이름이 무엇이냐'고 물었으나 왕 아무개는 다시 고개를 돌려버린 채 대답하지 않았다. 집이 더욱 가까워 오자 이 물체가 말했다.

"나를 풀어주지도 않고 자기 이름도 말해주지 않으니 더 무슨 방법이 있겠는가! 죽음을 기다리는 수밖에."

왕 아무개가 집에 도착하자마자 불을 붙여 그 나무토막을 태워버리자 그 후로 괴상한 일은 다시 일어나지 않았다. 이 물체는 사람들이 '산소(山魈)'라 부르는 것으로, 전하는 바에 따르면 그것이 사람의 이름을 알아내면 즉시 해를 입힐 수 있다고 한다. 그 물체가 왕 아무개에게 자꾸 이름을 물었던 것은 바로 그를 해치고 자기가 살아남기 위해서였다. (『술이기』)

宋元嘉初, 富陽人姓王, 于窮瀆中作蟹籪. 旦往視, 見一材頭, 長二尺許, 在籪裂開, 蟹出都盡. 乃修治籪, 出材岸上. 明往看之, 見材覆在籪中, 敗如前. 王又治籪, 再往視, 所見如初. 王疑此材妖異, 乃取納蟹籠中, 繫擔頭歸, 云: "至家當破燃之." 未之家三里, 聞中倅倅動, 轉顧, 見向材頭變成一物, 人面猴身, 一手一足, 語王曰: "我性嗜蟹, 此寔入水破若蟹籪. 相負已多, 望君見恕, 開籠出我. 我是山神, 當相佑助, 使全籪大得蟹." 王曰: "汝犯暴人, 前後非一, 罪自應死." 此物轉頓, 請乞放, 又頻問'君姓名爲何', 王回顧不應答. 去家轉近, 物曰: "旣不放我, 又不告我姓名, 當復何計! 但應就死耳." 王至家, 熾火焚之, 後寂無復異. 土俗謂之 '山魈', 云知人姓名, 則能中傷人. 所以勤問, 正欲害人自免. (出『述異記』)

323 · 4(4178)
급 사(給 使)

근래에 어떤 사람이 말단 급사 한 명을 구했다. 그 급사는 여러 번 집에 돌아가게 해 달라고 청했으나 받아들여지지 않았다. 그 후 어느덧 세월이 흐른 어느 날, 급사는 남쪽으로 난 창 밑에서 잠을 자고 있었다. 급사의 주인은 한 오륙십 세 가량 되어 보이는 한 부인이 문 안에 들어와 있는 것을 보았는데, 그 부인은 아주 뚱뚱해서 행동이 불편해 보였다. 급사가 잠을 자다가 이불을 떨어뜨리자 그 부인은 침상가로 가 이불을 주워 급사를 덮어주고는 다시 돌아가 문밖으로 나가버렸다. 급사가 뒤척이다 옷을 떨어뜨렸을 때도 부인은 아까와 똑같은 행동을 했다. 주인은 속으로 아주 이상한 일도 다 있다 생각하고 다음날 급사를 불러 이렇게 물었다.

"너는 무슨 일로 돌아가게 해 달라고 했느냐?"

급사가 대답했다.

"어머님이 아프십니다."

주인이 어머님의 모습과 나이 등을 물어보았더니 과연 어제 보았던 그 부인의 모습과 다 맞아떨어졌는데, 오직 체구가 말랐다고 한 점만이 달랐을 뿐이었다. 어머님이 무슨 병을 앓고 계시냐고 묻자 급사가 대답했다.

"부종입니다."

이에 주인은 급사에게 휴가를 주었다. 급사가 떠나간 후 급사의 집에서 편지가 한 통 왔는데, 거기에는 '모친상'이라고 적혀있었다. 나중에 생각해보니 주인이 보았던 그 뚱뚱한 모습은 부어서 그렇게 된 것이었다. (『유명록』)

近世有人得一小給使. 頻求還家未遂. 後日久, 此吏在南窗下眠. 此人見門中有一婦人, 年五六十, 肥大, 行步艱難. 吏眠失覆, 婦人至牀邊, 取被以覆之, 回復出門去. 吏轉側衣落, 婦人復如初. 此人心怪, 明問吏: "以何事求歸?" 吏云: "母病." 次問狀貌及年, 皆如所見, 唯云形瘦不同. 又問母何患, 答云: "病腫." 而卽與吏假. 使出, 便得家信云'母喪.' 追計所見之肥, 乃是其腫狀也. (出『幽明錄』)

323·5(4179)
견법숭(甄法崇)

　송(宋)나라의 견법숭은 영초연간(永初年間: 420~422)에 강릉현령(江陵縣令)으로 있으면서 엄격하고도 공정하게 직무를 수행했다. 그때 남평(南平) 사람 무사(繆士)는 강안현령(江安縣令)으로 있다가 임기 중 죽었다. 일년 후, 견법숭이 관아의 대청에 앉아있노라니 한 사람이 홀연 문안으로 들어오며 이렇게 말했다.

　"무사가 삼가 인사 여쭙겠습니다."

　견법숭은 무사가 이미 죽었다는 것을 알고는 이렇게 물었다.

　"당신은 무슨 까닭으로 이렇게 야위었소?"

　무사가 말했다.

　"저는 살아있을 때의 행실이 선행보다 악행이 많아 감옥에 갇힌 채 갖은 고초를 당했습니다. 게다가 지금 저는 일을 하느라 온갖 고생을 다 하고 있습니다[원문은 '勤劇理墨'이라 되어있으나 문맥 상 '墨'자는 '盡'자의 誤記로 보임]."

　무사가 또 말했다.

　"당신 현의 백성 중에 아무개라는 자가 있는데, 내가 살아있을 때 나에게 쌀 천여 석(石)을 빚졌습니다. 그런데 계약서가 없다고 버티며 갚으려 하지 않습니다. 지금 제 아들이 몹시 곤궁하여 살 수 없는 지경에 처해있으니, 당신께서 이 일을 엄정하게 처리해 주시기 바랍니다."

　견법숭이 말했다.

　"고소장을 쓰시오."

무사가 말했다.

"종이를 가져오지 않았습니다. 게다가 지금 저는 더 이상 글씨를 쓸 수도 없습니다."

견법숭은 성사(省事)에게 붓을 가져오게 해 무사가 구술하는 내용을 받아 적었는데, 그 말이 하나하나 매우 또렷했다. 글이 완성되자 무사는 인사를 하고 떠나갔다. 견법숭이 사람을 보내 무사의 집 사람들에게 물어보니 정말 그런 일이 있었다고 대답했다. 견법숭이 즉시 쌀을 빚진 아무개를 잡아들여 심문을 하자 아무개는 두려운 나머지 원래 빚진 양만큼 쌀을 갚았다. (『저궁구사』)

宋甄法崇, 永初中, 爲江陵令, 在任嚴明. 其時南平繆士爲江安令, 卒于官. 後一年, 崇在廳, 忽見一人從門而入, 云: "繆士謹通." 法崇知其亡, 因問: "卿貌何故瘦?" 答云: "我生時所行, 善不補惡, 罹繫苦. 復勤劇理墨." 又云('云'原作'去', 據明鈔本改): "卿縣民某甲, 負我米千餘石. 無券書, 悍不還. 今兒累窮斃, 乞爲嚴勅." 法崇曰: "卿可作詞." 士云: "向不賫紙. 且又不復書矣." 法崇令省事取筆, 疏其語, 士口授, 其言歷歷. 辭成, 謝而去. 法崇以事問繆家, 云有此. 登時攝問, 負米者畏怖, 依實輸還. (出『渚宮舊事』)

323 · 6(4180)
사 회(謝 晦)

사회가 형주(荊州)에 있을 때 담 모퉁이에서 키가 한 3척쯤 되어 보이는 붉은 귀신을 하나 보았다. 붉은 귀신은 사회 앞으로 왔다. 붉은 귀신의 손에는 동 쟁반이 하나 들려 있었는데, 그 안에는 피가 가득했다. 사회가 그것을 받아보니 그것은 종이로 만든 쟁반이었다. 얼마 후 귀신은 사라졌다. (『이원』)

謝晦在荊州, 壁角間有一赤鬼, 長可三尺. 來至其前. 手擎銅盤, 滿中是血. 晦得乃紙盤. 須臾而沒. (出『異苑』)

323 · 7(4181)
사령운(謝靈運)

사령운은 원가(元嘉) 5년(428)에 난데없이 [이미 죽은] 사회(謝晦)를 보았다. 사회는 손에 자기의 머리를 든 채 안으로 들어오더니 다른 평상으로 가 앉았다. [그의 손에 들려 있는 그의] 머리에서는 피가 쉴 새 없이 흘러내렸는데, 그 모습은 차마 눈뜨고 볼 수가 없었다. 사령운은 또 자기가 입는 담비가죽옷을 넣어두는 상자에 피가 가득 고여 있는 것을 보았다. 후에 그는 임천군수(臨川郡守)가 되었는데, 어느 날 식사 도중 밥 안에서 커다란 벌레가 나왔다. 사령운은 결국 주살 당했다. (『이원』)

謝靈運以元嘉五年, 忽見謝晦. 手提其頭, 來坐別牀. 血流淋落, 不可忍視. 又所服貂裘, 血淹滿篋. 及爲臨川郡, 飯中欻有大蟲. 遂被誅. (出『異苑』)

323 · 8(4182)
양 청(梁 淸)

송(宋)나라 문제(文帝) 때에 천수(天水) 사람 양청의 집은 도성의 신정(新亭)에 있었다. 12월에 제사 때에 그는 하녀를 시켜 부엌에서 신께 올릴 음식을 만들도록 했다. [하녀가 음식을 만들고 있을 때] 갑자기 공중에서 어떤 물체가 나타나더니 몽둥이를 들고 하녀를 때렸다. 하녀는 양청에게 달려가 이 사실을 고했다. 양청이 가서 보니 그릇과 사발들이 저절로 움직이고 있었는데, 국을 따라 실컷 마시고는 그릇을 식탁 위에 늘어놓았다. 또 음식 먹는 소리도 들려왔다. 양청이 말했다.

"왜 모습을 드러내지 않소?"

이에 평상책(平上幘)을 쓰고 검은 가죽으로 만든 겹바지를 입은 한 사람이 모습을 드러내며 이렇게 말했다.

"저는 경조(京兆) 사람입니다. 죽은 후에 이곳저곳을 떠돌며 정처 없이 지내다가 당신이 선비를 아낀다는 말을 듣고 당신을 따르고자 이렇게 왔습니다."

양청은 땅에 자리를 깔고 그와 마주앉은 다음 술과 안주를 차려냈다. 그러자 귀신이 말했다.

"혹 바라는 일이 있거든 말해보십시오."

양청은 그때 아무 군(郡)에서 관직을 얻기 위해 힘쓰고 있었는데, 이 일을 먼저 귀신에게 물어보자 귀신이 말했다.

"당신의 계획은 반드시 이뤄질 것입니다. 아무 달 아무 날에 그 관직에 제수될 것입니다."

귀신의 말은 과연 적중했다. 귀신이 말했다.

"그 군은 아주 한적한 곳이니 저도 당신을 따라가겠습니다."

양청이 대답했다.

"아주 잘됐소."

후에 양청은 석두성(石頭城)에 배를 정박시켜놓고 닷새간이나 귀신을 기다렸다. 그러나 귀신이 끝내 오지 않자 하는 수 없어 길을 떠났는데, 양청이 팽성(彭城)에 도착했을 때 귀신은 그제야 나타났다. 귀신은 양청과 더불어 그 군에서 몇 년을 함께 살았으며, 양청이 도성으로 돌아올 때도 함께 돌아왔다. (『술이기』)

宋文帝世, 天水梁淸, 家在京師新亭. 臘月將祀, 使婢于甑室造食. 忽覺空中有物, 操杖打婢. 婢走告淸. 淸遂往, 見甌器自運, 盛飮斟羹, 羅列案上. 聞哺餟之聲. 淸曰: "何不形見?" 乃見一人, 著平上幘, 烏皮袴褶, 云: "我京兆人. 亡沒飄寄, 聞卿好士, 故來相從." 淸便席地共坐, 設肴酒. 鬼云: "卿有祀事云云." 淸圖某郡, 先以訪鬼, 鬼云: "所規必諧. 某月某日除出." 果然. 鬼云: "郡甚優閒, 吾願周旋." 淸答: "甚善." 後停舟石頭, 待之五日. 鬼不來, 于是引路, 達彭城, 方見至. 同在郡數年, 還都, 亦相隨而返. (出『述異記』)

323 · 9(4183)
서도요(徐道饒)

서도요는 원가(元嘉) 10년(433)에 갑자기 귀신을 보았는데, 그 귀신은 자기가 서도요의 조상이라고 말했다. 그때는 겨울이었으나 날씨가 맑아서 서도요는 수확한 곡식들을 지붕 아래에 쌓아두고 있었다. 귀신이 서도요에게 말했다.

"내일 저 곡식들을 햇볕에 내다 말려라. 장차 큰 비가 내려 앞으로 맑은 날이 없을 것이다."

서도요가 귀신이 시키는 대로 하자 귀신도 그를 도와 곡식을 운반해 주었다. 얼마 후 과연 장마 비가 내렸다. 이 귀신도 때때로 모습을 드러내곤 했는데, 그 모습이 마치 원숭이 같았다. 서도요는 도사를 찾아가 부적을 써달라고 하고서 그 부적을 창가에 붙여두었다. 그러자 귀신이 크게 웃으며 이렇게 말했다.

"네가 이것으로 나를 못 오게 하려는가본데, 나는 개구멍을 통해서라도 능히 들어올 수가 있다."

귀신은 비록 이렇게 말을 하기는 했지만 그 후로 다시는 서도요의 집에 들어오지 못했다. 며칠 후 귀신이 탄식하며 말했다.

"서숙보(徐叔寶)가 올 것이니, 나는 이제 나타나서는 안 되는구나."

이틀 후 과연 서숙보가 서도요의 집을 찾아왔고 귀신은 그 후 다시는 나타나지 않았다. (『이원』)

徐道饒, 以元嘉十年, 忽見一鬼, 自言是其先人. 于時冬日, 天氣淸朗, 先積稻屋下. 云: "汝明日可曝穀. 天方大雨, 未有晴時." 饒從其敎, 鬼亦助輦. 後果霖雨. 時有見者, 形如獼猴. 饒就道士請符, 懸著窓戶. 鬼便大笑: "欲以此斷我, 我自能從狗竇中入." 雖則此語, 而不復進. 經數日, 嘆云: "徐叔寶來, 吾不宜見之." 後日果至, 於是遂絶. (出『異苑』)

323 · 10(4184)
동래진씨(東萊陳氏)

　동래에 진씨 성을 가진 사람이 있었는데 집안 식구가 모두 합쳐 백여 명이나 되었다. 하루는 진 아무개가 아침에 밥을 짓는데, [아무리 불을 때도] 솥이 좀처럼 끓지 않았다. 그래서 솥을 열어보았더니 한 백발이 성성한 노인이 솥 안에서 나왔다. 진 아무개가 무당을 찾아가 묻자 무당이 말했다.

　"이는 요물임에 틀림없소. 당신의 집안은 그 요물로 인해 멸문의 화를 당하게 될 것이오. 그러니 집에 돌아가거든 틀을 잔뜩 만드시오. 틀이 완성되거든 그것을 문 옆 담장에다 설치하고 문을 안에서 굳게 걸어 잠근 다음 안에만 있으시오. 만일 의장대를 거느리고 온 기마병이 문을 두드리거든 절대로 대답을 해서는 안 되오."

　진 아무개는 집으로 돌아온 후 온 집안 식구들을 동원하여 백여 개의 틀을 만들어 문 아래에다 가져다 놓았다. [얼마쯤 지나자] 과연 어떤 사람이 그의 집을 찾아왔다. 아무리 불러도 안에서 대답이 없자 무리를 끌고 온 장수는 화를 내며 문을 넘어 쳐들어가라고 명령했다. 그때 한 부하가 문 안을 엿보다가 크고 작은 틀 백여 개가 있는 것을 보고는 다시 문 밖으로 기어 나와 이 사실을 장수에게 고했다. 장수는 매우 두려워하며 부하들에게 말했다.

　"어서 서둘러라. 서두르지 않으면 한 사람도 잡아갈 수 없게 될 텐데, 그러면 그 죄를 어찌 면할 수 있겠느냐? 여기서 북쪽으로 가다보면 한 80리 쯤 떨어진 곳에 103명의 식구가 사는 집이 있으니 그들을 대신 잡아가는 수밖에 없다."

그 일이 있은 후로 채 열흘도 못 되어 [80리 밖에 사는] 그 집안 식구들은 모두 죽고 말았는데, 그 집 역시 성이 진씨였다. (『수신기』)

東萊有一家姓陳, 家百餘口. 朝炊釜不沸. 擧甑看之, 忽有一白頭公, 從釜中出. 便詣師, 師云: "此大怪. 應滅門. 便歸大作械. 械成, 使置門壁下, 堅閉門在內. 有馬騎麾蓋來叩門者, 愼勿應." 乃歸, 合手伐得百餘械, 置門屋下. 果有人至. 呼不應, 主帥大怒, 令緣門入. 從人窺門內, 見大小械百餘, 出門還說如此. 帥大惶恍, 語左右云: "敕速來. 不速來, 遂無復一人當去, 何以解罪也? 從此北行, 可八十里, 有一百三口, 取以當之." 後十日中, 此家死亡都盡, 此家亦姓陳. (出『搜神記』)

323・11(4185)
사도흔(謝道欣)

회계군(會稽郡)에 거대한 귀신이 하나 있었는데, 키가 몇 장(丈)이나 되었고 허리둘레가 몇 아름이나 되었다. 그 귀신은 높은 관을 쓰고 검은 옷을 입고 있었다. 회계군에 장차 무슨 일이 닥쳐올 때는 이 귀신이 먼저 뇌문(雷門)에 나타나 길흉의 징조를 말해주었다. 또 사씨 일족에게 근심거리나 기쁜 일이 있어도 반드시 일러주었다. 사홍도가 아직 모친상을 당하기 몇 개월 전에 이 귀신이 아침저녁으로 사홍도의 집을 찾아왔다. 후에 또 이부상서(吏部尙書)로 승진해 갈 적에도 이 귀신이 나타나 손뼉을 치고 춤을 추면서 대문에서 뜰 가운데로 들어왔는데, 그러고 나서 얼마 후에 승진되었다는 전갈이 왔다.

사도흔은 부모를 동시에 여의고 이당(離塘)에 이르러 묘지를 향해 가고 있었다. 장차 어두워지려 할 때에 그는 이당에 두개의 횃불이 빛나고 있는 것을 보았다. 순식간에 그 불은 물속으로 들어갔는데, 물 속에서도 여전히 수십 장이나 높이 불길이 타오르고 있었고 처음에는 비단처럼 희게 빛나던 것이 점차 붉은 빛으로 변하는가 싶더니 어느덧 산산이 흩어져 수백 개의 횃불이 되었다. 그 불빛은 장례 행렬을 따라오고 있었다. 그 불 속에서 한 귀신을 보았는데, 그 귀신은 아주 거대해서 머리 하나가 다섯 섬을 담을 수 있는 광주리만 했고 많이 취한 듯하여 좌우의 작은 귀신들이 함께 부축하고 있었다. 그 해에 손은(孫恩)이 반란을 일으키자 회계군 사람들은 노소를 불문하고 모두 손은을 받들어 추대했다. 당시 사람들은 사도흔이 보았던 광경이 바로 반란의 징조였다고 생각했다. [그 거대한 귀신은] 옛날 우(禹) 임금이 회계에서 제후들과 회맹할 때 [늦게 도착했던] 바로 그 방풍(防風: 夏나라의 禹임금이 여러 신들을 會稽山으로 불러 모았는데, 防風氏가 늦게 도착하자 그를 죽여 버렸다고 함) 귀신이었다. (『지괴록』)

會稽郡常有大鬼, 長數丈, 腰大數十圍. 高冠玄服. 郡將吉凶, 先于雷門示憂喜之兆. 謝氏一族, 憂喜必告. 謝弘道未遭母艱數月, 鬼晨夕來臨. 及後將轉吏部尙書, 拊掌三節舞, 自大門至中庭, 尋而遷問至.

謝道欣遭重艱, 至離塘行墓地. 往向夜, 見離塘有雙炬. 須臾, 火忽入水中, 仍舒長數十丈, 色白如練, 稍稍漸還赤, 散成數百炬. 追逐車從而行. 悉見火中有鬼, 甚長大, 頭如五石籮, 其狀如大醉者, 左右小鬼共扶之. 是年孫恩作亂, 會稽大小,莫不翼戴. 時以爲欣之所見, 亂之徵也. 禹會諸侯會稽, 防風之鬼也. (出『志怪錄』)

323 · 12(4186)
심적지(沈寂之)

　원화연간(元嘉年間: 424~453)에 오흥(吳興) 사람 심적지는 난데없이 귀신이 공중에 서서 웃고 말하는 것을 보게 되었는데, 그 귀신은 노래를 하다가 울다가 했다. 밤이 되자 귀신의 소동은 더욱 심해졌다. 심적지에게는 상여가 한대 있었는데, 이 귀신에게 끌려가 고장이 나고 말았다. 심적지는 또 장도(長刀)도 가지고 있었는데 [이 귀신이 가져다] 독 안에다 넣어두었고, 커다란 거울도 하나 있었는데 이 역시 그릇 안에다가 넣고 닫아버렸다. (『이원』)

　吳興沈寂之, 以元嘉中, 忽有鬼于空中語笑, 或歌或哭. 至夜偏盛. 寂之有靈車, 鬼共牽走, 車爲壞. 寂之有長刀, 乃以置瓮中, 有大鏡, 亦攝以納器中. (出『異苑』)

323 · 13(4187)
왕 호(王 胡)

　송(宋: 南朝의 宋을 말함)나라의 왕호는 장안(長安) 사람이었다. 그의 숙부는 죽은 지 몇 년 뒤인 원가(元嘉) 23년(446)에 갑자기 모습을 드러내 집으로 돌아왔다. 그는 왕호의 행동이 조심스럽지 못하고 부족함이 많으며 집안을 제대로 관리하지 못한다며 책망을 하면서 곤장 다섯 대를 때렸다. 옆에 있던 사람들과 이웃들도 왕호 숙부의 말소리와 곤장 치는 소리를 다 들었으며 왕호에게 난 곤장 자국도 보았으나 숙부의 모습만은 아무도 보지 못했다. 오직 왕호만이 숙부를 가까이서 접할 수 있었다. 숙부가 왕호에게 말했다.

"나는 그때 죽을 때가 아니었는데, 저승에서 귀신들의 기록을 담당하게 하기 위해 나를 필요로 했던 것이었다. 내가 지금 많은 저승의 관리와 병사들을 이끌고 왔으나 마을 사람들을 놀라게 해 피해를 입힐까 걱정이 되어 데리고 들어오지 않았다."

왕호 역시 마을 밖에서 뭇 귀신들이 소란을 피우고 있는 것을 보았다. 숙부는 잠시 후 떠나가면서 이렇게 말했다.

"내년 7월 7일에 다시 잠시 들를 것이다. 그때는 너를 데리고 저승길을 두루 유람하며 너로 하여금 선과 악의 응보에 대해 알게 해 주겠다. 그때는 나를 위해 제사상을 차릴 필요 없지만, 네가 정 마음에 걸린다면 차와 음식 정도만 차려내면 된다."

이듬해 그가 말했던 날이 되자 그는 과연 다시 나타나 왕호의 집 식구들에게 이렇게 말했다.

"내가 왕호를 데리고 유람을 떠날 것인데, 유람이 끝나면 분명 돌려보낼 테니 걱정하지 않아도 된다."

왕호는 꼼짝 않고 침상 위에 누워있었는데, 그 모습이 마치 죽은 사람 같았다. 숙부는 왕호를 데리고 다니며 여러 산들을 유람하면서 온갖 괴상한 것들을 다 보여주었다. 마지막으로 숭고산(嵩高山)에 이르렀을 때 여러 귀신들이 왕호와 더불어 이야기를 나누며 음식들을 차려냈는데, 그 맛은 인간세상의 그것과 크게 다르지 않았으나 다만 생강이 바삭바삭한 것이 아주 맛이 좋았다. 왕호가 생강을 품에 넣어 가져가려고 하자 좌우의 귀신들이 웃으면서 말했다.

"그건 여기서만 먹을 수 있을 뿐, 멀리 가지고 갈 수는 없다오."

왕호가 또 어떤 곳을 보니 화려하고 넓은 집이 한 채 보였는데, 그 집은 매우 아름답게 꾸며져 있었다. 그 안에 스님 두 명이 살고 있었다. 왕호가 안으로 들어가자 두 스님은 왕호에게 여러 가지 과일과 빈랑(檳榔) 등을 내주었다. 왕호는 오랫동안 저승을 돌아다니며 선(善)·악(惡)·고(苦)·락(樂)의 인과응보에 대해 자세히 보았다. 왕호가 다시 이승으로 돌아갈 때가 되자 숙부가 말했다.

"너는 이제 반드시 선을 수행해야 함을 깨달았을 테니 돌아가거든 백족아련(白足阿練)을 찾아가거라. 그 사람은 수행이 매우 뛰어난 사람이라 네가 배울 만 하다."

[백족아련은] 장안(長安)에 사는 도인(道人)이었는데, 발이 매우 희여서 당시 사람들이 그를 '백족아련'이라고 불렀다. 북위(北魏) 사람들도 그를 매우 존경했고, 북위 왕도 그를 스승으로 모셨다.

왕호는 [이승으로 돌아온 후] 숙부의 교훈을 받들어 숭산(嵩山) 위에서 여러 젊은 스님들과 함께 수학하기 시작했다. 왕호는 그 스님들 가운데서 [저승에서 보았던] 두 스님을 발견하고서 깜짝 놀라며 헤어진 후의 안부인사를 한 다음, 언제 이곳에 왔느냐고 물었다. 그러자 두 스님이 대답했다.

"저희는 본디 이 절의 중들로 예전부터 당신을 알고 지낸 기억이 없습니다."

왕호가 숭고산에서 만났던 일을 이야기하자 옆에 있던 다른 스님들이 말했다.

"말도 안 되는 소리를 하십니다. 어떻게 그런 일이 있을 수 있습니까?"

그 다음 날 두 스님은 인사도 없이 떠나버렸다. 왕호가 여러 스님들에게 옛날에 숭고산에서 보았던 일에 대해 상세히 이야기 해주자 모두들 놀라워하기도 하고 기이해 하기도 했다. 그들이 두 스님을 찾아보았으나 어디로 갔는지 알 수가 없었다.

宋王胡者, 長安人也. 叔死數載, 元嘉二十三年, 忽形見還家. 責胡以修謹有缺, 家事不理, 罰胡五杖. 傍人及鄰里, 並聞其語及杖聲, 又見杖瘢, 而不見其形. 唯胡獨得親接. 叔謂胡曰: "吾不應死, 神道須吾算諸鬼錄. 今大從吏兵, 恐驚損鄰里, 故不將進耳." 胡亦大見衆鬼紛鬧于村外. 俄而辭去曰: "吾來年七月七日, 當復暫還. 欲將汝行, 遊歷幽途, 使知罪福之報也. 不須費設, 若意不已, 止可茶食耳." 至期果還, 語胡家人云: "吾今將胡遊觀, 觀畢當還, 不足憂也." 胡卽頓臥牀上, 泯然如盡. 叔於是將胡遍觀群山, 備觀鬼怪. 末至嵩高山, 諸鬼道胡, 並有饌設, 其品味不異世中, 唯姜甚脆美. 胡懷之將還, 左右人笑云: "止可此食, 不得將遠也." 胡又見一處, 屋宇華曠, 帳筵精美. 有二少僧居焉. 胡造之, 二僧爲設雜果柹梬等. 胡遊歷久之, 備見罪福苦樂之報. 及辭歸, 叔謂曰: "汝旣已知善之當修, 返家尋白足阿練. 此人戒行精高, 可師事也." 長安道人足白, 故時人謂爲'白足阿練'也. 甚爲魏虜所敬, 虜王事爲師.

胡旣奉此訓, 遂與嵩山上年少僧者遊學. 衆中忽見二僧, 胡大驚, 與敍乖濶, 問何時來此. 二僧云: "貧道本住此寺, 往日不意與君相識." 胡復說嵩高之遇, 衆僧云: "君謬耳. 豈有此耶?" 至明日, 二僧不辭而去. 胡乃具告諸沙門, 叙說往日嵩山所見, 衆咸驚怪. 卽追求二僧, 不知所在.

323 · 14(4188)
도계지(陶繼之)

[南朝 宋나라] 원가연간(元嘉年間: 424~453) 말에 도계지는 말릉현령(秣陵縣令)으로 있으면서 악기(樂伎) 한 명을 잘못 죽인 일이 있었다. 도계지는 밤에 꿈을 꾸었는데, 악기가 자신에게로 다가오더니 이렇게 말을 하는 것이었다.

"나는 억울하게 죽임을 당했기에 하늘에 호소를 한 끝에 억울함을 풀게 되었다. 나는 지금 너를 데려가러 왔다."

그는 말을 마치자마자 도계지의 입 위로 뛰어 들어가더니 배속으로 떨어졌다가 잠시 후 다시 나왔다. 그리고는 이렇게 말했다.

"내가 지금 도말릉(陶秣陵: 陶繼之)만 잡아간다면 아무 쓸 데가 없을 테니 다시 왕단양(王丹陽: 원문은 '上丹陽'으로 되어 있으나 '王丹陽'의 오기로 보임)을 찾아가 잘잘못을 따져봐야겠다."

말을 마치더니 귀신은 이내 사라졌고, 도계는 얼마 있다 죽었으며 왕단양도 과연 죽고 말았다. (『술이기』)

陶繼之, 元嘉末爲秣陵令, 嘗枉殺樂伎. 夜夢伎來云: "昔枉見殺, 訴天得理. 今故取君." 遂跳入陶⼞⼞, 仍落腹中, 須臾復出. 乃相謂曰: "今直取陶秣陵, 亦無所用, 更議上丹陽耳." 言訖並沒, 陶未幾而卒, 王丹陽果亡. (出『述異記』)

323・15(4189)
주 태(朱 泰)

주태의 집은 강릉(江陵)에 있었다. 송(宋: 南朝의 宋을 말함)나라 원휘 연간(元徽年間: 473~477)에 주태는 병들어 죽었는데 아직 염이 채 끝나기도 전에 홀연 모습을 드러내더니 돌아와 시체 옆에 앉아 자신의 어머니를 위로했다. 이 광경을 모두가 보았다. 그는 또 사람들에게 장례에 필요한 도구를 일일이 지시하고는 되도록 검소하게 상을 치르라고 분부했다. 또 자신의 어머니에게 이렇게 말했다.

"우리 집안은 본디 가난하기 짝이 없습니다. 게다가 지금 저마저 이렇게 죽고 말아 영원히 어머님을 봉양할 길이 없어졌는데, 장례에 어떻게 많은 비용을 허비할 수 있겠습니까?"

(『술이기』)

朱泰家在江陵. 宋元徽中, 病亡未殯, 忽形見, 還坐尸側, 慰勉其母. 衆皆見之. 指揮送終之具, 務從儉約. 謂母曰: "家比貧. 泰又亡歿, 永違侍養, 殯殮何可廣費?" (出『述異記』)

323 · 16(4190)
대승백(戴承伯)

    대승백은 송(宋)나라 원휘연간(元徽年間: 473~477)에 형주(荊州) 관할 내에 있는 비파사(枇杷寺)를 사들이고 그 액수 안에 포함되어 있던 절 동쪽 빈터를 함부로 허물고는 그곳에 집을 지었다. 날이 어두워졌을 때 갑자기 누군가 성을 내며 욕하는 소리가 들려왔다. 대승백이 일어나 보니 괴상한 모습을 한 사람이 거기 서 있었다. 대승백이 그에게 [누구냐고] 물으니 그 사람이 대답했다.

    "나는 공씨(龔氏)로 본디 이 집에 살던 사람이다. 너는 어찌하여 나의 거처를 강제로 빼앗았느냐?"

    대승백이 말했다.

    "대근(戴瑾)이 땅을 판 것이니 나를 책망해서는 안 되오."

    귀신이 말했다.

    "자기의 이익을 도모하고자 다른 사람을 방해했으니, 이 일이 대근과 무슨 관계가 있단 말이냐? 속히 떠나가지 않으면 후환이 있을 것이다."

    귀신은 말을 마치자 떠나갔다. 대승백은 원래 강직한 사람이라 그 말에 전혀 동요되지 않았다. 그러나 열흘 후, 대승백은 갑자기 병이나 죽고 말았다. (『저궁구사』)

    宋戴承伯, 元徽中, 買荊州治下枇杷寺, 其額乃懊東空地爲宅. 日暮, 忽聞恚罵之聲. 起視, 有人形狀可怪. 承伯問之, 答曰: "我姓龔, 本居此宅. 君爲何强奪?" 承伯曰: "戴瑾賣地, 不應見咎." 鬼曰: "利身妨物, 何預瑾乎? 不速去, 當令君知."

言訖而沒. 承伯性剛, 不爲之動. 句日, 暴疾卒. (出『渚宮舊事』)

323 · 17(4191)
장 수(章 授)

　단양군(丹陽郡)의 관리 장수는 명을 받들고 오군(吳郡)으로 가는 도중에 비릉(毗陵)을 지나게 되었는데, 한 30세 가량 되어 보이는 누런 단의(單衣)를 입은 남자가 장수에게 상자 하나를 좀 배에 싣게 해 달라고 부탁했다. 그 사람과 장수는 며칠 동안이나 함께 길을 갔으나 그 사람은 전혀 음식을 입에 대지 않았다. 한 마을을 지나가게 될 때면 그 사람은 마을을 한바퀴씩 둘러봤는데, 그리고 나면 마을에서 통곡하는 소리가 들려왔고 한참 있다 그 사람은 다시 배로 돌아왔다. 장수는 의심이 생겨 그 사람이 나가기를 기다렸다가 몰래 상자를 열어보았다. 상자 안에는 문서가 몇 권 들어있었는데, 거기에는 오군에 사는 사람들의 이름이 적혀있었다. 또 침이 몇 백 개 있었는데, 그 사람은 매번 나갈 때마다 한 통씩 가지고 나갔다. 한번은 그가 밖에서 돌아왔는데, 술 한 되와 고기 몇 점을 가지고 오더니 장수에게 말했다.

　"그대는 내가 귀신이라는 것을 알고 있을 것이오. 상자를 실어 달라고 번거롭게 해 드린 것 같아서 술을 좀 얻어와 당신과 더불어 이별을 나눌까 하오. 내가 매번 침들을 가지고 나갔던 것은 병든 사람들을 찾아가 그 침으로 그들의 혼령을 찔렀던 것이오. 내가 찾아가는 사람들은 모두 오군 사람들이오. 단양에는 따로 파견된 사자가 있소. 올해는 병이 많으니 그대는 환자가 있는 집에 절대 가지 마시오."

장수가 귀신에게 약을 달라고 하자 귀신이 대답했다.

"나는 그저 병을 퍼뜨려 사람을 죽이는 일을 할 뿐, 약으로 병을 고치는 일은 주관하지 않는다오."

원가연간(元嘉年間: 424~453) 말에 장안(長安)에 십담상(什曇爽)이라는 법명을 가진 스님이 있었는데, 강남으로 유람을 왔다가 이 일에 대해 자세히 말해 주었다. (『법원주림』)

丹陽郡吏章授, 使到吳郡, 經毗陵, 有一人, 年三十餘, 黃色單衣, 從授寄載筒. 行數日, 略不食. 所過鄕甲, 輒周旋, 里中卽聞有呼魄者, 良久還船. 授疑之, 伺行後, 發其筒. 有文書數卷, 皆是吳郡諸人名. 又有針數百枚, 去或將一管. 後還, 得升餘酒, 數片脯, 謂授曰: "君知我是鬼也. 附載相煩, 求得少酒, 相與別. 所以多持針者, 當病者, 以針針其神焉. 今所至皆此郡人. 丹陽別有使往. 今年多病, 君勿至病者家." 授從乞藥, 答言: "我但能行病殺人, 不主藥治病也." 元嘉末, 有長安僧什曇爽, 來游江南, 具說如此也. (出『法苑珠林』)

323 · 18(4192)
시속문생(施續門生)

오흥(吳興)의 시속에 한 문생이 있었는데, 그는 줄곧 무귀론(無鬼論)을 견지했다. 하루는 홑옷 위에 흰색 겹옷을 입은 객이 홀연 나타나 그와 더불어 이야기를 나누었다. 이야기가 귀신에까지 미쳤는데 며칠 동안 이야기를 주고받은 끝에 말이 막히게 된 객이 이렇게 말했다.

"그대의 말재주는 매우 뛰어나나 논리는 아직 부족하구려. 내가 바로 귀신인데 어째서 귀신이 없다고 하시는 게요?"

문생이 물었다.

"귀신이 무슨 일로 왔소?"

귀신이 대답했다.

"명을 받들어 그대를 데려가려 왔소. 내일 아침 식사 때까지가 당신을 데려갈 기한이오."

문생이 너무도 간절히 애원을 하자 귀신이 말했다.

"여기 그대와 비슷하게 생긴 사람이 있소?"

문생이 말했다.

"시속의 장하도독(帳下都督)이 나와 비슷하게 생겼소."

귀신은 문생과 같이 장하도독에게로 가서 도독과 마주하고 앉았다. 귀신은 손에서 1척은 가히 되어 보이는 철퇴 하나를 꺼내 도독의 머리에 조준하고 손을 치켜들어 내리 쳤다. 장하도독이 말했다.

"머리가 조금 아프구나."

도독은 잠시 후 머리가 갑자기 심하게 아파오더니 한 식경(食頃) 지난 후에 죽고 말았다. (『수신기』)

吳興施續, 有門生, 常秉無鬼論. 忽有一單衣白袷客, 與共語. 遂及鬼神, 移日, 客辭屈, 乃曰: "君辭巧, 理不足. 僕卽是鬼, 何以云無?" 問: "鬼何以來?" 答曰: "受使來取君. 期盡明日食時." 門生請乞酸苦, 鬼問: "有人似君者否?" 云: "施續帳下都督, 與僕相似." 便與俱往, 與都督對坐. 鬼手中出一鐵鑿, 可尺餘, 安著都督頭, 使擧椎打之. 郗('都'原作'聲', 據明鈔本改)督云: "頭覺微痛." 向來轉劇, 食頃使亡. (出『搜神記』)

323 · 19(4193)
장도허(張道虛)

오군(吳郡)에 사는 장도허와 장순(張順) 형제는 모두 당시의 명사들로 창문(閶門)에 살고 있었다. 그들은 모친상을 치르던 중에 새 집을 샀다. 어느 날 저녁에 그들은 누군가가 문을 두드리며 이렇게 말하는 소리를 들었다.

"그대들은 훌륭한 선비로서 어찌 남을 위험에 빠지게 만들어 놓고 혼자만 편히 지낼 수 있단 말이오?"

형제가 대답했다.

"우리가 이 집을 살 때에 그대의 관을 발견하고서 벽돌을 사다가 무덤을 만들고 이장시켜 주었소. 우리가 그대에게 무슨 잘못을 했소?"

귀신이 말했다.

"그대들은 나를 오장군(吳將軍)의 묘 옆에다 묻어놓았소. 나는 일개 서민인지라 저들이 밤낮으로 싸워대는 통에 도무지 견딜 수가 없소이다. 믿지 못하겠거든 나를 따라가 보시면 될 것이오."

이에 장도허와 장순 두 사람은 정신이 혼미한 상태에서 어느덧 창문 밖까지 이르게 되었다. 두 장씨가 귀를 기울이니 무덤 안에서 쿵쿵 쾅쾅 하며 치고받는 소리만이 들려왔다. 귀신이 말했다.

"내 그대들의 잘못이 무엇인지 알게 해주겠소."

얼마 후 형제는 모두 죽었다. (『신귀록』)

吳郡張道虛·張順, 知名士也, 居在閶門. 遭母喪中, 買新宅. 日暮, 聞人扣門云: "君是佳人, 何爲危人自安也?" 答云: "僕自買宅, 得君棺器, 爲市甓作冢相移. 有何負?" 鬼曰: "移身著吳將軍冢. 吾是小人, 日夜鬪, 不可堪忍. 不信, 君可隨我視之." 於是二張恍惚, 便至閶門外. 二張聽之, 但聞冢中洶洶打拍. 鬼便語云: "當令君知." 少時兄弟俱亡. (出『神鬼錄』)

태평광기 권제324 귀 9

1. 진　　수(秦　　樹)
2. 축 혜 치(竺 惠 熾)
3. 곽　　전(郭　　銓)
4. 하 사 령(賀 思 令)
5. 산　　도(山　　都)
6. 구 경 지(區 敬 之)
7. 유　　준(劉　　雋)
8. 단 도 제(檀 道 濟)
9. 석 수 지(石 秀 之)
10. 하후조관(夏侯祖觀)
11. 장 승 길(張 承 吉)
12. 양　　청(梁　　淸)
13. 최 무 백(崔 茂 伯)
14. 소　　씨(巢　　氏)
15. 호 비 지(胡 庇 之)
16. 색　　이(索　　頤)

324 · 1(4194)
진 수(秦 樹)

패군(沛郡) 사람 진수는 집이 곡아(曲阿) 소신촌(小辛村)에 있었다. 그는 일찍이 도성에서 집으로 돌아오다가 집에서 20리쯤 못 미쳤을 때 날이 어두워져 길을 잃고 말았다. 멀리 바라보니 불빛이 있기에 진수는 그곳으로 잠을 청하러 갔다. 그곳에는 한 여자가 있었는데, 촛불을 들고 나와 말했다.

"저는 연약한 몸으로 혼자 살고 있으니 손님은 재워드릴 수 없습니다."

진수가 말했다.

"길을 가고자 하나 밤길에 앞으로 갈 수가 없어 밖에서라도 자고 갔으면 합니다."

여자는 그렇게 하라고 했다. 진수는 여자의 집으로 들어가 앉았으나 여자가 혼자 있는 집에 남편이 올까봐 걱정되어 감히 편안하게 잘 수가 없었다. 여자가 말했다.

"어찌 이리 지나치게 어려워하십니까? 아무 염려 마십시오. 잘못되는 일은 없을 것입니다."

여자는 진수에게 음식을 차려주었는데 음식물이 모두 오래된 것들이었다. 진수가 말했다.

"당신은 아직 출가를 하지 않은 것 같은데 나 역시 아직 결혼을 하지 않았습니다. 당신과 결혼하고 싶은데 받아주실 수 있겠습니까?"

여자가 웃으며 말했다.

"저는 비천한 사람인데 어찌 당신의 짝이 되겠습니까?"

이들은 마침내 함께 침실에 들었다.

진수는 새벽에 떠나려고 함께 일어나 손을 잡고 작별했다. 여자가 울면서 말했다.

"당신을 한 번 보았는데 나중에 다시 볼 기약이 없군요."

여자는 가락지 한 쌍을 진수에게 주고, 또 매듭을 진수의 의대(衣帶)에 묶어준 다음 문밖까지 나가 전송했다. 진수는 고개를 숙인 채 급하게 수십 걸음을 가다가 묵었던 곳을 돌아보았는데, 그곳은 바로 무덤이었다. 며칠 후 그 가락지는 없어졌으나 그 여자가 묶어준 매듭은 그대로 있었다. (『견이록』)

沛郡人秦樹者, 家在曲阿小辛村. 嘗自京歸, 未至二十里許, 天暗失道. 遙望火光, 往投之. 見一女子, 秉燭出云: "女弱獨居, 不得宿客." 樹曰: "欲進路, 礙夜不可前去, 乞寄外住." 女然之. 樹旣進坐, 竟以此女獨處一室, 慮其夫至, 不敢安眠. 女曰: "何以過嫌? 保無慮. 不相誤也." 爲樹設食, 食物悉是陳久. 樹曰: "承未出適, 我亦未婚. 欲結大義, 能相顧否?" 女笑曰: "自顧鄙薄, 豈足伉儷?" 遂與寢止.

向晨樹去, 乃俱起執別. 女泣曰: "與君一覩, 後面莫期." 以指環一雙贈之, 結置衣帶, 相送出門. 樹低頭急去數十步, 顧其宿處, 乃是冢墓. 居數日, 亡其指環, 結帶如故. (出『甄異錄』)

324 · 2(4195)
축혜치(竺惠熾)

승려 축혜치는 강릉(江陵)에 있는 4층짜리 불사(佛寺)에서 살다가 영초(永初) 2년(421)에 죽었다. 축혜치의 장례식을 치른 후 그의 불제자들이 초칠재(初七齋)를 열자 온 절에서 다 나왔는데, 승려 명도(明道)만은 이전부터 병을 앓고 있어 혼자 절 안에 머물러 있었다. 그런데 갑자기 축혜치가 나타나 명도에게 말했다.

"나는 생전에 고기 먹는 것을 끊을 수 없어 지금은 아구지옥(餓狗地獄)에 떨어졌다네. 자네에게 응보(應報)가 있다는 것을 알게 해 주려는 것일세."

(『이원』)

沙門竺惠熾, 住江陵四層佛寺, 以永初二年卒. 葬後, 弟子七日會, 擧寺悉出, 唯僧明道先患病, 獨停. 忽見惠熾, 謂明曰: "我生不能斷肉, 今落餓狗地獄. 令知有報." (出『異苑』)

324 · 3(4196)
곽 전(郭 銓)

곽전은 자가 중형(仲衡)으로 [東晉 安帝] 의희연간(義熙年間: 405~418) 초에 환현(桓玄)의 일당으로 지목되어 피살당했다. [南朝 宋나라

文帝] 원가(元嘉) 8년(431)에 곽전은 갑자기 수레를 타고 무리들을 인도하여 모습을 드러내더니 사위 유응지(劉凝之)에게 말했다.

"나는 벌 받을 일을 저질렀는데 40명의 승려가 나를 위해 불공을 드려준다면 그 벌을 면할 수 있네."

또 곽전은 딸의 꿈에 나타나서 이렇게 말했다.

"내게 죄과가 있어 너의 남편에게 복을 빌도록 했는데, 어찌하여 지금까지 법회(法會)를 열어 나를 불쌍히 여기지 않는 것이냐?"

딸이 여쭈었다.

"어디에서 재(齋)를 올려야 합니까?"

곽전이 대답했다.

"내 집에서 하면 된다."

곽전은 말을 마치고 홀연히 사라졌다. 재를 끝내자 어떤 사람이 곽전의 편지라고 하면서 유응지에게 주었는데, 이렇게 적혀 있었다.

"자네의 두터운 은혜에 감사하네. 나는 비로소 내 죄과를 용서받았다네."

(『명상기』[『이원』])

郭銓, 字仲衡, 義熙初, 以黨附桓玄被殺. 及元嘉八年, 忽乘輿導從, 顯形謂女壻劉凝之曰: "僕有謫事, 可四十僧會, 得免脫也." 又女夢云: "吾有謫罰, 令汝夫作福, 何以至今, 設會不能見矜耶?" 女問: "當何處設齋?" 答曰: "可歸吾舍." 倏然復沒. 辦會畢, 有人稱銓信, 與凝之言: "感君厚惠. 事始獲有." (出『冥祥記』, 明鈔本'作出『異苑』')

324 · 4(4197)
하사령(賀思令)

　회계군(會稽郡)의 하사령은 금(琴)을 잘 연주했다. 그가 한번은 밤에 달빛 아래 앉아 바람을 맞으며 금을 연주하고 있었는데, 갑자기 몸집이 매우 큰 사람이 형구를 차고 애처로운 기색을 띤 채 뜰 가운데로 왔다. 그 사람은 하사령의 솜씨를 칭찬하고는 곧 하사령과 더불어 이야기를 나누었는데, 스스로 '혜중산(嵇中散: 嵇康)'이라고 했다. 그 사람이 하사령에게 말했다.

　"그대의 손놀림은 매우 빠르나 옛 연주법에는 들어맞지 않소."

　혜중산은 하사령에게 「광릉산(廣陵散)」을 전수했다. 하사령이 광릉산을 배워 터득함으로써 이 곡이 지금까지 전해지고 있다. (『유명록』)

　會稽賀思令, 善彈琴. 嘗夜在月中坐, 臨風撫奏, 忽有一人, 形器甚偉, 著械有慘色, 至其中庭. 稱善, 便與共語, 自云是'嵇中散'. 謂賀云: "卿下手極快, 但于古法未合." 因授以「廣陵散」. 賀因得之, 於今不絶. (出『幽明錄』)

324 · 5(4198)
산 도(山 都)

　산도(山都)는 모습이 곤륜(崑崙) 사람 같았고 온 몸에 털이 나 있었으며, 사람을 보면 문득 눈을 감고 입을 벌리는 것이 마치 웃고 있는 것 같았다. 그는 깊은 숲 속에 살기를 좋아했고, 돌을 뒤집어 게를 찾아 먹었다. 『술이기(述異記)』에서 다음과 같이 말하고 있다.

"남강(南康)에 신이 있는데, 이름은 '산도'라고 하며 형체는 사람 같다. 키는 2척 남짓이고, 얼굴색은 검고 눈은 붉으며, 누런 머리카락이 몸을 덮고 있다. 이 신은 깊은 산 속 나무 위에 둥지를 만드는데, 그 둥지의 모양은 알 같고 단단하며, 3척 정도의 길이에 속은 매우 매끄럽고 오색이 선명하다. 둥지는 두 개가 포개져 있는데, 중앙으로 서로 연결되어 있다. 그 지방 사람이 말했다. '위에는 남자가 살고 아래에는 여자가 산다.' 사방에 둥근 모양의 입구가 있다. 둥지 자체는 매우 가볍고 부드러워 마치 나무통 같고, 중앙에는 새털로 깔개를 만들어 놓는다. 이 신은 자신을 변화시켜 몸을 숨길 수도 있는데, 그 모습을 언뜻 보면 대개 목객(木客)·산삼(山橬)과 비슷하다."

공현(贛縣)에서 서북쪽으로 15리 떨어진 곳에 '여공당(余公塘)'이라는 옛 연못이 있었고 그 위에 큰 가래나무가 있었다. 그 나무는 둘레가 20아름이나 되었고 오래되어 속이 비었는데, 그 속에 산도의 둥지가 있었다. [南朝] 송(宋)나라 원가(元嘉) 원년(424), 공현에 도훈(道訓)·도령(道靈) 형제는 이 나무를 베어내고 산도의 둥지를 가지고 집으로 돌아왔다. 그러자 산도는 모습을 드러내며 두 형제를 욕했다.

"내 황야에 살며, 언제 너희들의 일에 간섭했더냐? 산에 쓸 수 있는 나무는 얼마든지 있지 않느냐? 이 나무속에 내 둥지가 있는데도 너희는 일부러 그것을 베었다. 나는 이제 너희들의 집을 불태워 너희들의 무도함을 되갚아주겠다."

이경(二更)이 되자 집 전체에서 일시에 불이 나 집을 깡그리 다 태우고 말았다.

　목객(木客)에 대해서 등덕명(鄧德明)의 『남강기(南康記)』에서는 다음과 같이 말하고 있다.

　"목객의 머리·얼굴과 말소리는 사람과 완전히 다르지는 않지만 손발톱은 갈고리처럼 날카롭게 생겼다. 목객은 높은 바위나 깎아지른 고개에서만 산다. 그는 방(榜: 활과 쇠뇌를 교정하는데 사용하는 기구)만 들 수 있으며, 만든 방은 줄로 묶어 나무 위에 모아놓는다. 예전에 그의 방을 사려고 하는 사람은 먼저 나무 아래에 물건을 갖다놓고, 그 갖다놓은 물건값에 따라 방을 가져갈 수 있었다. 만약 가져온 물건이 목객의 마음에 들면 목객은 곧 방을 가지고 와 그 사람에게 주었으며, 물건을 가져가지 않더라도 함부로 해치지는 않았다. 하지만 그는 끝내 사람과 대면하고서 시장에서처럼 매매하지는 않았다. 목객이 죽자 사람들이 그를 장사지내 주었다. 일찍이 어떤 사람이 그의 장례식에 갔는데, 그들은 술과 생선과 생고기를 손님에게 대접하고 스스로 음식을 만들기도 했지만 끝내 사람들에게 자신의 모습을 드러내지 않았다. 그들이 시신을 장사지내는 방식은 언제나 높은 언덕과 나무 끝에 두거나 바위동굴 속에 감춘다. 남강 삼영(三營)에서 배 만드는 병사가 다음과 같은 이야기를 했다. '나는 직접 그들이 장사지내는 곳에 가 보았는데, 춤추고 노래 부르는 가락은 비록 사람과 다르지만, 그것을 들으면 마치 숲 속에서 부는 바람소리와 물결이 울리는 소리 같았으며, 그 소리는 노래와 연주가 잘 조화된 것 같았다.'"

　[東晉 安帝] 의희연간(義熙年間: 405~418)에 서도복(徐道覆)이 다시 남쪽으로 가서 사람을 보내 방(榜)을 베어 배의 난간에 장치하려고 하자

목객은 곧바로 그에게 방을 바쳤지만 자기의 모습은 드러내지 않았다. (『남강기』)

山都, 形如崑崙人, 通身生毛, 見人輒閉眼張口如笑. 好居深樹中, 翻石覓蟹啖之.
『述異記』曰: "南康有神, 名曰'山都', 形如人. 長二尺餘, 黑色赤目, 髮黃披身. 于深山樹中作窠, 窠形如卵而堅, 長三尺許, 內甚澤, 五色鮮明. 二枚沓之, 中央相連. 土人云: '上者雄舍, 下者雌室.' 旁悉開口如規. 體質虛輕, 頗似木筒, 中央以鳥毛爲褥. 此神能變化隱形, 猝覩其狀, 蓋木客·山㯉之類也."

贛縣西北十五里, 有古塘, 名'余公塘', 上有大梓樹. 可二十圍, 老樹空中, 有山都窠. 宋元嘉元年, 縣治民有道訓·道靈兄弟二人, 伐倒此樹, 取窠還家. 山都見形, 罵二人曰: "我居荒野, 何預汝事? 山木可用, 豈可勝數? 樹有我窠, 故伐倒之. 今當焚汝宇, 以報汝之無道." 至二更中, 內外屋上, 一時起火, 合宅蕩盡矣.

木客, 鄧德明『南康記』曰: "木客頭面語聲, 亦不全異人, 但手脚爪如鉤利. 高岩絶嶺, 然後居之. 能斫榜, 索著樹上聚之. 昔有人欲就其買榜, 先置物樹下, 隨置多少取之. 若合其意, 便將榜與人, 不取亦不橫犯也. 但終不與人面對與交作市井. 死皆加殯殮之. 曾有人往看其葬, 以酒及魚生肉遺賓, 自作飮食, 終不令人見其形也. 葬棺法, 每在高岸樹杪, 或藏石窠之中. 南康三營伐船兵說: '往親覩葬所, 舞唱之節, 雖異于人, 聽如風林汎響, 聲類歌吹之和.'"

義熙中, 徐道覆南出, 遣人伐榜, 以裝舟艦, 木客乃獻其榜而不得見. (出『南康記』)

324·6(4199)
구경지(區敬之)

　남강현(南康縣)의 영민(營民: 營戶民. 營戶는 十六國·東晉·南北朝 때 각 종족의 통치자들이 포로들을 각지에 배치하여 군대에 귀속시켜 관할케 했던 것임) 구경지는 [南朝] 송(宋)나라 원가(元嘉) 원년(424)에 자식들과 함께 배를 타고 현에서 위쪽으로 거슬러 올라갔다. 작은 시내로 깊숙이 들어가자 어둡고 험한 절벽이 나왔는데, 그곳은 일찍이 사람의 발길이 닿지 않은 곳이었다. 저녁이 되어 언덕에 올라 객사(客舍)에서 머물렀는데, 구경지가 악귀에 씌어 갑자기 죽자 그 아들이 불을 지펴 주검을 지켰다. 그런데 갑자기 멀리서 곡소리가 들리더니 '외삼촌' 하며 부르는 것이었다. 효자(孝子: 親喪 중인 喪主)가 놀라 의심하면서 고개를 숙였다 들었다 하는 사이에 곡하던 자는 이미 와 있었다. 그는 사람처럼 장대했고 머리카락이 발까지 닿았는데, 머리카락이 대부분의 얼굴을 가리고 있어서 이목구비가 보이지 않았다. 곡하던 자는 효자의 성명을 부르면서 그를 위로했다. 효자가 두려워하면서 마침내 섶을 모아 불을 피우자, 그 물체가 말했다.

　"일부러 위로하러 왔는데 무엇이 두려워서 불을 피우려고 하시오?"

　효자가 장차 불을 피우려고 하는데 그 물체가 죽은 사람의 머리맡에 앉아 곡을 했다. 효자가 불빛 속에서 그것을 살펴보았더니, 그 물체가 자기의 얼굴을 죽은 사람의 얼굴에 대자마자 죽은 사람의 얼굴이 잠깐 사이에 가죽이 벗겨지면서 뼈가 드러나는 것이었다. 효자는 두려워서 그것을 치려고 했지만 무기가 없었다. 잠시 후 그 부친의 시신은 백골뿐이었고 가죽과 살은 다 없어졌다. 효자는 끝내 그 물체가 무슨 귀신인지 알지 못했다. (『술이기』)

南康縣營民區敬之, 宋元嘉元年, 與息共乘舫, 自縣泝流. 深入小溪, 幽荒險絶, 人跡所未嘗至. 夕登岸, 停止舍中, 敬之中惡猝死, 其子燃火守尸. 忽聞遠哭聲, 呼'阿舅'. 孝子驚疑, 俛仰間, 哭者已至. 如人長大, 被髮至足, 髮多蔽面, 不見七竅. 因呼孝子姓名, 慰唁之. 孝子恐懼, 遂聚('遂聚'二字原空闕, 據明鈔本補)薪以燃火, 此物言: "故來相慰, 當何所畏, 將須燃火?" 此物坐亡人頭邊哭. 孝子於火光中竊窺之, 見此物以面掩亡人面, 亡人面須臾裂剝露骨. 孝子懼, 欲擊之, 無兵杖. 須臾, 其父尸見白骨連續, 而皮肉都盡. 竟不測此物是何鬼神. (出『述異記』)

324・7(4200)
유 준(劉 儁)

[南朝 宋나라] 원가연간(元嘉年間: 424~453) 초에 산기상시(散騎常侍) 유준의 집은 단양군(丹陽郡)에 있었다. 후에 한 번은 폭우가 닥쳤는데, 6~7세쯤 되어 보이는 아이 세 명이 문 앞에 있는 것이 보였다. 보았더니 아이들은 빗속에서 서로 장난을 치고 있었으나 옷이 전혀 젖어 있지 않았다. 잠시 후 아이들이 단지 하나를 가지고 서로 다투는 것을 본 유준이 활을 당겨 단지를 맞추자 아이들이 갑자기 사라져버렸다. 유준은 단지를 얻어 문설주 옆에 걸어놓았다. 다음 날 어떤 부인이 문에 들어오다가 그 단지를 잡고 울기에 유준이 그 이유를 물었더니 부인이 대

답했다.

"이것은 우리 아이의 물건인데 어째서 여기 있는지 모르겠군요."

유준이 그 이유를 자세히 말해주자, 부인은 단지를 가지고 가서 아이의 무덤 앞에 묻어주었다.

하루 뒤에 또 예전에 보았던 아이가 단지를 가지고 문 옆에 오더니 단지를 들고는 웃으면서 유준에게 말했다.

"제가 다시 단지를 얻게 되었습니다."

아이는 말을 마치자 자취를 감추었다. (『유명록』)

元嘉初, 散騎常侍劉雋, 家在丹陽. 後嘗遇驟雨, 見門前有三小兒, 皆可六七歲. 相率狡獪, 而並不沾濡. 俄見共爭一匏壺子, 雋引彈彈之, 正中壺, 霍然不見. 雋得壺, 因掛閣邊. 明日, 有一婦人入門, 執壺而泣, 雋問之, 對曰: "此是吾兒物, 不知何由在此." 雋具語所以, 婦持壺埋兒墓前.

間一日, 又見向小兒持來門側, 擧之, 笑語雋曰: "阿儂已復得壺矣." 言終而隱. (出『幽明錄』)

324 · 8(4201)
단도제(檀道濟)

단도제가 청계(淸溪)에 살고 있을 때 둘째 아들은 갑자기 밤에 어떤 사람이 와서 자기를 묶는 것을 보았는데, 소리치려고 해도 칠 수 없었다. 둘째 아들은 새벽이 되어서야 풀려났지만 밧줄 자국은 여전히 남아 있었다. 이 집은 예전에 오(吳)나라 장군 보천(步闡)이 살던 곳이었는데, 다음과 같은 말이 전해지고 있었다.

"양주(揚州)의 청(靑)은 귀신의 소굴이다."

청계는 바로 청양(靑揚: 지금의 江蘇省 南京)이다. 그래서 보천부터 단도제까지 그곳에 살았던 사람은 모두 주살 당했다. (『이원』)

檀道濟居淸溪, 第二兒夜忽見人來縛己, 欲呼不得. 至曉乃解, 猶見繩痕在. 此宅先是吳將步闡所居, 諺云: "揚州靑, 是鬼營." 靑溪靑揚是也. 白步及檀, 皆被誅. (出『異苑』)

324 · 9(4202)
석수지(石秀之)

[南朝] 송(宋)나라 원가연간(元嘉年間: 424~453)에 단양(丹陽)의 석수지는 당(堂) 위에 홀연히 한 사람이 있는 것을 보았다. 그 사람은 평건책(平巾幘)을 쓰고 있었고 검은 베옷에 주름 있는 바지를 입고 있었으며, 홀(笏) 하나를 들고 문으로 와서 석수지에게 주며 말했다.

"듣자하니 솜씨가 공수반(公輸班)과 수(倕: 원문에는 '垂'로 되어 있으나 오기로 보임. 黃帝 때의 뛰어난 匠人)에 비견되고 특히 나룻배 깎는 것을 잘한다고 하기에 태산부군(太山府君)께서 일부러 불러오게 하셨소."

석수지가 스스로 말했다.

"나는 그저 수레만 만들 수 있을 뿐 나룻배 만드는 일은 고평(高平) 유유(劉儒)에 미치지 못하오."

그 사람은 갑자기 홀을 가지고 사라졌다. 유유는 당시 조정의 부름을 받고 역양군승(歷陽郡丞)에 제수되었으나 수십일 만에 죽고 말았다. (『광고금오행기』)

丹陽石秀之, 宋元嘉中, 堂上忽有一人. 著平巾幘, 烏布袴褶, 擎一板及門, 授之曰: "聞巧倕班·垂, 刻杭尤妙, 太山府君故使相召." 秀之自陳: "止能造車, 制杭不及高平劉儒." 忽持板('板'字原空闕, 據明鈔本補)而沒. 劉儒時爲朝請, 除歷陽郡丞, 數旬而歿. (出『廣古今五行記』)

324·10(4203)
하후조관(夏侯祖觀)

[南朝 宋나라] 원가연간(元嘉年間: 424~453)에 하후조관이 연주자사(兗州刺史)가 되어 하구(瑕丘)를 진수하다가 죽자, 후임 심승영(沈僧榮)이 그를 대신했다. 1년이 지나서 하후조관이 심승영을 찾아와 평소 살아있을 때와 마찬가지로 말했으며, 매번 저승의 일을 이야기했다. 심승영의 침상 위에는 보석이 박힌 실로 짠 의대가 있었다. 하후조관이 말했다.

"혹시 그것을 내게 줄 수 있겠소? 정말로 그것을 내게 줄 수 있다면 태워버리라고 명하시오."

심승영은 그의 말을 듣고 그 의대를 태우게 했는데, 화염이 미처 꺼지지 않았을 때 하후조관은 이미 그것을 허리에 차고 있었다.

심승영은 이듬해에 하구를 진수하고 했는데, 밤에 기녀를 불러놓고 잔치를 벌이고 있을 때 갑자기 문 밖에 한 여인이 나타났다. 심승영이 그녀에게 묻자 그녀가 대답했다.

"나는 청주자사(青州刺史) 두(杜) 아무개의 쟁(箏) 타는 기녀 채지(採芝)입니다. 두 아무개가 저를 연주자사 하후조관에게 총애하는 첩으로 보냈습니다. 저는 단지 이 자리에서 함께 놀만한 기녀 한 명이 있었으면 좋겠습니다."

그러자 심승영이 아래에 앉아서 비파를 타고 있는 기녀를 가리키자, 그 기녀가 울며 말했다.

"나리께서는 어찌 갑자기 저를 귀신에게 주려하십니까?"

귀신이 말했다.

"너는 여러 말 마라. 그래도 나는 너를 놓아주지 않겠다."

그 기녀는 안으로 들어가 동료 기녀에게 이별을 고했는데, 술자리가 채 끝나지 않았을 때 심장에 통증을 느끼고 죽고 말았다. 기녀는 죽어서 숨은 끊어졌지만 혼백과 정신은 이미 다시 사람의 형상으로 변해 채지의 옆에 있었다. (『광고금오행기』)

元嘉中, 夏侯祖觀爲兗州刺史, 鎭瑕丘, 卒于官, 沈僧榮代之. 經年, 夏侯來詣僧榮, 語如平生, 每論幽冥事. 僧榮牀上有一織成寶飾絡帶. 夏侯曰: "豈能見與? 必以爲施, 可命焚之." 僧榮令對燒之, 煙焰未滅, 已見夏侯帶在腰上.

僧榮明年在鎭, 夜設女樂, 忽有一女人在戶外. 沈問之, 答: "本是杜青州彈箏妓採芝. 朴以致夏侯兗州爲寵妾. 唯願座上一妓爲伴戲." 指下坐琵琶, 妓啼云: "官何忽以賜鬼?" 鬼曰: "汝無多言. 必不相放." 入與同房別, 飮酌未終, 心痛而死. 死氣方絶, 魂神已復人形, 在採芝側. (出『廣古今五行記』)

324·11(4204)
장승길(張承吉)

위군(魏郡) 사람 장승길의 자식 장원경(張元慶)은 12살이었다. 원가연간(元嘉年間: 424~453)에 장원경은 한 귀신을 보았는데, 그 귀신은 키가 3척이었고 외 발에 새의 발톱을 하고 있었으며 등에는 비늘이 있었다. 귀신이 와서 장원경을 부르자, 장원경은 마치 미친 듯이 멍하게 있다가 아무데서나 마구 날뛰었다. [이를 본 그의] 부모가 그를 때리자, 잠시 후 공중에서 다음과 같이 말하는 소리가 들렸다.

"그것은 내가 시켜서 한 것이니 그를 벌하지 마시오."

장승길은 양중경(羊中敬)의 글씨 두 권을 가지고 있었는데, 난데없이 어디론가 없어져 버렸다. 귀신이 대들보 위에서 그 책을 던져 돌려주었는데, 그 중 한 권이 약간 찢어져 있어서 장승길이 그것을 수선했다.

왕씨 집안에서 딸을 시집보내려고 장승길의 집에 와서 □을 빌리자 귀신이 종이와 붓을 달라고 하여 대신 답해주었다.

장원경은 평소에 손재주가 있었다. 그가 한번은 탄궁(彈弓)을 만들었더니 귀신이 그것을 빌려갔다가 다음날 다시 돌려보냈는데, 탄궁이 모두 부러져 있었다. (『이원』)

魏郡張承吉息元慶, 年十二. 元嘉中, 見一鬼, 長三尺, 一足而鳥爪, 背行鱗甲. 來招元慶, 恍惚如狂, 游走非所. 父母撻之, 俄聞空中云: "是我所敎, 幸勿與罰." 張有二卷羊中敬書, 忽失所在. 鬼於梁上擲還, 一卷少裂壞, 乃爲補治.

王家嫁女, 就張借□, 鬼求紙筆代答.

張素工巧. 嘗造一彈弓, 鬼借之, 明日送還, 而皆折壞. (出『異苑』)

324 · 12(4205)
양 청(梁 淸)

[南朝] 송(宋)나라 안정(安定) 사람 양청은 자가 도수(道脩)로 양주(揚州) 우상방(右尙方) 일대에 있는 환서주(桓徐州)의 옛 집에서 살았다. 원가(元嘉) 14년(437) 2월에 이상한 빛이 자주 보이고 또 키질하는 소리가 들리자 양청은 송라(松羅)라는 하녀를 보내어 가서 보고 오게 했다. 하녀가 가서 두 사람을 보고 물었더니 그 사람이 말했다.

"나는 성은 화(華)이고 이름은 부용(芙蓉)인데 육갑지존(六甲至尊)이 보냈다. 태미자실선인(太微紫室仙人)을 따라 옛 집을 들른 것이다."

그 사람들은 거기에서 머무르며 가지 않았다. 한 사람은 새머리에 사람 몸을 하고 있었으며, 얼굴이 온통 털로 덮여 있었다. 하녀 송라가 놀라 활로 그들을 쏘자, 그들은 화살에 맞고 사라졌으며, 붉은 피가 화살에 묻어 있었다.

양청은 또 한 물체를 보았는데, 마치 사람이 나무 사이를 걸어가는 것 같았다. 양청이 사람을 시켜 그 다리를 찌르게 하자 그것은 땅으로 떨어지면서 사라졌다. 하루가 지났을 때 그 사람은 또 집 위를 절룩거리고 다니면서 하녀에게 먹을 것을 달라고 했는데, 하녀가 주먹밥을 주자 금세 두 되를 해치웠다. 며칠 후 귀신이 떼로 몰려왔는데, 그 추악한 짓은 이루 말할 수 없었다. 귀신들은 돌배나무로 만든 침상 휘장을 부러뜨리고 먼지와 돌을 날려 보내면서 새벽이 되도록 그치지 않았다.

채국(採菊)이라는 하녀가 있었는데, 길에서 한 귀신을 만났다. 그 귀신은 옷을 입고 두건을 쓴 채 말을 타고 있었으며 시종이 수십 명이나 되었다. 그 귀신이 채국에게 말했다.

"나는 천상의 선인(仙人)이니, 나를 귀신이라고 하지 마라."

채국이 말했다.

"무엇 때문에 항상 오물을 던지시오?"

귀신이 대답했다.

"오물은 재물의 상징이다. 그것을 던지는 것은 빠르게 승진한다는 징조이다."

얼마 후 과연 양청은 양무장군(揚武將軍) 겸 북로군태수(北魯郡太守)가 되었다.

양청은 이미 오래 전부터 악귀를 싫어하여 바라첩(波羅疊)이라는 외국도인을 불러 경문을 염송케 했다. 이를 본 귀신들은 두려운 나머지 모두 새소리를 내면서 담을 뛰어넘고 벽을 뚫고 달아났으며 그렇게 해서 귀신들은 모두 종적을 감추었다.

양청이 북로군에 온 지 얼마 되지 않았을 때, 밤에 하녀 송라는 또 위엄 있는 어떤 사람이 두건을 쓰고 시종 수십 명을 데리고 있는 것을 보았다. 그 사람은 거친 종이에 70여 자의 편지를 써서 양청에게 보냈는데, 필적이 아름답고 풍치 있는 것이 옛날의 왕희지(王羲之)나 왕헌지(王獻之)를 흉내 낸 것 같았다. 그 사람은 또 다음과 같은 노래를 했다.

    내 공작루에 앉아 있노라니,
    저 멀리 봉황의 북소리 들리네.
    내 추산(鄒山) 머리에서 내려오니,
    마치 양로(梁魯: 북로군 태수 梁淸을 말함)를 본 듯 하네.

  귀신은 조문을 적었는데 이 세상 사람과 다를 바 없었다. 귀신은 일찍이 송라에게 편지를 한 통 써달라고 하여 제목을 '옛 공수지가 사죄하며 아뢰는 글[故孔修之死罪白箋]'이라고 하고 그 숙부의 죽음을 애도했는데, 그 애도의 감정을 서술한 것이 매우 짜임새 있었다. 귀신은 또 이렇게 말했다.
  "근래에 서방으로 갔을 때 자칭 '대마살(大摩殺)'이라는 승려를 만났는데, 양청 당신의 소식을 묻고는 오환향(五丸香)을 내게 주면서 당신에게 갖다 주라고 했소."
  양청은 예전에 본래 돈황(燉煌)에 사자로 갔다가 이 승려를 보았었다. 양청의 집에 있던 하녀가 아이를 낳자 귀신도 이 때부터 자취를 감추었다. (『이원』)

  宋安定梁淸, 字道脩, 居揚州右尙方閒桓徐州故宅. 元嘉十四年二月, 數有異光, 又聞擗籬聲, 令婢子松羅往看. 見二人問, 云: "姓華名芙蓉, 爲六甲至尊所使. 從太微紫室仙人('仙人'二字原空闕, 據黃本補), 來過舊居." 仍留不去. 或鳥首人身, 擧面是毛. 松羅驚, 以箭射('毛松羅驚以箭射'七字原空闕, 據黃本補)之, 應弦而滅, 並有絳汗染箭.

又覩一物, 彷彿如人行('彷彿如人行'五字原空闕, 據黃本補)樹摽. 令人刺中其髀, 墮地淹沒. 經日, 又從屋上跛行, 就婢乞食, 團飯授之, 頓造二升. 數日, 衆鬼群至, 醜惡不可稱論. 拉櫂牀障, 塵石飛揚, 累晨不息.

婢採菊, 路逢一鬼. 著衣幘, 乘馬, 衛從數十. 謂採菊曰: "我是天上仙人, 勿名作鬼." 問: "何以恒擲穢汙?" 答曰: "糞汙者, 錢財之像也. 投擲者, 速遷之徵也." 頃之, 淸果爲揚武將軍・北魯郡太守.

淸厭毒旣久, 乃呼外國道人波羅疊誦呪. 見諸鬼怖懼, 踰垣穴壁而走, 皆作鳥聲, 如此都絶.

在郡少時, 夜中, 松羅復見威儀器械, 從衆數十人, 戴幘. 送書麤紙, 七十許字, 筆跡婉媚, 遠擬羲・獻. 又歌云: "坐儂孔雀樓, 遙聞鳳凰鼓. 下我鄒山頭, 彷彿見梁魯." 鬼有叙弔, 不異世人. 鬼傳敎曾乞松羅一函書, 題云'故孔修之死罪白箋', 以弔其叔喪, 叙致哀情, 甚有銓次. 復云: "近往西方, 見一沙門, 自名'大摩殺', 問君消息, 寄五丸香以相與." 淸先本使燉煌, 曾見此僧. 淸家有婢產, 於是而絶. (原闕出處, 今見『異苑』卷六)

324・13(4206)
최무백(崔茂伯)

최무백의 딸은 배조(裴祖)의 아들과 결혼하기로 되어 있었으나 양가(兩家)가 500여 리나 떨어져 있어서 수년 동안이나 왕래하지 못했다. 8월중에 최씨의 딸이 갑자기 죽었는데도 배씨 집안에서는 아직 모르고 있었다. 날이 저물 즈음에 최씨의 딸은 배씨의 집을 찾아와 대문을 두드리며 들여보내 달라고 했다. 그녀가 두되들이 황금 병을 가지고 침상 앞에 서자 배씨 아들은 그녀를 자리에 앉힌 다음 찾아온 이유를 물었다. 그러자 그녀가 대답했다.

"나는 청하(淸河) 최부군(崔府君: 崔茂伯)의 딸입니다. 어릴 때 아버님께 나를 당신과 짝지어주겠다는 말을 들었으나 불행하게도 제가 죽는 바람에 혼인은 이루지 못하게 되었습니다. 비록 함께 의지하고 어울리지는 못하지만 굳은 마음은 이미 명백하기에 일부러 이렇게 와서 당신에게 알리는 것입니다."

그녀는 헤어지면서 배씨 아들에게 황금 병을 정표로 주었다. 그녀가 떠나간 후 배씨 아들은 그 일을 부친에게 고했다. 부친이 편지를 보내어 최씨 딸의 죽음에 대해 물어보려고 하자, 아들이 말했다.

"어릴 때 최씨와 혼인을 맺어주기로 했다는데, 지금 감응이 이와 같으니 반드시 직접 가봐야겠습니다."

이에 부친은 가기를 허락했다. 배씨 아들이 최씨의 집에 도착해서 과연 그녀가 죽어 있는 것을 보고는 조의를 표했다. 배씨 아들은 자세한 사정을 말한 다음 병을 꺼내 최무백에게 보여주었다. 최무백은 이전에 그 병을 딸과 함께 묻었는데 다시 그 병을 보게 되자 마침내 배씨 아들과 함께 딸의 무덤으로 갔다. 10여 리도 채 가지 못했을 때 배씨 아들은 또 최씨의 딸이 무덤에서 이야기하는 소리를 들었는데, 옆에 있던 사람들도 모두 그 소리는 들었지만 그 모습은 보지 못했다. 배씨 아들은 속으로 슬픔이 맺혀 마침내 병들어 죽고 말았다. 그래서 그 둘을 합장해주었다.

崔茂伯女, 結婚裵祇兒, 婚家相去五百餘里, 數歲不通. 八月中, 崔女暴亡, 裵未知也. 日將暮, 女詣裵門, 附学求前. 提金罌, 受二升許, 到牀前而立, 裵令坐, 問所由. 女曰:"我是淸河崔府君女. 少聞大人以我配君, 不幸喪亡, 大義不遂. 雖同牢未顯, 然斷金已著, 所以故來報君耳." 便別以金罌贈裵. 女去後, 裵以事啓父. 父欲遣信參之, 裵曰:"少結崔氏姻, 而今感應如此, 必當自往也." 父許焉. 裵至, 女果喪, 因相弔唁. 裵具述情事, 出罌示茂伯. 先以此罌送女入壙, 旣見罌, 遂與裵俱造女墓. 未至十餘里, 裵復見女在墓言語, 傍人悉聞聲, 不見其形. 裵懷內結, 遂發病死. 因以合葬.

324 · 14(4207)
소 씨(巢 氏)

[南朝 宋나라] 원가연간(元嘉年間: 424~453)에 태산(太山) 사람 소씨는 예전에 상(湘)의 현령이 되어 진릉(晉陵)에서 살았다. 소씨 집의 하녀가 땔감을 하고 있었는데 갑자기 어떤 사람이 마치 물을 것이 있는 듯 그녀를 쫓아오더니 마침내 함께 정을 통했다. 그 사람은 하녀를 따라 소씨의 집으로 돌아와 머물면서 더 이상 떠나가지 않았다. 소씨는 그 사람이 화가 될까 두려워 밤에 문득 하녀를 내보냈다. 그 사람이 하녀와 함께 노래하고 이야기하는 것이 들려왔는데, 어른 아이 할 것 없이 모두 들었으나 그 사람은 보이지 않고 하녀만 보일 따름이었다. 그는 항상 돈과 술과 음식을 구해 와서 날마다 풍족하게 지냈다. 그는 하녀와 술을 마실 때마다 피리를 불며 노래를 했는데, 그 노래는 다음과 같다.

한적한 밤 맑기도 한데,
긴 피리소리는 맑게 울려 퍼지네.
당신은 나를 알고 싶은가?
나의 성은 곽(郭)이요 자는 장생(長生)이라네.

(『유명록』)

元嘉中, 太山巢氏, 先爲湘縣令, 居晉陵. 家婢採薪, 忽有一人追之, 如相問訊, 遂共通情. 隨婢還家, 仍住不復去. 巢恐爲禍, 夜輒出婢. 聞與婢謳歌言語, 大小悉聞, 不使人見, 見者唯婢而已. 恒得錢物酒食, 日以充足. 每與飲, 吹笛而歌, 歌云: "閒夜寂已淸, 長笛亮且鳴. 若欲知我者, 姓郭字長生." (出『幽明錄』)

324 · 15(4208)
호비지(胡庇之)

[南朝] 송(宋)나라 예장(豫章) 사람 호비지가 일찍이 무창군승(武昌郡丞)이 되어 원가(元嘉) 26년(449)에 관청에 들어가보니 거기에는 귀신이 있었다. 한밤중 달이 어렴풋할 때 창문이 조금 열렸는데, 어린 아이 같은 모습을 한 어떤 사람이 문밖에 기대어 서 있었다. 문이 닫히자 사람이 걸어가는 소리가 들렸는데, 나막신을 신고 있는 것 같았다. 그러나 막상 문을 열고 보면 아무것도 보이지 않았으며 이렇게 하길 여러 차례나 했다. 원가 28년(451) 2월, 온 가족이 모두 돌림병에 걸리자 귀신이 공중에서 기왓장을 던지거나 마른 흙을 뿌렸다. 여름에 병든 사람들은

모두 나았는데도 기왓장을 던지는 기세는 더욱 심해졌다. 이에 도인을 불러들여 재계를 올리고 경문을 염송케 하자 귀신은 마침내 두 배로 기왓장을 비 오듯 날려 보냈다. 그러나 오직 도인과 경문에는 던지지 않았다. 가을 겨울에 접어들 때면 점점 소리까지 내면서 기왓장과 돌을 사람에게 던졌는데, 그것을 맞은 사람은 시퍼런 멍이 들었으며 또한 매우 아팠다. 욕을 잘 하는 한 할머니가 있었는데, 귀신은 그 옆에 있다가 크게 놀랐다. 호비지는 또 좨주(祭酒)를 불러와 상장(上章: 道士가 表를 올려 神이 내리기를 바라는 것)하고 부적을 써서 귀신을 쫓아버리게 했다. 귀신은 그 후 점점 뜸하다가 없어졌다.

원가 29년(452)에 귀신이 또 왔는데, 횡포는 그전보다 더 심했다. 이듬해 관청에 불이 자주 일어나 분주하게 물을 뿌려 불을 껐다. 귀신은 매번 개소리를 냈는데, 그때마다 집안사람들이 큰소리로 호통 치자 나중에는 오(吳)나라 말씨와 비슷한 소리를 냈다. 삼경(三更) 때 누군가 문을 두드리자 호비지가 물었다.

"누구시오?"

그 사람이 대답했다.

"정소릉(程邵陵)이오."

호비지가 불을 들어 비추어보았더니 전혀 아무 것도 보이지 않았다. 며칠 후 삼경에 또 밖에서 문을 두드리기에 호비지가 곧장 나가 욕을 하자 그 사람이 대답했다.

"나는 착한 귀신이니 욕하지 마시오. 나는 지금까지 왔던 귀신이 아니오. 도어사(陶御史: 陶敬玄)께서 당신을 보자고 해서 알려주러 왔소."

호비지가 말했다.

"나는 도어사를 모르오."

귀신이 말했다.

"도경현(陶敬玄) 말이오. 당신은 옛날에 그 사람과 교유했었소."

호비지가 말했다.

"내가 그 사람과 도성에 있을 때 형양왕(衡陽王)을 모셨지만 그 사람은 일찍이 어사를 지낸 적이 없었소."

귀신이 말했다.

"도어사는 천상의 어사가 되어 지금 복지(福地)에 있소. 지금까지 당신의 관부를 침범한 것은 심공(沈公)이 한 짓이었소. 이 관청은 본래 심공의 저택인데, 귀신이 집을 보러 왔다가 무료한 나머지 물건을 집어던지며 짓궂은 장난을 친 것이오. 그러나 당신이 분한 마음에 도사를 불러 귀신을 물리친 것은 너무 지나친 처사였고 심지어는 욕까지 해댔소. 그리고 하녀에게 명하여 그를 무례하게 대했고, 또 좨주(祭酒)로 하여금 상장(上章)케 하여 죄상을 고해 그 일이 천상의 관부에까지 알려졌소. 심공은 지금 '천연군(天然君)'으로 부처의 삼귀(三歸: 佛·法·僧의 三寶에 귀의하는 일) 제자가 되어 있는데, 당신은 어찌 부처님께 복을 빌지 않고 좨주를 시켜 상장케 했소? 지금부터라도 전심으로 불법(佛法)을 받들면 악귀와 서로 다투는 일은 없을 것이오."

그리하여 호비지는 여러 승려를 불러다가 불경을 염송하고 재계를 마친 다음 하룻밤을 보냈는데, 또 문 밖에서 도어사가 전하는 말이 들려왔다.

"호승(胡丞: 胡庇之)에게 고하오. 지금 심공은 당신을 심하게 고소했소. 심공이 말한 바에 따르면 당신이 너무 심했다고 하오. 만약 당신이 불문에 귀의하여 진실로 잘못을 깨닫고 불경을 익히면서 재계하면 사악한 귀신들은 더 이상 오지 않을 것이오. 예전의 깊었던 정을 돌아보아 일부러 이렇게 와서 알리는 것이오."

(『법원주림』)

宋豫章胡庇之, 嘗爲武昌郡丞, 元嘉二十六年入廨, 便有鬼在焉. 中宵朧月, 戶扁小開, 有人倚立戶外, 狀似小兒. 戶闔, 便聞人行, 如著木屐聲. 看則無所見, 如此甚數. 二十八年二月, 擧家悉得時病, 空中投擲瓦石, 或是乾土. 夏中病者皆差, 而投擲之勢更猛. 乃請道人齋戒轉經, 竟從倍來如雨. 唯不著道人及經卷而已. 秋冬漸有音聲, 瓦石擲人, 肉皆靑黯, 而亦甚痛. 有一老嫗, 好罵詈, 鬼在邊大嚇. 庇之迎祭酒上章, 施符驅逐. 漸復歇絶.

至二十九年, 鬼復來, 劇於前. 明年, 丞廨火頻四發, 狼狽澆沃並息. 鬼每有聲如犬, 家人每呼吃嚇驚, 後忽語音似吳. 三更叩戶, 庇之問: "誰也?" 答曰: "程邵陵." 把火出看, 了無所見. 數日, 三更中, 復外戶叩掌, 便復罵之, 答云: "君勿罵我, 我是善神. 非前後來者. 陶御史見遣報君." 庇之云: "我不識陶御史." 鬼云: "陶敬玄. 君昔與之周旋." 庇之云: "吾與之在京日, 服事衡陽, 又不常作御史." 云: "陶今處福地, 作天上御史. 前後相侵, 是沈公所爲. 此廨本是沈宅, 來看宅, 聊復投擲狡獪. 忿戾禳却太過, 乃至罵詈. 命婢使無禮向之, 復令祭酒上章, 告罪狀, 事徹天曹. 沈今爲('爲'字原空闕, 據黃本補)'天然君', 是佛三歸弟子, 那不從佛家請福, 乃使祭酒上章? 自今唯願專意奉法, 不須與惡鬼相當." 庇之因請諸僧誦經齋戒訖, 經一宿後, 復聞戶外御史相聞: "白胡丞. 今沈相訟甚苦. 如其所言, 君頗無理. 若能歸誠正覺, 習經持戒, 則群邪屛絶. 依依曩情, 故相白也."(出『法苑珠林』)

324 · 16(4209)
색 이(索 頤)

[南朝] 송(宋)나라 양성(襄城) 사람 색이의 부친은 귀신을 믿지 않았다. 한 흉가가 있었는데, 거기에 살던 사람이 번번이 죽어 나갔다. 그런데도 색이의 부친은 그 집을 샀으며, 몇 년 동안 편안하게 살았을 뿐 아니라 자손도 번창하고 2천석의 녹봉도 받았다. 색이의 부친은 승진되어 이사를 하게 되자, 떠나려고 할 즈음에 내외 친척들을 불러놓고 음식을 대접했다. 색이의 부친이 말했다.

"천하에 무슨 길흉이 있단 말이오? 이곳은 지금까지 흉가라고 했지만 내가 여기에 살고 나서부터는 여러 해 동안 안전하고 좋은 일이 생겼으며 벼슬도 승진되었으니 귀신이 어디 있다 하겠소? 이후로는 길한 집이 될 것이니 살기에는 어려움이 없을 것이오."

부친은 말을 마치고 뒷간으로 갔는데, 순식간에 벽 속에서 한 물체가 나타났다. 그 물체의 크기는 말아놓은 자리만 했고, 키는 5척 남짓 되었다. 색이의 부친은 곧 돌아와서 칼을 들고 그 물체를 베었는데, 가운데가 잘리자 물체는 곧 두 명의 사람으로 변했다. 색이의 부친이 다시 그 물체를 가로로 베자 또 네 명으로 되더니 곧장 칼을 빼앗아 도리어 색이의 부친을 베어 죽였다. 그 사람들은 칼을 들고 자리 위로 올라와 그의 자제를 베어 죽였다. 색씨 성을 가진 사람은 모두 죽었고 다른 성씨만 아무 탈이 없었다. 당시 색이는 어렸기 때문에 유모가 그를 안고 후문으로 빠져나와 다른 집에 숨겨주었기에 혼자만 화를 면할 수 있었다. 색이는 자가 경진(景眞)으로 벼슬이 상동태수(湘東太守)에 이르렀다. (『

법원주림』)

　宋襄城索頤, 其父爲人, 不信妖邪. 有一宅凶, 居者輒死. 父便買居之, 多年安吉, 子孫昌盛, 爲二千石. 當徙家之官, 臨去, 請會內外親戚, 酒食旣行. 父乃言曰: "天下竟有吉凶否? 此向來言凶, 自吾居之, 多年安吉, 又得遷官, 鬼爲何在? 自今以後, 便爲吉宅, 居無嫌也." 語訖如廁, 須臾, 見壁中有一物. 如卷席大, 高五尺許. 頤父('隤父'二字原空闕, 據黃本補)便還取刀斫之, 中斷, 便化爲兩人. 復橫斫之, 又成四人, 便奪取刀, 反斫索, 殺之. 持刀至座上, 斫殺其子弟. 凡姓索必死, 唯異姓無他. 頤尙幼, 乳母抱出後門, 藏他家, 止其一身獲免. 頤字景眞, 位至湘東太守. (出『法苑珠林』)

태평광기 권제 325

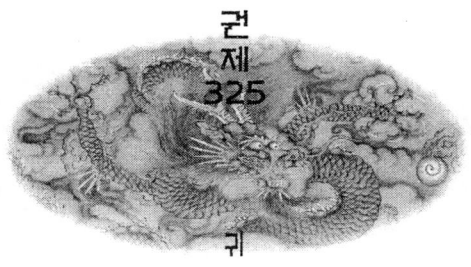

귀 10

1. 왕빙지(王騁之)
2. 맹양(孟襄)
3. 사마문선(司馬文宣)
4. 우덕(虞德)・엄맹(嚴猛)
5. 곽경지(郭慶之)
6. 박소지(薄紹之)
7. 색만흥(索萬興)
8. 곽수지(郭秀之)
9. 유계수(庾季隨)
10. 신익지(申翼之)
11. 왕회지(王懷之)
12. 유숙륜(柳叔倫)
13. 유확(劉廓)
14. 왕요(王瑤)
15. 왕문명(王文明)
16. 하후문규(夏侯文規)

325 · 1(4210)
왕빙지(王聘之)

낭야(瑯邪) 사람 왕빙지의 부인인 진군(陳郡)의 사씨(謝氏)가 아들 하나를 낳았는데, 어릴 적 자(字)를 노자(奴子)라고 했다. 1년이 지난 후에 왕빙지는 부인의 하녀인 초리(招利)를 첩으로 삼았다.

사씨는 [南朝 宋 文帝] 원가(元嘉) 8년(431)에 병으로 죽었는데, 왕씨 집안의 묘가 회계(會稽)에 있었으므로 [왕빙지는 부인을] 건강(建康) 동쪽 언덕에 임시로 매장했다. 이미 매장을 하고 돌아와 우제(虞祭: 初虞·再虞·三虞의 총칭)를 지내려고 위패(位牌)를 가지고 상방(喪房)으로 들어가 탁자에 기대 놓았더니, [누군가가] 갑자기 공중에서 위패를 바닥에 내팽개치며 성난 소리로 말했다.

"어찌하여 만가(輓歌)도 부르지 않고 날 적적하게 떠나게 하는 것이오?"

그러자 왕빙지가 말했다.

"정식으로 매장한 것이 아니기 때문에 장례의식을 다 갖추지 않은 것일 뿐이오."

(『법원주림』)

瑯邪王聘之妻, 陳郡謝氏, 生一男, 小字奴子. 經年後, 王以婦婢招利爲妾.

謝元嘉八年病終, 王之墓在會稽, 假瘞建康東岡. 旣窆反虞, 輿靈入屋憑几, 忽于空中擲地, 便有嗔聲曰: "何不作輓歌, 令我寂寂而行耶?" 騁之云: "非爲永葬, 故不具儀耳." (出『法苑珠林』)

325 · 2(4211)
맹 양(孟 襄)

맹양은 자(字)가 보칭(寶稱)이다. 그는 [南朝 宋 文帝] 원가(元嘉) 11년(434)에 오녕현령(吳寧縣令)이 되었는데, 그의 부인 채씨(蔡氏)가 오녕현에서 죽었다. 그 후 얼마 되지 않아서 난데없이 [어떤 귀신이] 창을 밀치고 문을 두드리면서 큰소리로 노래를 부르며 마른 흙을 뿌렸다. 또 공중에서 칼과 창을 휘둘렀는데 그 모습이 사람을 해치려는 듯했다. 또 자주 불이 났으며, 어떤 경우는 옷상자 안에서 불이 났는데 [상자 속의] 의복은 탔지만 겉으로는 멀쩡했다. 그러면서 채씨의 말을 흉내 냈는데 채씨가 살아 있을 때와 똑 같았다. 그래서 맹양이 물었다.

"당신은 어찌하여 단명(短命)했소?"

귀신이 대답했다.

"다 천명일 뿐이지요. 그렇지만 한 가지 죄를 지었는데, 제가 처녀였을 때 닭 한 마리를 잡은 적이 있어서 3일 동안 지옥에 잡혀가 있었습니다. 그런데 사람들이 하는 말을 들어보니 구리 불상을 주조하면 화를 면할 수 있다고 하기에, 금가락지 한 쌍을 빼서 보시함으로써 지옥에서 벗어나게 되었습니다."

당시 오녕현에 무당이 있었는데, 맹양이 그를 불러 살펴보게 했더니 귀신이 즉시 두려움에 떨었다. 한참 뒤에 무당이 말했다.

"두 물체가 보이는데, 하나는 돼지 같고 다른 하나는 수탉 같으며 두 눈이 세로로 붙어 있습니다. 망자의 말을 흉내 내는 것은 닭 모양을 한 놈입니다."

당시에 또 주술(呪術)에 뛰어난 혜란(慧蘭)이라는 도인이 있었는데, 맹양은 즉시 그를 불러 독경하면서 주술을 걸게 했다. 귀신은 처음에는 그를 흉내 내더니 잠시 후 사라져버렸다. (『법원주림』)

孟襄, 字寶稱. 元嘉十一年, 爲吳寧令, 其妻蔡氏, 在縣亡. 未幾, 忽有推窗打戶, 長嘯歌吟, 撒擲燥土. 復于空中揮運刀矛, 狀欲加人. 數數起火, 或發箱篋之內, 衣物燋而外不覺. 因假作蔡氏言語, 一如平生. 襄因問曰: "卿何以短壽?" 答曰: "是天命耳. 然有一罪, 爲女時曾宰一雞, 被錄到地獄三日. 聞人說, 鑄銅像者可以免, 因脫金指環一雙以助之, 故獲解免."

時縣有巫覡者, 襄令召而看之, 鬼卽震懼. 良久, 巫者云: "見二物, 其一如豕, 一似雄雞, 兩目直堅. 作亡人言是雞形者." 時又有慧蘭道人, 善于呪術, 卽召之, 令誦經呪. 鬼初猶學之, 有頃, 失所在. (出『法苑珠林』)

325·3(4212)
사마문선(司馬文宣)

사마문선은 하내(河內) 사람으로 불교를 열심히 신봉했다. [南朝 宋

文帝] 원가(元嘉) 원년(424)에 그는 모친상을 당했다. 사마문선의 동생이 죽은 지 몇 달 후 어느 보름날 새벽에 그 동생이 영좌(靈座: 位牌를 모시는 곳) 위에 나타났는데, 살아 있을 때와 다름이 없었다. 동생은 허둥대고 탄식하면서 음식을 달라고 넌지시 요구했다. 사마문선은 시험삼아 귀신에게 말을 걸었다.

"너는 살아생전에 열심히 수행하고 선을 행했으니, 불경의 말씀에 따르자면 응당 천계(天界)에 태어나거나 인도(人道)에 있어야 하거늘, 어찌하여 이처럼 귀계(鬼界)에 떨어졌느냐?"

귀신은 한순간 망설이며 끙끙대더니 결국 묵묵히 아무 대답도 하지 않았다. 그날 밤 사마문선의 꿈에 그의 동생이 나타나 말했다.

"저는 생전에 닦은 선업(善業)으로 천계에서 태어나는 보응을 받았습니다. 영좌에 있던 귀신은 마귀일 뿐이며 제가 아닙니다. 형님께서 이상하게 생각하실 까봐 일부러 이렇게 알려드리는 것입니다."

그래서 사마문선은 다음날 아침에 스님을 모셔 와서 『수능엄경(首楞嚴經)』을 염송하면서 사람을 시켜 그 귀신을 때려잡게 했다. 귀신은 곧장 도망쳐 침상 밑으로 들어갔다가 다시 문밖으로 달아났다. 귀신의 모습이 몹시 추악해 보이자, 사마문선의 모든 식구들은 놀라 두려워하면서 귀신을 마구 꾸짖어 내쫓았다. 그랬더니 귀신이 말했다.

"배가 고파서 먹을 것을 달라고 했을 뿐이오."

하루 뒤에 귀신은 떠났다.

또 얼마 후에 사마문선 모친의 영좌 머리맡에 한 귀신이 나타났는데, 피부와 몸이 붉은 색이었고 키가 크고 건장했다. 사마문선의 장자인 사마효조(司馬孝祖)가 귀신과 얘기를 했는데, 서로 질문과 대답을 주고받으면서 매우 치밀하게 담론했다. 처음에 사마효조는 두려웠지만 오래되자 점점 익숙해졌으며, 귀신도 점점 친근해져서 거처하고 출입하는 것이 거의 집안사람들과 같았다. 도성에 이 일이 점점 알려지자 구경하러 오가는 사람이 문 앞에 끊이지 않았다. 당시 남림사(南林寺)의 어떤 스님이 영주사(靈珠寺)의 사화상(舍和尙)과 함께 찾아와 귀신과 담론했는데, 매우 진지하고 격의가 없었다. 귀신이 말했다.

"저는 전세(前世)에 존귀한 사람이었는데 여러 죄악을 지은 탓에 그 보응이 아직 끝나지 않아 이렇게 귀신 몸을 하고 있습니다."

그러면서 이렇게 말했다.

"범 해[元嘉 3年 丙寅年(426)으로 추정함]에 400부(部)의 귀신들이 역질을 크게 퍼뜨렸는데, 그때 응당 재앙을 당한 사람은 불도(佛道)를 믿지 않는 사람들이었습니다. 그런데 역질이 너무 많은 사람에게 마구 퍼지는 바람에 적선(積善)한 많은 사람들까지 해를 입게 되었기 때문에 [冥府에서] 저를 보내 그 일을 감찰하게 한 것입니다."

스님이 귀신에게 음식을 주었더니 귀신이 말했다.

"저에게도 식량이 있으니 이 음식은 받을 수 없습니다."

사화상이 말했다.

"귀신 그대는 많은 것을 알고 있으니, [한 가지 물어보겠는데] 나는 태어날 때 무슨 인연으로 도인(道人: 당시에는 스님도 도인이라 불렀음)이 되었소?"

귀신이 대답했다.

"인간세상에서 출가의 인연은 자신의 서원(誓願)에서 비롯되는 것입니다."

[또 스님들이 귀신에게] 여러 가지 사생존망(死生存亡)의 향방에 대해 묻자, 귀신이 대략 모두 대답해주었는데 매우 영험했다. 그 자세한 내용은 너무 번잡하므로 여기에 자세히 싣지 않는다. 사화상이 말했다.

"사람과 귀신은 그 길이 서로 다른데, 그대는 음식을 구하지도 않으면서 어찌하여 이곳에 오래 머물고 있소?"

귀신이 말했다.

"이곳에 마땅히 잡아가야 할 한 여자가 있는데, 그녀가 불법을 신봉하며 열심히 정진하고 있기 때문에 잡아가기가 어렵습니다. 지금까지 계속 머무르고 있는 것은 이 때문입니다. 이로 인해 주인을 번거롭게 해 드려서 적잖이 미안합니다."

이후로 귀신은 그다지 자주 모습을 드러내지 않았으며, 귀신을 구경하러 온 사람들은 귀신의 말소리만 들었다. 그때는 원가 10년(433)이었다. 3월 28에 이르러 귀신이 사마문선에게 말했다.

"나는 잠시 머무르려고 왔는데 그대의 온 집안이 복을 빌면서 이처럼 나를 경외하니 어떻게 오래 머물 수 있겠소?"

사마효조가 말했다.

"얼마든지 머물러도 좋소만 무슨 까닭으로 남의 집 망자의 영좌를 차지하고 있는 것이오?"

귀신이 대답했다.

"그대 집안의 망자는 각기 귀속된 바가 있는데 이 영좌만 비어 있기 때문에 잠시 머무르고 있는 것이오."

그리고는 작별하고 떠났다. (『명보기』)

司馬文宣, 河內人也, 頗信佛. 元嘉元年, 丁母艱. 弟喪數月, 望旦, 見其弟在靈座上, 不異平日. 廻遑歎咤, 諷求飲食. 文宣試與言曰: "汝平生勤修行善, 若如經言, 應得生天, 或在人道, 何故乃墜此鬼中?" 卽沈吟俯仰, 默然無對. 文宣卽夕夢見其弟云: "生所修善, 蒙報生天. 靈牀之鬼, 是魔魅耳, 非某身也. 恐兄疑怪, 故以白兄." 文宣明旦請僧轉『首楞嚴經』, 令人撲擊之. 鬼乃逃入牀下, 又走戶外. 形稍醜惡, 擧家駭懼, 詈叱遣之. 鬼云: "飢乞食耳." 經日乃去.

頃之, 母靈牀頭有一鬼, 膚體赤色, 身甚長壯. 文宣長子孝祖與言, 往反答對周悉. 初雖恐懼, 久稍安習之, 鬼亦轉相附狎, 居處出入, 殆同家人. 于京師轉相報告, 往來觀者, 門限疊跡. 時南林寺有僧, 與靈珠寺僧舍沙門, 與鬼言論, 亦甚款曲. 鬼云: "昔世嘗爲尊貴, 以犯衆惡, 受報未竟, 果此鬼身." 云: "寅年有四百部鬼, 大行疾癘, 所應罹災者, 不悟道人耳. 而犯橫極衆, 多濫福善, 故使我來監察之也." 僧以食與之, 鬼曰: "我自有糧, 不得進此食也." 舍曰: "鬼多知, 我生來何因作道人?" 答曰: "人中來, 出家因緣, 本誓願也." 問諸存亡生死所趣, 略皆答對, 具有靈驗. 條次繁多, 故不曲載. 舍曰: "人鬼道殊, 汝旣不求食, 何爲久留?" 鬼曰: "此間有一女子, 應在收捕, 而奉戒精勤, 故難可得. 比日稽留, 因此故也. 藉亂主人, 有愧不少."

自此已後, 不甚見形, 復往視者, 但聞語耳. 時元嘉十年也. 至三月二十八日, 語文宣云: "暫來寄住, 而汝傾家營福, 見畏如此, 那得久留?" 孝祖云: "聽汝寄住, 何故據人先亡靈筵耶?" 答曰: "汝家亡者, 各有所屬, 此座空設, 故權寄耳." 於是辭去. (出『冥報記』)

325 · 4(4213)
우덕(虞德) · 엄맹(嚴猛)

　무릉(武陵) 용양(龍陽) 사람 우덕은 익양(益陽)을 떠돌아다니다가 하만(夏蠻)이라는 사람의 집에 머무르게 되었다. 우덕은 1척 남짓 되는 종이 한 폭에 하만의 딸의 머리가 그려져 있는 것을 보고는 일어나서 그것을 주웠는데, 잠시 후 호랑이가 방문까지 왔다가 물러갔다. 얼마 후 보았더니 노모 하씨(何氏)의 머리가 이전처럼 그려져 있자 우덕은 또 그것을 주웠는데, 이렇게 3번을 반복했다. 그래서 우덕은 그 일을 하만에게 자세히 말하고 함께 몽둥이를 들고 기다렸다가, 잠시 후 호랑이가 또 오자 즉시 함께 호랑이를 때려잡았다. 같은 현(縣)의 황기(黃期)라는 사람이 이 일을 자세히 말해주었다.

　또 회계(會稽) 사람 엄맹은 부인이 나무하러 나갔다가 호랑이에게 잡아먹혔다. 1년 뒤에 엄맹이 쑥대밭 속을 걸어가고 있을 때 홀연히 그의 죽은 부인이 나타나 말했다.

　"당신은 오늘 나가시면 반드시 좋지 않은 일을 당할 것이니, 제가 그 화를 면하게 해드리겠습니다."

　그리고는 함께 앞으로 갔는데 갑자기 호랑이 한 마리가 엄맹에게 달려들었다. 그때 부인이 손을 들어 지휘했는데 그 모습이 마치 엄맹을 막아 보호하려는 듯했다. 잠시 후 호인(胡人) 2명이 앞을 지나가자 부인이 손가락으로 호인을 가리켰더니 호랑이가 즉시 호인을 덮쳤다. 그리하여 남편 엄맹은 무사할 수 있었다. (『이원』)

武陵龍陽虞德, 流寓益陽, 止主人臭蠻舍中. 見有白紙一幅, 長尺餘, 標蠻女頭, 乃起扳取, 俄頃, 有虎到厂而退. 尋見何老母摽如初, 德又取之, 如斯三返. 乃其以語蠻, 於是相與執杖伺候, 須臾虎至, 卽共格之. 同縣黃期, 其說如此.

又會稽嚴猛, 婦出採薪, 爲虎所害. 後一年, 猛行至蒿中, 忽見妻云: "君今日行, 必遭不善, 我當相免也." 旣而俱前, 忽逢一虎, 跳梁向猛. 婦擧手指撝, 狀如遮護. 須臾, 有二胡人前過, 婦因指之, 虎卽擊胡. 塶得無他. (出『異苑』)

325・5(4214)
곽경지(郭慶之)

황주(黃州) 관할지역에 황부귀(黃父鬼)가 있었는데, 이 귀신은 나타났다 하면 재앙을 일으켰다. 그것은 온통 누런 옷을 입고 있었는데, 인가에 가서 입을 벌리고 웃으면 [그 집 사람이] 반드시 역질에 걸렸다. 그것은 키가 일정하지 않아 울타리의 높이에 따라 커졌다 작아졌다 했다. 그런데 나타나지 않은 지가 이미 10여 년이 넘었기에 민간에서는 몹시 두려워하고 있었다.

여릉(廬陵) 사람 곽경지에게는 채미(採薇)라고 하는 가생비(家生婢: 노비 소생의 자녀. 남자는 '家生奴'라 하고 여자는 '家生婢'라 했음)가 있었는데 젊고 예뻤다. [南朝] 송(宋)나라 효건연간(孝建年間: 454~456)에 난데없이 어떤 사람이 자칭 '산령(山靈)'이라 했는데, 그는 사람처럼 생겼으나 발가벗었고, 1장(丈)도 넘는 키에 팔과 머리가 모두 누런색이었으며, 피부가 깨끗하고 용모가 단정했으며, 말소리도 바르고 점잖았다. 민간에서는 그를 '황부귀'라고 불렀다. 황부귀가 그 여종[採薇]과 통정하려고 찾아오자 여종이 말했다.

"당신을 인간처럼 모시고 싶습니다."

그래서 황부귀는 자주 그녀를 찾아왔는데, 늘 자신의 몸을 감추었지만 간혹 모습을 드러낼 때도 있었다. 황부귀는 변화무쌍하여 금방 커졌다가 금방 작아졌다 했다. 어떤 때는 연기처럼 되기도 하고, 어떤 때는 돌이 되기도 하고, 어떤 때는 어린아이가 되기도 하고, 어떤 때는 부인이 되기도 하고, 어떤 때는 새나 짐승처럼 되기도 했다. 발자국은 사람 것과 같았고 길이가 2척 정도 되었는데 간혹 거위 발자국 같을 때도 있었으며, 발바닥의 크기는 쟁반만 했다. 황부귀는 방문이 열려 있든지 창문이 닫혀 있든지 상관없이 신처럼 들어와 여종과 함께 사람처럼 웃으며 놀았다. (『술이기』)

黃州治下, 有黃父鬼, 出則爲祟. 所著衣袷皆黃, 至人家, 張口而笑, 必得疫癘. 長短無定, 隨籬高下. 自不出已十餘年, 土俗畏怖.

廬陵人郭慶之, 有家生婢, 名採薇, 年少有色. 宋孝建中, 忽有一人, 自稱'山靈', 如人裸身, 長丈餘, 臂腦皆有黃色, 膚貌端潔, 言音周正. 土俗呼爲'黃父鬼'. 來通此婢, 婢云:"意事如人." 鬼邃數來, 常隱其身, 時或露形. 形變無常, 乍大乍小. 或似煙氣, 或爲石, 或作小兒, 或婦人, 或如鳥如獸. 足跡如人, 長二尺許, 或似鵝跡, 掌大如盤. 開戶閉牖, 其入如神, 與婢戲笑如人. (出『述異記』)

325 · 6(4215)
박소지(薄紹之)

　박소지는 일찍이 장질(臧質)의 참군(參軍)을 지냈다. [南朝 宋 文帝] 원가(元嘉) 24년(447)에 그는 동부(東府)의 서쪽 객사 별채에서 기거하고 있었는데, 이웃에 조법개(祖法開)의 집이 있었다. 조법개의 모친 유씨(劉氏)는 10여 일 동안 병들어 누워 있다가 원가 22년(445) 5월 1일 밤중에 죽었다. 2일에 박소지는 쥐 떼를 보았는데, 큰 것은 돼지만 하고 오색빛깔이 선명했으며, 어떤 것은 순백색이고 어떤 것은 얼룩덜룩했으며, 어떤 것은 평상책(平上幘)을 쓰고 어떤 것은 대바구니를 쓰고 있었다. 이렇게 크고 작은 수백 마리의 쥐가 아침부터 밤까지 하루 종일 소란을 피웠다.
　19일 해질 무렵에 안채의 네 처마 위에 길이가 2척 정도 되는 흰 쥐 한 마리가 나타났는데, 그것이 벽을 타고 내려가 들어가는 곳에서는 곧바로 불이 났다. 그 불은 물을 끼얹어져도 꺼지지 않더니 한참 뒤에야 저절로 꺼졌다. 그날 밤에 키가 크고 건장하고 붉은 색에 몸이 불빛처럼 빛나는 어떤 사람이 나타났다. 그는 불타는 벽 속에서 나와 곧장 침상 밑으로 들어갔다가 다시 벽 밖으로 나왔는데, 벽이 가로막혀 있었지만 그때는 불빛이 훤히 통해 비쳐서 막혀 있는 줄을 전혀 느끼지 못했다. 사경(四更)에 다시 4사람이 나타났는데, 어떤 사람은 박소지에게 도와주겠다고 말하기도 하고, 어떤 사람은 눈을 부릅뜨고 혀를 내밀기도 하면서 저녁부터 아침까지 소란을 떨었다. 다음날 저녁에 또 집에 불이 나면서 두 사람이 나타났는데, 그들은 9척 정도의 키에 말을 타고 활과 화살을 들고 있었으며 수십 명의 시종이 뒤따르면서 그 두 사람을 장군이라 불렀다. 박소지가 물었다.

"그대들은 어디로 가시오?"

그들이 대답했다.

"명을 받고 동쪽으로 가서 사람들에게 역병을 퍼뜨리고 돌아오는 길이오."

21일에 그들 무리가 또 왔다. 박소지의 집에는 이전부터 흰 개 한 마리가 있었는데, 귀신들이 소란을 피운 이후로는 저녁이면 사라졌다가 새벽에야 돌아오곤 했다. 그래서 그날 밤에 박소지는 시험 삼아 개를 묶어놓았는데, 얼마 후 한 여자가 찾아와서 말했다.

"이 개를 묶어놓지 말고 저에게 주셨으면 합니다."

박소지가 대답했다.

"당장 그대에게 줄 테니 가져가시오."

그러나 그 여자는 밧줄을 내던지고 결국 감히 개를 풀어서 가져가지 못한 채 순식간에 도망쳐나갔다. 그 후 개는 신음소리를 내며 거의 죽을 것처럼 하루 종일 움직이지도 못했다.

또 비단 도포를 걸친 어떤 사람이 팽팽히 잡아당긴 활시위에 화살촉을 메어 곧장 박소지를 겨냥하자 박소지가 말했다.

"요사스런 네놈이 감히 사람을 겁주려 하다니! 나는 네놈이 두렵지 않다. 네놈이 만약 속히 떠나지 않으면 법력이 높은 신에게 네놈을 잡아가서 요절을 내게 하겠다!"

그러자 귀신은 활시위를 풀고 화살을 벗긴 뒤 말을 채찍질하여 떠났다. (『술이기』)

薄紹之嘗爲臧質參軍. 元嘉二十四年, 寄居東府之西賓別宅中, 與祖法開鄰舍. 開母劉, 寢疾彌旬, 以二十二年五月一日夜半亡. 二日, 紹之見羣鼠, 大者如豚, 鮮澤五色, 或純或駮, 或著平上幘, 或著籠頭. 大小百數, 彌日累夜.

至十九日黃昏, 內屋四簷上有一白鼠, 長二尺許, 走入壁下, 入處起火. 以水灌之, 火不滅, 良久自滅. 其夜見人, 修壯赤色, 身光如火. 從燒壁中出, 徑入牀下, 又出壁外, 雖隔一壁, 當時光明洞徹, 了不覺又隔障. 四更, 復有四人, 或與紹之言相佑, 或瞋目吐舌, 自暮迄旦. 後夕復燒屋, 有二人, 長九尺許, 騎馬挾弓矢, 賓從數十人, 呼爲將軍. 紹之問: "汝行何向?" 答云: "被使往東邊病人還."

二十一日, 羣黨又至. 家先有一白狗, 自有鬼怪, 暮常失之, 至曉輒還. 爾夕試繫之, 須臾, 有一女子來云: "勿繫此狗, 願以見乞." 答: "便以相與." 投繩竟不敢解, 悠然走出. 狗於是呻喚垂死, 經日不能動.

有一人披錦袍, 彎弧注鏃, 直向紹之, 謂: "汝是妖邪, 敢干恐人! 我不畏汝. 汝若不速去, 令大道神尋收治汝!" 鬼弛弦縱矢, 策馬而去. (出『述異記』)

325 · 7(4216)
색만흥(索萬興)

돈황(燉煌) 사람 색만흥이 하루는 낮에 청사(廳事) 동쪽 서재에 앉아 있었는데, 한 노비가 문득 보았더니 두건을 쓴 어떤 사람이 청총마(靑驄馬) 한 마리를 끌고 곧장 문으로 들어오는 것이었다. 말에는 검은 가죽 은낭(隱囊: 몸을 기대는 부드러운 자루)처럼 생긴 물건 하나가 실려 있었는데, 그 사람은 그것을 섬돌 아래에 놓아두고는 곧장 말을 끌고 문을 나갔다. 그 후 은낭이 저절로 굴러서 곧장 서재 안으로 들어오더니 침상 다리를 타고 올라와 색만흥의 무릎 앞에서 멈췄다. 이어서 가죽 은낭이 사방으로 열리기에 보았더니 그 속을 빙 둘러서 눈알이 들어 있었는데, 끔벅이면서 움직이는 모습이 몹시 징그러웠다. 한참 있다가 은낭은 도로 닫히더니 침상을 굴러 내려가서 섬돌로 떨어진 뒤 서쪽으로 굴러갔다. 색만흥이 노비에게 그것을 쫓아가게 했는데, 그것은 청사 동쪽에 이르러 갑자기 사라져버렸다. 색만흥은 이 일을 꺼림칙해하다가 병에 걸려 죽었다. (『술이기』)

燉煌索萬興, 晝坐廳事東間齋中, 一奴子忽見一人著幘, 牽一驄馬, 直從門入. 負一物, 狀如烏皮隱囊, 置砌下, 便牽馬出門. 囊自輪轉, 徑入齋中, 緣牀脚而上, 止于興膝前. 皮卽四處卷開, 見其中周匝是眼, 動瞬甚可憎惡. 良久, 又還更舒合, 仍輪轉下牀, 落砌西去. 興令奴子逐至廳事東頭滅. 惡之, 因得疾亡. (出『述異記』)

325 · 8(4217)
곽수지(郭秀之)

곽수지는 해릉(海陵)에서 거주했다. [南朝] 송(宋)나라 원가(元嘉) 29년(452)에 그는 73세의 나이로 병들어 안채에 머무르고 있었다. 안채 북쪽에는 높이가 4장(丈) 쯤 되는 커다란 대추나무가 있었다. 하루는 어린 계집종이 새벽에 일어나 문을 열고 마당을 쓸다가 대추나무 위에 한 사람이 있는 것을 보았다. 그 사람은 키가 크고 건장한 검은 몸에 검은 두건을 쓰고 검은 가죽 바지를 입었으며, 손에 활과 화살을 들고 남쪽을 향해 똑바로 서 있었다. 온 집안사람들이 나가서 보았더니 분명히 그 사람이 보였다. 그래서 곽수지가 지팡이를 짚고 나가서 보았더니 그 사람이 곽수지에게 말했다.

"저는 당신을 부르러 왔으니 당신은 속히 차비를 하시오."

해가 뜨자 그 사람은 즉시 사라졌다. 그 사람은 53일 동안 이렇게 나타나더니 곽수지가 죽은 뒤에는 나타나지 않았다. (『술이기』)

郭秀之寓居海陵. 宋元嘉二十九年, 年七十三, 病止堂屋. 北有大棗樹, 高四丈許. 小婢晨起, 開戶埽地, 見棗樹上有一人. 脩壯黑色, 著皁襆帽, 烏韋袴褶, 手操弧矢, 正立南面. 擧家出看, 見了了('了'字原闕, 據明鈔本補). 秀之扶杖視之, 此人謂秀之曰: "僕來召君, 君宜速裝." 日出便不復見. 積五十三日如此, 秀之亡後便絶. (出『述異記』)

325 · 9(4218)
유계수(庾季隨)

유계수는 절개가 있었고 근력이 남달랐다. [南朝] 송(宋)나라 원가연간(元嘉年間: 424~453)에 그는 병들어 낮에 누워 있었는데, 구름 같은 흰 기운이 방안에서 나오더니 5척 정도의 높이가 되었다. 잠시 후 그것은 수탉으로 변하여 다른 침상으로 날아가 앉았다. 유계수가 닭을 칼로 베었더니 퍽 하는 소리와 함께 모습이 즉시 사라지고 땅에 피가 흥건히 흘러 있었다. 이어서 만족(蠻族) 노파가 울며불며 아들을 부르면서 먼 곳에서 오더니 곧장 피가 고여 있는 곳으로 왔다. 유계수가 다시 노파를 칼로 베었더니, 원숭이 비슷한 어떤 물체가 문밖으로 뛰쳐나가면서 눈을 부릅뜨고 유계수를 돌아보다가 홀연히 사라졌다.

신시(申時: 오후 4시 전후)에 이르러 푸른 옷 입은 어린아이 2명이 곧장 문으로 들어오더니 이렇게 외쳤다.

"유계수가 관리를 죽였다!"

잠시 후 검은 옷과 붉은 옷을 입은 100여 명의 사람이 집에 도착하여 일제히 소리쳤다.

"유계수가 관리를 죽였다!"

유계수가 칼을 휘두르면서 고함을 질렀더니, 귀신들은 모두 도망쳐 나가 모습이 사라졌다가 다시 홀연히 사원 안으로 들어갔다. 유계수의 아들은 갑자기 부친이 온데간데없이 사라지자 사원으로 가서 보았더니, 귀신이 부친을 뒤쫓아가서 그의 숨을 가죽 자루에 담는 것이었다. 유계수는 며칠 뒤에 결국 죽었다. (『술이기』)

庾季隨有節槩, 膂力絶人. 宋元嘉中, 得疾晝臥, 有白氣如雲, 出于室內, 高五尺許. 有頃, 化爲雄雞, 飛集別牀. 季隨斫之, 應手有聲, 形卽滅, 地血滂流. 仍聞蠻嫗哭聲, 但呼阿子, 自遠而來, 徑至血處. 季隨復斫, 有物類猴, 走出戶外, 瞋目顧視季隨, 忽然不見.

至晡, 有二靑衣小兒, 直從門入, 唱云: "庾季隨殺官!" 俄而有百餘人, 或黑衣, 或朱衣, 達屋, 齊喚云: "庾季隨殺官!" 季隨揮刀大呼, 鬼皆走出滅形, 還步忽投寺中. 子忽失父所在, 至寺, 見父有鬼逐後, 以皮囊收其氣. 數日遂亡. (出『述異記』)

325 · 10(4219)
신익지(申翼之)

　광릉(廣陵) 사람 성도아(盛道兒)는 [南朝 宋 文帝] 원가(元嘉) 14년 (437)에 죽으면서 자신의 처남인 신익지에게 하나뿐인 딸을 맡겼다. 상기(喪期)가 끝나자 신익지는 성도아의 딸을 북조(北朝) 사람 엄제식(嚴齊息)에게 시집보냈는데, 엄제식은 한문(寒門) 출신이었기 때문에 [신익지에게] 많은 예물을 주고서야 혼사를 이룰 수 있었다. 그러자 죽은 성도아가 홀연히 방안에서 노하여 말했다.
　"나는 숨이 넘어가려 할 때 나의 가문을 통째로 너에게 맡겼는데, 너는 어찌하여 이득에 눈이 멀어 도의를 저버리고서 [하나뿐인 내 딸을 이런] 미천한 집안에 시집보냈느냐!"
　신익지는 [그 말을 듣고] 두렵고도 부끄러웠다. (『수신기』)

　廣陵盛道兒, 元嘉十四年亡, 託孤女于婦弟申翼之. 服闋, 翼之以其女嫁北卿嚴齊息, 寒門也, 豐其禮賂始成. 道兒忽室中怒曰: "吾喘唾乏氣, 擧門戶以相託, 如何昧利忘義, 結婚微族!" 翼大惶愧. (出『搜神記』)

325 · 11(4220)
왕회지(王懷之)

　왕회지는 [南朝 宋 文帝] 원가(元嘉) 20년(443)에 모친상을 당했다.

장례를 마치고 나서 문득 보았더니 □나무 위에 어떤 노파가 있었는데, 그 노파는 커다란 가발을 쓰고 흰 비단치마를 입은 채 발로 나뭇가지를 밟지도 않고 덩그러니 허공에 서 있었다. 왕회지가 집으로 돌아와서 [식구들에게] 그 일을 얘기해주었더니, 그의 딸이 갑자기 병에 걸려 얼굴이 아까 나무 끝에 있던 귀신 모습으로 변했다. 그래서 딸에게 사향(麝香)을 먹였더니 얼마 후에 정상으로 돌아왔다. 세간에서 '사향이 사악함을 물리친다[麝香辟惡]'고 했는데, 이것이 바로 그 증거이다. (『이원』)

王懷之, 元嘉二十年, 丁母憂. 葬畢, 忽見□樹上有嫗, 頭戴大髮, 身服白䌦裙, 足不踐柯, 亭然虛立. 還家敍述, 其女遂得暴疾, 面仍變作向樹杪鬼狀. 乃與麝香服之, 尋如常. 世云'麝香辟惡', 此其驗也. (出『異苑』)

325 · 12(4221)
유숙륜(柳叔倫)

[南朝] 송(宋)나라 효무제(孝武帝) 대명연간(大明年間: 457~464) 초에 태위(太尉) 유숙륜은 옛 형양왕(衡陽王: 劉義季)의 고택에서 살았다. 대명 5년(461)에 그는 문득 2촌 길이의 발자국 하나를 보았다. 유숙륜에게는 세신(細辛)이라는 계집종이 있었는데, 그녀에게 물을 길어다 옷을 빨게 했더니 공중에서 어떤 물체가 동이를 기울여 물을 쏟았다. 그래서 유숙륜이 칼을 뽑아들고 계집종을 불렀는데, 옆에서 어떤 물체가 지나

가는 소리가 들리자 칼로 그것을 베었더니 뭔가 잘리는 듯한 느낌이 들었다. 등불을 가져와서 비춰보았더니 땅에 피가 흥건히 고여 있었다. 20일 뒤에 계집종이 병들어 죽자 유숙륜은 즉시 그 시체를 집밖으로 옮겨 놓았는데, 다음날 시체를 찾아보았으나 그 소재를 알 수 없었다. (『광고금오행기』)

宋孝武大明初, 太尉柳叔倫, 住故衡陽王故第. 大明五年, 忽見一脚跡, 長二寸. 倫有婢細辛, 使取水澣衣, 空中有物, 傾器倒水. 倫拔刀喚婢, 在側聞有物行聲, 以刀斫之, 覺有所中. 以火照之, 流血覆地. 後二十日, 婢病死, 倫卽移尸出外, 明日覓尸, 不知所在. (出『廣古今五行記』)

325・13(4222)
유 확(劉 廓)

[南朝] 송(宋)나라의 심유지(沈攸之)가 진서장군(鎭西將軍)으로 있을 때, 주도진(朱道珍)은 잔릉현령(孱陵縣令)을 지냈고 유확은 형주호조(荊州戶曹)가 되었다. 이들은 함께 강릉(江陵)에 살았으며, 모두 바둑두길 좋아하여 밤낮으로 서로 어울렸다. 주도진은 원휘(元徽) 3년(475) [아무 달] 6일에 죽었다. 몇 달 뒤 유확이 서재에 앉아 있을 때, 난데없이 한 사람이 나타나 편지 한 통을 유확에게 주면서 주잔릉(朱孱陵: 朱道珍)의 편지라고 했는데, 거기에는 이렇게 씌어 있었다.

"함께 모여 바둑 두던 일을 늘 생각하지만 뜻밖에 이렇게 서로 멀리 떨어지게 되었구려. 이제 앞으로의 인연이 있을 것이니 머지않아 곧 만날 수 있으리라 생각하오."

유확이 다 읽고 났더니 편지가 갑자기 사라졌다. 유확은 병들어 누워 있다가 얼마 후에 죽었다. (『저궁구사』)

宋沈攸之在鎭, 朱道珍嘗爲房陵令, 劉廓爲荊州戶曹. 各相並居江陵, 皆好圍棊, 日夜相就. 道珍元徽三年六日亡. 至數月, 廓坐齋中, 忽見一人, 以書授廓云朱房陵書, 題云: "每思棊聚, 非意致闊. 方有來緣, 想能近顧." 廓讀畢, 失信所在. 寢疾尋卒. (出『渚宮舊事』)

325 · 14(4223)
왕 요(王 瑤)

왕요는 [南朝] 송(宋)나라 대명(大明) 3년(459)에 도성에서 병으로 죽었다. 왕요가 죽은 후 호리호리하고 검은 몸에 독비곤(犢鼻褌: 짧은 바지. 모양이 쇠코와 같다고 해서 그렇게 부름)을 입은 귀신 하나가 늘 그의 집을 찾아왔는데, 어떤 때는 노래를 부르기도 하고 어떤 때는 사람의 말을 흉내 내기도 했으며, 늘 오물을 음식에 던지곤 했다. 또 동쪽 이웃인 유(庾) 아무개의 집에서 사람들을 괴롭혔는데, 왕요의 집에 있을 때와 다름이 없었다. 유 아무개가 귀신에게 말했다.

"흙과 돌을 나에게 던져봤자 나는 전혀 무섭지 않다. 만약 동전을 나에게 던진다면 그건 정말 소름끼치는 일이야."

그러자 귀신은 곧바로 새 동전 수십 개를 던져 유 아무개의 이마를 맞혔다. 유 아무개가 다시 말했다.

"새 동전은 날 아프게 할 수 없다. 나는 오직 때 묻은 동전만 무서워한다."

그래서 귀신은 때묻은 동전을 그에게 던졌다. 유 아무개는 이렇게 6~7번을 계속하여 모두 100여 냥을 얻었다. (『술이기』)

王瑤, 宋大明三年, 在都病亡. 瑤亡後, 有一鬼, 細長黑色, 袒著犢鼻褌, 恒來其家, 或歌嘯, 或學人語, 常以糞穢投入食中. 又于東鄰庾家犯觸人, 不異王家時. 庾語鬼: "以土石投我, 了('了'原作'子', 據明鈔本改)非所畏. 若以錢見擲, 此眞見困." 鬼便以新錢數十, 正擲庾額. 庾復言: "新錢不能令痛. 唯畏烏錢耳." 鬼以烏錢擲之. 前後六七過, 合得百餘錢. (出『述異記』)

325 · 15(4224)
왕문명(王文明)

왕문명은 [南朝] 송(宋)나라 태시연간(太[泰]始年間: 465~471) 말에 강안현령(江安縣令)을 지냈다. 그의 부인은 오랫동안 병을 앓고 있었기에 딸이 바깥에서 모친을 위해 죽을 끓였는데, 죽이 거의 끓을 즈음이 되면 피로 변해버렸다. 그래서 그것을 버리고 다시 죽을 끓였으나 또 이전처럼 되곤 했다. 결국 모친은 얼마 후 죽었다. 그 후에 자식들이 모친의 영전에서 곡을 하다가 문득 보았더니, 모친이 영상(靈牀: 大殮한 뒤에 시신을 두는 곳) 위에 누워 있었는데 살아있을 때와 같았다. [이것을 보고] 자식들이 울면서 슬퍼하자 모친이 순식간에 사라졌다.

왕문명은 이전에 부인이 부리던 여종을 사랑했는데, 그녀는 임신하여 해산날이 가까웠다. 부인의 장례를 치르는 날, 왕문명은 여종에게 집을 지키게 하고 나머지 사람들은 모두 묘소로 갔다. 장례 대열이 떠나자마자 부인이 곧장 문으로 들어와 여종을 때렸다. 나중에 왕문명의 딸들이 부친을 위해 밥을 짓고 닭을 잡았는데, 이미 털을 뽑고 깨끗이 씻고 난 후에 닭이 갑자기 [살아서] 뛰어오르더니 목을 치켜세우고 길게 울었다. 왕문명은 얼마 후 죽었으며, 아들들도 연달아 죽었다. (『술이기』)

王文明, 宋太始末江安令. 妻久病, 女于外爲母作粥, 將熟, 變而爲血. 棄之更作, 復如初. 母尋亡. 其後兒女在靈前哭, 忽見其母臥靈牀上, 如平生. 諸兒號戚, 奄然而滅.

文明先愛其妻所使婢, 姙身將産. 葬其妻日, 使婢守屋, 餘人悉詣墓所. 部伍始發, 妻便入戶打婢. 其後諸女爲父辦食, 殺雞, 割洗已竟, 雞忽跳起, 軒首長鳴. 文明尋卒, 諸男相續喪亡. (出『述異記』)

325 · 16(4225)
하후문규(夏侯文規)

하후문규는 도성에서 살았다. 그는 죽은 지 1년 뒤에 모습을 드러내고 집으로 돌아왔는데, 소 수레를 타고 시종 수십 명을 거느리고서 스스로를 북해태수(北海太守)라고 했다. 그의 집에서 음식을 차려주면서 그가 먹는 것을 보았더니, 그 때에는 음식이 모두 없어졌지만 그가 떠나고 난 뒤에는 그릇이 처음처럼 가득 차 있었다. 집안사람들이 소리쳐 울자 하후문규가 말했다.

"울지 마라. 머지않아 곧 다시 오마."

하후문규는 한 달 또는 40~50일 만에 집에 오곤 했으며, 어떤 때는 반나절을 머물기도 했다. 그가 데리고 온 붉은 옷 입은 말 탄 시종들은 그 모습이 모두 왜소했는데, 그들은 울타리 사이나 행랑채 안에서 앉아 쉬었다. 그들은 하후문규가 언제 떠날지 알지 못했으므로, 하후문규의 집안사람들은 매번 그들을 불러들여 친숙하게 지내면서 귀신이라고 여기지 않았다.

하후문규에게는 몇 살 되지 않은 손자가 있었는데, 그가 손자를 안아보고 싶다는 생각을 했더니 좌우의 귀신들이 손자를 안아서 그에게 데려왔다. 그 아이는 귀신의 기운을 견디지 못하여 곧바로 기절하여 더 이상 사람을 알아보지 못했는데, 하후문규가 물을 가져오게 하여 뿜었더니 이내 정신을 차렸다. 하후문규는 뜰에 있는 복숭아나무를 보고 말했다.

"이 복숭아나무는 내가 심은 것인데 열매가 아주 탐스럽구나!"

그의 부인이 말했다.

"망자는 복숭아를 두려워한다고 사람들이 말하는데, 당신은 어찌하여 두려워하지 않습니까?"

하후문규가 대답했다.

"복숭아 중에서 동남쪽으로 해를 향해 2척 8촌 뻗어 있는 가지에 달린 것은 싫어하지만, 그렇다고 꼭 두려워하는 것은 아니오."

하후문규는 땅에 마늘 껍질이 있는 것을 보고는 치우라고 했는데, 그의 의중을 살펴보니 아마도 마늘을 싫어하고 복숭아를 두려워하는 것 같았다. (『견이록』)

夏侯文規居京. 亡後一年, 見形還家, 乘犢車, 賓從數十人, 自云北海太守. 家設饌, 見所飮食, 當時皆盡, 去後器滿如故. 家人號泣, 文規曰: "勿哭. 尋便來." 或一月或四五十日輒來, 或停半日. 其所將赤衣騶導, 形皆短小, 坐息籬間及厢屋中. 不知文規當去時, 家人每呼令起, 翫習不爲異物.

文規有數歲孫, 念之抱來, 其左右鬼神抱取以進. 此兒不堪鬼氣, 便絶, 不復識人, 文規索水噀之, 乃醒. 見庭中桃樹, 乃曰: "此桃我所種, 子甚美好!" 其婦曰: "人言亡者畏桃, 君何爲不畏?" 答曰: "桃東南枝長二尺八寸向日者憎之, 或亦不畏." 見地有蒜殼, 令拾去之, 觀其意, 似憎蒜而畏桃也. (出『甄異錄』)

태평광기 13

Translation ⓒ 2003 by 김장환·이민숙 外
ⓒ HAKGOBANG Press Inc., 2003, Printed in Korea.

발행인/하운근
발행처/學古房
교정·편집/박분이

첫 번째 찍은 날/2003. 12. 10.
첫 번째 펴낸 날/2003. 12. 20.

등록번호/제8-134호
서울시 은평구 대조동 213-5 우편번호 122-030
대표(02)353-9907 편집부(02)356-9903 팩시밀리(02)386-8308

ISBN 89-87635-73-2 04820

http://www.hakgobang.co.kr
E-mail: hakgobang@chollian.net

값: 27,000원

파본은 교환해 드립니다.